中国社会科学院2000年度重大A类科研课题暨2001年度国家社科基金项目,得到中国社会科学院文库出版资助。

中国社会科学院文库
历史考古研究系列
The Selected Works of CASS
History and Archaeology

彩图 1　上博竹书《容成氏》记商三十一王世

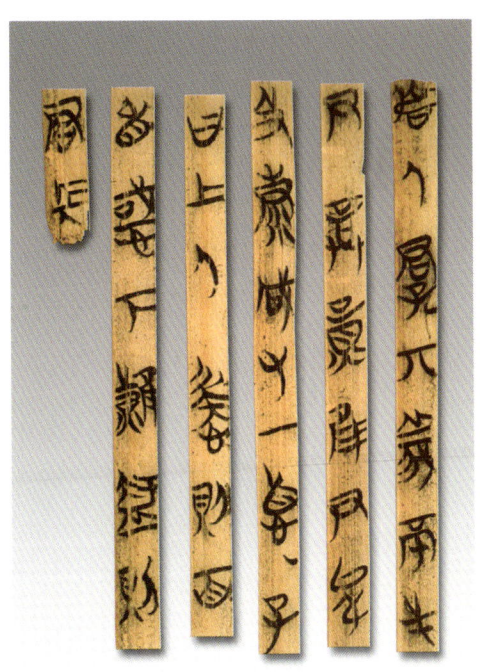

彩图 2　上博竹书《缁衣》引《尹诰》

彩图 3　清华战国简《尚书》佚篇《尹诰》

彩图 4　清华战国简《尚书》佚篇《尹至》

彩图 5　安阳殷墟妇好墓出土圆雕
　　　　跪坐人像

彩图 6　安阳殷墟出土绿松石圆雕
　　　　坐人像

彩图 7　西安文管会藏商代人形铜卣

彩图 8　安阳殷墟出土
　　　　青铜人面

彩图 9　江西新干大墓出土商代青铜双面人首

彩图 10　江西新干大墓出土商代玉羽人

彩图 11 安阳殷墟妇好墓出土虎噬人首纹铜钺

彩图 12 日本京都泉屋博古馆藏晚商虎噬人首铜卣

彩图 13　安阳殷墟刘家庄北晚商道路

彩图 14　安阳殷墟车马坑

彩图 15　安阳殷墟祭祀坑

彩图 16　安阳殷墟牛祭坑

彩图 17　殷墟牛肩胛卜骨

彩图 18　殷墟武丁大龟

彩图 19　殷墟墨书卜龟

彩图 20　安阳郭家庄 160 号墓出土觚、角组合

彩图 21　安阳郭家庄 26 号墓出土
　　　　　"簸"方彝

彩图 22　安阳花东 54 号墓出土
　　　　　"亚长"方彝

彩图 23 安阳花东 54 号墓出土"亚长"方鼎

彩图 24 江西新干大墓出土商代虎耳方鼎

彩图 25 安阳大司空村 303 墓出土"马危"扁足鼎

彩图 26 江西新干大墓出土商代虎耳扁足鼎

彩图 27　美国旧金山亚洲艺术博物馆藏晚商鱼鸟虎纹铜盘

彩图 28　美国弗利尔美术馆藏商代青铜人面盉

彩图 29　美国旧金山亚洲艺术博物馆藏商代小臣艅犀尊

彩图 30　湖南湘潭出土晚商豕尊

彩图 31 美国赛克勒美术馆藏晚商"亚兔"鸮尊

彩图 32 安阳大司空村 303 号墓出土覆盖植物花瓣青铜酒尊

彩图 33　安阳郭家庄 160 号墓出土
　　　　"亚址"方斝

彩图 34　江西新干大墓出土商代
　　　　青铜豆

彩图 35　江西新干大墓出土
　　　　　商代青铜镈

彩图 36　江西新干大墓出土商代青铜瓒

彩图 37 台北故宫藏商代青铜柶

彩图 38 湖北崇阳出土晚商铜鼓

彩图 39　安阳某氏藏晚商刻文陶罐

彩图 40　商代玺印五枚

中国社会科学院创新工程学术出版资助项目

中国社会科学院文库·历史考古研究系列
The Selected Works of CASS · History and Archaeology

商代史·卷一

商代史论纲

OUTLINE OF HISTORY IN SHANG DYNASTY

宋镇豪 主编 《商代史》课题组 著 宋镇豪 主笔

中国社会科学出版社

图书在版编目（CIP）数据

商代史论纲/《商代史》课题组著、宋镇豪主笔. —北京：中国社会科学出版社，2011.7

（商代史·卷一）
ISBN 978-7-5004-8928-3

Ⅰ.①商… Ⅱ.①商…②宋… Ⅲ.①中国—古代史—研究—商代 Ⅳ.①K223.07

中国版本图书馆 CIP 数据核字（2010）第 137322 号

选题策划	黄燕生
责任编辑	张小颐
责任校对	李　莉
封面设计	孙元明
技术编辑	戴　宽

出版发行	中国社会科学出版社			
社　　址	北京鼓楼西大街甲 158 号	邮　编	100720	
电　　话	010－84029450（邮购）			
网　　址	http：//www.csspw.cn			
经　　销	新华书店			
印　　刷	北京君升印刷有限公司	装　订	广增装订厂	
版　　次	2011 年 7 月第 1 版	印　次	2011 年 7 月第 1 次印刷	
开　　本	710×1000　1/16			
印　　张	32.75			
字　　数	590 千字			
定　　价	78.00 元			

凡购买中国社会科学出版社图书，如有质量问题请与本社发行部联系调换
版权所有　　侵权必究

《中国社会科学院文库》出版说明

《中国社会科学院文库》（全称为《中国社会科学院重点研究课题成果文库》）是中国社会科学院组织出版的系列学术丛书。组织出版《中国社会科学院文库》，是我院进一步加强课题成果管理和学术成果出版的规范化、制度化建设的重要举措。

建院以来，我院广大科研人员坚持以马克思主义为指导，在中国特色社会主义理论和实践的双重探索中做出了重要贡献，在推进马克思主义理论创新、为建设中国特色社会主义提供智力支持和各学科基础建设方面，推出了大量的研究成果，其中每年完成的专著类成果就有三四百种之多。从现在起，我们经过一定的鉴定、结项、评审程序，逐年从中选出一批通过各类别课题研究工作而完成的具有较高学术水平和一定代表性的著作，编入《中国社会科学院文库》集中出版。我们希望这能够从一个侧面展示我院整体科研状况和学术成就，同时为优秀学术成果的面世创造更好的条件。

《中国社会科学院文库》分设马克思主义研究、文学语言研究、历史考古研究、哲学宗教研究、经济研究、法学社会学研究、国际问题研究七个系列，选收范围包括专著、研究报告集、学术资料、古籍整理、译著、工具书等。

中国社会科学院科研局
2006 年 11 月

商代史分卷目次及撰稿人

卷一　商代史论纲　　　　　　　　　　宋镇豪主笔
卷二　《殷本纪》订补与商史人物徵　　　韩江苏　江林昌
卷三　商族起源与先商社会变迁　　　　王震中
卷四　商代国家与社会　　　　　　　　王宇信　徐义华
卷五　商代都邑　　　　　　　　　　　王震中
卷六　商代经济与科技　　　　　　　　杨升南　马季凡
卷七　商代社会生活与礼俗　　　　　　宋镇豪
卷八　商代宗教祭祀　　　　　　　　　常玉芝
卷九　商代战争与军制　　　　　　　　罗琨
卷十　商代地理与方国　　　　　　　　孙亚冰　林欢
卷十一　殷遗与殷鉴　　　　　　　　　宫长为　徐义华

总　序

重建商代史的学术使命与契机

中华文明是世界上独立起源的古文明之一,"商代史"是这个未失落的古文明的早期阶段,属于中国上古史的重要一环,中国历史的画卷是在商代史的永久记忆和影响之上前赴后继地张开。

以古为镜,可知兴替。商代文明的发展时空,上承史前与夏代,下启中华文化演进的先河,通过商代历史与制度名物的研究,可以寻绎中国社会传统文化元素的由来、特征、品格与传承途径,对世界文明发展模式的认识提供可资借鉴的历史资源。

"商代史"的重建,在于用自成一体的断代史著述体例,用厚重的历史感知和与时俱进的史学认知活力,论述有商一代历史事象的真实流程及其内核外延,冷静审视商代历史已翻过的旧章,归纳其嬗变轨迹,考察中国社会传统文化生成的早期要素与演进规律。

一　《商代史》重建工作的回顾

商代在中华古文明史上具有特殊地位,但因文献记载的不足及真伪莫定等种种原因,在断代专史"商代史"的著述方面相当滞后,长期属于空白。孔子早有商史"文献不足徵"之叹,汉司马迁《史记·殷本纪》尽管被视为信史,然而只有区区2868字,是很不系统的。特别是20世纪中叶以来,史学界"伪经疑古之争,本位文化与全盘西化之争,都是走了许多冤枉路"(香港中文大学饶宗颐语)。以文献为主的中国上古史体系,受到了严厉的批判。针对此,1921年1月28日胡适致顾颉刚信中说:

现在先把古史缩短二三千年,从《诗三百篇》做起。将来等到金石学、考古学发达上了科学轨道以后，然后用地底下掘出的史料，慢慢拉长东周以前的古史。①

可见，《商代史》的重建，具有脚踏实地"拉长东周以前的古史"的"新建设"意义，这对于中国上古史系统来说，是填补空白的新学问，成为学界翘首以待的历史学科发展的急需。

1926 年《学衡》第 45 期刊出王国维《最近二三十年中中国新发现之学问》一文，有"古来新学问之起，大都由于新发现"的名言。《商代史》的撰述工作属于"新学问"、"新建设"范畴，大量甲骨文资料在当时尚有待搜集整理和考订，地下考古新发现又不断刷新着人们的视野，大批专题性分支课题还在研讨或开拓中，重建工作十分艰巨，撰述难度相当大，启动的条件长期不能具备。

海内外学者很早就开始利用地下出土甲骨文等材料开启商史研究途径。据我们编纂的《百年甲骨学论著目》（语文出版社 1999 年版）统计，百年来海内外发表的甲骨学殷商史论著超过 1 万种，有中、美、日、英、韩、法、德、加、俄、瑞典、瑞士、澳、意、匈、新等 15 国学者 500 余人涉足斯学。

举例说，对于《史记·殷本纪》考订，1930 年王晋祥撰有《殷本纪研究》（《厦大周刊》第 10 卷第 10 期），1940 年丁山著《新殷本纪》（《史董》第 1 册，四川），1975 年李寿林著《史记殷本纪疏证》（中译本岛邦男《殷墟卜辞研究》附册，台北鼎文书局），1978 年杨天宇、程有为、郑慧生校补《殷本纪汇注》（开封师范学院油印本，收入《甲骨文献集成》第二十四册）等。

20 世纪初，王国维有《殷卜辞中所见先公先王考》、《殷卜辞中所见先公先王续考》，考证《殷本纪》世系，其后吴其昌有《卜辞所见先公先王三续考》（《燕京学报》第 14 期，1933 年），朱芳圃有《殷卜辞中所见先公先王再续考》（《新中华》复刊第 5 卷 4 期，1947 年），丁山遗作《卜辞所见先帝高祖六宗考》，刊于 1997 年《文史》第 43 辑。1958 年美国华裔学者周鸿翔著《商殷帝王本纪》（香港出版），"本诸史籍，旁及契文经书"，考订商殷先公先王。1963 年张光直《商王庙号新考》，刊于《中央研究院民族学研究所集刊》第 15 期，曾经引起学界的热烈的讨论。王仲孚有《殷先公先王与成汤

---

① 胡适：《自述古史观书》，收入顾颉刚编著《古史辨》第一卷，上海古籍出版社 1982 年版，第 22 页。

传说试释》(《台湾师范大学历史学报》第 9 期，1981 年)，皆为继王氏的同类题作。

在商代史研究领域，20 世纪三四十年代有郭沫若《卜辞中之古代社会》(收入《中国古代社会研究》，上海联合书店 1930 年版)、刘盼遂《甲骨文中殷商庙制征》(《女师大学术季刊》第 1 卷第 1 期，1930 年)、束世澂《殷商制度考》(《中央大学半月刊》第 2 卷第 4 期，1930 年)、陈邦怀《续殷礼征文》(《无锡国学专科学校校友会集刊》第 1 集，1931 年)、萧炳实《以甲骨文证商代历史》(《厦门大学学报》第 1 集，1932 年)、徐中舒《殷周史料考订大纲》(北京大学讲义本，1933 年)、朱芳圃《甲骨学商史编》(中华书局 1935 年版)、陈梦家《商王名号考》(《燕京学报》第 27 期，1940 年)、胡厚宣《甲骨学商史论丛》初·二集 (成都齐鲁大学国学研究所专刊，1944—1945 年)、吴泽《中国历史大系——殷代奴隶社会史》(上海棠棣出版社 1949 年版)、李亚农《殷代社会生活》(上海人民出版社 1955 年版)、陈梦家《殷虚卜辞综述》(科学出版社 1956 年版)、饶宗颐《殷代贞卜人物通考》(香港大学出版社 1959 年版) 等论著。其中，1988 年彭邦炯著《商史探微》，是继 1931 年张龙炎《殷史蠡测》(《金陵学报》第 1 卷第 1 期)、1943 年纪穌宣《商史征》(《厦门大学学报》第 1 集) 等之后新的一部断代史探讨性质的专著。商代历史地理探讨方面，1915 年王国维《殷虚卜辞中所见地名考》(雪堂丛刻)、1923 年王国维《三代地理小记》(雪堂丛刻)、1937 年陈梦家《商代地理小记》(《禹贡半月刊》第 7 卷 6、7 期合)、1959 年李学勤《殷代地理简论》(科学出版社)、1989 年钟柏生《殷商卜辞地理论丛》(台北艺文印书馆)、1994 年郑杰祥《商代地理概论》(中州古籍出版社) 等，以上皆为商代史地研的名著。

台北中研院史语所在 20 世纪 50 年代初曾发起由资深学者推动的《中国上古史》编撰，拟定一百个题目，分属史前部分、殷商篇、两周篇，"敦请海内外硕学之士，专门名家，认题分撰"，到 1972 年出了第一本后，"数位参与工作之前辈先后谢世，其次各篇出版之计划遂致停顿"(《中国上古史待定稿》第一本序)，意味着这一工作实际是半途而废。直到 1985 年才推出第二本殷商篇和第三本两周篇之一"史实与演变"与第四本两周篇之二"思想与文化"，由 14 加 39 个单篇论文汇成，加上第一本史前部分 13 篇，总共为 66 篇，相当于 4 部论文集，称为《中国上古史》，有点名不副实，故特标名"待定稿"。1998 年又全部再版。

台湾严一萍毕生研究甲骨文，商史之述不辍，1987年逝世时留下的《殷商史记》遗稿，内容也仅只是几篇商王本纪，几个甲骨文排谱，以及天文、兵、刑法三志与妇好一传，不成体系，缺环甚多。台湾中国文化大学王仲孚叹台湾上古史园地"荒疏寂寞，老成凋谢，后继乏人"（《中国上古史研究专刊》2001年创刊号"发刊词"）。而中国社会科学院历史所胡厚宣生前曾一再申述要"写出一部以马克思列宁主义为指导的科学性强的《殷商史》专著"，也成为遗愿。

海外汉学界十分重视商代史的再建，大致经历了从早先对地下出土文字材料的热衷，转而分析文字的结构、王室的谱系，又渐渐扩展到商史研究诸方面。由于文化背景的不同，他们善于提出问题，热点颇多，视野较宽，撰述的力度和规模在逐步加大，在研究方法上以文献、考古、甲骨文等地下出土文字材料三位一体的趋势日益强化。

当年日本内藤虎次郎受王国维《殷卜辞中所见先公先王考》、《殷卜辞中所见先公先王续考》（上海学术丛编1917年）订补《殷本纪》世系的影响，1916—1917年在《艺文》杂志连刊《王亥》、《续王亥》、《再续王亥》三文，是文献与甲骨文相结合讨论商族先公较早的外国学者之一。此后日本白川静有《殷の世系——いはゆる六示について》（《说林》第5辑，1949年）、岛邦男有《卜辞中的先王称谓》（《甲骨学》第1卷第1号，1951年）、松丸道雄有《殷墟卜辞中的田猎地について——殷代国家构造研究のために》（《东洋文化研究所纪要》第31册，1963年）、《殷代王室的世系》（《世界史的研究》43，山川出版社1965年版）。

1957年贝塚茂树主编的《古代殷帝国》（东京みすず书房版），收入大岛利一《竜骨の秘密》、樋口隆康《殷人の故乡》、伊藤道治《地上と地下》、白川静《卜辞の世界》、内藤戊申《殷人の日日》，撰述者皆为著名学者。2000年日本白川静《甲骨文と殷史》（《白川静著作集》第4卷，日本平凡社），这是他长年来殷商史研究方面的论文汇编，收入《甲骨文の世界——古代殷王朝の构造》、《卜辞の世界》、《卜辞の本质》、《殷の社会》、《中国古代の共同体》、《殷の族形态——いはゆる亚字形款识について》、《殷の基础社会》、《殷代の殉葬と奴隶制》、《殷の王族と政治の形态》、《小臣考——殷代奴隶制社会说の一问题》等论文10篇。

20世纪60年代以来，日本天野元之助撰有《殷代の遗址矿产と交通》（《日本国际东方学者会议纪要》第6号，1961年）、松丸道雄撰有《殷墟卜

辞中の田猟地について——殷代国家構造研究のために》（《東洋文化研究所紀要》第 31 册，1963 年）和《甲骨文の実例を通して見た殷代の社会》（《世界史指南》第 74 卷第 1 号，1974 年）、伊藤道治著有《古代殷王朝のなぞ》（东京角川书店 1967 年版）与《中国古代王朝の形成》（东京创文社 1975 年版）、赤塚忠著《中国古代の宗教と文化——殷王朝の祭祀》（东京角川书店 1977 年版。序论甲骨学の発達と甲骨史料の時期区分、殷王朝における"河"の祭祀、殷王朝における"嵒"の祭祀、殷王朝における"土"の祭祀、甲骨文に見える神々：族神，高祖神，巫先，天神，上帝、殷王朝における上帝祭礼の復原、殷金文考释）、水上静夫著有《中国古代王朝消灭の謎》（东京雄山阁 1992 年版）、冈村秀典著有《中国古代王権と祭祀》（东京学生社 2005 年版）等，均是研究商史方面的力作。韩国则有尹乃铉著《商王朝史的研究》（汉城景仁文化社 1978 年版）。

1917 年英国 Lionel Charles Hopkins（金璋）发表 *Sovereign of Shang Dynasty*（商代之帝王），1922 年发表 *The Royal Genealogies on the Honan Relics and the Record of the Shang Dynasty*（河南遗物所载王室谱系和商朝的记录），藉甲骨文探讨商帝王世系，途径正确，惜所据材料有的却是伪刻。20 世纪 30 年代英国 H. E. Gibson（吉卜生）发表六文：*Hunting During the Shang Period*（商代田猎）、*Animals in the Writting of Shang*（商代文字中之动物）、*Agriculture in China During the Shang Period：from Information Collected from the Inscribed Shang Bone*（商代的农业——来自甲骨文的报告）、*Domesticated Animals of Shang and their Sacrifice*（商代的家畜和祭祀）、*Music and Musical Instrument of Shang*（商代的音乐和乐器），均是西方斯学的开启性论著。他在 1937 年撰 *Communication in China During the Shang Period*（商代之交通），是第一篇利用甲骨文研究商代交通的论作。

1970 年法兰克福威斯巴顿哈拉索维茨出版了德国 Chang Tsung-tung（张聪东）著 *Der Kult der Shang-Dynastie im Spiegel der Orakelinschriften：Eine paläographische Studie zur Religion im archaischen China*（《甲骨文所见商朝的祭祀——中国上古宗教之古文字学的研究》）、1977 年法国巴黎麦若诺夫出版公司出版了 Léon Vandermeersch（旺德迈）著 *Wangdao ou la voie royale：Recherches sur Iésprit des Institutions de la Chine Archaique*（《王道——中国古代制度的精神》）、1978 年美国加利福尼亚大学出版 David N. Keightley（吉德炜）著 *Sources of Shang History：The Oracle Bone In-*

scriptions of Bronze Age China（《商代史料——中国青铜时代的甲骨文》），均属于国外在商代史研究方面的名作。

此外，1980年美国耶鲁大学出版了Chang Kwang-chih（张光直）著 Shang Civilization（《商代文明》），该书提出通向商代的五个门径：1. 历史文献，2. 青铜器，3. 甲骨文，4. 考古学，5. 理论模式。1982年9月在美国檀香山东西方中心召开了国际商代文明讨论会（The International Conference on Shang Civilization，East-West Center，Honolulu，Hl.），会议论文见David N. Keightley（吉德炜）主编 The Origins of Chinese Civilization（《中国文明的起源》），1983年美国加利福尼亚大学出版。部分论文又由张光直选编入 Studies of Shang Archaeology：Selected Papers from the International Conference on Shang Civilization（《商代考古学研究：商代文化国际学术研讨会论文精选》），美国耶鲁大学1986年出版。1997年美国芝加哥大学Edward L. Shaughnessy（夏含夷）主编 New Sources of Early Chinese History：An Introduction to the Reading of Inscriptions and Manuscripts（《中国古史新资料：铭文、写本释读导论》），由古代中国研究会和加利福尼亚大学伯克利分校东亚研究所出版。全书共9篇，首篇为夏含夷写的"导论"，第二篇是David N. Keightley（吉德炜）撰《商代甲骨文》，可以了解西方学者研究中国甲骨文的现状、观点和方法。

1999年美国Michael Loewe（鲁惟一）、Edward L. Shaughnessy（夏含夷）主编 The Cambridge History of Ancient China：From the Origins of Civilization to 221 B.C.（《剑桥中国古代史——从文明起源到公元前221年》），该书商代部分有三位知名学者著述，华盛顿大学William G. Boltz（鲍则岳）撰 Language and Writing，专从古文献，普林斯顿大学Robert Bagley（白格立）撰 Shang Archaeology，专从商代考古学，加利福尼亚大学伯克利分校David N. Keightley（吉德炜）撰 The Shang：China's First Historical Dynasty，则以甲骨文为主要史料，考察商代史。该书由英国剑桥大学出版，显示了西方汉学界集体研究中国上古史的实力与成绩。但对于此书中的某些立场、方法或学说，上海大学谢维扬撰文《谁识庐山真面目——〈剑桥中国上古史〉读后》，（刊于2001年4月7日《文汇报》），持有批评意见。中国社会科学院考古所唐际根也在《读书》2002年第1期以《考古学、证史倾向、民族主义》为题，专门对白格立在 Shang Archaeology 中所持观点提出商榷。

2000年加利福尼亚大学柏克利东亚研究所中国研究中心出版了David

N. Keightley（吉德炜）著 The Ancestral Landscape: Time, Space, and Community in Late Shang China (ca. 1200—1045B.C.)（祖先的景观——晚商之时间、空间和社群），全书八章，就晚商气候、农业（农业时序与虫害）、时间制度（日神崇拜、天干地支记日系统和周祭系统）、地域制度（统治中心与外围地区、宇宙与方位观念）、社会群体（土地与居民、人与动物）、社会演进和殷遗等展开专题性研究。吉德炜注重于探讨商代人的思想观念如何影响当时社会生活中的各项制度及其相关的主体结构。对于史学界长期以来有关于商周奴隶制社会的大论战，他指出，甲骨文中并没有"奴隶"或"自由人"之类的词汇，也没有任何人被买卖的记录，不存在个人权利的法律概念，把甲骨文中某些人群定为奴隶，或把某个字读作"奴"，含着太多的理论介入。至于殷墟大墓大量殉人及人祭是否能说明奴隶制的问题，吉德炜认为，没有证据能证明殉人在生前曾经固定地从事劳动生产，当时社会并未大量使用奴隶劳动；殉人及人祭，只是墓主期望死后继续与这些人保持原有关系，应属于亲戚、女人、护卫、仆人、囚犯之类的依附者。吉德炜还认为，甲骨文中的"方"也包括了商政治范围内外的非商民族及敌对国家；而甲骨金文中的复合族氏名，透露出家族的分裂与联合。这些不同于传统学说的新见解，对于深入考察商代社会结构和国家性质甚具启迪意义，对于商代史重建工作的史学理论探讨也有推动价值。

2006年美国宾夕法尼亚大学（University of Pennsylvania）出版了圣路易斯市华盛顿大学中国艺术史和考古学专业 Robert L. Thorp（罗伯特·L.索普）著 China in the Early Bronze Age — Shang Civilization（青铜时代早期的中国——商文明），该书指出，20世纪上半叶汉学研究的重大突破之一是从考古学上确认了中国历史最早的王朝——商，在此后的50年里，中国考古学的各个领域都有长足的进展，特别是最近有关商文化、商族的祖先及其同时代文化的研究更为丰富，基于此，该书按青铜时代的黎明与建立为序，分别探讨了公元前2000年前后的二里头文化遗址和二里头物质文化与夏文化问题，以及二里岗文化遗址和二里岗时期的社会，介绍了安阳殷墟"大邑商"遗址和当时的资源与产品，并重点讨论了所谓"殷礼"，包括甲骨占卜习俗和宗教祭祀仪式、青铜礼器、晚商时代的社会关系与政治网络。此书成为西方又一部综述当今有关商文明知识的英文专著。

为推动断代史著《商代史》重建工作的进行，海内外许多学者前赴后继付出了极大心力，作了大量奠基性研究。必须指出，一百多年来甲骨文与商代史的许多专题研究，已经取得了相当大的成就，上万种甲骨学和殷商考古学著作，不仅推动着甲骨文与商代史研究得以达到今日的高峰，而且这些著作本身也和殷墟甲骨文及商代青铜彝铭一样，成为世界文化宝库中的珍贵财富。一百多年来，伴随着近代西学东渐和现代中国考古学的日益成熟，开辟了中国近现代学术史的新纪元。这些开拓进取和创造性劳动的结晶，凝聚着海内外几代无数学者的心力和锲而不舍探索的精神及其他们留给我们的宝贵文化财产，已为我们撰述大型《商代史》铺垫了坚实的基础。

二　地下新出古文字材料对商代史研究的推动

1899年殷墟甲骨文发现，传世及新出商周青铜彝铭和20世纪以来春秋战国秦汉简牍文书持续不断出土，对一些一度被怀疑为汉代以后杜撰的先秦典籍，正不断作出否定的反证，对研究上古社会历史文化具有不可估量的学术价值，足以推动学术研究的进步，而当今学术研究的进步，更赖地下出土古文字与古文献的持续增加而获得令人耳目一新的强大动力，也使甲骨学、金文学、简牍学等相关学科的研究业绩丰硕可观，进展态势强劲可喜，学术前景方兴未艾，造就了《商代史》重建工作的良好学术氛围。

举例来说，《左传》昭公十一年有"纣克东夷而陨其身"之说。这个东夷即甲骨文中的商代方国"夷方"，然其地望，莫衷一是，有山东之岛夷与淮夷说，有安徽北部说，有陕西说，有鲁北地区说，有鲁南费县境内说，还有在江汉地区说，等等。安阳民间藏两片甲骨文及新出一件铜盂铭文为考证夷方的地望提供了新契机。一片甲骨文为安阳民间高永杰藏，可与《合集》36182缀合，缀合后释文为：

丁巳王卜贞，禽巫九备，禺（遇）夷方率伐东或（国），东典东侯，曶夷方，妥余一［人，余］其比多侯，亡左自［上下］于斯示，余受有佑？王固曰：大吉。……彡，王彝在……（《辑佚》690附四）

另一片甲骨文云：

己未王卜贞，禽［巫九备，夷方伐东］或（国），典东侯，曶［夷方，余其比多侯］甾戈（践）夷方，亡［害才㦏］……（《辑佚》689）

上揭两片甲骨文内容可互补，记商王在丁巳日及后两天的己未日两次占卜，大意讲敌国夷方大肆侵犯殷的东方侯国领地，问要否册命东侯，及酋告宣布夷方的罪责，余将联合东侯一起践伐夷方，上下神示会保佑的。可知夷方乃位于殷东方地区。有推定夷方在山东北部淄水与潍一带（参见李学勤《论新出现的一片征夷方卜辞》、《商代夷方的名号和地望》，同载《文物中的古文明》，商务印书馆2008年版）。还有一件青铜盉出土于山东滕州前掌大18号商代墓，铭文云：

    夌禽夷方灉伯顽首毛，用乍父乙隩彝。史。（中国社会科学院考古研究所编著：《滕州前掌大墓地》，文物出版社2005年版，第303页）

这件青铜盉铭记夌擒获夷方灉伯。中国社会科学院考古研究所冯时认为，灉伯是夷方下属的一支。灉即《吕氏春秋·察今》："荆人欲袭宋，使人先表灉水。"灉水指今河南商丘县以东汳水下游故道获水。灉水故道于今河南商丘北上接汳水，东流经虞城、安徽砀山、萧县北，至江苏徐州北汇入泗水（冯时：《殷代史氏考》，《黄盛璋先生八秩华诞纪念文集》，中国教育文化出版社2005年版）。中国社会科学院历史所孙亚冰认为，灉伯活动地在灉水流域，夷方的范围更大些且早晚期有所变化，晚商稍早阶段控制范围至皖北及鲁南一带，遭商王多次征伐打击，势力逐渐退到鲁中至更北地区（孙亚冰：《甲骨文中的人方》，《东方考古》第4集，科学出版社2008年版）。

  2005年春夏之交，中国社会科学院考古研究所安阳工作队在安钢基建范围一座殷商晚期"中"字型大墓M11的发掘中，于墓室北部二层台上发现一条骨片刻辞，存16个文字用小绿松石镶嵌（见刘忠伏、孔德铭《安阳殷墟殷代大墓及车马坑》，《2005中国重要考古发现》，文物出版社2006年版），辞云：

    壬午，王迄于䜌麀（塞），狩田于麦麓，获兕，亚易（赐）……

此骨片刻辞与《殷契佚存》518、426著录的两件雕花嵌绿松石"宰丰骨栖"刻辞（又收入《甲骨文合集补编》第11300、11299片），应属同一记事，辞为：

> 壬午，王田于麦麓，获商戠兕，王易（赐）宰丰，寝小貼祝，在五月，隹王六祀彤日。

> 壬午，王田于麦麓，获……宰丰，寝小貼祝……

上揭两例骨作相对之形，盖取自同一兕骨制成一对梱。"商戠兕"指斑纹赤黄色兕。记帝乙六年五月彤祭的壬午日，商王在麦麓狩猎获色泽异常的猛兕，赏赐宰丰，出于旌功纪异，特用兕骨制成饮食礼器梱，铭以为纪。而新出骨片或取自兕的长肋骨，从刻辞知商王先曾驻跸于噩䴢的要地，因田猎而延入麦麓，赏赐时的出场人物还有亚官等，记事正可互补。

再如，上海博物馆藏战国简1200余枚，35000字以上，书题20余篇。马承源主编《上海博物馆藏战国楚竹书》，2001年至2008年由上海古籍出版社前后共出版了七批。

第一批中之《缁衣》简文：

> 《尹诰》员（云）：隹尹夋（躬）及康（汤），咸又（有）一德。（第3简）

此段文字亦见诸郭店楚简（《郭店楚墓竹简》，文物出版社1998年版，第17页《缁衣》简5）。《尹诰》述及所谓"伊尹作《咸有一德》"，见《尚书·书序》。伪古文尚书《咸有一德》云："惟尹躬暨汤，咸有一德"，与简文同，是知未必全伪确有所本。（今按，新出《清华大学藏战国竹简》壹有《尚书》佚篇《尹诰》、《尹至》。）

第二批中之《容成氏》第42简记述"汤王天下卅有一世而受作"，与《国语·晋语》"商之飨国三十一王"同。第45、46简记商末纣王"或为西（酒）池，厚乐于酉（酒），尃（溥）夜以为堇（淫），不听其邦之正（政），于是乎九邦畔（叛）之：丰、镐、郍、鼇、于、鹿、耆、宗（崇）、密须是（氏）"，可补证《礼记·文王世子》文王对武王讲述平抚西方九国，不是后人杜撰（参见沈建华《甲骨文中所见楚简"九邦"诸国》，王宇信、宋镇豪、孟宪武主编《2004年安阳殷商文明国际学术研讨会文集》，社会科学文献出版社2004年版）。《子羔》第10简"契之母又乃是（有仍氏）之女"，第11

简"观于伊而得之□品也,游于央台之上,又鹦监(衔)卵而阶(措)者(诸)其前,取而软之"。第12简"是契也,句(后)稷之母,有邰是(氏)之女也",可证《尚书中候》等相类似的殷商传说,是有所据的。

第五批简中的《竞建内之》第2、7、4、3、8简(参见陈剑《谈谈〈上博〉(五)的竹简分篇、拼合与编联问题》,武汉大学简帛网)云:

> 昔高宗祭,又(有)雉雊于彝前,诏祖己而昏(问)安(焉),曰:是可(何)也?祖己答曰:昔先君客(格)王,天不见禹(害),地不生孽,则祈者(诸)鬼神曰:天地盟(明)弃我矣。近臣不讦,远者不方(谤),则攸(修)者(诸)乡里。今此祭之得福者也。青(请)量之以嗌(益)汲。既祭之后,安(焉)攸(修)先王之灋。高宗命傅鸢(说)量之以祭。既祭,安(焉)命行先王之灋,发古(故)氻(助),行古(故)籍;发(废)籍者死,弗行者死。不出三年,狄人之怀(附)者七百邦。

《史记·殷本纪》有类似的记载:

> 帝武丁祭成汤,明日有飞雉登鼎耳而呴,武丁惧,祖己曰:王勿忧,先修政事。祖己乃训王曰:唯天监下,典厥义,降年有永有不永,非天夭民,中绝其命,民有不若德,不听罪,天既附命,正厥德,乃曰:其奈何。呜呼,王嗣敬民,罔非天继常祀,毋礼于弃道。武丁修政行德,天下咸驩,殷道复兴。

上博战国简《竞建内之》这段文字,讲述更为周细,如商王武丁为禳被"飞雉登鼎耳而呴"的祭祀,是由宰辅傅鸢(说)主持;"修政行德"是"修先王之法","发故氻(助),行故籍",实行民生关市财政改革;"殷道复兴",而有"狄人之怀(附)者七百邦"。两者内容可以互相补苴。

上博第三批中的《周易》58简,涉及34卦内容,1806字,每卦格式,依次为卦画、卦名、首符、卦辞与爻辞、尾符,是迄今所见最早的《周易》。

宋王与之《周礼订义》卷四二云:"卜用三龟,筮用三易。"所谓"三易",就是《周礼·春官》说的:"太卜掌三易之法,一曰连山,二曰归藏，三曰周易。"《帝王世纪》谓"庖牺氏作八卦，神农之为六十四卦，黄帝尧舜引而伸之，分为二易，至夏人因炎帝曰连山，殷人因黄帝曰归藏，文王广六十四卦，著九、六之爻，谓之周易"。《连山》、《归藏》、《周易》是三部古老的筮占汇集，《周易》今有传世本在。1973年长沙马王堆三号汉墓出土有帛书《周易》，1977年安徽阜阳双古堆汉墓也有《周易》残简发现，1978年湖北江陵天星观一号楚墓出土战国中期筮占竹简，1994年河南新蔡葛陵战国中期楚墓出土筮占竹简，以及上述1994年上海博物馆入藏战国晚期竹简《周易》，均可与传世本《周易》对照研究。

而《连山》、《归藏》两部古老的筮占书，汉代尚存。唐虞世南《北堂书钞》卷一〇一引汉桓谭《新论》云："《连山》藏于兰台，《归藏》藏于太卜。"兰台是汉代皇家藏书处，太卜是官署，两处藏有《连山》和《归藏》，但《汉书·艺文志》漏收。《隋书·经籍志》始著录晋薛贞注《归藏》十三卷。《梁书·元帝本纪》记梁元帝注《连山》三十卷。《新唐书·艺文志》著录《连山》十卷，司马膺注《归藏》十三卷。元马端临《文献通考》卷一百七十五《经籍考二》引宋郑樵说："《连山》，夏后氏易，至唐始出，今亡。"《连山》、《归藏》在汉魏时已不传，晋隋以来先后复出，被疑为伪书。在宋元间又先后失传，传世文献中或有佚文留存下来。其中《归藏》佚文散见于《太平御览》、李善注《文选》、郭璞注《山海经》等书所引，清人马国翰《玉函山房辑佚书》辑有《归藏》一卷。1993年湖北江陵王家台15号秦墓出土竹简，发现两种《归藏》抄本的残简394枚，总字数计4000余字，竟可与文献中《归藏》佚文内容相对照（参见王明钦《王家台秦墓竹简概述》，《新出简帛研究》，文物出版社2004年版），所谓晋隋以来伪书说，今又有重新检讨的必要了。且举八例，见表1：

表1　　　　　　　　　　　《归藏》一览表

	江陵王家台秦简《归藏》	传世《归藏》佚文
1	……恒我（嫦娥）曰：昔者女过（娲）卜，作为缄，而……（476）……兑曰：兑＝黄衣以生金，日月并出，兽……（334）	昔女娲筮，张云幕，枚占之曰：吉。昭昭九州，日月代极，平均土地，和合四国。（《太平御览》卷七八引）

续表

	江陵王家台秦简《归藏》	传世《归藏》佚文
2	……归妹曰：昔者恒我（嫦娥）窃毋死之□（药）……奔（奔）月，而支占之…（201+307）	昔常娥以不世（死）之药奔月。（《太平御览》卷九八四引《归藏经》）
3	一一一六一一。履曰：昔者羿射陼比庄石上，羿果射之，曰履……（461）	羿弹十日。（《尚书》正义引）
4	一一一一六一。同人曰：昔者黄啻与炎啻战……□（巫）咸。□（巫）咸占之曰：果哉，而有吝（咎）……（182+189）	昔黄帝与炎神争斗涿鹿之野，将战，筮于巫咸。巫咸曰：果哉，而有咎。（《太平御览》卷七九引）
5	六六六一六一。明夷曰：昔者夏后启卜乘飞龙以登于天，而支占……六六六六六六。□（寡）曰：不仁。昔者夏后启是以登天，啻弗良而投之渊寅，共工以□江……（501）	明夷曰：昔夏后启土（筮）：乘龙飞以登于天，皋陶占之曰：吉。（《太平御览》卷九二九引）夏后启筮：御龙以登于天，吉。（《山海经·海外西经》郭璞注引《归藏》）
6	一六一六六六。菩曰：昔者夏后启卜醑帝菩之虚，作为……（336）……昔者夏后启卜筋帝大陵上钩台，而支占夸陟，夸陟……	昔者夏后启筮：享神于大陵而上钩台，枚占皋陶曰：不吉。（《太平御览》卷八二引）夏后曰启筮，享神于晋之灵台，作璇台。（《太平御览》卷一七七引）昔者夏后启筮：享神于晋之墟，作为琼台，于水之阳。（马国翰《玉函山房辑佚书》《归藏》）
7	六一六六一一。节曰：昔者武王卜伐殷，而支占老考。老考占曰：吉□。（194）	武王伐纣，枚占耆老，耆老曰：吉。（《经义考》卷三引《归藏》）
8	六六六六一六。师曰：昔者穆天子卜出师，而支占……龙降于天，而……远，飞而中（冲）天，苍……（439）……朏曰：昔者效龙卜为上天，而支……（323）	昔穆王天子筮出于西征，卜吉，曰：龙降于天，而道里修远，飞而中（冲）天，苍其（苍）其羽。（《太平御览》卷八五引）穆王猎于戈之墅。（《太平御览》卷八三一）昔穆王子筮卦于禺强。（《庄子》释文引）

表1简本《归藏》八则筮占条文，与传世《归藏》佚文相对照，除了内

容相同或相近外，格式体例也基本相同。可见传世《归藏》实有所本，并非是无稽之谈。王家台秦简《归藏》还可以校订勘正传本《归藏》在长期传抄或古代口耳相传过程中，产生的文字错乱讹误和遗漏脱夺现象。

王家台秦简《归藏》条文还有：

六六一一六六。大过曰：昔者□（伊）小臣卜逃唐（汤），而枚占中虺。中虺占之曰：不吉。过元门言者……（523）

六一六一六一。蚩曰：昔者殷王贞卜其邦，尚毋有咎，而枚占巫咸。咸占之曰：不吉。蚩其席，投之松。蚩在北为犰……（213）

一一六一六六。渐曰：昔者殷王贞卜其邦，尚毋有咎，而枚占巫咸。咸占之曰：不吉不渐于……（335）

六一六六一一。节曰：昔者武王卜伐殷，而枚占老考。老考占曰：吉□。（194）

简文《归藏》涉及商殷史传。文献征引《归藏》佚文，也有此类传说。如：

昔桀伐唐，而枚占于荧。荧或曰：不吉，不利出征，惟利安处，彼狸为鼠。（《太平御览》卷八二引《归藏》）

昔者桀筮，伐悠，而枚占荧惑，曰：不吉。彼为狸，我为鼠，勿用作事，恐伤其父者也。（《太平御览》卷九一二引《归藏》）

显而易见，《归藏》有本自远古史影传说或夏商周三代的筮占材料，这对考察这部书的由来有重要历史文献学价值。

总之，殷墟甲骨文、传世及新出商周青铜彝铭和 20 世纪以来春秋战国秦汉简牍文书的地下考古新发现，造就学者从全新的视野进行科学的探索，由此孕育学术新天地，蔚然形成甲骨学、金文学、简牍学等崛起的专门属性的新学问和新学科，当然也使商史文献的不足及史料真伪莫定的困境得到了很大的改善。与此同时，当今的商代考古学研究的整体水平，亦已由遗物类型分析层面趋进到遗物功能及史学解析层面，有关遗址遗存的研究，其重心也每每转移留意于商代史领域。可以说，断代史著《商代史》重建工作的条件已经具备。

三　多卷本断代史著《商代史》的体例与内容

商代史研究，过去基本集中在政治、文化、宗教、经济、社会等某些单项或者稍多几个方面，不少商代史著作是属于上古通史之一部，而作为全方位整体性著述的断代史著《商代史》，却因种种原因，长期属于空白，成为重建古史系统之关键环节。组织科研力量，争取在21世纪之初拿出高档次、整体性的断代史著《商代史》，就显得十分迫切，也是学界所一直期待的，其学术意义显然毋庸多讲了。

1999年10月20日宋镇豪提出的多卷本《商代史》，被批准列为中国社会科学院历史所重点研究课题。2000年7月24日《商代史》经院务会议批准，被列为2000年度中国社会科学院重大A类科研课题（编号0016）。2001年6月21日又纳为国家社科基金项目（批准号01BZS004）。2000年8月在宋镇豪主持下，撰述工作正式启动，经过七年多时间的磨砺笔耕，这部700多万字的十一卷本《商代史》终于成稿。2006年12月14日完成结项验收，又通过了国家社科基金课题办及中国社会科学院科研局组织的全国同行专家匿名审查。

《商代史》课题组由13人组成，主要为中国社会科学院历史所甲骨文殷商史研究的学者群，适当吸收外校专家学者。课题负责人为先秦史室及中国社会科学院甲骨学殷商史研究中心主任宋镇豪研究员，参加者有王宇信研究员、杨升南研究员、罗琨研究员、常玉芝研究员、王震中研究员、江林昌教授、宫长为研究员、马季凡副研究员、徐义华博士、孙亚冰博士、林欢博士（已故）、韩江苏博士等。课题组既有资深老专家的学识经验，又充分发挥中青年学者的作用，课题组的群体研究实力较好保证了《商代史》著述的高质量完成。同时，本着"出成果，出人才"的理念，在树立精品意识的同时，通过课题的完成，也为历史所先秦室历练培养了一支高素质的科研人才团队。

本课题的主要目标是重建商代史，以填补断代史著上的空白，定位为全方位整体研究的大型多卷本断代史著，要涵盖商代史的主要方面，较传统断代史著有取舍古今的"建设性"开拓与突破，成为商代史重建工作的新方阵和新结晶。传统断代史体例，有的以本纪、世家、列传、表志为著述架构，有的按世系年代序次兴衰存亡，有的以考订典章制度损益因革的"典制体"

或所谓"实录"、"学案"、"长编"、"纲目"、"纪事本末"等为编纂义例，而现代又流行按政治、经济、文化三板块为撰述体例。本课题旨在用深刻的历史发展意识和现代认知尺度，会通多学科研究的有效手段，打破传统史著撰述模式，不泥古，不执今，不媚俗，立足于考据和实证，把握早商、中商、晚商的发展，注意纵向的历史演变，点、面结合，多层面多视角审察商代历史时空，宏中微观并举，典型分析取精用宏与综合研究相兼，量化与定性、动态与静态参合，架构既合乎商代历史真实又展示现代史识的合理可行的著述体例。

本课题的研究思路，确定《商代史》重建工作的体例与目标，必须是代表当代商史研究领域新水准的高档次学术论著，故有三方面的特色：

一是涵盖商代史的主要方面，题内应有者不可或缺，但更注重于研究领域的开拓与填补，称得上是商代史系统研究工作的新方阵和新结晶，而定位为全方位整体研究的商断代史著。

二是既突破传统断代史著的撰述体例模式，又充分考虑著述的可行性，以理论与史征相系，多层面多视角勾勒复杂纷纭、生动具体的历史表象，捕捉商代历史流程中的运作系列，总结其社会内在特征和时代演进规律。

三是集大成性、多学科性和后续性，在本学科发展的最前沿一线的高基点、高层位上完成著述工作，以后又能推动21世纪商代史研究继续向纵深领域发展。

采取的研究方法和途径主要有四点：

1. 对传世商史文献资料进行全面搜集、整理、研究和考订，给出其真正的商代信史价值。

2. 尽量利用甲骨文、金文、陶文、玉器契刻文字等近现代地下出土的商代文字材料（包括晚后的简帛文献材料），结合传世商代器物上的文字记录材料，作为商代史研究的重要依据。

3. 充分利用当代考古学新材料，进行典型和一般遗址、遗迹、墓葬、文化遗物的分析，从历史学视点详细考察其社会背景和文化背景，综合阐释，深入探究。

4. 强调跨学科性，整合甲骨金文学、古文字学、文献学、考古学、民族学、民俗学、人口学、文化人类学、历史地理学、经济学、天文学、古代科学技术史诸多学科的有效研究手段，集结众家学术研究成果，以获得商代史重建工作的高起点和新认识。

《商代史》由宋镇豪主编，初设为十卷本，最终完成为十一卷本，各分卷有各自的专题性范围，撰述体例注意保持一致，合成前后相贯的有机整体。分卷内容要旨如下：

卷一·商代史论纲 宋镇豪主笔（总序、第一章第二节、第三章、第八章第一至二节、第九章第五至八节），参与撰写的有江林昌（第一章第一节）、王震中（第二章）、徐义华（第四章）、韩江苏（第五章）、孙亚冰（第六章）、杨升南（第七章）、常玉芝（第八章）、罗琨（第九章）。为全书总纲，概述本书的著述体例，商代史研究的回顾，重建商代史的课题立项与意义，有关商代史的史料问题与研究方法，总叙商朝的历史年代、政治地理、社会人口规模与人口构成、国体与政体、行政区划、社会组织、社会形态、经济生活、文化信仰、周边方国及军制战争等。

卷二·《殷本纪》订补与商史人物徵 撰稿人韩江苏、江林昌。重点从《殷本纪》切入，辨析文献史料的真伪，考核商代信史成分，结合甲骨文金文材料，研究殷先公远世、先公近世及商王世系、殷王室结构，订补《殷本纪》史事史迹，增补甲骨文中商史人物传。

卷三·商族起源与先商社会变迁 撰稿人王震中。梳理整合历史文献与甲骨文、考古学材料，考订商族的发祥、起源和先商时期的迁徙问题，探析先商文化以及灭夏之前商族社会形态的演变。

卷四·商代国家与社会 撰稿人王宇信、徐义华。阐述商代社会性质、商王朝国体与政权结构形式、分封制与内外服制相兼的国家政治体制、社会等级分层、族氏家族组织机制，详细考察商代社会不同身份者的阶级属性和阶级矛盾，论述商王朝公共事务管理的具体运作、职官体系、刑狱法律等。

卷五·商代都邑 撰稿人王震中。全面搜汇、整理商代考古学材料，进行典型遗址分析和区系文化模拟，结合甲骨文金文与文献史料，分析商朝城邑的空间关系及城邑体系的分层结构形态与都邑文明，归纳理论上的把握系列。

卷六·商代经济与科技 撰稿人杨升南、马季凡。利用甲骨金文、文献资料与商代考古材料，就商代社会经济形态、经济基础、土地所有制、贫富分层差异等展开论述，考量商朝财政收支、方国经济、商业交换和商品货币状况，缕析商代农业、畜牧业、渔猎业、建筑业、青铜冶铸业、纺织业、陶瓷业、手工业管理，以及有关科技与天文历法（此部分由常玉芝执笔）等。

卷七·商代社会生活与礼俗 撰稿人宋镇豪。研探商朝礼制与社会生活礼俗的运作系列，以及统治者如何调节与规范社会行为准则。论述城邑生活与族居形态、建筑营造礼仪、宫室宅落建制、居住作息习俗、家族亲属关系、社会风尚等，考察商代衣食住行、农业信仰礼俗、人生俗尚、婚制婚俗、生育观念、养老教子、卫生保健与医疗俗信等，包括社会礼仪及礼器名物制度、服饰车马制度、文化娱乐、丧葬制度、甲骨占卜等。

卷八·商代宗教祭祀　撰稿人常玉芝。考察商代图腾残遗信仰，系统探研上帝及帝廷诸神、自然神、祖先神的三大宗教分野、神灵崇拜的代变、神灵权能和神性、祀所设置、人殉人祭，对甲骨文中的祭仪名类进行全面统计与分析，阐述王室周祭祀谱及有关祭仪和庙制，深入研究商代宗教信仰的社会学意义（如社会凝聚力、情感寄托、宗教功能等）和宗教祭祀活动的性质。

卷九·商代战争与军制　撰稿人罗琨。着重论述商朝开疆拓土经略、各个时期战争的性质、战争规模、战争手段、重大战争（如商汤灭夏、商代前期的夷夏交争、武丁对多方及拓疆南土的战争、武乙文丁伐召方、帝乙帝辛时伐夷方、牧野之战）的始末过程，甲骨文中几次重要战争行程的排谱，考订商代军制、军法和军礼、国防警卫、武装力量组织、兵种、武器装备、后勤保障、军事训练等。

卷十·商代地理与方国　撰稿人孙亚冰、林欢。论述商代自然生态和政治经济地理，重在缕析甲骨金文中农业地理、田猎地理、贡纳地理、交通地理史料，对商代诸侯方国进行搜汇和考述，与地下出土青铜器"族徽"地望及商代考古遗址相结合，阐述商代政治地理架构、人文地理结构演变和方国地望等。

卷十一·殷遗与殷鉴　撰稿人宫长为、徐义华。论述武王灭商、周公东征前后与商王朝退出历史舞台后有关殷遗民考古发现和文献记述，考察殷遗的遭遇与族组织结构的裂变，殷遗的社会政治地位，对周文化发展的作用，讨论所谓"殷鉴"及周人对商朝得失的评判，商周制度演绎与变革因素、其间的文化异同等。这是断代史著《商代史》的特笔，寻绎历史变化条理，总结历史经验，保证了断代史著《商代史》的整体性和完整性。

《商代史》著述，定位为全方位整体研究的大型多卷本原创性断代史著，各卷在写作体例上大致相同，注意"全"与"专"的把握，"全"是题内应有者都要设计到，"专"是在一些方面有突破，但也由于各分卷有其独立性的一面，各卷的撰稿人都有学术上的执著或个性，故存在着某些叙述内容的重复现象，甚至学术观点的相异处，尽管我们已经作了大量的协调，还多次召开过各类研讨交流意见会，也未必能够全部取得共识。然而，这却是严肃的学术成果所透出的一种科学求索精神，不必强求一致，应允许共识与个性并存。本课题要求把前人重要研究成果充分吸收进来，但事实上较难做好，特别是海外学者的学说，尤其如此，这均须有待加强。商代史还有诸多研究分支，限于出土文字资料的不足和考古发现方面的因素等，仍难展开，只能留待他日了。学术贵在求真，我们非常期待得到学界同仁的批评指正。

十一卷本《商代史》著述的完成，彻底改变了在商断代史专著方面的滞后状态，长期属于空白的领域得到填补，与大力弘扬中华五千年文明史正相应，了却我等中华学子责无旁贷的时代使命。

记得1983年《甲骨文合集》十三巨册出齐，著名甲骨学家胡厚宣先生有"二十七年梦想成现实"的感慨。现在我们也想抒发一下，如果以1921年胡适提出慢慢拉长中国上古史算起，可说是八十五年梦想成现实；缩短点，从《商代史》课题1999年立项到2007年全部完稿，是八年梦想终于成真，令人感系无任！

在这部十一卷的《商代史》即将出版之际，我们课题组不禁回想起过去八年中诚挚合作、共同著述、相互促进的难忘时日，也不免怀念曾经为本书付出过心血的已故林欢博士，浮起无限的惆怅和思绪。今作感怀诗云：

　　少壮拳拳灯色暗，
　　玄鬓岁月渐疏稀；
　　衡门卷穗吁时彦，（"卷穗"一词取意北宋欧阳修长短句"炉香卷穗灯生晕。急景流年都一瞬，往事前懽，未免萦方寸，腊后花期知渐近，东风已作寒梅信"。）
　　两代穷通歌式微。（《庄子》云："穷亦乐，通亦乐，所乐非穷通也，道德于此。"《吕氏春秋》云："动必缘义，行必诚义，俗虽谓之穷，通也。"）

但我们课题组又是非常幸运的，这部多卷本商断代史著，从一开始立项就得到了中国社会科学院暨历史研究所的积极支持与经费落实，得到国家社会科学基金办的资助，后又获得中国社会科学院文库出版基金的补贴。在这里，我们课题组全体同仁，衷心感谢国家社会科学基金办和中国社会科学院暨历史研究所对我们的支持！衷心感谢院科研局副局长王正、刘辉春同志和所科研处处长齐克琛同志对我们的信任与鼓励！衷心感谢给我们提供种种便利的中国社会科学院历史所图书馆的朋友们！衷心感谢曾给我们无私协助的各地文博单位及考古界的至朋好友们！衷心感谢所有对我们此项工作给予帮助和鞭策的海内外专家朋友们！我们还要深深感谢中国社会科学出版社对我们的厚爱，特别要铭记黄燕生编审为编辑出版这部书的前前后后过程中所倾注的那种真诚的敬业心、那种认真的踏实劲、那种难以言表的执著的责任感！十一卷本《商代史》能够顺利出版问世，首先应归功于以上诸界的专家朋友的热情关荷和支持，希望本书能成为我们一份诚挚的回报。

宋镇豪

2008年12月21日

于中国社会科学院甲骨学殷商史研究中心

商代史总细目

卷一 商代史论纲

卷二 《殷本纪》订补与商史人物徵
 绪论 关于《殷本纪》殷商世系及商族史迹的一般认识……(2.1)
  第一节 《殷本纪》对商代史研究的价值……(2.1)
   一 司马迁著述《殷本纪》的学术基础……(2.1)
   二 《殷本纪》史料的原始可靠性……(2.3)
   三 《殷本纪》叙事的真实性……(2.8)
  第二节 《殷本纪》的时代局限……(2.10)
   一 "焚书坑儒"与编纂《史记·殷本纪》资料的不全面……(2.11)
   二 "考信于六经"与《殷本纪》史料的片面性……(2.16)
  第三节 《殷本纪》订补的历史契机……(2.21)
   一 甲骨文、青铜器铭文、简牍帛书等出土文献与《殷本纪》订补……(2.22)
   二 考古发现遗址遗物与《殷本纪》订补……(2.24)
  第四节 要旨……(2.26)
 第一章 商族先公史略……(2.33)
  第一节 从黄帝到帝喾概述……(2.33)
   一 历史典籍黄炎世系概述……(2.34)
   二 神话传说的黄炎世系概述……(2.35)
  第二节 商族先公远祖……(2.42)
   一 帝喾……(2.43)
   二 契……(2.57)
   三 昭明、相土、昌若、曹圉……(2.64)

四　冥、亥(振)、恒 …………………………………………………… (2.65)

　第三节　商族先公近祖——上甲至示癸 ………………………………… (2.78)

　第四节　甲骨文中高祖河、岳、夒、季、娥、昌等祖神性格 ………… (2.89)

　　　一　河 ……………………………………………………………… (2.90)

　　　二　岳 ……………………………………………………………… (2.92)

　　　三　夒 ……………………………………………………………… (2.93)

　　　四　夋 ……………………………………………………………… (2.93)

　　　五　娥、昌、季、王吴等 ………………………………………… (2.93)

第二章　商前期诸王及其配偶纪略 ……………………………………………… (2.96)

　　　一　成汤·妣丙 …………………………………………………… (2.96)

　　　二　太丁·妣戊　外丙·妣甲　仲壬 …………………………… (2.118)

　　　三　太甲·妣辛 …………………………………………………… (2.123)

　　　四　沃丁　太庚·妣壬 …………………………………………… (2.128)

　　　五　小甲 …………………………………………………………… (2.129)

　　　六　太戊·妣壬 …………………………………………………… (2.131)

　　　七　雍己 …………………………………………………………… (2.133)

第三章　商中期诸王及其配偶纪略 ……………………………………………… (2.135)

　　　一　中丁·妣己、妣癸 …………………………………………… (2.135)

　　　二　外壬、河亶甲 ………………………………………………… (2.137)

　　　三　祖乙·妣己、妣庚 …………………………………………… (2.140)

　　　四　祖辛·妣甲 …………………………………………………… (2.143)

　　　五　沃甲·妣庚 …………………………………………………… (2.143)

　　　六　祖丁·妣庚、妣己 …………………………………………… (2.144)

　　　七　南庚 …………………………………………………………… (2.145)

　　　八　阳甲 …………………………………………………………… (2.146)

第四章　商后期诸王及其配偶纪略 ……………………………………………… (2.149)

　　　一　盘庚、小辛、小乙·妣庚 …………………………………… (2.149)

　　　二　武丁·妣辛、妣戊、妣癸 …………………………………… (2.153)

　　　三　祖(孝)己、祖庚、祖甲·妣戊 ……………………………… (2.159)

　　　四　(廪辛)、康丁·妣辛 ………………………………………… (2.163)

　　　五　武乙·妣戊 …………………………………………………… (2.164)

　　　六　文丁 …………………………………………………………… (2.166)

七　帝乙 …………………………………………… (2.168)
　　八　帝辛 …………………………………………… (2.169)
　　九　武庚禄父 ……………………………………… (2.177)
第五章　文献所见商王朝臣正纪略 ……………………… (2.179)
　第一节　商汤至祖乙时期臣正纪略 …………………… (2.179)
　　一　伊尹 …………………………………………… (2.179)
　　二　仲虺 …………………………………………… (2.203)
　　三　谊伯与仲伯 …………………………………… (2.205)
　　四　女鸠与女房 …………………………………… (2.205)
　　五　咎单 …………………………………………… (2.206)
　　六　伊陟、巫咸、臣扈、巫贤 …………………… (2.207)
　第二节　武丁时臣正纪略 ……………………………… (2.209)
　　一　傅说 …………………………………………… (2.209)
　　二　祖己 …………………………………………… (2.211)
　　三　甘盘 …………………………………………… (2.214)
　第三节　帝辛时臣正纪略 ……………………………… (2.215)
　　一　比干 …………………………………………… (2.215)
　　二　三公（九侯、鄂侯、西伯昌） ……………… (2.217)
　　三　商容、祖伊 …………………………………… (2.224)
　　四　微子 …………………………………………… (2.226)
　　五　箕子 …………………………………………… (2.233)
　　六　太师、少师 …………………………………… (2.236)
　　七　恶来、费仲、崇侯虎 ………………………… (2.238)
第六章　甲骨文所见商王朝臣正纪略 …………………… (2.242)
　第一节　先臣纪略 ……………………………………… (2.242)
　　一　黄尹、黄奭 …………………………………… (2.242)
　　二　学戊、蔑 ……………………………………… (2.252)
　　三　咸戊 …………………………………………… (2.256)
　第二节　武丁王朝以降重臣诸将纪略 ………………… (2.258)
　　一　望乘、师般、沚馘、雷、甫 ………………… (2.258)
　　二　妇好与妇井（妌） …………………………… (2.312)
　　三　子画、子商等 ………………………………… (2.338)

　　　　四　雀等 …………………………………………………… (2.398)
　　　　五　并等 …………………………………………………… (2.449)
　　第三节　其他臣正 ………………………………………………… (2.475)
　　　　一　侯等 …………………………………………………… (2.475)
　　　　二　伯等 …………………………………………………… (2.507)
第七章　贞人与卜官 …………………………………………………… (2.538)
第八章　商王朝史事徵 ………………………………………………… (2.581)
　　第一节　商朝前期史事 …………………………………………… (2.581)
　　　　一　网收三面与汤黜夏命 …………………………………… (2.581)
　　　　二　关于"伊尹放太甲于桐宫" …………………………… (2.586)
　　第二节　商朝中期的"比九世乱" ……………………………… (2.588)
　　　　一　九世之乱以前的历史发展状况 ………………………… (2.588)
　　　　二　九世之乱的经过 ………………………………………… (2.592)
　　　　三　九世之乱的后果 ………………………………………… (2.595)
　　　　四　九世之乱影响 …………………………………………… (2.596)
　　　　五　商朝王位继承制度的沿演与变革 ……………………… (2.597)
　　　　六　小结 ……………………………………………………… (2.598)
　　第三节　商朝后期史事 …………………………………………… (2.598)
　　　　一　盘庚治亳殷 ……………………………………………… (2.599)
　　　　二　"高宗雊雉"与甲骨文武丁时期史迹 ………………… (2.604)
　　　　三　关于祖甲改制 …………………………………………… (2.608)
　　　　四　武乙"射天"与猎于河渭 ……………………………… (2.611)
第九章　商朝的积年与诸王系年 ……………………………………… (2.614)
　　第一节　古文献中所见商朝积年与王年 ………………………… (2.614)
　　　　一　文献中所见商朝总积年 ………………………………… (2.614)
　　　　二　文献所见商诸王在位年 ………………………………… (2.615)
　　第二节　甲骨文、金文中的商代王年 …………………………… (2.617)
　　　　一　甲骨文中可资推算王年的日月食资料 ………………… (2.617)
　　　　二　甲骨文中有关王年的"年祀"资料 …………………… (2.630)
　　第三节　商朝积年及王年的新考订 ……………………………… (2.635)
　　　　一　武王克商年代研究 ……………………………………… (2.635)
　　　　二　商代后期年代学研究 …………………………………… (2.639)

三　商代前期年代学研究 …………………………………………… (2.650)
　　　四　商朝诸王系年拟合 ……………………………………………… (2.654)
　后记 ……………………………………………………………………… (2.661)

卷三　商族起源与先商社会变迁
　绪论 ……………………………………………………………………… (3.1)
　第一章　商族的起源 …………………………………………………… (3.7)
　　第一节　商族的发祥："契封商"与"契居蕃" ………………………… (3.7)
　　第二节　帝喾并非商之始祖 ………………………………………… (3.12)
　　第三节　有娀氏、高辛氏与商族缘起 ……………………………… (3.17)
　第二章　商族的早期迁徙 ……………………………………………… (3.26)
　　第一节　昭明居砥与迁商 …………………………………………… (3.26)
　　第二节　相土居"商丘" ……………………………………………… (3.30)
　　第三节　王亥迁殷与上甲微居邺 …………………………………… (3.32)
　　第四节　河伯和有易氏的居地及其与商之关系 …………………… (3.33)
　　第五节　八迁的范围不出冀南与豫北地区 ………………………… (3.37)
　第三章　商汤灭夏前的亳邑 …………………………………………… (3.40)
　　第一节　汤居亳诸说之辨析 ………………………………………… (3.40)
　　第二节　甲骨文亳邑与郼亳 ………………………………………… (3.61)
　第四章　先商的文化与年代 …………………………………………… (3.100)
　　第一节　关于先商文化的探讨 ……………………………………… (3.100)
　　第二节　先商文化与商先公先王的时段对应关系 ………………… (3.122)
　第五章　先商社会形态的演进 ………………………………………… (3.148)
　　第一节　商契至王亥时期的中心聚落形态 ………………………… (3.148)
　　第二节　上甲微至成汤时期的邦国形态 …………………………… (3.164)
　　第三节　成汤时期由邦国向王国的转变 …………………………… (3.172)
　后记 ……………………………………………………………………… (3.181)

卷四　商代国家与社会
　第一章　商代国家与社会在中国古代史上的地位 …………………… (4.1)
　　第一节　传统伪古史体系被推翻和新史学开篇的商王朝 ………… (4.1)
　　　一　"东周以上无史"的通史著作 ………………………………… (4.3)

二　以商朝作为中国历史开篇的通史著作 …………………… (4.6)
　　三　唯物史观指导下撰著的通史著作 ……………………… (4.10)
　第二节　商族社会的演进与上甲时商部族奴隶制方国的形成 … (4.21)
　　一　殷先公先王名号的变化与商族社会的演进 …………… (4.22)
　　二　灭夏前的商部族奴隶制方国的国家机器 ……………… (4.30)
　第三节　"殷革夏命"——商朝的建立与夏朝的灭亡 …………… (4.46)
　第四节　商朝国家机构的完善与发展 …………………………… (4.50)

第二章　商王是贵族统治阶级的最高首领 ……………………… (4.55)
　第一节　商王是商朝奴隶主阶级武装力量的最高统帅 ………… (4.57)
　　一　商朝是在对外的不断战争中建立和巩固的 …………… (4.59)
　　二　商王是武装力量的最高统帅 …………………………… (4.62)
　第二节　商王是商朝神权政治的体现者 ………………………… (4.69)
　　一　商王的"三通"——把持祭祀权的传统 ………………… (4.69)
　　二　甲骨文所见商王的"三通" …………………………… (4.72)
　第三节　商王是全国土地的最高所有者 ………………………… (4.108)
　　一　商王可去全国各地圈占土地 …………………………… (4.108)
　　二　商王有权处置贵族占有的土地 ………………………… (4.111)
　　三　商朝贵族使用的土地是商王封赐 ……………………… (4.113)

第三章　商朝的贵族统治阶级 …………………………………… (4.118)
　第一节　《史记·殷本纪》所载商朝贵族统治阶级 …………… (4.118)
　　一　王廷贵族 ………………………………………………… (4.118)
　　二　方伯、诸侯 ……………………………………………… (4.124)
　第二节　甲骨文所见商朝贵族统治阶级 ………………………… (4.127)
　　一　王朝诸妇 ………………………………………………… (4.128)
　　二　甲骨文所见王朝诸子 …………………………………… (4.149)
　　三　王朝贵族 ………………………………………………… (4.166)
　　四　贞人集团 ………………………………………………… (4.196)

第四章　商王朝的被统治阶级——甲骨文中的"人" …………… (4.211)
　第一节　商朝贵族统治阶级不是甲骨文的"人" ……………… (4.211)
　第二节　不以单位词计的群体人全为自由人 …………………… (4.213)
　　一　某地人 …………………………………………………… (4.214)
　　二　集体人 …………………………………………………… (4.216)

三　邑人 …………………………………………………………(4.217)
第三节　从甲骨文"单位词十人"看被统治阶级个人的
　　　　"人身自由"和"非人身自由"身份 ………………………(4.218)
　　一　有"人身自由"的人 ………………………………………(4.219)
　　二　非自由人的数字人 ………………………………………(4.220)
第四节　以单位词计的有不同名目的非自由人 …………………(4.221)
　　一　羌 …………………………………………………………(4.221)
　　二　伐 …………………………………………………………(4.225)
　　三　奚 …………………………………………………………(4.229)
　　四　戜 …………………………………………………………(4.230)
　　五　屯 …………………………………………………………(4.230)
　　六　仆 …………………………………………………………(4.232)
　　七　小臣 ………………………………………………………(4.234)
　　八　妾 …………………………………………………………(4.235)
　　九　䢼 …………………………………………………………(4.235)
　　十　㠯 …………………………………………………………(4.236)
　　十一　垂 ………………………………………………………(4.238)
　　十二　姬 ………………………………………………………(4.239)
　　十三　䂷 ………………………………………………………(4.240)
　　十四　夷 ………………………………………………………(4.240)
　　十五　㠯 ………………………………………………………(4.241)
　　十六　而 ………………………………………………………(4.244)
第五节　投入社会生产和生活领域的非自由人——奴隶 ………(4.246)
　　一　羌 …………………………………………………………(4.246)
　　二　仆 …………………………………………………………(4.251)
　　三　奚 …………………………………………………………(4.254)
　　四　㠯 …………………………………………………………(4.255)
第五章　商代社会的众和众人 ………………………………………(4.258)
第一节　众不是完全意义的自由人——从以单位词计说起 ……(4.259)
　　一　关于甲骨文中众与𤖤米 …………………………………(4.260)
　　二　关于㞢(又)众 ……………………………………………(4.262)
　　三　关于奎众 …………………………………………………(4.266)

四　关于隻众 …………………………………………………… (4.268)
　　　五　众不是完全失去生命保障的非自由人 ………………… (4.272)
　第二节　不以单位词计的众和众人有一定的人身自由 ………… (4.273)
　第三节　众和众人"御事"商王 …………………………………… (4.280)
　　　一　众与商王朝的军事行动 ……………………………… (4.281)
　　　二　众人与商王朝的农业生产 …………………………… (4.286)
　　　三　众人参加商王的田猎活动 …………………………… (4.289)
　第四节　众和众人与商贵族奴隶主的关系 ……………………… (4.290)
　　　一　王对众和众人的关心 ………………………………… (4.291)
　　　二　众和众人为"被排斥在宗族组织之外的商族平民" ……… (4.293)
第六章　商王朝的国家体制 ……………………………………… (4.296)
　第一节　商王朝的国家结构形式 ………………………………… (4.296)
　　　一　商代的王畿 …………………………………………… (4.296)
　　　二　商代的政治地理架构 ………………………………… (4.308)
　第二节　商王朝的国家管理形式 ………………………………… (4.311)
　　　一　分封制与内外服制的建立 …………………………… (4.311)
　　　二　商代对内服的管理 …………………………………… (4.322)
　　　三　商代的外服管理 ……………………………………… (4.333)
　　　四　邑与族 ………………………………………………… (4.363)
　　　五　商王朝统治格局的建立 ……………………………… (4.384)
　　　六　商王对人力物力的控制 ……………………………… (4.409)
　　　七　商王朝的公共事务管理 ……………………………… (4.418)
第七章　商王朝的职官制度 ……………………………………… (4.436)
　第一节　商王朝的内服官制度 …………………………………… (4.439)
　　　一　外廷官 ………………………………………………… (4.441)
　　　二　内廷官 ………………………………………………… (4.486)
　第二节　商代的用人制度 ………………………………………… (4.491)
　　　商王朝的用人原则 ………………………………………… (4.491)
　第三节　商王朝的外服职官制度 ………………………………… (4.515)
　　　一　外服官称谓系统 ……………………………………… (4.515)
　　　二　外服职官的设置与发展 ……………………………… (4.526)
　　　三　外服职官 ……………………………………………… (4.530)

第四节　外服官与中央王朝的联络与义务 …………………… (4.541)
　　一　商王与诸侯的联络 ……………………………………… (4.541)
　　二　诸侯对王朝的义务 ……………………………………… (4.543)
第五节　"方国联盟说"质疑 …………………………………… (4.549)
　　一　联盟说论据的再考订 …………………………………… (4.550)
　　二　商王与诸侯的关系 ……………………………………… (4.556)
第八章　商王朝的法律制度 …………………………………… (4.570)
第一节　"汤刑"与"汤法" ……………………………………… (4.570)
　　一　商代法律沿革 …………………………………………… (4.570)
　　二　商代法律的神权依据与施行 …………………………… (4.571)
　　三　商代法律的律条 ………………………………………… (4.579)
第二节　商代的刑罚 …………………………………………… (4.584)
　　一　肉刑——商代的五刑 …………………………………… (4.584)
　　二　徒刑 ……………………………………………………… (4.598)
第三节　商代法律的特点 ……………………………………… (4.600)
结语 ……………………………………………………………… (4.608)
后记 ……………………………………………………………… (4.613)

卷五　商代都邑

绪论　视点与方法 ……………………………………………… (5.1)
第一章　早商时期的王都 ……………………………………… (5.15)
第一节　早商王都的形成过程 ………………………………… (5.16)
　　一　郑州商城与偃师商城的考古文化分期 ………………… (5.16)
　　二　偃师商城的形成过程 …………………………………… (5.20)
　　三　郑州商城的形成过程 …………………………………… (5.37)
　　四　何谓王都 ………………………………………………… (5.48)
第二节　偃师商都的建制与功用 ……………………………… (5.56)
　　一　偃师商城的选址 ………………………………………… (5.56)
　　二　偃师商城的总体布局 …………………………………… (5.61)
　　三　偃师商城建筑的形制、技术与功用 …………………… (5.76)
第三节　早商时郑州商都的建制与功用 ……………………… (5.131)
　　一　郑州商城的选址、结构与布局 ………………………… (5.131)

  二 郑州商城宫室建筑的形制与功用 …………………… (5.142)
第二章 早商时期的地方城邑 ……………………………………… (5.148)
 第一节 湖北盘龙城 …………………………………………… (5.148)
  一 内城城垣、城壕与城门 …………………………… (5.149)
  二 宫殿建筑 …………………………………………… (5.152)
  三 外郭城及其相关遗址 ……………………………… (5.160)
  四 盘龙城兴建的年代及在商王朝中的地位 ………… (5.167)
 第二节 垣曲商城、东下冯商城和府城商城 ……………… (5.173)
  一 垣曲商城的地理位置、形制、布局与年代 ……… (5.173)
  二 垣曲商城的性质与地位 …………………………… (5.178)
  三 东下冯商城的位置、形制与年代和性质 ………… (5.181)
  四 府城商城的形制、年代与性质 …………………… (5.186)
第三章 中商时期的王都与迁徙 ……………………………………… (5.193)
 第一节 "中商文化"概念的意义及其相关问题 …………… (5.193)
  一 中商文化概念的几经变化 ………………………… (5.193)
  二 早商与中商的划界 ………………………………… (5.197)
  三 中商与晚商的划界 ………………………………… (5.200)
 第二节 典籍所见中商时期王都的迁徙 …………………… (5.203)
  一 仲丁迁隞 …………………………………………… (5.203)
  二 河亶甲迁相 ………………………………………… (5.206)
  三 祖乙迁邢 …………………………………………… (5.209)
  四 南庚迁奄 …………………………………………… (5.215)
  五 盘庚迁殷 …………………………………………… (5.219)
  六 迁都原因的考察 …………………………………… (5.223)
 第三节 考古所见中商时期的王都遗址 …………………… (5.227)
  一 中商时的郑州商城——隞都 ……………………… (5.227)
  二 郑州小双桥遗址的考古发现 ……………………… (5.246)
  三 小双桥遗址的离宫别馆性质 ……………………… (5.261)
第四章 晚商初期的王都与地方族邑 ………………………………… (5.265)
 第一节 洹北商城与盘庚迁殷 ……………………………… (5.265)
  一 洹北商城遗迹的年代分析 ………………………… (5.265)
  二 洹北花园庄晚期即盘庚至小乙时期 ……………… (5.268)

- 第二节　洹北商城王都的建制与功用 …………………………… (5.273)
  - 一　洹北商城的选址、布局与城墙 ……………………… (5.273)
  - 二　一号基址的形制与功用 ……………………………… (5.279)
- 第三节　藁城台西的邑落居址 …………………………………… (5.293)
  - 一　台西晚期居址的年代 ………………………………… (5.293)
  - 二　台西晚期居址房舍的形制与建筑技术 ……………… (5.295)
  - 三　台西晚期居址的布局与功用 ………………………… (5.308)

第五章　武丁以来的晚商殷都 ………………………………………… (5.312)
- 第一节　小屯殷都的范围及其形成过程 ………………………… (5.312)
  - 一　武丁和祖庚、祖甲时期的殷都范围 ………………… (5.312)
  - 二　廪辛至帝辛时期的殷都范围 ………………………… (5.317)
- 第二节　殷墟布局的族居特点 …………………………………… (5.318)
  - 一　宫殿区与王陵区 ……………………………………… (5.318)
  - 二　手工业作坊与族居 …………………………………… (5.335)
  - 三　其他族居遗址 ………………………………………… (5.340)
  - 四　殷墟布局的特点 ……………………………………… (5.348)
  - 五　殷都的族氏结构 ……………………………………… (5.353)
- 第三节　小屯宫殿宗庙的形制与年代 …………………………… (5.359)
  - 一　甲组基址 ……………………………………………… (5.359)
  - 二　乙组基址 ……………………………………………… (5.367)
  - 三　丙组基址 ……………………………………………… (5.386)
  - 四　宫殿区其他建筑基址 ………………………………… (5.395)

第六章　晚商方国都邑 ………………………………………………… (5.412)
- 第一节　三星堆方国都邑 ………………………………………… (5.413)
  - 一　三星堆文化的分期与城址的年代 …………………… (5.413)
  - 二　三星堆城址的布局与文化遗迹 ……………………… (5.415)
  - 三　三星堆的文化特色与中原文化的关系 ……………… (5.419)
- 第二节　吴城方国都邑 …………………………………………… (5.428)
  - 一　吴城文化的分期分类与吴城城址的年代 …………… (5.428)
  - 二　吴城城邑的布局及其重要遗迹 ……………………… (5.434)
  - 三　灿烂的吴城文化及其与中原的关系 ………………… (5.448)

第七章　商的王畿四土与都鄙结构 …………………………………… (5.459)

第一节　商代的王畿与四土及其"复合型"国家结构 …………… (5.459)
　　　一　早商与晚商时期的王畿范围 …………………………… (5.459)
　　　二　王畿与四土的关系及其"复合型"国家结构 …………… (5.465)
　　第二节　商代的都鄙邑落结构与商王的统治方式 …………… (5.486)
　　　一　侯伯方国内的都鄙邑落结构 …………………………… (5.486)
　　　二　商王畿内的都鄙邑落结构 ……………………………… (5.493)
　　　三　商代邑制结构与统治方式 ……………………………… (5.500)
后记 ………………………………………………………………… (5.512)

卷六　商代经济与科技

绪论 ………………………………………………………………… (6.1)
第一章　商人从事经济活动的自然环境 ………………………… (6.5)
　第一节　商人所处地域的地形、地貌 …………………………… (6.5)
　　　一　三面环山的天然屏障和资源优势 …………………… (6.8)
　　　二　众多的河流与湖沼 …………………………………… (6.14)
　　　三　商"王畿"的地貌 ……………………………………… (6.20)
　　　四　广阔的森林和草原 …………………………………… (6.22)
　第二节　商"王畿"的土壤条件 ………………………………… (6.24)
　　　一　山地黄土土壤 ………………………………………… (6.26)
　　　二　冲积平原土壤 ………………………………………… (6.30)
　第三节　商时期的气候和雨量 ………………………………… (6.33)
　　　一　商时期的气候 ………………………………………… (6.33)
　　　二　商时期的降雨量 ……………………………………… (6.44)
　　　三　干旱的威胁 …………………………………………… (6.53)
第二章　土地制度 ………………………………………………… (6.62)
　第一节　国家(或商王)对土地所拥有的权力 ………………… (6.62)
　　　一　商王可到全国各地圈占土地,建立田庄,经营农业 …… (6.63)
　　　二　商王称所垦辟的土地为"我田" ……………………… (6.65)
　　　三　商王对诸侯、方国和贵族所占有的土地拥有支配权 …… (6.65)
　　　四　商王以册封的形式将土地授予各级贵族 …………… (6.68)
　第二节　奴隶主贵族的土地权 ………………………………… (6.69)
　第三节　邑人(公社成员)的份地 ……………………………… (6.72)

第四节　商代"公社"——邑的性质 ……………………… (6.79)
第三章　作为经济基础的农业 …………………………………… (6.87)
　第一节　农业是商代社会经济中的一个主要部门 ……………… (6.87)
　　一　文献中所见商代农业 ………………………………………… (6.88)
　　二　产生于农业的历法 …………………………………………… (6.90)
　　三　纪年称谓所反映的农业信息 ………………………………… (6.92)
　　四　考古发掘出土大比重的农业生产工具 ……………………… (6.94)
　第二节　农作物种类 ………………………………………………… (6.96)
　　一　禾(粟)和秋 …………………………………………………… (6.97)
　　二　黍和穄(麇) …………………………………………………… (6.102)
　　三　麦(来) ………………………………………………………… (6.105)
　　四　荳(嘼)—豆 …………………………………………………… (6.109)
　　五　稻(秜) ………………………………………………………… (6.111)
　　六　高粱 …………………………………………………………… (6.113)
　第三节　农业生产工具 ……………………………………………… (6.116)
　　一　农业生产工具的质料 ………………………………………… (6.116)
　　二　农业工具的种类 ……………………………………………… (6.119)
　第四节　农业生产技术 ……………………………………………… (6.134)
　　一　对耕地的选择 ………………………………………………… (6.135)
　　二　清除耕地面上的草木 ………………………………………… (6.138)
　　三　垦荒(裒田) …………………………………………………… (6.139)
　　四　翻耕 …………………………………………………………… (6.143)
　　五　整理土地 ……………………………………………………… (6.150)
　　六　粪种 …………………………………………………………… (6.153)
　　七　播种 …………………………………………………………… (6.155)
　　八　田间管理 ……………………………………………………… (6.157)
　　九　收割 …………………………………………………………… (6.161)
　　十　脱粒 …………………………………………………………… (6.163)
　　十一　储藏 ………………………………………………………… (6.164)
　第五节　农业劳动者 ………………………………………………… (6.167)
　第六节　农业管理 …………………………………………………… (6.169)
　　一　农官的设置 …………………………………………………… (6.169)

二　商王亲自参与农业各环节的管理活动 ………………… (6.171)
第四章　成为独立经济部门的畜牧业 ……………………………… (6.176)
　第一节　畜牧业在商代社会经济中的地位 …………………… (6.176)
　　一　悠久的畜牧业传统 ……………………………………… (6.176)
　　二　建国后畜牧业的发展 …………………………………… (6.178)
　　三　畜牧业是商代一独立经济部门 ………………………… (6.181)
　第二节　家畜、家禽的种类 …………………………………… (6.182)
　　一　家畜的品种 ……………………………………………… (6.182)
　　二　家禽的种类 ……………………………………………… (6.197)
　第三节　畜牧业生产技术 ……………………………………… (6.199)
　　一　人工放牧 ………………………………………………… (6.200)
　　二　圈栏饲养 ………………………………………………… (6.201)
　　三　牲畜的阉割 ……………………………………………… (6.203)
　　四　对牲畜外形的观察 ……………………………………… (6.205)
　　五　对牲畜的保护 …………………………………………… (6.207)
　第四节　牧场的设置 …………………………………………… (6.210)
　　一　设于商王室畿内的牧场 ………………………………… (6.212)
　　二　在诸侯国境内的牧场 …………………………………… (6.217)
　第五节　畜牧生产的劳动者——刍 …………………………… (6.222)
　　一　刍的来源 ………………………………………………… (6.224)
　　二　刍的身份 ………………………………………………… (6.226)
　第六节　畜牧业的管理体制 …………………………………… (6.229)
　　一　牧官的设置 ……………………………………………… (6.230)
　　二　牧场管理者向王朝报告牧情 …………………………… (6.233)
　　三　商王对牧群的巡察 ……………………………………… (6.234)
　　四　对优者的奖赏 …………………………………………… (6.234)
第五章　补充肉食来源的渔猎活动 ………………………………… (6.237)
　第一节　狩猎所获禽兽种类 …………………………………… (6.237)
　　一　猎获的兽类动物 ………………………………………… (6.238)
　　二　捕获禽鸟的种类 ………………………………………… (6.250)
　第二节　狩猎技术 ……………………………………………… (6.253)
　　一　狩猎活动通称为"田" ………………………………… (6.254)

二　商人狩猎使用的具体方式 ……………………………………(6.256)
　第三节　狩猎活动的参加者和组织 …………………………………(6.271)
　　一　狩猎活动的参加者 ………………………………………………(6.272)
　　二　狩猎活动的组织 …………………………………………………(6.276)
　第四节　狩猎活动的经济效益 ………………………………………(6.281)
　　一　提供肉食品和手工业原料，是农牧业经济的补充 ………(6.281)
　　二　对农牧业的保护作用 …………………………………………(6.283)
　第五节　捕鱼活动 ……………………………………………………(6.285)
　　一　鱼类资源 …………………………………………………………(6.287)
　　二　捕鱼方法 …………………………………………………………(6.290)
　　三　对鱼类资源的保护 ……………………………………………(6.294)
第六章　发达的手工业 …………………………………………………(6.300)
　第一节　青铜冶铸业（上） ………………………………………(6.300)
　　一　青铜器的种类 …………………………………………………(6.300)
　　二　青铜器的合金成分 ……………………………………………(6.305)
　　三　铸造青铜器的矿料来源 ………………………………………(6.313)
　　四　铜矿的开采与冶炼 ……………………………………………(6.322)
　第二节　青铜冶铸业（下） ………………………………………(6.323)
　　一　型范的制造工艺 ………………………………………………(6.323)
　　二　青铜器铸造的工艺流程 ………………………………………(6.328)
　第三节　陶瓷业 ………………………………………………………(6.336)
　　一　陶器的质料与颜色 ……………………………………………(6.336)
　　二　日用陶器：泥质陶和夹砂陶 …………………………………(6.340)
　　三　白陶 ………………………………………………………………(6.349)
　　四　硬陶 ………………………………………………………………(6.350)
　　五　原始瓷器 …………………………………………………………(6.351)
　　六　陶窑和陶器的烧成温度 ………………………………………(6.354)
　第四节　建筑业 ………………………………………………………(6.358)
　　一　城垣的建筑 ……………………………………………………(6.358)
　　二　宫殿的建筑 ……………………………………………………(6.366)
　　三　民居建筑 ………………………………………………………(6.385)
　　四　村落的布局 ……………………………………………………(6.395)

第五节　纺织业 …………………………………… (6.396)
　　一　纺织物原料的种类 ……………………………… (6.398)
　　二　纺织技术 ……………………………………… (6.402)
　　三　织机 …………………………………………… (6.409)
　　四　染色 …………………………………………… (6.410)
第六节　玉器制造 …………………………………… (6.411)
　　一　玉器的种类 …………………………………… (6.414)
　　二　商代玉器的原料产地 ………………………… (6.417)
　　三　制玉工艺 ……………………………………… (6.420)
　　四　制玉作坊 ……………………………………… (6.427)
第七节　骨角牙器制造 ……………………………… (6.428)
　　一　广泛使用的骨制品 …………………………… (6.428)
　　二　骨器制造作坊 ………………………………… (6.434)
　　三　制造骨器的材料 ……………………………… (6.436)
　　四　制造骨器的工具 ……………………………… (6.436)
　　五　制造骨器的工艺流程 ………………………… (6.438)
　　六　角器的制造 …………………………………… (6.439)
　　七　牙器的制造 …………………………………… (6.440)
第八节　手工业劳动者及管理 ……………………… (6.444)
　　一　手工业劳动者——工 ………………………… (6.444)
　　二　手工业的管理 ………………………………… (6.445)

第七章　活跃的商业 ………………………………………… (6.448)
　第一节　商代社会的分层及贫富差异 ………………… (6.449)
　第二节　社会分工的深化与城市的发展 ……………… (6.451)
　　一　社会分工的深化 ……………………………… (6.452)
　　二　城市的发展 …………………………………… (6.455)
　第三节　社会各阶层在商品交换中所处的地位和作用 … (6.459)
　　一　奴隶阶级 ……………………………………… (6.460)
　　二　国王及王室成员 ……………………………… (6.460)
　　三　奴隶主贵族 …………………………………… (6.461)
　　四　平民 …………………………………………… (6.462)
　第四节　贝是商代的货币 ……………………………… (6.466)

	一	贝所具的价值尺度职能 ………………………………………	(6.467)
	二	贝的支付手段职能 ……………………………………………	(6.468)
	三	贝的流通手段职能 ……………………………………………	(6.470)
	四	贝的储藏职能 …………………………………………………	(6.472)

第八章 商代的财政制度 ……………………………………………… (6.476)

第一节 财政收入 ………………………………………………… (6.477)
  一 甲骨文中有关贡纳活动的用语 ……………………… (6.478)
  二 贡物的种类 ……………………………………………… (6.482)

第二节 财政支出 ………………………………………………… (6.498)
  一 商王及其后妃的消费 …………………………………… (6.500)
  二 王宫戍卫及杂役人员的费用 …………………………… (6.501)
  三 军事方面的支出 ………………………………………… (6.502)
  四 对王室直属产业中劳动者的生活供给 ……………… (6.502)
  五 对死者的丧葬费用 …………………………………… (6.503)
  六 祀神的费用 …………………………………………… (6.505)
  七 对贵族、官吏的飨宴 ………………………………… (6.511)
  八 赏赐的费用 …………………………………………… (6.516)

第九章 商代方国经济（上）………………………………………… (6.519)

第一节 晋地诸方国经济 ………………………………………… (6.520)
  一 农业、家畜饲养及渔猎经济 ………………………… (6.521)
  二 青铜器铸造业 ………………………………………… (6.529)
  三 陶器制造 ……………………………………………… (6.539)
  四 建筑技术 ……………………………………………… (6.544)
  五 盐业生产 ……………………………………………… (6.551)
  六 其他手工业 …………………………………………… (6.553)
  七 商品交换 ……………………………………………… (6.554)

第二节 渭河流域的诸方国经济 ………………………………… (6.556)
  一 渭河流域的商时期文化及其方国 …………………… (6.556)
  二 商时期渭河流域诸方国的农业 ……………………… (6.562)
  三 家畜饲养和渔猎经济 ………………………………… (6.570)
  四 青铜器制造业 ………………………………………… (6.577)
  五 陶器制造业 …………………………………………… (6.583)

  六　建筑技术 …………………………………………… (6.592)
  七　其他手工业 ………………………………………… (6.599)
 第三节　北土诸方国经济 ………………………………… (6.601)
  一　北土诸方国的农业、家畜饲养及渔猎活动 ……… (6.603)
  二　青铜器制造业 ……………………………………… (6.612)
  三　陶器制造业 ………………………………………… (6.622)
  四　建筑技术 …………………………………………… (6.632)
  五　纺织业 ……………………………………………… (6.639)
 第四节　东夷诸方国经济 ………………………………… (6.642)
  一　农业 ………………………………………………… (6.646)
  二　家畜饲养 …………………………………………… (6.650)
  三　手工业 ……………………………………………… (6.654)
  四　商品经济——贝 …………………………………… (6.662)
第十章　商代方国经济（下） ………………………………… (6.665)
 第一节　两湖地区的商时期方国经济 …………………… (6.665)
  一　农业、家畜饲养和渔猎活动 ……………………… (6.667)
  二　青铜器铸造 ………………………………………… (6.670)
  三　铜矿的开采和冶炼 ………………………………… (6.678)
  四　陶瓷器制造 ………………………………………… (6.682)
  五　建筑技术 …………………………………………… (6.686)
  六　其他手工业 ………………………………………… (6.692)
 第二节　赣鄱地区的商时期方国经济 …………………… (6.693)
  一　农业、家畜饲养和渔猎经济 ……………………… (6.694)
  二　青铜器铸造 ………………………………………… (6.699)
  三　铜矿的开采 ………………………………………… (6.708)
  四　陶瓷器制造 ………………………………………… (6.717)
  五　建筑技术 …………………………………………… (6.720)
  六　玉器制造 …………………………………………… (6.723)
 第三节　商时期蜀国的经济 ……………………………… (6.726)
  一　商代甲骨文中的蜀与四川的三星堆文化 ………… (6.727)
  二　蜀国的农业、家畜饲养和渔猎 …………………… (6.735)
  三　青铜器铸造 ………………………………………… (6.740)

四　金器制造 …………………………………………… (6.752)

　　五　玉、石器制造 ………………………………………… (6.755)

　　六　陶器制造 …………………………………………… (6.761)

　　七　建筑技术 …………………………………………… (6.763)

　　八　纺织业 ……………………………………………… (6.767)

　　九　关于制盐业 ………………………………………… (6.769)

　　十　商品交换 …………………………………………… (6.772)

第十一章　商代的天文与历法 ………………………………… (6.774)

　第一节　甲骨文天象记录的证认 …………………………… (6.774)

　　一　甲骨文的月食刻辞 ………………………………… (6.774)

　　二　关于卜辞中的"星" ………………………………… (6.779)

　第二节　殷商时期的历法 …………………………………… (6.782)

　　一　关于历日的研究 …………………………………… (6.783)

　　二　关于历月的研究 …………………………………… (6.798)

　　三　关于历年的研究 …………………………………… (6.806)

后记 ………………………………………………………………… (6.815)

卷七　商代社会生活与礼俗

绪论 ………………………………………………………………… (7.1)

第一章　居住礼俗 ………………………………………………… (7.10)

　第一节　度地立邑 …………………………………………… (7.10)

　　一　王邑 ………………………………………………… (7.14)

　　二　方国邑 ……………………………………………… (7.19)

　　三　诸侯臣属邑 ………………………………………… (7.25)

　　四　普通族邑 …………………………………………… (7.30)

　第二节　房屋建筑名类和建筑礼俗 ………………………… (7.34)

　　一　建筑物用语 ………………………………………… (7.34)

　　二　建筑营造仪式 ……………………………………… (7.43)

　　三　定其人神所居 ……………………………………… (7.52)

　　四　殷人祀门之礼 ……………………………………… (7.63)

　第三节　居所设施和作息生活 ……………………………… (7.67)

　　一　宫室与贵族宅落建制 ……………………………… (7.67)

二　族居形态 …………………………………………………… (7.78)
　　三　住宅生活起居 ……………………………………………… (7.81)
　　四　纪时制 ……………………………………………………… (7.88)
第二章　饮食礼俗 …………………………………………………… (7.109)
　第一节　商代人的食品 …………………………………………… (7.109)
　　一　谷类粮食 …………………………………………………… (7.109)
　　二　肉食、水产和蔬果 ………………………………………… (7.124)
　　三　饮料——酒的酿制与品种 ………………………………… (7.137)
　第二节　烹饪俗尚 ………………………………………………… (7.146)
　　一　粮食加工和食品储藏 ……………………………………… (7.146)
　　二　食品的烹制 ………………………………………………… (7.151)
　　三　调味品 ……………………………………………………… (7.157)
　第三节　器用名物制度 …………………………………………… (7.161)
　　一　饮食用器 …………………………………………………… (7.161)
　　二　进食方式和餐具 …………………………………………… (7.165)
　　三　名物礼器 …………………………………………………… (7.177)
　第四节　食政与食礼 ……………………………………………… (7.214)
　　一　饮食心态 …………………………………………………… (7.214)
　　二　筵席宴飨 …………………………………………………… (7.220)
　　三　合族聚食 …………………………………………………… (7.239)
　第五节　饮食业 …………………………………………………… (7.242)
第三章　服饰制度 …………………………………………………… (7.251)
　第一节　服饰品位 ………………………………………………… (7.252)
　　一　服饰品类 …………………………………………………… (7.252)
　　二　衣料质地和纹样色调 ……………………………………… (7.259)
　第二节　人体衣着打扮 …………………………………………… (7.264)
　　一　服饰样式 …………………………………………………… (7.264)
　　二　冠制与冠式 ………………………………………………… (7.277)
　　三　发型与头饰 ………………………………………………… (7.283)
　　四　履制 ………………………………………………………… (7.292)
　第三节　服饰的地域性风格 ……………………………………… (7.296)
　　一　三星堆人像的服饰 ………………………………………… (7.296)

  二 金沙遗址出土人像的服饰 …………………………………… (7.304)
 第四节 商代服饰的观念形态 ……………………………………… (7.307)
第四章 交通出行 ………………………………………………………… (7.309)
 第一节 道路交通 ………………………………………………… (7.309)
 第二节 殷商的路政 ……………………………………………… (7.312)
  一 路守据点 ……………………………………………………… (7.313)
  二 旅舍"羁" ……………………………………………………… (7.316)
  三 驿传与驿站 …………………………………………………… (7.317)
 第三节 出行方式和交通工具 …………………………………… (7.321)
  一 徒步出行 ……………………………………………………… (7.321)
  二 乘车 …………………………………………………………… (7.322)
  三 骑马 …………………………………………………………… (7.341)
  四 商人服象 ……………………………………………………… (7.346)
 第四节 水上交通 ………………………………………………… (7.348)
  一 过河、桥梁与渡津 …………………………………………… (7.348)
  二 水行载舟 ……………………………………………………… (7.351)
第五章 农业礼俗 ………………………………………………………… (7.358)
 第一节 农业生产礼俗 …………………………………………… (7.358)
 第二节 农业信仰礼俗 …………………………………………… (7.365)
  一 农业御灾礼俗 ………………………………………………… (7.365)
  二 "告秋"与"告麦"礼俗 ………………………………………… (7.391)
  三 农业登尝礼俗 ………………………………………………… (7.394)
第六章 婚姻礼俗 ………………………………………………………… (7.399)
 第一节 商代婚制 ………………………………………………… (7.399)
  一 一夫一妻婚制 ………………………………………………… (7.399)
  二 多妣多妇的命名和变态婚制 ………………………………… (7.403)
  三 贵族的政治婚姻 ……………………………………………… (7.414)
  四 婚娶礼仪 ……………………………………………………… (7.420)
 第二节 生育和子息 ……………………………………………… (7.428)
  一 男女婚龄 ……………………………………………………… (7.428)
  二 玄鸟生商 ……………………………………………………… (7.429)
  三 求生风习 ……………………………………………………… (7.432)

四　名子礼俗 …………………………………………………… (7.437)
　　　五　多子的受氏标志 …………………………………………… (7.442)
　第三节　亲属称谓 ………………………………………………… (7.445)
　第四节　冥婚观念 ………………………………………………… (7.451)

第七章　人生俗尚 ……………………………………………………… (7.453)
　第一节　尚武尚勇 ………………………………………………… (7.453)
　第二节　学校教学和养老教子 …………………………………… (7.456)
　第三节　弓矢竞射礼 ……………………………………………… (7.468)
　第四节　歌舞娱乐 ………………………………………………… (7.477)
　　　一　殷人尚声 ………………………………………………… (7.477)
　　　二　礼乐序政 ………………………………………………… (7.490)
　第五节　卫生俗尚 ………………………………………………… (7.500)
　　　一　环境卫生 ………………………………………………… (7.500)
　　　二　饮食卫生 ………………………………………………… (7.505)
　　　三　清洁卫生保健 …………………………………………… (7.508)

第八章　疾患和梦幻 …………………………………………………… (7.512)
　第一节　病征的识明 ……………………………………………… (7.512)
　　　一　疾患类别 ………………………………………………… (7.512)
　　　二　病情观察 ………………………………………………… (7.534)
　第二节　巫医交合 ………………………………………………… (7.539)
　　　一　巫术作医 ………………………………………………… (7.539)
　　　二　医疗的俗信 ……………………………………………… (7.546)
　第三节　梦幻与占梦 ……………………………………………… (7.550)
　　　一　梦兆迷信 ………………………………………………… (7.550)
　　　二　殷人睡眠中的梦景梦象 ………………………………… (7.551)
　　　三　梦魂与梦因观念 ………………………………………… (7.557)
　　　四　占梦与释梦 ……………………………………………… (7.558)
　　　五　禳梦行事 ………………………………………………… (7.562)

第九章　丧葬礼俗 ……………………………………………………… (7.565)
　第一节　丧礼与葬具 ……………………………………………… (7.565)
　第二节　含贝玉与握贝 …………………………………………… (7.577)
　第三节　墓地设置 ………………………………………………… (7.580)

第四节　殷墟王陵区 ……………………………………… (7.583)
　　第五节　宗庙祭祖礼 ……………………………………… (7.587)
　第十章　占卜礼俗 …………………………………………… (7.595)
　　第一节　甲骨占卜礼程 …………………………………… (7.595)
　　　一　甲骨的取用 ………………………………………… (7.596)
　　　二　甲骨的整治 ………………………………………… (7.601)
　　　三　甲骨钻凿形态 ……………………………………… (7.603)
　　　四　占卜内容的写刻与甲骨后处理 …………………… (7.605)
　　第二节　甲骨文类别 ……………………………………… (7.607)
　　　一　甲骨卜辞 …………………………………………… (7.607)
　　　二　与甲骨占卜有关的记事刻辞 ……………………… (7.613)
　　　三　其他刻辞 …………………………………………… (7.621)
　　第三节　甲骨占卜法 ……………………………………… (7.630)
　　　一　一事多卜 …………………………………………… (7.630)
　　　二　习卜 ………………………………………………… (7.632)
　　　三　三卜制 ……………………………………………… (7.635)
　　第四节　小石子数占与筮占风习 ………………………… (7.644)

卷八　商代宗教祭祀

　绪论 …………………………………………………………… (8.1)
　第一章　宗教的起源与商人图腾崇拜的遗迹 ……………… (8.4)
　　第一节　宗教的起源 ……………………………………… (8.4)
　　第二节　商人宗教的起源——图腾崇拜的遗迹 ………… (8.6)
　第二章　上帝及帝廷诸神的崇拜 …………………………… (8.26)
　　第一节　上帝的权能 ……………………………………… (8.28)
　　　一　上帝主宰气象 ……………………………………… (8.28)
　　　二　上帝支配年成 ……………………………………… (8.38)
　　　三　上帝左右城邑安危 ………………………………… (8.44)
　　　四　上帝左右战事胜负 ………………………………… (8.50)
　　　五　上帝左右商王福祸 ………………………………… (8.57)
　　第二节　帝廷的组织 ……………………………………… (8.61)
　第三章　自然神崇拜 ………………………………………… (8.69)

第一节　风神崇拜 …………………………………………… (8.69)
　　第二节　云神崇拜 …………………………………………… (8.73)
　　第三节　雨神崇拜 …………………………………………… (8.79)
　　第四节　日神崇拜 …………………………………………… (8.92)
　　第五节　四方神崇拜 ………………………………………… (8.100)
　　　一　四方神名及四方风神名 ……………………………… (8.100)
　　　二　四方神崇拜 …………………………………………… (8.108)
　　　三　单祭某方神 …………………………………………… (8.115)
　　　四　合祭诸方神 …………………………………………… (8.123)
　　第六节　东母、西母的崇拜与祭祀 ………………………… (8.127)
　　　一　对东母的崇拜与祭祀 ………………………………… (8.127)
　　　二　对西母的崇拜与祭祀 ………………………………… (8.128)
　　　三　合祭东母、西母 ……………………………………… (8.129)
　　第七节　土地神崇拜与社祀 ………………………………… (8.132)
　　第八节　其他自然神崇拜与祭祀 …………………………… (8.150)
　　　一　巫神崇拜与祭祀 ……………………………………… (8.150)
　　　二　"四戈"崇拜与祭祀 …………………………………… (8.153)
　　　三　鸟崇拜与祭祀 ………………………………………… (8.156)
　　　四　山崇拜与祭祀 ………………………………………… (8.159)
　　　五　川崇拜与祭祀 ………………………………………… (8.163)
　　　六　其他自然物的崇拜 …………………………………… (8.166)
　　第九节　考古发现的商代自然神崇拜遗迹 ………………… (8.168)
　　　一　三星堆一号祭祀坑 …………………………………… (8.168)
　　　二　三星堆二号祭祀坑 …………………………………… (8.169)
第四章　祖先神的崇拜与祭祀 ………………………………… (8.173)
　　第一节　高祖神的崇拜与祭祀 ……………………………… (8.173)
　　　一　河神、岳神的神性与祭祀 …………………………… (8.173)
　　　二　其他高祖神的祭祀 …………………………………… (8.193)
　　第二节　先公、先王的崇拜与祭祀 ………………………… (8.210)
　　　一　对先公的崇拜与祭祀 ………………………………… (8.210)
　　　二　对先王的崇拜与祭祀 ………………………………… (8.227)
　　第三节　先妣的崇拜与祭祀 ………………………………… (8.345)

第五章　大示、小示、上示、下示、它示等的分指 …… (8.360)
 第一节　大示、小示 …… (8.360)
 第二节　上示、下示 …… (8.375)
 第三节　它示、㞢示、龜示、元示、二示、次示 …… (8.378)
 第四节　"若干示"的示例 …… (8.385)

第六章　对异族神的祭祀 …… (8.399)
 一　对伊尹的祭祀 …… (8.399)
 二　对伊奭的祭祀 …… (8.408)
 三　对黄尹的祭祀 …… (8.409)
 四　对黄奭的祭祀 …… (8.413)
 五　对咸戊的祭祀 …… (8.416)

第七章　商人宗教祭祀的种类 …… (8.420)
 第一节　祭名的统计与分类 …… (8.420)
  一　祭名的统计 …… (8.420)
  二　祭名的分类 …… (8.423)
 第二节　商人系统祭祀的个案研究 …… (8.427)
  一　周祭制度及其规律的认识 …… (8.427)
  二　祊祭卜辞的祭祀规则 …… (8.468)

第八章　祭地与祀所 …… (8.480)
 第一节　内祭与外祀场所 …… (8.480)
  一　先公、先王、先妣的宗庙 …… (8.480)
  二　集合的宗庙 …… (8.511)
 第二节　考古发现的商邑祭祀遗迹 …… (8.518)
  一　商代早期城邑——郑州商城、偃师商城的祭祀遗迹 …… (8.519)
  二　商代中期城邑——郑州小双桥的祭祀遗迹 …… (8.525)
  三　商代晚期城邑——殷墟的祭祀遗迹 …… (8.528)

第九章　商代宗教的性质和社会作用 …… (8.537)
 第一节　商代宗教的性质 …… (8.537)
 第二节　商代宗教的社会作用 …… (8.553)

后记 …… (8.563)

卷九　商代战争与军制

第一章　成汤灭夏的战争 …………………………………… (9.1)
第一节　夏商之际的历史大势 ………………………………… (9.1)
一　夏后氏及其主要与国的兵要地理 ……………………… (9.2)
二　商族的崛起与夏商力量对比的消长 …………………… (9.13)
第二节　成汤灭夏 ……………………………………………… (9.23)
一　成汤伐夏的准备与谋略 ………………………………… (9.23)
二　鸣条之战 ………………………………………………… (9.40)
三　商王朝的建立 …………………………………………… (9.64)

第二章　商代前期的战争 …………………………………… (9.69)
第一节　夷夏交争 ……………………………………………… (9.69)
一　夷夏交争的历史回顾 …………………………………… (9.70)
二　仲丁伐蓝夷 ……………………………………………… (9.76)
第二节　开疆拓土 ……………………………………………… (9.80)
一　经略"有夏之居" ………………………………………… (9.89)
二　开拓四土 ………………………………………………… (9.94)

第三章　商代后期的战争（上） …………………………… (9.108)
第一节　商代后期历史大势与武丁征伐分期研究 …………… (9.108)
一　武丁中兴及其后的发展 ………………………………… (9.109)
二　武丁时期征伐卜辞分期研究 …………………………… (9.114)
第二节　振兴王朝的战争 ……………………………………… (9.125)
一　戋宙、征基方岳 ………………………………………… (9.125)
二　伐㠱、执豆 ……………………………………………… (9.140)
三　敦𢀛、戠周与其他小规模用兵 ………………………… (9.156)
第三节　武丁对多方的战争 …………………………………… (9.172)
一　对夷、巴、龙、下危诸方之战 ………………………… (9.172)
二　拓疆南土 ………………………………………………… (9.192)
第四节　抗御畜牧族内侵 ……………………………………… (9.203)
一　四土以外的畜牧民多方 ………………………………… (9.204)
二　𢀛方的战争 ……………………………………………… (9.217)
三　对土方的战争 …………………………………………… (9.227)
四　对舌方的战争 …………………………………………… (9.232)

| | 五 | 小结 …………………………………………………… (9.248) |

第四章 商代后期的战争(下) ………………………………… (9.250)
 第一节 廪辛康丁前后对羌人的战争 ……………………… (9.250)
  一 殷代的羌和羌方 ……………………………………… (9.250)
  二 廪辛、康丁对羌方的战争 …………………………… (9.257)
  三 对其他方国的战争 …………………………………… (9.264)
  四 小结 …………………………………………………… (9.273)
 第二节 武乙、文丁对西北方国的征伐 …………………… (9.274)
  一 武乙前后对方的战争 ………………………………… (9.274)
  二 武乙文丁对召方的战争 ……………………………… (9.288)
  三 小结 …………………………………………………… (9.297)
 第三节 帝乙帝辛时期的战争 ……………………………… (9.298)
  一 对夷方战争的起因及概况 …………………………… (9.299)
  二 十祀伐夷方研究 ……………………………………… (9.310)
  三 伐盂方、二邦方、三邦方、四邦方 ………………… (9.327)
  四 小结 …………………………………………………… (9.333)
 第四节 牧野之战与商王朝的覆灭 ………………………… (9.334)
  一 力量对比的变化 ……………………………………… (9.334)
  二 牧野决战 ……………………………………………… (9.348)
  三 纣之百克,而卒无后 ………………………………… (9.358)
  四 小结 …………………………………………………… (9.365)

第五章 商代的军事制度 ………………………………………… (9.367)
 第一节 军事领导体制和武装力量构成 …………………… (9.367)
  一 军事领导体制 ………………………………………… (9.367)
  二 武装力量构成 ………………………………………… (9.385)
 第二节 兵种、编制与兵役制度 …………………………… (9.397)
  一 兵种 …………………………………………………… (9.397)
  二 编制 …………………………………………………… (9.414)
  三 兵役制度 ……………………………………………… (9.430)

第六章 商代的军事装备与国防 ………………………………… (9.436)
 第一节 武器装备与战车 …………………………………… (9.437)
  一 格斗武器 ……………………………………………… (9.437)

二　远射武器 …………………………………… (9.461)
　　三　防护装具 …………………………………… (9.470)
　　四　战车 ………………………………………… (9.478)
第二节　国防 ……………………………………………… (9.491)
　　一　封疆警卫系统 ……………………………… (9.491)
　　二　城防设施 …………………………………… (9.512)
第七章　余说 …………………………………………………… (9.520)
第一节　商代军礼发凡 …………………………………… (9.520)
　　一　商代军礼的特点 …………………………… (9.520)
　　二　以蒐狩习战阵 ……………………………… (9.535)
　　三　军事训练与军事法规 ……………………… (9.544)
第二节　军事思想萌芽 …………………………………… (9.550)
　　一　《仲虺之诰》与《说命》 ………………… (9.550)
　　二　"慎战"思想在殷墟甲骨文中的反映 …… (9.554)

卷十　商代地理与方国

绪论 ……………………………………………………………… (10.1)
第一章　商代自然地理 ………………………………………… (10.8)
第一节　商代生态环境概要 ……………………………… (10.8)
第二节　商代的气候 ……………………………………… (10.13)
第二章　商代政治地理 ………………………………………… (10.30)
第一节　商代"体国经野"的政治地理构架 …………… (10.30)
第二节　王畿区界定 ……………………………………… (10.32)
　　一　王畿区的东限——濮阳地区 ……………… (10.39)
　　二　王畿区的东南限——商丘至杞县至禹县一线 ……… (10.40)
　　三　王畿区的西限——修武至沁阳一线 ……… (10.41)
第三节　政治疆域 ………………………………………… (10.43)
　　一　商代的政治疆域以及政治疆域中的点、面、块 …… (10.43)
　　二　商王朝控制外服的机制与经略方式 ……… (10.55)
第四节　商王朝的周边"四至" ………………………… (10.67)
第三章　王畿区和四土地名考订举例 ………………………… (10.69)
第一节　王畿中心区地名 ………………………………… (10.69)

第二节　西方和西南地名 …………………………………… (10.72)
　　第三节　东方与东南地名 …………………………………… (10.130)
　　第四节　待考地名 …………………………………………… (10.178)
　第四章　商代的经济地理 ………………………………………… (10.180)
　　第一节　农业地理 …………………………………………… (10.180)
　　第二节　田猎地理 …………………………………………… (10.187)
　　第三节　贡纳地理 …………………………………………… (10.198)
　第五章　商代的交通地理 ………………………………………… (10.202)
　　第一节　道路交通网络 ……………………………………… (10.202)
　　　一　商与周、蜀之间的交通道路 ………………………… (10.203)
　　　二　商与西方方国的交通主干道 ………………………… (10.215)
　　　三　商与北方方国的交通主干道 ………………………… (10.223)
　　　四　商与东方方国的交通主干道 ………………………… (10.229)
　　　五　商与南方方国之间的交通主干道 …………………… (10.232)
　　第二节　"铜路"问题 ………………………………………… (10.240)
　第六章　商代方国 ………………………………………………… (10.254)
　　第一节　判断方国的标准 …………………………………… (10.254)
　　第二节　商王朝与方国的关系 ……………………………… (10.257)
　第七章　商代方国考订 …………………………………………… (10.259)
　　第一节　西方方国 …………………………………………… (10.259)
　　第二节　北方方国 …………………………………………… (10.363)
　　第三节　东方方国 …………………………………………… (10.376)
　　第四节　南方方国 …………………………………………… (10.429)
　　第五节　地望待考方国 ……………………………………… (10.447)
　主要参考文献 ……………………………………………………… (10.474)
　后记 ………………………………………………………………… (10.498)

卷十一　殷遗与殷鉴
　第一章　商王朝的覆亡与殷遗问题 ……………………………… (11.1)
　　第一节　周邦的西土崛起 …………………………………… (11.1)
　　　一　周邦早期文明的轨迹 ………………………………… (11.1)
　　　二　周邦考古文化的印证 ………………………………… (11.39)

三　周邦臣属关系的演变 …………………………………… (11.45)
　第二节　肆伐大商与商王朝的灭亡 ………………………………… (11.49)
第二章　商灭亡的原因 ……………………………………………………… (11.54)
　第一节　前人研究成果与不足 ……………………………………… (11.54)
　　一　大多以纣为中心讨论 ………………………………………… (11.54)
　　二　对周人在商朝灭亡中的决策行为讨论过少，易使人误解
　　　　周人代商似乎是一种侥幸 …………………………………… (11.55)
　　三　研究材料的侧重点有所偏颇 ………………………………… (11.56)
　第二节　文献中关于商人亡国原因的分析 ………………………… (11.56)
　　一　商人自己的说法 ……………………………………………… (11.57)
　　二　周人与自己人谈话时的说法 ………………………………… (11.59)
　　三　周人对商人的说法 …………………………………………… (11.63)
　第三节　商王朝制度方面的缺陷 …………………………………… (11.65)
　　一　王权尚处于发展过程中 ……………………………………… (11.65)
　　二　用人制度中的"用人惟旧" …………………………………… (11.65)
　　三　基层事务过于依赖于族 ……………………………………… (11.66)
　　四　分封制中的不成熟 …………………………………………… (11.66)
　　五　对外过分依赖武力 …………………………………………… (11.67)
　第四节　商纣王完善制度的努力 …………………………………… (11.67)
　　一　变更用人制度 ………………………………………………… (11.68)
　　二　加强对外服的控制 …………………………………………… (11.69)
　　三　扩大直接控制人口的数量 …………………………………… (11.69)
　　四　进行经济改革 ………………………………………………… (11.70)
　　五　推行法律改革 ………………………………………………… (11.70)
　　六　祭祀改革 ……………………………………………………… (11.70)
　第五节　对内决策方面的失误与后果 ……………………………… (11.72)
　第六节　对外决策的失误与后果 …………………………………… (11.78)
　第七节　统治者的个人行为原因 …………………………………… (11.81)
　　一　听信妇言 ……………………………………………………… (11.81)
　　二　生活骄奢 ……………………………………………………… (11.81)
　第八节　其他因素 …………………………………………………… (11.82)
　第九节　周人的崛起 ………………………………………………… (11.83)

一　周已是大国 …………………………………… (11.83)
　　二　周人实力的扩展 ………………………………… (11.86)
　　三　结盟分化 ………………………………………… (11.92)
　　四　积极准备 ………………………………………… (11.93)
　第十节　结语 …………………………………………… (11.94)
第三章　初失国家的殷遗 …………………………………… (11.95)
　第一节　武王与殷遗 …………………………………… (11.95)
　第二节　三监之乱与周公东征 ………………………… (11.114)
第四章　周代的殷遗 ………………………………………… (11.133)
　第一节　殷遗的处置 …………………………………… (11.133)
　　一　对殷遗的迁置 …………………………………… (11.133)
　　二　殷遗的状况 ……………………………………… (11.162)
　　三　殷遗承担的义务 ………………………………… (11.175)
　第二节　周人对商遗的控制措施 ……………………… (11.182)
　　一　宣扬天命 ………………………………………… (11.182)
　　二　宣布代商而立 …………………………………… (11.183)
　　三　加强认同 ………………………………………… (11.186)
　　四　威胁恫吓 ………………………………………… (11.190)
　　五　分割包围 ………………………………………… (11.191)
　　六　监控威慑 ………………………………………… (11.196)
　第三节　商文化和殷遗对周人的影响 ………………… (11.197)
　　一　商人文化与殷遗的影响 ………………………… (11.198)
　　二　殷礼的损益与周公"制礼作乐" ………………… (11.224)
　　二　春秋时期的再肯定 ……………………………… (11.247)
第五章　殷商亡国之鉴 ……………………………………… (11.254)
　第一节　殷商亡国教训总结 …………………………… (11.254)
　　一　"宅尔邑,继尔居","作新民" …………………… (11.256)
　　二　"非我小国敢弋殷命" …………………………… (11.257)
　　三　"往敷求于殷先哲王,用保乂民" ………………… (11.257)
　　四　"大悖典殷献民,乱为四方新辟" ………………… (11.258)
　　五　"勿庸杀之,惟姑教之" …………………………… (11.259)
　第二节　设官分职用人之法 …………………………… (11.260)

  一 太宰之职的设立 …………………………………………… (11.261)

  二 三公之职的设立 …………………………………………… (11.271)

  三 三大职官系统的设立 ……………………………………… (11.287)

 第三节 制礼作乐 ……………………………………………………… (11.294)

  一 畿服 …………………………………………………………… (11.295)

  二 爵、谥 ………………………………………………………… (11.296)

  三 田制 …………………………………………………………… (11.297)

  四 法制 …………………………………………………………… (11.297)

  五 嫡长子继承制 ………………………………………………… (11.297)

  六 乐 ……………………………………………………………… (11.297)

第六章 商周制度的演绎 ……………………………………………………… (11.299)

 第一节 井田制 ………………………………………………………… (11.299)

 第二节 分封制 ………………………………………………………… (11.302)

 第三节 宗法制 ………………………………………………………… (11.304)

 第四节 礼制 …………………………………………………………… (11.305)

 第五节 结语 …………………………………………………………… (11.306)

附录一 引用甲骨文著录目及有关简称对照 ………………………………… (11.309)

附录二 商代史主要参考文献 ………………………………………………… (11.320)

目 录

第一章 商朝的历史年代与政治地理架构 …………………………………（1）
　第一节 商代的积年与王年 ………………………………………………（1）
　第二节 商朝的政治地理架构 ……………………………………………（5）
　　一 商邑的择立要素及"经济生物圈" …………………………………（9）
　　二 商畿的地域范围 ……………………………………………………（15）
　　三 商国的政治疆域"四土" ……………………………………………（19）
　　四 商国的周边"四至" …………………………………………………（23）

第二章 先商文化与商代都邑 ……………………………………………（27）
　第一节 商族的起源及其早期迁徙 ………………………………………（27）
　　一 商族的发祥 …………………………………………………………（27）
　　二 成汤之前的迁徙 ……………………………………………………（29）
　第二节 汤居亳及甲骨文中的"商"与"亳" ………………………………（34）
　　一 甲骨文中的商与亳 …………………………………………………（35）
　　二 鄣薄（亳）即内黄之亳邑亦即甲骨文之亳 …………………………（40）
　第三节 先商的文化与年代 ………………………………………………（43）
　　一 早商文化与先商文化划界的前移 …………………………………（43）
　　二 先商的文化类型 ……………………………………………………（45）
　　三 先商文化与商先公先王的时段对应 ………………………………（46）
　　四 契至王亥时期的先商文化 …………………………………………（48）
　第四节 先商社会形态的演进 ……………………………………………（50）
　　一 商契至王亥时期的中心聚落形态 …………………………………（50）
　　二 上甲微至成汤时期的邦国形态 ……………………………………（55）
　　三 成汤时期由邦国向王国的转变 ……………………………………（57）

第五节　早商和中商时期的王都 ……………………………………（59）
　　一　早商王都的形成过程 …………………………………………（59）
　　二　偃师商城与郑州商城的建制和功用 …………………………（63）
　　三　中商时期小双桥王都离宫遗址 ………………………………（68）
第六节　晚商王都 …………………………………………………（69）
　　一　盘庚、小辛、小乙时期的洹北商城 …………………………（69）
　　二　武丁至帝辛时期的安阳小屯殷都 ……………………………（72）
第七节　商代的都鄙邑落的结构关系 ……………………………（78）
　　一　商代侯伯方国的都鄙邑落结构 ………………………………（79）
　　二　商王畿内的都鄙邑落结构 ……………………………………（82）

第三章　人口 …………………………………………………………（85）
第一节　早期人口清查统计 ………………………………………（85）
第二节　商代人口总数估测 ………………………………………（90）
　　一　文献所见商代人口数 …………………………………………（90）
　　二　商代人口总数的考察 …………………………………………（91）
第三节　商朝王邑人口分析 ………………………………………（134）
　　一　王邑人口规模 …………………………………………………（134）
　　二　王邑人口的自然构成 …………………………………………（136）

第四章　商代国家与社会 ……………………………………………（142）
第一节　商王朝的社会构成 ………………………………………（142）
　　一　商王朝的建立 …………………………………………………（142）
　　二　商代的社会分化 ………………………………………………（143）
第二节　商王朝的国家结构 ………………………………………（161）
　　一　商王朝的国家管理形式 ………………………………………（161）
　　二　商王朝的职官制度 ……………………………………………（170）
第三节　商王朝的法律制度 ………………………………………（179）
　　一　商代法律沿革 …………………………………………………（179）
　　二　商代法律的依据与实施 ………………………………………（180）
　　三　商代法律的律条 ………………………………………………（181）
　　四　商代的刑罚 ……………………………………………………（183）

第四节　小结 …………………………………………………… (186)

第五章　《殷本纪》订补与商史人物徵 ……………………………… (189)
　第一节　关于《殷本纪》殷商世系及商族史迹的一般认识 ……… (189)
　　一　《殷本纪》对商代史研究的价值 …………………………… (189)
　　二　《殷本纪》的时代局限 ……………………………………… (190)
　　三　订补《殷本纪》的历史契机 ………………………………… (191)
　第二节　商族先公史略 ……………………………………………… (193)
　　一　自黄帝至帝喾世系的传闻 …………………………………… (193)
　　二　自契至王亥世系的订补 ……………………………………… (195)
　　三　自上甲至示癸世系的订补 …………………………………… (197)
　第三节　商王及其配偶纪略 ………………………………………… (198)
　　一　前期商王及其配偶 …………………………………………… (198)
　　二　中期商王及其配偶 …………………………………………… (200)
　　三　后期商王及其配偶 …………………………………………… (202)
　第四节　商王朝臣正纪略 …………………………………………… (205)
　　一　文献所载商王朝的臣属 ……………………………………… (205)
　　二　甲骨文所见官僚臣正 ………………………………………… (207)
　　三　贞人 …………………………………………………………… (217)

第六章　商代地理与方国 …………………………………………… (220)
　第一节　商代生态环境与气候 ……………………………………… (220)
　第二节　商代政治区域地理与地名考订 …………………………… (225)
　　一　商代政治疆域中的点、面、块 ……………………………… (225)
　　二　王畿区和四土地名考订举例 ………………………………… (229)
　第三节　商代的经济地理 …………………………………………… (232)
　　一　农业地理 ……………………………………………………… (232)
　　二　田猎地理 ……………………………………………………… (239)
　　三　贡纳地理 ……………………………………………………… (250)
　第四节　商代的交通地理 …………………………………………… (253)
　　一　道路交通网络 ………………………………………………… (253)
　　二　商代"铜路"问题 …………………………………………… (266)

第五节　商代方国 …………………………………………………… (270)
　　一　判断方国的标准 ……………………………………………… (270)
　　二　商王朝与方国的关系 ………………………………………… (271)
　　三　商代的方国 …………………………………………………… (273)

第七章　商代社会经济 ……………………………………………… (277)
第一节　商代的农业经济 …………………………………………… (278)
　　一　农业是商代的主要经济部门 ………………………………… (278)
　　二　商代农作物的种类 …………………………………………… (280)
　　三　农业生产技术 ………………………………………………… (284)
第二节　商代畜牧和渔猎经济 ……………………………………… (288)
　　一　商代家畜的种类 ……………………………………………… (288)
　　二　畜牧业生产技术 ……………………………………………… (291)
　　三　渔猎活动 ……………………………………………………… (292)
第三节　手工业 ……………………………………………………… (296)
　　一　青铜器铸造业 ………………………………………………… (298)
　　二　玉器制造 ……………………………………………………… (300)
　　三　丝绸纺织业 …………………………………………………… (301)
　　四　骨、牙器制造业 ……………………………………………… (301)
　　五　陶、瓷器制造业 ……………………………………………… (302)
　　六　木、漆作业 …………………………………………………… (302)
　　七　酿造业 ………………………………………………………… (303)
第四节　商业 ………………………………………………………… (304)
第五节　商代的财政 ………………………………………………… (308)
　　一　商代的财政收入 ……………………………………………… (308)
　　二　商代的财政支出 ……………………………………………… (313)

第八章　商代宗教信仰 ……………………………………………… (319)
第一节　宗教分野 …………………………………………………… (319)
　　一　商氏族鸟图腾崇拜的远古残遗信仰 ………………………… (320)
　　二　上帝崇拜 ……………………………………………………… (322)
　　三　诸神系统 ……………………………………………………… (327)

第二节　自然神的祭礼 ………………………………………… (335)
　　一　日神崇拜 …………………………………………………… (335)
　　二　东母、西母之祭 …………………………………………… (343)
　　三　风神、方神与雨神崇拜 …………………………………… (347)
　　四　雷、云、虹蜺崇拜 ………………………………………… (353)
　　五　雪、寒、燠、雹崇拜 ……………………………………… (358)
第三节　其他自然神祇的崇拜 …………………………………… (360)
　　一　巫神与"四戈" ……………………………………………… (360)
　　二　土地神崇拜与社祀 ………………………………………… (361)
　　三　山川诸神祇的崇拜 ………………………………………… (363)
第四节　祖先神的祭礼 …………………………………………… (363)
　　一　河神、岳神的神性与其他高祖神 ………………………… (363)
　　二　先公、先王的崇拜与祭祀 ………………………………… (368)
　　三　先妣的崇拜与祭祀 ………………………………………… (372)
第五节　"示"的祖先神主属性 …………………………………… (374)
　　一　大示 ………………………………………………………… (374)
　　二　小示 ………………………………………………………… (375)
　　三　上示 ………………………………………………………… (375)
　　四　下示 ………………………………………………………… (375)
　　五　它示、彡示 ………………………………………………… (377)
　　六　𥄝示、元示、二示 ………………………………………… (377)
　　七　次示 ………………………………………………………… (378)
　　八　集合庙主"若干示" ………………………………………… (378)
第六节　对异族神的祭祀 ………………………………………… (379)
　　一　对伊尹的祭祀 ……………………………………………… (379)
　　二　对伊奭的祭祀 ……………………………………………… (379)
　　三　对黄尹的祭祀 ……………………………………………… (380)
　　四　对黄奭的祭祀 ……………………………………………… (380)
　　五　对咸戊的祭祀 ……………………………………………… (381)
第七节　商人系统祭祀的个案研究 ……………………………… (381)
　　一　周祭制度及其规律的认识 ………………………………… (381)
　　二　祊祭卜辞的祭祀规则 ……………………………………… (386)

第八节　祭地与祀所 …………………………………… (388)
　　一　先公、先王、先妣的宗庙 ……………………………… (388)
　　二　集合的宗庙 ……………………………………………… (393)
第九节　商代宗教的性质和社会作用 ………………… (394)
　　一　商代宗教的性质 ………………………………………… (394)
　　二　商代宗教的社会作用 …………………………………… (396)

第九章　商代战争与军制 …………………………………… (403)
第一节　商代前期的战争 ……………………………… (405)
　　一　商汤灭夏 ………………………………………………… (405)
　　二　商代早期的四方拓展 …………………………………… (407)
第二节　武丁振兴商王朝的战争 ……………………… (411)
　　一　对周边小国的用兵 ……………………………………… (411)
　　二　对多方用兵 ……………………………………………… (414)
　　三　抗御畜牧族内侵 ………………………………………… (416)
第三节　廪康武文时期的战争 ………………………… (418)
　　一　伐羌方 …………………………………………………… (418)
　　二　伐𢀛方、𢨊方、𢀛方 ……………………………………… (419)
　　三　伐方 ……………………………………………………… (421)
　　四　伐召方 …………………………………………………… (422)
第四节　乙辛时期的战争 ……………………………… (423)
　　一　伐夷方 …………………………………………………… (423)
　　二　伐盂方、二邦方、三邦方、四邦方 …………………… (427)
　　三　牧野之战 ………………………………………………… (428)
第五节　武装力量体制 ………………………………… (430)
第六节　兵种及军队组织编制 ………………………… (435)
　　一　车兵和骑兵 ……………………………………………… (435)
　　二　步兵军行及军队组织编制 ……………………………… (441)
　　三　舟兵 ……………………………………………………… (444)
第七节　兵农合一的"族兵" …………………………… (446)
第八节　军事训练 ……………………………………… (451)

彩图目录

彩图 1　上博竹书《容成氏》记商三十一王世
　　　　（采自《上海博物馆藏战国楚竹书》二）
彩图 2　上博竹书《缁衣》引《尹诰》（采自《上海博物馆藏战国楚竹书》一）
彩图 3　清华战国简《尚书》佚篇《尹诰》（采自《清华大学藏战国竹简》壹）
彩图 4　清华战国简《尚书》佚篇《尹至》（采自《清华大学藏战国竹简》壹）
彩图 5　安阳殷墟妇好墓出土圆雕跪坐人像（采自《殷墟妇好墓》）
彩图 6　安阳殷墟出土绿松石圆雕坐人像（采自《安阳殷墟出土玉器》）
彩图 7　西安文管会藏商代人形铜卣（采自《西安文物精华·青铜器》）
彩图 8　安阳殷墟出土青铜人面（采自《中国青铜器全集·商 3》）
彩图 9　江西新干大墓出土商代青铜双面人首（采自《新干商代大墓》）
彩图 10　江西新干大墓出土商代玉羽人（采自《新干商代大墓》）
彩图 11　安阳殷墟妇好墓出土虎噬人首纹铜钺
　　　　（采自《中国青铜器全集·商 3》）
彩图 12　日本京都泉屋博古馆藏晚商虎噬人首铜卣
　　　　（采自《中国美术全集·青铜器》上）
彩图 13　安阳殷墟刘家庄北晚商道路
彩图 14　安阳殷墟车马坑（采自《2005 中国重要考古发现》）
彩图 15　安阳殷墟祭祀坑
彩图 16　安阳殷墟牛祭坑
彩图 17　殷墟牛肩胛卜骨
彩图 18　殷墟武丁大龟（采自《当甲骨遇上考古》）
彩图 19　殷墟墨书卜龟（采自《当甲骨遇上考古》）
彩图 20　安阳郭家庄 160 号墓出土觚、角组合（采自《殷墟新出土青铜器》）
彩图 21　安阳郭家庄 26 号墓出土"旛"方彝（采自《殷墟新出土青铜器》）

彩图22　安阳花东54号墓出土"亚长"方彝(采自《殷墟新出土青铜器》)
彩图23　安阳花东54号墓出土"亚长"方鼎(采自《殷墟新出土青铜器》)
彩图24　江西新干大墓出土商代虎耳方鼎(采自《新干商代大墓》)
彩图25　安阳大司空村303墓出土"马危"扁足鼎(采自《殷墟新出土青铜器》)
彩图26　江西新干大墓出土商代虎耳扁足鼎(采自《新干商代大墓》)
彩图27　美国旧金山亚洲艺术博物馆藏晚商鱼鸟虎纹铜盘
　　　　(采自《中国青铜器全集·商3》)
彩图28　美国弗利尔美术馆藏商代青铜人面盉
　　　　(采自《中国美术全集·青铜器》上)
彩图29　美国旧金山亚洲艺术博物馆藏商代小臣艅犀尊
　　　　(采自《中国青铜器全集·商4》)
彩图30　湖南湘潭出土晚商豕尊(采自《中国青铜器全集·商4》)
彩图31　美国赛克勒美术馆藏晚商"亚兔"鸮尊
　　　　(采自《中国青铜器全集·商4》)
彩图32　安阳大司空村303号墓出土覆盖植物花瓣青铜酒尊
　　　　(采自《殷墟新出土青铜器》)
彩图33　安阳郭家庄160号墓出土"亚址"方斝(采自《殷墟新出土青铜器》)
彩图34　江西新干大墓出土商代青铜豆(采自《新干商代大墓》)
彩图35　江西新干大墓出土商代青铜镈(采自《新干商代大墓》)
彩图36　江西新干大墓出土商代青铜瓒(采自《新干商代大墓》)
彩图37　台北故宫藏商代青铜柶(采自《故宫铜器图录》下)
彩图38　湖北崇阳出土晚商铜鼓(采自《中国美术全集·青铜器》上)
彩图39　安阳某氏藏晚商刻文陶罐
彩图40　商代玺印五枚

第 一 章

商朝的历史年代与政治地理架构

第一节 商代的积年与王年

商代史的建立必然以年代序列为依据。年代就是历史的骨架。商代的积年与王年的研究，与夏商周年代学的总体认识是紧相关联的，商代世系在甲骨文与传世文献的二重对证中，已被证明真实存在而且基本完整。

中国作为文明古国之一，从目前考古发掘的大量资料看，其文明起源，最保守的估计也在五千年前。但中华民族五千年文明史中，历史纪年只能追溯到西周共和元年，即公元前841年，这之前的两千多年并没有真正建立起年代学的标尺，其中大致包括了五帝时代和夏商周三代两个阶段。夏商周三代，是中国古文明形成特色的重要时期。由此往上，可追溯中国文明的起源，往下可明了中国成熟文明的基本格局与走向。因此，在夏商周三代被考古材料证实为信史的基础上，建立夏商周年代标尺，使夏商周年代进一步科学化和量化，对中国古文明研究具有十分重要而深远的意义。对夏商周年代学的探索，自司马迁始至今，已有两千多年的历史，这为进一步建立一份科学的三代年表积累了良好基础和宝贵经验。概括起来，前人研究可大致分为封建社会的天文年代学研究，20世纪前期、中期的甲骨、金文年代学研究和20世纪后期的多学科相结合年代学研究三个阶段。其中第三阶段以1995年至2000年的夏商周断代工程为标志。对此作简要总结：司马迁在夏、殷、周本纪里对三代世系作了明确考证与记录。他所列西周共和元年以后的年代，基本可靠。共和元年以前，虽没有明确的年代，但也提供了许多有价值的年代资料。刘歆的"三统历"和《世经》，首次尝试系统地利用与历史事件同时发生的天象，来确定历史事件发生的年代。从方法论上开创了年代学研究的新领域。

古文献中所见商代积年与王年，从文献学角度论，商积年应称商殷积年，可分作成汤伐桀到盘庚迁殷为商，盘庚迁殷到帝辛（纣）之亡为殷两个阶段。考古学界称前者为商前期，后者为商后期。有关商代的积年，清以前的文献有458年、496年、497年、576年、645年以及500余年、600年、600余年等多种说法。其中先秦两汉的文献所见有如下三说：

1. 六百余年说

《左传》宣公三年："□有昏德，鼎迁于商，载祀六百。"

《世经》："自伐桀至武王伐纣，六百二十九年。"（《汉书·律历志》引）

2. 五百余年说

《鬻子·汤政》："汤之治天下也……积岁五百七十六岁至纣。"

《孟子·尽心下》："由汤至于文王，五百有余岁。"

3. 近五百年说

《汲冢纪年》曰："汤灭夏以至于受，二十九王，用岁四百九十六年。"（《史记·殷本纪》集解引）

《易纬稽览图》："殷四百九十六年。"

《世经》之629年，不见于先秦文献，是刘歆据三统历推算出来的，可信度较弱。其余诸说，均见于先秦文献，可信度较强。商后期积年，据《殷本纪》及古本《竹书纪年》所载而推算，文献中所见晚商积年范围可定在253年至275年之间。

商代起始年代及有关王年的研究，从司马迁、刘歆，直到20世纪80年代，历代学者一直在孜孜探求。从天文年代学研究，到甲骨金文年代学研究，前人的努力取得了许多有价值的成果。但夏商周年代学研究，毕竟是一个复杂的课题，涉及的因素太多，问题太复杂，仅靠学者们的单学科研究往往很难奏效，以至于成说虽多，却很难取得普遍的认可。如武王克商年，有影响的说法即有44家之多。如此分歧的结论，使学者们不得不对两千年来的夏商周年代学研究作出反思。研究方法的单一化，研究材料的不充分和研究手段的严重滞后，都是制约夏商周年代学取得突破性进展的原因。20世纪70年代以后，尤其是改革开放以来，有利于夏商周年代学研究的条件日益具备：考古学、科技测年、天文学、文字学及文献学、历史学等深入研究，为综合研究夏商周年代学创造了良好条件。1996年"九五"重大科研项目"夏商周断代工程"启动，旨在通过政府的支持，依靠专家的联合攻关，使千百年来一直未能解决的夏商周年代学问题，能进一步科学化和量化，最终为探索中华古文明的起源打下坚实的基础。夏商周断代工程的总目标，是制定一份有科学依据的夏商周三代年表。由于不同历史时段所能依据的材料情况不一样，因此，对其所要达到目标的精度要求也不一样：

西周共和元年（公元前841年）以前各王，提出比较准确的年代；

商代后期武丁以下各王，提出比较准确的年代；

商代前期，提出比较详细的年代框架；

夏代，提出基本的年代框架。

断代工程所得三代年表已将我国的历史年代由公元前841年向前推进了1200多年。其中西周已排出了10个周王的具体在位年，商代后期，也排出了从盘庚到帝辛（纣）共12王的大致在位年。商代前期和夏代，在考古系列测年数据和有关天文推算、文献记录的配合下，也建立起了基本年代框架。工程设置了9大课题，44个专题，涉及了历史学、考古学、古文献学、古文字学、古天文学、历史地理学和科技测年等不同学科和门类。

断代工程对商代年代学的研究分为商前期年代学研究与商后期年代学研究两部分。其中商前期年代学研究又与夏代年代学研究相衔接，尤其是夏年代学中的"二里头文化分期与夏商文化分界"专题，直接与商代始年的讨论相结合。为了确定商周之交的年代，也就是商代的终年，断代工程还进行了"武王伐纣年代的研究"、商后期年代研究、商前期年代研究三部分讨论。武王克商之年既是商、周的分界，又是周的始年，确立这一年代定点，下可安排西周王年，上可推定商年和夏年，因而是三代年代学的关键。断代工程则在充分尊重前人研究的基础上，分别从考古、天文、文献及金文历谱等多角度进行综合考虑。考古学方面，断代工程"武王伐纣年代的研究"课题设置了"先周文化的研究与年代测定"与"丰、镐遗址的分期与年代测定"两个专题。经拟合，提出公元前1050年至前1020年之间可作为武王克商年的参考范围。天文学方面，与武王克商年有关的天文学资料见于青铜铭文利簋和先秦两汉文献《汉书·律历志》引《尚书·武成》（即《逸周书·世俘》）《国语·周语下》伶州鸠语、《尸子》佚文、《荀子·儒效》与《淮南子·兵略》等。文献学方面，讨论武王克商年的第三条线索是从文献记载中的西周积年来进行推算。由于西周共和以后的年代是明确的，西周末年为公元前770年。以此为基点，往前加上西周积年，即为武王克商年。根据金文历谱及《武成》历日、《国语》"岁在鹑火"等天象，断代工程得武王克商年为公元前1046年。根据武丁时期五次月食推算以及古本《竹书纪年》所记西周积年257年，断代工程得武王克商年为公元前1027年。根据《武成》文献及利簋"岁鼎"为岁星当头解，断代工程得武王克商年为公元前1044年。以上三个数字也均在考古测年范围内，都有一定的合理性。在综合考虑的前提下，"工程"对前1046年方案作出了倾向性选择。商代后期年代学研究，商代后期指盘庚庚殷至商纣王被周武王所灭时段。商代后期年代学研究是在相关文献记载的基础上，考古学、甲骨学、天文学、科技测年的多角度并进与相互配合。从四个角度探研，其中殷墟文化分期与测年、殷墟甲骨文分期与测年，为商后期年代研究提供了一个大致范围；甲骨文日月食研究和周祭祀谱研究，又为商后期王年提供了两个可靠的定点板块。再结合文献所记商后期总积年和有关商王年代，便可对商代后期年代作出大致推算。由此得出了几组结论：

帝辛元年为公元前1075年，在位30年

帝乙在位26年

盘庚迁殷取253年说，则盘庚迁殷在公元前1298年

由此，盘庚迁殷以后的大致王年可以推算出来。

商代前期年代学研究，商前期诸王的在位年数，见于汉代以前文献者，只有五王：商汤（13年），外丙（2年或3年），仲壬（4年），太甲（33年或12年），祖乙（75年）。其余14王的在位年则付阙如。汉代以后的文献，虽详记商代各王在位年数，但问题颇多。可根据有关文献，梳理出商王都城所在，为考古发掘与碳十四测年提供线索（经发掘与研究，有四处都城遗址可大致确认）。根据以上分析，推断夏商分界即商代始年当在公元前1610年至前1580年之间。这一数据可得到文献所载商积年的支持。商前期年代框架的构建依靠两个定点：盘庚迁殷之年和夏商分界。夏商周断代工程取盘庚迁殷到纣之灭亡为253年说，以武王伐纣年为公元前1046年，得盘庚迁殷为公元前1300年。断代工程以郑州商城和偃师商城的始建年代作为夏商分界的标志。根据碳十四测年数据与考古分期成果的整合，初步推断夏商分界当在公元前1610年至前1580年之间。根据夏商文化分界，得商代始年为公元前1600年。

商朝诸王指成汤灭夏建国至帝辛灭国这一时段的商王和曾立为太子而没有即位为王者，有的商王见于文献记载，实际上并不曾即位为王者，有中

壬、沃丁、廪辛三位。太丁和祖己曾立为太子，但不曾即位为王。因此，商朝诸王实际系年，应为大乙至帝辛27位商王的在位年数的总和。

第二节　商朝的政治地理架构

商代纪年大致在公元前1600年至公元前1046年，总积年500年上下。但在夏代很长时期内，商人已立足于豫、鲁、冀之间，选择近水源宜于农耕的河流两岸或沼泽边缘地带建立聚居点。随着人们治理和改造自然环境能力的加强，以及已开发地域有限地理空间所能承受人口持续增殖的压力，居地仍维持在局促地理范围内，就逐渐变得不太现实，商人活动视野开阔，这方面不能不说是重要促进动因之一。

《文选·西京赋》有云："殷人屡迁，前八而后五。""前八"即《尚书·书序》说的商建国前"自契至于成汤八迁"。这八次迁徙是[①]：

1. 契居蕃（河北磁县；一说山东滕县）。
2. 昭明居砥石（河北元氏县）。
3. 昭明又迁商丘（河南濮阳；一说河南商丘）。
4. 相土迁东都（山东泰山下）。
5. 相土复居商丘。
6. 上甲微迁殷（河南安阳）。
7. 殷侯（在夏孔甲时，不详何人）复归商丘。
8. 汤居亳（河南内黄；一说山东曹县）。

这一时期的迁徙活动范围，大抵在冀南及豫北平原，至鲁中部和南部低山丘陵的河谷地带，位于"有夏之居"的东偏北部，其东南方是夏代东夷之淮夷所在。商人迁徙距离有时相当远，如相土时的两次迁居，直线距离足有500里以上，《诗·商颂·长发》称"相土烈烈，海外有截"，从豫东进迫东部滨海地区，开辟新的生物圈的意向是显而易见的，原居地环境的局促，限制了商族的发展，导致这类屡屡的远徙迁居，积极向外开拓新地。

[①] 参见王国维《说自契至于成汤八迁》，《观堂集林》卷十二，中华书局1959年版；又丁山《商周史料考证》，中华书局1988年版，第14—27页；又赵铁寒《汤前八迁的新考证》，《大陆杂志》第27卷6期，1963年。

不过，东部地区早在龙山时期，人口增长速度已远居中原之上，由考古发现的遗址规模面积比较中可见一斑。山东邹平丁公龙山文化城址，面积达10万平方米以上。① 山东章丘城子崖龙山、岳石、周三迭城，下层龙山文化城址面积约20万平方米，中层的岳石文化即相当于夏代的城址，在龙山城址内侧修筑，面积约17万平方米。② 山东五莲县丹土大汶口晚期与龙山早、中期三迭城，大汶口晚期城址面积约5万、龙山早期城址面积11万、龙山中期城址面积又增大到18万平方米。③ 山东阳谷景阳岗龙山、岳石二迭城，龙山城址面积超过25万平方米，岳石城墙又在龙山城墙外侧加宽约3.5米。④ "建城称地，以城称人"⑤，人口之众可以想见。相反，中原地区发现的龙山古城，规模面积稍逊一筹。河南新密古城寨村龙山晚期城址，城内面积约12万平方米。⑥ 河南辉县孟庄龙山、二里头、商文化三迭城，城内约10万平方米。⑦ 河南淮阳平粮台城址才3.4万平方米⑧，郾城郝家台城址只有1.9万平方米⑨，也有例外，如登封王城岗城址的大城面积达30万平方米，但小城仅仅为1万多平方米。⑩ 中原城址人口规模显然不及东部城址。东部地区人地关系的矛盾远比中原地区来得严峻，商人在拓地中，与土著族群争夺生物圈的斗争十分激烈。古本《竹书纪年》记王亥北徙河北易水流

---

① 《邹平丁公发现龙山文化城址》，《中国文物报》1992年1月12日。

② 《城子崖遗址又有重大发现，龙山岳石周代城址重见天日》，《中国文物报》1990年7月26日。

③ 《五莲丹土发现大汶口文化城址》，《中国文物报》2001年1月17日。

④ 《阳谷景阳岗龙山文化城址》，《中国考古学年鉴》(1995)，文物出版社1997年版，第150—151页。又山东省文物考古研究所等《山东阳谷景阳岗龙山文化城址调查与试掘》，《考古》1997年第5期。

⑤ 《尉缭子·兵谈》。

⑥ 河南省文物考古研究所等：《河南新密市古城寨龙山文化城址发掘简报》，《华夏考古》2002年第2期。

⑦ 河南省文物考古研究所：《河南辉县市孟庄龙山文化遗址发掘简报》，《考古》2000年第3期。

⑧ 河南省文物研究所等：《河南淮阳平粮台龙山文化城址试掘简报》，《文物》1983年第3期。

⑨ 《中国考古学年鉴》(1987)，文物出版社1988年版，第178页。

⑩ 河南省文物研究所、中国历史博物馆考古部：《登封王城岗遗址的发掘》，《文物》1983年第3期；《中国考古学年鉴》(2003)，文物出版社2004年版，第231页。

域,"宾于有易……有易之君绵臣,杀而放之",为当地部族所不容,被杀被逐,其子上甲微不得不重新回到豫北故地。古本《竹书纪年》还记夏代不降时,"殷灭皮氏"而占据其地。说明人地关系的矛盾,甚至激发了族群间生死存亡的领地之争。这一状况一直延续到商汤灭夏,建立国业后仍不息。

《周礼·地官》云:"惟王建国,辨方正位,体国经野。"成汤时,商人从豫东故地自东徂西,逐鹿中原,伐灭夏朝,立都西亳(今偃师商城),在今冀、豫、鲁之间建立商王朝,先后历17世31王,建立起"邦畿千里"[①]的商王朝,拓展着当时的"体国经野"国土经营视野。《尚书·多士》称:"成汤革夏,俊民甸四方。"《诗·商颂·玄鸟》云:"古帝命武汤,正域彼四方。"《诗·商颂·殷武》盛赞:"昔有成汤,自彼氐羌,莫敢不来享,莫敢不来王,曰商是常。"《墨子·非攻下》谓汤"通于四方,而天下诸侯莫不宾服"。可见,商王朝的立国之本,是以商族贵族统治集团为主体,致力于四方异姓国族的拥持归附。

商代的政治地理架构基本表现为王畿、四土与四至三个层次,用商人自己的语言说,即恒以"商"或"商邑"、"大邑",与"四土"或"四方"相对言,国家政治疆域的意识也已确立。如《诗·商颂·殷武》云:

商邑翼翼,四方之极。

把"商邑"与"四方"对文。甲骨文云:

戊寅卜,王,贞受中商年。十月。(《合集》20650)
己巳王卜,贞今岁商受年。王占曰:吉。
东土受年。[吉]。
南土受年。吉。
西土受年。吉。
北土受年。吉。(《合集》36975)
商。东方。北方。西方。南方。(《屯南》1126)
辛酉卜,贞今岁受禾。

---

① 《诗·商颂·玄鸟》。

> 叀东方受禾。
> [叀]北[方受]禾。(《屯南》423)
> 癸卯贞,东受禾。
> 北方受禾。
> 西方受禾。
> [南]方[受]禾。(《合集》33244)
> 东。西。南。𐏑。(《花东》18)

"商"与"四土"或"四方"对文,商居天下之中而又称"中商"。𐏑应该是一个与北方有关的词。"四土"、"四方"并非虚指,不是一个模糊概念,而是基于以"商"为中心的国土观念的平面展示,有王权政治统治和经济制衡的内涵。《诗·商颂·烈祖》说的"自天降康,丰年穰穰,来假来飨,降福无疆",与上述甲骨文所记"四土"受年,求商国四方国土农田丰稔的占卜动机,可以互为印证。《尚书·立政》云:

> 其在商邑,用协于厥邑;其在四方,用丕式见德。

显而易见,这种以"四土"或"四方"观为特征的国土概念,无不与商王的治国方略紧相联系,是有行政区域地理上的泛属性的,展示了商人的世界观。

换言之,商王朝的国土经略,扩展波峰呈中心向四外平面辐射推进状,具有东西横向和南北纵向十字交叉扇张的要征,中心区称作"商",轴心地是为"商邑","四土"或"四方",乃是王朝力量可控的周围占地范围相当广袤的政治疆域地理,也即《诗·商颂·长发》说的"外大国是疆,幅陨(员)既长"。《诗·商颂·玄鸟》称商王朝"邦畿千里"。所谓"畿",是古代王者直接管辖或可控制的地区,所谓"邦",据《尚书·多士》云:"凡四方小大邦丧,罔非有辞于罚",知为畿外大小邦伯诸侯领属之地。如此,则以商邑为轴心的中心区"商"地,乃"畿"之所在,类似《周官》中反复申述的"王畿"[①],或《尚书·酒诰》所称商国政治疆域内的内服,而"四土"或"四方",是王畿以外商国政治版图中

---

① 参见顾颉刚《畿服》,《史林杂识初编》,中华书局1963年版,第1—19页。

的"邦"土所在，即所谓外服，分布着大小诸侯封域、臣服"多方"，也包括一些敌对方国，然从甲骨文记商王占卜四土受年看，其间还穿插有王的直属领地。

一　商邑的择立要素及"经济生物圈"

甲骨文"商"不是一个具体的小地点，而是一个中心区域概念。这个中心区域的向心地应是商王都所在，称作"商邑"，也称"王邑"（《英藏》344），晚期又称"大邑商"（《甲》2416）或"天邑商"（《英藏》2529）。下面来看"商邑"的择立要素。

据《尚书·盘庚上》说，自成汤建国后至盘庚，"不常厥邑，于今五邦"，即前引《西京赋》"殷人屡迁，前八而后五"的后五次迁都。商王朝统治中心"商邑"的迁徙，有过五次，立过六都。六都地望，说法不一，现统理如下：

1. 汤居西亳（河南偃师商城；一说郑州商城）。
2. 中丁迁隞（一作嚻。河南郑州商城；一说郑州西北石佛乡小双桥商代遗址；一说郑州荥泽敖山；一说陈留浚仪；一说山东洙、泗上游）。
3. 河亶甲居相（河南安阳洹北商城；一说河南内黄）。
4. 祖乙迁邢（一作耿或庇。河北邢台。）
5. 南庚迁奄（山东曲阜；一说河南安阳东南）。
6. 盘庚迁殷（河南安阳殷墟；一说洹北商城）。

今考古发现的商邑，已找到四座，两座分别为同位于北纬34°7′的商代前期王都河南偃师商城和郑州商城，另两座是位于北纬36°的商代中晚期王都河南安阳洹北商城和殷墟商邑。此外，位于北纬37°的河北邢台地区，也发现数十处早于殷墟的大面积商代遗址，其考古学文化内涵有可能为"祖乙迁邢"提供依据。① 商代政治中心"王邑"的移位，基本是在今河南中部偏北及河北南部一带范围之内，介于北纬34°—38°之间。

成汤灭夏，建立商王朝，在策略上恐已吸取了前代单纯争夺别族生物圈而常伤及自身的教训，努力争取四方异姓国族的归服，以壮大商族的力量。《夏本纪》称"汤修德，诸侯皆归商"。《墨子·非攻下》说："汤奉桀

---

① 参见郑绍宗《河北考古发现研究与展望》，《文物春秋》1992年增刊；又唐云明《试论邢台夏商文化遗址及其相关问题》，《邢台历史文化论丛》，河北人民出版社1990年版。

众，以克有（夏），属诸侯于薄，荐章天命，通于四方，而天下诸侯莫不宾服。"《吕氏春秋·用民》直称"汤武非徒能用其民也，又能用非己之民"。汤能奉夏众，又能用异姓国族的"非己之民"，恐怕是其建立商国的成功关键所在。商代都邑的五次迁徙，通常也都是商族的集体行动，虽在不算太大的地域范围内移位，然经营视野十分浩大。商代贵族统治集团立都建国择都之策，呈现为外向型，是以商族为主体，联合四方诸侯，向四外拓展的。

商都经济地理位置的选择，要在重四方自然资源，尤其是铜、锡矿产资源的聚敛，亦超过夏代。日本天野元之助先生论商代产业，曾从中国方志和近代地质调查资料中辑出中原地区古代铜矿产地，河南有6处，山东2处，山西11处，河北四处；产锡地，河南六处，山东2处，山西6处，河北1处，参以甲骨文中殷王田猎地和行幸地分布所在，指出殷人除自己从事探矿、采矿、冶炼等，以满足矿业需求外，另有相当产量来自支配圈外300公里范围内的各方贡献或交易。① 后石璋如先生对此四省古代产铜地又有补充，但认为商代铜矿来源，可以不必在长江流域去找，甚至不必以黄河以南，由河南济源而山西垣曲，而绛县而闻喜，在这中条山脉中，铜矿的蕴藏相当丰富。至于产锡地，若以安阳为中心的100公里半径范围内，则有河南淇县、武安、河北成安、磁县等4处；若在距安阳300—400公里的环形圈内，有河南永宁、灵宝、裕州，山西平陆箕山、安邑稷山、山东峄县夹儿山等6处；若缩小至距安阳200—300公里环形圈内，有河南汝州、嵩县、山西交城、山东莱州等4处；若在距安阳100—200公里环形圈内，有山西阳城、沁源、沁水3处。锡矿有一部分当来之中原。②

不过，《商颂》有称"商邑翼翼，四方之极"，"古帝命武汤，正域彼四方，方命厥后，奄有九有"。其矿产资源的获得，未必仅限于华北四省。值得注意的是，陕西蓝田怀珍坊曾发现了商代前期专门冶炼铜料而非铸造铜器的作坊遗址。③ 辽宁林西大井发现一处大型古铜矿遗址，碳十四年代测定距

---

① 天野元之助：《殷代产业に関する若干の问题》，《东方学报》（京都）第23册，1953年。
② 石璋如：《殷代的铸铜工艺》，《中研院历史语言研究所集刊》第26本，1955年。
③ 西安半坡博物馆：《陕西蓝田怀珍坊商代遗址试掘简报》，《考古与文物》1981年第3期。

今 2970±115 年，约当商代晚期。① 长江以南江西瑞昌铜岭发现早到二里岗上层期的矿冶遗址，既有露天开采遗迹，又有地下开采系统，还有冶炼区。② 邻近的湖北大冶铜绿山古矿井遗址，碳十四年代测定数据有四组早到公元前 1200 年前后，相当商代晚期。③ 接壤的湖北阳新港下古矿井遗址④，及安徽铜岭、贵池一带 2000 平方公里范围内，发现几十处古代采铜矿遗址，年代上限及于商周之际。⑤ 江西清江吴城商代后期遗址，其东约 20 公里新干大洋洲发现同一时期上层贵族墓葬，出土的大批器物，造型和纹饰具有明显的地方土著文化与中原商文化风格相融的因素，表明了与中原地区有着畅通的交往关系。⑥ 近些年对商代青铜器所含高放射成因铅进行的化学分析发现，有关铅同位素的比值质谱显示，偃师商城、郑州商城青铜器矿产原料，竟与西南地区滇东川南及其周边一带的矿山所产接近，殷墟前期亦然，至殷墟后期华北当地矿产乃有急剧增加。⑦ 迹象种种，却提供了商王朝前后期都邑矿产资源的产地和流通有远出华北四省的多元性信息。

商都生态环境的选择，还兼顾到土质地力、地貌、气候、水文、物产等多重生态环境因素的利用，重视总体安排，基本上贯彻了便于生活、便于生

---

① 辽宁省博物馆文物工作队：《辽宁林西县大井古铜矿 1976 年度试掘简报》，《文物资料丛刊》(7)，1983 年。

② 江西省文物考古研究所铜岭遗址发掘队：《江西瑞昌铜岭商周矿冶遗址第一期发掘简报》，《江西文物》1990 年第 3 期。又《瑞昌铜岭矿冶遗址发掘获重大成果》，《中国文物报》1992 年 1 月 19 日。

③ 黄石市博物馆：《铜绿山古矿冶遗址》，文物出版社 1999 年版，第 184—188 页。又《中国考古学中碳十四年代数据集》，文物出版社 1983 年版，第 92—96 页。

④ 港下大铜矿遗址发掘小组：《湖北阳新港下古矿井遗址发掘简报》，《考古》1988 年第 1 期。

⑤ 杨立新：《皖南古代铜矿初步考察与研究》，《文物研究》第 3 期，1986 年。

⑥ 江西省文物考古研究所等：《江西新干大洋洲商墓发掘简报》，《文物》1991 年第 10 期。

⑦ 参见金正耀《晚商中原青铜的锡料来源》，《自然辩证法通讯》1987 年第 4 期；又金正耀、杨锡璋、齐思（W. T. Chase）、平尾良光、马渊久夫、三轮嘉六《中国两河流域青铜文明之间的联系——以出土商青铜器的铅同位素比值研究结果为考察中心》，《中国商文化国际学术讨论会论文集》，中国大百科全书出版社 1998 年版；又金正耀《论商代青铜器中的特殊铅》，《殷墟发掘 70 周年学术纪念会论文》，中国社会科学院考古研究所编印，1998 年；又金正耀《跨入新世纪的中国铅同位素考古》，《中国文物报》2000 年 11 月 22 日；又金正耀《商代青铜器高放射成因铅原料的产地问题》，《中国文物报》2003 年 1 月 17 日。

产、便于交通、保障安全防范的原则。偃师商城、郑州商城、洹北商城和安阳殷墟等几个商代王邑，所处地理纬度和气候条件均十分适宜人们生息休养。

偃师商城建于二里头夏代都邑遗址的东北附近，北依邙山，南临洛河，虎牢在其东，函谷在其西，轘辕在其南，北面有黄河要津，自古以来就是重要交通孔道，地势平坦，植被在当时尚未受人类活动多大破坏，土壤肥沃，即使在今日，仍是有名的粮食高产区。偃师商城有积极的防御设施，筑有内城外郭及"宫城"三重城垣，形制长方形，城内面积达190万平方米，经总体规划，不仅提高了安全保障系数，而且方便了生活。郑州商城北临黄河，西南傍依嵩山余脉，东边毗连豫东平原，土质肥沃，为四方交通辐辏之枢。郑州商城分内城、外郭及"宫城"三重，内城形制长方形，面积约317万平方米，墓地和产业作坊区移到郭城内外，当时似已注意到内城环境的净化。[①]商代都邑规模的扩大化和生活设施的完善，环境的有效治理和保护，总体布局的合理安排，安全防范设施的加强，使数万乃至十多万人长期聚居一地成为现实，一方面维持了当时的社会生活秩序，同时也为解决日趋上升的人地依存关系矛盾开辟一新途。

商代中丁以后，平均每20年都邑一徙，中丁迁隞、河亶甲居相、祖乙迁邢、南庚迁奄，在公元前1300年前后，盘庚又把王邑迁至殷。河南安阳洹北商城遗址，约当河亶甲或盘庚时，城垣平面呈方形，面积约470万平方米，已知其城墙基宽仅7—11米[②]，与商王朝前期王邑偃师商城城墙基宽16—25米、郑州商城城墙基宽20米以上，不能相比，国力似乎尚处在振兴伊始。结合文献记载，商代中丁以后"比九世乱，于是诸侯莫朝"[③]，"自祖乙五世，至盘庚元兄阳甲，宫室奢侈，下民邑居垫隘，水泉泻卤，不可以行政化"[④]。王朝政迹不修，规度失控，环境遭破坏严重，自

---

① 参见杨育彬《郑州商城初探》，河南人民出版社1985年版；又裴明相《郑州商代王城的布局及其文化内涵》、河南省文物研究所《郑州商城外夯土墙基的调查与试掘》，《中原文物》1991年第1期。
② 中国社会科学院考古研究所安阳工作队：《河南安阳市洹北商城的勘探与试掘》，《考古》2003年第5期。
③ 《史记·殷本纪》。
④ 《尚书正义·盘庚》，孔颖达疏引汉王肃说。

然灾害频起，生态恶化，统治集团内部为权力纷争不已，国力削弱，异姓国族不附，中丁到南庚不得不进行了四次迁都，曾一度退缩回东方故地"奄"（山东曲阜一带）。① 盘庚时，旧王邑的生态环境破坏曾经导致"万民乃不生生"，人地关系矛盾对早先商城的人文自然体系作出不断的否定，"民用荡析离居，罔有定极"，王邑政治生物圈的再建已是刻不容缓。盘庚"视民利用迁"，果断作出"生生，今予将试以汝迁，永建乃家"的明智决策，再度西进，"底绥四方"，恢复"先王之大业"，②迁至今安阳一带洹水之滨，再建新商邑。

安阳洹北商城和殷墟商邑一带，平均海拔78米左右，是晋、冀、鲁、豫四省交会的要冲，据卫星遥感摄影，这里位于太行山东侧华北平原南部一冲积扇平原上，卫、漳、洹、滏四水穿流而过，土壤湿润，富含腐殖质，土地肥沃，冲积扇西侧有丰富的煤炭、铜矿资源和良好的森林植被，地理环境得天独厚。③ 据多年的考古发掘资料表明，殷墟商邑系沿洹水而建，经盘庚之后几代商王的经营，范围达30平方公里左右。④ 中心区在洹水弯道南侧，通过防御性深壕与洹水相结合环绕成宫室宗庙区，外围是平民居地，最外围为墓葬区和手工作坊区。显然，殷墟商邑是经过充分的具有生态学意义的权衡考虑后选定的，本之"用永地于新邑"的理念，在建设中贯彻了"奠厥居，乃正厥位"的总体规度原则⑤，后王继之，有一系列治理、保护、开发商邑环境的措施，由此使商代后期王邑的人地关系矛盾一直维持在最低点，古本《竹书纪年》云："自盘庚徙殷至纣之灭，七（二）百七十三年更不徙都"，可见晚商王邑政治地位是相当稳定的，"百姓由宁，殷道复兴，诸侯来朝"⑥，凭借商邑交通地理的优势，"用协于厥邑，其在四方"⑦，邦畿千里的国土得以经略。

从人地依存关系及古代统治者"体国经野"的政治意识言，商王都当然

---

① 参见杨升南《"殷人屡迁"辨析》，《甲骨文与殷商史》第二辑，上海古籍出版社1986年版。
② 《尚书·盘庚》。
③ 申斌：《宏观物理测量技术在殷商考古工作中应用初探》，《殷都学刊》1985年第2期。
④ 郑振香：《殷墟发掘六十年概述》，《考古》1988年第10期。
⑤ 《尚书·盘庚》。
⑥ 《史记·殷本纪》。
⑦ 《尚书·立政》。

不是悬浮式的"孤岛",周围自应控制着一定的直属地域。《墨子·非命上》云:"汤封于亳,绝长继短,方地百里";《荀子·议兵》云:"古者汤以薄(亳),武王以镐,皆百里之地";言汤的亳都周围有方圆百里范围的直属领地。《孟子·公孙丑上》云:"王不待大,汤以七十里";《管子·轻重甲》云:"汤以七十里之薄(亳)兼桀天下";《淮南子·泰族训》云:"汤处亳七十里";则言商汤握有以亳都为中心的方七十里直属地,与上说略异,但均指出了商代王邑以外自有其相应的直接控制范围。这种与王邑联为一气的政治领地,当时称之为"郊"、"鄙"、"奠"。

《尚书·牧誓》有云周师伐商至于"商郊"。甲骨文云:

  □酉卜,王曰贞,其蒿田。(《合集》29375)
  戊戌,王蒿田……文武丁祕……王来正……(《甲》3940)

蒿读如郊。《周礼·载师》郑氏注:"故书郊或为蒿",并引杜子春云:"蒿读为郊,五十里为近郊,百里为远郊。"《墨子·明鬼下》记商汤"犯遂下众,人之蟜遂"。孙诒让读为"犯逐夏众,人之郊遂"。蟜、蒿、郊音义相通。"蒿田"读为"郊田",即在郊田猎。郊应指王朝都邑外之地。甲骨文中又有"商鄙"(《英藏》2525),大体亦指王邑"畿"外近郊野地。

甲骨文有言"京奠"(《合集》6)、"步于奠"(《合集》7876)等。裘锡圭先生指出,甲骨文用为动词的奠字,本指商王朝处置服属者的一种方法,把战败或臣服的国族之一部或全部,让其仍保持原来的社会组织系统,安置在商王朝可控制区内。① 今据甲骨文有以商人自我为中心按方位称"我奠"(《合集》9767)、"南奠"(《合集》7884)、"北奠"(《合集》32277)等,故知当时存在着围绕在商王朝四周可控制地理范围内安置被奠者的惯例,长此以往而人为形成一特殊的政治地理圈,此已名词化意义的"奠",性质与《周礼·天官·甸师》说的"郊外曰甸"有渊源关系,或可读如甸。《说文》:"甸,天子五百里地。"《国语·周语上》:"夫先王之制,邦内甸服,邦外侯服。"邦内谓畿内。奠应指王朝内服可控制区范围,相当商国的畿甸外围所至。

---

① 裘锡圭:《说殷墟卜辞的"奠"——试论商人处置服属者的一种方法》,《中研院历史语言研究所集刊》第64本第3分,1993年。

在商代，不特王邑有"畿"，诸侯或方国族落也均有其势力范围圈或"经济生物圈"。甲骨文有记沚国使者向商王朝自报敌方侵犯"我东鄙"、"我西鄙田"（《合集》6057）。甲骨文又有言"攸侯喜鄙永師"（《殷缀》190），鄙又指诸侯与方国的政治控制领地。

可见，以商王朝都邑为中心的邑、蒿（郊）、鄙、奠的王畿区体系，或以诸侯方国邑为中心的鄙地之势力范围圈，都是确然存在的。

二　商畿的地域范围

学界对商代政治地理的内部结构关注较少。陈梦家先生首先按照传统畿服制观念把这种结构概括为王畿、四土、四至三个层次，在平面上可以用一组以王邑为核心的同心正方形表现。① 此后宋镇豪先生对商代"体国经野"的政治体制作了进一步探讨，认为王畿区即商王朝中心区，称作"商"，轴心地为"商邑"，其内部存在以都邑为中心的邑、郊、鄙、奠（甸）体系。②

（一）王畿区界定

所谓"王畿区"是后世畿服制体系中的一个概念，商时实无"王畿"之称。但《尚书·酒诰》称商王朝的政治体制说："越在外服，侯、甸、男、卫、邦伯；越在内服，百僚、庶尹、惟亚、惟服、宗工、越百姓、里居（君）"，这是商时已有内外服之分的证明。"内服"就是王畿，以百官臣卿作为主要的统治手段，是一个以王都为中心形成的稳固势力范围。后人在研究商代历史时就以此对应后世所谓"王畿"。至于这个区域的具体范围，《战国策·魏策》载有吴起的一段话："殷纣之国，左孟门而右漳、釜，前带河，后被山。有此险也，然为政不善，而武王伐之。"又《史记·孙子吴起列传》："殷纣之国，左孟门，右太行，常山在其北，大河经其南，修政不德，武王杀之。"经学家上溯商代"王畿"大多皆源此阐发。

商史研究中对王畿区进行综合考察，当推宋镇豪在文献成说之外寻找新角度对王畿地域范围进行界说，即从商人历次迁都大致的范围以及甲骨文中羁舍的里数两方面推断王都移位不出河南中部偏北及河北南部一带，在北纬

---

① 陈梦家：《殷虚卜辞综述》，科学出版社1956年版，第319—332页。
② 宋镇豪：《商代的道路交通制度》，《历史研究未定稿》1989年第11期；又宋镇豪《论商代的政治地理架构》，《中国社会科学院历史研究所学刊》第一集，社会科学文献出版社2001年版，第6—27页。（下引不再另注）

34°—38°之间,"王畿"方圆半径可至300里左右。此后郑杰祥《商代地理概论》一书,将"商代的王畿和都邑"独立出来作为一个地名分布区。《汉书·地理志》:"河内本殷之旧都,周既灭殷,分其畿内为三国,《诗·风》邶、庸、卫国是也。"郑玄《诗谱》谓:"邶、鄘、卫者,商纣畿内方千里之地,其封域在《禹贡》冀州太行东,北逾衡漳,东及兖州桑土之野。"郑氏据此认为西自太行山东,东达河南濮阳市区,北起漳河流域,南至今黄河沿岸,大致上应当就是商代王畿的范围。此外,郑氏通过文献地名比勘从甲骨刻辞中清理出属于上述范围的23个地名①。这是一次重要尝试,价值在于将政治地理架构正式引入商代地名研究。

以上两种意见都很少从卜辞地名自身的特点进行界说。晚商王畿区以外错杂分布着附属国族、敌国与商属地,王畿区内部则是在行政上表现为统一,地域上以王都为中心的连成一片的较为稳固的整体。这就是内、外服之间最大的区别。相应的,王畿外围地名、族名之间的关系必然与王畿内部地名存在质的区别。从卜辞辞例中找出这个地带是界说王畿区的另一个途径。

卜辞中"师某"的用法很值得注意,祖庚祖甲时期特有的一种记录占卜地的辞例是:"在师某"或"在师某卜"。包括师允(《合集》24253)、师奠(《合集》24259)、师般(《合集》24264)、师寅(《合集》24279)、师丙(《合集》24345)、师获(《合集》24345)、师裻(《合集》24282)、师糕(《合集》24251)、师羌(《合集》24281)、师非(《合集》24266)、师木(《合集》24270)、师㖞(《合集》24249)、师寮(《合集》24272)、师鼎(《合集》24280)、师潩(《合集》24337)、师滴(《合集》24340)、师徣(《合集》22606)、师雇(《合集》24347)等。既称"在师某",可见"师某"用作地名。"师某"也可以去掉"师"字单称,如"师徣"也作"合",《运台》3.0674/2:"壬午卜,王在合卜";"师糕"也作"糕",《运台》1.0093/2:"惟今日甲戌,在糕……"商王途经的这类"师某"应该就是原本驻有军事组织的地点。"师某"作为地名并不单纯见于占卜地,有时候也作为田猎地出现。从占卜地与田猎地名的分布区域看,晚商时期商王巡游的范围很大,遍及山东省潍水以西、陕东河渭之间、晋南运城盆地、临汾盆地。商王巡游是巩固各地控制势力的一种手段,因此巡行路线与军事据点关系密切。所谓

---

① 郑杰祥:《商代地理概论》第一章"商代的王畿与都邑",中州古籍出版社1994年版,第1—79页。

"在师某",就是停宿于某地驻军营地。

三期出现了"戍某"之称,或释为"戍某",包括戍干(《合集》28059/3)、戍马冒(《合集》27881/3,也称为冒戍,见《合集》28026/3)、戍永(《合集》28038/3)、戍[字](《合集》27987/3)等。铜器中则有《戍䍃觚》(《文物》1982年第1期)、《戍甬鼎》(《三代》4.3)、《戍铃彝》(《钟鼎款识》2.22)、《戍嗣子鼎》①等。卜辞"戍某"实指某地的长驻军事组织,其人员或为当地归附的原住民,或为自外地征调的兵力。

从研究军事据点的地理分布状况,可以成为界分晚商内外服的一个新角度。卜辞各期战争关系总体来说以东、西两个方向表现得最明显,因此遗留下来的有关材料也使这两个方向的内外服分界表现得较为清晰。

(二) 王畿区的东限——濮阳地区

今河南省濮阳地区作为中原龙山文化、先商文化与海岱地区岳石文化的交会处,在夏商时期地位极其重要。有意见认为豫东地区的漳河型一类先商文化很可能是沿着濮阳、浚县—滑县—长垣—杞县这一夹在岳石文化和辉卫型文化之间的通道南下而来,继而向西发展。商汤建国之后,商族一直以今河南省北部为活动中心,并向四周扩展。在东部地区,商文化呈现出由西东渐的总体趋势,直至商亡。张国硕先生把这种东渐发展过程概括为三个阶段:第一个阶段,停滞期,相当于二里岗期下层至上层早段;第二个阶段,发展期,相当于二里岗期商文化上层偏晚阶段,商文化势力已达今津浦铁路沿线,而山东省中部和东部则未见早商文化遗存;第三个阶段,全盛期,商代后期商文化控制范围遍布除胶东半岛及鲁东南部分地区以外的山东地区。②但商文化的东渐并不是说以岳石文化为代表的东夷族全部退到了胶东半岛和鲁东南,而是在濮阳、浚县—滑县—长垣—杞县以东至潍河以西的大片地域范围内逐渐形成商人与夷族混居局面。而由商人聚居区到商夷混居区之间也存在一个相当于分水岭的地带,濮阳地区位于这个地带的最北端。

(三) 王畿区的东南限——商丘至杞县至禹县一线

商代东部地区的文化分布可以分成潍东、潍西两部分,潍东地区受商人

---

① 《殷墟发掘报告》(1958—1961),文物出版社1987年版,第272页。
② 详见张国硕《从商文化的东渐看商族起源"东方说"的不合理性》,'97山东桓台中国殷商文明国际学术讨论会论文集《夏商文明研究》,中国文联出版社1999年版,第203—214页。

影响很少，是单纯的夷人文化。而潍西的商文化类型以及南方的江淮地区商文化类型与中原地区商文化之间仍然存在明显的差异，因此研究者一般认为这部分文化类型的创造者包括大量夷人。与征人方有关的地名以丘商分为上下两段，丘商南北的地名中不少驻有"师"、"戍"等军事组织，并且均有设"奠"；在丘商以南攸侯领地有设"牧"。我们认为濮阳—商丘是商王畿的东部外沿，商丘是控制殷南地区的军事重镇，进入这一线往东的潍西地区和往南的江淮地区就是商人与夷人杂居地带。帝辛十祀征人方路经林方、危方，其地在河南、安徽交界地带，离永城不远。另外，回程中过杞县之后就出现了"商鄘"，联系禹县的"师高"，帝辛时期王畿区东南沿大概就在商丘—杞县—禹县沿线。

（四）王畿区的西南限——修武至沁阳一线

以修武—沁阳为中心的军事据点有：宁、义行、喾行。地处晋南豫西的军事据点还有师非、沁行、师般、酱师、癸师、师目。

宁地（黄河北岸修武以东）在当时的殷西局势中相当重要，与其有关的国族有羌方与𢀖，都为商人在殷西南的强敌。商人在宁地附近也设有"戍"，戍官的职责就是常驻当地保证地区安全，宁地一带的这个"戍"是河南西部黄河以北地区最靠近王都的一个戍，因此我们认为这里是商王畿与殷西外服区之间的一个分界点。"义"（修武附近）是临近于羌方的一个地名，曾作为抵御羌方的一场战役发生地，而其地附近驻有"戍"，再加上由其族邑人员组成的"义行"，可见"义"本身就是一个军事据点。喾行大概在修武以西的殷西地区。

沁阳市在黄河以北，地临山西、河南交界线，其西北有太行陉，是太行八陉的第二陉。此地历来是河南进入山西的交通要道。殷西军事据点分布于晋南豫西的地理交通要道，商代后期的对方国战争中，伐羌方及其盟国主要见于三、四期特别是康丁、武乙、文丁时期最为突出，此外殷西较大战争还有武丁时期的"伐𢀖"、"伐亘、伐舌方、伐鬼方等。相应的上述军事据点也主要见于一、三、四期。大体上来说，"宁"可以作为一个分界点，宁地以西即进入商人军事据点与外族犬牙交错的地带，因此可以说修武至沁阳一带是晚商时期王畿西南限。

要言之，商畿范围大体包括了今河南中部偏北及河北南部地区。

三 商国的政治疆域"四土"

商国政治疆域的地理架构基本表现为王畿、四土与四至三个层次。"四土"是王畿区外与商王朝政治关系密切、经济文化交流频繁的大区域，分布着许多大大小小的诸侯国或方国族落，一般都与商王朝持有政治过从或统属关系。如《逸周书·商誓》记周武王言："肆商先哲王，维厥故斯用显我西土"，周国自己认同为商的西土。甲骨文有云：

……令登东土人。(《合集》7308)
己未卜，贞雀亡囧（忧）① 南土，呙告事。
己未卜，贞多呙亡囧（忧）在南土。
己未卜，惟霎方其克贝（败），弜在南。(《合集》20576)
癸酉，贞方大出，立吏于北土。(《合集》33049)

以上诸辞，或因兵戎事而登众简选武士于东土；或言敌国霎方侵扰商国的南土，商王问及在南土戍卫的重臣雀及众武官多呙的安危，问是否能在其南击败霎方；或记敌方大举进犯，立吏选武将向北土反击。这说明商王朝视"四土"乃是其政治疆域。

从商代考古学文化看，大体也可以分为三个不同层次的文化范围：一是最内圈，以黄河中游偃师商城、郑州商城、安阳洹北商城和殷墟四点为中心及其附近地区，文化发展水平较高，文化面貌基本相同，是商文化中心区，也即王畿区；二是中心区外围，分布着许多与商文化有渊源关系的文化遗存，同时又是商文化与周围其他文化相交流、传播的中间环节，可称为商文化亚区，亦即商国的"四土"，是其政治疆域；三是最外圈，文化特征既明显有别于商文化，又在许多方面表现出相同或相似因素，可称为商文化影响区，亦即商周边民族地区。②

若就商代前后期考古学文化论其政治地理结构，又存在着一些进退变化现象。大体说来，前期王畿区以偃师商城和郑州商城为中心，直接控制

---

① 囧旧释祸，此从裘锡圭先生《说"囧"》一文释忧，载见《古文字论集》，中华书局1992年版，第105页。

② 参见宋新潮《商代疆域新论》，陕西人民出版社1991年版，第200页。

着周围二三百里范围,其政治疆域,则北土沿太行山东麓向北延伸至河北满城、保定一带,东土及泰山以西和淮北一线,西土达陕西关中岐下一带,南土包括江汉平原,并进抵长江中游两湖及江西部分地区,在外层周边地区为商文化波及区。至中后期,王畿区变化不大,但政治中心北移至安阳洹北商城及殷墟,政治疆域的北土则已抵达燕山以南、河北中北部的所谓"朔方"地区,西土北侧已越太行山脉,进入晋中汾河两岸,可能还跨越黄河进入陕北东部地区。但西土南段,虽一度抵及关中及川陕交界地区,唯随着周人在西土的崛起,商国势力范围渐往东退缩到西安以东地区。晚商的南土,对江汉地区的控制有所削弱,然对江南江西地区的政治影响范围却扩大不少,后来可能还绕入湖南长沙地区。在东土的势力更有长足发展,进抵除胶东半岛以外的山东境内及安徽、苏北地区,并逼近浙江部分地区。

文献中也有关于晚商王朝政治疆域"四土"所抵地理范围的记述。《汉书·贾捐之传》云:

> 武丁、成王,殷周之大仁也,然地东不过江、黄,西不过氐羌,南不过蛮荆,北不过朔方。

此记商周之际的政治疆域,江是古江国(今河南息县以西淮河北岸),黄是古黄国(今河南潢川),江黄是商后期的东南门户。商王朝鼎盛期的疆域,北至今河北、晋北,西到陕东,南到鄂北,东南至淮河中、下游地区。① 以东西南北四疆为序,恐非虚拟,有一定史影依据,四疆所至当有实际人文地理地界范围。如有二片甲骨文云:

> 辛卯,王……小臣醜其乍围于东对。王占曰:大[吉]。(《合集》36419)
> 醜其逐至于攸,若。王占曰:大吉。
> 其迟于之,若。(《合集》36824)

"东对"序方位,别辞又有云:"于夫西对"(《合集》30600)、"于售北对"

---

① 参见李民《〈汉书·贾捐之传〉所见商代疆域考》,《历史研究》2006年第5期。

(《屯南》4529），"对"以东南西北四方为合成词，皆系之实际地望，"对"字象手植丛树于土上作表记之形，疑读如垂，同陲，意指边垂疆界标识。《说文》："垂，远边也。""东对"指东方边地的疆界标识。"乍圉于东对"，犹如《古今注·都邑》所云："封疆画界者，封土为台，以表识疆境也"，是说在政治疆域范围的东部封疆画界。圉字在此亦有经界疆垂意，《尔雅·释诂》："疆、界、边、卫、圉，垂也。"《左传》隐公十一年："亦聊以固吾圉也"，杜预注："圉，边垂也。"小臣醜是商王所封东疆的臣属诸侯，在今黄河下游山东益都淄河流域一带。益都苏埠屯曾发现晚商时醜国四墓道大墓。①"醜其迨至于攸。其迟于之"，攸在今江淮流域河南永城和安徽宿县、蒙城之间。言醜国使命能否路途平安速传到攸地，还是迟缓抵达。这说明商王朝与东方地区至密的政治关系，印证了史传商周之际的政治疆域"东不过江、黄"的说法。

总之，文献中关于晚商王朝政治疆域所抵"地东不过江、黄，西不过氐羌，南不过蛮荆，北不过朔方"的说法，与甲骨文中"四土"范围的考订及考古发现的商文化中心区，大体是吻合的。

然而必须指出，商代国家的政治疆域，尚不可能如后世有明确的国界线，也不可能如后世那样维持有中央与地方政府之间严格的行政统属关系，但在王权可控范围，其"设官分职"却已有一定规制。即或域内大小土著国族，因其力量强弱受制于大国，亦不得不尽其贡纳臣服诸义务，而大国亦对其有政治上的承认和军事上的保护之权利。

甲骨文记有：

> 周入。(《合集》6649 甲反)
> 雀入龟五百。(《合集》9774 反)
> 唐来十。(《丙编》56 反)
> 羌入五。(《合集》13648 反)
> 竹入十。(《合集》902 反)

上揭刻辞内容，是记卜用龟甲的数量以及从何方入贡来的。"周入"，记周方贡龟，周地处黄河上游陕西一带，属于商王朝的西土。"雀入龟五百"，日本

---

① 参见殷之彝《山东益都苏埠屯墓地和"亚醜"铜器》，《考古学报》1977 年第 2 期。

学者岛邦男以为雀的领地在殷的西方。① 钟柏生先生以为雀的地望在今山西西南部或河南省西北角②，即黄河湾道附近。"唐来十"、"羌入五"，两地或在山西中部一带。"竹入十"，竹为商王朝北方的侯国，别辞有称"竹侯"（《合集》3324）、"至自竹"（《合集》4752）。严一萍先生以为竹国即《史记·秦本纪》"齐桓公伐山戎，次于孤竹"，《正义》引《括地志》云："孤竹故城在平州卢龙县十二里，殷时诸侯国也。"址在今河北卢龙、抚宁县一带。③ 李学勤、彭邦炯先生说同。④ 甲骨文又云："妇晏示五屯"（《合集》6177）、"晏来牛"（《合集》9178），说明晏国与中原商王朝有通婚、进贡牛牲之往来，晏国即后来西周召公所封北京琉璃河之匽都一带。由此可窥见各大小方国族落与商王朝之间保持的臣服贡纳关系。

《尚书·酒诰》即称商国政治疆域内的统治制度分内服和外服：

> 越在外服：侯、甸、男、卫、邦伯。
> 越在内服：百僚、庶尹、惟亚、惟服、宗工，越百姓、里居（君）。

内服和外服，相当《大盂鼎铭》说的"殷正百辟"与"殷边侯、田"两类。商王在内、外服的统治策略上是有区别的。内服制当指王畿区的"设官分职"，外服制指畿外"四土"、"四方"政治疆域内的王权驾驭力度。《诗·商颂·殷武》云："昔有成汤，自彼氐羌，莫敢不来享，莫敢不来王，曰商是常"，把四方诸侯方国到商邑献享朝见，视为王朝国家体制有效运作的常态。

甲骨文恒见商王派使者出使各地，如：

> ①丁巳卜，宁，贞令䙴赐㠯食，乃令西使。三月。（《合集》9560）
> ②乙酉，贞王令㠯途亚侯佑。（《合集》32911）
> ③己未卜，㚔，贞我三史使人。

---

① 岛邦男著，温天河、李寿林译：《殷墟卜辞研究》，台北鼎文书局1975年版，第459页。
② 钟柏生：《殷商卜辞地理论丛》，台北艺文印书馆1989年版，第187页。
③ 严一萍：《甲骨学》上册，台北艺文印书馆1978年版，第132—136页。
④ 李学勤：《试论孤竹》，《社会科学战线》1983年第2期。又彭邦炯《从商的竹国论及商代北疆诸氏》，《甲骨文与殷商史》第三辑，上海古籍出版社1991年版。

> 贞我三史不其使人。
> 贞𡆥使人。
> 贞𡆥不其使人。（《合集》822 正）

①命令 ᐟ 出使西方，并命𩇕为 ᐟ 赐食饯行。②商王命令 ᐟ 取途亚侯，问是否有佑。③四辞正反同卜，问王朝三史是否派使者。𡆥或为三史之一。同样，商王邑也不时有四方的来宾及来使。《诗·商颂·玄鸟》云："四海来假，来假祁祁"，盛赞王邑内四面八方的来宾人流济济。

商王朝还通过与异族方国间的政治联姻，维系各地之间对商王朝的臣服关系，这在甲骨文中屡见不鲜。各地族氏方国，亦每主动嫁送女子与商王朝，用结姻亲的方式，稳固双方的政治关系。《易·泰卦》有云："帝乙归妹，以祉元吉。"《诗·大雅·大明》云："大邦有子，俔天之妹，文定厥祥，亲迎于渭。"大邦即《尚书·召诰》之"大邦殷"。讲商王帝乙将王族少女远嫁周国文王之事。这类政治婚姻显然利用通婚方式维系商周之间的臣服关系。

显然外服制是建立在维持原本固有地缘性政治组织基础上的，是王权对四方诸侯方国的册封、礼遇优渥或承认，四方国宾的来商邑朝见及使者往还，是外服制的一种表现形式，商王朝必要时有以婚媾关系相系，或施以武力制裁。商王在内、外服制的统治策略上是明显不同的。

四　商国的周边"四至"

在中国上古时代，有将中原王国"四土"之外其势力及其文化波及影响的周边地区称为"至"的。西周厉王时《宗周钟铭》云："王敦伐其至，戮伐厥都"，言先进伐其周边地区，然后直捣其都城。这里的"至"即指政治疆域外"四至"周边地区。

商代的"四至"范围，文献中也有其说，《淮南子·泰族训》云：

> 纣之地，左东海，右流沙，前交趾，后幽都。

东海是东部滨海地区，流沙泛指甘肃、内蒙古等地的西北沙漠地带，交趾指南方五岭地区，幽都大致包括今河北北部燕山南北及辽宁部分地区。① 甲骨文中的"一邦"(《库》468)、"二邦方"(《合集》36243)，"三邦方"(《合集》36530)、"四邦方"(《合集》36528)、"南邦方"(《甲》2902)、"多方"(《英藏》528)等邦方敌国，以及上博楚简《容成氏》记述的商王朝末叶统治者"尃夜以为堇（淫），不听其邦之政，于是乎九邦畔之：丰、镐、郍、鼇、于、鹿、耆、崇、密须是（氏）"（简45）②，基本分布在"四至"范围。这些邦方犬牙参差分布在商国的周边地区，有的还跨入商国"四土"之内，一般均与商王朝有着间接或直接的交往交流关系，由此构成商国周边地区相对独立的大小邻国。

商国也把"外服制"的某些策略推及于周边地区。据甲骨文有云：

甲子卜，王比东戈乎侯戋。
乙丑卜，王比南戈乎侯戋。
丙申卜，王比西戈乎侯戋。
丁卯卜，王比北戈乎侯戋。（《合集》33208）

戈指边境之地③，"四戈"当为"四土"外周边"四至"的与商王朝若接若离弹性伸缩边地。比有亲比联合之义，《周礼·形方氏》："大国比小国"，郑注："比，犹亲也。"商王联合"四戈"之侯进行领土扩张，此"侯"犹《大盂鼎铭》说的"殷边侯田"。可见商王朝对边地的扩张或捍守，盟结或加封远控弱小土著国族以与强大敌对邦方抗衡，是其重要策略之一。

商王朝除了有封边地土著国族君长为"侯田"外，还有"牧"的别置，如甲骨文有"戈田牧"(《屯南》4033)，"牧"殆亦指与商有结盟关系的边地族落，唯牧与商王朝之间的依附性似更胜于"边侯田"，然两者亦有若干共性，即其称号的名义意义，皆并非中原王国对他们有土地民人诸实质上的封赐。两者同以"田"相称，"田"可能与后世的"甸"有联系，但与前述郊外之"奠"读如"甸"是有区别的，此处的名义意义大概与《国语·周语

---

① 参见彭邦炯《商史探微》第六章"商王国的疆域四至"，重庆出版社1988年版，第179页。
② 马承源主编：《上海博物馆藏战国楚竹书》（二），上海古籍出版社2002年版。
③ 参见陈梦家《殷虚卜辞综述》，科学出版社1956年版，第321页。

中》所云"规方千里,以为甸服",有内在演衍关系。

甲骨文中有"南牧"、"北牧"(《合集》28351)、"中牧"(《合集》32982)、"左牧"、"右牧"(《合集》28769)。地近西安老牛坡遗址的袁家崖晚商墓葬出土铜爵有铭"右牧"①,兼叙方位,大体表明其乃介于大国与邦方林立的隙地之间。别辞有云:"在易牧获羌"(《遗》758)、"戊伐,右牧禽启人方"(《屯南》2320)、"中牧于义,攸侯叶鄙。右牧于片,攸侯叶鄙"(《合集》32982),牧与边地羌人、人方、攸侯时有利害交割关系,是知此等牧是在边地。

《尔雅·释地》云:"邑外谓之郊,郊外谓之牧",以视商代,尚应结合特定历史氛围作出具体分析。盖牧本是邑与邑、国与国之间草莱未辟的隙地,凡经济实力雄厚、政治势力强大者,常得而据为田猎地,或辟而成为牧场,即《周礼·载师》所谓"以牧田任远郊之地"。甲骨文说的"二牧"(《甲》1131)、"三牧"(《屯南》1024)、"九牧"(《天理》510)等,就是商王朝利用周围隙地辟为牧场、据点或田猎地,用数目加以编次。别辞云:

牧匄(求)人,令遘以受。(《合集》493)
……受兹三牧……于唐。(《合集》1309)

意思讲唐地开辟的牧场向王朝求人力补充,商王乃命令遘送致受人。随着商王朝国土经营的扩张、生地变熟地或人口增加造成聚落稠密化等多重因素的作用,牧地逐渐向周边远地外移,力量不抵,乃盟结土著族落组织作借力,故牧亦用指边地族落。河北北部燕山山脉南缘的丰宁县出有晚商"亚牧"鼎②,陕西西部与甘肃相邻的陇县韦家出有"牧正"商尊③,四川彭县竹瓦街亦出有商代"牧正"觯。④"亚牧"、"牧正",可能均是与商王朝曾有过结盟交好关系的边地族落之长。《逸周书·度邑》云:

---

① 巩启明:《西安袁家崖发现商代晚期墓葬》,《文物资料丛刊》(5),1981年。
② 《河北省三十年来的考古工作》,《文物考古工作三十年》,文物出版社1979年版,第39页。
③ 吴镇烽:《陕西金文汇编》(上),三秦出版社1989年版,第390页。
④ 徐中舒:《四川彭县濛阳镇出土的殷代二觯》,《文物》1962年第6期。

> 维王克殷，国君诸侯乃厥献民，征主九牧之师，见王于殷郊。

此"九牧"原本当是与商王朝盟好的边地大小土著族落，其倒向周国，率所部之师助周伐商，进入商郊见周武王，说明当时的国际关系中，舍名义而看重现实，实力的取代倒替，外交上的拉拢争夺和利害交易，以至兵戎反戈，时在摆动变化中，介于大国和邦方之间的大小地方族落，在各种政治纠葛背景下，自不得不审时度势频频作出关乎自己存亡的决策调整和抉择。

归纳之，商王朝已有其"体国经野"的政治疆域经营意识，王畿区以商王邑为中心，王邑之外的近郊称东、南、西、北四"鄙"，再远外的区域称东、南、西、北四"奠"，"奠"即后来称作"甸服"或"畿甸"的"甸"之由来，本起自在商邑四周远外可控制范围安置服属国族的地带而得名。此三者构成了"王畿区"；自"奠"以远就泛称"四土"、"四方"，为王朝宏观控制的全国行政区域。"四土"外的边地四至又称"四戈"。如此而形成商代国家的政治疆域。

下面，试对上论商国疆域经纬作一图示勾勒：

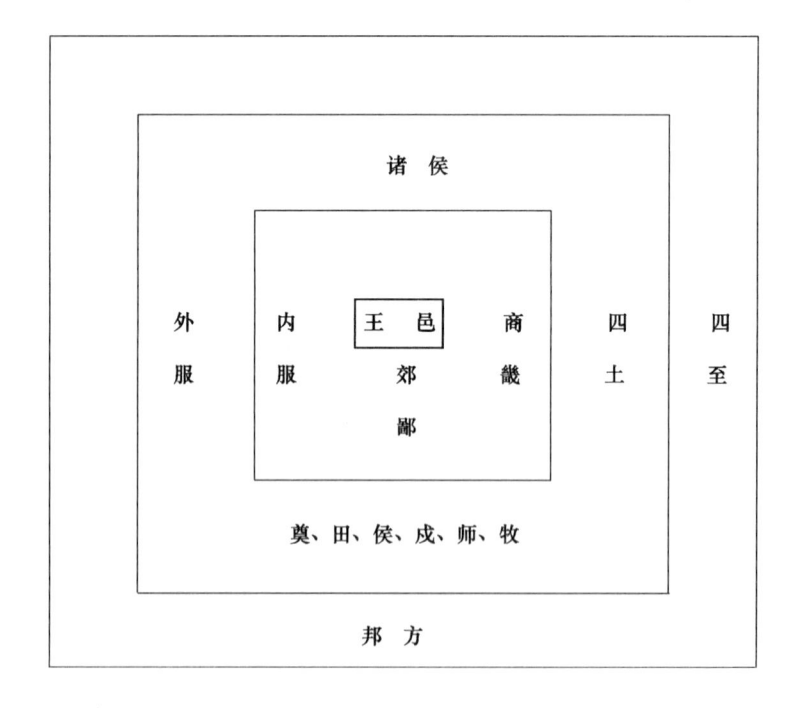

```
┌─────────────────────────────────────────┐
│                                         │
│              诸  侯                     │
│   ┌─────────────────────────────┐       │
│   │                             │       │
│外 │内         ┌─────┐    商     │四  四 │
│   │           │王 邑│           │       │
│服 │服         └─────┘    畿     │土  至 │
│   │           郊 鄙              │       │
│   │                             │       │
│   │     奠、田、侯、戍、师、牧  │       │
│   └─────────────────────────────┘       │
│                                         │
│              邦  方                     │
└─────────────────────────────────────────┘
```

第二章

先商文化与商代都邑

对于中国历史上的商族和商王朝而言，我们将商王朝建立之前的时期，称为先商时期；将商汤灭夏至商纣灭亡的时期，称为商代或商王朝时期。关于先商部分，需要论述的有：商族的起源、先商时期的迁徙、考古学上先商文化的探索、先商社会形态的演进与变迁等。关于商代部分，本章所要讲的是：早商、中商、晚商时期王都与诸侯方国的都邑或地方城邑的形成过程、布局特点、建筑形制与功能、居住空间与族居的社会关系、都鄙邑落的结构关系等商代都邑文明中的一些内容。

第一节 商族的起源及其早期迁徙

东汉张衡《西京赋》说商族先后有过"前八而后五"的迁徙，前八次迁徙，就是《史记·殷本纪》所说的"自契至成汤八迁"。先商时期的八迁是与商族的起源和发祥联系在一起的。

一 商族的发祥

商族发祥于何地？其最初的活动地域在哪里？春秋时期的商人即宋国人有着自己的说法。《诗·商颂·玄鸟》曰："天命玄鸟，降而生商，宅殷土芒芒。"《诗·商颂·长发》亦曰："有娀方将，帝立子生商。"这里的"商"是一个国族号，它本于地名。"有娀"指的是商族的女祖先有娀简狄。也就是说，在商族人看来，商族之发祥是和称为"商"的地方联系在一起的。这就是《史记·殷本纪》所说的契"封于商"。契所封的商地，也称为"蕃"或"番"。如《世本》说："契居蕃。"《水经·渭水注》引《世本》作"蕃"，而《通鉴地理志通释》引《世本》则作"番"。可见"蕃"或作"番"，二字通用。据此，我们说尽管随着商族的迁徙，名号为"商"的地域也在不断地出现，亦即对于商人来说，不同时期有不同的商地，但与契相联系的当然是最早的商地，这个商地也叫"蕃"或"番"，所以，最早"商"之所指和"番"是一地二名。

契所居之番，从读音上看，应即"番吾"。"番吾"是"番"或"蕃"的缓读①。那么，番吾在何地？《战国策·齐策一》曰："秦、赵战于河漳之上，再战而再胜秦；战于番吾之下，再战而再胜秦。"《战国策·赵策二》亦曰："秦甲涉河踰漳，据番吾，则兵必战于邯郸之下矣。"《战国策》的《齐策》和《赵策》提到的番吾，亦见于《史记》的《赵世家》与《苏秦列传》。过去一般据《括地志》、《汉书·地理志》、《元和郡县图志》等，说"番吾古城在恒州房山县东二十里"。此地已北临滹沱河。其实，根据《齐策》和《赵策》，特别是从《赵策》"秦甲涉河踰漳，据番吾，则兵必战于邯郸之下矣"即已得知，番吾位于漳水与邯郸之间，在漳河附近、今河北省磁县境。它紧邻漳水，在漳水的北岸。

番吾一地确定在古漳河②近旁，章与商古字相通③。殷墟卜辞中有叫做"滴"的河流，葛毅卿④、杨树达⑤、丁山⑥、王玉哲⑦都称滴为漳水。邹衡也指出，《水经·河水注》漳水下游确有水名商河，俗称小漳河，郦注曰："商、漳声相近，故字与读移耳。""商人所以称商，大概是因为商人远祖住在漳水，而最早的漳水或者就叫商水。"⑧

契所居番为今河北磁县的番吾，紧邻磁县的漳水最早或者就叫商水，那么与"天命玄鸟，降而生商"、"有娀方将，帝立子生商"相关联的商地，即应该在漳水流域至磁县一带，商族的发祥地就在这里。显然，这一立论的基

---

① 王玉哲：《中华远古史》，上海人民出版社2000年版，第181页。
② 原漳水在河北临漳县之北，近代漳水南移，临漳隔于漳水之北。
③ 《韩非子·外储说左下》："夷吾不如弦商"，《吕氏春秋·勿躬篇》中"弦商"作"弦章"。王念孙《读书杂志·荀子三》也曾说："商与章古字通。"
④ 葛毅卿：《说滴》，《国立中央研究院历史语言研究所集刊》第7本第4分册，1938年。
⑤ 杨树达：《释滴》，《积微居甲文说·卜辞琐记》，科学出版社1954年版，第47页。
⑥ 丁山：《商周史料考证》，中华书局1988年版，第13—14页。
⑦ 王玉哲：《商族的来源地望试探》，《历史研究》1984年第1期。
⑧ 邹衡：《夏商周考古学论文集》（第二版），科学出版社2001年版，第202页。

础是把《诗·商颂》所说的商族的诞生与古籍中契封于商、契居番的记载相结合，应该说是可信的。

二　成汤之前的迁徙

殷人屡迁，《史记·殷本纪》："自契至汤八迁"，是说从契到汤时，商族的活动中心转移了八次之多。对于先商时期的这八次迁徙，孔颖达《尚书正义》考出四迁，梁玉绳《史记志疑·殷本纪》中列出有八迁之地，王国维《观堂集林·说契至于成汤八迁》对这八迁之地也作过一番考证。今天看来，前人所考，有的已为学界所认同，有的还在讨论中。

（一）昭明居于砥石迁于商

《荀子·成相》说："契玄王，生昭明，居于砥石迁于商。"《世本》也云："昭明居砥石。"关于砥石的地望，丁山认为"砥为泜字传写之误。泜石，即泜水与石济水的混名"，今石济水已不存，而泜水犹在。其地在今河北元氏、平乡一带。① 1978年在元氏县西张村出土了一批西周铜器，其中叔趯父卣和尊的铭文有"女(汝)䢍用飨乃辟軝侯"文句。臣谏簋铭文有"唯戎大出[于]軝"、"亚旅处于軝"文句。学者们认为，此軝侯即由其封于泜水而得名，这是可信的②。依据上述，古泜水、石济水所流经的今河北省石家庄以南、邢台以北一带，也许就是昭明由"蕃"亦即最早的"商"向北迁徙的砥石。

（二）相土所居商丘在濮阳

昭明之后是相土，相土居商丘。《左传》襄公九年说："陶唐氏之火正阏伯居商丘，祀大火，而火纪时焉。相土因之，故商主大火。"《世本》也云："契居蕃，相土徙商丘。"只是这个商丘在何地？尚有三说。一说为宋国之商丘，地在今河南商丘县；另一说是卫地，在今河南濮阳县；第三说是《史记·郑世家》集解引贾逵曰："商丘在漳南。"三说中以前两说为学界所瞩目，争论也较大。说在宋国之商丘者，为《左传》之本身。《左传》昭公元年和襄公九年说商先公相土因袭高辛氏之子阏伯，在商丘主持祭祀辰星。"故辰为商星。"昭公十七年又说："宋，大辰之虚也。"所以，按照这一说

---

① 丁山：《商周史料考证》，第17—18页。
② a. 李学勤、唐云明：《元氏铜器与西周的邢国》，《考古》1979年第1期。b. 田昌五：《中华文化起源志》，上海人民出版社1998年版，第239页。

法，商丘在宋地，它指的就是今河南省商丘县。《汉书·地理志》、唐《括地志》等古地理书和近代的王国维等学者多承此说①。说为濮阳者，主要是根据古本《竹书纪年》"帝相即位，处商丘"。这里的"商丘"，在《左传》里为"帝丘"，而"帝丘"则在濮阳。《左传》僖公三十一年："冬，狄围卫，卫迁于帝丘，卜曰三百年。卫成公梦康叔曰：'相夺予享。'公命祀相，宁武子不可。曰：'鬼神非其族类，不歆其祀，杞、鄫何事？相之不享于此久矣，非卫之罪也。'"杜预注："帝丘，东郡濮阳县。"这里所说的相，就是《竹书纪年》的帝相，指的是夏王朝第四代君王。《水经·瓠子河注》："河水旧东流，迳濮阳城东北，故卫也，帝颛顼之墟。昔颛顼自穷桑徙此，号曰商丘，或谓之帝丘，本陶唐氏之火正阏伯之所居，亦夏伯昆吾之都，殷之相土又都之。故《春秋传》曰：'阏伯居商丘，相土因之'是也。"《说苑·敬慎》也说："卫迁于商丘。"《竹书纪年》是地下出土的战国时的资料，其可信度颇为学界所公认。岑仲勉先生在《黄河变迁史》中即论证"商代（不是周代）的商丘，就现时所知，应在濮阳而不在归德"②。郑杰祥《商代地理概论》也力主商丘在濮阳而不在今商丘市③。

在说到商丘时，也有人认为宋、商、商丘三名为一地。其实文献中用"商"来表示"宋"，是因为周朝封微子于宋，此后，宋为商的后裔，所以在两周时代，宋也被称为商，但这并不表示周代之前的宋地即称为商。在商代的甲骨文中就有"宋"地（《合集》7898），也有"宋伯"（《合集》20075）和"子宋"（《合集》20032）。卜辞的宋地应当就是西周时期的宋国所在地。卜辞中也有地名为"丘商"（《合集》776④、7838），很可能就是位于濮阳曾被称为帝丘的商丘⑤。濮阳之商丘得名应较早，它在商代也许被称为丘商，它就是相土所居之商丘。

---

① 王国维：《说自契至于成汤八迁》，《观堂集林》卷十二。
② 岑仲勉：《黄河变迁史》，人民出版社1957年版，第94页。
③ 郑杰祥：《商代地理概论》，中州古籍出版社1994年版，第20—24页。
④ 在这版卜辞中，"丘商"与"兹商"见于同版，如"己丑卜，殼贞戋于丘商？四月。贞勿徣徣于丘商？壬寅卜，殼贞不雨？隹兹商有作祸？贞不雨？不隹兹商有作祸？"因卜问的是两件事，这里的"丘商"与"兹商"并非对贞，二者应该是两地。也有人认为二者见于同版，兹商应当就是指的丘商的代称。
⑤ 郑杰祥：《商代地理概论》，中州古籍出版社1994年版，第20—24页。

（三）王亥迁殷与上甲微居邺

今本《竹书纪年》曰："帝芒三十三年，商侯迁于殷。"① 王国维于此作为先商时期商族的一迁。帝芒三十三年的商侯为王亥。王亥所居之殷，应该就是安阳，如《春秋地名考略》及《方舆纪要》卷四十九引《都城记》曰："安阳一名殷中，即北蒙也。"

王亥之子为上甲微，其居地，《路史·国名纪卷三》说："上甲微居邺。"此说本于《世本》②。上甲微所居之邺，一般认为在今河北临漳县西南邺镇东。此邺地，春秋时齐桓公曾筑邺城，战国魏置县，西门豹曾为邺令。也有人根据《史记·项羽本纪》"项羽乃期洹水南、殷墟上"句下《集解》《索隐》所转引之《竹书纪年》"殷墟南去邺三十里"等线索，认为邺之初筑，在魏郡城处，位于小屯北边的洹水北岸③。只是，位于临漳西南的"邺"与位于洹水北岸魏郡城处的"邺"，相距并不远。尽管如此，"殷侯迁于殷"与"上甲微居邺"，毕竟是两地，这两地很可能属于商契至商汤八迁中的二次迁徙。

（四）河伯和有易氏的居地及其与商之关系

说到王亥和上甲微的居地，每每要涉及他们与河伯和有易氏关系。如《山海经·大荒东经》云："有人曰王亥，两手操鸟，方食其头。王亥托于有易、河伯仆牛。有易杀王亥，取仆牛。"晋郭璞注引《竹书纪年》曰："殷王子亥宾于有易而淫焉，有易之君緜臣杀而放之。是故殷主甲微假师河伯以伐有易，灭之，遂杀其君緜臣也。"这一事件也见于《楚辞·天问》和《易经》④。王亥宾于有易，其子上甲微又借河伯之师以灭有易，都说明王亥和上甲微距离有易与河伯不远。

---

① 王国维在《说自契至于成汤八迁》一文中说："今本《竹书纪年》云：'帝芬三十三年，商侯迁于殷。'"而在他自己作的《今本竹书纪年疏证》中却又说："帝芒三十三年，商侯迁于殷。"应以帝芒三十三年为是。

② 参见丁山《商周史料考证》第15页及邹衡《夏商周考古学论文集》（第二版）第198页。

③ 张之：《邺之初筑是否在古邺城处》，收入张之《安阳考释》，新华出版社1997年版，第42—55页。

④ 《易经·大壮》六五爻辞："丧羊于易，无悔。"《易经·旅》上九爻辞："丧牛于易，凶。"顾颉刚先生在《周易卦爻辞所见故事》中认为《周易》所讲的"丧羊于易"就是王亥宾于有易而被杀的事件。

商人祖先王亥、上甲微与河伯的关系，也见于甲骨卜辞。卜辞中有时将所祭祀的"河"称为"高祖河"；也有将河与上甲（《合集》1186、32663）或将河与王亥、上甲（《合集》1182、《屯南》2272）安排在一起进行祭祀的；也每每可以看到"王亥、上甲即于河宗"（《合集》34294、《屯南》1116）的卜辞。这些都说明王亥、上甲与河有着特殊的关系，这种特殊关系即起因于：先是"王亥托于有易、河伯仆牛"（《山海经·大荒东经》）；后来上甲微"假师河伯以伐有易，灭之"（《竹书纪年》），并因此而取代了王恒，登上了王位的宝座。由卜辞中河与王亥、上甲的关系可知上引的这些古史传说是可信的。特别是殷人把作为异族神的河伯之神称之为"高祖河"，列在殷的先公之行列加以祭祀，这不但说明当年王亥、上甲微与河伯结盟关系之重要，而且诚如伊藤道治所言，这也是殷王朝用于维持对异族支配的一个手段和纽带[①]。

关于河伯所居之地，一般认为河伯娶妇的故事，发生在濒于漳河的邺地。然而，我们知道，"河伯"之"河"指的是黄河，所以结合邺地河伯娶妇的故事，河伯的居地应在近于邺地的黄河流域。那么正像我们后面还要讲到的那样，第一次改道之前的古黄河，在流经河南省浚县，经河南北部、河北中部，折东至天津入海的河道中，有一段是在内黄之西、安阳之东即内黄与安阳之间由南向北流经的[②]，漳河之水也是东流注入这段黄河的。为此，与王亥、上甲微有关系的河伯之居地，应是安阳之北、漳河附近的黄河地域。而王亥居殷和上甲微居邺都表明，当时的商族与河伯为邻。

有易氏的居地，一般认为在今河北省北部的易水一带，《周礼·职方》和《战国策·燕策一》中所说的易水就在这里。也有学者指出易水古有北、中、南三易。北易、中易多无异议，即在今易水一带。南易据《燕赵记》说，指漳水。班固、阚骃则以呼沱河为南易。以滹沱河为南易应该是对的。

---

① 伊藤道治著，江蓝生译：《中国古代王朝的形成》"第一部 殷代史研究"，中华书局2002年版。又见王震中《伊藤道治与古史研究》，载李学勤主编《国际汉学漫步》下卷，河北教育出版社1997年版。

② 刘起釪：《卜辞的河与〈禹贡〉大伾》，载刘起釪《古史续辨》，中国社会科学出版社1991年版；谭其骧：《黄河与运河的变迁》，载《地理知识》1955年第8期；顾颉刚：《禹贡（全文注释）》，载侯仁之主编《中国古代地理名著选读》，科学出版社1959年出版；张之：《安阳考释》第192页及同书注④。

只是，既然河伯一族居于漳水注入黄河的地区，漳河地区已属河伯族的势力范围，有易氏当然不能把此地作为自己的领地。同时，当时王亥也只是赶着牛羊，"宾于有易"，即作为客人，旅居来到有易之地[①]。这表明当时商族的中心地带与有易氏居地应有一定距离。先商时期的有易部落的活动范围很可能是在易水至滹沱河地区，而以易水流域为其中心地带。据研究，甲骨文中有称为"易"的国族或国族人，甲骨文记载的"易人"[②]、"易人二十"[③]，就是名为易之国族或该族之代表人物易人向商王国贡纳、入贡的记录。甲骨文中的易，很可能就是活动在今河北易县、易水地区的商代的易族，即先商时期的有易氏之后裔[④]。

（五）八迁的范围不出冀南与豫北地区

在商契至商汤的八迁中，有相当多的商先公都是活动在黄河中游的大河之滨的。例如，商的第六代先公冥，《国语·鲁语上》说："冥勤其官而水死。"今本《竹书纪年》也说："帝少康十一年使商侯冥治河"、"帝杼十三年商侯冥死于河。"冥的业绩在于治理河水，而春秋中叶以前的黄河水道是走河北从天津入海，并不走山东境内，因而此时商族的活动中心也应近于豫北冀南的黄河中游。可见，无论是"治河"且"死于河"的商侯冥，还是夏"帝芒三十三年"迁于殷的"商侯"，以及居于邺并假师河伯诛杀有易之君绵臣的上甲微，其活动中心集中在漳河流域至安阳地区：邺在漳河之南，殷在洹水南北[⑤]，河也是靠近安阳东部的古黄河地段。从商侯冥到上甲微，商族的活动和居住中心应该是清楚的。

上甲微之后，从报乙、报丙到报丁，其居地史无记载，考虑到商汤始居亳，所以报乙、报丙、报丁的居地可能还是在邺或殷。

总之，"契居蕃"在河北磁县；"昭明居于砥石"在石家庄以南、邢

[①] 《易·旅》上九："旅人先笑后号咷，丧牛于易，凶。"这里的"旅人"也是指王亥旅居做客于有易。

[②] 松丸道雄：《东京大学东洋文化研究所藏甲骨文字》，东洋文化研究所纪要别册，1983年。

[③] 《甲骨文合集》5637反。

[④] 彭邦炯：《从甲骨文的易说到有易与易水》，《殷都学刊》1999年第2期。

[⑤] 由于洹北商城的发现，使得殷墟的范围向北有所扩大。关于洹北商城的年代和性质，目前有两说。一说认为是河亶甲所都之相，另一说认为是盘庚所迁之殷。若以后一说为是，殷墟的范围显然要扩大到洹北商城一带。

台以北的古泜水、石济水流域；后又迁回磁县漳河流域的商地；相土所居商丘在河南濮阳；商侯冥时商族活动的中心在豫北冀南的古黄河流段；王亥所迁之殷在安阳；上甲微居于邺；成汤所居之亳依据卷三的考辨是在河南内黄鄀地之亳。这一切都说明在商族的早期历史上，尽管有被称为"八迁"之多的迁徙，但迁徙的范围不出冀南和豫北地区，而这些恰和被称为先商文化的下七垣文化（也有人称之为"漳河型先商文化"或"漳河型下七垣文化"）分布范围的中心地带相一致。诚然，如我们将在第三节所述的那样，下七垣文化并不能填满整个先商时期的时间段落，它只是先商文化中中期和后期的文化，而且在下七垣文化的分布范围内，也不仅仅只有商族一族的存在，至少居住于漳水附近的黄河地段的"河伯"族和居住于今河北省北部易水至滹沱河的"有易"族就在下七垣文化的分布范围内，但若把下七垣文化的族属概念规范为以商族为主体所创造的物质文化，依据对商族的起源及其早期的迁徙的考证，二者在分布地域上还是吻合的。

第二节　汤居亳及甲骨文中的"商"与"亳"

汤居亳，史有明文记载。但商汤所居之亳究竟在何地？却是学术界聚讼纷纭的一大难题。在传统的说法中，以陕西关中的杜亳说、陕南的商州说、河南商丘北曹县一带北亳说、商丘东南谷熟一带的南亳说和偃师的西亳说，较有影响。20世纪50年代以来，先后又提出了位于河南内黄县的黄亳说，位于山东泰安市东南的博县说，位于河南郑州的郑亳说，位于山西垣曲的垣亳说，位于濮水流域的濮亳说，位于定陶之东、成武县北境的济亳说，位于商丘以北的蒙泽附近的蒙地说等。

上述诸说，最初主要是依据文献上的一些说法而提出，后来随着甲骨文中亳字的辨认，以及考古学上有关商代前期城邑的发现，学者们又加进去了甲骨文和考古学有关这方面的研究。那么，我们在撰写上古历史的商代史时，究竟应如何对待这一问题呢？其取舍的标准又是什么？我们认为从文献的角度讲，一是应该首先考虑先秦文献中出现的亳邑或亳地而不是后代文献中的亳；二是该亳邑应满足《诗·商颂·长发》"韦顾既伐，昆吾夏桀"所说的成汤"韦—顾—昆吾—夏桀"这样的经略和作战路线；三是鉴于《孟子·滕文公下》说"汤居亳，与葛为邻"，对于汤居亳的邻国葛也应考虑。

从考古学的角度讲，商汤灭夏前所居之亳的考古学文化年代应属于灭夏前夕的先商文化，而且其城邑的位置也应尽量满足上述文献角度所说的三个条件。从甲骨文的角度讲，除了也应尽量满足上述文献角度所说的三个条件外，更主要的是根据帝辛征人方卜辞，商与亳相距只有一天路程的距离，所以甲骨文中"商"地的考定，对于"亳"地的确定至关重要。在这里，我们通过甲骨文中亳与商之关系的重新审视，并依据上述诸标准条件，结合文献与考古，对汤居亳作一重新探讨。

一　甲骨文中的商与亳

在甲骨文中有作为邑名、地名的亳①，而且在征人方卜辞中还可以看到作为地名的"亳"与作为地名的"商"之间的距离。如《甲骨文合集》36567卜辞曰："□□王卜，在商，贞今［日］步于亳，亡灾。甲寅王卜，在亳，贞今日［步］于鸿，亡灾。乙卯王卜，在鸿，贞今日步于𩙿，亡灾。"这版卜辞，虽然第一条卜辞"□□王卜，在商，贞今［日］步于亳，亡灾"缺少占卜天干，但由于它与后两条卜辞辞例格式完全相同，后两条的占卜天干是前后连接的，第一条的天干也应与第二条相连。此外，由后两条可知，甲寅在亳地占卜贞问"今日步于鸿"，到第二天乙卯果然是已经到达了鸿地，又在鸿地占卜"今日步于𩙿"有无灾祸，这说明这版卜辞中所占卜的"今日步于某地"有无灾祸，在行程上当日是能到达某地的，并形成了一种占卜格式。从而可以确定，第一条卜辞"在商贞，今日步于亳，亡灾"所反映的由"商"到"亳"的距离，只是一天的路程。也就是说，只要确定了这些卜辞中的"商"在何地，"亳"也可以随即确定。为此，主张郑亳说者，把该卜辞中的"商"放在了今河南武陟县东南的商村②或淇县的朝歌③；主

---

① 近年，李学勤先生曾把卜辞中的"亳土"（亳社）之"亳"释为"郊"，认为过去所说的"亳社"即"郊社"，认为商代没有亳社的称呼。（李学勤：《释"郊"》，《文史》第36辑，中华书局1992年版）李先生的考释很有意思，但说商代没有亳社的称呼，从而卜辞中也就没有"亳"、没有亳地、亳邑，还是让人难以接受。这里依然按照甲骨学界普遍的说法，认为原释为"亳"的甲骨文仍为亳字。

② 郑杰祥：《夏史初探》第八章"商汤都亳的考证"，中州古籍出版社1982年版。

③ 郑杰祥：《商代地理概论》，中州古籍出版社1994年版，第18、358页。

张北亳①或南亳②说者，把这个"商"地放在了今河南商丘。当然，也有把该条卜辞中的"商"放在山东泰安的。③可见问题的关键是，必须首先确定卜辞中的"商"究竟在何地。而卜辞中的"商"又是与"中商"、"大邑商"联系在一起的，所以为了能说清楚卜辞中的"亳"地何在，我们还需对卜辞中的"商"、"中商"、"大邑商"的问题，做一系统的分析和讨论。

对于卜辞中"商"和"大邑商"的地望，罗振玉④、王国维主张在安阳殷都。⑤林泰辅及胡厚宣亦从罗、王之说。⑥而董作宾则通过排列征人方卜辞，特别是上举《甲骨文合集》36567卜辞，看到商与亳相近，认为亳是谷熟之南亳，推定商为河南之商丘。但又以"商"、"大邑商"、"中商"为一地，并承认卜辞"大邑商"、"中商"含有"中央"的意思，只是说这是"殷人以其故都"所在地为中央。⑦其后，陈梦家对天邑商、大邑商、商、中商加以分别，指出"凡称天邑商的记衣（殷）祭之事，凡称大邑商的记征伐之事并兼及田游，两者未必一地"。"天邑商"在今河南淇县东北之古朝歌，"大邑商"疑在沁阳田猎区，"商"与"丘商"在今商丘县一带，"中商"指的是安阳。⑧岛邦男则认为卜辞中的"商"、"中商"、"丘商"、"大邑商"是同一地方，其地在今商丘县，而提出小屯殷墟，卜辞另有称谓称之，即卜辞中称为"兹邑"的地方⑨。钟柏生则提出"'商'的称谓，在卜辞中是代表二个地望：一是安阳殷都，一是河南商丘。

---

① a. 张永山：《卜辞诸亳考辨》，载《出土文献研究》第3辑，中华书局1998年版。b. 罗琨：《殷墟卜辞中的亳——兼说汤始居亳》，载唐晓峰主编《九州》第三辑，商务印书馆2003年版。c. 罗琨：《"汤始居亳"再探讨》，载《殷商文明暨纪念三星堆遗址发现70周年国际学术研讨会论文集》，社会科学文献出版社2003年版。

② a. 董作宾：《卜辞中的亳与商》，载《大陆杂志》第6卷第1期。b. 陈梦家：《殷虚卜辞综述》，中华书局1988年版，第259、306页。

③ 王恩田：《人方位置与征人方路线新证》，载《胡厚宣先生纪念文集》，科学出版社1998年版。

④ 罗振玉：《殷虚书契考释》下54。

⑤ 王国维：《说商》，《观堂集林》卷十二。

⑥ 胡厚宣：《卜辞中所见之殷代农业》，《甲骨学商史论丛初集》（外一种）下，河北教育出版社2002年版，第664页。

⑦ a. 董作宾：《殷历谱》下编，卷七第3页；卷九第62页，史语所专刊，1945年。b. 董作宾：《卜辞中的亳与商》，《董作宾先生全集》乙编第三册，台北艺文印书馆1977年版。

⑧ 陈梦家：《殷虚卜辞综述》，科学出版社1956年版，第257—258页。

⑨ 岛邦男：《殷墟卜辞研究》（中译本），台湾鼎文书局1975年版，第358—360页。

这两者之所以相混，完全是卜辞本身暧昧不明，并没有其他的特殊原因"。① 近年，郑杰祥先生在《商代地理概论》一书中提出：卜辞中与四方、四土相对的"商"指的是王畿，而卜辞中一般的"商"，即诸如"王入于商"、"在商"之类的"商"，指的是一个具体的地名、具体的居邑，是位于王畿之内的王都，即今日安阳殷墟。但他又说因为第五期卜辞中的"天邑商"和"大邑商"指的是安阳王都，故第五期卜辞中的"商"，"不再指为安阳王都，而应指为后世所称作的朝歌城"，在淇县。② 此外，还有一些做法是：有的以征人方卜辞中的"大邑商"为朝歌，而对于其中的"商"，则认为是河南商丘③；有的则说"大邑商"即安阳殷都，而把"商"放在山东泰安道朗龙门口水库一带。④

以上诸说，凡是把卜辞中作为地名的"商"说成是在商都安阳之外者，其最根本的一点主要是依据征人方卜辞的排谱。虽说诸家的排谱各有差异，但其共同点是：第一，把凡能排入帝辛征人方谱的材料尽可能地都排入了帝辛十祀时的征人方谱中，而不深究其是否真的全是十祀时的卜辞；第二，几乎所有的论者都把十祀九月甲午日"告于大邑商"作为十祀征人方的起点，而把十又一月癸卯日"王征人方在商"、□□日"在商贞今步于亳"、十又一月癸丑"王征人方在亳"、甲寅日"在亳贞今日步于雝"、乙卯日"在雝贞今日步于䧹"之类与"商"地有关的卜辞，排在出发二个月之后的途中。⑤ 依据这样的排谱，在十祀征人方中，作为出发地的"大邑商"与作为中途的"商"，就必然是两个不同的地方。所以，在这样的排谱中，就出现了有的学者以沁阳为"大邑商"，以商丘为"商"；有的学者以安阳殷墟为"大邑商"，

---

① 钟柏生：《殷商卜辞地理论丛》，台湾艺文印书馆1989年初版，第48页。
② 郑杰祥：《商代地理概论》，中州古籍出版社1994年版，第1—19页。
③ a. 张永山：《卜辞诸亳小议》，《夏商文明研究》，中州古籍出版社1995年版。b. 张永山：《卜辞诸亳考辨》，《出土文献研究》，中华书局1998年版。
④ 王恩田：《人方位置与征人方路线新证》，《胡厚宣先生纪念文集》，科学出版社1998年版。
⑤ a. 董作宾：《殷历谱》下卷"帝辛日谱"。b. 陈梦家：《殷虚卜辞综述》第八章第八节"乙辛时代所征的人方、盂方"。c. 岛邦男：《殷墟卜辞研究》（中译本），第389—397页。d. 李学勤：《殷代地理简论》第二章"帝乙十祀征人方路程"，科学出版社1959年版。e. 钟柏生：《殷商卜辞地理论丛》，第86—89页。f. 郑杰祥：《商代地理概论》，第384—386页。g. 罗琨、张永山：《中国军事通史》第一卷，军事科学出版社1998年版。h. 王恩田：《人方位置与征人方路线新证》，《胡厚宣先生纪念文集》，科学出版社1998年版。

以淇县朝歌为"商";有的学者以朝歌为"大邑商",以商丘为"商";有的学者以安阳殷都为"大邑商",以山东泰安道朗龙门口水库一带为"商"等。

然而,这样的排谱很值得怀疑。首先,"征人方……告于大邑商"的卜辞,记有"隹十祀"的纪年,而上引"在商"、"在亳"之类的卜辞,有的虽记有"征人方"、记有月和干支日或仅记干支日,但恰恰都没有"十祀"的纪年。也就是说,自董作宾先生以来,是研究者自己主观上认为这些"在商"、"在亳"的征人方卜辞,应该和有"十祀"纪年的"告于大邑商"的卜辞一样,都是商王十祀时征人方卜辞,因而把它们排列在了十祀征人方卜辞之中,而这些卜辞本身却并未告诉我们它们是十祀时的卜辞。卜辞自身并没有"十祀"纪年,那它就有属于"十祀"之外征人方卜辞的可能。其次,那些只是记有"在某地贞今日步于某地无灾",而并无"征人方"字样的卜辞,是否一定是征人方卜辞,也很值得怀疑,因而也就不一定非要排入征人方谱中不可。

在征人方卜辞中,那些无"十祀"纪年却写有"在商"、"在亳"之类的卜辞,有可能属于"十祀"之外,而根据出土材料,帝乙帝辛时期征人方也并非仅仅是"十祀"一次,至少还有"十五祀"征人方的记录。如商代小臣艅犀尊铭文:

  丁巳,王省夔京。王赐小臣艅夔贝。唯王来征人方,唯王十祀又五,肜日。

此铜器被认为是十五祀征人方归途所铸。"唯王来征人方"用语,与卜辞"二月癸巳,唯王来征人方,在齐𠂤"(《合集》36493)和"五月癸卯,唯王来征人方,在𣊵𠂤"(《合集》36495)中的"唯王来征人方",完全相同。铭文中的"唯王十祀又五,肜日"属于时间署辞,其中"唯王十祀又五"是纪年,"肜日"是以周祭祭祀作时间署辞,是配合前面的干支日使用的,据研究,在商代末期盛行这种用干支加周祭祭祀纪日的制度①。乙辛时期,既有十祀时的征人方战役,也有十五祀时的征人方战役,也可能还有其他时间的征人方事件②,但排谱者们几乎把绝大多数材料都排入十祀征人方谱中,

---

① 常玉芝:《殷商历法研究》,吉林文史出版社1998年版,第114—115页。
② 岛邦男:《殷墟卜辞研究》曾排出帝辛八祀征人方的历谱,见该书中译本第398—399页。

留给十五祀的寥寥无几，这种情况固然有研究中的无奈。但值得指出的是，正是由于把上举那些记有"在商"的卜辞排入十祀征人方谱中，才使得同样都是第五期卜辞中的"商"，却呈现出不同的地理方位概念这样的矛盾现象，把与四方四土并贞的"商"说成是在殷都安阳，而把征人方卜辞中的"商"视为远离商都安阳，被认为是从殷都出发两个月之后的地点。然而，我们若把《合集》36567卜辞之类的材料从十祀征人方谱中拿出去，把它视为十五祀征人方卜辞或其他时间的卜辞，并把这些记有"在商"卜辞中的"商"作为十五祀征人方的出发地点，那么，上述矛盾不就迎刃而解了吗？所以，合理的解释应该是，十祀时的贞人把出征时的告庙之地亦即出发地写作了"大邑商"，而十五祀或其他时间的贞人把出发地写作了"商"，因为都是商王亲自统兵征伐，所以作为出发地"大邑商"和"商"都应该是商都安阳。

有了以上分析，在这里，我们可以对"商"、"中商"、"大邑商"作一概括。在"商"、"中商"、"大邑商"诸概念中，"商"是最基本、最核心的。在卜辞中，"商"字有二个层面的含义或用法。其一是作为一个大的区域范围来使用的"商"，如作为商的王畿或国族名来使用；其二是作为一个地名王都、国都来使用的"商"。然而，由于与"四方四土"并贞的"商"，含有中央的意思，所以，即使作为王畿或王国来使用的"商"，也还是以王都为其依托的。从而，我们说，尽管卜辞中的"商"包含有上述作为区域范围和作为地名这样两个层面的用法，但这两个层面有一个共同的连接点，即时王的商都，在这个意义上讲，商都即王都是卜辞"商"的含义中最基本最核心的内容。至于"中商"实即"商中"，指的是由王都所代表的商王国的中心区，说的也是安阳殷都①。至于"大邑商"，依据我们对于《何尊》铭文中的"大邑商"的理解，再结合《竹书纪年》所载："自盘庚迁殷至纣之灭，二百七十三年更不徙都。纣时稍大其邑，南距朝歌，北距邯郸及沙丘，皆为离宫别馆"，"大邑商"指的是包括国都在内的王畿，并以国都为核心。

以上将"商"、"中商"、"大邑商"加以确定后，那么《合集》36567"在商贞今日步于亳"，就可以作出这样的解释，从商到亳，只有一天的路程。依据古代日行军三十里为一舍计算，一日的路程只能有几十华里，这样，该卜辞中的商即为殷都安阳，那么，亳也只能在距安阳殷墟几十华里的

---

① a. 胡厚宣：《论殷代五方观念及中国称谓之起源》，《甲骨学商史论丛初集》（外一种）上，河北教育出版社2002年版。b. 陈梦家：《殷虚卜辞综述》，科学出版社1956年版，第258页。

范围内来寻找。

在距离安阳殷墟几十里的范围内寻找亳邑，首先可以得出这样的结论，即无论是宋地的南亳说还是北亳说，以及郑州的郑亳说和偃师的西亳说，都不符合这一条件。因为这些地方距离安阳殷都180公里以上乃至200公里，这些地方步行一两天是无论如何也走不到的。

当南亳说、北亳说、西亳说、郑亳说等都不能满足亳邑距离安阳殷墟仅为几十华里这一条件时，再回过头来看，实际上只有河南省内黄县的亳邑即"黄亳说"（实可称为内黄郼亳说，详后）符合这一条件。黄亳说在四十多年前由岑仲勉提出后，一直没有引起人们的重视，主要是因为岑先生所依据的《古今图书集成·方舆汇编·大名府部汇考》中的材料，多出自明清时期的方志，文献材料的时代太晚。然而，果真内黄一带先秦时期就没有称"亳"之地？实际上内黄一带在先秦时期有称为"亳"的地方，这就是《吕氏春秋》所说的"郼薄"即"郼亳"。

二 郼薄（亳）即内黄之亳邑亦即甲骨文之亳

《吕氏春秋·具备篇》言："汤尝约于郼薄矣，武王尝穷于毕裎矣。"高诱注："薄或作亳。"《慎势篇》又曰："汤其无郼，武其无岐。贤虽十全，不能成功。"高注："郼岐，汤武之本国，假令无之，贤虽十倍，不能以成功。"由《吕氏春秋》的这两段记载可知，郼薄即郼亳对于成汤来说，就像毕裎[①]、岐地周原对于周武王的重要性一样，都是入主中原、取代前一王朝之前的"本国"。我们说在先秦文献所出现的诸亳中，宋地之薄（即北亳）因是宋国始封之地的宗邑[②]，而备受王国维所重视。但宋地之北亳也称为"景亳"，对于成汤来说，它只是在东方的会盟之地[③]，并非灭夏前的"汤居亳"之地。所以，由先秦文献直接明言与成汤有重要关系、且作为成汤灭夏前之根据地

---

① 毕裎，高诱注："毕丰。"毕沅注："裎与程同。"许维遹《吕氏春秋集释》曰："《周书·大匡解》：'维周王宅程三年。'孔晁注云：程，地名，在岐州左右，后以为国，初王季之子文王因焉，而遭饥馑，乃徙丰焉。是丰程不得为一地。雍录云：丰在鄠县，程在咸阳北。案：《孟子》云：'文王卒于毕郢。'文王墓在今西安府咸宁县。毕裎疑当即毕郢。"

② 邹衡：《夏商周考古学论文集》（第二版），科学出版社2001年版，第176—177页。

③ 田昌五、方辉：《"景亳之会"的考古学观察》，《夏商周文明研究——'97山东桓台中国殷商文明国际学术讨论会论文集》，中国文联出版社1999年版。

的亳，只有《吕氏春秋》所说的郼亳一处。

郼亳，实际上是指郼地之亳或靠近郼地之亳的意思，郼亳也可以称之为殷亳。《吕氏春秋·慎大览》说："汤立为天子，夏民大说，如得慈亲，朝不易位，农不去畴，商不变肆，亲郼如夏。"高诱注："郼，读如衣。今兖州人谓殷氏皆曰衣。言桀民亲殷如夏氏也。"《尚书·康诰》"殪戎殷"，《礼记·中庸》作"壹戎衣"。毕沅谓殷、衣"二字声本相近"。梁履绳曰："《中庸》郑注：'衣读如殷，声之误也。齐人言殷声如衣，今姓有衣者，殷之胄欤？'"凡此均可证郼、衣、殷为一。郼与殷为一，所以郼亳也可以说是殷亳，这是说郼亳应靠近殷都安阳。

也有人认为郼亳在河南滑县之韦地，这是考虑到郼与韦在字音上是相通的。滑县韦乡之韦就是《诗·商颂·长发》"韦顾既伐，昆吾夏桀"之韦，然而当年成汤若是从郼亳出发去征伐韦、顾、昆吾的话，郼亳与韦是两地，而且最初一度是并存的，所以，郼亳不是滑县之韦地，但考虑到韦是成汤较早征伐之地，郼亳与韦地应相距不远。

郼亳既然距韦地不远，又称为殷亳，那么它就应该是商代的卫地即邶、庸、卫三国之中的卫地。此卫地在殷都之东，如《逸周书·作雒解》也说："武王克殷，乃立王子禄父，俾守商祀。建管叔于东，建蔡叔、霍叔于殷，俾监殷臣。"《帝王世纪》曰："自殷都以东为卫，管叔监之；殷都以西为鄘，蔡叔监之；殷都以北为邶，霍叔监之；是为三监。"将《帝王世纪》与《逸周书·作雒解》相对照，作为监国的管叔所主管的"东"，属于"殷都以东"的卫地，是明确的。

在殷墟卜辞中，卫作为地名也是在殷都之东。如"……卫无祸，从东卫"（《合集》20074）。不仅如此，该卫地距离殷都还很近，如《逸周书·作雒解》说三监与"殷、东、徐、奄及熊盈以畔"时，周公"临卫政（攻①）殷，殷大震溃"。"临卫攻（征）殷"，可知卫与殷是紧邻的，而这里的"殷"指的是被包括在商王畿范围内的商邑朝歌，后成为康叔封地内的都邑。

总括上述，商代的卫地在商都以东不远的地方，推测其地应在今安阳、汤阴、浚县以东不远的地方，应包括内黄和濮阳在内，特别是内黄靠近濮阳的地方。商代卫地范围的推定，为寻找文献中的"郼亳"奠定了基础。既然郼亳实为卫地之亳或靠近卫地之亳，而商代卫地又包括或靠近内黄，那么结

---

① "政"，《绎史》作"攻"。这里当读为"征"。

合岑仲勉提到的《皇览》"东郡濮阳顿丘城南亳阴野中"的一条材料,郼亳的所在地应在今内黄县一带或内黄靠近濮阳的地方,作为内黄的"黄亳"说可以与"濮阳"说合而为一,"黄亳"说也应改称为"内黄郼亳说"。

成汤灭夏前所居之亳是内黄郼亳说的提出,还有助于说明《诗·商颂·长发》"韦顾既伐,昆吾夏桀"的进军路线。

韦,据郑笺,也即豕韦,是彭姓。《左传》襄公二十四年杜预注:"豕韦,国名。东郡白马县东南有韦城。"《水经·济水注》:"濮渠又东径韦城南,即白马县之韦乡也。史迁记曰:'夏伯豕韦之故国矣。'"陈奂《毛诗传疏》卷三十:"今河南卫辉府滑县东南五十里有废韦城。"所以《诗·长发》中的韦即豕韦,地在今河南滑县东南五十里,这在古今学术界已趋共识。而滑县东南五十里与内黄甚近,成汤欲南下发展并进而西进灭夏,作为夏之盟国豕韦之国,自然首当其冲。

顾,有两说,一为范县说,一为原阳原武说。《左传》哀公二十一年有"公及齐侯、邾子盟于顾"的记载,杨伯峻《春秋左传注》说:"据《读史方舆纪要》,顾即《诗·商颂》'韦、顾既伐'之顾国,在今河南范县旧治东南五十里。齐地。"《元和郡县图志》卷十一濮州范县条:"故顾城在县东二十八里,夏之顾国也。"《太平寰宇记》、《诗地理考》、《毛诗传疏》等都有相同的说法。另一说绕了个弯,王国维曾认为卜辞中的"雇"即扈,在今河南省原阳县原武镇①,而对于"韦顾既伐"之顾,则说:"顾地无考。"② 后来一些学者进一步认为"韦顾既伐"之顾即雇亦即扈,在原武镇③。其实王国维所说的卜辞中的"雇",就是征人方卜辞中出现的"雇",因王国维只是把它与文献中的"扈"进行了比附,而并未把它放在征人方的路线上进行排谱系联,也未考虑人方的方位地望,所以王国维的结论是不可信的。在甲骨文中,有的是"在雇卜"(《合集》24348),有的是卜问"王步自雇"有无灾祸(《合集》24347)。征人方卜辞中出现的"雇"则写作"癸亥卜,黄,贞王旬无祸。在九月,征人方在雇"(《合集》36487)等。关于人方的地望,主要有两说,一说人方是东夷,在山东;一说人方是淮夷,在安阳的东南方向。若人方是东夷,因征人方途经雇地,那么卜辞中的雇必在商都安阳之东。若

---

① 王国维:《观堂别集》卷一《殷虚卜辞所见地名考》。
② 王国维:《观堂集林》卷十二《说亳》。
③ 陈梦家:《殷虚卜辞综述》,第305页。

人方是淮夷，征人方时也许先到东边的雇地，再折而南下。因而据甲骨文中征人方卜辞，雇即顾应在商都安阳之东，而不是在安阳之西南。卜辞中的雇地也很可能就是"韦顾既伐"之顾国的顾地，地在齐地的范县。对于顾地的这两说，若取范县说，可以解释为成汤在攻取了韦之后，为了解决后顾之忧，在南下攻伐郑地的昆吾之前，先攻伐了夏在东方的盟国顾。若取旧原武县即今原阳县原武镇说，可以解释为成汤攻取了韦之后，又继续南下至今原阳县原武镇，攻取了这里的顾国。若考虑人方的方位，顾在河南范县东南说更为合理。

昆吾所居有两处：一处见于《左传》哀公十七年，"卫侯梦于北宫，见人登昆吾之观"，地在今河南濮阳。另一处见于《左传》昭公十二年，楚灵王说："昔我皇祖伯父昆吾，旧许是宅。"旧许地望，一般说在今河南许昌，邹衡考证在今河南新郑。[①] 卫地与郑地（或许地）都留有昆吾居住之迹，应该是昆吾迁徙的结果。诚如金鹗在《桀都安邑辨》中所言："夏桀时昆吾在许，不在卫。"也就是说，昆吾先在卫地濮阳，后来由濮阳迁到了新郑或许昌。夏末居于新郑或许昌的昆吾，是夏王朝在东部门户地带的重要盟国，成汤伐取昆吾后，郑地即变成了商攻夏的重镇。

由以上对韦、顾、昆吾诸地的梳理，可以看出若从内黄郼亳的视角来看"韦—顾—昆吾—夏桀"的经略战略，显然很有其合理性。位于滑县的韦，不但距离亳邑很近，而且挡在成汤向南经略的路口，所以成汤较早地解决了它。位于范县的顾，很可能是成汤在东方"景亳之会"之后，顾仍为夏桀的盟国，因而成汤攻取了它也就解决了后顾之忧。位于新郑的昆吾，是夏的盟国中最靠近夏都者，也是夏在东部地区的门户，所以也就成为夏的盟国中最后被攻取者。据《孟子·滕文公下》讲，成汤"十一征而无敌于天下"，所以，所谓"韦顾既伐，昆吾夏桀"只是其中较重要的、具有代表性的而已，但它大体上勾画出了成汤的经略路线。

第三节 先商的文化与年代

一 早商文化与先商文化划界的前移

这里的"先商"指的是商王朝建立之前的时期，而不是商族出现之前的

[①] 邹衡：《夏商周考古学论集》（第二版），第212—215页。

意思。"先商文化"也指的是汤灭夏以前商族（或以商族为主体）所创造的物质文化遗存。① 最早对先商文化进行深入而系统探讨的是邹衡。他认为以郑州二里岗 C1H17 为代表的商文化是最早的早商文化，早于它的郑州地区的二里岗 C1H9 和南关外中、下层是先商文化的"南关外类型"；豫北地区淇河与黄河之间以新乡潞王坟下层和琉璃阁 H1 为代表的一类遗存为先商文化的"辉卫类型"；豫北、冀南地区以滹沱河与漳河之间的沿太行山东麓一线为中心、以邯郸涧沟和磁县下七垣为代表的一类遗存为先商文化"漳河类型"。南关外型是从辉卫型而来，辉卫型又是从漳河型而来，也即商文化来自古代冀州之域，是沿着太行山东麓逐步南下的。②

邹衡的研究实有开山之功，但后来随着新的发现和资料的增加，问题也益加深入，其最显著的进展可分为两个方面，其一是早商文化起始的年代问题，另一是究竟何者为先商文化的问题，亦即在早商文化之前的诸类型文化中，尚需进一步深论它们与早商文化究竟具有什么样的关系问题。

关于早商文化开始的年代，有一段时期学者们多认为是二里岗下层第一期。然而，当偃师商城发现后，二里岗下层一期已不能成为早商文化年代的上限。因为不论把偃师商城视为是西亳还是桐宫、别都、辅都，偃师商城地处夏王朝腹地的位置，决定了它的建设必定是发生在商汤灭夏之后，而该城在二里岗下层一期即 C1H9 时期已步入繁荣期。为此，偃师商城的发掘者根据偃师商城宫城北部"大灰沟"（实即"祭祀场"）的发掘，认为在偃师商城中以"大灰沟"（即祭祀区）T28⑧、大城东北隅 H8、H9 为代表的该地商文化第二段遗存与郑州二里岗 H9 的文化面貌基本相同，二者年代也应基本相当，如此，则叠压在"大灰沟"T28⑧之下的 T28⑨、⑩层所代表的偃师商城商文化第一段，在年代上超出了传统认识上的二里岗期商文化，是目前所知最早的商文化遗存。③ 偃师商城商文化第一段被认为大约相当于二里头文化第四期或第四期的偏晚阶段④，这样，早商文化的上限就有可能提早到二里头文化四期，从而，对先商文化的追溯，也应由此向前探索。

---

① 李伯谦：《先商文化探索》，《庆祝苏秉琦考古五十五年论文集》，文物出版社 1989 年版。
② 邹衡：《夏商周考古学论文集》，文物出版社 1980 年初版；科学出版社 2001 年第二版。
③ 中国社会科学院考古研究所河南二队：《河南偃师商城宫城北部"大灰沟"发掘简报》，《考古》2000 年第 7 期。
④ 杜金鹏：《郑州南关外中层文化遗存再认识》，《考古》2001 年第 6 期。

二　先商的文化类型

关于先商文化究竟属于哪些类型的文化，邹衡曾提出早商文化的"二里岗型是从南关外型直接发展来的"，"南关外型是从辉卫型、漳河型发展来的，而又受到夏文化强烈的影响"①。对此，李伯谦通过对南关外型与二里岗下层早段陶器的比较，认为"两者有着惊人的差异"，"很难看出两者之间存在着直接因袭继承关系"，因而主张把南关外型从先商文化中排除出去，以漳河型和辉卫型为同一考古学文化内部的地域差别，将其统称为"下七垣文化"。并指出："下七垣文化与以 C1H9 为代表的二里岗下层早段遗存共性最多，联系最紧，在二里岗下层早段遗存中占主导地位的因素皆从下七垣文化承袭而来。"②李伯谦强调下七垣文化、特别是漳河型的下七垣文化与二里岗下层之间的联系是合理的，故而后来在一些学者的著述中，每每直接以下七垣文化、特别是漳河型的下七垣文化作为先商文化来对待。

我们赞成南关外下层一类遗存是下七垣文化与岳石文化相融合的结果，其中，有的遗址岳石文化的因素较浓，有的遗址下七垣文化因素较明显。我们说在郑州南关外下层和化工三厂等遗存中，程度不等地含有豫东鲁西岳石文化因素，但这并不表明先商文化就是来自豫东鲁西岳石文化，也不能说明商族渊源于东夷族，结合河南杞县鹿台岗等遗址所表现出的下七垣文化的特色，这些现象只是告诉我们，商族虽不是发祥于东方，但夏末时的商族其活动的范围确实已达豫东地区，这也就是文献上所说的汤"会诸侯于景亳"的"景亳之会"。可见，南关外下层一类遗存中程度不等地所存在的那些岳石文化因素，并非先商文化，而是随着商的东夷盟军从东方来到郑州地区后出现的东西。

对某一文化作出族属研究时，一是要在空间上确定该族的居址和活动的地望，二是要在文化特征上将该文化与明确属于该族的已知的文化加以对比。寻找先商文化也是这样，首先需要确定的是商的先公们所活动的地域。根据前论，商先公迁徙地域当不出冀南豫北的范围，而这些恰和下七垣文化

---

① 邹衡：《夏商周考古学论文集》（第二版），第 114、116 页。
② 李伯谦：《先商文化探索》，《庆祝苏秉琦考古五十五年论文集》，文物出版社 1989 年版。

分布范围的中心地带①，即漳河型下七垣文化的分布范围相一致。为此，在文化类型的分布范围与族共同体的活动地域是否一致的问题上，将下七垣文化尤其是漳河型下七垣文化视为先商文化，应该没什么问题。

在文化内涵方面，漳河型下七垣文化与郑州二里岗下层商文化有着明显的联系，已为许多学者所论证。近年来在偃师商城"大灰沟"（祭祀区）所揭示的商文化第一期第一段的遗存，也很能说明问题。发掘者认为它既包含大量二里头文化因素，又包含有一组具有鲜明下七垣文化特征的器物，是二者有机的融合。包含二里头文化因素，而且与二里头文化第四期同类器物非常相象，这说明它的时间至少为二里头文化四期，当地原来的文化就是二里头文化，只是随着商人的到来，漳河型下七垣文化来到了此地，才形成了下七垣文化与二里头文化相结合的商文化。所以，偃师商城第一期第一段商文化中所含有的漳河型下七垣文化因素，已有力地说明漳河型下七垣文化实为先商文化。

这样，综合考虑杞县鹿台岗遗址、邢台葛家庄遗址和偃师商城宫城北部的"大灰沟等遗存的情况，就可以得出漳河型下七垣文化与早商文化基本上是衔接的，早商文化的先行文化主要是漳河型下七垣文化，从而可以进一步说，早商之前的先商文化就在漳河型下七垣文化之中。之所以这样说，是因为商先公时期的活动地域虽在漳河型下七垣文化的分布范围之内，但即使在漳河型下七垣文化分布地域内，也不仅仅只有商族一族，例如活动于漳河附近古黄河地段的"河伯"族，就处于漳河型下七垣文化的中心地带。当然，由于在甲骨文中有"高祖河"的称呼，在甲骨文时代商人是把河伯族的族神列入了商族自己祖先神的行列加以祭祀的，这表明商族与河伯族是具有特殊关系的，尽管如此，二者毕竟是两个不同的族团。此外，活动于易水至滹沱河一带的"有易"族，在空间上与保北型下七垣文化的分布是一致的。所以，更准确地讲，漳河型下七垣文化是灭夏前以商族为主所创造的物质文化，但又不仅仅限于商族一族。

三 先商文化与商先公先王的时段对应

确定了下七垣文化是灭夏前以商族为主体所创造的文化遗存后，紧接着

---

① 中国社会科学院考古研究所编著：《中国考古学·夏商卷》，中国社会科学出版社2004年版，第145页，图3—1。

的问题是：第一，在时段上，下七垣文化是不是灭夏前整个商先公时期的文化？第二，若不是，那么在已有的对下七垣文化的分期中，它与商的哪些先公大致对应？第三，在下七垣文化之前，哪一文化类型有可能是更早时期的先商文化？

由于商的始祖契在时代上大体与舜禹相对应，整个商先公时期大体与夏代相始终而其上限略早一点，所以，若以二里头文化与夏代诸王的时间关系为坐标，并将下七垣文化与二里头文化的时间对应关系加以确定，那么下七垣文化在商先公时期中所占据的时间段落亦即可以大体推定。据研究，下七垣文化第一期相当于二里头文化二期，下七垣文化的二、三期与二里头文化的三期相当，三期的下限也可能延至二里头文化四期偏早①。此外，研究者还认为二里头类型有可能是"后羿代夏"以后的夏文化②。然而这样的判断是基于当时碳十四测年的情况，依据最新的碳十四测年数据，二里头一期属于中期夏文化，二里头二、三期属于晚期夏文化，这样与二里头二期相当的下七垣第一期，也就只能在夏代晚期的纪年内寻找它与商的先公先王的关系。

依据《竹书纪年》等文献，夏的帝不降时期也就是商的上甲微时期，在夏代的三期分期法中，我们以帝不降作为夏代晚期开始，所以自二里头文化第二期起，亦即自漳河型下七垣文化第一期开始的先商文化，很有可能只是上甲微以来的文化遗存。从居于冀南豫北古黄河中游地段的上甲微至居于内黄鄣亳的成汤，商族一直活动于冀南豫北地区，故分布于冀南豫北地区、典型的漳河型下七垣文化是上甲微至成汤时期以商族为主体所创造的文化。其中安阳至濮阳地区的漳河型下七垣文化，特别是在年代上与杞县鹿台岗接近的遗存，则应是汤居内黄鄣亳时期的文化。而河南杞县鹿台岗遗址所代表的漳河型下七垣文化，特别是其晚期遗存，则应该是成汤与东夷联盟以及对顾国等国族进行征伐时所留下的文化。那么上甲微以前的先商文化，又应该是什么样的文化？

---

① 李伯谦：《先商文化探索》，《庆祝苏秉琦考古五十五年论文集》，文物出版社1989年版；李伯谦：《夏文化与先商文化关系探讨》，《中原文物》1991年第1期。

② 李伯谦：《二里头类型的文化性质与族属》，《文物》1986年第6期。

四　契至王亥时期的先商文化

确定商先公上甲微以前的先商文化，一是需确定契至上甲微时期商族的活动地域，另一是在文化类型的特征上探寻该地域内早于下七垣文化的遗存与漳河型下七垣文化之间的联系。

上甲微之前的商先公，史书记载虽有七位，但记有居住地点的却只有五位，即"契居蕃"（《世本》），"昭明居于砥石迁于商"（《荀子·成相篇》、《世本》），"相土徙商丘"（《世本》、《左传》襄公九年），"商侯冥治河"（《竹书纪年》）、"殷侯（王亥）迁于殷"（《竹书纪年》）。如前节所述，商契所居之蕃，亦即最早的商地，它是战国时的番吾，在古漳河边上，今河北磁县境，磁县一带的漳水地区是商族的发祥地。昭明所迁之砥石，应以丁山的考证为是，在今河北省石家庄以南、邢台以北一带。昭明居于砥石，表明商族向北的扩展，其势力可达石家庄一带，只是昭明晚期又回到漳水地区的商地。相土所居之商丘在濮阳，由于相土的扩张，使商族的活动地域由冀南扩展到了豫北地区。冥治河的区域在豫北冀南的黄河中游，王亥所居之殷在安阳的洹水南北。

上甲微之前商族的活动地域确定之后，那么在北至河北石家庄、南到河南濮阳的范围内，在下七垣文化之前，有哪些文化类型能与漳河型下七垣文化有关联呢？由于我们在这一带尚未发现或尚未明确划分出相当于二里头文化一期和新砦期的遗址，故学者们在对漳河型下七垣文化探源时，每每与当地龙山时期的文化类型以及晋中、太原地区龙山时期的文化类型相联系。[①]将漳河型下七垣文化与晋中和冀南的文化类型比较后可以看出，漳河型下七垣文化中的鬲，尤其是高领鼓腹鬲、蛋形瓮等，来自晋中地区；而夹砂有腰隔甗、橄榄形罐、卷沿深腹盆等来自涧沟型龙山遗存，但河北省的涧沟型龙山文化与晋中相当于二里头文化中晚期的遗存，在年代上又有较大的距离。面对这样的困惑，推测很有可能在由邯郸磁县一带的龙山期文化向漳河型下七垣文化一期的发展过程中，不断的有来自晋中地区的较强的影响，当然也有来自东夷和二里头文化方面的一些影响。再考虑到商族发祥于磁县一带的

[①] a. 邹衡：《夏商周考古学论文集》（第二版），科学出版社2001年版，第148、236页。b. 李伯谦：《先商文化探索》，《庆祝苏秉琦考古五十五年论文集》，文物出版社1989年版。c. 许伟：《晋中地区西周以前古遗存的编年与谱系》，《文物》1989年第4期。

漳水地区，商契的时代约与尧舜禹相当，故涧沟型龙山文化或者说邯郸至磁县一带的龙山期文化就是商族发祥期的先商文化，即契和昭明时期的先商文化。至于相土至上甲微时期，商族活动的中心地带在豫北，这一时期的先商文化应与豫北地区相当于新砦期及二里头文化一期的某类遗存相联系，只是因属于这一时期的文化类型，目前尚未发现，或尚未从已发现的某些遗存中区分出来。

　　推定涧沟型龙山文化或邯郸至磁县一带的龙山期文化是商契时期即商族发祥期的物质文化后，我们还可以此为基础，并结合古史传说对形成商族的两个主要方面的来源作一些推测。剖析古史传说，可知构成商族的是简狄所代表的有娀氏与属于东夷的高辛氏，亦即商族是由北方的有娀氏与中原东部的高辛氏在漳水地区相融合而形成，田昌五称之为"夷戎文化的共生体"[①]。大概最初活动于山西北部、内蒙古岱海到河北北部、燕山南北的有娀氏，首先来到了太原和晋中地区，然后沿着清漳河和浊漳河水系，又从太原和晋中来到了磁县附近的漳水地区，这就是太原、晋中地区与冀南地区在龙山时期文化交往和影响甚为显著的历史背景。而涧沟型（或邯郸至磁县一带）龙山期文化也受到山东龙山文化的影响[②]，这大概则是商族作为夷戎共生体在考古学上的反映。据《左传》昭公元年，高辛氏之子阏伯曾迁于"商丘"。此商丘在濮阳。根据这一线索，我们认为作为东夷系统的高辛氏，最初从东方曾到过濮阳，然后又从濮阳北上来到磁县一带的漳水地区与有娀氏相合，因通婚而融合，形成了商族，并创造出了邯郸至磁县一带的涧沟型龙山文化。

---

　　① 田昌五：《中华文化起源志》（《中华文化通志·第1典·历代文化沿革·中华文化起源志》），上海人民出版社1998年版，第225页。

　　② 例如，除了邯郸涧沟水井H6的陶瓶与三里河大汶口文化晚期陶尊（M250：11、M288：11）相似外（参见韩建业《先商文化探源》，《中原文物》1998年第2期），磁县下潘汪遗址龙山文化遗存中Ⅰ—Ⅳ式鼎足，特别是所谓"鬼脸式"（实为鸟头形）鼎足，以及Ⅰ—Ⅳ式盆类器物等，也均与山东日照两城镇等地的山东龙山文化相近（参见河北省文管处《磁县下潘汪遗址发掘报告》，《考古学报》1975年第1期），这说明从大汶口文化晚期至山东龙山文化时期，冀南龙山期的文化一直受到来自东夷文化的影响，二者之间有着文化上的交往。

第四节　先商社会形态的演进

一　商契至王亥时期的中心聚落形态

（一）"契为司徒"即"火正"之辨析

探讨先商时期的社会形态，主要依据的是商先公的一些传说和我们前面所推定的先商文化方面的考古学材料。在古史传说中，商的始祖为契，契约略与虞舜、大禹处于同一时期。《史记·殷本纪》说："契长而佐禹治水有功。帝舜乃命契曰：'百姓不亲，五品不训，汝为司徒而敬敷五教，五教在宽。'"《殷本纪》的这段话来自《尚书·尧典》。按照《尧典》和《殷本纪》的这一说法，在尧、舜、禹时期，中原似乎已形成政治上大一统的一体格局，其中禹为司空，契为司徒，还有所谓"五品"、"五教"等。在这里，"五品"、"五教"、"司徒"等显然是用战国时的语言概念对历史进行复述与概括。在夏商及其之前，不但"五品"、"五教"之类的概念尚不存在，就连"司徒"一语也是没有的。与"司徒"一职相近，且比它更原始的应该是"火正"之职。如在商契之前作为商族来源之一的高辛氏，据《左传》昭公元年，其子阏伯迁于商丘时，"主辰，商人是因，故辰为商星"。主辰就是主持对辰星即大火星的观测和祭祀。这种负责对大火星进行观测、祭祀乃至观象授时的就被称为"火正"。上古时期的火正也不限于高辛氏一族，颛顼①、祝融②和陶唐氏③等族中也都有火正。据《国语·楚语》火正的职务还"司地以属民"。为此，田昌五先生说"契为司徒，可能就是由此演绎出来的"④，这是有道理的。火正祀大火，就是每年在大火星出现时举行隆重的祭祀，并以大火星的出现来纪年，即所谓以"火纪时"，一年的农事的开始也由此决定。可见，后世司徒所掌管的一些事情，在传说时代是由火

---

① 如《国语·楚语》说颛顼"乃命南正重司天以属神，命火正黎司地以属民……是谓绝地天通"。

② 《左传》昭公二十九年："火正曰祝融。"《国语·郑语》："黎为高辛氏火正，以淳燿敦大，天明地德，光照四海，故命之曰'祝融'。"

③ 《左传》襄公九年："陶唐氏之火正阏伯居商丘，祀大火，而火纪时焉。相土因之，故商主大火。"

④ 田昌五：《中华文化起源志》，第234页。

正职掌的。

传说时代的火正祀大火在考古学中是有发现的。在山东大汶口文化的莒县陵阳河、大朱村、诸城前寨等遗址，以及在安徽蒙城县尉迟寺的大汶口文化遗址、湖北石家河文化、良渚文化的陶器和玉器上所发现的"炅"或"旦"图像符号；在河南陕县庙底沟遗址出土的彩陶盆上所绘出的在火焰上有一圆点的图形[①]，都与心宿大火有关[②]。由于商族的一部分来源于东夷高辛氏，所以在先商时期已有火正一职和祭祀大火星的传统，契为先商初期商族的首领，在其所总领的诸多事物中，火正和对大火星的祭祀应该是其最重要的一项。

在古史传说中，契又被称为"玄王"。如《国语·周语》说："玄王勤商，十有四世而兴。"玄王即契，契至汤恰为十四世。《荀子·成相》也说："契玄王，生昭明，居于砥石迁于商，十有四世，乃有天乙是成汤。"称契为"玄王"即契被称为王，当然是春秋战国时期人的说法，而不能视为先商时期商人自己或他族对契的称呼，所以我们不能以此来说明契时商族中已有后世意义上的王，已存在王权，也不能说其社会形态已进入王国阶段。实际上，契被称为"玄王"所表达的应该是其在商族中并非普通的一员，而是先商最初的族长，亦即最高酋长的意思。这样，再联系前面所述"契为司徒"的说法有可能是由"火正"的职掌演绎而来的论述，我们可以对契时商族的情形作出这样的描述：当时在族内的身份地位上，至少存在族长即酋长与普通族众之间的等差，其最高酋长被后人称之为"玄王"。契作为族长，亦即最高酋长，统领着族内的众多事务，也主管着最高的祭祀，其中依据商族的传统，对于辰星大火的观测、祭祀，以及通过对这种可称之为"大火历"的掌握而对于农事活动的安排等，都属于契的主要工作。

（二）契至冥时期的社会分等与中心聚落形态

那么，对于由契所反映出来的先商初期的社会形态，我们应如何看待？以往一般依据契为商族的男性始祖以及契以后商的先公先王均为男性，从而认为先商时期是父系氏族社会。然而先商时期固然属于父系，但它已不是平

[①] 中国科学院考古研究所：《庙底沟与三里桥》，科学出版社1959年版，第34页，图二十一：H59：29；图版贰肆：3。

[②] 王震中：《试论陶文"炅""旦"与大火星及火正》，《考古与文物》1997年第6期；王震中：《炎帝族对于"大火历"的贡献》，霍彦儒主编：《炎帝与民族复兴》，陕西人民出版社2006年版。

等的父系氏族社会，而至少已进入弗里德（Morton H. Fried）社会分层学说中的"阶等社会"（rank society）乃至"分层社会"，亦即塞维斯所说的"酋邦"社会，我们则称之为已进入"中心聚落"阶段①。

在人类学中，从"阶等社会"开始呈现出一种等级制的亲族制度，它使得社会的每个成员与某个祖先的关系远近，成为阶等的重要的衡量因素。酋长之所以具有特殊的身份地位，也是因其与祖先亦即神灵之间具有某种特殊关系的缘故，酋长往往是神灵特别是祖先神与该社会其他成员之间的中介，作为始祖嫡系后裔的酋长，因为祖先的崇高地位，而往往获得特殊待遇，本身被视为神圣，死后灵魂归化为神。商契的情况也恰恰是这样，他作为族长亦即最高酋长，统领着族内的众多事务，也掌管着最高的祭祀，也许契活着时即已被视为神圣，其死后灵魂归化为神，在甲骨文中被称为"高祖夔"而受到商族的祭祀。

在河北邯郸涧沟遗址和磁县下潘汪遗址的龙山期文化层中，由房屋、陶窑、水井以及石器中主要是磨制的石铲、石斧、石锛、石镰等农业生产工具来看，当时有稳定的定居生活，以农业生产为主。同时从涧沟型龙山文化遗址中每每出土一些细石器以及出土牛、羊、猪、鹿、狗等动物遗骸看，当时对畜牧和狩猎也是比较重视的。商契时期在以农业为主的同时，也比较重视畜牧业，这与后来的商王朝的商人既有发达的农业又有发达的畜牧业，是一致的，也就是说商王朝对畜牧业的重视，在先商时期就有其历史传统。涧沟型龙山文化中出土卜骨，这一现象在其他类型的龙山期文化中也存在，这说明当时已较普遍地用占卜决疑。用兽骨和龟甲占卜这一习俗，先商与商王朝也是有联系的，至于是否像后来那样已形成一个"贞人"阶层，则尚无法确定。

邯郸涧沟遗址发现的丛葬坑和剥人头皮现象，也是值得注意的。对比民族志方面"猎取人头"或"剥人头皮"的材料，这里的剥人头皮现象，不论是因对军事光荣和胜利品的追求，还是因为了举行原始的血祭而猎取人头和剥人头皮，都是野蛮残忍的，这一习俗使得本村寨、本氏族部落与外界时常处于对立纷争状态之中。而丛葬坑被杀害的10人，则有可能是因战争俘虏而来的外族外部落之人，只是这些人究竟是一俘虏而来即被处死，还是俘获后过了一些时间才被处死，尚不得而知。若是后者，这些被俘获而至的人

---

① 王震中：《中国文明起源的比较研究》，陕西人民出版社1994年版。

们，在被杀害之前，在涧沟聚落中应处于被奴役的地位。总之，涧沟遗址发现的剥人头皮、丛葬坑以及下潘汪遗址发现的用于防御的壕沟等现象，都说明当时部落与部落、族与族之间的冲撞和战争是经常发生的，这种战争不但是其后的邦国乃至王国形成过程中重要的机制之一①，也在阶等社会中对于社会等差的促进、酋长和军事将领地位的巩固诸方面，有其作用；对于社会由阶等走向分层，有推动作用。因为战争很容易使战胜者内部逐渐产生一个军功贵族阶等或阶层，它也能使战俘转化为奴隶，它不但在改变着原有的部落间的秩序，也在改变着战胜者内部的社会结构。所以，若涧沟型龙山文化是商契时期的先商文化，那它也有助于说明契时商族至少已进入史前的复杂社会。

在先商史中，昭明之子相土是赫赫有名的。《诗·商颂·长发》曰："相土烈烈，海外有截。"这是说相土时期商族的活动空间得到了很大的发展。这里的海外，过去不少人认为指今东海、渤海之外，其实是一种误解。田昌五先生对此做了很好的辨析，他指出古以内陆湖泊为海，此海实指雷泽和巨野泽，"相土烈烈，海外有截"，是说相土打到巨野以东去了②。

《左传》襄公九年："陶唐氏之火正阏伯居商丘，祀大火，而火纪时焉。相土因之，故商主大火。"如前所述，火正的职掌是以"火纪时"，相土将其聚落中心迁到濮阳商丘后，其历法依旧实行的是"大火历"，他既是族长即最高酋长，也掌管着对大火星的祭祀和观象授时。相土的另一业绩就是《世本·作篇》所说的"相土作乘马"。乘马，即用马驾车。

相土以后又经历了二世，到曹圉之子冥时，《国语·鲁语上》说："冥勤其官而水死。"冥所治的水，虽不一定就是治理黄河，但也应是与黄河有关的水域，若水不大，也不会因此而殉职。在商族人的心中，冥因治水而死是一位有大功于本族的人，因而被列入重要的祀典之中。《国语·鲁语》说商人"郊冥"，《礼记·祭法》也说商人"郊冥"。郊祀是一种祭天之礼，这意味着将冥配祀上帝③，可见在商人的传说中，冥具有重要的地位。

---

① 王震中：《炎黄尧舜时期的战争：早期国家形成的机制之一》，载刘正主编《炎黄文化与21世纪中国社会发展》，岳麓书社2002年版。

② 田昌五：《中华文化起源志》，第241—242页。

③ 同上书，第242页。

（三）王亥时期的社会分层与向邦国的转变

冥之子是王亥，其孙是上甲微，从冥经王亥到上甲微，是先商历史重要的转变时期。据《竹书纪年》、《山海经·大荒东经》和《楚辞·天问》等文献，这一时期发生的最大的事件是王亥宾于有易而被杀。王亥虽被杀，可是王亥、王恒是称王的。王亥之称"王"，不但见于传说的文献，也见于甲骨文。王恒其人，文献中只见于《天问》，但在甲骨文中也称为"王"。也就是说，王亥、王恒之称为"王"，与战国时人称契为"玄王"是不同的，这是商代商人自己对王亥和王恒的称呼，这种称呼应该产生于先商的王亥王恒时期。从政治身份地位上讲，随着"王"的称呼的出现，以王为核心的雏形性质的"王族"也会形成，这是一个最主要的贵族阶层，从而此时的社会结构已不是"阶等社会"，而应开始进入"分层社会"。依据弗里德的说法，社会的分层出现于酋邦社会的末期或由酋邦向国家的过渡时期，并一直延伸到国家以后。

王亥、王恒时商族的首领虽然称为"王"，但这时的"王"以及由此时一直到成汤之前商族的"王"，与成汤及成汤以后的商王是不同的。其不同点表现为：其一，由于从王亥、上甲微到成汤之前的先商之"王"，只是王之雏形，故其王权也是一种萌芽状态的王权。其二，这种萌芽状态的王权也只是体现在商族社会内部，并没有支配邻近的其他邦国或部落，也未形成其他邦国或部落对自己的称臣、纳贡。其三，对于商族来讲，王亥、上甲等首领或邦君的所在地，当然是本族的政治、经济、军事、文化、宗教诸方面的中心，但它与成汤以后商朝的王都既是本族的中心也是商势力所及的整个"天下"的中心，显然是不同，从而也就没有那种中央王国所具有的正统观念。

在甲骨文中，王亥之亥上冠以鸟形，不一定是因为图腾崇拜，因为商族的历史文化发展到王亥时期早已越过了图腾崇拜阶段。王亥之亥所以加上鸟形，是因为这时的"王"只不过是"玄王"，即具有玄鸟神性之王。我们说在商王朝的商王，从宗教的角度来看，其活着的时候，扮有人与祖神之中介的角色，其死后才升为神灵，具有颇大的神力，可以为害、作祟于时王、族人等。而王亥则与此不同，《大荒东经》说他"两手操鸟"，卜辞中他的名号上也冠以鸟形，这表明在商人的眼里，他活着的时候就具有玄鸟之神性，其死后则更不用说了。由此我们可以作出这样的推论：在商人看来，王亥是第一个被称为"王"的首领，但由于此时的"王"所具有的力量中，主要是继承了来自玄鸟崇拜的神性和神力，所以此时"王"的观念主要表现的是宗教性。可见王亥时期是一个过渡期，处于由中心聚落形态向邦国的过渡。

二 上甲微至成汤时期的邦国形态

与传统的看法不同，对于商契至冥时期，我们判断其为中心聚落形态，即人类学上所说的史前复杂社会（由阶等走向分层的社会）或酋邦社会，而从上甲微到成汤时期应属于邦国形态。

作为中心聚落形态或酋邦与邦国的区别，一是社会分层的出现，二是强制性权力的存在。① 但由于社会分层在中心聚落形态的末期或由中心聚落向初始国家的过渡期即已出现，所以考察这一问题的关键还在于强制性权力这一方面。

首先，就上甲微的继位来讲，他是通过为父报仇才登上邦君之位的。王亥被有易之君绵臣杀死后，继位者是其弟王恒，但据《楚辞·天问》，王恒只是取回了被绵臣夺取的"仆牛"，并不谋求为兄报仇，他所考虑的是"往营班禄"，即对其继位"往求大国的公认"②。作为王亥之子的上甲微对此并不甘心，《天问》说"昏微遵迹，有狄（易）不宁"，"这是说沿着王亥遇害的线索追究死因"③，有易从此感到不安。五年之后，上甲微终于弄清王亥的死因，《竹书纪年》说，上甲微借河伯之师伐有易，并杀其君绵臣。上甲微之所以借河伯之师以伐有易，大概一是担心仅仅用商族的兵力还难以打败有易，二是当时上甲微所能调动的商族兵力也可能很有限。上甲微以河伯之师伐有易后，也即成为商族之邦君。罗琨教授依据这种权力的变化，认为上甲微是"商人国家的缔造者"④，联系后面我们所要讲的商人祭祀的祀谱正是从上甲微开始才完整而有序这一现象，罗琨教授这一观点显然是颇有见地的。

上甲微之所以能从王恒手中夺回君权，主要依靠的是对外战争和对军权的掌握，尽管发动这次战争打的是为王亥报仇的旗号。战争不但打破了原有

---

① 王震中：《文明与国家》，《中国史研究》1990年第3期。
② 林庚：《天问论笺》，人民文学出版社1983年版，第59页。
③ 林庚：《天问论笺》，第60页。
④ 罗琨：《殷卜辞中高祖王亥史迹寻绎》，《胡厚宣先生纪念文集》，科学出版社1998年版。

族落之间的平等关系，它也使战胜者内部产生一个军功贵族阶层，加之战争所带来的战俘奴隶，这些都可以改变战胜者内部的阶层与阶级结构。上甲微正是通过对有易族的战争，使自己在商族中的军事实力得以加强，地位也大大提高，因而，在攻伐有易获胜之后，上甲微随即获得了邦君之位。上甲微的继位给人以军事强权感觉，上甲微之后商族内的权力系统，在宗教神权之中，自然也就含有强制性权力的色彩。

其次，根据甲骨文，在商人的祭祀的祀谱中，无论是武丁时期对于直系先王的祭祀，还是祖甲以后的周祭，作为先王的首位都是从上甲算起的，而且从上甲起至大乙前的六世，既是直系先王的祀谱中所要祭祀的，也是周祭所要祭祀的。另外，在周祭卜辞中有一种合祭多个先王的合祭卜辞，其所合祭的多个先王每每都写作"自上甲至于多后"。还有，在卜辞中有一种被称为"大御"的大型隆重的祭祀，也主要是用于自上甲的合祭（《屯南》2707）。也就是说，无论是对直系先王的祭祀、合祭，还是周祭，往往是自上甲祭起，其中周祭与非周祭，一般被看成是两个差异较大的祭祀类别，如果说祭祀直系强调的是殷王室内的血统，那么周祭这样的祭祀则是对即了王位加以重视的祭祀，也可以说是重视王统的政治性的祭祀[1]。然而，这两种不同类别的祭祀却又都是自上甲微算起的，都将上甲、报乙、报丙、报丁、示壬、示癸六示包括在内的，所以，我们完全有理由认为，在商代的祀谱中，商人自己是把上甲以后的先王作为"有史"以来的历史对待的。这种祀谱实际上就是后来所谓"世系"、"谱系"的原型，鉴于商代时的谱系是从上甲开始才完整而有序，商人的"有文字记载的历史"亦即文明史，也应从上甲微算起[2]。

如果说上甲微之前商族的首领有可能是由推举而产生的话[3]，那么自上甲微起商族中王族的祀谱完整而有序，似乎说明其君位的继承已在王族的范围内开始世袭，尽管其继位的方式也许是父辈与子辈相继和兄弟相继两种形

---

[1] 伊藤道治：《王权与祭祀》，载《华夏文明与传世藏书——中国国际汉学研讨会论文集》，中国社会科学出版社1996年版。

[2] 于省吾：《释自上甲六示的庙号以及我国成文历史的开始》，载于省吾《甲骨文字释林》，中华书局1979年版。

[3] 究竟是否经所谓议会由推举而产生，既无材料可证明，也无反证材料。

式相并存①。君位代表一种权力，权力的世袭与权力带有强制性是联系在一起的。特别是周祭这样的祭祀是对即了王位加以重视的祭祀，也就是重视王统的政治性的祭祀，在这样的祀谱中，祭祀起自上甲微，不也可以说明先商时期出现某些强制性的权力是从上甲微开始的？

三　成汤时期由邦国向王国的转变

从文献上着眼，商族自上甲微开始进入初始国家即邦国后，历经报乙、报丙、报丁、示壬、示癸，到了成汤时期，商族又经历了一个重要的转变，即在这一时期，成汤通过战争征伐和宗教祭祀这两个重要的机制，使原处于雏形或萌芽状态的王权获得了长足的发展，并随着对夏王朝的推翻和取而代之，商族实现了由邦国走向王国的转变。

在战争方面，成汤以内黄鄣亳为根据地，在灭夏的战略经营中，对外既有联合亦有征伐。据研究其联合结盟的对象，有伊尹所代表的有莘氏②，以及"有缗"、"有仍"、薛、卜等其他东夷诸国③。《左传》昭公四年所说的"商汤有景亳之命"之景亳，即习惯上所说的"北亳"（春秋时宋国之亳邑），就是成汤与东夷诸国会盟之地。成汤所征伐的夏的与国，最著名的当然是《诗·商颂·长发》所说的韦、顾和昆吾。不过《孟子·滕文公下》还说"汤始征，自葛始，十一征而无敌于天下"。可见《商颂·长发》所列举的只是被商汤征伐的诸国中三个有代表性的夏的与国而已。可以毫不夸张地说，在成汤灭夏、由邦国走向王国的过程中，虽有利用夏朝内外矛盾，以及网罗诸如伊尹之类杰出人才和与东夷诸国结盟等一系列谋略手段，但作为这一过程的一个极其重要的方面是通过逐渐扩大的对外征伐的战争中完成的。如前所述，战争在由中心聚落形态（含有初步不平等的阶等社会乃至分层社会）向初始国家（邦国）的演进中，就曾发挥过重要的机制作用，战争在由邦国

---

① 所谓父辈与子辈相继，是说继位的子辈与死去的君主之间的关系不限于肉亲的父子关系，在卜辞中存在着多父、多妣、多母等情形，所以卜辞里的父、兄、母等称呼有时是作为一种类别称呼而存在的。参见伊藤道治著，江蓝生译《中国古代王朝的形成》，中华书局 2002 年版，第 96 页注 49。

② 晁福林：《夏商西周的社会变迁》，北京师范大学出版社 1996 年版，第 76—77 页。

③ a. 田昌五、方辉：《"景亳之会"的考古学观察》，《夏商周文明研究》，中国文联出版社 1999 年版。b. 张国硕：《论夏末早商的商夷联盟》，《郑州大学学报》2002 年第 2 期。

走向王国的过程中也依然发挥着重要的机制作用①。就成汤时期的战争而言，首先，被成汤所征伐的诸国，每每是夏的与国或附属国，成汤对它们的征伐，打破了这些原臣服于夏王朝的小国与夏的结构关系，使得作为征服者的商与被征服者之间有可能建立一种新的纳贡宾服关系。这样，因征战所产生的商与其被征伐国的这种关系，改变了上甲微以来商族中处于萌芽状态的王权只是体现在商族社会内部的状况，原本萌芽状态的王权在成汤身上获得了极大的发展，开始向外扩展，即开始支配邻近的其他邦国或部落，形成某些邦国或部落对自己的称臣、纳贡。其次，战争使战胜者内部产生一个军功贵族阶层，同时也带来了战俘奴隶。《国语·周语下》太子晋曾说：自九黎、三苗至夏商时期，那些被灭的国族，往往是"人夷其宗庙，而火焚其彝器，子孙为隶"。就是说，征服战争它能带来战俘奴隶，因而它不但改变了原有的部族间的秩序，也改变了战胜者内部的阶级结构。作为因军功而上升的军功贵族阶层，其最高的顶点依然是商王成汤，因为王权中包含着军事指挥权，战争在产生军功贵族阶层的同时，也使王权获得了加强和发展。

成汤时期第二项变化就是通过宗教祭祀使王权得到发展。《孟子·滕文公下》说汤居亳，其邻国葛伯不祀，成汤又是馈送牛羊，又是使亳众为之耕种，最后还为此而出兵征伐葛国，并由此而一连征伐了十一个邦国，可见成汤对于宗教祭祀的高度重视显然是不言而喻的。据《尚书·汤誓》，成汤在伐夏时所作的战争动员说道："有夏多罪，天命殛之……予畏上帝，不敢不正。"从中可以看出，在成汤和当时人的观念里，商及其盟军对于夏桀的征伐是奉上帝之命，是替天行道，是为宗教神鬼所驱使，是非常正当的行为。借用上帝和宗教的力量来作战争动员，也说明宗教祭祀在当时政治生活中具有何等重要的意义。在《墨子·兼爱下》、《吕氏春秋·顺民》、《尚书大传》、《淮南子·主术训》、《说苑·君道》等典籍中，都讲到汤灭夏后天下大旱，为了求雨，"汤乃剪发断爪，自以为牲，而祷于桑林之社"，并自称为"余一人"。② 这种"余一人"的称谓，也出现在殷墟卜辞商王的自称之中。其中《英国所藏甲骨集》第1923条卜辞云："癸丑卜，王曰：贞翌甲寅乞酌叀自上甲至于后，余一人亡祸？兹一品祀。在九月。莫示癸壹鼒。"在此辞中，诚

---

① 王震中：《邦国、王国与帝国：先秦国家形态的演进》，《河南大学学报》2003年第4期；王震中：《良渚文明研究》，《浙江学刊》2003年增刊。

② 《尚书大传》。

如伊藤先生所指出，其祸被认为集于余一人即王之身，说明殷王统治的世界是由王一人来体现的[①]。也就是说，由《吕氏春秋·顺民》和卜辞中的"余一人"可知，从成汤时期的商初到武丁乃至帝辛时期，商王既是世俗权力的集中体现者，是政治领袖，也是群巫和祭司之长，是神与人的中介。王权中含有浓厚的神权，或者说神权实为王权的体现，也有力地说明对于最高神灵和王族祖先神灵的宗教祭祀的独占，是王权获得发展和加强的又一机制。从王亥、上甲微开始出现的萌芽状态的王权，到了成汤时期又因对外征战和宗教祭祀的缘故而获得了进一步的发展，从而再次证明王权有三个来源与组成：王权有源于宗教祭祀权的一面，也有源于军事指挥权的一面，还有源于族权的一面，这三个方面的发展构成了王权发展的三个重要机制[②]，而成汤时期商的王权的发展以及商对于夏的取代，使得自上甲微至成汤的作为初始国家——邦国的商，转变成了王国的商。

第五节 早商和中商时期的王都

自本节开始我们将进入商代都邑的论述。如果说前面四节可以称之为"先商篇"的话，后面的几节则可以称之为"商代城市篇"。作为商代的城市都邑篇，我们将对早商、中商、晚商时期的都邑建制、城邑的分层结构与族的组织关系，以及商代王都的政治、军事及宗教等方面的意义、商代都邑文明的历史地位等，分节加以叙述。

一 早商王都的形成过程
（一）商文化的考古文化分期

欲论述早商王都的形成过程，必然要涉及有关商代考古学文化的分期。对于自大乙成汤至帝辛商纣五百余年的商代考古学文化，我们可以划分为早期、中期、晚期即早商、中商和晚商这三个时期。其中，早商时期不但是指

---

① 伊藤道治：《关于天理参考馆所藏第二期祭祀卜辞之若干片——兼论第二期周祭之社会的宗教意义》，《殷墟博物苑刊》创刊号第156页；伊藤道治：《王权与祭祀》，《华夏文明与传世藏书——中国国际汉学研讨会论文集》，中国社会科学出版社1996年版。

② 王震中：《祭祀、战争与国家》，《中国史研究》1993年第3期；王震中：《中国文明起源的比较研究》，陕西人民出版社1994年版，第350—374页。

二里岗下层第一、第二期和二里岗上层第一期，而且还包括偃师商文化第一期第1段，该文化时段相当于二里头文化第四期，早于二里岗下层第一期，这样就使得早商文化的上限，超出了一般所说的以郑州二里岗下层C1H9为代表的二里岗下层第一期的范畴①。中商文化②，以二里岗上层第一期开始，或称之为中商前期，以洹北花园庄遗址的早期和藁城台西遗址的早期为后期，而不应包括洹北花园庄晚期亦即不应包括殷墟一期早段在内③。洹北花园庄晚期即"殷墟文化第一期早段"属于盘庚、小辛、小乙时期，把它划入晚商范畴似乎更为合适，晚商文化实际上主要指包括花园庄晚期在内的整个殷墟文化期。

（二）偃师商城与郑州商城的形成过程

对于目前所发现的早商时期属于王都规模的郑州商城和偃师商城两座城邑遗址，一般认为二者修建和使用年代大体同时，故而学者们或者用王都与别都或离宫别馆说，或者用数都并存说、"两京制"说，或者用主都与辅都说来加以解释。我们认为从这两座都城在相当长的一段时间并行使用这一点来看，上述诸说都有一定的道理，但在始建的时间及其过程上，两座都城又有些不同，从而通过对这两座都城的形成过程的考察，对于何谓王都、何谓"两京制"等会有深一层的认识。

位于今偃师县城西南的偃师商城，由宫城、小城和大城组成，其小城和大城并非同时建成，所以所谓偃师商城的形成过程，实际上就是指宫城、小城、大城的建设过程而言。偃师商城小城的修建年代，有的研究者认为大约是在当地商文化第一期第1、2段之际或第2段偏早的时候④，而我们认为有可能是与宫城同时建造。大城城墙晚于小城，其建造及初始使用的年代是第3段，即第二期早段⑤。偃师商城的废弃、沦为一般聚落约在第三期第6段至第7段。从偃师商城的第1段到第7段，偃师商城经历了由第一期时的创

---

① 中国社会科学院考古研究所河南二队：《河南偃师商城宫城北部"大灰沟"发掘简报》，《考古》2000年第7期。

② 唐际根：《中商文化研究》，《考古学报》1999年第4期。

③ 详见王震中《"中商文化"概念的意义及其相关问题》，《考古与文物》2006年第1期。

④ 杜金鹏、王学荣、张良仁：《试论偃师商城小城的几个问题》，《考古》1999年第2期。

⑤ 中国社会科学院考古研究所河南第二工作队：《河南偃师商城东北隅发掘简报》，《考古》1998年第6期。

建，到第二期时的繁荣鼎盛，再到第三期的继续使用与废弃的全过程。其中，第一期第 1 段开始建筑部分宫室、祭祀场、宫城和小城。第 2 段的遗存在宫城内分布较多，就连远离宫城的大城东北隅也发现有第 2 段的铸铜遗存，说明第 2 段时偃师商城已具有一定的规模。偃师商城的第 3 段即第二期早段时，城市建设已充分展开，不但在小城的基础上修建了大城，宫城也进行了扩建、改建乃至新建了一些主要宫室，翻建了府库，池苑的四壁也改用石材砌垒。在偃师商城的第 3 段和第 4 段即整个第二期，一个较为完善的宫城格局已经形成，城市设施基本完备，城址内的文化遗存相当丰富。进入第 5 段即第三期早段，偃师商城已过了繁荣期，有的宫室被废弃；到了第 6 段即第三期中段，若干宫室的使用已到尾声甚至完全废弃，小城可能已经平毁，其都城的地位当终结于此时；第 7 段即第三期晚段时，整个城池沦为一般聚落①。

在郑州商城，从 20 世纪 50 年代以来就发现有早于二里岗下层一期的遗迹，如当年被称为南关外期的南关外下层的遗存②，以及 90 年代初在郑州化工三厂发现的属于南关外下层性质的 H1 遗迹③。这些遗迹，属于先商时期以下七垣文化为主的先商文化和以岳石文化为主的东夷文化相融合的结果。在郑州商城还发现有当年称之为洛达庙类型、现在称之为二里头文化的遗迹④。化工三厂和南关外等地的南关外下层之类的遗存在郑州的出现，是先商时期商族和其东夷盟军来到该地的结果。在近年的一些研究中，学者们发现在郑州商城也存在先商的宫室，如郑州商城中的夯土 7、夯土 9、夯土 12，都有可能属于先商的宫室建筑基址⑤。此外，在郑州商城还发现属于先商时期的城墙，这就是 1985—1986 年在郑州市偏东部的东里路与顺河路之间的

---

① 杜金鹏：《偃师商城与"夏商周断代工程"——"夏商周断代工程"〈偃师商城年代与分期研究〉专题结题报告》，杜金鹏：《偃师商城初探》，第 137—138 页。

② 赵霞光：《郑州南关外商代遗址发掘简报》，《考古通讯》1958 年第 2 期；河南省博物馆：《郑州南关外商代遗址的发掘》，《考古学报》1973 年第 1 期。

③ 河南省文物考古研究所郑州工作站：《郑州化工三厂考古发掘简报》，《中原文物》1994 年第 2 期。

④ 河南省文物考古研究所：《郑州商城》（上册），文物出版社 2001 年版，第 7、22—25、86—118 页。

⑤ 袁广阔：《关于郑州商城夯土基址的年代问题》，《中原文物考古研究》，大象出版社 2003 年版。

黄河水利委员会青年公寓发现一段 80 米长、呈东北—西南走向的被称为 W22 的夯土墙基，以及 1998 年发现的与黄委会青年公寓 W22 夯土墙基相连的 30 米长的夯土墙基①。

郑州商城中那座周长约 6960 米即近 7 公里城墙，"其始建年代约在二里岗下层一期偏晚阶段"②；而若把二里岗下层的一期与二期之间也作为一个单独的时段来对待的话，那么，诚如杜金鹏所言，其始建年代就在介于一期与二期之间的南关外中层这一时期，相当于偃师商城商文化第 3 段③，而其使用则一直到二里岗上层一期。郑州商城在二里岗下层一期宫室建筑还不是很多，到二里岗下层第二期，郑州商城内宫室的数量大增，所以这是郑州商城的大发展时期，其后的二里岗上层第一期也是郑州商城一个重要的使用期。二里岗上层第一期相当于偃师商文化第 5 段、第 6 段，主要相当于第 6 段。在偃师商文化第 6 段时，偃师商城已趋衰落，而郑州商城在二里岗上层第一期时仍然繁荣，而且其宫室遗迹的范围又进一步扩展。郑州商城作为王都的放弃是在二里岗上层第二期之后即白家庄期之后。

若郑州商城作为王都是以周长近 7 公里的内城城墙的修建为标志的话，那么，在郑州商城所发现的先商时期数量较少的宫室和范围很小的城墙，就应当是成汤在灭夏前从内黄鄣亳开始四处征战来到郑州后的重要军事重镇。由于在二里岗下层第一期时，郑州商城内的宫室数量还不多，规模也不大，所以我们判断在夏王朝被推翻之后的初期，郑州商城依然是作为军事重镇而存在着。郑州商城作为王都是从二里岗下层的第一、二期之际开始的，此时我们不但看到了周长近 7 公里的规模宏大的城墙，而且发现宫室的数量大增，此时对于偃师商文化来讲，已属于第 3 段即偃师商文化第二期早段，在偃师已修建了外城即大城。而在偃师商城方面，在修建大城之前已修建了宫城和小城，偃师商城的宫城和小城应当是成汤所建，它表明成汤将其都邑从内黄鄣亳迁到了偃师。所以，我们说成汤灭夏以后，首先在偃师修建了宫城和面积为 80 多万平方米的小城，建都于偃师商城，这就是《汉书·地理志》

---

① 河南省文物考古研究所：《河南郑州商城宫殿区夯土墙 1998 年的发掘》，《考古》2000 年第 2 期，第 42 页，图二—图五。

② 杨育彬：《郑州商城的考古学研究》（《夏商周断代工程·商前期年代学研究课题·郑州商城专题报告》），载杨育彬、孙广清《河南考古探索》，中州古籍出版社 2002 年版。

③ 杜金鹏：《郑州南关外中层文化遗存再认识》，《考古》2001 年第 6 期。

偃师尸乡下班固自注说偃师曾为"殷汤所都"缘由,也是《春秋繁露·三代改制质文》所说的"汤受命而王,应天变夏作殷号……作宫邑于下洛之阳"。然而当时由于是灭夏不久,时间紧,人力、物力相对短缺,而且据史书讲,成汤灭夏后,连年大旱,"五年不收"[①],为此,仓促间在夏都附近创建了新的王都,其规模较一般城邑为大,但又不是很大。

到了偃师商文化的第3段亦即郑州二里岗下层的一、二期之间,商王朝的国力大大提高,因而在偃师商城的小城之外围又修建了大城即外城,大城城墙周长约5400米,城内面积扩展为约190万平方米;在郑州则修建了周长近7公里的城墙,使城内面积达300万平方米,此后不久又修建了郑州商城的外郭城,其外郭城的面积约1300万平方米,规模更是巨大无比。偃师商文化的第3段约为商王大庚时期,自此以后,郑州商城与偃师商城东西两都并立,长期并存,一直到仲丁迁隞为止。郑州商城作为都城的出现,是出于其政治、经济、军事等方面的需要,它是商王朝统治中心向东扩展与略为东移。到了二里岗上层第一期时,由于偃师商城的废弃,商王只以郑州商城为王都,此即史称"仲丁迁隞",郑州商城更为繁荣。

二 偃师商城与郑州商城的建制和功用

(一) 偃师商城

在选址上,偃师商城位于偃师县城西南郊。北依邙山,南临洛河,地势平坦,土壤肥沃,既是有名的粮食高产区,也被古人称为"天下之中",自古以来就是东西交通的孔道,南北交通也很便利。所以,偃师一带的地理条件为商王成汤建都于此提供了良好的经济基础,而"天下之中"的地理位置,又使得商取代夏的这种正统合法性在空间方位上有了象征的意义。

在总体布局上,偃师商城由宫城、小城和大城组成,由于先建的是宫城和小城,故宫城位于小城的正中偏南,平面近于正方形,长、宽各约200米,总面积达四万余平方米。在宫城内已发掘出属于偃师商文化第一期、第二期、第三期三个大的不同时期的宫殿宗庙(以下简称为宫室)建筑基址11座。宫城之外是小城,平面近于长方形,其南北长约1100米,东西宽约740米,面积80多万平方米。大概出于军事防御的考虑,小城北墙的中段和西墙的中段向内凹进,东墙的中段向外土出,小城城墙被设计成凹凸曲折形

---

① 见《吕氏春秋·顺民》、《墨子·七患》等。

状。在宫城外的西南方向、小城的西南隅是被称为"府库"的建筑群，已发表的简报称之为第Ⅱ号建筑群遗址。到偃师商文化第 3 段时，在小城之外又扩建了大城。大城的南城墙与小城南城墙重合，西城墙自南向北约三分之二也与小城西城墙重合，都是把小城城墙包夹在里边，大城北墙的东端略为内收，略呈西北东南走向，大城东墙在东一城门处向西拐又向南折，整个大城平面呈所谓"菜刀形"，南北长 1710 米，北墙长 1240 米，面积约为 190 万平方米。大城北城墙中间偏西处有一座城门，西城墙有两座城门，称为西一城门和西二城门，东城墙也有两座城门，与西城门相对应，称为东一城门和东二城门。大城城墙外侧 12 米处，配有宽约 20 米，深约 6 米的护城河。

偃师商城小城的形制与布局，非常清晰地展现了当初规划、设计的基本思想，即宫城居于纵向轴线、左右对称的设计思想[1]。这种左右对称的布局，不但体现在宫城的西门与东门左右相对、王宫池渠的西边进水水渠与东边的出水水渠相对，而且也体现在宫城内宫室的左右对称上，如一期时四号宫室与九号宫室左右相对，二期时四号与二号、六号与七号左右相对，三期时四号与二号、五号与三号左右相对等。具体到单个宗庙宫殿建筑，其布局也十分讲究对称性，如四号、五号、三号、七号等建筑基址，都可以看到主殿在北面居中，大门位于庭院之南面也居中，庭院两侧的东庑、西庑每每呈对称分布。

关于宫城内 11 座宫室何者为宫殿何者为宗庙，据研究，宫城内的四号宫室自第一期始建一直使用到第三期，长达一百余年而未改变，不像其他宫室那样，使用了一段时期即被改建、扩建、重建乃至遭到毁坏，为此，原为偃师商城考古工作队队长王学荣认为将四号宫室解释为宗庙最为合适。这一见解是颇有见地的。其实，宫城内东侧与西侧这两列建筑基址在形制上还是有区别的。其最大的区别是：东侧的四号、五号建筑基址，每一处虽然都由正殿、廊庑、庭院、门塾等组成，但它们构成的是一座四合院式的独立的建筑体；而西侧的二号、三号、七号、八号、十一号建筑基址，每一座虽然也是由正殿、廊庑、庭院、门塾等组成一个四合院，但它不是独立的，它在每一时期都与其他另外两座共同组成三进院落、前后三殿。五号基址的形制与

---

[1] 王学荣：《偃师商城布局的探索和思考》，《考古》1999 年第 2 期；杜金鹏、王学荣、张良仁：《试论偃师商城小城的几个问题》，《考古》1999 年第 2 期。

四号基址相同，只是规模更大而已。四号基址若为宗庙，五号基址也应该是宗庙。对四号、五号基址先后的出现，可以作出这样的解释：四号基址是商汤灭夏后在王都内所建的最早的宗庙，里面供奉着上甲六示或自始祖高祖夒以来的商先公先王的神主，由于精心维护，从第一期一直到第三期即历经一百余年而未遭大的毁坏，同时也随着时间的推移，里面也不断增添进入商代以后死去的商王的神主，如成汤大乙及其以后死去的商王的神主。到了第三期时，四号建筑即四号宗庙内已无法容纳更多祖先的神主，只好新建五号建筑即五号宗庙。与四号、五号基址相对的另一侧，其三进院落、三重殿堂正好符合中国古代宫廷建筑中"前朝后寝"、"前堂后室"的建筑风格与传统。所以，与四号、五号宗庙建筑相对的另一侧的三进院落、三重殿堂，原则上将它们视为宫殿建筑，应该说是一种合理的解释。

在偃师商城似乎已出现"面朝后市"的格局。"面朝"是指前面即南面为"朝"，"后市"是指后面即北面为"市"。"面朝"之"朝"，又可分为"内朝"与"外朝"。偃师商城宫城的宫门以外即宫城南墙以南、小城南城门以内相当于所谓的"外朝"，此处和周代一样，也为万民可至之地；宫城内各宗庙宫殿院落内的殿前大庭则为"内朝"，此乃为治事、祭祀、宴饮、举行王族婚冠之嘉事等场所，又因这样的"内朝"与"庭"相关联，故也可以称为"朝廷"，后世所谓朝廷，即起源于夏商时期的殿前露天大庭。

偃师商城由建城伊始至城址废弃，城内大型的重要建筑大都集中分布于城南部，城南部是当时王室贵族聚居地和官署区。即使在小城内，其宫城也位于纵向中轴线的偏南地方。宫城内已由各个宫室（即宗庙和宫殿）、祭祀区、池苑所占满，根本没有供作"市"之用的空间场所。宫城之南，近年又新探出两片大面积的夯土建筑基址，宫城西南是府库。所以，包括宫殿区在内的小城的南半部，是大型夯土建筑最集中的地方，完全符合"面朝后市"中作为"朝"的性质。其中，宫城内为内朝，宫城外之南部为外朝。而小城内的北部，在空间上有作为"市"的余地；小城外大城内的北部，也有作为"市"来使用的空间。偃师商城中若存在作为"市"的专用场所的话，那么，在大城未建之前，其"市"应在小城的北部区域内，大城建成后，其"市"有可能仍然在小城内的北部，也有可能移到了大城内的北部。总之，从偃师商城重要建筑分布情况看，它符合"面朝后市"的特点。

偃师商城宫城的宫室形制，可分为三进院落式的四合院和独立的四合院两种形制，这两种形制单就一个院落而言，都由正殿和东庑室、西庑室、南庑室组成回字形院落，而在殷墟卜辞中，由"大室"和"东室"、"西室"、"南室"恰可以构成一个四合院式（回字形）的建筑组合。显然卜辞中的这种四合院式的建筑组合与偃师商城宫城中四合院式的宫室是吻合的。卜辞中的"大室"应该指的就是正殿，而"小室"、"南室"、"东室"之类则应指东庑、西庑、南庑中的庑室。宫室中的北部正殿一列数室的构成，又与甲骨刻辞中大乙宗、祖乙宗、父丁宗以及大甲室、祖丁室、妣庚室等所反映出的一祖一室的格局是吻合的，因而，除个别情况下某一祖先有一单独的四合院式宗庙外，大多数应该是一院中容纳有数宗，即从宗庙的房间数来讲，基本上是一祖一室（庙），这里的一庙就是一个房间，就是"某某宗"（如大乙宗）；数个房间并列，就是数位祖先之庙（室）并列，也就是数宗并列，从而构成一个四合院式的宗庙建筑组合，我们称之为"一院数宗"或"一院数庙"。还有，宫室中的庭院也可与文献和卜辞中王庭的形制、功用相联系，后来所谓"朝廷"、"内朝"等，都起源于这种"庭"即"王庭"、"大庭"。卜辞中的"庭阜"即文献中的"宾阶"、"阼阶"、"侧阶"之阶，亦即遗址中连接殿堂与庭院的台阶。卜辞中的宗门可分为整个宗庙建筑群中的大门和一个个宗室之门，这也与宫室庭院的南面大门和正殿之类的一个个房间之门相对应。就连卜辞中作为单开门的"庭西户"，也可以在偃师商城四号宫室庭院的西侧小门找到雏形。

（二）郑州商城

作为商城的选址，郑州商城坐落在其西部、南部为丘陵高地和东部、北部为平原相衔接的地带，郑州商城不但处于丘陵高地与平原相衔接和熊耳河与金水河相夹的险要处，而且这里的土地肥沃，河流密布，气候温和，物产丰富。

郑州商城是由内城和外郭城所组成。内城总体略呈长方形，其中东墙长约1700米，南墙长约1700米，西墙长约1870米，北墙长约1690米，总周长约6960米，近7公里。外郭城墙只存在南、西、北三面，东面因在商代是大面积的水域湖泊而并未修筑城墙。外郭城墙已将郑州商城内城的大部分围在其中，在外郭城墙之外10余米处还有护城河，外郭城是郑州商城的重要组成部分。

郑州商城以其规模庞大的内城和更大的外郭城而著称。因内城中尚未发现早商时期的宫城，而近年的发现又表明，夯土基址遍布于内城，故暂且可以说300万平方米的内城即宫城，只是这样的宫城也太过于庞大了。外郭城的面积达1300万平方米，在内城城墙与外郭城墙之间，亦即外郭城内，则分布有属于普通民居的小型房屋、墓葬和重要的手工业作坊遗址。经发掘得以确认的手工业作坊遗址有：南关外铸铜作坊、紫荆山北铸铜作坊、铭功路制陶作坊、紫荆山北的制骨遗址等①。外郭城墙的走向是围绕着内城依照地势而设计的，再考虑到内城和外郭城都挖有城壕，可见内城和外郭城的防御性质都十分明显，但二者在所保卫的对象上是有区别的。内城里宫殿密布，居住的是王室、贵族及其附属族众，在外郭城中居住的则是各类手工业者和其他的一般的民众。内城与外郭城的功用上的不同，用《吴越春秋》的话来讲，就是所谓"筑城以卫君，造郭以守民"。可以说，郑州商城内、外城的布局，验证了早在商代即已出现的城与郭在功能与防卫对象上的区别和联系。郑州商城内城与外郭城的结构使得我国城、郭的组合结构至少可以上溯到早商时期。

郑州商城由于被压在密集的现代建筑物之下，发掘零散而且每次发掘面积都十分有限，使得我们对于郑州商城内的整体布局和各处宫室的具体布局与形制，很难得到一个完整的印象。尽管这样，郑州商城内城中的第十五号夯土建筑基址（C8G15）不但规模较大，而且自北而南，从C8G15到C8T55还发现有三处夯土基址与之是同时期的，这样它们原本有可能是一组宫室基址，前后构成一个二进或三进的院落，C8G15只是这组宫室中靠北院落的正殿而已。这种结构与偃师商城中的三进院落式的组合结构是一样的，从而使得我们结合甲骨文对偃师商城宫室形制结构，特别是对其四合院式的宫室结构的分析，也同样应适应于郑州商城。

在郑州商城内城的东北部也有一个池苑，它和偃师商城的池苑一样，既是供宫殿区用水的大型蓄水池，也具有供王室游乐的功能。由于每次发掘的面积所限，在郑州商城尚未发现像偃师商城那样位于宫室建筑北边的大型祭祀区和祭祀场，但在郑州商城发现有多处祭祀遗迹，还有百余个锯制的人头盖骨遗弃在沟中，无论这些人头骨是否作为饮器，参照其他迹象，在郑州商城存在"人祭"和"人牲"是事实，它反映出当时的文明中宗教祭祀残酷的一面。

---

① 河南省文物考古研究所：《郑州商城》（上册），文物出版社2001年版，第307—482页。

三 中商时期小双桥王都离宫遗址

位于河南省郑州市西北约 20 公里的石佛乡小双桥遗址[①]，先后几次发掘和试掘，在小双桥遗址发现有夯土围墙、夯土建筑基址、大型祭祀坑、丛葬坑，与冶铸青铜器有关的遗存、灰坑、灰沟等文化遗迹及陶器、青铜礼器残片、石器、原始瓷器、绿松石及玉饰品、骨饰、牙饰、海贝币、孔雀石等，并发现有朱书文字。小双桥作为商文化的二里岗上层时期的一处颇为重要的遗址，已受到学术界的普遍关注。

小双桥遗址目前公布的夯土基址有 9 处，其中，Ⅳ区编号为 95ZXⅣHJ1 的一号夯土建筑基址，规模宏大，建筑规格较高。在小双桥发现两件大型青铜建筑饰件，由其兽面、龙虎等组合纹样所充满的神秘宗教气氛，说明其建筑物为商王所用。小双桥的祭祀坑有"人祭坑"与"牲祭坑"两种，还发现有"丛葬坑"。H45 号人祭坑分两层埋有 4 人；1999 年至 2000 年发现的两个丛葬坑，分别埋有 31 人和 60 人。牲祭坑中被分为大型牲祭坑、牛头牛角坑和狗祭坑几种。H29 号大型牲祭坑，坑内出土的动物骨骼有猪、牛、象、鹿、狗等数种，发现牛角近 40 只，可计算出应不少于 30 头牛。这些大量祭祀遗迹的发现，有力地说明商代确实是"国之大事，在祀与戎"的社会。在小双桥遗址中发现许多青铜冶炼遗存，主要是大量的铜矿石——孔雀石、炼渣、烧土颗粒和较多的与冶炼有关的灰坑，这说明小双桥既是商王的居住之地、庙堂之所，也有生产青铜礼器和武器的工房。小双桥遗址的规模和规格，遗址内各种出土物的内涵，都说明这是商代又一处与王都有某种关系的遗址。

小双桥作为都邑遗址所存在的年代较短。小双桥遗址的年代，因其文化内涵中的时间因素要比郑州商城单纯，所以，它主要遗存的年代也远比郑州商城短暂。从小双桥遗址发现至今，学者们都认为该遗址最丰富的遗存是白家庄期。其中，有的认为尽管该遗址的遗迹中存在一些叠压打破关系，但从出土器物看没有分期的意义，所以只将它们称为白家庄期；也有的将小双桥商代陶器群区分为相对早晚的三个组，认为小双桥商文化遗存本身经历的年

---

① 河南省文物研究所：《郑州小双桥遗址的调查与试掘》，《郑州商城考古新发现与研究》，中州古籍出版社 1993 年版；河南省文物考古研究所等：《1995 年郑州小双桥遗址的发掘》，《华夏考古》1996 年第 3 期；宋国定、李素婷：《郑州小双桥遗址又有新发现》，《中国文物报》2000 年 11 月 1 日。

代虽不算太长,但也非很短,其年代接近商代中期①。这后一种意见可以视为对小双桥遗址的年代进一步分析所得,但因三个组中属于第一组的遗存较少,所以说小双桥商文化中的主体遗存为白家庄期,是双方都能接受的,也是学术界的共识。

在郑州地区的商文化中,二里岗上层一期与白家庄期是前后衔接的,就郑州商城与小双桥二者的主体遗存或繁荣期而言,在二里岗上层二期即白家庄期,郑州商城与小双桥是并存的,郑州商城依旧是王都,而小双桥则只能是王都的离宫别馆。

根据小双桥遗址144万平方米的规模、它所拥有的宫室围墙和大型夯土建筑基址、大型青铜建筑饰件、大型祭祀遗迹、大量冶铜遗存、它与郑州商城在白家庄期并存的时代关系,以及郑州一带大体与文献所记殷时隞地相符等条件,小双桥遗址有可能为商王仲丁迁到隞都时的离宫别馆。

第六节 晚商王都

一 盘庚、小辛、小乙时期的洹北商城

1999年秋在安阳市北郊洹河北岸发现的洹北商城,其意义是十分重大的。商代在安阳建都,一是有《尚书·盘庚》以来的文献所说的"盘庚迁殷"说,另一是有唐《通典》、宋《类要》所说的河亶甲所居之相在安阳说。据岳洪彬、何毓灵的研究,"洹北商城的城墙应是在洹北花园庄晚期始建的","一号宫殿使用时期的下限亦应为洹北花园庄晚期"。而洹北花园庄晚期又与"殷墟一期晚段"前后衔接、紧密相连,殷墟一期晚段被认为相当于武丁早期,这样,判断洹北花园庄晚期即"殷墟一期早段"大致相当于盘庚、小辛、小乙时期,洹北商城为盘庚所迁之殷都,都应该说是合理的②。

关于洹北花园庄晚期即"殷墟一期早段"大致相当于盘庚、小辛、小乙时期,这是考古学界几代人、几十年研究的成果。特别是20世纪70年代,继小屯发现相当于大司空村一期的陶器与"自组卜辞"共存之后,又发现属

---

① 李维明:《小双桥商文化遗存分析》,《殷都学刊》1998年第2期。
② 岳洪彬、何灵毓:《洹北商城花园庄东地商代遗存的认识》,《2004年安阳殷商文明国际学术研讨会论文集》,社会科学文献出版社2004年版。

于殷墟二期的妇好墓和十八号墓，从而证明武丁一代跨殷墟文化第一、第二两期①。为此，20世纪80年代以来，有关殷墟文化分期的另一重要进展是将殷墟文化第一、第二期分别细分为偏早、偏晚两个阶段，并认为殷墟一期早段相当于盘庚、小辛、小乙时期，殷墟一期晚段相当于武丁早期，殷墟二期早段相当于武丁晚期，殷墟二期晚段相当于祖庚、祖甲时期②。

洹北商城既然是盘庚所迁之殷，那么，我们对于所谓"殷墟"的概念也需要略加说明，即过去以小屯为中心的通过考古发掘所划定的殷墟范围，应该扩大到新发现的洹北商城一带，只是洹北商城一带的殷墟指的是晚商一期早段时期的殷墟（并非说洹北商城一带只存在盘庚、小辛、小乙时期的遗存，它也存在盘庚之前的遗存，但这并不影响它也是殷墟）；包括小屯在内的过去所划定的殷墟，主要是晚商一期晚段以来的殷墟（并非说小屯一带不存在洹北花园庄晚期的遗存，只是不以它为主而已）。作了如上的说明后，可以得出这样的判断：盘庚迁殷所迁至的是洹北商城，在洹北商城经历了盘庚、小辛、小乙后，大概由于一场大火灾难的缘故③，武丁时将自己的宫殿区由洹北商城移到了小屯一带。这样，在小屯宫殿区的考古学文化的堆积，自然主要是晚商一期晚段以来（即武丁以来）的堆积，在小屯宫殿区发现的甲骨卜辞也自然是武丁以来的甲骨卜辞。由于文献所载的"盘庚迁殷"已足以说明盘庚与殷的关系，所以，殷墟理应包括洹北商城一带，晚商文化也应包括洹北花园庄晚期遗存。

洹北商城位于河南省安阳市北郊，往西约19公里即进入太行山东麓，北面为低丘，东面和南面是开阔的平原。地势总体平坦，略呈西北高、东南低走势。发源于太行山区的洹河在其南自西向东蜿蜒流过；漳河在其北约20公里处自西向东流，这两条河流在先商时期就与商族密切相关，在商代时依

---

① 郑振香、陈志达：《论妇好墓对殷墟文化和卜辞断代的意义》，《考古》1981年第6期。
② a. 郑振香：《论殷墟文化分期及其相关问题》，《中国考古学研究》，文物出版社1986年版；b. 中国社会科学院考古研究所编著：《殷墟的发现与研究》，科学出版社2001年版，第25—39页。
③ 根据《河南安阳市洹北商城宫殿区1号基址发掘简报》(《考古》2003年第5期)，一号宫殿遗址被大火焚烧的痕迹十分明显。在属于商文化的第4—6层的地层中，均出土经火焚烧过的红烧土块，尤其是第5层，红烧土块较大，红烧土块在倒塌后未被扰动过，其种类有各类墙体和房顶的倒塌物，最厚者达70厘米。在庭院的南大门到处可见红烧土块，从已清理的2号门道看，门槛由于遭受大火，现仅存埋门槛的沟槽。

然都注入安阳东部自南向北流的黄河之中。

安阳不但在军事地理上是南北进退的形胜地①，商代安阳地区的气候，与现在相比偏于温暖和湿润，雨量充沛，而且该地又是商族早期活动的重要根据地。因此，到商王盘庚时，据《尚书·盘庚篇》，盘庚是要"复先王之大业，厎绥四方"，"复我高祖之德"，才迁至殷地的"兹新邑"。可见，盘庚非常清楚，安阳殷地是先王、高祖曾经建大功立大业之地，它既有优越的地理条件，也有商族优良的人文传统因素，盘庚迁殷的择都条件亦即洹北商城的选址条件，是十分明确的。

位于洹河北岸不远的洹北商城，平面略呈方形，方向 13 度，其南北向城墙基槽长约 2200 米，东西向城墙基槽长约 2150 米，占地约 4.7 平方公里。洹北商城城内最主要的区域是宫殿区。宫殿区位于商城南北中轴线南段，依据初步发掘，宫城南北长 795 米，东西宽 515 米，总面积约 41 万平方米。

宫殿区内已发现的夯土基址有 30 余处，都是坐南朝北，东西长，南北宽，南北成排，方向皆 13 度左右，相互间没有叠压或打破关系，显示出严整有序的布局。其中，一号基址②，已揭露的面积达 8000 余平方米，总面积（包括庭院面积）近 1.6 万平方米，基址的平面是呈"回"字形的四合院。整个基址的建筑物部分由南面的门塾、位于北部的主殿、主殿两旁的走廊、所谓"西配殿"、门塾两旁的长廊组成，估计尚未发掘的基址东部也应有相应的建筑。

对于一号基址的功用，人们根据一号基址的庭院内发现的各种祭祀遗迹等现象，多主张其为宗庙。作为宗庙，一号基址主殿上一字排开的房间，就是甲骨文中所谓的"大乙宗"、"祖乙宗"、"文武宗"及"大甲室"、"祖丁室"之类的一个个"宗室"③，所以，也是"一院数宗"或"一院数庙"，只是洹北商城一号基址则并无西室、南室之类，这一点与偃师商城四号、五号宗庙基址中既有北室（主殿上的诸室），也有西室、东室和南室，是不相

---

① 杨升南：《"殷人屡迁"辨析》，《甲骨文与殷商史》第二辑，上海古籍出版社 1986 年版。

② 中国社会科学院考古研究所安阳工作队：《河南安阳市洹北商城宫殿区 1 号基址发掘简报》，《考古》2003 年第 5 期。

③ 这些被称为"宗"的建筑物与上述被称为"室"特别是"大室"的建筑物，很可能有异名同物的情况。参见《商代都邑》卷。

同的。

一号基址的所谓"西配殿",根据其为没有房顶的建筑情形,以及台基前的祭祀遗迹等,再联系《礼记·郊特牲》所说的"社祭土而主阴气","必受霜露风雨,以达天地之气",所谓"西配殿"是祭社的大型社坛台基,该台基前的7个祭祀坑和三个台阶前的祭祀坑,其祭祀的对象应是社神[①]。

洹北商城一号基址内也有庭院,其面积达9520多平方米,此即《尚书·盘庚》"王命众,悉至于庭"之类的"庭",它说不定就是盘庚迁殷后,"新邑"殷都中的王庭。在一号基址的庭院内有连接庭院与殿堂的台阶,周代以来的文献中称之为"阶"或"阼阶"、"宾阶",甲骨文中则叫做"阜"、"庭阜"。总之,与偃师商城等商代王都中的诸宫室基址一样,洹北商城一号宫室基址中的许多建制都是与甲骨文及文献中的种种记载相吻合的。

二 武丁至帝辛时期的安阳小屯殷都

(一) 小屯殷都的布局特点

洹北商城一号宫室建筑是被烧毁的,由于火灾的缘故,武丁时将王都的宫殿区从洹北移到了洹南小屯村一带,历经祖庚、祖甲、廪辛、康丁、武乙、文丁、帝乙、帝辛,殷都的规模和范围逐渐在扩大。殷墟晚期的王都,目前已发现的总面积约有36平方公里,是商代史上占地面积最大的王都遗址。

在总面积达36平方公里的殷墟范围内,能够划分出最有特征的区域为宫殿宗庙区与王陵区。王陵区位于洹水北岸的武官村北,东南距宗庙区约2.5公里,在这里发掘出带墓道的大墓13座、祭祀坑近1500座和一些陪葬墓葬。这些祭祀坑分排分组表明它们是不同时期的祭祀遗留,有些祭祀坑可能是某个大墓举行安葬仪式时或祭祀某座大墓时形成的,而大多数祭祀坑则并不属于某些大墓。因此,就这些祭祀坑的整体而言,说明王陵区也是当时商王室祭祀先祖的一个公共祭祀场所,这些数量庞大的祭祀坑是经长时期频繁使用形成的[②]。为此,王陵区的神圣性,不但由每座王墓规模的宏大所体现,亦由祭祀活动的频繁、祭祀坑数量的庞大作了说明。

---

① 王震中:《中国古代文明的探索》,云南人民出版社2005年版,第492—496页。
② 中国社会科学院考古研究所编著:《殷墟的发现与研究》,第121页。

位于洹水南岸小屯村一带的宫殿宗庙区，虽然以20世纪30年代发掘出的被称为甲组、乙组、丙组的53座宫殿宗庙坛墠之类的夯土建筑基址①和1981年在乙二十基址南约80余米处新发现的一处大型夯土建筑基址②而著称，但宫殿宗庙区内的遗迹并非仅仅是宫殿宗庙之类。20世纪70年代末至80年代中期，考古学者在小屯西北地、距离丙组基址向西约130米的地方，又发掘了含有大量小型房屋、窖穴、墓葬在内的50余处基址③，著名的妇好墓和出土有"子渔"、"🔲侯"（围侯）等五种铭文的18号墓以及出土有"韋"字铭文的17号墓，就在其中。此外，最近在小屯村南的花园庄村东钻探，发现商代夯土基址和灰坑多处以及10余座商代墓葬，并发掘了其中一座编号为54号的显赫贵族墓葬，墓中出土青铜器等各类随葬品570余件，许多青铜礼器上都铸有"亚长"族氏徽铭④。这些都说明所谓宫殿宗庙区，它还包含王室成员墓（如妇好墓）、贵族墓（如M54、M18、M17等）、一般的"王众"小墓，以及由王室直接控制的制作玉器、铜器的手工业作坊、储藏粮食等物的窖穴和普通的居址等。所以，宫殿宗庙区既表现出宫殿宗庙较为集中，亦呈现出王室所在的那部分王族的生活与生产状况，它也是作为王族族居的场所之一。

　　宫殿区既有宫室又有墓葬的这种布局也影响了殷墟其他地方的贵族和族众，在殷墟凡是有墓葬集聚的地方，每每即有居址发现，有的还是居址、墓葬和手工业作坊集于一个遗址之中，从而形成了殷墟各个族的族居与族葬密不可分的特点。亦即除部分单独的"族墓地"外，殷墟的族居族葬每每是墓地就居地而形成的族居族葬。例如，苗圃北地遗址中有居址、墓葬、铸铜、制骨、制陶作坊；薛家庄遗址有居址、墓葬、铸铜、制骨、制陶作坊；王裕口遗址有居址，有墓葬；白家坟遗址有居址，有墓葬；梅园庄遗址有居址，有墓葬；孝民屯遗址有居址、墓葬与铸铜作坊；北辛庄

---

①　石璋如：《小屯第一本·遗址的发现与发掘·乙编·殷墟建筑遗存》，台北，中研院历史语言研究所1959年版。

②　中国社会科学院考古研究所安阳队：《河南安阳殷墟大型建筑基址的发掘》，《考古》2001年第5期。

③　中国社会科学院考古研究所编著：《安阳小屯》，世界图书出版公司2004年7月版。

④　中国社会科学院考古研究所安阳工作队：《河南安阳市花园庄54号商代墓葬》，《考古》2004年第1期。

遗址有居址，有墓葬；刘家庄遗址有居址，有墓葬；北徐家桥村遗址有居址，有墓葬；戚家庄遗址有居址，有墓葬；考古所安阳工作站遗址有居址，有墓葬；大司空村遗址有居址，有墓葬；侯家庄南地遗址有居址，有墓葬。所以，除了王陵因在国人中有其特殊的政治、宗教缘由而单独辟为王陵区外，上至王室贵族，下到其他贵族和普通族众，就一般而言，都是墓葬就居所而埋。

在商代，社会分工存在一种世官世工世族的情况，其各类手工业生产都是以家族或宗族为单位进行的，这就是《左传》定公四年所说的殷遗民中有条氏、索氏、长勺氏、尾勺氏、陶氏、施氏、繁氏、锜氏、樊氏、终葵氏等。而这种世工世族在殷墟又是按照大杂居小族居分布的，所以，殷墟的各族的手工业作坊是不能像宫殿区王陵区那样集中在某一片区域的。其中有的家族或宗族只从事某一种手工业，也有的则在主要从事某一手工业的同时，也兼营其他种类的手工业。这种大杂居小族居决定了殷都手工业作坊分布的分散性。

由于武丁移都于洹南时是紧临小屯一带的洹水而建①，受这一自然地理的地形条件的影响，再加上殷人聚族而居的特点，致使小屯宫殿区亦即晚商王都中心区的布局与偃师商城、郑州商城以及洹北商城不同。但近来，在殷墟发现了由宫殿宗庙区向南的主干大道，构成了安阳殷都的中轴线。此外，殷墟各族内部和各个族居点之间也存在着供人行走和马车驰骋的大小道路，它们是依据需要，并且是因地制宜，照顾当时的地形地貌修筑或形成的。

这种因地制宜的布局理念也体现在殷墟的池苑水榭方面。近年，中国社会科学院考古研究所安阳工作站的考古学者在甲组、乙组基址的西侧、丙组与妇好墓一线的北面，发现了一处池苑遗迹，此池苑水系的水源是北接洹河，向南引水的水渠为一条宽沟，称为马家沟，大约到了乙组基址西侧的范围，水渠向西转为宽阔的池苑。20世纪30年代在乙组基址下发现的那些小水沟，实为乙组建筑物的排水系统，其水大多排向了西侧的池苑。可见殷墟宫殿区的池苑水系，并非像偃师商城那样很规整地分布在宫室的北边，而是

---

① 在殷墟宫殿区的范围内，甲、乙、丙三组基址的一些基址以及1989年发掘的位于乙组基址南约80米的大型建筑基址的始建年代，应该较早；诸如小屯村西即今考古所安阳工作站一带的大型夯土建筑应该是宫殿区在向西扩展的过程中，逐渐扩展出来的。

为了适应近旁的洹河及其蜿蜒流淌的地理环境进行设计，它反映出殷人因地制宜的规划意识。

（二）小屯宫殿宗庙形制的新认识

在小屯宫殿宗庙区的建筑形制方面，20 世纪 30 年代的发掘曾将其划分为甲组、乙组和丙组。甲组基址，原发掘出 15 座，各基址的朝向，多为南北长于东西，因而有的面向西，有的则面向东。乙组基址，原发掘出有 21 座，多数基址东西向排列，呈横长方形，门向南；少数基址南北向排列，呈竖长方形，门向东或西。这些乙组基址多被认为是宗庙。丙组基址，在乙组基址西南，原发掘 17 座。这些基址的面积都较小，基址上也多未发现柱洞和墙基，石璋如认为是祭坛之类的建筑。

2004 年中国社会科学院考古研究所安阳工作站为了配合安阳市申报世界文化遗产工作，在甲、乙、丙组基址范围作了大量的钻探[①]。根据安阳工作站最新的钻探资料并结合 20 世纪 30 年代的发掘资料，使我们对甲组、乙组和丙组基址的形制等问题，有了全新的认识。

在甲组基址方面，依据钻探的结果，原甲十四、甲十五基址实为一个夯土建筑，其长度和形状与甲十一相仿，似乎略宽于甲十一；在甲四的东边，新发现一座夯土基址，其形状和方向与甲四相仿，面朝向东。在甲五西北不远的地方，还发现一个玉料坑。其甲组各基址的朝向布局，确实是多为南北长于东西，因而有的面向西，例如甲六基址；有的则面向东，如甲四基址以及甲四东边新钻探出的一座形制与甲四相仿的基址，朝向东边的洹河。此外，就局部而言，也讲究对称性，如在甲十三的西边，原为甲十四和甲十五两个很小的基址，然而新钻探却发现所谓甲十四、甲十五实为一个基址，其形状大小与东边的甲十一相仿，呈东西对称的布局。

在乙组基址方面，根据考古所安阳工作站的岳洪彬博士介绍，原有的乙十一后期基址、乙十二、乙十八、乙十九、乙二十，加上新钻探出的位于东

---

① 2004 年考古所安阳工作站为了配合安阳市申报世界文化遗产工作，在甲、乙、丙组基址范围作了大量的钻探，据该工作站的岳洪彬博士介绍，依据钻探的结果，原甲十四、甲十五基址实为一个夯土建筑，其长度和形状与甲十一相仿，似乎略宽于甲十一；在甲四的东边，新发现一座夯土基址，其形状和方向与甲四相仿，面朝向东。在甲五西北不远的地方，还发现一个玉料坑。此资料均来自主持钻探工作的岳洪彬博士 2005 年 1 月 24 日在中国社会科学院历史研究所作的学术报告。

边与乙十二相对称的一处南北长东西窄的夯土基址、位于东边与乙十九相对称的一处夯土、更东侧与乙十八相对称的一处南北长东西窄的夯土，以及在乙二十正南不远地方、东西长南北窄的一处夯土，恰可组成一组三进或两进院落的四合院。对此，我们暂称之为南组四合院落。

在这个南组四合院的北部，还可以构成另一个北组四合院，即原有的乙八作为该院中面朝东的建筑；原有的乙四实际上与乙八是一个基址；乙三基址向东延伸，并南北加宽，可成为该院中面朝南的建筑；设想在东边有一座与乙八形制相仿、相对称的建筑基址，可构成该院面朝西的建筑基址；南部则与乙十一相接；原乙九基址若与上述这些基址为同时，则向东延伸，可将这一院落分隔成南北两进院落；若乙九基址早于乙八基址，则上述基址所围起来的只是一个院落。

结合新钻探的成果，分析原有的资料，我们可以看到，在南组院落中，乙二十是前院内一座坐北朝南的正殿或称主殿；主殿的前面是庭院；乙二十西边的乙十九是其西侧附属的庑室或过道；乙十八及南边新探出的夯土，是前院的西配殿或可称为西室、西厢房、西庑室之类。在原乙十八基址的南端与新探出的夯土之间，有一个东西出入通道，是前院向西开设的门。乙二十与乙十三之间的原乙十五实为前院与后院之间的过道。乙十三为南组院落中后院的南室或可称为南庑室、南部廊庑之类；原乙十一分为两部分，靠北的部分为宫室夯土建筑基址，是后院的正殿；靠南的部分为后院的庭院；乙十二为后院的西配殿或可称为西室、西厢房、西庑室之类。因这两组四合院均采用的是东西对称，所以，东侧探出的夯土建筑基址的形制、名称，完全可以依西侧而定。

将原有的发掘与新钻探的成果联系起来，还有助于结合甲骨文所反映的宫室形制结构作一些说明。目前殷墟出土的主要是商王武丁以来的甲骨文，而小屯的这些夯土建筑也是武丁以来的宫殿宗庙，所以，能将二者联系起来予以说明，无论对于考古学还是对于甲骨学，都是一件幸事。

在殷墟卜辞中称之为"室"者有："大室"、"南室"、"东室"、"西室"、"中室"、"小室"、"后室"、"新室"、"盟室"、"大甲室"、"祖丁室"、"祖丁西室"、"妣庚室"、"寝小室"等。其中，"大室"应当就是正殿或主殿，由"大室"与"南室"、"东室"、"西室"即可组成一个四合院式建筑群体。正如我们在前面章节中所强调的那样，自早商以来，在四合院中，每每是一院数宗，即在一个院落中有数个先王的宗室①。所以，大室、东室、西室、南室完全可以与卜辞中的各种"宗"室联系起来考虑。

卜辞中的宗庙名称也称为宗，例如按照大小，有的称为"大宗"（《合集》34044）、有的称为"小宗"《合集》34045②；按照方位，有的称为"北宗"（《合集》38231），有的称为"西宗"（《合集》36482），有的称为"右宗"（《合集》28252）；按照某一先王、先妣的庙号来称呼，有"大乙宗"（《合集》33058）、"文武宗"（《合集》36149）、"祖乙宗"（《合集》33108）、"妣庚宗"（《合集》23372）等；还有诸如"岳宗"（《合集》30298）、"河宗"（《合集》13532）、"唐宗"（《合集》1339）、"秦宗"（《合集》27315）、"𢆶宗"（《合集》30299）之类，也是依受祭者而给予的一个个专有宗庙的称呼。上述"宗"与"室"之间，有些相互是重叠的，也就是说，这些诸种宗庙之"宗"，有的与所谓大室、东室、西室、南室实为一物两名，放在一个四合院中，从室的方位的角度而言，可称之为大室、东室、西室、南室，而若从一个个受祭者的角度讲，则可直接称之为"大乙宗"、"祖乙宗"、"妣庚宗"等。所以，每个受祭者都有一个专有的宗室名称，它与宗庙的形制结构为四合院式结构，以及在四合院中的房屋分为大室、东室、西室、南室，是一点也不矛盾的。

卜辞中，商王及其王室成员是宅于寝的，寝还划分为王寝、大寝、新寝、东寝、西寝、祖乙寝、寝小室等。而东寝、西寝的划分透露出寝也在四合院之中，或者是寝也可以组成四合院式的结构。再结合文献所说的庙在前，寝在后的方位，则乙组基址的两组四合院中，假若南组院落的第一进院即由乙二十、乙十九、乙十八等组成的前院为宗庙建筑的话，那么，其后面即北面的第二进院亦即由乙十一的北半部、乙十二、乙十三等围起来的后院，很有可能就是商王居住之所的寝室即宫寝。

在乙组建筑基址中，另一项能与甲骨和文献结合起来的就是庭院，如乙二十基址的南面即为一个较大的庭院。如本书第五章和第八章在谈到偃师商城与洹北商城的宫室庭院时所述，依据甲骨文、金文和文献，商王时常在庭

---

① 这里的"宗室"即宗庙，是立有祖先牌位（即"示"亦即神主）、祖先接受祭祀的房子，而不是春秋时期所说的"公室"、宗法意义上的"宗室"。

② "大宗"、"小宗"指的是宗庙的大小，由胡厚宣先生提出。参见胡厚宣《殷代婚姻家族宗法生育制度考》，载《甲骨学商史论丛初集》（上），河北教育出版社2002年版。

院举行施政、议政、飨食和祭祀活动，参与的人员，除商王之外，有王室成员、贵族官尹、地方族邑之族长，以及方国君长或来使等。据《尚书·盘庚》"王命众，悉至于庭"，必要的时候，来到王庭的还有普通的族众。后来所谓的"朝廷"即起源于这种"庭"。乙组基址中四合院的钻探发现，使得从早商到晚商，作为祭政合一的"庭"即"王庭"，得以连贯，其学术价值也是明显的。

卜辞中有"庭西户"（《合集》30294），甲骨文中"户"字属于单开门的造型，"庭西户"指的是庭院西边有单开的门。除了偃师商城四号宫室的庭院有西侧门外，最新的钻探表明，在以乙二十为正殿的庭院中，原乙十八夯土基址的南缘也有一个向西开的小门，为该庭院的西侧门，其位置其形制与卜辞中的"庭西户"完全吻合，或许卜辞中的"庭西户"，指的就是由乙二十、乙十九、乙十八等围起来的庭院的西侧小门。

殷墟宫殿宗庙区中的丙组建筑基址，以往大多依据其面积较小、基址上多无础石或柱洞，笼统地推定其中有一些可能是"坛"一类的建筑。实际上我们若对丙一、丙二与丙三、丙四、丙七、丙八仔细分析后，可以认为这是一组互有关联的甲骨文所说的祭祀"四土"、"四方"的祭坛遗迹。其中，丙一是修筑了一个夯土平台，在其上，丙二位于中心部位，是一个建有长方形亭子、能摆放祭品的祭坛；以丙二为中心，位于西北隅、东北隅、西南隅、东南隅的丙三、丙四、丙七、丙八可以圈划出四土与四方，即丙三与丙四之间构成了北方，丙七与丙八之间构成了南方，丙三与丙七之间构成了西方，丙四与丙八之间构成了东方；在丙一台基上，围绕着丙二祭台及其亭子，可以看到有大量以人和羊牛等动物为牺牲的祭祀坑，还有用酒祭祀的"空坑"，以及属于燎祭遗迹（其中黑柴灰与羊骨、陶片在一起的为一种；仅遗留有烧过的黑灰土的为另一种）和埋置的白璧苍璧等，都属于祭祀四土与四方时的遗留。丙一、丙二、丙三、丙四、丙七、丙八这组基址的布局、形制及其与它们有关的大量的祭坑，与殷墟卜辞中有关"四土"、"四方"的理念及对其的祭祀，基本可以吻合，这也是殷墟考古发掘出的建筑基址能与殷墟卜辞相结合的又一例子。

第七节 商代的都鄙邑落的结构关系

商王都之外，还发现有湖北盘龙城、晋南垣曲商城、东下冯商城、河南焦作府城商城、辉县孟庄晚商城址、四川广汉三星堆城址、江西樟树吴城商城、新干牛头城等次一等级的大概属于侯伯方国一类的都邑遗址。也发现有再次一级的贵族居邑和更次一级的一般的普通村邑遗址。它们在商代社会中，是以什么样结构方式组合的？是如何被支配和管理的？下面结合甲骨文和文献对商的王国内和侯伯方国内的都鄙邑落结构关系作一概论。

一　商代侯伯方国的都鄙邑落结构

说到商代侯伯方国的都鄙邑落结构，有一版经常被引用的卜辞是很能说明问题的：

> 癸巳卜，㱿，贞旬亡祸。王占曰：有祟，其有来艰。迄至五日丁酉，允有来艰自西，沚䵼告曰：土方征于我东鄙，弋二邑，舌方亦侵我西鄙田。（《合集》6057 正）

在这版卜辞中，"土方征于我东鄙，弋二邑，舌方亦侵我西鄙田"，是来自西边的沚䵼所报告的内容。"我"是沚䵼自称，所以这版卜辞中的"东鄙"、"西鄙"只能是沚䵼领地的"东鄙"和"西鄙"。这里的鄙为边鄙，是都邑郊外的野鄙或边境边远之地。按照沚䵼向商王的报告，沚䵼的东边边境受到土方的征掠，祸害了鄙上的两个邑；沚䵼的西面边鄙的田地受到舌方的侵扰。这说明沚䵼是以自己的都邑为中心，在都外边境之地散布有小的村邑，各村邑都有自己的田野。

这种边鄙小邑，每每没有邑名而以数字计量，如："大方伐鄙二十邑"（《合集》6798），"[呼]取三十邑[于]彭龙"（《合集》7073 正）等。这些小邑在都鄙结构中因是最低层的邑，在当时社会政权结构中也属于最基层的一个单位，有的甚至相当于文献上所说的"十室之邑"。

与边鄙小邑相对的就是位于侯伯封地内中心、侯伯所居住的都邑，它相当于甲骨文中的"唐邑"（《合集》20231）、"望乘邑"（《合集》7071）、"屮邑"（《合集》8987）、丙国之"丙邑"（《合集》4475）等[①]。这些侯伯封地内的中心性都邑，也被称为"大邑"（《合集》6783）。在这里，显然位于中心的都邑与诸如上举沚䵼领地的东鄙、西鄙之邑，至少可以构成侯伯方国领地

---

① 宋镇豪：《商代邑制所反映的社会性质》，《中国史研究》1994 年第 4 期。

中的都邑与边邑这样两级的都鄙结构，后者受前者的支配。

但是，从邑落的等级结构来分类，在侯伯的都邑与边邑之间，应该还有中等规模一级的邑，这些邑多为中小贵族或者是宗族长所居住，也就是说，在一个侯伯方国中，按照君侯、君侯之下的贵族及其族氏，以及一般的平民这样的阶层划分，在居址的规模与规格上，也应分成君侯所居住的都邑为最高等级，其他贵族及其族氏的族长所居住的宗邑为次一等级，贫穷家族所居住的普通村邑为最下等级。所以，根据侯伯领地的大小，在都邑与边邑之间，还应该有一些其他的邑，而上引甲骨文之所以表现出都邑与鄙邑的两级结构，是因为经常遭到侵袭的每每是边境上的鄙邑，而位于中间等级的贵族宗邑，却很少有机会记录在甲骨文上，但它实际上应该是存在的。甲骨文有"柳邑"、"䍙邑"，如"左其敦柳邑"（《合集》36526），"其䍙邑有戎"（《甲释》补1）[①]。这类柳邑、䍙邑是被命名的或者说是在甲骨卜辞中被明确记有其名的邑落，它与上引"鄙二十邑"、"三十邑"等未被记名的小邑相比，记名与否，反映了其被重视程度、重要性和规模大小的不同[②]，这类邑就应该相当于侯伯领地内的其他贵族及其族氏的族长所居住的宗邑。此外，即使在边邑的范围内，在数个边邑相聚不远的情况下，我们假若设想它们是一些近亲家族所居之邑，那么这些近亲家族即可构成一个宗族，其中的某一个邑当为宗族长所居住，属于这些家族的宗邑，它的规模也应略大于其他的边邑，这种邑也有自己的名称，如在征人方卜辞中出现的"攸侯喜鄙永"（《合集》36484），这个"鄙永"也许就属于边鄙上某个宗族的宗邑。

以上是甲骨文所见的侯伯方国的都鄙邑落结构，这类邑落在考古学遗址中也可以大体找到其对应关系。如作为侯伯方国的中心性都邑，可以举出湖北盘龙城、江西吴城、山东青州苏埠屯、滕州前掌大、陕西西安老牛坡、四川广汉三星堆遗址等；作为侯伯内的贵族居邑，可以举出山东济南大辛庄遗址、桓台史家遗址等商代遗址；作为一般的普通村邑，可以举出山东平阴县朱家桥殷代村落遗址等。

湖北盘龙城的情况，它是一个由宫城与外城构成的都邑遗址，其贵族墓所出的青铜器，器形和风格都与中原王都很一致，其都邑最高统治者很可能是商王朝安置在江汉平原东部的一个诸侯。江西清江吴城城址，城垣周长

---

① 宋镇豪：《中国风俗通史·夏商卷》，上海文艺出版社2001年版，第64—65页。
② 陈朝云：《商代聚落模式及其所体现的政治经济景观》，《史学集刊》2004年第3期。

2860米，城内面积61.3万平方米。城内建有长廊式道路，发现有大型祭祀场所、建筑基址，还有制造几何印纹硬陶和原始瓷器的龙窑、铸造青铜武器、工具和礼器的作坊等遗迹。将吴城商城出土的遗迹遗物与距离吴城遗址20公里的新干县大洋洲发现的商代大墓联系起来，吴城商城为商代方国的都邑，也可以得到确认。山东青州苏埠屯一号大墓是一座有四条墓道、墓室面积达56平方米、殉犬6条、殉人多达48人的规模极大的墓葬。苏埠屯遗址虽然尚未发现城址，然而由该遗址出土"亚醜"铭文以及五六十件传世铜器中都有"亚醜"铭记以及甲骨文中的"小臣醜"来看，亚醜最初可能是商王派到东土、住在苏埠屯的武官，随着时间的推移，他后来发展成了外在的诸侯，但同时还在王朝兼任小臣之职，称为"小臣醜"。所以，苏埠屯遗址也是一个诸侯一级的都邑遗址。陕西西安的老牛坡遗址，从文献上看，它有可能是商在西方的一个重要与国——崇国。四川广汉三星堆遗址的年代跨度很长，其城址的使用期也较长。城墙的建筑年代在三星堆遗址第二期即二里头文化时期，其使用一直到商末或周初。三星堆不但发掘出城墙，而且从其一、二号器物坑（又称为"祭祀坑"）出土的大量青铜器、金器、玉器以及其他质料的器物来看，在商代，这里是一处商方国的都邑，大概不成问题。

作为四土侯伯内的贵族居邑，济南大辛庄遗址的商文化遗存的分布达30万平方米，在2003年发掘的30余座商代墓葬中，M106号墓是随葬包括多件铜器和玉器在内的达40余件器物的贵族墓葬，该遗址还发现书写格式和内容接近殷墟出土的武丁时代非王卜辞。因而，在目前尚无城址以及亚字形、中字形或甲字形一类大墓发现的情况下，判定大辛庄遗址为当地贵族的居邑，是合理的。山东桓台县史家遗址也发现商代甲骨刻文、商代祭祀遗迹和商代的铸铭铜器等。通过对铜器铭文中"戍"的解释，可以看出早在殷墟一期，商王朝就派"贾"（或释为"宁"）族的首领在今山东桓台一带戍守。这种戍边的武官，在尚未发展为四土的侯伯之前，其地位可以称之为"贵族"，其居邑也属于贵族之邑。

在上述侯伯的都邑和贵族居邑之外，考古所发现的遗址更多的则是一般的普通村邑，如山东平阴县朱家桥殷代村落遗址，就是一个普通村邑。该遗址20世纪50年代曾进行过两次发掘，发现殷代房基21座、灰坑34个。房屋面积都较小，也十分简陋，房屋的形状有接近方形的，也有近圆形，还有近长方形的和"凸"形的。屋内出土器物有陶器、骨锥、骨箭头、网坠、陶纺轮和卜骨等。在距离村落聚居地不远的西部和西南部，发现殷代小型墓葬

8座，一般均无随葬品，唯12号墓出土陶罐2件，时代与房屋内出土的陶器相同，均为殷代晚期①。所以，平阴县朱家桥遗址是晚商时期四土侯伯方国领地内的一处典型的普通村邑。这种村邑的居民多为平民族众，聚落的规模较小，数量众多，恰可以与甲骨文中以数字计量的所谓"十邑"、"二十邑"、"三十邑"这一情形相吻合。总之，甲骨文与商代考古发现相互印证，商的四土中的侯伯方国的都鄙邑落结构是一种三级结构，这种居邑结构应当与侯伯方国的支配与管理相适应。

二　商王畿内的都鄙邑落结构

在商的王都周边，似乎也有鄙邑。如有一条卜辞说："癸巳卜，在商、雷、孝、商鄙，永，贞王旬亡祸。惟来征人方。"（《英藏》2525）这里出现了"商鄙"，这是征人方结束，返回商都时占卜王在下一旬有无祸害，王在商鄙有所停留。而最近在安阳殷墟孝民屯发掘出的平民聚落，在殷墟外围通过调查所获的殷墟时期的25处小型邑落遗址②，则属于殷都边缘和周围所存在的小型邑落遗址。

在王邦内处于中间等级规格的居邑又可分为两类，其一是王邦内诸侯的城邑，其二是数量众多的大小贵族的居邑。如铜器铭文中的"侯围"，就有可能是封地在滑县，为夏代豕韦之国之后裔的商代王邦内诸侯。而河南辉县孟庄晚商时期的城址，城内面积为12余万平方米，城邑的规模不大，距离朝歌不远，按照我们对晚商王邦范围的推定，它应属王邦内侯伯大臣的城邑。作为王邦内贵族，每每担任官职，属于"内服"之官，所以甲骨文中的百官③以及"多君"、"多子"之类的朝臣④原则上都属于贵族的范畴。这些贵族有的与商王同姓，有许多是异姓，他们在朝任职任官，当然在内服之地需要有自己的居邑，对于这类居邑我们称之为贵族居邑。新近在安阳大司空

---

① 中国科学院考古研究所山东发掘队：《山东平阴朱家桥殷代遗址》，《考古》1961年第2期。
② 中美洹河流域考古队：《洹河流域区域考古研究初步报告》，《考古》1998年第10期。
③ 陈梦家：《殷虚卜辞综述》，第503—522页。
④ 李学勤：《释多君、多子》，载《甲骨文与殷商史》，上海古籍出版社1983年版；《花园庄东地卜辞的"子"》，载《河南博物院落成暨河南省博物馆建馆70周年纪念文集》，中州古籍出版社1998年版；《从两条〈花东〉卜辞看殷礼》，《吉林师范大学学报》2004年第3期。

村发现有属于贵族宗庙院落的遗址①，就可以看成是王都内贵族大臣的居址或宗邑。近年来在距离小屯村南约2公里处的北徐家桥村北和刘家庄北一带发现的几十组四合院式建筑基址群②，也是一处王都范围内贵族聚居的族居遗址。河北藁城台西的邑落居址，结合墓葬出土的青铜器来看，它也属于商代内服范围内的贵族居邑，只是这里的贵族从事着酿酒业的专门化生产，这所大型宅院群落的居民是一个专门从事造酒的家族或宗族。

在内服之地的诸侯和贵族之上，处于最高等级的则属于商王所居住的王都。甲骨文称之为"王邑"、"商邑"、"大邑商"等。在早商有郑州商城和偃师商城；中商有郑州商城和小双桥遗址；晚商有洹北商城和小屯殷都。偃师商城与郑州商城在早商时期是一度并列的王都，其中，偃师商城属于灭夏后成汤至仲丁以前的王都，郑州商城为商王大庚所建，是商王大庚至仲丁时的王都，两王都相并存的时间是商王大庚至仲丁之前的时期。小双桥是仲丁、外壬所居隞都的离宫别都。洹北商城是盘庚所迁之殷都，为盘庚、小辛、小乙所居住。以小屯为核心的洹南宫殿区，则是武丁以来至帝辛时期的殷都。

以上的概述表明，在商代内服范围内，邑落结构也是由三大等级所构成，即最高等级的是王都，次一等级的是贵族朝臣的居邑或内服侯伯的居邑，最基层的为普通村邑。这种居邑上的不同等级，既是其身份地位不同所致，也是上下垂直隶属关系的一种表现。

总之，商代四土侯伯领地内的都鄙邑制结构与内服的都鄙邑制结构是一致的，都为三级的都鄙结构，二者也可以相互对照，例如，王都可与四土侯伯的都邑相对应；内服贵族宗邑可与四土侯伯领地内的贵族宗邑或居邑相对应；内服普通村邑可与四土侯伯领地内的普通村邑相对应。这种一致性就像商代湖北盘龙城的都邑、宫殿的形制结构与偃师商城、郑州商城商王都的形制结构一样，前者显然就是后者的一种缩影。这种缩影应该说既包含有中央王朝对四土侯伯的影响，也受制于当时政治体制和权力结构的发展程度。中央王朝王权的统治范围以及对于四土侯伯领地的统治方式，每每与权力的空间性限制有关，而当时的都鄙邑落模式则在空间居址的结构上适应了这样的统治要求。从权力的空间性限制上讲，商王对于内服与外服即王畿与四土的

---

① 岳洪彬、何毓灵：《新世纪殷墟考古的新进展》，《中国文物报》2004年10月15日。
② 孟宪武：《安阳殷墟考古研究》，第66—77页。安阳市文物工作队：《1995—1996年安阳刘家庄殷代遗址发掘报告》，《华夏考古》1997年第2期。

支配方式显然是不同的，对于远距离的侯伯方国的支配，主要是间接性支配，而在王畿范围内，则采用直接支配与间接支配相结合。即使王畿内，其支配力最强的只是王都及其附近。由于在王都及其附近商王的直接支配可以达到家族这一层面，使得安阳殷都所呈现出的大杂居中的小族居的最基本的单元是家族而非宗族，也使晚商王都内的地缘性即亲族组织的政治性要较其他地方发达一些。总之，直接支配与间接支配相结合，是商代重要的统治方式。而商代的这一统治特点，又是由商代的国家体制及当时国家形态的发展程度所决定的。

第 三 章

人　口

　　人口问题，不外乎可纳为人口数量和人口质量两大彼此影响的不同范畴。由于商代缺乏准确可靠的人口数字记载，此问题长期以来一直难于展开深入讨论。但是随着当代考古学的进展和出土文字资料的充实，在方法论上借重于多种学科的理论实践手段和研究成果，廓清商代人口问题的迷雾已渐具条件。本章试对存在于上古社会的人口清查统计之特色，以及商代人口分布移动、王都、基层地缘组织、方国的人口规模、人口总数、不同性别年龄组社会成员构成状况、经济抚养比、人口平均寿命、人口死亡率和增长率等关涉人口总体数量方面诸问题，作一探索。

第一节　早期人口清查统计

　　人口问题是一个复杂的社会现象。上古时代人口数量的增减，尤为直接地影响着社会的发展进程，特别是具有战斗力和劳动能力的人口规模，对当时的国家、方国和基层地缘组织的经济生活和政治生活，往往具有至关重要的意义。这就使得在很早以前，统治阶级就重视社会人口的清查统计。

　　殷墟甲骨文中记商王关心"丧众"或"不丧众"的事屡见不鲜。众的社会身份和地位，大体如有的学者所分析的，有广狭两指，广义的众是指众多的人，大概可用来指除奴隶等贱民以外的各个阶层的人，狭义的众是指广义的众里面数量最多的那部分人，即为商王服生产劳役的下层平民。[①] 例如：

[①] 裘锡圭：《关于商代的宗族组织与贵族和平民两个阶级的初步研究》，《文史》第17辑，中华书局1983年版。

贞我其丧众人。(《合集》50 正)

贞禽其丧众。(《合集》58)

贞兇其丧[众]。(《京》2332)

贞㱃不丧众。(《合集》62)

贞弜不丧众。(《南南》2·103)

贞并亡灾，不丧众。(《合集》52)

贞戍其丧人。(《林》2·18·20)

……于滴……丧人。(《合集》1082)

其丧工。(《合集》97)

辞中的禽、兇、㱃、弜、并、戍、滴等，大抵是族名兼地名。丧众人、丧众、丧人，是指人口的流动迁徙散失；丧工是指具有劳动技能者的丧失流散。言我其丧众人，可能是关涉商王都人口得失大事。所言并地无灾不丧众，已直接视不丧众为没有灾难的幸事。这种贞问王都或下属各地是否会丧众的卜辞，说明当时的统治者已意识到，具有战斗力或劳动生产能力的人口得失，是决定国力强盛和社会财富规模的一个重要标志。

这一早期的人口思想在上古社会有其较普遍的意义。《论语·子路》记叶公问政，孔子的答辞是"近者悦，远者来"，把境外人民的归附投奔，作为国家大治的一项重要标准。《管子·霸言》谓"得天下之众者王，得其半者霸"。《管子·牧民》又谓"国多财则远者来，地辟举则民留处"。《形势解》则谓"民利之则来，害之则去"。指出人口流动得失的根本原因所在，即要把他国的民众招徕过来，必须有其政绩。《孟子·尽心下》认为，"诸侯之宝三：土地、人民、政事"。《孟子·离娄上》认为，"桀纣之失天下也，失其民也"。《荀子·致士》以为，"国家失政，则士民去之"，"无人则土不守"。《富国》进而指出招徕流民、增加人口的最好办法，在于"使民夏不宛暍，冬不冻寒，急不伤力，缓不后时，事成功立，上下俱富，而百姓皆爱其上，人归之如流水"。人口的得失，甚至到春秋战国时代尚且时时为统治阶级积虑操心，这就不难理解甲骨文中为什么会有那么多事关"丧众"或"不丧众"的贞问。单纯人力数量的增多与减少，在古代生产力发展水平相对落后的特定历史条件下，理所当然成为统治者必须关注的问题。

有一片甲骨文云：

以人八千在駿。

[其]丧駿众。(《合集》31997)

两辞同卜一事,贞问在駿地八千众人的丧失流散与否。八千的人口数,当不是虚言,而是实指。这则有关晚商人口流动的史料,有可能对当时的人口流动变化作一定性分析,八千人是駿地实际人口数,所谓丧駿众,并不是由于出生和死亡而引起駿地人口数的自然增减变动,而是涉及人口在空间上的移动,是人口从一个地区流向另一个地区,与文献所谓"国家失政,则士民去之"的意义是一致的。可见当时的人口迁徙流动,主要出于社会原因和政治原因,也可能出于居地生态环境恶化的自然原因,人口的流量有时很大,不见得仅仅属之少数人的流亡和去留,整族人的流动他走也时会发生,虽不至于造成社会人口总数的变动,但多少会改变局部地区的自然人口分布,其后果通常直接影响到商王朝的国力和社会财富规模。八千人的数字当本之实际人口清查统计作依据。

商代言人口数,一般都十分详核,有时数目虽大,却皆能落实到十位数或个位数,如甲骨文云:

八日辛亥允戋,伐二千六百五十六人……(《合集》7771,一期)
……其多兹……十邑……而入执……鬲千……(《合集》28098,三期)
……小臣墙比伐,擒危美……人廿人四,而千五百七十……(《合集》36481,五期)

以上是发生在晚商不同时期的三次战争记录,对所俘所伐敌方人员具体数目作有详细清理统计,其中三期廪辛康丁时的一次战争,夺得十邑鬲千,鬲为人鬲,即具有劳动生产力或战斗力的丁壮人数单位,一鬲意指一家,十邑鬲千,则平均一邑百家,大抵属于中下等之邑,邑内包括老弱妇孺在内的人口总数当在三百至五百人。试想如果没有统一的现场督察和较严核的清理登记,怎能作出上述各类细致的统计数。

大凡甲骨文所记人数,在许多场合不管其数目如何,少者数人数十人,多者成百上千以至数万人,都能提供较明确的数字。例如:

……不其以三十人。(《东京》1007)
……五十人,王受……(《怀特》1406)

>……受，叀众百，王弗悔。(《合集》26906)
>丙辰卜，桒延立人三百。(《京津》977)
>贞乎……人九百……(《库》156)
>不其降𠂤千牛千人。(《合集》1027)
>辛巳卜，争，贞登妇好三千，登旅一万，乎伐□方。(《英藏》150)
>……一万人……般……(《合集》8715)
>……乎……二万……(《合集》18397)

上举九事，或记仆役人众，数目几十至百人；或聚族简选武士，人员三百和九百不等；或对牲畜和饲养者登记造册，多达千人；或按地区召集兵员征伐。甲骨文有妇好之"好邑"(《合集》32761)，"登妇好三千"，是从妇好领邑照登记人员征集三千人，另又从旅地招徕兵员一万人。数目即使大至数万，犹言之凿凿。从妇好领邑和旅地人口，以及前举駿地八千人和十邑禺千等甲骨文人口资料，可知商代统治阶级对于基层地缘组织的人口清查统计当确已进行过。

这种人口的清查统计，在古代文献中称之为"登"，又称作"徵"。《史记·周本纪》载武王灭商后对周公讲了一段话：

>维天建殷，其登名民三百六十夫，不显亦不宾灭，以至今。

又见《逸周书·度邑》，其文云：

>维天建殷，厥徵天民名三百六十夫，弗顾亦不宾灭，用戾于今。

登字作徵，义同，谓按人口登记册徵核之。据甲骨文知"登"确为殷人用语。名民三百六十夫，当指原殷商时有名的三百六十个族氏及其族尹。[①] 如此众多的殷商遗族，不显不灭而存在于周初，且为周统治者时刻提防而悬系在心，数目极为详核，看来当征之于原殷商王朝族氏组织人口登记旧册。另据甲骨文：

>①贞登人乎涿……田。(《英藏》837)
>②辛未卜，㱿，贞我収人，迄在黍不𠂤，受有年。(《合集》795正)

---

① 参见徐中舒《殷商史中的几个问题》，《四川大学学报》1979年第2期。

③丁卯卜，贞王衷田于□。

丁卯卜，贞王其令禽奴众于北。(《屯南》2260＋2804)

④……卜，宕，贞牧称册……登人敦……(《合集》7343)

⑤……道王登众，受……(《屯南》149)

①可能是核登丁壮人数以便进行涿地的农田劳动。②奴，共也，有招集义。酋，意谓按人口清查统计进行登记造册，可能指商王朝在耕种前招集族众进行人口登记，也可能指在收获季节到来之前按人口造册再行核登人数，以免遗漏，为农事力役做准备；此或指前者。③王衷垦荒田与招集族众同卜，正出于农事力役。④称册有举册、持册之义，谓照人口登记旧册简选武士，以出征敦伐外敌。⑤道为导的本字，有导引之义[①]，"导王登众"，说明清查统计族众人口为最高统治者商王所重视，列为例行的政治视察要务。以上资料表明，殷商时期的人口清查统计，已渐趋定期化和制度化，当时可能是以自然政区或地缘族氏组织体为单位进行人口清查统计的，统计对象主要为具有劳动生产能力或战斗力的人口，突出了纯人力的可任因素，故所统计对象也可能代表一家庭单元。人口的清查、登记或核实，除了有在战争进行前的非常时期，一般是在耕种前或农作收获季节前进行。

关于上古时代的人口清查统计，文献中有比较系统的记载。《周礼·秋官》有专门负责民数的官员"司民"，"掌登万民之数，自生齿以上，皆书于版，辨其国中与其都鄙及其郊野，异其男女，岁登下其死生"。郑注："登，上也；男八月、女七月而生齿；版，今户籍也；下，犹去也；每岁更著生去死。"《地官》之"闾师"，"掌国中及四郊之人民、六畜之数，以任其力，以待其政令，以时征其赋"。这与甲骨文"降酋千牛千人"，登人征战，登人农事力役，有很多类似之处。

由此可见，《周礼》所反映的这种就自然政区或地缘组织进行的社会人口清查登记，是以人口数量、人口性别、人口年龄以及人口生死存亡变量作为统计核登内容，重视单纯人力的可任因素，并不在乎人口的演变发展规律，也不像后世直接把户籍数作为统计造册量单位，具有早期人口清查统计的特色，与殷商的人口统计制有其共通点，因此是可以追溯到殷商时期的。

---

① 严一萍：《释道》，《中国文字》第7册，1962年。

第二节 商代人口总数估测

一 文献所见商代人口数

商代人口数，一直是历史之谜，文献中有二三说法，也是无一得实。这里且录《后汉书·郡国志一》刘昭补注引《帝王世纪》，以备一览。其云：

> 及禹平水土，还为九州……民口千三百五十五万三千九百二十三人。至于涂山之会，诸侯承唐虞之盛，执玉帛亦有万国。……及夏之衰，弃稷弗务，有穷之乱，少康中兴，乃复禹迹。孔甲之至桀行暴，诸侯相兼。逮汤受命，其能存者三千余国，方于涂山，十损其七；民离毒政，将亦如之。殷因于夏，六百余载，其间损益，书策不存，无以考之。又遭纣乱，至周克商，制五等之封，凡千七百七十三国，又减汤时千三百矣；民众之损，将亦如之。及周公相成王，致治刑错，民口千三百七十一万四千九百二十三人，多禹十六万一千人。

这段文字有三点值得注意。其一，叙殷因于夏之间损益时，特别申明"书策不存，无以考之"，似乎在其他方面有若干史影依据。其二，谓夏商时期方国林立，在先秦文献中亦有类似之说，如《左传》哀公七年云："禹合诸侯于涂山，执玉帛者万国"；《战国策·齐策四》云："古大禹之时，诸侯万国"；《吕氏春秋·用民》云："当禹之时，天下万国，至于汤而三千余国，今无存者矣"；《逸周书·世俘解》云，武王伐商，"憝国九十有九国……凡服国六百五十有二"。除夏代未必会有万国外，众多族落小国纷立各地，确为夏商社会实际状态。其三，尽管民口落实到百、十、个位数，且夏初和商末周初的两个人口统计数的末三位数都为923，不免荒唐之甚，但从其注重不同时期的民数得失，又按单纯人口而不是以户计数，却是具有早期人口清查的特色的。故此说有一定参考价值，不能贸然否弃。

按照此说，从总体上推算，夏代直至商初，诸侯方国规模均甚小，平均人口仅1300多人；但随着众国相兼及人口繁殖，到商末周初，诸侯方国的平均人口数增加到了近8000人。商初成汤时有3000余国，则总人口数约为400万。唯夏代人口不可能达到1355万以上，须知直到西汉初全国总人口也才不过

1500万至1800万。① 夏代人口也不可能超过商初的400万，夏王朝统治区和活动范围远比商代小得多。夏中心统治区的地望，大致只在今中岳嵩山和伊、洛、颍、汝四水的豫西地区。晋西南和陕东地区，是夏王朝的重要统治区，豫东和鲁西的黄河以南地区，是其活动所及范围。商代不同，其领土辽阔，是"奄有九有"、"邦畿千里"②的大国，其疆域四至，东到海边，南抵五岭，西达甘肃、内蒙古，北至河北北部及辽宁部分地区。全国已发现的商代遗址或遗迹，遍及河南、河北、山西、陕西、安徽、山东、江苏、浙江、湖北、江西、湖南、四川、内蒙古、辽宁等省，与文献所言可相映证。夏王朝在大大小于商代领土范围内，竟是"诸侯万国"，超出商代两倍以上，总人口也多出两倍多，怎么可信呢？《淮南子·修务训》另有一说："（禹）治平水土，定千八百国"，可能比较切实些，以平均一国人口1300余人计之，则夏初总人口数在240万左右。这比商初400万的人口总数，少160万左右。夏代大致在公元前2070年，至公元前1600年前后，总积年有470年左右，在不到500年时间内，人口净增约66.67%，其中当然也包括了商初领土扩大而带来的人口增加值。

以上仅仅是就文献线索所作的粗估。由于近代甲骨文的出土，以及商代考古学上的重大进展，目前已有可能对商代人口状况作出进一步的深入考察。

二　商代人口总数的考察

商代中原地区人口增长处于蓬勃发展阶段，出现了许多数百人聚居一起的大型氏族共同体村落，逐渐改变了原先地广人稀的自然生态环境。与此同时，足以容纳百家乃至千家的城邑开始耸立于中原大地。城邑占地面积大小，一般与人口数量规模是相对应的。

《尉缭子·兵谈》云：

> 量土地肥硗而立邑，建城称地，以城称人。③

《礼记·王制》云：

---

① 参见葛剑雄《西汉人口地理》，人民出版社1986年版，第83页。
② 《诗·商颂·玄鸟》。
③ 《银雀山汉墓竹简》（壹）之《尉缭子》作："……硗而立邑建城，以城称地，以地称……"（文物出版社1985年版，释文注释第77页）。

> 凡居民，量地以制邑，度地以居民，地邑民居，必参相得也。

《管子·八观》云：

> 国城大而田野浅狭者，其野不足以养其民，城域大而人民寡者，其民不足以守其城。

城邑出现的直接动因是当时人口密度指数的规模俗成和氏族部落间频繁的战争掠夺行为，因此可以看做是解决人地关系矛盾和新的社会变革事态的产物。从史前至夏商时代，城邑的规模大小，与人口数量的多寡是相适应的，城邑占地面积大小与人口数量规模一般成正比，面积大，人口也多；反之，则少。但所谓人口多也不能无节制，自会受到其内在及外在因素的制约，"养民守地"、"地邑民居，必参相得"，构成了上古社会集约人口规模的自然概率。关于城邑人口密度指数，《战国策·赵策》提供了一组数据，文云：

> 古者四海之内分为万国，城虽大，无过三百丈者，人虽众，无过三千家者。

若依古代 1 尺合 0.23 米计算，城垣 300 丈的边长折合今 690 米，则城邑面积有 476100 平方米，城邑人口 3000 家，密度指数大体保持在每户占地 160 平方米左右。[①] 案之姜寨遗址设防区面积约 18000 平方米，有大小房屋 112 座[②]，平均密度指数正为每座占地 160 余平方米。内蒙古赤峰新店一座夏家店下层文化时期石城，相当夏商之际，面积约 10000 平方米，城内有石砌建筑基址 60 座，平均每座占地 166 平方米。同地另一座迟家营子石城，面积 100000 平方米，据说原有 600 座以上石砌建筑基址，现尚存 216 座[③]，密度指数也保持在每座 160 平方米左右。可见，每户 160 平方米左右的城邑人口平均密度指数，

[①] 参见林沄《关于中国早期国家形成的几个问题》，《吉林大学社会科学学报》1986 年第 6 期。

[②] 西安半坡博物馆、陕西省考古研究所、临潼县博物馆：《姜寨——新石器时代遗址发掘报告》上册，文物出版社 1988 年版。

[③] 徐光翼：《赤峰英金河、阴河流域的石城遗址》，《中国考古学研究——夏鼐先生考古五十年纪念论文集》，文物出版社 1986 年版。

第三章　人口

表 3—1　古城遗址居民数率

编号	古城址	发现年代	考古年代	平面形态	城制	面积（M²）	家数（密度指数160 M²/家）	人口数（按一家5口计）	资料来源
1	河南郑州西山	1993.9	仰韶晚	椭圆形	北垣长230，西垣残长64，东垣残长44米。南垣不存。城墙残高5—6，基宽11米。城垣用方块夯筑，留夯层孔。厚5厘米。城外有环壕，宽5—7.5，深4米。发现西门、北门。西门门壕沟两侧有鼓出桥墩。北门宽10米，两侧有城台，门外正中横筑一道护门墙。城内有道路及大型夯土建筑基址，以及奠基和祭祀遗迹。	城内约1.9万	110	550	《中国文物报》1994.3.13《中国文物报》1995.9.10《光明日报》1995.5.14《文汇报》1995.9.7《先秦史研究动态》1995—2《文物天地》1996—2杨肇清：《试论郑州西山仰韶文化晚期古城址的性质》，《华夏考古》1997—1《郑州西山仰韶时代城址的发掘》，《文物》1999—7张玉石：《西山仰韶城及相关问题研究》，《中国考古学的跨世纪反思》1999
2	河南辉县孟庄	1992	龙山—二里头—商	圆角平行四边形	龙山、二里头、商文化三迭城。东垣长375，北垣西段残长260（北垣复原长度340米）。西垣330米，南垣破坏。墙体底宽20米。护城河宽约20米，深3.8—4.8米。门道宽2.1米，两侧竖贴木板。城内东北部、西南部发现房址，水井4口。	城内约10万	620	3100	《光明日报》1992.12.4《中国文物报》1992.12.6《光明日报》1995.1.29《中国文物报》1992.12.15《河南日报》1992.12.15《文物天地》1995—2（p.4）《先秦史研究动态》1995—2《河南辉县孟庄龙山文化遗址发掘简报》，《考古》2000—3、中州古籍出版社，2003、辉县孟庄

续表

编号	古城址	发现年代	考古年代	平面形态	城制	面积（M²）	家数（密度指数160 M²/家）	人口数（按一家5口计）	资料来源
3	河南登封王城岗	1977春	龙山晚一二里头商前期	东西并联方城、大城	东城南垣西段残长30，西垣南段残长65米。外角凸形如"马面"。北垣西段残长82.4，西垣92，北垣西段残长29米，南垣东端有一9.5米宽的"门道"。大城位于东西并联方城之西，有环壕和夯土墙，西壕残长130、宽约10米，北壕长630米、宽约10米，残深3~4米、残高0.5~1.2米。东端与西城北垣的夯土墙呈东西一线。	小城约1万，大城约30万取三之一	620	3100	《登封王城岗遗址的发掘》，《文物》1983-3 《登封王城岗与阳城》，文物出版社，1992 《古代文明研究通讯》总第15期，2002，p.29 《中国考古学年鉴（2003）》，p.231 《中国文物报》2005.1.28
4	河南淮阳平粮台	1979.9	龙山	正方形	长宽各185米，城垣残高3、4，底宽13，顶宽8~10米。南北有门，南门两侧有门卫房，门道下有陶排水管道。城内有土坯高台建筑。城外有护河。	城内3.4万	210	1050	《河南淮阳平粮台龙山文化城址试掘简报》，《文物》1983-3

续表

编号	古城址	发现年代	考古年代	平面形态	城制	面积（M²）	家数（密度指数160 M²/家）	人口数（按一家5口计）	资料来源
5	河南安阳后冈	20世纪30年代	龙山		西南一段夯土墙长70，宽2—4米。城内密布圆形白灰面房基。	遗址总面积近10万取三之一	180	900	《殷墟发掘》，1955，p.72 《1979年安阳后冈遗址发掘报告》，《考古学报》1985—1
6	河南鄢城郝家台	1986.9	龙山	长方形	南北长约222，东西宽148米。城垣残宽5，高0.8米中部宽8.8米的缺口。城内有木地板排房。城外有城壕。	城内约3.2万	200	1000	《中国考古学年鉴（1987）》，p.178 《鄢城郝家台遗址的发掘》，《华夏考古》1992—3
7	河南新密古城寨村	1997	龙山晚期	长方形	三面有护城河，南北城垣有相对两个城门缺口，北垣460米，基宽42.6—53.4米，南垣460米，分段筑成。城外有护城河，宽34—90，深4.5米；城内中部偏东北方有大型夯土台基址（28.4×13.5米；面积383.4平方米，7开间，坐西朝东，南北东三面有	城内约12万	750	3750	《龙山时期考古的重大发现——河南新密发现中原面积最大，保存最好的龙山时代晚期城址》，《中国文物报》2000.5.21 《河南省新密市发现龙山时代重要城址》，《中原文物》2000—5 《中国考古学年鉴（2000）》，p.190 《河南新密古城寨龙山城考古发现》，《1999中国重要考古偏东北，文物出版社，2001 《2000年中国重大考古发现回眸》，《中国文物报》2001.5.23

续表

编号	古城址	发现年代	考古年代	平面形态	城制	面积（M²）	家数（密度指数160 M²/家）	人口数（按一家5口计）	资料来源
					回廊，墙体为木骨泥墙，中心柱柱洞底部有柱础石和磉墩。其北又有廊院式建筑基址群；北庑东西长60，南北宽近4米，由二至三道墙基槽、门道、守门房及门外直角档墙等组成。又发现似为奠基的殉狗坑一个，埋狗1条。				杨肇清：《河南新密市古城寨城址》，《中国文物报》2001.7.29 《河南新密市古城寨龙山文化城址发掘简报》，《华夏考古》2002—2 蔡全法：《古城寨龙山城址与中原文明的形成》，《中原文物》2002—6 《中国考古学年鉴（2001）》p.193
8	河南新密新砦	2002	龙山晚期—新砦期—二里头早期	方形	内外三重城壕。新砦期城墙压在龙山晚期城墙之上，外有护城河。内壕，东西长1600米，北垣残长924米，宽约11.5米；西垣残长470米。北垣外220米开外有一道外壕，东西长1500，宽6—14，深3—4米，有3个出入缺口。外壕只见于北部。城址西南高畅处为中心区，面积约6万平方米。有内壕，北垣长300，西内壕、南内壕中央有一座东西长50多，南北宽14.5米的建筑基址。中心区中部有宽30多米的缺口一。	遗址总面积约70万取三之一	1500	7500	《河南新密新砦遗址发现城墙和大型建筑》，《中国文物报》2004.3.3 《新密市新砦遗址聚落布局探索的新进展》，《中国社会科学院古代文明研究中心通讯》第8期，2004，p.56—60

续表

编号	古城址	发现年代	考古年代	平面形态	城制	面积（M²）	家数（密度指数160 M²/家）	人口数（按一家5口计）	资料来源
9	河南平顶山浦城店	2004.7—2005.6	龙山晚期	东西向长方形	现存东、西、南三面城墙，北面临湛河。西垣残长124米；南垣中东部向北折而东延，长246米；城壕宽约22.2，深4.3米。城内中东部有夯土房基。南部发现圆形黄土台建筑基址，地面式多连间房址、陶窑、瓮棺葬等。	城址现存面积4.1万			《河南平顶山浦城店发现龙山文化与二里头文化城址》，《中国文物报》2006.3.3
10	河南平顶山浦城店	2004.7—2005.6	二里头一期	东西向平行四边形	城址东北角与西南角呈钝角，东南角与西北角略锐。东西长约260，南北宽约204米。城墙宽16.5米，采用版筑法。北垣外发现地面式排房20余间，分布密集，布局整齐，排列有序，位于南部者门道多朝南，位于北部者多朝北，有1—6间等形式，有的有奠基遗存。房基群以东4.65米处有葬南北向窄墙区隔，隔墙长41米以上，宽1.95—2.6米。	面积约5.2万	325	1600	《河南平顶山浦城店发现龙山文化与二里头文化城址》，《中国文物报》2006.3.3

续表

编号	古城址	发现年代	考古年代	平面形态	城制	面积（M²）	家数（密度指数160 M²/家）	人口数（按一家5口计）	资料来源
11	河南焦作温县徐堡	2006.8—12	龙山	圆角长方形	东垣残长约200，南垣长500，西垣残长360米，北垣不存。东西垣中部各有一宽约10米的缺口（城门）。城址中部有长方形堆筑台地，东西长90，南北宽70米，面积约6000平方米。	遗址总面积约40万，城址现存面积约20万	1200	6000	《毋建庄等：河南焦作徐堡发现龙山文化城址》，《中国文物报》2007.2.2 《温县徐堡龙山文化城址及西周至东汉末明清遗址》，《中国考古学年鉴（2007）》，p.287
12	河南郑州大师姑	2002.3	二里头二期偏晚—四期	长方形	夯土墙体顶宽7，底宽16，残高3.75米。南垣北段残长480，西垣北段残长80，北垣西段220米，东壕长620，北壕残长980，西壕残长80，南壕残长770米。外有环壕。	遗址总面积约51万取三之一	1000	5000	《古代文明研究通讯总第15期》，2002，p.30 郑州市文物考古研究所：《2000年大师姑遗址发掘简报》，《古代文明通讯》2003—1 《郑州大师姑发现二里头文化中晚期城址》，《中国文物报》2004.2.27
13	山东滕州西康留	1996	大汶口						《文物》1996—12，p.51注3
14	山东阳谷王家庄	1994.12	大汶口—龙山	圆角长方形	南北长约360，东西宽120米，束棍夯筑，夯层厚6—8厘米。	遗址总面积约4.3万取三之一	90	450	《文物》1996—12，p.43、51注4

续表

编号	古城址	发现年代	考古年代	平面形态	城制	面积（M²）	家数（密度指数160 M²/家）	人口数（按一家5口计）	资料来源
15	山东章丘城子崖	20世纪30年代、1990	龙山—岳石—周	圆角近方形	三迭城。下层龙山文化城址东西宽430，南北最宽处530米。堆筑，北垣外夯筑结合，南、北各有一门，有门卫建筑。城垣基宽14，顶宽7，高7米。中层岳石文化城址在龙山城址内侧修筑，东垣450，南垣390米。	下层遗址总面积约20万，中层城址约17万，取三分之一	中层城址350	1750	《城子崖》，中央研究院历史语言研究所，1934《城子崖又有重大发现》，《中国文物报》90.7.26《中国考古学年鉴（1994）》p. 207 张学海：《试论山东地区的龙山文化城》，《文物》1996-12
16	山东寿光边线王	1984.5	龙山	圆角方形	内城外郭，内城边长100米，城外壕沟宽约20，外郭边长240米。东、西、北垣有门。南垣不详。城垣基础发现人畜奠基。	内城约1万，外郭城约5.7万	320	1600	《中国考古学年鉴（1985）》p. 175《中国考古学年鉴（1987）》p. 171《中国文物报》1988.7.15《中国文物报》1993.5.23 张学海：《试论山东地区的龙山文化城》
17	山东邹平丁公	1991秋	龙山	圆角方形	东西宽310，南北长约350米。城内发现龙山早期城垣一段，宽20米，与外垣间距约30米；城垣外亦有壕沟。又水井1及刻文陶片。	遗址总面积约10万取三分之一	210	1050	《中国文物报》1992.1.12《中国考古学年鉴（1994）》p. 206《山东邹平丁公遗址第四、五次发掘简报》，《考古》1993-4 荣丰实：《丁公龙山城址和龙山文字的发现及其意义》，《文史哲》1993-3

续表

编号	古城址	发现年代	考古年代	平面形态	城制	面积（M²）	家数（密度指数160 M²/家）	人口数（按一家5口计）	资料来源
18	山东滕州西周薛国故城宫城下层	1993冬	龙山	圆角方形	东西最长处约913，南北最宽处700米。城内中部有东西并列小城，中间隔一条30米宽的河道。西小城东西长约170，宽150米，面积约2.5万平方米，南北有门。东小城东西北各190米，面积约3.6万平方米。	约6万	370	1850	《中国考古学年鉴（1995）》p. 151 《中国文物报》1994.6.26
19	山东临淄田旺	20世纪60年代	龙山中晚期	圆角长方形	东西最宽处近400，南北最长处450米左右。北垣内侧发现祭坑，出土陶鼎7，甗3，鬶1，盆3。陶鬶通高116厘米，为今所见龙山最大鬶。	遗址总面积约15万取三之一	310	1550	《中国考古学年鉴（1993）》p. 163 《中国文物报》1993、5、23 《文物》1996—12，p. 42
20	山东临淄桐林	1992	龙山		内外两道夯土城垣和壕沟，内城垣残高1.3—4米，顶宽13—16米，壕沟宽9—10米，深1.5—1.8米。	约40万，内城面积约15万	1000	5000	《山东淄博桐林遗址有新发现》，《中国文物报》2003.9.10

第三章 人口 101

续表

编号	古城址	发现年代	考古年代	平面形态	城制	面积（M²）	家数（密度指数160 M²/家）	人口数（按一家5口计）	资料来源
21	山东茌平教场铺	1994.12	龙山	椭圆形	东西长约230，南北宽约180米。东垣基宽15米。城内中部有东西并列大小两台，东台高6米，面积约1万平方米，西台约6—7万平方米，房屋排列密集，为日常居住区，其中一座面积达12平方米以上的地面式建筑，先用生土奠基，再用土坯垒墙。土坯系用黄土掺植物秸秆制成。	约5万	310	1550	《鲁西发现两组八座龙山文化城址》，《中国文物报》1995.1.22 《光明日报》1995.4.17 《中国文物报》1995.6.4 《人民日报（海外版）》1995.12.20 张学海：《试论山东地区的龙山文化城》 《中国考古学年鉴（2001）》p.186 《考古》2005—1
22	山东茌平尚庄	1994.12	龙山	圆角方形		约4万	250	1250	《中国文物报》1995.1.22 张学海：《鲁西两组龙山文化城址的发现对几个考古问题的思考》，《华夏考古》1995—4
23	山东茌平乐平铺	1994.12	龙山	横长形		约3.4万	210	1050	同上
24	山东茌平大尉	1994.12	龙山	竖长方形		约3万	180	900	同上

续表

编号	古城址	发现年代	考古年代	平面形态	城制	面积（M²）	家数（密度指数160 M²/家）	人口数（按一家5口计）	资料来源
25	山东阳谷景阳岗	1994.12	龙山—岳石	圆角长方形	为龙山、岳石二迭城。南北长约150、北端宽约230、南端宽约330、中部最宽处约400米。龙山城址东南西北四垣分别长220、1200、320、1146米。已发现东、西、北垣中部有城门，北门宽约5.1米。城内自北而南分布有台基5个，其中3号大台基面积9万，另一小台基1万平方米，台基夯土中出土人头骨，台上有牛羊祭坑。岳石城墙是在龙山城墙外侧加宽约3.5米。	总面积约25万，取三之一	520	2600	《中国考古学年鉴（1995）》p.150 《中国考古学年鉴（1996）》p.157 《中国考古学年鉴（1997）》p.155 《山东阳谷景阳岗龙山文化城址调查与试掘》，《考古》1997-5
26	山东阳谷皇姑冢	1994.12	龙山	圆角扁长方形	南垣、东垣拐角不明显，西南如弹头。南北长495、东西宽150米。	约5万	310	1550	《中国文物报》1995.1.22 张学海：《鲁西两组龙山文化城址的发现对几个考古问题的思考》 张学海：《试论山东地区的龙山文化城》
27	山东茌平阿王集	1994.12	龙山	圆角长方形		3.7万	230	1150	同上

第三章 人口　103

续表

编号	古城址	发现年代	考古年代	平面形态	城制	面积（M²）	家数（密度指数160 M²/家）	人口数（按一家5口计）	资料来源
28	山东五莲县丹土	1995春	大汶口—龙山	椭圆形	大汶口晚期、龙山早、中期三迭城。大汶口城址东西长约400米，南北宽300米，墙体残宽约5米，坡壕宽10，深2.5米。龙山早期城址，东西长约450米，南北宽300米，墙体残宽约10米，城壕宽约20，深3米。龙山中期城址平面呈不规则刀把形，东西长约500米，南北宽400米，墙体残宽约12米，城壕宽28米，又有出水口3处。东南西北各一门，西门通道内外呈喇叭状，中宽16米，有长方形房址等城门设施。	大汶口城址9.5万、龙山早期城址11万、龙山中期城址18万	310	1550	《中国考古学年鉴（1996）》p.156 《中国考古学年鉴（1997）》p.154 张学海：《试论山东地区的龙山文化城》 《五莲丹土发现大汶口文化城址》《中国文物报》2001.1.17 《中国考古学年鉴（2001）》p.182
29	山东日照两城镇	1936	龙山		大面积夯土，可能为龙山城墙或大型台基式建筑物。				《山东日照龙山文化遗址调查》，《考古》1986—8 《山东日照市两城地区的考古调查》，《考古》1997—4

续表

编号	古城址	发现年代	考古年代	平面形态	城制	面积（M²）	家数（密度160 M²/家）指数	人口数（按一家5口计）	资料来源
30	山东兖州西吴村	1995	龙山						《中国文物报》1995.1.22 张学海：《试论山东地区的龙山文化城》，《文物》1996—12
31	山东蒙阴吕家庄	1995	龙山						同上
32	山东费县防城	1995	龙山	椭圆形	南北直径370，东西直径440米，墙体顺坡堆土夯筑。	遗址总面积14万取三之一	290	1450	《中国考古学年鉴（1996）》p.159
33	安徽怀宁孙家城	2007.10	龙山	圆角长方形	东西长约600米，南北宽约300多米，东、南、西三面城垣保持完好，残高1—3米，底宽12—20米，顶宽5—10米，平地起建。	遗址面积约25万取三之一	520	2600	朔知、金晓春：《安徽怀宁孙家城遗址发现新石器时代城址》，《中国文物报》2008.2.15

第三章 人口　105

续表

编号	古城址	发现年代	考古年代	平面形态	城制	面积（M²）	家数（密度指数160 M²/家）	人口数（按一家5口计）	资料来源
34	江苏连云港藤花落	2000	龙山	圆角长方形	内外两道城垣，外城为生产区，内外城长435，东西宽325，周长1520米。城垣垒，残高1.2米。外有城壕。内城为生活区，垣有城门遗迹。东垣南北长207—209，东西宽190—200，周长806米，城垣宽14，残高1.2米。东南西三面有城门。城垣建筑与版筑结合。内城堆筑前栽成排木桩。墙体夯筑门内有干栏式瞭望哨所。城中有高台夯土建筑基址三处和大型回廊式建筑，35座房址及田路系统。龙山水田遗迹。	外城约14万，内城约4万	250	1250	叶学明：《江苏连云港藤花落龙山时代"城址"》，《中国文物报》2001.7.29《江苏连云港藤花落遗址》，《2000中国重要考古发现》，文物出版社，2001《中国考古学年鉴（2001）》p.160《中国考古学年鉴（1997）》p.129《中国文物报》2000.6.25《中国文物报》2001.5.23
35	浙江余杭良渚	2007.11	良渚	长方形	南北长1800至1900米，东西宽1500至1700米，城墙基部铺垫一层20厘米的青胶泥，再铺垫石块为地基，上用纯净黄土堆筑，城墙基宽40—60米，局	总面积约290万取三分之一	6000	30000	刘斌：《良渚遗址发现5000年古城》，《中国文物报》2007.12.6

续表

编号	古城址	发现年代	考古年代	平面形态	城制	面积（M²）	家数（密度指数160 M²/家）	人口数（按一家5口计）	资料来源
					部达100多米，残高约4米。城垣内外都有壕沟。城内有面积达30万平方米、反映山贵族的宫角山宫室基址。城外有瑶山、汇观山墓地等，祭坛及墓地等。				
36	山西襄汾陶寺	2000.4—5	龙山	圆角长方形	大小城制。北垣三道、南垣二道、东垣一道。北垣三道由北而南分别残长120、740、250米；南垣二道由北而南分别残长875、1550米。东垣长约1660米。城垣宽7—10米，采用夹板石砸夯土建筑法，外侧或上部用稠泥掺碎石粒拍打抹筑。早期小城，南北长约1000、东西宽约560米，面积约56万平方米。城中有夯土建筑基址群。	遗址总面积约280万取三之一	5800	29000	《陶寺遗址发现尧舜时期古城址》，《中国社会科学院报》2000.7.6 《中国文物报》2000.7.16 梁星彭：《山西考古的新突破——陶寺遗址发现早期城址遗迹》，《文物世界》2000—5 《中国书法》2000—10 《中国文物报》2001.5.23 《黄河流域史前最大城址进一步探明》，《中国文物报》2002.2.8

续表

编号	古城址	发现年代	考古年代	平面形态	城制	面积（M²）	家数（密度指数160 M²/家）	人口数（按一家5口计）	资料来源
					及用于观象授时的三层夯土祭坛。后又扩为大城。出土陶扁壶上有毛笔朱书文字。				《山西襄汾陶寺文化城址》，《2001中国重要考古发现》，文物出版社，2002《中国文物报》2003.1.31《中国社会科学院古代文明研究中心通讯》第5期，2003《中国文物报》2004.2.20
37	山西保德林遮峪	2005	龙山早期		东部和东南部有石筑城墙，长140米，外有壕沟。				《山西省保德县林遮峪遗址调查试掘有重要发现》，《中国文物报》2005.9.28
38	陕西榆林横山县寨山	2004.4—5			遗址位于山峁上。居住遗迹在寨山南部、西部、东部和北部，有城墙遗迹。残长约100，残高1—2米。发现复合式窑洞居址6座。	遗址总面积2.5万取三之一	150	750	《陕西横山发现史前聚落遗址》，《中国文物报》2004.8.20
39	陕西榆林横山县青龙山	2004.4—5			环绕山腰和山顶各有一周石墙，外墙残长500，残高1—3米，内墙残长100，残高1—2米。发现复合式窑洞居址5座。	遗址总面积1万取三之一	60	300	《陕西横山发现史前聚落遗址》，《中国文物报》2004.8.20

续表

编号	古城址	发现年代	考古年代	平面形态	城制	面积（M²）	家数（密度160 M²/家）	人口数（按一家5口计）	资料来源
40	陕西榆林横山县瓦窑山寨	2005.7—10	龙山早期		U字形石墙一道，残长400，高1—3米，房址30余座，积石堆16座，出土卜骨一块。	约13万取三分之一	270	1350	王炜林、马志明：《陕北新石器时代石城聚落的发现与初步研究》，《中国社会科学院古代文明研究中心通讯》第11期，2006
41	陕西榆林县吴堡寨子峁	2004	庙底沟二期		石墙二段及外壕沟，房址96座	约21万取三分之一	430	2150	同上
42	陕西榆林吴堡县关胡圪塔		龙山中晚期		发现两道平行石墙，残长约300米，最高处约4米，城内房址40余座	约10万取三分之一	200	1000	同上
43	陕西佳县五女河石摞摞山	2004	龙山早期庙底沟二期	不规则圆角平行四边形	内城外郭。内城建于山顶，面积约3000平方米，外郭环绕山体而建，周长约1000米，有护城壕。城墙用石块和黄泥砌筑，厚0.7—1.2米残高3.4米。发现房址18座，窑穴80多个，陶窑等。出有卜骨、玉器等。	约6万取三分之一	125	625	《龙山古城再见天日》，《中国艺术报》2004.1.8

续表

编号	古城址	发现年代	考古年代	平面形态	城制	面积（M²）	家数（密度指数160 M²/家）	人口数（按一家5口计）	资料来源
44	湖北天门石家河	1989	屈家岭晚—石家河早中期	圆角方形	遗址范围东西约1100，南北长1200，南垣西段残长200米。城垣基宽约50米，残高4—6米，宽80—100米。护城河宽4800米。西北部发现祭祀堆筑遗迹。城外西北及南侧发现有人工堆筑庭院式建筑与玉器。	遗址总面积约80万取三之一	1600	8000	《中国文物报》1989.3.31《中国文物报》1990.4.5《中国文物报》1992.4.5 张绪球：《长江中游新石器时代文化概论》，湖北科学技术出版社，1992，p.215《石家河遗址调查报告》，《考古》第5辑，1993 张绪球：《屈家岭文化古城的发现和初步研究》，《考古》94—7《肖家屋脊》，文物出版社，1999
45	湖北天门市石皂镇笑城	1983	屈家岭晚期	曲尺形	东西约250—360米，南北长156—305米。城墙堆筑底宽约20—22米，顶宽8—10米，残高2.5—4.6米。南北垣正中各有一缺口，城北有壕，其余三面均为湖泊。	城址约9.8万，城内约6.3万	390	1950	黄文新：《湖北天门笑城址发现新石器至明代文化遗存》，《中国文物报》2006.9.8《湖北天门笑城址发掘报告》，《考古学报》2007—4

续表

编号	古城址	发现年代	考古年代	平面形态	城制	面积（M²）	家数（密度指数160 M²/家）	人口数（按一家5口计）	资料来源
46	湖北天门龙嘴	2005.3—9	油子岭文化时期	不规则圆形	南北长305米，东西宽269米，城垣残高1—3.2米，东南三面环湖，北垣外有城壕，壕宽18，深1.5—2.7米。	8.2万，城内约6万	360	1800	《湖北天门龙嘴新石器时代遗址》，《2006中国重要考古发现》，文物出版社，2007；《湖北省天门龙嘴遗址2005年发掘简报》《江汉考古》2008—4；《大洪山南麓史前聚落调查——以石家河为中心》，《江汉考古》2009—1
47	湖北孝感叶家庙	2008	屈家岭	长方形	南北长560米，东西宽550米。城垣底宽约38米，残高3—6米。有环壕，壕宽25—35米。顶宽27—30米。	城址面积约30.8万取三之一	600	3000	《江汉平原东北发现两座新石器时代城址》，《江汉考古》2009—1
48	湖北武汉黄陂区张西湾	2008.6	石家河早中期	近圆形	南北长295米，东西宽335米。城垣基宽25—30米，残宽3—7米。有环壕，壕宽35—40米，深3.7米。	约9.8万取三之一	200	1000	《江汉平原东北发现两座新石器时代城址》，《江汉考古》2009—1

续表

编号	古城址	发现年代	考古年代	平面形态	城制	面积（M²）	家数（密度指数160 M²/家）	人口数（按一家5口计）	资料来源
49	湖北江陵阴湘		屈家岭—石家河	不规则圆形	东西约580，南北长500米。东垣基宽约46，残高5.1米。四周有缺口。北门与菱角湖相通，似为水门。护城河宽约45米。东北角发现屈家岭文化大型祭坛遗迹，还出土玩具木陀螺2件。	遗址总面积约17万取三之一	350	1750	《江陵阴湘的调查与探索》，《江汉考古》1986-1、《中国文物报》1993.12.26、《中国文物报》1996.11.24、《屈家岭文化古城的发现和初步研究》，《考古》1994-7、《湖北荆州专阴湘城遗址研究（I）》，《东方学报京都》第69册，1996，p.469、《湖北荆州市阴湘城遗址东城墙发掘简报》，《考古》1997-5、《湖北荆州市阴湘城1995年发掘简报》，《考古》1998-1、《中国文物报》1998.7.1、《中国考古学年鉴（1999）》p.227、《中国考古学年鉴（1999）》p.216
50	湖北石首走马岭	1989夏	屈家岭	不规则椭圆形	东西约370，南北约300米，四周各一门，城垣长约200米，城门两侧有防卫性圆形建筑台基。城垣高4—5米，宽20—27米。有25—30米宽的护城河。城内东部有曲尺形连间房址，中部与北部有墓地。	约7.8万	480	2400	《中国文物报》1993.12.26、《屈家岭文化古城的发现和初步研究》，《考古》1994-7、《湖北石首市走马岭新石器时代遗址发掘简报》，《考古》1998-4

续表

编号	古城址	发现年代	考古年代	平面形态	城制	面积（M²）	家数（密度指数160 M²/家）	人口数（按一家5口计）	资料来源
51	湖北荆门马家垸		屈家岭	梯形	东垣长约640，南垣长约440，西垣长约740，北垣约250米。城垣底宽30—35，上宽8，高4—6米，上有防御性建筑台若干。四面有建筑台基。东西门为水门。城内有建筑台基，城外有护城河，宽30—50，深4—6米。	总面积约24万取三之一	500	2500	《屈家岭文化古城的发现和初步研究》，《考古》1994—7 《湖北阴湘屈家岭遗址研究（I）》《荆门马家垸屈家岭文化城址调查》，《文物》1997—7
52	湖北应城门板湾	1998	屈家岭晚期	近长方形	南北长550，东西宽400米。城垣底宽40，顶宽13.5—14.7，残高3.5米。采用堆筑法，一层黄土一层淡泥交错叠压，未见夯筑痕迹。西垣中段有一40米豁口。有城壕。壕宽59，深1.8—2.5米。城内东北及西北部各有一高台。城外东北侧均散布有大小型台地，大者面积达3.5万平方米，小者不足6000平方米。	总面积约20万取三之一	410	2050	《中国文物报》1999.4.4 《中国考古学年鉴（1999）》p.225 《1999中国重要考古发现》，文物出版社，2001 《史前城壕的防洪功能——应城门板湾城壕聚落发掘的启示》，《中国文物报》2002.8.30

第三章 人口

续表

编号	古城址	发现年代	考古年代	平面形态	城制	面积（M²）	家数（密度指数160 M²/家）	人口数（按一家5口计）	资料来源
53	湖北应城陶家湖	1998.4	屈家岭晚—石家河早中期	椭圆形	南北外径约1000、东西约850米，有环壕，宽20—45米。	遗址总面积约32万取三之一	660	3300	《湖北应城陶家湖古城调查》，《文物》2001—4
54	湖北公安鸡鸣城	1996.1	屈家岭	不规则椭圆形	东西约400、南北最大距约500米。周长约1100、城垣顶宽15、底宽约30米。有护城河。城中部有一约4万平方米的台地。	遗址总面积约15万取三之一	310	1550	《湖北阴湘遗址研究（I）》、《湖北公安鸡鸣城遗址的调查》，《文物》1998—6
55	湖南澧县城头山	1978	大溪文化早期—屈家岭—石家河中期	近圆形	外径325、内径310米，城垣基宽20、顶宽7米。四周各一门。东门残宽19、进深11米，铺卵石兼有排水功能。北门宽32米、内有大堰，是城内外水上通道。城内有回形夯土台基、制陶作坊区、道路、下层水稻田等。东城端内发现一黄土堆筑的椭圆形祭坛，南北长约16米、东	城内约5.7万	350	1750	张绪球：《长江中游新石器时代文化概论》《澧县城头山屈家岭文化古城的发现和初步研究》，《考古》1994—7《屈家岭遗址研究（I）》p.469《屈家岭》1993—12《文物》

续表

编号	古城址	发现年代	考古年代	平面形态	城制	面积（M²）	家数（密度指数160 M²/家）	人口数（按一家5口计）	资料来源
					西垣宽约15，高0.8米，面积约200平方米，祭坛主体部分围绕一面积近40平方米的墓葬展开。坛东南及南部发现40多个祭祀坑，坑分草木灰坑、倒置无底陶器坑、大型动物骨头坑等。城外有护城河。				《城头山为中国已知时代最早古城址》，《中国文物报》1997.8.10《城头山古城考古又有新成果》，《中国文物报》1999.3.3《澧县城头山古城址1997—1998年度发掘简报》，《文物》1999—6《中国考古学年鉴（1998）》，p.183《中国考古学年鉴（2000）》，p.213
56	湖南澧县鸡叫城	1978	屈家岭中晚期—石家河早期	圆角近方形	东西约400，南北约长370米。城垣宽40—60、残高2—5米。Ⅰ期横断面近似三角形，分层夯筑。Ⅱ期断面近似长方形，宽约46、高约2米，附筑在Ⅰ期墙体内侧。北垣中部有缺口，宽的护城河。城内有不规则圆形台地两处，居中一处出土玉器。	遗址总面积约14万取三之一	290	1450	《中国文物报》1999.6.23《中国考古学年鉴（1998）》p.241《澧县鸡叫城城址试掘简报》，《文物》2002—5

第三章 人口　115

续表

编号	古城址	发现年代	考古年代	平面形态	城制	面积（M²）	家数（密度指数160 M²/家）	人口数（按一家5口计）	资料来源
57	四川新津宝墩	1995	龙山	近似长方形	东垣、北垣长500米，西垣残长270米，城垣周长3200米。城垣残高5，底宽31.5，顶宽8.8米。墙体用堆筑法拍打夯筑，呈斜坡状。	总面积约25万取三之一	520	2600	《中国文物报》1996.8.18《中国文物报》1997.1.19《中国文物报》1997.2.2《光明日报》1997.1.3《四川新津宝墩遗址调查与试掘》，《考古》1997—1《四川新津县宝墩遗址1996年发掘简报》，《考古》1998—1
58	四川温江鱼凫城	1996	龙山	不规则六边形	南北长约600米，东垣呈外弧形，长440米，西垣长370米，东北垣长280米，墙体高3.5，底宽30，顶宽15.5米。房址7座，有地面式和干栏式两种，一座长方形房址面积为80平方米。	遗址总面积约26万取三之一	540	2700	《中国文物报》1996.8.18《中国文物报》1997.1.19《中国文物报》1997.2.2《四川温江县鱼凫城调查与试掘》，《文物》1998—12《中国考古学年鉴（2000）》，p.245

续表

编号	古城址	发现年代	考古年代	平面形态	城制	面积（M²）	家数（密度指数160 M²/家）	人口数（按一家5口计）	资料来源
59	四川都江堰芒城	1996	龙山	不规则长方形	内外城垣，间距15—20米。内圈南北长约210，东西宽约240米。西垣长约270，北垣185，南垣210，宽5—20，残高1—2.2米。外圈南北长约350，东西350米。现存北垣长180，东垣36，南垣130米，城垣残高7—15，高1—2.5米。	城内约7.2万	450	2250	《中国文物报》1996.8.18 《中国文物报》1997.1.19 《中国文物报》1997.2.2 《四川都江堰市芒城遗址调查与试掘》，《考古》1999—7
60	四川郫县三道堰古城	1996秋	龙山	长方形	方向北偏西60°。长620，宽490米。城垣残高2.4，顶宽1.9，底宽10米。东垣北段有缺口，宽约12.5米。城内发现平地起建木骨泥墙方形房址13座，中部发现面积达550平方米的大型建筑1座。上面有5座明石台基，宽近11米。自东而西有规则排列。基槽内埋设圆竹作护壁。	遗址总面积约25万取三之一	520	2600	《中国考古学年鉴（1998）》p.221 《四川省郫县古城遗址调查与试掘》，《文物》1999—1 王毅、蒋成：《成都平原早期城址的发现与初步研究》，《稻作，陶器和都市的起源》，文物出版社，2000 《四川郫县古城发现》，《1998中国重要考古发现》，文物出版社，2000

续表

编号	古城址	发现年代	考古年代	平面形态	城制	面积（M²）	家数（密度指数160 M²/家）	人口数（按一家5口计）	资料来源
61	四川崇州双河古城	1996春	龙山	长方形	内外城垣，中间有壕沟，沟宽12—20米。外垣东垣长500，北垣残长325，南垣残长120米；内垣东垣长420，北垣残长270，南垣残长110米；残高2—3，顶宽18—30米。内外北垣均不存。	遗址总面积约10万取三之一		1000	《中国文物报》1996.8.18 《中国文物报》1997.1.19 《中国文物报》1997.2.2 《中国考古学年鉴（1998）》p.220 成都市文物考古工作队：《四川崇州市双河史前城址试掘简报》，《考古》2002—11
62	四川崇州紫竹村古城	2000.4	龙山晚至夏代	长方形	内外城垣，间距10—15米。内垣边长400多米。城垣宽约15米，残高1—2米	遗址总面积约15万取三之一	310	1550	王毅、蒋成：《成都平原早期城址的发现与初步研究》 《中国考古学年鉴（2000）》p.281
63	四川成都大邑县盐店古城	2003.1	宝墩文化	长方形	南北长700米，东西宽近500米。城墙采用斜坡堆筑方式，两侧用夯土和砂石堆筑而成。	遗址总面积约30万取三之一	600	3000	中国地理网（http://www.chinageog.com/plus）
64	河北平泉县半截沟	1999.7	夏家店下层		石墙6道，房址3座，石砌圆圈3个。	2000	12	60	《中国考古学年鉴（2000）》p.124

续表

编号	古城址	发现年代	考古年代	平面形态	城制	面积（M²）	家数（密度指数160 M²/家）	人口数（按一家5口计）	资料源
65	内蒙古包头阿善	1979	夏家店下层	依地势曲折	石筑围城。残高1—0.3米，多有侧脚。围城分筑在东西台地上，间距250米。东城面积260×120平方米。北垣一门宽1.5米。西城面积240×（50—120）平方米。城内南有北—线18座石筑祭坛，全长51米，南端一堆最大，底径8.8，高2.1米。又发现房址24座。	遗址总面积约5万取三之一	100	500	《内蒙古包头阿善遗址发掘简报》，《考古》1984—2 《内蒙古大青山西段新石器时代遗址》，《考古》1986—6 田广金：《内蒙古长城地带石城聚落址及相关诸问题》，《纪念城子崖遗址发掘六十周年国际学术讨论会文集》，齐鲁书社，1993
66	内蒙古包头威俊	20世纪80年代	夏家店下层	一号长方形，二号扇形	由东西两台地组成，长约1500米。一号台地面积120×65平方米。城内三座土石祭坛。二号城内西南隅有一回字形石筑祭坛。三号城内有圆角方形房址10余座，门向一致。	遗址总面积约2万取三之一	40	200	刘幻真：《包头威俊新石器时代地面建筑遗址》，《史前研究》1990—5 田广金：《内蒙古长城地带石城聚落址及相关诸问题》
67	内蒙古包头西园	1983.4	夏家店下层	不规则长方形	东西两台地对峙，东台不规则，南北约150，东西约90，残高0.3，基宽0.8米，西台扇形，面积约1万平方米。	遗址总面积约2.4万取三之一	50	250	《内蒙古大青山西段新石器时代遗址》，《考古》1986—6

第三章 人口　119

续表

编号	古城址	发现年代	考古年代	平面形态	城制	面积（M²）	家数（密度指数160 M²/家）	人口数（按一家5口计）	资料来源
68	内蒙古包头莎木佳	1983.4	夏家店下层	西台曲尺形，东台依地形曲折	由东西两台组成。西台东西长80、南北宽60米，西南隅有一组三座呈南北排列、大小递减的石圈祭坛，东台东西宽70、南北50米，内有大房址1与10余座石筑房址。	遗址总面积约1万取三之一	20	100	同上
69	内蒙古包头黑麻板	1983.4	夏家店下层	不规则形	西部台地有12座石筑房址。大小不一，门向南。东部台地东西长110、南北宽70米，周围有石筑围墙。北门宽2米，两侧有防御性方形石墩。靠北墙有一回字形石砌祭坛 (52×25×2.2米)。	遗址总面积约2万取三之一	40	200	同上
70	内蒙古凉城老虎山	1982	夏家店下层	不规则三角形	石筑围墙。西南北垣残长600、西南墙垣残长405米，有二道墙，体在山顶交会处有一方城，边长约40米，其北部有石城门卫墙，门两侧皆有石筑房址。发现普石筑房址70座，分布在各个台地，西南三同为一组，围墙外西南部有大片窑址。	遗址总面积约11万取三之一	220	1100	《中国考古学年鉴（1984）》, p.87《凉城县老虎山遗址1982—1983年发掘简报》，《内蒙古文物考古》1986-4田广金：《内蒙古长城地带石城聚落址及相关诸问题》《岱海考古（一）——老虎山文化遗址发掘报告集》，科学出版社，2000

续表

编号	古城址	发现年代	考古年代	平面形态	城制	面积（M²）	家数（密度指数160 M²/家）	人口数（按一家5口计）	资料来源
71	内蒙古凉城西白玉	20世纪80年代	夏家店下层	不规则形	东墙残长245米，有二道平行石墙。	遗址总面积约6万取三之一	120	600	田广金：《内蒙古中南部龙山时代文化遗存研究》，《内蒙古中南部原始文化研究文集》，海洋出版社，1991 田广金：《内蒙古长城地带石城聚落址及相关诸问题》 《岱海考古（一）——老虎山文化遗址发掘报告集》
72	内蒙古凉城板城	20世纪80年代	夏家店下层	梯形	石筑围城。北墙残长188，西墙146，南墙130米。西北130米处岗上有东西一线5个5×5米见方的石坛、石坛呈口形，十字通道中心用大石板铺地，石板被烧成红紫色。为祭坛遗迹。	遗址总面积约2万取三之一	40	200	《内蒙古包头阿善遗址发掘简报》，《考古》1984-2 《内蒙古大青山西段新石器时代遗址》，《考古》1986-6 《内蒙古凉城县岱海周围古遗址调查》，《考古》1989-2 田广金：《内蒙古长城地带石城聚落址及相关诸问题》 《岱海考古（一）——老虎山文化遗址发掘报告集》

续表

编号	古城址	发现年代	考古年代	平面形态	城制	面积（M²）	家数 密度指数160 M²/家	人口数（按一家5口计）	资料来源
73	内蒙古凉城大庙坡	20世纪80年代	夏家店下层	依山势	石墙一道，残长100余米。	遗址总面积约3万取三之一	60	300	《岱海考古（一）——老虎山文化遗址发掘报告集》
74	内蒙古凉城园子沟	20世纪90年代	夏家店下层	依山势		遗址总面积约12万取三之一	250	1250	《岱海考古（一）——老虎山文化遗址发掘报告集》
75	内蒙古敖汉城子山	20世纪80年代	夏家店下层	长方形	东西长85，南北宽80米。东垣、南垣处有二道城。城内有房址及方院42座。在周围6.6平方公里范围内，有10个祭祀遗址点，其中仅一号地点就发现祭坛232处。	0.68万	40	200	《中国文物报》1988.2.26 《中国文物报》2001.1.3 《内蒙古敖汉旗城子山与鸭鸡山祭祀遗址》，《2000中国重要考古发现》，文物出版社，2001

续表

编号	古城址	发现年代	考古年代	平面形态	城制	面积（M²）	家数（密度指数160 M²/家）	人口数（按一家5口计）	资料来源
76	内蒙古敖汉大甸子	1974	夏家店下层		石城南北长约350、东西宽约200米。城门两侧垒筑石块，城外有壕沟，附近有墓地，墓葬800余座。	遗址总面积约7万取三之一	140	700	《敖汉大甸子遗址1974年试掘简报》，《考古》1975—2 徐光冀：《赤峰英金河、阴河流域的石城遗址》，《中国考古学研究——夏鼐先生考古五十年纪念论文集》，文物出版社，1986 《中国文明起源座谈会纪要》，《考古》1989—12
77	内蒙古准格尔旗寨子塔	20世纪80年代	庙底沟二期	不规则形长方形	东西北三面临崖石筑围墙一道。北侧因地势平缓筑二道墙，间隔10—15米，中部开一门，外墙长141米。内墙长137米，门宽2.5米。寨门南折处开一门，附近有瞭望台设施。	遗址总面积近5万取三之一	100	500	魏坚：《准格尔旗寨子塔二里半考古主要收获》，《内蒙古中南部原始文化研究文集》，海洋出版社，1991 田广金：《内蒙古长城地带石城聚落址及相关诸问题》，《内蒙古文物考古文集》第2辑，1997
78	内蒙古准格尔旗白草塔	20世纪90年代	夏家店下层	不规则形	石墙长约240米，一侧断崖，另一侧濒临黄河。				《准格尔旗白草塔遗址》，《内蒙古文物考古文集》第1辑，1994

第三章　人口　123

续表

编号	古城址	发现年代	考古年代	平面形态	城制	面积（M²）	家数（密度指数160 M²/家）	人口数（按一家5口计）	资料来源
79	内蒙古准格尔旗小沙湾	20世纪90年代	庙底沟二期	近方形	遗址北侧建有二道石墙，发现5座半地穴式房屋。	4000	20	100	《内蒙古准格尔旗小沙湾遗址及石棺墓地》，《内蒙古文物考古文集》第1辑，1994
80	内蒙古准格尔旗寨子上	20世纪80年代	夏家店下层	不规则形	石围墙两处。	遗址总面积约3万取三分之一	60	300	魏坚：《准格尔旗寨子塔二里半考古主要收获》田广金：《内蒙古长城地带考古诸问题》及相关研究
81	内蒙古准格尔旗寨子圪旦	1998.4	夏家店下层	不规则形椭圆形	石筑围墙，东西约110，南北长约160米，墙体底宽4.5，顶宽约3.5，高约1—1.5米，两壁用石块或石板垒砌，内填碎石土。城内中心处有品字形方形台基建筑3座，还发现小型房址。	约1.5万	90	450	《中国文物报》1999.6.6《中国考古学年鉴（1999）》p.133
82	内蒙古准格尔旗大塔滩城圪梁	1998.9	龙山	不规则扁长方形	依地势建，东西最长宽590，南北最宽处220米，墙体宽4—5米，顶部铺一层石块，下为填土。南墙中部偏东处有一城门，墙体西北角呈圆弧，外凸成角台。	遗址总面积约10万取三分之一	200	1000	《中国考古学年鉴（1999）》p.134

续表

编号	古城址	发现年代	考古年代	平面形态	城制	面积（M²）	家数（密度指数160 M²/家）	人口数（按一家5口计）	资料来源
83	内蒙古清水县马路塔	1990	庙底沟二期		石围墙两处，南垣残长92，北垣残长130米。	遗址总面积约4万取三之一	80	400	胡晓农：《清水河县大沙湾马路塔遗址及相关问题》，《乌兰察布文物》1988-3 田广金：《内蒙古长城地带石城聚落址及相关诸问题》
84	内蒙古清水县后坡嘴	1990	庙底沟二期		石城	遗址总面积约4万取三之一	80	400	《清水河后坡嘴遗址》，《内蒙古文物考古文集》第2辑，1997
85	内蒙古赤峰东八家	20世纪50年代	夏家店下层		石城	遗址总面积约2.2万取三之一	40	200	佟柱臣：《赤峰东八家石城址勘察记》，《考古通讯》1957-6 徐光冀：《赤峰英金河、阴河流域的石城遗址》
86	内蒙古赤峰新店	1964	夏家店下层	三角形	西、南以山崖为据，北两面缓坡筑石墙。墙体里面土筑，内外两面石块"马面"。城内石筑建筑基址60座以上，有半圆形及圆形者，有灶坑。城外另有石筑基址18座。	约1万	60	300	徐光冀：《赤峰英金河、阴河流域的石城遗址》

续表

编号	古城址	发现年代	考古年代	平面形态	城制	面积（M²）	家数（密度指数160 M²/家）	人口数（按一家5口计）	资料来源
87	内蒙古赤峰新店西台家营子	1964	夏家店下层	不规则形	石城	遗址总面积约2.5万取三之一	50	250	同上
88	内蒙古赤峰西山根	1974	夏家店下层	方形	南北相连两城，先建南城，后建北城。南城只有东墙、北墙，北城东南北三面筑墙，乃借山势陡峭故也。城垣外侧有半圆形"马面"，城内石筑建筑基址72座以上。	约1万	60	300	同上
89	内蒙古赤峰三座店	1964	夏家店下层	不规则形		遗址总面积约3.8万取三之一	80	400	同上

续表

编号	古城址	发现年代	考古年代	平面形态	城制	面积（M²）	家数（密度指数160 M²/家）	人口数（按一家5口计）	资料来源
90	内蒙古赤峰迟家营子	1964	夏家店下层	不规则形	石城址。北墙有二道门，间距20—28米，两墙间又挖壕沟。墙体基宽6—13，高3.5米。城内尚存石砌建筑基址216座（据说原有600座以上）。	约10万	620	3100	同上
91	内蒙古赤峰机房营子	1964	夏家店下层	不规则形	城内石筑建筑基址40座。	0.4万	25	125	同上
92	内蒙古赤峰尹家店	1964	夏家店下层	不规则形	石城址。墙体基宽3.7—6.3，顶宽3.7，高2.1米。	遗址总面积约3.15万取三之一	60	300	同上
93	内蒙古赤峰当铺地	1964	夏家店下层	不规则形	石城	遗址总面积约3.5万取三之一	70	350	同上

第三章 人口 127

续表

编号	古城址	发现年代	考古年代	平面形态	城制	面积（M²）	家数（密度指数160 M²/家）	人口数（按一家5口计）	资料来源
94	内蒙古赤峰大榆树底	1964	夏家店下层	不规则形	东西北三面建石墙二道，两墙之间有壕沟。北墙存高3米，墙体里面土筑，内外垒砌石块。南临悬崖未筑墙。				同上
95	内蒙古赤峰北召苏河	1964	夏家店下层	不规则形	石城				同上
96	内蒙古喀喇沁旗大山前	1996.7	夏家店下层		台地北缘有城墙及围壕。其中第一地点为礼仪活动区，出土卜骨、石磬、石钺等。第二地点至第四地点发现近百座层叠压的房址，出土铜器及陶、石、骨制品。	面积约9万左右取三之一	550	2750	《中国考古学年鉴（1997）》p.100《内蒙古喀喇沁旗大山前遗址1996年发掘简报》，《考古》1998—9《内蒙古喀喇沁旗大山前遗址1998年发掘简报》，《考古》2004—3
97	辽宁阜新平顶山	1988春	夏家店下层	不规则长方形	南北长约430、东西南端宽约150、北端宽约80米。东垣北段约300米长无城墙，以壕为据。墙体内外石块垒筑，内填土石。内侧又用红褐土护坡。	遗址总面积约4.5万取三之一	90	450	《辽宁阜新平顶山石城址发掘报告》，《考古》92—5

续表

编号	古城址	发现年代	考古年代	平面形态	城制	面积（M²）	家数（密度指数160 M²/家）	人口数（按一家5口计）	资料来源
98	辽宁北票市康家屯城子地	1997.5	夏家店下层	方形	石城，东西长140，南北残长60—80米，城墙分段而筑，底部用土垫平，内外墙面用大青石板叠砌，泥口，内用碎石块及泥土填实。墙体宽2.1—2.5，残高1.7米。东垣偏南处有门址，宽2米，进深2.2米。城门外有对称石砌门垛，间距2.3米。墙体外面有"马面"建筑。南垣、东垣各有3个。东南、西南城角筑成角台式。外有城壕，宽8米左右。深3.4—4米。城内大中小型石圈式建筑6座，大者直径30米，小者直径仅1米，有的穴内封土中发现整具人骨或烧过的人骨。房址23座。建筑呈累落式，以大小台基式房址为主，配以石筑穴、石仓、石函等附属建筑。院区隔墙之间为道路，又有院门及排水洞设施。	约1.5万	90	450	《中国考古学年鉴（1998）》p.109 《中国考古学年鉴（1999）》p.147 《中国考古学年鉴（2000）》p.141 《中国考古学年鉴（2001）》p.137

第三章 人口　129

续表

编号	古城址	发现年代	考古年代	平面形态	城制	面积（M²）	家数（密度指数160 M²/家）	人口数（按一家5口计）	资料来源
99	辽宁北票市上园镇西大川	1997	夏家店下层		东西长约500，南北宽约400米，石墙两面用大石块先砌，内用小石块充填，墙体外侧有"马面"，拐角呈台角式。发现一祭祀坑，内有大架1。又发现半地穴式房址，引水沟及塞葬。	遗址总面积约18万取三之一	370	1850	《中国考古学年鉴（1998）》p.110 《中国考古学年鉴（1999）》p.149
100	辽宁北票市大板镇盖子顶	1999.7	夏家店下层	圆角梯形	石城，南垣长71.5，东垣55.1，西垣61，北垣47.5米，城垣宽2米左右，外侧有城垛式石建筑。墙体内外平整，用大石块垒砌，内填碎小石块。城内发现平地起建的圆形石砌建筑。	约5000	30	150	《中国考古学年鉴（2000）》p.139
101	辽宁兴城市望宝山	1999.7	夏家店下层		石城，土石圆形房址7座，直径大者10米，小者2.5米。				《中国考古学年鉴（2000）》p.142

符合中国上古时代实际情况，并在相当长时期内得以保持。基于此，下面来看一批距今五千年前后至夏商时期古城遗址的居民人口数率，如表3—1。

表中列出了101座分属仰韶文化、大汶口文化、屈家岭文化、龙山文化时期或夏商之际的古城遗址，根据"以城称人"的合理密度指数160m^2/家，对以上诸城城内面积"度地以居民"的人口数量加以推算，但凡属于遗址范围而非城内面积者，推算方法则需另论。《春秋繁露·爵国》指出，城池郭邑屋室间巷街路市官府园圃田台沼之计应"法三分而除其一"，即要考虑扣除官府、苑池、道路、土田、作坊、墓地等占地因素，如此应取遗址总面积的三分之一，再按"度地以居民"的合理密度指数160m^2/家进行推算。按上述两种方法，我们推定了500人以下的城邑有26座，500—1000人以下的城邑有10座，1000人以上至2000人以下的有30座，2000人以上至3000人以下的有13座，3000人以上至5000人以下的有6座，5000人以上的有6座，共计91座，余下10座不详。

显然，当时城邑有大中小之分，似有集群向心性层级网络结构内涵，构成地缘分层社会组织体。一批小邑，其居民占地的平均密度指数，可能比大中城邑要低。如表中84号西山根石城，测算为60户，而城内实际有房址72个单元，相应的人口密度指数为139m^2/家。又如87号机房营子石城，测算为25户，实质有房址40座，应为100m^2/家。再如3号王城岗古城，尽管城区居民不会很多，但城外同期遗迹丰富，至少城邑下统居民不会太少，这在上表是反映不出的。另外，北方地区500人以下的石城较多，长江中上游的城邑规模比较超前，人口也较多，反映了人口分布的地域性差异。总观之，当时1000人以下的小城与1000—2000人以下的中等城邑比较多，计66座，占到91座已测人口数的城邑的72.53%，2000人以上、3000人以上或5000人以上的大型或特大型城邑分别是13、6、6座，约各占14.29%、6.59%和6.59%，在史前城垣的地域分布上显出鹤立鸡群之姿。

大略说来，中等城邑的性质大致与文献中所述林立各地的族落或方国相当，大型或特大型城邑视为雄踞某方的中心强国也未尝不可。若均衡以上已推定人口数的91座史前城邑，则平均每城人口数率大致在1500人左右，这与前述《帝王世纪》所记夏商之际族落方国平均人口1300余人的数率比较接近。前云夏初"千八百国"，总人口约240万，若按1500人的数率计之，则为270万，夏初总人口大体在此两数之间。商初3000余国，人口总数也应在400—450万人之间，比夏初净增了48.15%—87.5%。

商代早期晚后以降，周边方国势力炽盛，人口有增，考古学资料有所揭示，比较明确的方国邑可举出10座，除山西夏县东下冯商代城址总体规模不详外，其余9座大致可就其邑内居民人数作一估测。

1. 河南焦作府城村商代早期城址，城内面积约7.8万平方米。以160m²/户的密度指数推算，可"度地居民"约480户，以平均一家5口计，总人口在2400人左右。

2. 山西垣曲商代前期一座平面呈平行四边形址，为商代西北方某一方国邑所在，城垣周长1470米，面积约12.5万平方米，可有800家，总人口在4000人左右。

3. 山西潞城发现一座商周时期古城，有两层城垣，周长3000余米，面积大概有56万平方米，可有3400家，总人口17000人。

4. 湖北黄陂盘龙城商代前期方国邑，早在二里头时期即相当中原夏代晚期，这里已形成一个人口稠密区，当时的范围，东西宽约310米，南北长约650米，面积约20万平方米。至商代，构筑起"宫城"，南北长约290、东西宽约260米，占地面积约7.5万平方米，"宫城"外围东北、北面及西面250—500米处又筑了外郭城垣，面积约60万平方米，密集的居民住地主要分布在郭城，可有3600家，人口18000人。

5. 四川广汉三星堆商代早期偏晚古城，一说是蜀国早期都邑所在，平面呈长方形，城区总面积约220万平方米，可有12000家，总人口数则有60000人左右。

6. 江苏江阴佘城商代早中期城址，平面近长方形，南北长约600米，东西宽约300米，东垣中部有一水城门，北垣中段内侧发现大型干兰式基址遗迹，城外有护城壕，面积约18万平方米，可有1000家，总人口在5000人左右。[①]

7. 陕西清涧李家崖晚商城址，或说是鬼方之邑，平面为不规整长方形，面积约8.3万平方米，可有500家，总人口2500人左右。

8. 江西清江吴城商代中晚期城址，平面近四方形，面积约61.3万平方米，可有3600家，人口18000人。

9. 江西新干牛城商代城址，平面呈不规则梯形，内外城制，城墙总长

---

① 刁文伟、邹红梅：《江苏江阴佘城、花山遗址第二次发掘取得重要收获》，《中国文物报》2004年4月7日。

3500米，城内面积50万平方米。外城北垣长约900米，残高3.7米，宽14.8米，有城门一，东垣长约500米，南垣残高6米，基宽15米，顶宽11米。内城位于外城西南部，城墙总长600多米，南、西、北面都有护城河。可有3000家，人口15000人左右。①

以上9城，凡位近中原商王朝统治区者，规模一般都不大，城邑人口仅数千人而已；但远距商王朝的方国邑，人口皆在万人乃至数万人以上，雄踞一方而自成中心。《尚书·无逸》记周公赞文王"不遑暇食，用咸和万民"，知晚商时远在陕西的小邦周，人口也在万人以上。这些方国，当还控制着周围一定区域的城邑、土地和人口。合9城人口平均计之，各方国持有的人口数为16000人上下，明显高于前代族落方国的人口平均值，恐怕除了人口的增长因素外，诸国的相兼并吞，当更是造成方国人口大增的重要原因所在。

甲骨文中有称"方"的方国53个，称"侯伯"的60个②，若按上述一方国16000人的平均值推算，则晚商方国总人口数约略有180万。

考察晚商人口总数，最主要一项是当时分布于各地的族落组织或殷商王朝基层地缘组织的总体人口数量，甲、金文和考古学资料提供的许多极重要线索，可借以对此难题作出比较切合当时实际的分析及宏观性估测。

甲、金文中有族落地名或地缘组织名约550个。又有与其名相系的妇妌名196个，其中半数以上的系取族落名或自有领地名。统合之，地方族落或基层地缘组织总数约有700个。

殷商王朝每每向各地进行可任人力的人口清查统计，如"登人于庞"（《英藏》151）、"登人于皿"（《契》90）、"在北工登人"（《粹》1217）等。或照登记人口征集兵员，登人之数，据有关甲骨文资料统计，登人3000者有44例，登人5000者有13例，登人万以上者有3例。此外又有登某地射、肇某地射、令射、告射等，大抵为简选武士，言人数300的有27例。可知各地的可任人力数以300和3000为常见，当然这些兵员武士未必尽出单个居民共同体，很可能是地方基层组织的群体小邑聚可出人员数之合。前举甲骨文"十邑禺千"，丁壮千人即分别来自十邑之汇集。另据殷墟墓葬发掘资

---

① 朱福生：《江西新干牛城遗址调查》，《南方文物》2005年第4期。
② 参见岛邦男《殷墟卜辞研究》（中译本），台北鼎文书局1975年版，第381—418、431页；又钟柏生《殷商卜辞地理论丛》，台北艺文印书馆1989年版，第167—254页；又孙亚冰《殷墟甲骨文中所见方国研究》，中国社会科学院研究生院硕士论文，2001年。

料，1971—1972年后冈发现的49座平民墓，内11座随葬兵器①，比率为4.45∶1。殷墟西区墓地，在943座墓中有174座出兵器②，比率为5.42∶1。两数之约为4.94∶1，意味着约略每5人中出兵员1人。甲骨文中登人300和3000为最多，则各地方族落组织或基层地缘组织内包括老弱妇孺的总人口数当分别为1500人和15000人左右，均之衡之，晚商地方组织的平均人口数约为8200人上下，与前举甲骨文"以人八千在駿"的人口资料相合，可见这一推测不谓无据。

值得注意者，西周早期不少地域组织的人口规模犹维持在8000人左右的水准。《大盂鼎铭》记周王赏赐盂土地人民，谓"锡汝邦司四伯，人鬲自驭至于庶人六百又五十又九夫，锡夷司王臣十又三伯，人鬲千又五十夫，遝毕迁自厥土"。《宜侯夨簋铭》记周王封宜侯，"锡在宜王人□□又七里，锡奠（甸）七伯，厥卢（旅）〔千〕又五十夫，锡宜庶人六百又六〔十〕夫"。顾颉刚先生指出，两器称"夫"者都在1700左右，一夫代表全家，即一家以主要劳动力之一夫计算，并证以《周官·载师》"凡民无职事者出夫家之征"，郑注："一夫百亩之税，一家力役之征也。"③李学勤先生亦指出，"人鬲"即人数④，"夫"以成年男丁为单位，自然包括了他们的家眷老小。⑤若按一夫家5口计，1700夫当有8500人左右，这与上述殷商晚期8200余人的地方族落或地缘组织平均人口规模数，正前后相系。

甲、金文中地方族落组织或基层地缘组织总数超过700个，按8200余人的平均人口规模数计之，这部分的总人口数约略有580万人。再合上述方国人口180万和下节所估商王邑人口数万至十余万人，则晚商人口总数约略780万人。⑥较之商初400万—450万人的人口总数，大概净增率为

---

① 中国科学院考古研究所安阳发掘队：《1971年安阳后冈发掘简报》，《考古》1972年第3期；又中国科学院考古研究所安阳工作队：《1972年安阳后冈发掘简报》，《考古》1972年第5期。
② 《1969—1977年殷墟西区墓葬发掘报告》，《考古学报》1979年第1期。
③ 顾颉刚：《奄和蒲姑的南迁》，《文史》第31辑，中华书局1989年版。
④ 李学勤：《大盂鼎新论》，《郑州大学学报》1985年第3期。
⑤ 李学勤：《宜侯夨簋与吴国》，《文物》1985年第7期。
⑥ 张秉权先生在《甲骨文中所见的数》一文中推测过，假定殷代有500个可出兵地方，每地平均出兵3000，则全国壮丁人数有150万，再加上老弱妇孺，当时全国总人口数可能有750万人（见《中央研究院历史语言研究所集刊》第46本3分，1975年。此说又收入《甲骨文与甲骨学》，台北"国立"编译馆中华学术著作编审委员会，1988年，第514—515页）。这与我们的推定接近。

73.33%—95%。

《逸周书·世俘》云："武王克商,遂征四方,憝国九十有九国,馘磨亿有十(七)万七千七百七十有九,俘人三亿万有二百三十,凡服国六百五十有二。"这则史料的几个数字值得注意,一是或灭或降国族数为751个,与甲、金文中方国、方伯、诸侯包括地方族落或基层地缘组织名共约800多个,比较接近,二是被杀被俘者为四亿八万七千余人,按《尚书·洛诰》:"公其以予亿万年",传云:"十万为亿",是人数为48.7万多人,约为上估780万的晚商全国总人口数的1/16,国家倾覆,战争残酷和民人遭殃可以想见。这则史料应该说是可信的。

总之,粗估商代人口总数,商初为400万—450万人,晚商大致增至780万人。商总积年数约有500年左右。依据人口学复利公式[①]:

$$平均年增长率 = \sqrt[年数]{期末人口/期初人口} - 1$$

计算得商代人口平均年增长率仅为1.00‰—1.20‰,可见这一历史时期的人口增长速度是比较缓慢的。

第三节　商朝王邑人口分析

一　王邑人口规模

商王朝都邑屡迁,自汤都西亳至盘庚迁殷,前后有过六都。商朝王邑城址所在,今考古发掘落实的有偃师商城、郑州商城、安阳洹北商城和安阳殷墟四座。王邑人口规模,约略可据以考之。

偃师商城是商代前期汤都西亳所在,分内城外郭及"宫城"三重,郭城面积约190万平方米。估计城区可有11000户左右,人口5.5万上下。

郑州商城亦为商代前期王邑,或主张是汤时亳都,也有说是中丁所立隞都。平面形制也是内城外郭及"宫城"三重,内城平面呈长方形,面积约317万平方米。若纯以城区面积推算,可有16000户左右,总人口数或有8万之多了。

---

① 见《人口学辞典》,人民出版社1986年版,第227页。

第三章 人口　135

安阳洹北商城，或主张是河亶甲的相都，一说是盘庚迁殷所在。城垣面积约 470 万平方米，考虑到各居民点之间都有大片空地相隔开，估计有 20000 家左右，总人口数有 10 余万人。

安阳殷墟为晚商王邑。早期范围东西宽约 3000 米，南北长约 4000 米，面积大致有 1200 万平方米，但其间空白地段较多。到乙辛时期，范围扩大到 3000 万平方米，人口增加，空白地段减少。《尚书·盘庚》记迁殷时，百姓众人曾有"曷震动万民以迁"的发问，可知最初时迁此的人口至少有万人以上。

殷墟历年发现或发掘的殷墓，据有关墓葬分期，可大体看出人口增长情况。1958—1961 年在殷墟近 20 处墓地共发掘墓、葬 427 座。能分期者，一期有 10 座，二期 70 座，三期 103 座，四期 50 座。[1] 这批墓葬的墓地所在虽比较分散，但从总体上可看出，殷王都的人口增加速度最快时期是在二期，即武丁前后，人口数竟超出前期 6 倍左右。以盘庚初迁时万人计，经小辛、小乙、武丁三王短短几十年间，"卫星城"类型的都邑人口就增至 7 万人左右，已超过商初偃师王邑的人口数了。大概随着新都邑的建立，"生物圈"重新确立，又使长期遭受"九世之乱"而"荡析离居"的民人，迅速被吸引聚拢过来。若单单出于人口的自然繁衍增殖，短期内是绝不可能出现 7 倍的增长速度的。

殷墟王邑武丁以后的人口增长情况，可结合 1969—1977 年殷墟西区墓地发掘资料作一综合分析。该墓地未见一期墓葬，当为武丁以来所辟用，可分八个墓区，其中靠近小屯宫室区附近的东边一、二、三墓区，延续年代前后一系，承袭性最为规范，运作脉络相因，在启用史上历久不衰方面明显具有"邦墓之地域"特质，即《周礼·春官·墓大夫》郑注所谓"凡邦中之墓地，万民所葬地"。这三个墓区，有二期墓 62 座，三期墓 125 座，四期墓 225 座。[2] 再合上举 20 处墓地资料，共得二期墓 132 座，三期墓 228 座、四期墓 275 座，三期墓数比二期增出 0.73 倍，四期又比三期增出 0.21 倍，这大致反映了殷墟王邑周近人口总体增长的变化率。以二期 7 万人口计，则三期

---

[1] 中国社会科学院考古研究所编著：《殷墟发掘报告》(1958—1961)，文物出版社 1987 年版，第 333—358 页，附表四八、四九。

[2] 中国社会科学院考古研究所安阳工作队：《1969—1977 年殷城西区墓葬发掘报告》，《考古学报》1979 年第 1 期。

相当文丁以前王邑总人口约略增至 12 万人,四期乙辛时达到 14.6 万人以上。

以上分析估测了商朝王邑人口规模的几个基本数据,偃师商城商代早期王邑为 5.5 万人,郑州商代前期王邑为 8 万人,安阳洹北商代中期王邑为 10 余万人,商代后期殷墟王邑为 14.6 万人,四城平均人口约数为 9 万人,大大高于晚商方国 1.6 万的平均人口数,无疑构成当时人口最集中的去处。四地大致时代相次,各以超出前一王邑 2 万人以上为常数。商代人口的自然增长不是决定商朝王邑人口规模的根本性因素,王邑人口的增加主要来自人口迁移的机械变动。《管子·牧民》说:"国多财则远者来。"《霸言》说:"得天下之众者王。"商朝王邑的人口总体量其实是接受了来自各地区的人口流入,与国力强盛有直接关系,表明了王邑人口类型属于开放人口类型,王邑内居民已不再以原始时期的血缘亲属关系为内聚力,人口规模基本是植立在人口从某一族落集团转入更强地域政治集团的人口社会变动范畴的大场景下的,当然人口流入的单位量,外观仍保持了族氏组织的形式,这与当时社会组织结构形态还是密切相关的。

二 王邑人口的自然构成

在人口学研究工作中,通常将人口按其自然标志划分为各个组成部分,由此形成的人口构成,专名为人口自然构成,主要包括人口年龄构成和人口性别构成。人口年龄构成指各年龄组人口在全体人口中所占比重,可任劳动人口和被抚养人口的比例等,都取决于人口年龄构成。人口性别构成指男女性人口所占比例,对婚姻和人口的再生产有直接影响,因此也是人口最基本的构成。[①]

商朝王邑的人口自然构成研究,主要有赖于考古学研究成果,尤其是墓地墓葬出土人骨的鉴定分析。

殷墟商后期王邑,自 1929 年秋首批科学发掘小屯北地 24 座墓葬以来,迄今累计发现发掘墓葬总数约 8500 座,特别是涵盖墓地中小平民墓的几批人骨年龄、性别鉴定报告[②],有助于深入分析这座王邑的人口自然构成。现

[①] 参见刘铮主编《人口学辞典》,人民出版社 1986 年版,第 165—172 页。

[②] 见中国社会科学院考古研究所安阳工作队《1969—1977 年殷墟西区墓葬发掘报告》,《考古学报》1979 年第 1 期,第 44 页表二"人骨性别年龄鉴定表"。又中国社会科学院历史研究所、考古研究所编著《安阳殷墟头骨研究》之"殷墟中小墓头骨测量表(二)",文物出版社 1985 年版,第 356—375 页。

汇录于表 3—2（殉葬者除外）。

表 3—2　　　　　　　　　　　　王邑人口分析表

年龄级	15—25		26—35		36—44		45—50		51岁以上		总个体数	
性别	男	女	男	女	男	女	男	女	男	女	男	女
个体年龄鉴定值	20—25	20—25	25—30	25—30	40—45	35—40	45±	40—50	55±	50—55		
	20±	20±	30—35	25—30	35—40	40—45	50±		60±			
	20—25	17—18	35±	35±	35—40	40±	50±		55—60			
	20±	18—20	25—30	25—30	35—40	40±	45±		55±			
	20—25	20—25	30—35	35±	40±	40±	50±		60±			
	15—20	20—22	30—35	30±	35—40	40—45	45±		55—60			
	20—25	14—15	30—35	25—30	40±	40±			50—55			
	25±	22—25	30±		40—45							
	25—	20—22	25—35		40±							
	25±	20—25	30±		40±							
			15—18		35—40							
		20—25	25—30		40—45							
		25±	25—30		40±							
			25—30		40±							
					35—40							
					35—40							
人数	10	13	14	7	16	7	6	1	7	1	53	29
百分比（%）	12.20	15.85	17.07	8.54	19.51	8.54	7.32	1.22	8.54	1.22	64.63	35.37
同年龄级性别比	77		200		229		600		700		183	

表 3—2 中 82 个人骨个体鉴定，根据死者年龄构成可推算出当时未计入婴幼孩童死亡在内的平均死亡年龄。人骨年岁鉴定均为单个数值，如 20—25 岁，则取其中间值，即 22.5 岁。年岁累加而除以总个体数，计算得平均死亡年龄约为 34.3 岁。另据河北磁县下七垣商代墓葬出土人骨鉴定资料，能

确定年龄者有 14 具，计算得平均死亡年龄约为 29.9 岁。[①] 比较两者似表明，社会生产力发展水平和物质经济生活条件，对人口寿命长短具有重要意义，经济发达的殷墟王邑，居民平均寿命明显比其他地区要高。不过，两者尚未计入孩童死亡比率。

1958—1961 年殷墟近 20 处墓地的发掘，提供了有一组孩童死亡比率数据，在总共 427 座墓葬中，有孩童陶棺葬 125 座[②]，比率约为 29.27%。如以这一比率相应纳入上表，孩童个体数份额应有 24 个，总个体数则上升为 106。以孩童年龄级为 0—14 岁，取中间值为 7 岁，则计算得总体的平均死亡年龄约为 28.2 岁，知殷墟王邑的居民平均寿命毕竟还是相当低的。平均寿命低，死亡率自然高，两者成反比，其关系式如下：

$$死亡率 = \frac{1}{平均寿命} \times 1000‰$$
$$= \frac{1}{28} \times 1000‰$$
$$= 35.5‰$$

死亡率是说明人口健康状况的主要指标之一。生产力水平低下，生活资料来源困难，以及卫生条件差等诸方面因素，人口死亡率也就极高；反之，死亡率相应也下降。殷墟王邑的人口平均死亡率，是与当时居民的健康状况紧紧相应的，但有两个方面值得注意，一是孩童的死亡比率很高；二是女性死亡高峰是在 15—25 岁孕育旺盛期的青年阶段，在 26—44 岁的壮、中年阶段有所下降，能活到老年的女性甚少，相反，男性死亡高峰是在壮、中年阶段，正处于承担社会和家庭重任的年岁。这一方面反映了当时高出生率、高死亡率和低自然增长率的人口再生产特征，同时又说明生理调节和社会负担，分别构成了女性和男性的主要死因。

鉴于殷墟王邑居民平均死亡年龄仅 28.2 岁，寿命偏低，故我们把老年年龄界限下定到 51 岁，这部分人仅占到总个体数的 7.55%。下面就王邑中劳动年龄人口和非劳动人口的比例作一估计，也即当时的经济抚养系数。非

---

① 河北省文物管理处：《磁县下七垣遗址发掘报告》，《考古学报》1979 年第 2 期。
② 《殷墟发掘报告》(1958—1961)，第 333—358 页，附表四八、四九。

劳动人口当包括 14 岁以下孩童人数和 51 岁以上老年人数两部分人,当然这并不意味着劳动年龄人口都有经济负担,14 岁以下孩童和已超过劳动年龄的老人都不参加经济活动,仅仅是对王邑内抚养与被抚养比例关系进行粗测。其计算公式[①]为:

$$\text{经济抚养比} = \frac{14 \text{ 岁以下人数} + 51 \text{ 岁以上人数}}{15-50 \text{ 岁人数}}$$

$$= \frac{24+8}{74} \approx 0.43$$

不难看出王邑内总负担系数较高,差不多每百人需抚养孩童和老人 43 人,近于每两个劳动年龄人口需负担一个非劳动年龄人口。其中孩童抚养系数达 0.32,为老年抚养系数 0.11 的 3 倍弱。按人口年龄构成类型标准,孩童系数在 0.3—0.4,或老年系数在 0.05—0.1,则均属于成年型人口[②],殷墟王邑人口年龄构成类型在此指标范围,说明王邑居民经济活动的参与率是比较高的。

殷墟王邑的人口性别构成,是以青、壮、中年男性成员占多数,女性成员中以青年为多,壮、中、老三个级别的妇女人数呈急剧减少趋势,男女性别比为 183,男性人数大大高于女性。男多女少似在商代较为普遍,藁城台西遗址墓葬出土人骨,可确定性别的成年人中,男性有 22 人,女性 9 人[③],性别比为 244,显得更高。

按生物学现象,人类出生的男女两性之比,在常态情况下,应该是平衡的。但商代男性略高于女性,性别比失调,当是难以否认的客观事实。

据生物学家新近的研究,从受精开始,男女性别比就存在着很大的不平衡性,通常男性胚胎比女性多 20%。[④] 而中国人口出生的性别比历来偏高,是为世界各民族人口出生性别比的最高值。[⑤] 如 1946 年的人口性别比构成资料,性别比在北京为 142,上海为 124,天津为 142,南京 131,重庆为 144,

---

① 参见刘铮、邬沧萍、查瑞传编《人口统计学》,中国人民大学出版社 1981 年版,第 42 页。
② 《人口学辞典》,第 172 页。
③ 河北省文物研究所编:《藁城台西商代遗址》,文物出版社 1985 年版,第 110 页。
④ [美] 威廉·彼得逊:《人口学基础》(中译本),甘肃人民出版社 1984 年版,第 86 页。
⑤ 邬沧萍:《中国人口性别比的研究》,《中国人口问题研究》,中国人民大学出版社 1988 年版。

青岛为131。① 1953年全国人口普查，男女性别比为107.56。1964年为106.83。1982年为106.27。② 新近两次全国人口普查，男女人口性别比2000年为116.86，2005年为118.88。可见全国人口性别比急剧下降而渐趋平衡，只是建国后出现的事，而近十多年来又呈过度上升失衡之势。大概人口出生性别比的高低与社会经济发展和物质生活资料的改善有密切的内在联系，不纯乎属于生物学现象。商代人口性别比略高，既合乎中国自古以来性别比偏高的血统因素，还与当时的社会生产力发展水平有直接关系。

商代成年男女比例失调，有居住条件、劳动强度、卫生条件和医疗保健水平的低下、女性早婚早育及婚育年龄的不合理等种种社会学、生物学和生理学方面的原因。一个明显证据，就是殷墟王邑内墓葬鉴定死亡成年居民的男女性别比，在不同年龄级，差别极为显著。前表所示，15—25岁青年组，男女性别比为77，即100个青年人中，男青年占43.5%，女青年占56.5%。从生物学角度言，意味着可能胎儿出生时，男婴稍多于女婴，但因男婴的存活率通常十分脆弱③，随着死亡年龄组的变化，至青年组逐渐变为女性人数略多一些，青年女性几占全部女性数的44.8%。当时成年男女死亡率的差异方面，女性死亡高峰在青年期，大多数女性过早死于偏低的婚育年龄，故至26—35岁壮年组，男女性别比急剧拉开到200，即100个壮年人中，男人占到66.7%，女人仅占33.3%。36—44岁中年组，性别比大致同如壮年组，变化不大。但至45岁以上组，因女性平均寿命远低于男性，遂使性别比剧变为600，即男人约占到85.7%，女人仅仅占14.3%。可见殷墟王邑内影响人口性别构成的主要因素，一是婴幼孩童的性比例，二是各年龄级的男女死亡率差异，后者既有生理学的、物质经济生活和生产谋生方面的，又有社会习俗方面的原因。甲骨文中记生男为妫（嘉），生女为不妫（嘉），这种重男轻女的社会陋俗，反映了商代一般妇女的社会地位，远比男子低下，其在日常生活中所受折磨和摧残尤甚，妇女寿命的普遍短促，无疑大大加剧了男女比例失调。

商代王邑在人口自然构成的总体量规定性方面，孩童高死亡比率，人口

---

① 《人口学统计》，第27页。

② 李成瑞：《中国人口普查和结果分析》，中国财政经济出版社1987年版，第54页。

③ 刘铮：《人口理论教程》，中国人民大学出版社1985年版，第157页；又参见《人口统计学》，第28页。

年龄构成以青、壮、中年男性和青年女性为主要成分，老年人不多，女性寿命偏低，以及男多女少的性别比例失调等，大概也是商代比较普遍存在的人口现象。

总的说来，商时期人口的再生产乃属于高出生率、高死亡率和低自然增长率的"两高一低"类型。人口变化曲线呈台阶式递升特点，人口增长虽比较缓慢，但商初和晚商的人口增长相对迅速些，是曲线的两个波峰，这两个时期的人口内涵再次说明，人类自身的增殖既是自然现象，而社会发展因素的制约作用，更是不容忽视的。

第四章

商代国家与社会

第一节 商王朝的社会构成

一 商王朝的建立

在公元前21世纪,商汤推翻夏王朝,建立了我国历史上第二个奴隶制王朝——商朝。

商人始祖为契,传说契无父而生,说明其前尚处母系氏族社会。自契以后,传承代世系井然,实现了母系氏族社会向父系氏族社会的转变。此后,商部族经过昭明,到相土时,已是夏朝帝相时期。《诗经·商颂·长发》"相土烈烈,海外有截",商人开拓了大片领土,这表明相土已建立了一支强大的武装力量,即商族在相土时期,社会已进入部落联盟组织的最高阶段——军事民主制时期。

相土以后,商族经过昌若、曹圉二代的发展,冥继为商人首领。冥曾为夏朝水官,水利是农业的命脉,商族的农业在这一时期有了较大发展。冥以后,即为其子王亥、王桓时期。商族农业和畜牧业的发展,使部族领的财富大为增加,而且使与邻近方国部落的交换行为也有了可能。古本《竹书纪年》载,"王亥托于有易,河伯仆牛"。据今本《竹书纪年》述"殷侯子亥宾于有易,有易杀而放之"。王亥被有易部落杀死,并夺走牛羊。

王亥被杀死以后,其子微即位。上甲微为报父仇,"假师于河伯而以伐有易,灭之"①。后又灭皮氏。上甲"灭"有易和殷"灭"皮氏,与相土靠武力使四方"率服"的部落联盟管理方式不同,表明商人已经进入初期奴隶制

---

① 《山海经·大荒东经》注引《竹书纪年》。

国家阶段。商人"大示自上甲"的日干排名法与上甲以前先公判然有别，是商部族完成了由部族军事首长制向部族奴隶制方国君主世袭制转变的深刻反映。

上甲以后，商部族奴隶制国家又经过报乙、报丙、报丁、示壬、示癸五王，这一时期商人基本守成，没有大的行动和变革。

商族自上甲时期进入早期部族奴隶制方国，到成汤大乙伐灭夏王朝以前，已实现由原来的军事民主制的管理机关转变为独立的政治和压迫机关，已经出现了公共权力和设立了官吏，开始征收赋税，并出现了初期的刑罚，建立了强大的军队，具有了国家的基本机构。因此，大乙汤伐夏以前，商部族奴隶方国的国家机构已初具规模。

大乙汤继位后，对外扩张和征伐不断。商汤频繁的军事行动，不仅使商族首领获得大批财富和奴隶，而且使商族的国家机器得到了发展和完善。经过 17 年的经营，当羽翼丰满以后，"汤遂率兵以伐夏桀"，殷革夏命，建立了商王朝。

商汤灭夏以后，商部族奴隶制方国由一个"方七十里"的夏朝地方"侯伯"，骤然间"奄有九有"（《诗经·商颂·烈祖》），成为统治全国的中央王朝。商朝没有打碎夏朝的国家机器，只是继承和不断加以发展、完善，以适应新王朝统治全国的需要。商朝全面继承了夏朝的国家机器，对争取夏朝旧贵族的支持和保证社会的稳定是很有意义的。商朝不仅全部继承了夏朝的国家机构的设置，而且还在此基础之上设立了辅相制度，商朝的国家机构在"夏后氏官百"的基础上，逐渐完善起来。

二 商代的社会分化

商王是商朝的最高统治者，是贵族奴隶主阶级的总代表。甲骨文中商王自称"余一人"或"一人"。商王至高无上、唯我独尊，他手中垄断着商王朝的军权和祭祀权等一切大权。商王通过手中掌握的强大武装力量，对内镇压奴隶和平民的反抗，对外实行领土扩张，获得新的土地和奴隶。而商王通过垄断祭祀大权并举行经常的祭祀活动，不仅加强和神化了王权，还使商王朝子姓贵族的团结和联系得到了强化。因此，商王不仅是商王朝的最高神职人员，而且还是子姓家族的宗族长。集军权、神权和族权于一身的商王，成为奴隶主贵族阶级的总代表。

商朝社会已分裂为贵族奴隶主阶级和广大受剥削、压榨的被统治阶级——下层自由平民和奴隶两大互相对立又相互依存的阶级。

（一）商代的贵族统治阶级

1.《史记·殷本纪》所载商朝贵族统治阶级

从《史记·殷本纪》的记载看，商朝的贵族统治阶级，有在中央王朝的王廷贵族和控制地方的方伯、诸侯。

（1）王廷贵族

王廷贵族指在中央王朝服事商纣王的贵族阶级，主要有王子、王妇、王朝贵族等。

王子：王子可以参政。没继王位的王子，可与时王共同治理国家。这些王子既有前王之子，也有时王之子。《孟子·公孙丑上》："纣之去武丁，未久也。其故家遗俗，流风善政，犹有存者。又有微子、微仲、王子比干、箕子、胶鬲，皆贤人也，相与辅相之，故久而后失之也。尺地莫非其有也，一民莫非其臣也。"《史记·殷本纪》"王子比干谏，弗听"。《周本纪》"居二年，闻纣昏乱暴虐滋甚，杀王子比干"。

未继王位的先王之子，也可以称"王子"，《尚书·微子》："父师若曰：王子"，孔传："微子，帝乙元子，故曰王子。"《殷本纪》说："帝乙长子曰微子启。"《索隐》说："微，国号，爵为子。启，名也"，是微子启以帝乙之子的身份，被封于微地，爵级为子。

《史记·殷本纪》："契为子姓，其后分封，以国为姓，有殷氏、来氏、宋氏、空桐氏、稚氏、北殷氏。"这些子姓各氏家族和历代商王之后，借助手中掌握的国家暴力和族权、神权，拥有大量土地、财富和奴隶，成为统治全国的最大的奴隶主贵族集团。

王妇：《尚书·牧誓》声讨商纣王时，有一项重罪是"惟妇言是用"。孔颖达《疏》："《正义》曰：《晋语》云，殷辛氏伐有苏氏，苏氏以妲己女焉"，妲己即为纣王之妇。《史记·殷本纪》说纣王"爱妲己，妲己之言是从"。作为商纣王之妻的妲己，参与了不少政事活动，并为商纣王所遵从。《史记·殷本纪》说商纣王"好酒淫乐，嬖于妇人"，其后宫之妇当不止妲己一人，帝辛时还有嬖妾二女：《周本纪》记周武王"至纣嬖妾二女，二女皆经自杀"，武王"斩以玄钺，县其头小白之旗"。此"纣之嬖妾二女"，据《殷本纪》："周武王遂斩纣头，县之（大）白旗，杀妲己"，其一当为助纣为虐的妲己，另一女其名不详。但从周武王对她的处置与妲己同等可以得知，此女当和妲己一样，参与了商纣朝廷的不少政事。

王朝贵族：商纣王为了推行和贯彻自己的意志，还重用一批贵族在朝廷为官。《史记·殷本纪》列商纣时王廷贵族有费仲，"用费仲为政，费仲善谀，好利"；《殷本纪》所见王朝贵族还有恶来，"纣又用恶来，恶来善毁谗"；有祖伊，在"西伯伐饥国，灭之"以后，"纣之臣祖伊闻之而咎周，恐"，把严峻的形势报告纣王；有师涓，殷纣王为满足自己骄奢淫逸的生活，"于是使师涓作新淫声，北里之舞，靡靡之乐"；有太师、少师，他们见纣王剖比干，囚箕子，认为商朝大势已去，"殷之大师、少师乃持其祭乐器奔周"；另有商容，"商容贤者，百姓爱之，纣废之"。此外，还有胶鬲，《尚书·武成》《正义》引《帝王世纪》说，武王在"以东伐纣"的行军途中，"王军至鲔水，纣使胶鬲侯周师"。此外，还有辛甲。辛甲为纣朝大夫，《周本纪》说："闻西伯善养老，盍往归之。太颠、闳夭、散宜生、鬻子、辛甲大夫之徒皆往归之。"

这些服事于商纣王一朝的"贤臣"（包括善谀、善毁谗者），当是商朝贵族中的佼佼者。不少著名的贵族服事过好几代商王，为商王朝的发展作出了贡献。《尚书·君奭》："昔成汤既受命，时则有若伊尹，格于皇天。在太甲，时则有若保衡。在太戊，时则有若伊陟、臣扈，格于上帝，巫咸乂王家。在祖乙，时则有若巫贤。在武丁，时则有若甘盘。"历代贵族的后世子孙，与商王族历代子孙一起，构成了商王朝统治阶级的主体。

此外，构成商朝贵族统治阶级的还有因地位改变，由社会下层上升为新贵者，诸如《殷本纪》所列傅说者流，商王武丁"得说于傅险中，是时说为胥靡，筑于傅险"。《集解》引孔安国说："通道所经，有涧水坏道，常使胥靡刑人筑护此道。说贤而隐，代胥靡筑之，以供食也"，这是这个身为"胥靡"的傅说，被武丁看中，"举以为相，殷国大治"。

（2）方伯、诸侯

方国首领和地方诸侯贵族独霸一方，是商朝王畿地区以外的地方统治者。当商王朝强大时，"诸侯毕服"，"诸侯来朝"。而商王朝国力衰弱时，则"诸侯咸不至"。商朝自中丁以后，陷入了长期矛盾和纷争的"比九世乱"时期，造成了"于是诸侯莫朝"的局面。商代末年，商中央王朝对地方方伯、诸侯的控制有所加强，这表现在：

其一，一些方伯诸侯受封晋爵。封"三公"：《史记·殷本纪》殷纣王"以西伯昌、九侯、鄂侯为三公"，还对周文王"赐弓矢斧钺，使得征伐，为西伯"。

其二，对方伯、诸侯首领贵族施罚。《史记·殷本纪》"于是纣乃重刑辟，有炮格之法"，"而醢九侯"，"并脯鄂侯"，"纣囚西伯羑里"，以严酷刑罚对付敢于不服从纣王旨意的方伯、诸侯。

其三，军事征伐。对不服从商纣王统治的方国，则以武力进行征伐。殷纣王一朝的对外战争应是十分频繁的，《国语·晋语》"殷辛伐有苏"，《左传》昭公四年"商纣为黎之蒐，东夷叛之"，经过对东夷的长期战争，终于使东夷族臣服。但商王朝也元气大伤，《左传》昭公十一年说："纣克东夷而陨其身。"《左传》宣公十二年："纣之百克，而卒无后。"

这些受商王封号的方伯、诸侯，都对商王朝承担贡纳、服劳王事等义务，以示对共主商纣王的服从，并加强与中央王朝的联系。

《史记·殷本纪》所载殷末"时王"帝辛一朝的贵族统治阶级，由商王的王子、王妇、王廷贵族和方伯、诸侯等组成。

2. 甲骨文所见商朝贵族统治阶级

大量的甲骨文材料表明商王为实现其对全国的控制，是通过一大批王朝贵妇、王廷诸子、王廷贵族和地方诸侯、方伯实现的。这与《史记·殷本纪》所述是基本相合的。

(1) 王朝诸妇

甲骨文常见有关"妇某"的占卜。"妇某"活动的占卜表明，妇某是晚商政治舞台上较为活跃的力量。商代诸妇，以武丁时期所见为最多。她们能参与商王朝的祭祀典礼，并能统军出征，有的还接受商王封赏领地并向商王贡纳。而在"周祭"祀谱中有她们的祀位，也证明了她们生时的辉煌。

诸妇可以参与"国之大事"，即参与商王朝的祭祀和占卜活动。商朝诸妇，不少人可以代商王主持祭祀活动，诸妇主持的祭祀活动有侑祭、燎祭、御除灾殃之祭等：

    贞呼妇好侑。(《合集》2606)

    呼妇井侑父……(《合集》2742 反)

    妇好燎一牛。(《合集》2640)

    妇周侑燎……(《合集》2816)

    己丑卜，妇石燎爵于南庚。(《屯南》2118)

    贞妇好侑告于多妣酘。(《合集》2607)

贞呼妇好祯母□□御……（《合集》2650）
翌庚子妇井侑母庚。（《合集》39665）

她们不仅主持内祭，有时还去外地主祭：

贞翌辛亥呼妇妌宜于磬京。（《合集》8035）

"宜"字祭名，"磬京"为地名，在商都不远处。

妇好不隹侑泉。（《合集》2611）

这里妇好行侑祭于神泉。

诸妇受商王之命，主持侑祭、燎祭、御祭、伐祭、升祭、祯祭、宜祭、斲祭、册祭等。行祭的对象有殷人男性祖先南庚、父乙、丁等，女性祖先有多妣、妣癸、妣庚、母庚等及自然神祇泉等。但众多诸妇中，多次参与的妇并不多，可见她们有地位的差别。

在商王朝的占卜机构中，王朝诸妇也担当着重要的角色。有的贵妇参加了甲骨的采集工作：

庚戌乞，自妇井乞……（《合集》9394 反）
……自妇井……（《合集》9393）
妇井乞自……（《合集》9391）

以上各辞，记贵妇到外地采集甲骨，以备占卜之用。诸妇还参与甲骨整治工作：

妇井：妇井示十屯。㱿。（《合集》13545 白）
妇利：妇利示十屯。争。（《合集》1853 白）
妇良：妇良示十……（《合集》6614 白）
妇宝：□寅，妇宝示三屯。岳。（《合集》3467 白）
妇涧：辛未，妇涧示六屯小㲂。（《合集》5551 白）
妇楹：甲辰，妇楹示二屯。岳。（《合集》5545 白）

妇妌：戊寅，妇妌示二屯。(《合集》15935 白)

以上诸贵妇"示屯"，就是进行甲骨的整治工作，以备占卜之用。殷墟甲骨关于"某示"刻辞主要是由妇所"示"，只有少量的是由邑、古等人所"示"。因而商代甲骨的整治工作主要是由妇来完成，诸妇在王室担当的日常职务，当即是整治甲骨，为占卜做准备工作。

有的贵妇还参与了商王朝的对外军事征伐活动：

甲申卜，㱿，贞呼妇好先共人于庞。(《合集》7283)
辛巳卜，□，贞登妇好三千，登旅万，呼伐……(《合集》39902)
壬申卜，争，贞令妇好从沚䛐伐巴方，受有佑。(《合集》6479 正)
贞勿呼妇妌伐龙方。(《合集》6585 正)
甲午卜，宾，贞王惟妇好令征夷。(《合集》6459)

贵妇在商王的命令下，主持了征伐土方、巴方、龙方、夷方的战争，而且武丁时的重要将领沚䛐、侯告等皆在其麾下，可见其地位的重要。此外，有的贵妇受商王之命举行军事训练性的田猎活动：

贞乎妇井田于㲋。(《合集》10968)

虽然有的贵妇参与了商王朝的军事活动，而且可统率著名将领，但实际诸妇参与这类事务的情况并不普遍。

贵妇还参与商王朝的其他政务活动：

甲戌卜，王，余令角妇叶朕事。(《合集》5495)
妇井叶（朕事）……(《合集》2772)
癸亥卜，品，贞勿令妇井。(《合集》2760)
呼妇妌出。(《合集》2728)
□申，勿呼妇好往于蘰。(《英藏》153 正)
贞呼妇好往果京。(《合集》8044)
□午卜，贞〔妇〕好允见屮老。(《合集》2656)
丁卯卜，作𠂤于兆。

勿作𠆢于兆。四月。
呼妇奏于兆宅。
勿呼妇奏于兆宅。(《合集》13517)

诸妇有的还被赐予土地，这就是"诸妇之封"：

丁巳卜，宾，贞妇妌受[黍年]。(《合集》9966)
甲寅卜，㞢，贞妇妌受黍年。(《合集》9968 正)
……妇好……受年。(《合集》9848)

此辞贞问妇妌、妇好获得好年成否，是知妇妌、妇好也有封地。

这些被封的贵妇，商王朝承担着义务：管理封地、为商王朝提供兵员、进致贡品、定期觐见等。

商代的诸妇，由于与商王关系的亲疏不同，其所处地位和发挥的作用大不相同，已经出现了明显的等级差别。

(2) 王朝诸子

甲骨文记载了王廷诸子在国家政治生活中的活动。

王朝诸子参与商王朝的政治，接受商王的号令：

宙子效令西。
宙子商令。(《合集》6928 正)
癸巳卜，贞令䜭、𢀛、子邑归。六月。(《合集》3076)
子汰其隹甲戌来。(《合集》3061 正)
壬寅卜，争，贞邑叶王事。(《合集》667 正)

是商王对诸子施以号令，命其"叶王事"，即完成商王交办的国事，参加商王朝的政务活动。诸子参加的王事活动主要有：

王廷诸子与商王朝的祭祀与占卜：

戊申卜，品，贞呼子央侑于妣己小宰 (《合集》13726)
翌乙卯子汰酚。(《合集》672 正)
贞呼子桑……升于……(《合集》3118)

……子㐭㑅牡三牛……（《合集》3139）
……（子）妴㑅牡……（《怀特》989）
贞呼子渔侑于祖乙。（《合集》2972）
□寅卜，王，汰升□祖丁。（《合集》19866）
……汰玉于祖丁、□乙。（《合集》3068）

以上各辞是诸子参与商王朝的各种祭祀。在诸子中，有的子地位很为重要，可为商王主祭大示：

贞叀子渔登于大示。（《合集》14831）

诸子不仅为商王主持祭祀活动，有的子充任卜官，负责占卜所需甲骨的卜整治工作：

壬戌子央示二屯。岳。（《合集》11171 臼）
□子㞢示口屯。宾。（《合集》6130 臼）

上辞表明，不少子参与整治龟甲和兽骨，以供商王占卜之用。

王朝诸子参与商王朝的对外战争：

贞勿呼㠯望舌方。（《合集》6192）
乙酉卜，内，贞子商戈基方。（《合集》6570）
甲戌卜，㱿，贞雀及子商征基方，克。（《合集》6573）
辛卯卜，㱿，贞勿黛基方、缶作郭，子商戈。四月。（《合集》13514 正甲）
贞叀子画呼伐。（《合集》6209）

王廷诸子参与商王武丁征伐方国的战争，有的还在其封地驻守，随时向商王报告敌情。

商代有"诸子之封"，领有封地的诸子，有自己相对独立的经济，在政治方面则服从商王的呼、令，参与国家的管理和运作，对商王朝承担着各种义务。

(3) 王朝贵族

在甲骨文中，除商王诸妇、王廷诸子以外，还有不称"子某"的奴隶主贵族。这批不称"子某"的商王同姓贵族活跃于当时的社会生活中，地位非常重要，我们称之为"王朝贵族"。他们也是商王朝统治阶级的重要成员。

不少王朝贵族参与对商人祖先的祭祀活动：

丙戌卜，争，贞燊不乍夒，叶王事。二月。(《合集》5476)
丙辰卜，宾，贞叀阜令燎于夒。(《合集》14370 丁)
□□〔卜〕，争，贞呼阜燎于河。(《合集》14574)
庚申卜，出，贞令邑、并酚河。(《合集》23675)
贞呼阜酚岳。(《合集》14469 反)

"燊"、"阜"、"邑"、"并"皆为王朝贵族，夒、河、岳在殷人心目中具有先祖神的神格。王朝贵族也祭上甲以后的诸先王：

贞告戌于上甲、成。(《英藏》594 正)
……燊三牧……于唐。(《合集》1309)
庚寅〔卜〕，宾，贞……用阜……牛……祖乙。(《合集》4063)
贞令阜伐东土，告于祖乙于丁。八月。(《合集》7084)
乙巳卜，宾，贞翌丁未酚阜岁于丁，尊侑玉。(《合集》4059)
贞令阜伐东土，告于祖乙于丁。八月。(《合集》7084)
丙寅卜，贞翌丁卯邑、并其侑于丁宰又一牛。五月。(《合集》14157)
乙巳……翌丙……并侑……丁。(《合集》4391)
壬子卜，贞吴以羌卌于丁，用。六月。(《合集》264 正)

王朝贵族燊、阜、邑、并、壴、戌、吴等人，可祭商族的高祖夒、河、岳等，祭商朝的先王大乙、祖乙、祖丁等，说明他们和商王有着共同的祖先。但由于他们与时王的血亲关系疏远，他们不祭祀时王之近亲先人。

王朝贵族参与商王朝发动的对外战争：

□戌卜，彀，贞吴戈羌、龙。(《合集》6630 正)

癸未卜，宾，贞㞢㕕往追羌。（《合集》493）

己酉卜，㱿，贞禽获羌。（《合集》166）

㞢雀伐羌。（《合集》20403）

□□卜，㱿，贞戉获羌。（《合集》171）

丁未卜，争，贞勿令㕕以众伐舌。（《合集》26）

贞戉弗其伐舌方。（《合集》6376）

辛卯卜，王，贞弜其戋方。（《合集》20442）

戊戌卜，㱿，贞戉得方㞢戋。（《合集》6764）

王朝贵族吴、㕕、弜、禽、雀、戉、邑等人参加了对羌方、舌方、侜方、祭方、基方、缶、亘方、猷、周、畀、方、戈方、土方等重要方国以及㦰、桑、畀等地的战事。王朝贵族参加战争，为商王朝的开疆辟土作出了贡献。王朝贵族如果不遵从商王的旨意，则会受到武力惩处。

王朝贵族参与商王朝的管理，即"叶王事"或"叶朕事"：

甲戌卜，宾，贞益、吴、启叶王事。二月。（《合集》5458）

禽、启不其叶。（《合集》18）

己酉卜，争，贞共众人呼比受叶王事。五月。（《合集》22）

……豆叶王事。（《合集》5449 正）

这是王朝贵族吴、禽、受、豆等和益、启等参与了王事活动。有的贵族是以商王任命的官吏身份参与这些活动的：

己亥卜，贞令吴小藉臣。（《合集》5603）

……小臣㕕……（《合集》5571 反）

……亚㕕雀……（《合集》5679）

……雀任……受……（《合集》19033）

王朝贵族参与的王事管理活动，主要有有关农业管理、训练射兵、参与商王的田猎活动、参与商王朝的丧葬之事、参与商王朝的占卜活动等。

王朝贵族中有不少人拥有封地，他们平时居住在自己的封地上，负责农业管理等活动，王室有事，则应召入朝"叶王事"。

分封贵族虽然有自己相对独立的经济，但都对商王朝承担着一定的义务。他不仅在商王朝的对外战争中，要随时应召出征，承担着繁重的军事义务；而且平时还要向商王朝贡纳品物，在经济上也受到商王朝的无情盘剥。

（二）商代的被统治阶级

甲骨文中的人大致可以分为两种，一种是构成社会的群体人，诸如族人、集体、邦人等项，不以"单位词"计。另一种是具体的个体，即以数字计的人。

在甲骨文中，凡居于统治地位的贵族都称私名或谥，而不称"人"。甲骨文中的人是社会底层被统治阶级人的身份标志和专称，"人"是专指处在社会下层，被社会上层贵族奴役和压迫的人。

甲骨文中的"人"是指处在社会下层被奴役和压迫的被统治阶级。由于社会的分化，这些被统治与被压迫的"人"的社会地位和身份也不尽相同，有自由人和非自由人之分。

（1）自由人

甲骨文中不以单位计的群体人主要有：某地人。甲骨文地名、人名、族名往往相同，所以，甲骨文的某地人，又可指某族人、某贵族之人。集体人。甲骨文中的人，除了以地名或族名表示的具体某地（或某族）的群体人以外，还有更为宽泛的群体人，已超出一地或一族的局限，常见的有东土人、丁人（黄丁人、单丁人、效丁人）、邑人等。这些不以单位词计的群体人，是自由人。

（2）非自由人

甲骨文中的"人"，是被统治阶级的泛称，又是商代社会下层民众的一种身份和标志。而甲骨文常见的"单位词（即数量）＋人"，则是这种社会身份较低者的单位数量。

侑宰侑一人。（《合集》10344 正）

祝二人，王受又。（《合集》27037）

癸卯宜于义京羌三人，卯十牛。右。（《合集》390 正）

壬午卜，大，贞酘六人。（《合集》22599）

其弹二十人。（《合集》27017）

贞刖仆八十人，不死。（《合集》580 正）

贞戜伐百人。(《合集》1040)

丙申卜，贞戎马左右中人三百。六月。(《合集》5825)

不其降酋千牛千人。(《合集》1027 正)

八日辛亥允戋，伐二千六百五十六人在𤓯。九月。(《合集》7771)

上列卜辞中，作为人的个体统计，其数量不一。虽同为社会地位较低的人，但这些人的身份地位也是不尽相同的。可以分为：

其一，有"人身自由"的人。有的人有人身自由和生命保障，为自由人。如上列被启动的马兵"肇马左右中人三百"(《合集》5825)和征集参战伐灭方国的"登人三千"(《合集》6168)、"登人五千"(《合集》7315)的兵众等。需要说明的是，以"单位词+人"表示具体人数的人，和不以单位词计的群体人，在身份地位上是相同的，都是有人身自由的人。但二者又有区别，群体人指的是一个自由人的群体，具体的个人融于群体之中。而以单位词计的人，表示的是从群体之中游离出来的自由人个体的数量。群体人有某地人、邑人的较小范围的局限，而多个具体的个人汇在一起，即"单位词+人"，当突破了群体人的局限，而与集体人相近——有人数的集体人。

其二，非自由人的数字人。在甲骨文中，除了一部分以数量词计的"人"，为自由人以外，就是大量失去人身自由和生命保障的"非自由人"了。主要有战争的俘虏、受刑或被用于祭祀时牺牲的人等。

综述之，商代的"单位词（数量词）+人"的"人"在社会中所处的地位是不同的。其中有自由人，他们有人身自由和生命保障，如二百人、人三百、人三千、人五千等；另一部分"单位词（数量词）+人"，是非自由人。

以单位词计的自由人，从不限定身份，只是个体人而不知其名的人之总数。而以单位词计的非自由人，皆标明"其身份"，即该种名目人的数目。这类人包括羌、伐、奚、𢦏、屯、仆、小臣、妾、奴、垂、姬、奴、夷、刍、而等。这些人没有生命的保障，是非自由人。

以上列不同名目的非自由人中，有很少几种名目的人能存活下来，被投入商朝社会生活和生产领域，成为奴隶。主要有羌、仆、奚、刍等。

总之，上述羌、仆、奚、刍等四种身份和名目的非自由人，以单位词（即数字）计其数量，在没有人身自由并随时会被贵族杀死而没有生命保障等方面，与处在社会最下层的被统治阶级的伐、戬、屯、小臣、妾、郄、及、垂、姬、䢅、夷、而等名目和身份的人，基本上是相同的。羌、仆、奚、㚔等非自由人，随时都会被奴隶主贵族剥夺其生命。但当他们幸存生命得以苟延时，被贵族投放到社会和生产领域，就成了真正意义的奴隶。

（3）商代社会的众和众人

甲骨文中有不少关于"众人"和"众"的占卜，众和众人所指是同一类人。众和众人没有像多仆、多屯、多臣、多羌那样，以形容词"多"修饰众人或众，称为"多"众人或"多"众的。因此，众和众人本身应是一种群体人的名称。众又可称为"众人"，说明众作为群体的人，与其他群体人，诸如戈人、丕人、劫人等，以地为名或以族为名的群体人的身份地位应基本相同。已如前述，这些不以单位词计的"人"，应属于"不同群体的自由人"。而"众"和"众"人，作为一种人的群体，基本上也是不以单位词计的。因此，众和众人的社会地位也应与上述自由人相同。

不仅如此，众和众人的自由人身份，还表现在甲骨文中没有发现众人和众被幸、被执、被圉等人身受到限制的记载。更没有关于众人和众的受到酷刑，诸如刀锯之刑，像刭羌、刖仆等使身体受到戕害的卜问。因此众人和众和前述群体人一样，应有相当的人身自由。

但是，众人和众与前述从不以单位词（即数量）计的群体人并不完全相同，也偶有以单位词（数词）计的情况：

……受虫众百，王弗每。（《合集》26906）

虽然在大量关于众和众人的卜问中，以单位词（数量）词计的仅此一例，但恰恰说明作为一个人的群体的众和具体成员"个人"的众人，也可以作为其人的"身份"[①] "惟众百"，即众这种身份的百人。众可以单位词数字计，这又和前述"以单位词（数量）表示的不同名目的非自由人"，诸如羌、伐、奚、戬、屯、仆、小臣、妾、郄、及、垂、姬、䢅、夷、㚔、而等，以单位词（数量）计一样，其身份也当有某些相似之处。因此，众和众人处在不以单位词（数量）计和以单位词计的人的身份间，这就表明他们并非完全的自由人。

---

① 陈梦家：《殷虚卜辞综述》，科学出版社1956年版，第610页。

①关于众与兹米。在甲骨文中，众与兹米有关：

贞令兹米众。(《合集》71)

或不言兹，而单言米众：

□寅卜，□，贞□不米众。(《合集》70)
……告余不米众。(《合集》72反)

"米"字，当为祭名。众作为动词"兹"、"米"的宾语，均应为兹米祭、米祭所献祭的一种人牲。

②关于㞢（又）众。众可㞢、ㄡ。㞢、ㄡ，为祭名侑，即侑求之祭。

己亥卜，㱿，贞㞢众之。十二月。(《合集》46正)
不㞢众。(《合集》47)
贞其又众。(《合集》26899)

众前之㞢、又，即为侑字，应作祭名用，而众为侑祭的牺牲。

上面的分析，可知众有时可作侑祭的牺牲。虽然在卜辞中所见不多，但可说明众也是生命并无完全保障的非自由人。

③关于㐬众。甲骨文中有"㐬众"的记载：

贞王勿往㐬众人。(《合集》67正)
贞王㐬众人。(《合集》68)

"㐬"字从余从止，于省吾《双剑誃殷契骈枝》三编考证此字"即今途字"。谓其用法，一为道途之途；一为途字作动词用，"义为屠戮伐灭，应读为屠"。因此，众也可能惨遭屠戮而失去生命，是没有生命保障的人。

④关于雋众。甲骨文中有"雋众"或"雋众人"的记载：

戊申，贞其雋众人。(《屯南》1132)
己丑卜，其雋众告于父丁一牛。(《合集》31995)

己丑卜，其雈众告［于］父丁。(《合集》31994)

其比🉆雈众。(《合集》31996 正)

"雈"字写作🉆或🉆形，郭沫若《殷契粹编考释》第 352 页，隶定此字为雈，说"字不识"，推测其义"当是祭名"。"雈"与"告秋"即祈禳秋稔有关，而众人和众是举行雈祭时献祭的牺牲品。更具体地说，是为了取得秋天的好收获，举行雈祭并以众和众人作为人牲以献。

如此等等。通过上面我们对与众和众人有关的侑、兹、米、雈等祭名和㚔的辨析，可以看到众和众人可做祭祀时的献牲并惨遭屠戮应是客观存在的事实。

但众不是完全失去生命保障的非自由人。首先，众和众人虽然有的被屠戮或当做祭牲，但不能仅仅据此就认为是完全失人身自由的非自由人。首先，众和众人在行侑祭、兹祭、米祭、雈祭作献牲或被㚔时，均没有具体数字，这与前面所列的"以单位词表示的不同名目非自由人"，诸如羌、伐等标明献祭的数量有所不同。此外，用众、众人作人牲和屠戮对象的占卜，在大量的有关人祭卜辞中，所占比例也是极少的，众和众人不是祭祀时作为人牲的主要献祭品。其次，再具体从商代以单位词计的人牲数量看，众和众人也是所用不多的。祭祀用众和众人占卜次数之少，也说明他们与"以单位词表示的不同名目的非自由人"的经常被杀戮有所不同，即在社会身份上，应较他们略高。

从众和众人与商王朝奴隶主贵族阶级保持着一定的血缘关系，并是商朝社会生活和生产的主要承担者等方面看，他们也是拥有一定人身自由的社会下层平民。

众和众人是处在自由人和非自由人之间的人群，并在商王和各级奴隶主贵族直接统治之下，是商代的重要劳役提供者。这可从以下三方面述之。

一是商王有众：

王其众戍春，受人，叀亩土人有戋。(《合集》26898)

"王其众"即商王的众，商王的众又称"王众"，所谓"王众"，应即属于商王的众人：

癸丑卜，狄，贞戍逐其雉王众。(《合集》26881)
戍隽弗雉王众。(《合集》26883)
戍㫃弗雉王众。
戍逐弗雉王众。
戍凸弗雉王众。
戍带弗雉王众。
戍荷弗雉王众。
五族其雉王众。(《合集》26879)

"雉王众"，即部别、编理王的众和众人。
二是王朝官吏和贵族也统领众。有与"王众"相区别的众和众人：

戍卫不雉众。(《合集》26888)
其呼戍御羌方于义则，戋羌方，不丧众。(《合集》27972)
贞多射不雉众。(《合集》69)
𢓊伐羌方，于之𨞔，戋，不雉众。(《屯南》3038)

这些武官、贵族所率领的众，也与"王众"不同，应为贵族所有的族众。商朝的各级官吏和奴隶主贵族，也都有自己家族的众。
三是商王是众和众人的实际支配者。商王拥有至高无上的权力，而且各级奴隶主贵族也在商王的严密控制和役使之下。因此，无论是"王众"，还是王朝官吏和贵族的众，都在商王的役使之下。

辛亥卜，争，贞共众人立大事于西奠，玫……月。(《合集》24)
辛巳卜，争，贞令众御事。(《合集》25)
贞勿隹王往以众人。(《合集》34 正)
己酉卜，争，贞共众人，呼比受叶王事。五月。(《合集》22)

这是商王共集各家族之众人，命令他们为商王服事。
商王朝为便于众人的管理，还专门设官吏"小众人臣"：

壬辰，贞宙吴呼小众人臣。(《合集》5597 正)

"小众人臣"即"众人小臣"。此外,还专设管理藉田之事的"小耤臣":

  己亥卜,贞令吴小耤臣。(《合集》5603)

"小耤臣"即管理农事之官。"小耤臣"之职司,也直接与"众"进行的农事有关活动:

  □□卜,贞众作耤不丧……(《合集》8)

"小耤臣"是专为管理、监督在田间耕作的众而设。

  众和众人服事商王,是商王朝役事的承担者。众参与商王朝的军事行动,不仅参加商王朝征伐方国的战争,而且与商王朝正规军协同作战,同时众人也负担戍守地方的任务;众人与众也是商王朝的农业生产者,参加翻耕土地、播种、省廪等活动;众人也可以参加商王的田猎活动。

  有一部分众和众人被用作祭牲或被杀死,但这在大量关于众的卜辞中,应是特例。不仅如此,商王把大批众和众人用在方国战争和重要戍守,以及社会的农业生产和田猎等活动中,也说明众和众人在人身上是相当自由的。

  商王对为其"御事"的众,关心其损失和逃丧情况。卜辞常有卜问关于贵族家族是否"丧众"(《合集》54等)、战争中是否"丧众"(《合集》27972等)、农业劳动中是否"丧众"(《合集》8)等情况。众人在田猎时,商王对他们的安危也表现出关切。商王有时还赏赐为其"御事"的众人食物。有时对众人的灾祸也加以卜问,而所问的神灵是商王的祖先。只有人鬼的后世子孙才能祭祀自己的祖先,并得到保佑,这就是《礼记·曲礼》所说的"非其所祭而祭之,名曰淫祀,淫祀无福"。因此,商王为众行御除灾殃之祭于先王和先妣,说明众当与商先王有着一定的血缘关系,众和众人应是商王和商王朝同姓贵族的族众。虽然众在各家族中处在最底层,被商王和各级贵族所奴役和驱使,但由于他们与贵族为同族,因而享有一定程度的人身自由。商王对众人的某种程度的关心也说明了众和众人为自由人。

  概言之,众和众人乃是"被排斥在宗族组织之外的商族平民",都是属于以商王为首的子姓家族的人,保持着与以商王为首的各级贵族、家族或(宗族)的某种联系,虽然商王可为众和众人举行除灾殃之祭于自己的祖辈先王、先妣（《屯南》31933），表明他们"应与商王"有着某种疏远的血缘联系。众和众人早已失去了祭祀商人祖先的权利，是已"被排除在宗族组织之外"。"他们虽然跟贵族阶级有疏远的血缘关系，但实际上已经成为被剥削被统治阶级的平民。"① 正因为众和众人是被排除在商人宗族组织之外的平民，所以有时被用作祭祀的牺牲。

虽然商代的平民已被排除在宗族组织之外，但其祖先，毕竟与商王族曾有过一定的血缘关系。《尚书·盘庚中》说这些平民，"兹予大享于先王，尔祖其从与享之"。"古我先后，既劳乃祖乃父，汝其作我畜民"。因此，商代的平民虽然地位低下，由于其祖先与商"先后"有过这样那样的联系，无论是商人先王还是时王，都对那些有着千丝万缕血缘联系的平民大众表现了一定程度的关心。在甲骨文中，时有商王对为其"御事"的众或众人表示关切之卜，诸如有关众是否有所损失，是否有所灾祟、吉若，甚至是否馈送食物等卜问。而众有了灾疾，也有时向先王、先妣举行御除灾殃之祭等，这和《尚书·盘庚中》所反映的殷先王和时王对平民大众的某种程度关心是一致的。

总之，商代已经形成复杂的社会结构，出现了多个阶层。商王是最高首领，同各级宗族贵族构成商王朝社会的统治阶级。商代的自由人，包括奴隶主贵族和平民。奴隶主贵族指以商王为首的大、中、小奴隶主贵族和他们家族成员。而广大平民，则是已被排除在商人宗族以外的社会下层，一部分中小贵族分化没落，也沦入了平民之中。但平民队伍在继续分化过程中，也有相当一部分平民，由于地位改变，上升为贵族统阶级的一员。《尚书·盘庚中》"予念我先神后之劳尔先，予丕克羞尔，用怀尔然"。疏谓正义曰"我念我先世神后之君成汤，爱劳汝之先人，故我大能进用汝，与汝爵位，用以适义德，怀安汝心耳"。即平民中也有个别人由于受到商统治阶级的宠爱而地位上升，被"进用"或授予"爵位"而跻身统治阶级的一员。但大多数平民，则处在奴隶主贵族统治和奴役之下。而处在社会最下层的众和众人，虽然其地位介于自由平民和奴隶之间，但在实际上却与奴隶相近。

甲骨文单位词表示的不同名目的非自由人，没有生命保障，随时会被用作牺牲或被处死。只有羌、仆、奚、兽等，当他们没有被用作人牲而侥幸存

---

① 裘锡圭：《关于商代的宗族组织与贵族和平民两个阶级的初步研究》，《古代文史研究新探》，江苏古籍出版社1992年版，第328页。

活下来，而被投入战争、农业和田猎活动时，就成为被商朝奴隶主贵族占有人身的真正意义奴隶。

甲骨文中众和众人在许多方面承受的奴役与奴隶基本相同，是社会的最下层。但是，众和众人虽然被排斥在商人的宗族之外，却由于他们与商王族保持着某些疏远的血缘关系，所以有着一定的人身自由。众和众人是商朝社会的军事征伐和生产劳动的主要承担者。商王发动对外征战时，众和众人被"临时"共聚，以配合正规军队对敌作战；而农业生产方面，众人要负担籍田、裒田等沉重劳动，并负责谷物的播种，直至收获后"省亩"活动。此外，商王经常举行的田猎活动，也"呼"令众同行。

第二节 商王朝的国家结构

二 商王朝的国家管理形式

（一）分封制与内外服制的建立

商王朝国家最基本的形式是内外服制。内外服制的起源很早，应在夏代即已经形成。

与内外服相配合的是分封制。分封制的基本内容是"封邦建国"，是在王朝掌握大量可自由支配的土地和人口资源，但王朝自身又无法实现直接控制的情况下，委派亲信建立对王朝负有责任和义务的具有一定独立性的政权的国家管理形式。分封制最初的产生是在交通条件、军事技术相对不发达的情况下，为控制怀有敌对情绪的征服地区所采取的措施。

最初的分封制是商朝产生的。商人通过战争征服夏朝建立国家，商灭夏经过激烈的战争，获得了可供支配的大面积的土地和大量人口，为新生的商人国家建立分封制提供了物质基础。商人在夏朝原始内外服制的基础上，实行了分封制。

商人虽然实行了分封制，但商人的分封制带有较强的原始性与不成熟性。从文献和考古资料看，商人通过战争占领可以自由支配其土地和人民的范围仅限于豫西伊洛地区与山西汾、涑流域。另外，即使对于被征服部族的土地，商人也没有全部直接占领，除了在夏人中心统治区实行直接占领外，对于其他地区依然是由原部族自行管理。夏中心统治区的地望，大致只在今中岳嵩山和伊、洛、颍、汝四水的豫西地区，还有中条山以北的汾、涑流域，面积并不大。所以，商人真正能用于"授民授疆土"的资源很少，造成了商代分封制的先天不足，导致了商代分封制的不完善和缺乏系统性。另外，商人的内外服制和分封制是在长期开拓过程中逐渐形成的，其所分封的诸侯是零散建立的，没有统一截然的划分，这也造成了内外服和分封制的不完善。

内服官员和外服官员的产生方式和所承担的义务是不相同的。内服职官主要由王室宗亲、各族族长、各方国派往王都或前往进贡的人以及获得商王信任的非自由人等组成，主要帮助商王处理政务，虽然有人受有封地，但主要是提供经济来源，而没有自主处理事务的权力，独立性较小；外服职官组成较复杂，一部分是由商王朝派出的担负守卫、畜牧、农业等各种事务的具有相对独立性的族群的首领，一部分是慑于商王朝的威力而归服的方国的首领。这些外服诸侯向中央王朝负有进贡财富、戍守边疆、开发经济、囤积粮食、拓疆前哨等多种职能。

（二）商代对内外服的管理

商人的内服区，系指商人的王畿区，这地区大致包括河北南部，河南中北部，主要由以商王为首领的王朝百官与基层各级行政单位首脑和家族长组成。

商王是最高决策者，下设有辅政主官，辅佐商王。其下有一个称为"多尹"的决策团体，参与国家事务管理。在商王、行政主官和多尹集团之下，是商王朝的各级管理组织。王畿内的地方机构主要有两种，一种是商王在畿内分封的贵族领地，类似后世的采邑；一种是商王直接控制下的各族，其族长同时兼任王朝的地方行政长官。这些族也是一种有等级的差别，大族之下包含若干分族，形成一种立体结构。

商代王畿内基本可以分为商王直接控制地区和畿内封邑。商王直接控制都城和重要据点。除城市和重要据点外，畿内还有大量直接为王所掌握的土地，商王手里有可以自由支配的土地及在土地上生产的人口。除商王直接控制地区外，畿内还建有王室宗亲和商王亲信的封邑。商王是天下的共主，在名义上拥有天下的土地和人民。虽然在实际占有和使用上，商王基本维持已形成的占有关系，但商王依然拥有多种方式可以支配资源的流动，从而把宗亲和亲信安置在畿内。

商代的畿内诸侯，主要分为两部分，一部分主要集中于负有前沿警戒防御任务的王畿区，其中以豫西和晋南最为集中；另外一部分与商王关系密切的则封于王都附近，这类受封者当以商王的近亲为主。

畿内的情况可以相应划分为王都、畿内诸侯之邑和小邑三级，其中小邑是最基本的行政单位。

我们基本可以廓清商代王畿内的管理结构，最上是商王，下是畿内诸侯及直属于王的中级邑落管理官员，下面是各邑。

商人在外服的诸侯分为两类，一类是由商王朝在边远地区建立的诸侯，包括侯、甸、男、卫等；一类是慑于商王朝军事压力或为取得商王朝庇护而归服的方国。

分封制的初衷是为了控制怀敌对情绪的新征服地区，所以最初分封的应是以军事功能为主要目的。但随着被征服地区的平定，以经济功能为主兼负军事功能的据点增多。商王朝较集中的分封有三次，除商汤建国时期的分封外，还有两次分别在仲丁至河亶甲时期和武丁时期。综观商代由王朝封建的诸侯的分布情况，大致是前期主要集中于豫西和晋南的汾水、涑水流域，中期以后开始大量出现在山东中西部地区。东、西两部是商人封建的主要地区，这与商人的敌对者主要在东、西两侧有关。

归服的方国诸侯，是被征服或迫于商人压力以及希望借助商人力量而与商结成依附关系的归服方国。商人灭夏以后，成为天下的共主，原先夏人的外服也都投到新的王朝之下，形成了最初的归服方国诸侯。由于商人直接占领区域不大，所以由商王朝自身建立的诸侯不多，在广大的地区内依靠当地原有的方国实现统治。后来随着领土的扩大，归服的方国也增多，归服方国成为商王朝外服的重要力量。

商代的分封是分散的，各种诸侯称谓也是由最初职责侧重不同发展而来，没有系统的层阶差别和统属关系。但作为一种国家管理制度，必然会向规范化和利于掌握的方向发展。甲骨文中有大量诸侯在战争中合作的记载，在这类似的事务中，必然会有人作为主谋出现，对其他人具有指挥权，即出现了一定的组织和层阶。商人的外服制度和层阶是逐渐完善的，从甲骨文材料可以看出，在武丁时期，侯、伯多任事，而且是多是临事受命。而到后期，对侯、伯的临时性的呼命减少，说明任命已经规范化，不需要占卜决定了。同时，也出现了侯、田等外服诸侯集团化的迹象，而且出现了多田、多伯、西田、东侯等集团化的称呼，说明商王朝已将诸侯根据方位划分，可能有一定的组合。

与商王朝本族外服诸侯出现了组合一样，归服方国也出现了类似组织，周人首领称西伯，为西方诸侯之长，纣王更"赐之弓矢斧钺，使西伯得征伐"①。

总体说来对于外服区的诸侯和方国的控制在思维模式上基本相同，即神权、军事、经济的多重方式的综合使用。但具体政策上还是有所不同。

对于由王朝分封建立的诸侯，商王的控制措施较为简单。由于这些诸侯本身即是商人，有独立性，但地域较小没有脱离中央的实力，又对中央王朝具有依赖性，虽然也有不服王朝的现象出现，但并不严重。所以商王朝对由王朝建立的诸侯的管理较为简单，基本是恩威并重。

归服方国的情况则十分复杂，其离心力很强，商王朝对归服方国的控制方法相对复杂。商王朝对归服方国的控制手段基本可以归纳为强制性手段和抚柔性手段两种。

第一种强制性手段：

（1）武力威慑

强大的武力威慑是商王朝在外服归服区实现统治的最基本前提，除战争相加外，还在归服区设立固定的军事据点，并时常以田猎、巡边等形式进行震慑。

（2）强制各族混居

一方面，商王朝在征服地区建立商族诸侯，形成与归服方国犬牙交错的局面，使商族与归服者混杂定居；另一方面，还把其他部族的被征服者安置到新的征服区内，实现更多不同部族的混居。既可以对归服方国实行威慑和监控，又利于商王朝观念的传播。这种人口混居促起的部族间的融合远比单纯的地理交错更有效。

（3）利用归服方国打击归服方国

商人对归服地区的控制并不是单纯依靠本族的军事力量进行，而是有选择地联合一部分方国力量，抵制和打击另一部分方国力量。通过"以夷制夷"的策略，消耗了直接对手和潜在对手的力量。

第二种抚柔性手段：

在普通的军事威慑、以外服制外服等方式外，商人更重视抚柔性手段。商人的抚柔手段大致包括物质与精神笼络、政治联姻、文化传播等几项。

（1）物质与精神笼络

商人封归服国首领以侯、伯之爵，使之享有国家等级上的名分。在发生

---

① 《史记·周本纪》。

争端时，商人对归服者提供军事援助。商人对于归服者也给予很多赏赐，如今本《竹书纪年》载："三十四年，周王季历来朝，赐地三十里，玉十彀，马八匹。"

（2）政治婚姻

古代婚姻并不仅仅是组合家庭的一个环节，更重要的是"结两姓之好"，扩大家族的联盟，为家族势力的扩大和安全提供更多保障。商代的婚姻也是如此。商人与其他部族的联姻是互相的，一方面商王朝将本族女嫁给其他部族的权贵人物，另一方面商王朝也娶其他部族的女为妻，由此构成互相的联姻关系，达成"结两姓之好"的目的。

（3）文化传播

商人为了达到长治久安，在对归服者进行威慑和笼络的同时，还注重上层统治文化的传播，力图建立一种包容各族的上层统治文化。商人传播统治文化的重要一项措施是与外服诸侯间的人才交流，方国派人到商都为商王服务，许多经过训练后成为贞人。这种神职人员的训练，应该不只是占卜的程序与占断方法，也包括天命、商王祖先至上等观念的灌输。商人的文化融合还体现在青铜礼器上。从考古文化看，商文化风格的青铜器的分布范围很大，从辽宁到湖南、江西，从陕西到山东，都有浓厚商文化风格的青铜礼器出土。礼器是一种具有特定含义的器物，不仅器物本身贵重，更包含了等级、信仰等政治、精神领域的内容，是上层统治文化的一种重要表现物。

商人对国家的管理的策略是多样性的，多种手段的合理配合，为商人实现大地域统治提供了保障。商人在三千多年前，即大体维护了从燕山山脉到长江流域，从关中平原到苏北平原的统治，是一个不小的成就。

（三）商王朝的基层管理形式

商人以地区划分居民，自商汤时代就已开始。《尚书》有佚篇名《明居》，《史记·殷本纪》："咎单作《明居》"，《集解》引马融曰："咎单，汤司空也。明居，民之法也"，宋镇豪认为所谓司空明居之法，"即按地区划定城邑，安置民众，建立起大大小小的统治区域，将民众固定到土地上"[①]。

商人虽然建立了地域区划，但是具体到基层，则都是以族为基本单位的，王室、诸侯的施政也在相当程度上依赖族组织进行，族是商人最基本的管理形式。

---

① 胡庆钧主编：《早期奴隶制社会比较研究》，中国社会科学出版社1996年版。

在商王朝的统治体系中，子、妇、宗亲等与商王具有血缘关系的人，在王朝中担任重要的职务，起着重要的作用，"商朝的官制带有突出的宗族血缘性质"①。这些与商王有血缘关系的贵族，参与各种军事事务，成为商王朝的中坚力量。有学者甚至认为，商王朝"政府中的要职，主要是由商王的亲属担任的"②，这使得商王朝的统治带有浓厚的亲族垄断性，表现出家与国相表里的特征。

王室以下的各级贵族，也是以族的形式组合在一起。在商代的聚落中，族是其最基本的组织形式，即使在人口流动性较强，人地关系相对不固定的城市地区，族组织也顽强地存在着。以殷都为例，殷都地区的人口主要是由外地流入的③，并非都是原居民。但殷墟考古发掘所发现的墓葬表明，都城内的居民保留了完整的族组织，殷墟西区墓地、后冈墓地等都呈现出"合族而葬"的特点，族依然是这些都市居民生产生活的基本单位。据《左传》定公四年载，周人灭商后，实行分封制，"分鲁公以大路、大旂，夏后氏之璜，封父之繁弱，殷民六族……分康叔以大路、少帛、綪茷、旃旌、大吕，殷民七族"，"分唐叔以怀姓九宗，职官五正"。殷人六族、七族、怀姓九宗等族组织存在并成为进行管理的方式，可见族是商人社会活动的基本单位之一。

商代的族已经不是单纯的血缘组织，商人家族不仅具有相对独立的经济、武装和领地，而且已经出现了早期的宗法制度，发展为具有强大经济、军事力量，并有自身管理机构的组织，成为一级社会结构。

随着族组织的扩大和职能的增加，族的分化也越来越明显，商人家族内部也出现明显的贫富分化，出现了富有的族核心群体。从文献和甲骨文金文资料看，早期的宗法制度已经建立，商代的王族、多子族及贵族的家族已经皆是一种立体结构。随着族的立体分化，原来的族长从单纯的血缘首领，兼向政治首领转化。商王朝也把各宗族的首领纳入到王朝的官僚体系当中，族长的身份由各家之长的私人性质向国家官员的公设转化，甲骨文有出现"族尹"之称，"作为最初的行政概念的'尹'，很早就与族长相结合，称'族尹'，商的进行中有不少尹称为'多尹'，他们不是王室就是朝廷常设的官

---

① 王贵民：《商周制度考信》，台北明文书局1989年版，第194页。
② 张亚初：《商代职官研究》，《古文字研究》第13辑，中华书局1986年版。
③ 宋镇豪：《夏商人口初探》，《历史研究》1991年第4期。

员,很可能即族长们的合称,经常来'叶王事',就这样称呼他们"[1]。族尹的出现说明,族的首领已经开始成为类似行政官员的角色,担任基层管理者的任务,其实已经被纳入商王朝的管理体系之内。

商代管理形式最显著特点之一,是行政单位与宗族的紧密结合。担任主要行政职务的官员往往是各族的族长。商王朝各级国家机构,从表面上看,是由各级邑落统治,实际上是各级宗族起作用,都是通过族来行使管理权的。即商人采取了地域划分与宗族控制相结合的方法,实行对全国的控制和管理。

依靠族对国家进行管理,可以直接利用族组织已经具备的物质、人口资源和管理体制,国家不须再花费时间和财力重建当地的管理机构,高效地实现对一个地区的控制;国家不必把政令下达每个社会成员,国家也不必要针对众多人进行利益协调,只需对族长进行安排即可实现;国家不必大量国家官僚提供俸禄,也不必为社会成员提供保障,这一切都由族承担;国家可以迅速征集各族已经有的武装,组成由国家控制的武装力量,实现对某一地区的集中打击;国家可以利用族具有独立经济武装的特点,在边远地区安置据点,实现对该地区的控制,形成对国家的拱卫体系。

商王朝能在当时的技术和交通条件下实现对方圆数百公里内的有效统治,与注重族控制是分不开的。利用族进行统治,是在当时条件下的最优选择。

(四)商王朝统治格局的建立

商王朝建立后,随着疆域的扩大,商王朝已经不能完全依靠中央王朝的力量实现对全国的控制。商王朝已经建立了一支常备军,是其主要军事力量,平时布置在首都等主要据点,遇到冲突则前往边境。

在大地域内实行有效控制,军队执行能力是以部队的机动能力和后勤保障能力为基础的。按照当时的军事技术和后勤保障能力,仅依靠数万人的常备军,商王朝很难在如此广大的地域内保持稳定的统治。但是,从文献和甲骨文的记载看,商王朝在数百公里范围内建立了有效的统治,基本有效地控制着燕山以南、桐柏山以北、太行山以东、弥水以西的广大地区。商王朝的这一成就,在其军事威慑、抚柔政策、文化融合等成功的统治技巧之外,还得益于商王朝所建立的经济、军事据点网络、路政系统和驿传体系以及在此

---

[1] 王贵民:《商周制度考信》,台北明文书局1989年版,第74—75页。

基础上建立起的情报收集和传递网络。

商王朝代夏而立后,对于征服地区并没有直接控制,而是封建诸侯,建立武装据点,形成以大中心城邑为依托的据点网络。商王朝巩固以后,这种据点的建设并没有停止,反而更加频繁,并从新征服区,扩大至整个王朝疆土。商王朝通过封建诸侯、作邑、置奠、衷田、设置牧场、建设卫戍点等方式,在整个王朝疆域内,建立了一个经济、军事据点网络。

商王朝建立起较为发达的道路系统,商代晚期已经形成了以王都为中心以东南行、东北行、东行、南行、西行、西北行六条主要干道为基干的向四方辐射的道路网络。随着道路体系的建成,商王朝建立起道路戍守据点体系、施舍体系和驿传制度,商代的路政体系已经十分成熟。

随着统治网络和路政系统的建立,商王朝的信息传递体系也建立起来,形成了有效的情报网络。

通过这个网络,商王朝一方面可以储备大量经济、军事资源,一方面形成了军事力量在各地的均衡分布,为商王朝实现对广大疆域内的有效控制提供了有利条件。

商人一方面在王畿内建立发达的交通系统,在这一范围内,驻扎于都城等地的王朝常备军可以及时赶到和有效控制。沿干道设立㮯陮、羁舍,在此二三百里范围内在王畿边缘的㮯陮和羁舍,则除日常功效外,还在战时担负着运输军事物资,成为前方部队的物资供应站,使商王朝军队直接控制区的起点延伸到最外围的㮯陮和羁舍,大大扩大了商王朝的政治疆域。在王畿的外缘地区则建立相当数量的戍、奠、牧等武装性据点,负责守卫,并储备军备物资,作为向外扩张的补给点和兵站。在方国地区,主要依靠方国的力量,但商王也在部分方国内建立了由中央直接掌握的据点,形成了对方国的牵制,以抚柔和威慑相结合的手段实现对当地的控制。

(五) 商王对人力物力的控制

商王极力把更多的土地、物力与人力掌握到中央王朝的控制之下,以保证中央王朝的绝对优势。

商王拥有对名义上的全国土地占有权,商王派人到各诸侯国内开垦土地,这些土地成为商王直接控制的地产。同时,商王也可以从各诸侯或方国占取已经形成的邑落,直接控制各地方的财富。

商王对臣下的财产和人力拥有获取和使用的权力。在甲骨文中,关于臣属向商王进贡的记载,除"致"、"来"、"见(献)"等记载外,还有大量

"取"物与人的记载：

> 贞勿呼取方骨马。（《合集》8796 正）
> 贞呼取牛。（《合集》8808 正）
> 丁亥卜，亘，贞呼取吕。
> 贞勿呼取吕，王占曰：吉，其取。（《合集》6567）
> 贞呼取羞刍。（《合集》111 正）
> 贞勿取微伯。（《合集》6987 正）
> 壬子卜，勿取雍。（《合集》7063）

商王可以通过占卜决定向臣下征集财富，对臣下的财产的支配有相当的自由度，可以根据需要，通过占卜以神灵的名义向臣属征集资源。

除直接从各贵族和方国那里获取土地与人口外，商王朝还有权向各级贵族和方国征集人力。甲骨文中有大量关于"众"与"众人"的记载：

> 王大令众人曰：协田，其受年。十一月。（《合集》1）
> 丁未卜，争，贞勿令辈以众伐吾。（《合集》26）

众人是王朝向各族征集的人力，其具体组成可能并非单纯的归服部族成员或奴隶，有时也可能两者兼有之，甚至有时可能会包含有商族被排斥于宗族之外的下层成员。王朝征集众人是国家调集人力的常规性方式之一，商王朝设有"小众人臣"专门负责对众人进行管理。除常规的征集众与众人之外，商王还根据临时出现的情况，征调各部族的力役，参加劳役、战争。有时还征集奴隶：

> 取竹刍于丘。（《合集》108）
> 贞呼取垂臣|。（《合集》938 正）
> 丁亥卜，殻，贞呼印比韦取夹臣。
> ……印比韦取夹臣。（《合集》634 正）

这些进贡给商王的奴隶，当是各族的附属人口。商王通过这种方法，把大量附属人口直接掌握到王朝的手中。

商王获得直接掌握力量的另一形式是通过严酷的法律,把大量在族组织之内的成员,罚为直接由国家控制的罪隶。这些降为奴隶的人已经失去一切社会活动的资格,也不再被族人认同,《礼记·王制》:"刑人于市,与众弃之,是故公家不畜刑人,大夫不养,士遇之涂,弗与言也,屏之四方,唯其所之,不及以政,示弗故生也。"商王朝通过将犯罪者从其本族下孤立出来,离开族的包容而成为由商王掌握的人力资源,《白虎通·五刑篇》:"古者刑残之人,公家不出,大夫不养,士与遇路不与语,放诸境埸不毛之地,与禽兽为伍",实际是作为奴隶用于生产。

二 商王朝的职官制度

商代的官制与商代的政治地理架构紧密相连,商代的政治疆域总体可以分为王畿区和侯甸方国区两部分,与此相应,商王朝的职官也可以分为内服官和外服官两类。"越在外服,侯、甸、男、卫、邦伯;越在内服,百僚、庶尹、惟亚、惟服、宗工,越百姓、里居(君)"①,基本可以说明商人的职官分布情况。

商王朝最高统治者是商王,具有天下共主的名义和裁决一切的权力。商王之下是最高辅政官员,最初只有一人,后来增加为两人,至武丁时增加为三人,称三公,一直保持到商朝末年。最高辅政官统领着一个决策集团,为商王的正事提供咨询,有时也负责处理一些具体事务。商代还存在着贞人集团,负责为商王提供宗教方面的决策参考,利用神灵力量影响政事裁决。商王朝的最基层的管理,则由各个宗族的族长负责。

商代的外服职官,包括由王朝分封建立的诸侯和由归服方国首领转化而来的诸侯。由王朝封建的诸侯可以分为两类,一类是军事性据点转化而来的诸侯,一类是由生产性据点转化而来的诸侯。归服方国的情况比较复杂,因归服时间的早晚、地理位置的远近以及由于征服、投靠等归服原因不同而与商王朝具有不同的关系,商王朝对他的统治政策因而也有所不同,商王朝与归服诸侯的关系呈现出立体层次。

(一) 商王朝的内服官制度

在商王朝畿内的官员是内服官。内服官可以根据其执掌分为主要负责王朝政务或事务的外廷官和主要负责商王生活的内廷官,其中外廷官又可分为

---

① 《尚书·酒诰》。

政务官、事务类职官、宗教文化类职官、武官等四种。

政务官指负责处理日常政务的各级行政长官，除上面所说的商王的决策机构外，还包括各级官吏，即《尚书·酒诰》的"越在内服，百僚、庶尹"之类，《大盂鼎》的"殷正百辟"。政务类职官是王朝正常运转的主体，也是商王最依重的部分。

事务性官员是指负责执行的官吏，主要是从事经济活动的人员，包括牧、犬、刍正、司工、小籍臣、小刈臣、多马、以小臣、多宁、多御正等，这些官员主要从事不需要研究决策的程序性的生产活动，属于王朝的技术性职官。

宗教性职官主要从事占卜和祭祀以及文化活动的职官，主要包括贞人、巫、作册等。宗教类职官在商代是一个比较特殊的群体，早商与晚商的宗教类职官发生了变化。商代前期宗教类职官具有相当强大的势力，不仅掌握神权，同时还控制着政务职官团体，有着超过政务职官的地位，但到后期，商王通过对祭祀和占卜的制度化，使祭祀和占卜都成为程式化的活动，参与人员的自由发挥度受到极大限制，神职人员逐渐向专业的技术性官员转化，而不再是一种具有特殊权力的职官，从周初周人对商末职官系统的描述"越在内服，百僚、庶尹、惟亚、惟服、宗工，越百姓、里居（君）"①，可以看出，神职系统已经变得不是那么重要了。有学者认为："政职系统有从神务与政务不分的状态中独立出来的倾向。"②

武官指商王朝的各级将领与其他侧重武职的官职，包括师长、亚、马、射、戍等，他们是商王朝开拓疆域和守御领土的主体力量。

上述的政务官、事务类职官、宗教文化类职官、武官组成商朝的外廷官系统。

内廷官主要为王的生活提供服务，这类职官主要包括宰、寝、小臣等。由于古代国与家不分，他们往往表现为国家职官，而实际上他们也经常参与国家事务的决策和处理，内廷职官的发展有一个特别明显的倾向性特征，即一部分内廷官总处于向外廷官的转化之中。

商代已经建立了一个由行政主官（称尹、冢宰或卿士）、多尹集团、政务官、事务类职官、宗教文化类职官、武官和内廷官组成的较为完备的系

---

① 《尚书·酒诰》。

② 张荣明：《商周的国家结构与国家宗教》，《社会科学战线》2000 年第 2 期。

统，能够有效地推行王朝的政策，在广大地域进行行政管理。但商代职官分职尚不明确，导致职权范围的不明朗，造成职官系统的混乱。对此商王采取一些补充措施，临时委派某些人员处理。另外，商王为了巩固其权力，对某些官职并不固定化，"不惟其官，惟其人"，临时性委派人员的现象很多，甲骨卜辞中有大量"令"、"呼"某人做某事的记录，有相当一部分当是这种情况。与此相适应，经常参与其事的小臣、多臣、多子等也逐渐形成了相对固定的集团，成为商代官制中的补充部分。

《尚书·周官》："唐虞稽古，建官惟百……夏商官倍"，《礼记·明堂位》："夏后世百官，殷二百"，都记载商代已经建立了固定职官达二百的官僚系统，考之文献、甲骨与考古资料，这些记载当是可信的。

1. 外廷官

（1）政务性职官

①辅政主官。商人已经设置仅次于王的主官，商人辅政主官的设置经历了一相制、双相制和三公制三个阶段。

商汤时期，即以伊尹为最高辅政官，"昔在中叶，有震且业。允也天子！降予卿士。实维阿衡，实左右商王"。商汤可能有限制相权的意思，又设左相，《左传》定公元年："伊尹为丞相，仲虺为左相"①，出现了双相制。商朝的主官制度一直维持下来，《尚书·君奭》："我闻在昔，成汤既受命，时则有若伊尹，格于皇天。在太甲，时则有若保衡。在太戊，时则有若伊陟、臣扈，格于上帝；巫咸乂王家。在祖乙，时则有若巫贤。在武丁，时则有若甘盘。率惟兹有陈，保乂有殷。"由于材料缺乏，不能确定是否双相制也一直被保留，便从大戊时的情况看，"帝太戊立伊陟为相……伊陟赞言于巫咸。巫咸治王家有成"②，双相制一直被保留了下来。

武丁时，出现了三公制。武丁先是"三年不言，政事决于家宰"③，又提拔甘盘，"居殷，命卿士甘盘"④。后在原有双相制的基础上，另举傅说为太傅，从而形成了三公制度。三公制是王权对相权斗争的结果。商代的三公同

---

① 《书钞》卷五十引《帝王世纪》。
② 《史记·殷本纪》。
③ 同上。
④ 《竹书纪年》。

为商王的最高辅佐，由其中一人兼任最高辅政官，"以三公摄冢宰"①。但到商末，三公的权力实际已经十分微弱，商纣时期的三公不仅权力没有确定，甚至连生命也难以保障，《史记·殷本纪》："（纣）以西伯昌、九侯、鄂侯为三公。九侯有好女，入之纣。九侯女不喜淫，纣怒，杀之，而醢九侯。鄂侯争之强，辨之疾，并脯鄂侯。西伯昌闻之，窃叹。崇侯虎知之，以告纣，纣囚西伯羑里。"

②决策机构。商王朝建立了一个由多尹组成的决策团体。甲骨文中有"多君"与"多尹"：

　　辛未王卜，曰余告多君曰：殷卜有祟。（《合集》24135）
　　□未王卜，[曰] 余告 [多] 君曰：殷 [卜] 吉。（《合集》24137）

从卜辞可以看出，当商王占卜有结果后告于多君与多尹，这应该就是《尚书·洪范》中所说的"谋于卿士"。卜辞另有：

　　戊子卜，矣，贞王曰：余其曰：多尹，其令二侯上丝眔仓侯，其……周。（《合集》23560）

上辞涉及商王命令上丝侯和仓侯执行与周有关的政务而与多尹进行商量。李学勤先生认为"卜辞君、尹二字经常互用，多尹也就是多君……殷墟卜辞里的多君（多尹）也应即商的朝臣"②。

商朝有一个由多尹组成的谋士集团，这些多尹的是商王从各级官员和贵族及族长中选拔出来的，为商王出谋划策，被称为"多尹"或"多君"，成为辅助商王的决策机构。

③地方政务官员。商代的地方政务依靠宗族来实施，各族族长也自然成为基层的执行者，成为王朝的低级官吏。各族族长实际是商王朝的基层官吏，参加王朝事务的处理和执行。

（2）事务性职官

事务性职官主要指掌管经济生产的官员。

---

① 《尚书·伊训》孔传。
② 李学勤：《释多君、多子》，《甲骨文与殷商史》，上海古籍出版社1983年版。

①农官。农业是商代最重要的生产部门，商王朝管理农业的事务官有小耤臣、小秄（刈）臣、田畯等。

②牧官。商代畜牧业发达，祭祀中大量使用牲畜作为牺牲，最多一次即献祭千牛。① 商代牧场的设置范围很广，商王朝设有管理畜牧业的职官，主要有刍正、牛正、牛臣、羊司、豕司、麀司、牧、牧正等。

③工官。商代的手工业十分发达，涉及建筑、陶瓷、纺织、木作、冶铸、制玉、制骨、酿造等各个行业，商王朝实行"工商食官"的制度，所以有相当一部分手工业直接掌握在商王手中，由王朝委派官员管理，商王朝设有专门管理建筑工程和手工业生产的职官，称"司工"②。司工是建筑业和手工业的总管，其下设有各个行业的分管官员，这些分管官员又可以称多工或百工，百工是司空之下的各个分支管理者，包括许多行业的官员。甲骨文中所见的有尹工、右尹工、左工、右工等。

④山川林虞官。商代对山川林泽进行管理官员包括小丘臣、犬官和司鱼等。

⑤仓储官。上述事务性职官皆是生产性职官，物品产出后需要储存，手工业产品需要交换，商王朝实行"工商食官"政策，所以在储藏和交换过程中，政府起重要作用，设立了负责管理的职官。在农业地区，主要产品是粮食，储藏于各仓廪，这些仓廪主要由当地部族负责，王朝不设立专门的官员管理，但经常派人视察。在城市和大的聚居地，手工业产品和进贡所来的各种祭祀用品等，则储存于"多宁"。"多宁"既负责物品的储藏，也负责物品的流通，同时还负责在祭祀时提供牺牲和祭品，具有多重职能。

⑥其他事务性职官。除可以明确界定为某方面的事务官员外，商代还有一些负责管理车马的御正、车小臣，负责管理人力小众人臣、小多马羌臣，及负责族事务的五正、宗工等。

（3）武官

"国之大事，在祀与戎"，军事活动是古代国家生活的主要内容之一。商代虽然没有形成严格的官员职能分划，但已经出现了侧重军事的职官。商代的军事职官大致有师、亚、马、多马、马小臣、射、戍、使等。

---

① 《合集》1027。

② 郭沫若主编：《中国史稿》，人民出版社1976年版，第208页。

（4）宗教文化职官

商代存在着一个宗教文化团体，为商王朝的统治提供精神武器和知识支持。这个团体总体都属于宗教神职人员，但由于国家机构的完善和实际执掌的具体化，这些神职人员的具体分工有所侧重，我们可以将其区分为占卜职官、史官、乐舞之官等三类。其中占卜职官包括贞人、筮人、巫等；史官包括大史、小史、右史、作册等；乐舞之官包括少师、大师、多万等。

2. 内廷官

商王王宫内有大量女子和小臣，构成服侍商王的主体。古代社会国与家相表里，负责商王生活的人员，也被视作国家的职官，这些主要负责商王生活的官员官员称内廷官。内廷官包括后、妇、宰、多食、邑小臣、卤小臣、寝、小疾臣等。

（二）商王朝的外服职官制度

商代的外服官吏构成十分复杂，大体上可以分为三类，一类是商王直接控制的农庄、牧场、奠、戍等据点内的官吏，一类是侯、甸、男、卫和商王朝在外服分封的亲信侯国，一类是归服方国。三者混杂在一起，呈现出犬牙交错的形势。

商代外服官称谓系统包括侯、伯、子、男、田、任等六种。商代外服职官有一个发展的过程，妇、子、亚、侯、伯、男、田、卫、戍、牧等都曾在外服服役过，但并非都是专门的外服职官，后来随着社会的发展和制度的完善，出现了专门的外服职官，其中以有侯、甸、男（任）、卫四种最为重要。

商代外服中，侯、甸、男、卫的本来应该是由王委派的在外服执行任务的团体，《逸周书·职方》孔晁注："侯，为王斥候也。服，言服王事也。甸，田也，治田又入谷也。男，任也，任王事……卫，为王扞卫也"，其相对独立的诸侯的地位并不是自始即有的，只是有些团体由于地理位置、形势等因素，难以完全依靠中央王朝的力量生存的情况下，才转化为具有诸侯特征的组织。但他们对于中央王朝的关系依然是密切的，没有强烈的独立性。但并非所有称侯、甸、男者皆商人王朝所建立，有时归服方国也可以称侯或男等。这种情况大致可以分为类，一是归服方国完全被商王朝所征服，称侯以示其独立性降低，如商末出现的鬼侯，也可能就是"高宗征鬼方，三年克之"① 的鬼方首领；一是方国在归服后，商王朝可能会有所抚柔，有时为了表示亲近以商王朝的职官系统称呼之，如而伯又称而任，又伯又称又侯。这可能是随着其中央王朝关系的亲疏而定的，但也可能是而方中另外的成员被王朝任命到别的地方担任职务。

伯则是归服方国首领，归服后被划入外服，虽然也服从商王命令，但具有较强的离心力。

商代的外服职官处于一个不断完善的过程中，主要趋势是简化，最终大体形成了一个由侯、田、伯组成的外服职官系统。

商代建立了内外服制度，外服是商王安全保障的重要地区，一方面建立军事性据点，设立众多的侯、甸、男、卫等具有相对独立的武装团体，一方面对外围的异族方国进行联合，以实现连续地区的稳定。当中央王朝势力强大时，对异族方国的控制较为牢固，边疆稳定，国家的势力延伸到方国地区，当中央王朝势力衰落时，方国脱离中央，国家的势力退守到侯、甸、男、卫所控制的外服区，《左传》昭公十年所言"古者天子守在四夷，天子卑，守在诸侯"，是对这一状况较为贴切的描述。

诸侯对商王朝要尽一定的义务，主要是为王朝服役、向王朝进贡、为王朝戍边、随商王进行军事征伐等四个方面：②

一是为王朝服役。诸侯首领本人或派人到中央王任职服役，是商代诸侯的重要义务之一。甲骨文中有：

> 庚申卜，王，宙隹余令伯紳使旅。(《合集》20088)
> 丁丑卜，殷，贞王往立秭，延此沚戓。(《合集》9557)
> 贞沚戓其乍王。八月。(《合集》3954 正)

即是王以伯紳为使者出使到旅地，王令沚戓参加农业或手工业生产管理。另外卜辞中还有许多诸侯参与王朝事务的记载：

> □辰，贞令犬侯叶王事。(《合集》32966)

---

① 《易·震》。

② 参见王宇信、杨升南《中国政治制度通史·先秦卷》，人民出版社1996年版，第237—240页。

贞雀叶王事。(《合集》10125)
丁丑卜，王，贞令竹、崇、兀于卜囚叶朕事。(《合集》20333)
己卯卜，王，贞鼓其取宋伯盃，鼓囚叶朕事。宋伯盃比鼓。二月。(《合集》20075)

上引卜辞皆是诸侯参与王朝事务处理的记载。方国诸侯还在商王朝担任贞人，为王室提供服务：

乙巳卜，亘，贞羽不其受年。(《合集》9790正)

诸侯除了本人到王朝任职，还需向王朝提供人才。另外，还有向王朝进贡巫：

贞禹以巫。
贞禹弗其以巫。
禹以巫。(《合集》946正)
……周取巫于垂。(《合集》8115)
巫子嬪以。(《合集》5874)

这当是地方诸侯向商王朝委派神职人员，应当是贡士制度的雏形。

二是向王朝朝贡。诸侯要向商王朝进贡。甲骨文中有大量诸侯向王朝以、入、来、供、见等行为的记录：

□未卜，贞军以牛。(《合集》8975)
旬有二日乙卯，允有来自光，以羌刍五十。(《合集》94)
雀入二百五十。(《合集》1531反)
癸未卜，亘，贞画来兕。(《合集》9172正)

也有王朝向诸侯索取的记录：

庚子卜，争，贞令员取玉于龠。(《合集》4720)
贞勿呼取方骨马。(《合集》8796正)

> 庚子卜，亘，贞呼取工刍以。（《英藏》757）

所进贡的物品十分广泛，贡纳一方面为商王朝提供大量物质财富，是王朝重要的经济来源，另一方面也是诸侯臣服于中央的政治象征，是国家生活中的重要内容。

三是为王朝戍边。诸侯为王朝戍边主要表现于向王朝告警、为王朝人员提供食宿、作为王朝军事行动的前哨和补给点等几个方面。

四是随商王进行军事征伐。商王朝虽已经建立起常备军，但很多时候还需要诸侯军队的配合：

> 贞王叀侯告比征夷。六月。（《合集》6460 正）
> 贞王叀而伯龟比伐□方。（《合集》6480）
> 丁卯，贞禽巫九禽，余其比多田多伯征盂方伯炎。隹衣翌日步，亡尤。自上下于叔示，余受有佑，不曾戋。告于兹大邑商，无耆。在䏌。引吉，在十月遘大丁翌。（《合集》36511）
> 癸酉卜，戍伐。右牧禽启夷方，戍有戋。引吉。（《屯南》2320）

为商王提供武装力量，听命于王朝进行军事行动，是商代诸侯重要的义务之一。

> 戊寅卜，㱿，贞登人三千呼伐舌方，弗［其受有佑］。（《合集》6171）

在要求各地诸侯向王朝尽义务的同时，王朝也极力加强对诸侯的监控与掌握，积极参与地方事务的决断。王朝与各地方政权联系十分密切，经常向各地派遣使者：

> 使人于羍。（《合集》5534）
> 贞勿使人于岳。（《合集》5521）
> 丁丑卜，韦，贞使人于我。（《合集》5525）
> 王勿使人于沚。（《合集》5530 甲）
> 丙子卜，㱿，贞勿呼鸣比戍使畓。（《合集》1110 正）

己未卜，王，来使人南。(《合集》20345)

随着中央王朝与地方关系的加强，有时商王朝会就某一诸侯任命一名专门使者，负责王朝与诸侯之间的沟通。甲骨文中有"立史"：

贞卓立史于🅇侯。六月。(《合集》5505)
丙辰卜，㱿，立缋史。(《合集》5513)
贞立明史。(《合集》7075)
贞立须史。(《合集》5514)

这里的"立史"当是指设立专职的使者，以加强对这些地方的联系与监控。商代后期，地方诸侯开始出现了地域联合化倾向，出现了"东侯"、"西田"等集团化称呼，随着地方政权向联合化演进，商王朝出现了负责某一联合区域的专门使者，甲骨文中有"东使"、"西使"、"北御史"，当即商王朝派往东方、西方及北方的使者。专门使者的出现，使得使者的职责不再只是临时奔走于商王与诸侯之间的信息传递者，而是带有视察、监督、协助地方事务等多重职能，平时可能驻于诸侯之地，可以参与当地的一些决策，具有代表中央王朝的政务和军事职官的性质。

从商王朝对外服方国的控制可以看出，商朝并不是方国联盟，而是一个专制王权国家。

第三节　商王朝的法律制度

一　商代法律沿革

商代已经建成了较完备的法律，《诗·大雅·荡》："匪上帝不时，殷不用旧。虽无老成人，尚有典刑"，《集传》："典刑，旧法也"，《通释》："《尔雅·释诂》：'刑，常也。'郑笺：训为典法者，法亦常也"，即商人就已经建立起固定的法律，《荀子·正名》称"刑名从商"，商人的法律对后世有深远的影响。

商人建国之初即已经制定法律，《左传》昭公六年："商有乱政，而作汤刑"，成为商人的行为准则，《史记·殷本纪》："帝太甲元年，伊尹作《伊训》、作《肆命》、作《徂后》"，《集解》引郑玄："《肆命》者，陈政教所当为也,《徂后》者,言汤之法度也",即伊尹对汤所制定的法律进行了解释。

盘庚时曾重申商汤之法,《尚书·盘庚上》:"盘庚敩于民,由乃在位,以常旧服,正法度",通过法律的强制性以实现迁都的目的。

祖甲时对法律进行了改革。今本《竹书纪年》说:"祖甲二十四年,重作汤刑",可能是祖甲时代对《汤刑》进行了补充和修订。雷学淇曰:"汤之刑,仅三百而已,甲以为轻而增益之",即祖甲时期对法律进行了改革。

到殷末,商王朝对法律进行了较大修改。《尚书·西伯勘黎》称纣王:"不虞天性,不迪率典",蔡注云:"典,常法也",指出殷末在法律制度上也抛弃了旧有的法典。《史记·殷本纪》:"百姓怨望而诸侯有畔者,于是纣乃重刑辟,有炮格之法",可见,殷末时帝辛的确对法律进行了改革,加重了惩罚的力度。

二 商代法律的依据与实施

商人法律的合理性是来自神权的,神授是法律来源的基本依据。商人以天命为政权的来源,《诗·商颂·玄鸟》亦称:"天命玄鸟,降而生商",对于罪人,商王也打出"致天之罚"的旗帜,《墨子·非乐》引汤之《官刑》云:"上帝弗常,九有以亡;上帝不顺,降之百殃。"① 而《尚书·盘庚》更直接说:"失于政,陈于兹,高后丕乃崇降罪疾",把法律说成是执行神灵的意志。另外甲骨文中也有关于行使法律的记载:

贞执屯,王占曰:执。(《合集》697 反)
贞其刵百人。(《合集》1043)
庚辰卜,王,朕剢羌,不嘼死。(《合集》525)

是否执行刑罚需要占卜询问,表现出神灵意志在法律决断中的作用。

在现实当中,商王朝也建立了有效维护统治的法律实践体系。甲骨文中有许多与抓捕有关的记录,甲骨文中有""、""、""、""、""、""、"、""、""等形,隶作幸、㚔、执等,其意主要与抓捕有关。从甲骨文和考古资料可以看出,除普通的绳索捆绑外,商代已经出现了梏、桎、枷等束缚手、足、颈的专门的拘押刑具。商代可能出现了专职的抓捕罪犯官

---

① 孙诒让《墨子间诂》以此段或为《大誓》之文。

员，但因其他官员也经常兼摄法律事务，所以商代应该尚没有出现专门的执法机构。承担和执行抓捕任务的力量是军队，即商王借军事力量维护法律与治安。

当罪犯被抓捕后，即进行审判，商王朝尚设立专门的法律职官，法律事务由各级政务官员处理。

甲骨文有字作"㕣"、"㕣"，于省吾释"听"字。① 《尚书·大传·周传》："诸侯不同听"，旧注："听，议狱也。"卜辞有：

  贞王听隹囚。
  贞王听不隹囚。（《合集》6033 正）

即是占卜商王听狱。宋镇豪认为商代审讯包括"（一）向司法部门提起诉讼、案件被受理、司察审判及（二）核准断狱、定罪、量刑施刑等两个系列司法程序"。②

三　商代法律的律条

商代已经建立了比较完备的法律，已经初步出现了约束官吏的官刑、规范军队的军法和适用大多数社会成员的普通法律。

（一）官刑

商代官刑大致有渎职之罪、三风十愆、放任不匡三种。

渎职之罪。《汤诰》："毋不有功于民，勤力乃事。予乃大罚殛女，毋无怨"，"不道，毋之在国，女毋我怨"③，凡是不为民做事，不勤于政事的都要受到惩罚，不守约束的诸侯，则使之不能回国。

三风十愆。古文《尚书·伊训》载伊尹为太甲"制官刑；儆于有位（百官）"，规定官吏的罪名有"三风十愆"，"三风"是巫风、淫风、乱风，"十愆"指恒舞、酣歌、贪财、好色、游玩、畋狩、侮圣言、逆忠直、远耆德、比顽童等十大过失。而对三风十愆的处罚十分严厉，官吏触犯一种，即"家必丧"，"国必亡"。

---

① 于省吾：《甲骨文字释林·释㕣、㕣》，中华书局1979年版，第83页。
② 胡庆钧主编：《早期奴隶制社会比较研究》，中国社会科学出版社1996年版。
③ 《史记·殷本纪》。

放任不匡。《尚书·伊训》在告诫卿士勿犯"三风十愆"后又说:"臣下不匡,其刑墨",即如果卿士的臣属未对上级的违法行为进行劝谏,则处以墨刑。

商代官刑最基本的罪名是玩忽职守,这说明商代官刑主要目的在于促使官吏忠于职守。其刑罚也有明确规定,"君子出丝二卫"、"臣下不匡,其刑墨",商代对官吏违法量刑已经有一定的适用法律。

(二)军事法

商代军法的最基本内容是对于在战斗中有功的人员给予赏赐,而对于不听指挥、逃避战斗的士兵则处以严厉的刑罚,《尚书·汤誓》:"尔尚辅予一人,致天之罚,予其大赉汝,尔无不信,朕不食言。尔不从誓言,予则孥戮汝,罔有攸赦。"

(三)其他律条

1. 不孝。《吕氏春秋·孝行》引《商书》说:"刑三百,罪莫重于不孝。"

2. 造谣生事。《尚书·盘庚》载"今汝聒聒,起信险肤","不和吉言于百姓","胥动以浮言,恐沈于众",即编造谣言,煽动民众。商王对这种行为予关注和惩罚,"惟汝自生毒,乃败祸奸宄,以自灾于厥身","矧予制乃短长之命"。

3. 违背王命。《尚书·盘庚》:"汝不忧朕心之攸困,乃咸大不宣乃心",如果依然不听众劝告,不肯遵从王朝的命令,必然受到神灵的惩罚,"失于政,陈于兹,高后丕乃崇降罪疾……曰:'曷不暨朕幼孙有比。'故有爽德,自上其罚汝,汝罔能迪"。

4. 扰乱秩序。《尚书·盘庚》:"乃有不吉不迪,颠越不恭,暂遇奸宄,我乃劓殄灭之,无遗育。"

5. 囤积货贿。"有乱政同位,具乃贝玉,乃祖乃父丕告我高后曰:'作丕刑于朕孙。'迪高后丕乃崇降弗祥"。告诫臣民"无总于货宝,生生自庸"。

6. 危害公共秩序。《韩非子·内储说上》云:"殷之法,弃灰于公道者断其手。"孔子解释说:"夫弃灰于街必掩人,掩人,人必怒,怒则斗,斗必三族相残也,此残三族之道也,虽刑之可也。且夫重罚者,人之所恶也,而无弃灰,人之所易也,使人行之所易,而无离所恶,此治之道。"

7. 连坐之刑。与罪犯相关的人也会因之受到惩罚。

四 商代的刑罚

商王朝对于已经审判的罪犯,根据审判结果加以处置。有的直接被杀,有的被用为牺牲,有的被施刑后成为奴隶。商代的刑罚可以分肉刑和徒刑两类。

(一) 肉刑——商代的五刑

商代对罪犯的处罚已经大体采取五刑之法,甲骨文中已经出现了墨、劓、刖、宫、大辟等五刑,刑罚已经较为完备,《汉书·董仲舒传》所言"殷人执五刑以督奸,伤肌肤以惩恶"是基本可信的。

1. 墨刑。甲骨文中有辛字,"▽"、"▽"等形,郭沫若认为"余谓此即黥刑之会意也"①。甲骨文中有:

乙酉卜,王,贞余辛朕老工,延我冀。(《合集》20613)

"是商王对其'老工'施以'辛'(黥面)之刑"②,另甲骨文中有"▽"字,为墨刑的专字。③ 卜辞有:

辛未,贞其墨多仆。
其刖多仆。(《屯南》857)

即是卜问对多仆施以墨刑还是施以刖刑。

2. 劓刑。商代的劓刑为一个刑系,包括割鼻、割耳、刻目三个刑种,皆是针对五官施行的残刑。

(1) 劓刑。劓刑是商代比较常用的刑法,《尚书·盘庚》:"乃有不吉不迪,颠越不恭,暂遇奸宄,我乃劓殄灭之,无遗育,无俾易种于兹新邑。"甲骨文中有"▽"字,为以刀割鼻之形:

---

① 郭沫若:《甲骨文字研究·释支干》,大东书局1931年版。
② 王宇信、杨升南:《甲骨学一百年》,社会科学文献出版社1999年版,第487页。
③ 宋镇豪:《甲骨文中所见商代的墨刑及有关方面的考察》,《出土文献研究》第5辑,科学出版社1999年版。

贞呼劓，[若]。(《合集》5995 正)

(2) 刵刑。与劓并列的刑罚有刵，《尚书·康诰》："非汝封刑人杀人，无或刑人杀人。非汝封又曰劓刵人，无或劓刵人"，康叔封商人旧地，沿用商人旧法，上所言劓、刵应该是殷人的制度。李学勤《海外访古续记》隶释一块武丁时左尾甲下端的龟腹甲残片三字作：

劓刵刖。(《德瑞荷比》121)

刵即《尚书·康诰》所载之刵刑①，宋镇豪进一步认为劓、刵、刖三刑一系，是商代常用刑罚之一。②

(3) 剜目之刑。甲骨文中有"𥃩"字，为掐目之义。③ 甲骨文中有：

乙亥卜，宾，贞告以羌𥃩用自……(《合集》280)
丁巳卜，宾，贞𥃩侑于大示。(《合集》14832 正)

即以挖羌奴之目献祭祖先。

3. 刖刑。甲骨文中有字作"𠁁"、"𠁂"、"𠁃"、"𠁄"等形，为刖字。④ 甲骨文中有：

丁巳卜，亘，贞刖若。(《合集》6001 正)
其刖多仆。(《屯南》857)
贞刖仆八十人，不死。(《合集》580 正)
贞刖仆，不死。(《合集》581)
[贞]其又刖百人，其有死。(《合集》1042)

---

① 李学勤：《海外访古续记》，《文物天地》1992 年第 6 期。
② 宋镇豪：《甲骨文中所见商代的墨刑及有关方面的考察》，《出土文献研究》第 5 集，科学出版社 1999 年版。
③ 晁福林：《殷商制度的若干问题试探》，《史学论衡》，北京师范大学出版社 1991 年版。
④ 胡厚宣：《殷代的刖刑》，《考古》1973 年第 2 期。

刖是一种常用的刑罚，商代考古中也出土了许多刖刑资料，安阳后冈、河北藁城等商代遗址都曾发现受刖刑的人骨架。

刖刑有轻重不同，可分为斩双足、斩右足和斩左足三种不同的刖罚，行刑的工具也不尽相同，从上揭甲骨文中可以看出，有用锯者，如"㦰"，有用刀者，如"刖"，还有用钺执行的。

商代还有断手之刑。《韩非子·内储说上》云："殷之法，弃灰于公道者断其手"，"殷法刑弃灰"，河北藁城台西商代遗址第13号探坑一具遗骨双手双脚被锯去，说明断手与断足是类似的刑罚，应该属于同一系列。

商代的刖刑一系实有断足、髌膝和断手三种刑罚。

4. 宫刑。甲骨文有"𠂤"、"𠃊"字，即剢，是去势之刑，后世称宫刑。卜辞有：

庚辰卜，王，朕剢羌，不齿死。（《合集》525）
□寅［卜］，□，贞……剢。（《合集》5996）
……□剢……（《合集》5997）

5. 死刑。商代罪犯的死刑可以分为两种，一种是普通刑，即单纯的剥夺生命的刑罚；一种是将罪犯用作牺牲，将作为祭品献给神灵。

（1）普通死刑。根据甲骨文和文献中的资料，普通死刑可以分为：钺杀、戈杀、弓箭杀、醢刑和脯刑、族诛等多种形式。

（2）用作牺牲。在普通死刑惩罚之外，商代的神判也在死刑中体现出来，最主要的表现之一即是把罪犯作为牺牲，成为向神灵献的贡品。由于商代祭祀和祭仪的多样性，使死刑也呈现出十分复杂的情形，计有叙（凌迟）、炆（火刑）、卯（剖刑）、𤉲（活埋）、沉（沉溺）等。

商代死刑的多样性和不确定性，充分体现了商人"刑不可知"的特点，具有极强的恐怖性和警示性。

（二）徒刑

商代的徒刑基本可以分为徒役、囚禁和流放三类，这三类徒刑虽然在形式上有所差别，但从本质上说，都是商王朝的国家奴隶，需要从事极为繁重的劳动。

第四节　小结

商王朝已经是一个高度分化的社会，出现了贵族、平民、非自由人等社会阶层。

商王是贵族统治阶级的最高首领，是因为商王是全国军事力量的最高统帅，掌握全国的军事力量；商王也是商王朝神权政治的体现者，垄断着对上帝、鬼神和祖先的祭祀大权；商王又是全国土地的最高所有者，有权处置各级贵族占有的土地，并把土地加以分封。而受封土地的贵族和诸侯，承担着对商王朝的沉重义务，并处在中央王朝的绝对控制之下；商王朝的贵族统治阶级由王廷诸子、王廷诸妇、王廷贵族和方伯、诸侯等组成，商王对全国的控制，就是通过他们实现的。

与商朝贵族统治阶级处于互相对立，又互相依存的构成一个整体的另一面，是广大的被统治阶级。甲骨文中的"人"，是处于社会底层的被统治阶级人的身份标志和专称，包括自由人和非自由人。甲骨文中以数字（单位词）计的人，除一部分地位与自由的群体人相近外，大量的以单位词计并标示不同名目的人，就是"非自由人"。其中有战争的俘虏，也有祭祀时的牺牲。那些幸存生命，并被投入社会生产和生活领域的非自由人，诸如羌、仆、奚、刍等才是真正意义的奴隶。

甲骨文中的众和众人，虽然偶有被用于祭祀时的人牲或被屠杀的事实，但用于祭牲或被屠杀的卜辞相对较少；众和众人只是"偶有用单位词表示其具体的数量"，因而众和众人地位应比"以单位词（数量）表示的不同名目的非自由人"要高；同时因为众和众人与商王及贵族有着某种疏远的血缘关系，因此商王表现了一定程度的对众和众人的关心。商王把众和众人用在方国战争或重要戍守等军事活动中，或投入社会的农业生产领域及田猎活动中，也表明他们的人身是有相当自由的。但他们已被排斥在宗族组织之外，因而社会地位较为低下。

商朝是在对外战争和征服中建立和发展起来的国家。在商朝社会中，少数以商王为代表的贵族，统治着广大平民和奴隶阶级。而以商王为首的商族贵族征服者，统治着广大的被征服方国、诸侯。商贵族奴隶主阶级，为实现对被统治广大被征服地区的有效统治，保障商王朝社会生活的有序进行和社会生产的正常运作，商王朝全面继承了夏王朝的国家机器和政治经验，在建国之初就已形成了较完备的国家机器，并在历代商王的统治实践中不断加以完善和发展。

就国家制度而言，商王朝上承国家初建的夏朝，下启"郁郁乎文哉"的周朝，是中国文明和国家形成时期的重要阶段。

夏朝处于国家初建阶段，国家制度尚不完善。同时由于夏朝是在治理洪水过程中通过和平合作建立的国家，基本保留了各地原有的政权和势力。夏朝的国家结构也相对简单，基本是由中央王朝与周边方国结成的不平等联盟。中央王朝与其属国之间，虽然建立了不平等的权力关系，但各地方国依然具有强烈的独立特征。各方国的与王朝的关系也基本相似，没有形成复杂的互相统属立体结构。

商朝则是在战争和征服基础上建立起来的国家。征服和被征服者被纳入同一个国家，形成了立体的权力结构。同时，通过战争，商人掌握了大量可以自由支配的人口和土地资源，为分封制提供了条件，商人在征服地区的边远地带进行了分封。分封制在日后商人开拓领土的过程中被广泛采用，成为商王朝巩固疆域和向前开拓的有效工具。分封制与内外服制的建立，奠定了商代国家政治制度和统治方式的基础。

由于商王朝是一个征服国家，其疆域是历代商王征战开拓而来。所以，商代的内服和外服很长时期内处于不断的变化之中。但到商代晚期，虽然依然战事频繁，其疆域则基本确定下来。在分封制和内外服制的基础上，商王朝建立了较为完善的国家机构和权力系统，在广大地域内实行有效的统治。

商王朝建立之初，王权尚受到以相权为代表的神权的挑战。商代经过历代商王的努力，到武丁时代，终于完成了王权的集中，商王把祭祀权、占卜权、军事权和经济大权都集中到自己手中，成为至高无上的统治者。

商王治下的国家，以王畿为限分为内服和外服，商王朝在内服和外服实行不同的统治方式。内服是商王朝可以直接控制的地区，按照管理方式基本可以分两类：一类由商王直接管理的地区，包括城市和重要据点、国家设立的直属商王的据点，直属于商王的地方部族。一类是畿内封邑。商王朝在内服职官系统基本分为辅政主官、决策机构、执行机构、史官和各级地方政务官，对王畿进行管理。按职能划分，商朝的职官可以划分为外廷官和内廷官两大类，其中外廷官包括行政主官、政务官、事务官、武官、宗教文化官等负责商王朝的国家事务，内廷官主要指寝、小臣等，主要负责商王的生活事务。

商代总体上形成了由商王、行政主官、决策执行机构和各级地方官员构成的立体权力体系。商王朝的高层权力机构较为完善，在地方的统治则主要依靠族，族组织成为商王朝的实际基层行政单位。

商代外服的统治主要由商王分封的诸侯负责。商代的外服职官系统是逐渐成熟起来的，由于最初的分封只是应对新征服地区的权宜措施，而不是系统的制度。所以外服没有确定的职官称谓系统，侯、伯、男（任）、田、卫、子、妇、亚、戍、牧等都曾出现在外服职官当中，但随着商王朝疆域的稳定，外服也逐渐系统化，其中侯、伯、男（任）、田成为主要的外服地区职官，其中侯、男（任）和卫主要是商王朝分封建立的诸侯，而伯则主要指归服方国首领。到商代末期，则基本形成了以侯、田、伯为主的外服官系统。商代并没有形成通用的爵阶制度，只是商代末期，出现了地区性的诸侯集团，出于合作的需要，出现了等级差别。

商王朝通过内外服制建立了各级管理机构，保障政令的实施。在各级机构之外，商王朝还通过建立奠、戍、牧等各种生产、军事据点，构建了遍布在全国各地的据点网络，成为商王朝在各地的堡垒和前哨；加强道路系统建设和路政管理，构建了遍布畿内的路网和羁舍体系，巩固畿内统治的同时扩大了对外服控制范围；商王朝把据点网络、道路体系与各地诸侯结合起来，形成了拱卫商王朝的军事体系，成为王朝巩固统治、维护安全和开拓领土的有效机制。

在完成各级机构和组织建设的同时，商王朝还重视制度建设。商代已经形成了初具规模的法律制度，出现了针对官员、军队和一般社会成员的分类法律，也出现了较完备的五刑，根据不同的犯罪情节对罪犯分别处以墨、刖、宫、辟、徒役、流放等刑罚，并建立了监狱。

商代虽然建立了较完备的制度，但毕竟处于国家形成的早期，尚有许多不成熟的地方。商王朝作为三代时期的中间朝代，处于国家制度完善的关键阶段，许多机构和制度初建时期，商王朝的政治制度是一个不断变动不断完善的过程。商王朝的许多制度都具有创新性和变动性，具有明显的过渡阶段特点。

第五章

《殷本纪》订补与商史人物徵

司马迁的《史记·殷本纪》以商朝世系为主线，记录了有商一代的王事活动。百年来的甲骨文研究成果，证实了《殷本纪》基本可信。由此切入，研究殷先公远世、先公近世及先王世系，结合甲骨金文、考古材料和其他文献资料，增叙甲骨文中的人物，可以订补商代的史事史迹。

第一节 关于《殷本纪》殷商世系及
商族史迹的一般认识

一 《殷本纪》对商代史研究的价值

《殷本纪》对商代史研究具有重要史料价值，表现在三个方面：一，《殷本纪》，产生于公元前100年前后，从时间上看，体现了其时间的早期性；二，《殷本纪》以世系为时间坐标，以历世殷王贵族为叙述中心，构稽商民族自先商时期至整个商代长达约一千年的历史，体现了其系统的完整性；三，司马迁作《殷本纪》时，所用材料的原始性和叙述史事的公正性，使其具有相当的客观可靠性。正因为此，《殷本纪》为构建商代史提供了框架基础，也使复原真实的商史成为可能。目前，利用地下出土文字材料和考古材料，结合先秦文献，重新构建真正的商史，条件已经具备。

《殷本纪》真实可靠的历史学价值，与司马迁的家学与师承有密切关系，其父司马谈为汉武帝时太史令，司马谈的博学多识及对先秦学术的系统认识，对司马迁的史学思想，具有直接影响。司马迁不仅接受家学熏陶，而且还博采各家所长，向今文经学大师董仲舒学习《公羊春秋》，又向古文经学大师孔安国学习《古文尚书》。正是这种家学与师承，从小就培育了司马迁丰富的历史学思想与知识，为他日后编写《史记》奠定了学术基础。

司马迁于元封三年（公元前108年），继父亲之职任太史令，这使他有更多的机会博览皇家图籍。正是这些独特的条件，司马迁饱读天下群书，对先秦传世古籍得以有最全面的把握。他还游历天下，进行实地考察，以调查所得活资料与传世文献相印证。司马迁在编写《史记》时，大量采集先秦传世典籍，并将其融会贯通，条理分类，不仅将五帝以来2500年左右的上古文明史作了全面的反映，而且增强了《史记》所叙史事的真实性。

司马迁以"实录"精神，博采先秦"六经""诸子"典籍。今考《史记》一书，所明引先秦古书，即达一百余种，其中《六经》及记传说解书二十余种，诸子百家书五十余种，历史地理书二十余种，文学艺术书近十种。司马迁对这些先秦典籍谨慎考订后，将其作为主要资料来源而将其内容融会贯通于《史记》之中。这就是所谓"厥协"与"整齐"。《史记》的取材主要是来自六艺经传，对"六经"的运用能做到剪裁、补史、训释、熔铸的综合贯通，通过实录与创造，实现"究天人之际，通古今之变，成一家之言"的目标。

二 《殷本纪》的时代局限

司马迁在家学与师承的影响下，通过实地考察与调查，与传世文献、口耳传闻资料，最后著成《史记》。《史记》具备很高的史料价值，《殷本纪》作为十二本纪中的第三篇，自然不能例外。尽管如此，《殷本纪》仍有其时代局限。先秦时期，各部族、各诸侯国都有史书。其最初的史书为口耳相传的民族史诗，至夏商周三代之后，著于竹帛，镂于金石，是为"颂"。其后衍为散文，是为"春秋"，即《孟子·离娄下》所谓"王者之迹熄而《诗》亡，《诗》亡然后《春秋》作"。"春秋"成了各诸侯国史书的通名。先秦时期，历代统治者都十分重视历史承传，而其中共同的特点是，学术典籍藏于官府，而管理学术的史官则为世代相传。作为民族命运所系的史官学术，夏、商、周三族十分重视其发展，可以说，夏、商、周三代的文明发展史，也就是当时史官学术繁荣史。春秋以后，史官学术典籍已极为繁荣。我们试在前辈学者研究的基础上，对先秦文献里所列三代学术典籍的书名略作收罗，竟达七八十种之多。如此丰富的先秦学术典籍，本可以为司马迁编著《史记》时全面采纳。令人痛心的是，秦并六国，为了统一政令，首先要做的便是焚毁各诸侯国的史书典籍。《史记·六国年表序》：

> 秦既得意，烧天下《诗》《书》，诸侯史记尤甚。

这是因为，春秋以前，学在官府，各国史籍均由朝廷史官所藏，民间没有流传，所以焚烧起来特别彻底。尽管司马迁在编纂《史记》前已博览皇室典籍，并遍游全国实地考察，收集资料。但实际上，先秦时期的许多历史资料已经丢失。《太史公自序》谓："略推三代，录秦汉，上记轩辕，下至于兹，著十二本纪。"由此可知，作为三代本纪之一的《殷本纪》，在资料来源上是有所局限的。

秦始皇"焚书坑儒"，各诸侯国史籍几乎殆尽。而孔子整理的"六经"，因孔子弟子传授而散在各国民间流传。因此，秦始皇焚书时，"六经"虽在被焚之列，却终没有灭绝。司马迁著《史记》五帝本纪与三代本纪，主要材料来源就是六经。《诗》《书》《礼》《易》《乐》《春秋》，并非孔子创作，而是在孔子之前即已存在。司马迁的《史记》，正是以孔子整理的"六经"为主要资料来源，言成五帝与三代本纪，这是其可取的一面。另一方面，孔子所处时代在思想文化上出现了一个巨大变化，这就是宗教精神的淡化和人文精神的崛起。孔子"不语怪力乱神"，"敬鬼神而远之"，倡导以人为中心的"仁"学。而上古历史文化本是通过宗教的形式承传下来的，孔子这种以人文精神改造原始宗教文化的倾向，在孔子整理六经时是必然会有所体现的，从而形成了中原儒家典籍的理性礼仪特点。而司马迁著《史记》时，以采纳儒家典籍为主。司马迁作《史记》之五帝、三代本纪时所采取的"择其言尤雅者"之儒家标准，必然会造成《史记》叙述上古史时的局限性。因为五帝时代与夏、商两代的宗教文化仍十分浓厚，并影响当时的社会结构。若以西周礼制文化基础上提升发展的儒家理性文化为标准来削裁处理五帝与夏商时代，难免会造成一定程度上的历史失实。这一点在《殷本纪》中正有反映，如王恒一世的疏漏等。司马迁取材时，"考信于六经"，主观上造成了《史记·殷本纪》在选取先秦史料时的一定片面性，导致对殷商历史记录的部分失真。

三 订补《殷本纪》的历史契机

商代历史以成汤建国为界，分为先公、先王两个阶段。第一阶段的先公时期，又分先公远祖和先公近世两个阶段。远祖先公指帝喾至王亥以前，属于商人历史的神话传说时代，《殷本纪》有远祖先公世系。但甲骨文发现百年多来，仍未找到远祖先公的排列世次，故有关先公世系，尚有待深入研究。第二阶段先王时期，甲骨文中有按照顺序祭祀商王的卜辞，可以按周祭顺序作出验证，故可以进行详细订补。

从总体看，《史记·殷本纪》所载商族先公、先王各代世系，基本可信，可以建立整个商族从先商时期到整个商代的历史框架。但也有失实处，需要修订。对《史记》的修订补充工作，历代均有学者做过。西汉一代，续补《史记》者即有十几人，其中褚少孙补《史记》十篇，是其中的代表。魏晋以后，逐步形成了"《史记》学"，其中有影响者有刘宋的裴骃《史记集解》，唐代司马贞的《史记索隐》，张守节的《史记正义》。至清代，《史记》考证学大兴，出现相关专著几十部，其中特别著名者有王鸣盛《史记商榷》、钱大昕《史记考证》、赵翼《史记札记》、梁玉绳《史记志疑》等。前人研究，在《史记》文字音义、史事考辨方面取得了很大成就，为后人读懂、读通、准确把握《史记》，创造了良好基础。而对《史记》研究取得突破性进展，始于1899年殷墟甲骨文的发现、20世纪有关五帝至夏商周三代的考古不断发现，对《史记》进行全面订补的条件已经具备。

概括起来看，今天订补《殷本纪》的有利条件至少有如下一些方面：

第一，利用甲骨文、青铜器铭文、简牍帛书等地下出土文字资料，印证订补《殷本纪》。1917年，王国维第一次利用甲骨文资料与《史记》、《楚辞》、《山海经》等传世文献对照研究，发表《殷卜辞中所见先公先王考》和《续考》，证明了《史记》所载殷商先公先王世系大致可靠。继王国维之后，吴其昌、郭沫若、丁山等对商王世系又作了考证。董作宾、陈梦家、常玉芝、许进雄等利用甲骨文中反映出来的周祭制度，对商王世系进行了深入研究。学者们还利用商代晚期的一些有铭青铜器和战国以来的简牍帛书资料，如故宫博物院所藏邲其卣，以及湖北荆门郭店楚简、上海博物馆所藏战国楚简等，这些资料对于我们进一步完善商代世系提供了重要依据。

第二，有关商族从起源到商建国发展过程的遗址遗物的发现，为我们订补《殷本纪》提供了物质证据和框架定位。《殷本纪》叙述商族的起源发展比较简略，虽有契居"蕃"、昭明居"砥石"等地名，但其具体地望并不明确，以至学术界根据地名考证商族起源地望有鲁西豫东说、东北的辽西说、内蒙古东部说、太行山东麓的河北南部说、晋南地区说、东南江浙一带说等多种说法。新中国成立以来，考古工作者经过不断努力，终于发现了有关商族起源及其早期发展的先商文化遗址。从这些文化遗迹看，河北南部的先商文化漳河型与河南北部的先商文化辉卫型，基本上与历史学上的从商契起源到商汤克夏的商族先公时期相当。

商族在很长一段时期内处于流动阶段，张衡《西京赋》概括为"殷人屡迁，前八后五"。前八次迁移的范围大致在今河北石家庄往南至邢台、邯郸到河南的安阳、新乡一带，位于先商考古范围内。后五次，据文献记载，结合考古学上已提供的相应的都城遗址，大致可得结论如下：偃师商城、郑州商城与亳都；安阳洹北商城与相都或盘庚所迁之殷都；邢台东先贤遗址与邢都；安阳殷墟遗址与殷都。在这些城址内，考古工作者还发现许多具有鲜明商文化特征的遗物，如卜骨、青铜器、陶器等，有些遗物上还有文字与刻划符号，极有利于我们对《殷本纪》所载商代史的印证与补充。目前，有关商民族与商代的考古发现与研究，遍及黄河中下游，南跨长江，北越长城。这些范围广阔、内涵丰富的考古遗址与遗物，是我们全面订补《殷本纪》最可靠的资料。这是订补《殷本纪》的又一历史契机。

第二节 商族先公史略

一 自黄帝至帝喾世系的传闻

郭沫若曾经指出："殷之先世，大抵自上甲以下入于有史时代，自上甲以上则为神话传说时代。"① 商人在神话传说时代，从时间跨度上，商族先公及其史略，可分为自黄帝至帝喾、自帝喾至王亥两个阶段。

自黄帝至帝喾时期，是商族发展的追溯期，据《殷本纪》载，商族的女始祖——简狄，为帝喾次妃，帝喾为《五帝本纪》中的五帝之一。② 在二千多年的儒家传统史学体系中，商族与黄帝有密切的关系。五帝时期，是华夏族氏族社会的形成和发展时期，《殷本纪》云："契长而佐禹治水有功，帝舜乃命契曰……（契）封于商，赐姓子氏。契兴于唐、虞、大禹之际。"由此说明商族的世系可以追溯到史前时期，自黄帝到帝喾，旨在探索商族形成的

---

① 郭沫若：《卜辞通纂》，科学出版社1983年版，第74页。
② 《史记·五帝本纪》："帝喾高辛者，黄帝之曾孙也。"

源流，可根据文献记载，梳理炎黄两族的发展世系，探索商族远祖帝喾活动的时与地，然后结合考古发掘的先商文化遗迹和遗存，探求商人发展的生活轨迹。

商族先祖帝喾与黄帝有传承关系，可以从先秦、秦汉文献中有关黄炎氏族的发展世系推测商族远祖帝喾族活动的时与地。《左传》、《国语》、《山海经》、古本《竹书纪年》、《世本》等先秦文献以及《吕氏春秋》《大戴礼记》、《淮南子》、《史记》等秦汉文献里，有黄、炎两族起源、发展、壮大的世系，其世系资料，大致可以分两个系统，一个系统偏重于历史方面，一个系统偏重于神话方面。偏重于历史的黄炎世系，见《国语·晋语》、《国语·周语下》，其世系如图：

$$
少典氏+有蛴氏\begin{cases}黄帝（姬）—鲧—禹—杞、鄫\\ 炎帝（姜）—共工—四岳—申、吕、齐、许\end{cases}
$$

黄炎两族都在黄河流域由西往东发展。偏重于神话方面的黄炎世系，见《国语·晋语四》、《山海经·海内经》、《山海经·大荒西经》、《山海经·大荒北经》、《大戴礼记·帝系》、《史记·五帝本纪》、《史记·殷本纪》、《史记·周本纪》等，其关系为：

$$
炎帝—炎居—节并—戏器—祝融—共工—\begin{cases}四岳\\ 术器\\ 后土—噎鸣—岁十二\\ 信—夸父\end{cases}
$$

其中，《国语·郑语》还有祝融八姓的传说。偏重于神话方面的黄炎世系，地理范围较大，其中黄帝一族有许多分支世系，大致分布在黄河流域，炎帝一族也分化成不同世系，地理范围则在长江流域。通过对文献梳理后，试图把商族远祖帝喾活动的时与地，放在黄炎两族的大背景下来讨论。有关黄炎世系，是东周以后的人根据传闻而构拟，在古代，各远古民族都有重世系、辨源流、讲历史的传统，因此，即使是传闻世系，也有一定依据。

黄帝世系中，玄嚣与昌意是重要的两支。而商契在玄嚣一系，《大戴礼记·帝系》云："青阳降居泜水，昌意降居若水。"据学者考证，古代的泜水有两处，一处为河北的槐河，一处在河南的沙河。黄帝、玄嚣都在今河南中部，其后代亦大都在中原一带。邹衡、李伯谦等，通过对漳河型先商文化的分析，与有关文献的互证，认为商契起源于太行山东麓的河北南部的邢台、邯郸一带。

商族远祖帝喾，《大戴礼记·帝系》、《史记》的《五帝本纪》、《夏本纪》、《殷本纪》、《周本纪》等文献里，帝喾属于黄帝族的支系玄嚣系统，帝舜属于黄帝族的另一支系昌意系统。《五帝本纪》为黄帝—帝颛顼—帝喾—帝尧—帝舜的传承世系，即喾属于第三位帝，舜属于第五位帝。喾与舜虽同源于黄帝，但在支系与时代上是有明确区别的。《大戴礼记》与《史记》的五帝系统里，没有帝俊。然而，在《山海经》等神话传说里，帝俊与帝喾、帝舜实为一神之三名，而且喾与舜是从俊中分化出来的，帝俊与帝喾有相通之处，见《山海经·大荒南经》、《大荒东经》、《海内经》、《初学记》卷九引《帝王世纪》等。帝俊即帝舜，也有证据，见《大荒南经》等。由此，帝舜与帝喾也相通，其佐证如：《礼记·祭法》："殷人，帝喾而郊冥"，《国语·鲁语》："商人帝舜而祖契。"可见喾或舜只是殷商人心目中的最早祖先的不同称呼而已。俊、喾、舜乃一神之三名。王国维认为甲骨文中的有一字写作侧面的半人半兽形，可释为"夋"字，读为夒，是商人祖先"夋（俊）"，也就是喾。甲骨文中，有高祖夒（《屯南》4528），与先公上甲（《合集》34169）一起受祭，他具有祖先神的神格。从夒的身份和地位看，王国维的说法具有说服力。

二 自契至王亥世系的订补

起于契，止于王亥阶段，是商族的形成和发展时期。

契是商人可追溯的有世系相连的第一位男先祖，见于《诗经·商颂·玄鸟》、《诗·商颂·长发》、《楚辞·天问》、《楚辞·离骚》、《楚辞·九章·思美人》的"玄鸟生商"，记简狄吞玄鸟而孕契的故事，表明了两层含义：1.商族以玄鸟为其图腾物；2.从商契开始即已进入父系社会。

契又称玄王，载见《左传》文公二年、《国语》、《荀子·成相》、《礼记·祭法》、《世本》等，均谓契起于尧舜禹之际。甲骨文中的？，罗振玉考释为兕，董作宾等学者认为是商人的第一先祖——契，因缺乏世系的直接系联关系，还有待后考。

据《殷本纪》记载远祖世系为：

　　　　帝喾—契—昭明—相土—昌若—曹圉—冥—振

王国维在《殷卜辞中所见先公先王考》、《殷卜辞中所见先公先王续考》中所考订的远祖先公夒即帝喾。从甲骨文中夒的身份和地位看，王国维的说法具有说服力。"夒"是商王祭祀的重要对象，他常与远祖先公河、岳一起受到祭祀，董作宾、李旦丘、岛邦男等认为他是商人的第一位男性始祖——契。夒受祭祀时，缺乏与后世先公先王世系的直接联系，故夒为契此种说法尚待后考。

昭明、昌若、曹圉三位先公除《世本》外，没有其他文献可印证。甲骨文中，无法找到与此先公的身份相同的受祭者。先公相土，能得到先秦文献的印证，见《诗·商颂·长发》、《左传》定公四年、襄公九年等，甲骨文中，土与称高祖的河、岳、兕等一起受祭，说明应是商先公之一。但他是否就是相土，还有待证明。

冥、振之后尚可加补恒，与微合为四世先公远祖，见于《国语·鲁语上》、《楚辞·天问》、《吕氏春秋·勿躬篇》、《世本·帝系篇》、《世本·作篇》、《山海经·大荒东经》等文献记载。冥即文献中的王亥之父季。王亥即《殷本纪》中的振，亥在《世本》中作核，《汉书·古今人表》中作垓，《吕氏春秋·勿躬篇》作冰，《世本·作篇》作胲。《山海经·大荒东经》作王亥，《竹书纪年》作"殷王子亥"。王恒是王亥之弟，只见《楚辞·天问》而不见《殷本纪》。今甲骨文及《楚辞·天问》相印证，上甲微与其父王亥之间，当有王恒一世，这是《殷本纪》需要订补之处。王亥、王恒、上甲微是商族在先商时期的重要先公，其史事既见于先秦文献，其名又得到甲骨文证明，有关这一段先商历史的真实可靠性当毋庸置疑。

王亥见于甲骨文，其字从隹亥声，是商族鸟图腾的直接体现。在商先公世系中，王恒为王亥之弟，上甲微是王亥之子还是王恒之子，胡厚宣先生认为上甲是王亥之子。这几位先公时的社会社会经济状况仍处于游牧流动阶段，游牧流动的活动地点是在北部，当时与先商民族所交往的主要是北方民族，如有易、河伯等。

甲骨文中还有高祖河、岳、炘、季、娥、昌等，其中，河称高祖，说明他是商人先祖，岳与河同版同条辞例中受祭，说明岳也是商人高祖之一。炘、季、娥、昌等，他们与商人的先公高祖一样，能影响风雨，也受到隆重祭祀，但他们究竟与商先公有无关系，若是先公，又相当于《史记·殷本纪》中的哪位先公，还有待进一步研究。

三 自上甲至示癸世系的订补

据《殷本纪》载，自上甲至示癸六示的世系为：

微—报丁—报乙—报丙—主壬—主癸

王国维在《殷卜辞中所见先公先王续考》中，对两版甲骨的拼合（即《合集》32384），纠正了《殷本纪》所载的报丁、报乙、报丙的世系顺序，示壬、示癸即文献中的主壬、主癸。因此，从上甲到主癸六示先王顺序为：

（上甲）微—报乙—报丙—报丁—主壬—主癸

自上甲至示癸六世先公中，上甲是甲骨文中商王周祭的第一位先公，说明商族自上甲六世时已进入了信史时代。上甲受到各种祭祀，不仅单独受祭，又有与其他先公或先王一起合祭，他既可以赐福人间，也可以降灾，兼具祖先神和自然神的神威与功能。上甲以甲日命名，开启后面先公报乙、报丙、报丁、示壬、示癸之一系，都是以所谓甲、乙、丙、丁、戊、己、庚、辛、壬、癸十天干命名。有关商族先公用天干称名的问题，隐含着丰富的文化内涵。甲骨文中称上甲、报乙、报丙、报丁、示壬、示癸六先公为上甲三报二示，在商代后期形成的周祭制度中，上甲六示被排在第一旬，与以后的各旬受祭的先公先王，形成一个完整的商人列祖列宗世系谱。上甲三报二示的庙号完整地进入到甲骨文的祀典中，说明商族对自上甲以来的世系及相关历史已有了明确的记录并清楚地承传下来。

先妣受周祭，则始于示壬之配偶妣庚和示癸之配偶妣甲。周祭卜辞中出现示壬、示癸的配偶具有十分重要的意义。在上甲六示中，虽然上甲与三报已进入周祭制度，列入商人周祭的第一旬，标志着商族信而可证的历史的开始，但上甲配偶的庙号还未见于卜辞，这当然不是说上甲没有配偶，只能说明上甲配偶的庙号在当时没有记载，因而到了晚商举行周祭时已无法可稽了。三报配偶的情况当也是如此。于省吾根据甲骨文材料，论证了商人的成文历史始于二示（示壬、示癸）的观点，他指出："甲骨文祀典中的庙号，二示以前均无可考，而自二示和二示以后的先王和先妣的庙号，则尚为完备，这是有典可稽的缘故。至于上甲和三报的庙号，由于无典可稽，故后人有意识地排定为甲乙丙丁。而上甲和三报配偶的庙号，也由于同样的原因而付之阙如……只概括地称之为'三报母'……甲骨文中直系先妣，自示壬的配偶妣庚和示癸的配偶妣甲开始……她们的庙号，是根据典册的记载，决非后人所追拟。因此可知，示壬示癸的庙号也有典可稽……这种商代早期的典册，已被后世史官所修订。"①

自上甲至示壬、示癸六示的祀典，尤其是示壬、示癸及其配偶见于典册的事实，使我们有理由相信，商族人至少在上甲六示开始，已进入了成文历史记录的时代。

第三节 商王及其配偶纪略

商代先王时期，按照《殷本纪》世系顺序，可以分为前、中、后三个阶段：（一）自成汤到大戊、雍己时是为商代前期；（二）从中丁至阳甲时是为商代中期；（三）盘庚至商末帝辛是为商代后期。

历世商王的研究，自甲骨文发现后，王国维结合《殷本纪》，写有《殷卜辞中所见先公先王考》及《殷卜辞中所见先公先王续考》。此后，周鸿祥的《商殷帝王本纪》及严一萍的《殷商史记》，也有相关阐述。随着甲骨文及商史研究的深入，尤其是周祭制度的厘定，使研究商先王的视野又有了扩大，即对于商王配偶的考索，这还涉及商代王位继承制度难题的解决。商王世系有直系和旁系之别，区分的标准，若王之子嗣王位，王的配偶必在周祭中受祭，那么，这位父王就属于直系先王。若王虽然受到周祭，其配偶却未受周祭，那么，此王则为旁系先王。

一 前期商王及其配偶

自成汤到太戊、雍己时期史实的订补，包括了成汤·妣丙的史实；大丁·妣戊、外丙·妣甲、中壬的史实；沃丁、大庚·妣壬的史实；小甲、大

---

① 于省吾：《甲骨文字释林》，中华书局1979年版，第193—197页。

戊、雍己的史实。

成汤·妣丙的订补。汤为夏诸侯，称商侯，统治深得民心，又招揽贤才，如女鸠、女房、仲虺、义伯、仲伯、咎单等，协助治理国事，势力逐渐强大，代替夏桀征讨夏之"不义"之君。随着成汤在夏诸侯中威信提高和势力强大，以灭温为转折点，由讨伐夏有罪之国转变为剪伐夏臣属国，成汤于景亳会，征韦、取顾、讨昆吾，为灭夏建立了稳定的后方。夏桀愈暴乱迷惑，杀良臣关龙逄，夏太史令、费伯昌奔商及伊尹的反间计的成功，为成汤灭商奠定了人才基础。汤率领良车七十乘，士兵六千人，于鸣条之地，作《汤誓》，与夏桀交战。夏桀败北，奔南巢而死。成汤建立商王朝。建国之初，成汤令咎单作民居，以加强对臣民的管理；设置官职，置左右"相"。制礼作乐，定桑林之乐。因治国有方，故诸侯臣服。为便于对天下统治，迁都于天下之中——今河洛地区。1983年偃师商城的发现与发掘，证实了文献所载之不虚。成汤为商王十二或十三年，受到后世子孙的尊重和敬仰，成为周祭的第一先王。其配妣丙，又称高妣丙，也受到周祭，还尊为求生受孕的生育女神。

大丁·妣戊、外丙·妣甲、中壬的订补。分为三段，据《殷本纪》记载，成汤崩后，王位的传承为：

大乙[1]—大丁—大甲[4]
外丙[2]
中壬[3]

根据其他文献，外丙与大丁之子大甲继成汤后为王有两种记载：一种是外丙继成汤后为王；一种是大丁之子大甲直接继承商王位。甲骨文发现后的商代周祭制度，是严格按照商先王即位先后为顺序而祭祀先王及直系先王配偶的，对此段历史的订补为：

大丁为成汤嫡长子，曾立为太子，未即王位而卒。成汤崩，王位由成汤之嫡长孙、大丁之子大甲直接继承商王位，因大甲暴虐、乱德、不遵汤法、不明朝政，伊尹放大甲于桐宫。商王位出现空缺，由大甲之叔外丙即位为商王，伊尹一方面教育大甲、一方面摄政当国，以朝诸侯，既防止商家族内部对大甲失位后其他"王子"对王位的觊觎，又使天下诸侯认识到伊尹并没有篡夺商王位，以此保持天下的安宁。中壬不曾为王。

沃丁、大庚·妣壬的订补。沃丁其实不曾为王，据《殷本纪》载，大甲崩后，由大甲之子——沃丁、大庚相继为王。但甲骨文中，沃丁不见受祭祀的占卜，更不受周祭，沃丁一世是否存在，已受到怀疑，应订补为：大甲崩，其子大庚继位为王。大庚与其配偶妣壬同入周祭祀谱。

小甲、大戊、雍己的订补。据《殷本纪》载，太庚崩后，王位传承为：

小甲—雍己—大戊

自成汤建国到太庚时，商王位传承基本上按照"父死子继"的顺序传承，小甲、雍己、大戊分别为太庚之子，他们相继为商王，出现了"兄终弟及"的王位传承情况，还出现了小甲、雍己两王时的衰亡局面和大戊时期的灾异现象。根据周祭祀谱，其顺序为：

小甲—大戊—雍己

根据先即位为王先受祭、后即位为王后受祭的周祭原则，大戊在雍己前即位为王。这是《殷本纪》所载的失误之处，需要予以修订。大戊为商王朝的盛君，在位75年，有伊陟、臣扈、巫咸协助大戊处理朝政，改变了其兄小甲即位以来殷道衰亡的局面，出现了商王朝自成汤建国以来的空前强盛。大戊崩后，由其弟雍己即位为王，商王朝出现衰亡。大戊时期的强盛，为其子中丁夺取商王位奠定了政治、经济基础。也正是大庚三子相继为王的出现，为后世王位争夺创造了条件，出现了商王朝历史上的"比九世乱"。

二 中期商王及其配偶

中期商王以"兄终弟及"和"父死子继"的方式传位。根据周祭顺序，《殷本纪》所记载商朝世系有两处需要订正和补充。

（一）大戊—雍己—中丁的王位传承订补

大戊是商代的名君，不过大戊之盛却也为其子中丁争夺王位留下了的隐患。周祭顺序证实了《殷本纪》所载中丁为大戊之子之正确，但自大戊到中丁之间的王位传承有误。在大戊到中丁的王位传承中，还有雍己一世。这一订正，纠正了司马迁记载的中丁夺取其父王位的错误，澄清了中丁从其叔父雍己手中夺取了商王位的史实，与"自中丁以来，废嫡而更立诸弟子，弟子或争相代立,比九世乱"的记载正相符合。

中丁以降"废嫡立庶"的"九世乱",是商代史上最衰弱的时期,其根本原因是嫡长子继承制的破坏,导致王位纷争的乱局。九世乱之前的商王朝发展概况为:自成汤至大庚,王位以传(嫡)长子的继承制传承,因商王朝根本制度稳定,商王朝前期,处于历史大发展时期,表现为疆域的扩大和诸侯边境的臣服。大庚有三子小甲—大戊—雍己—(中丁)(按周祭顺序)相继为商王,大戊上有兄小甲、下有弟雍己,其子中丁无论如何,都不应有继承王位的权利,但中丁即位为王。《殷本纪》载大庚三子的顺序为小甲—雍己—大戊—(中丁),大戊直接传子于中丁,不会出现"自中丁"以来王位争夺的记载,周祭制度的研究,使此问题得以解决,更看清楚了中丁破坏了商王朝继承制度的本质——(嫡)长子继承制,造成王位纷争和商王朝国势衰弱的恶果,表现为频繁的迁都和边境诸侯的侵伐,出现了文献记载所说的自小甲到小辛时期的五次商王朝大衰亡的局面。

"九世乱"的结果,带来了商代后期王位继承制度改革的结果,不管是商代前期还是中期,王位都是在"兄"这一支系中传承,说明长子继承王位的观念已深入人心,其结果造成商王朝争夺商王位的斗争愈演愈烈、商王朝一次次中衰的残破局面。阳甲以后,出现了两世兄弟相及的情况,阳甲一世传位于小乙之子武丁,祖庚、祖甲一世传位于康丁,即王位的再传承是传于弟之子而不是兄之子,这种传位方法,是商人在痛定思痛后,作出了继承制度上的调整。根据周祭顺序,"九世乱"时,王位有八次在兄弟和从兄弟之间传承,一世在父子(祖乙—祖辛)传承,由此看出王位争夺的激烈程度。

(二)中丁、外壬、河亶甲、祖乙的王位传承订补

《殷本纪》谓中丁为河亶甲子。但甲骨文中,河亶甲、外壬受到周祭,他们的配偶却未入周祭,说明这两位先王为旁系先王,中丁不是河亶甲子,而是大戊之子。中丁从其叔父雍己手中夺取商王位,于即位初年迁都于嚣。王位争夺的结果,引起边境诸侯的侵犯。中丁崩后,其弟外壬继位为王,甲骨文证实了文献所记载外壬继中丁王位的真实性。另因中丁的配偶妣己和妣癸同时受到周祭,说明他有子继承王位(祖乙应为中丁之子而非河亶甲子)。甲骨文中,中丁还被称为"三祖丁"。

外壬、河亶甲为大戊子、中丁弟,他们分别继承商王位,出现兄终弟及现象。外壬即位,河亶甲继外壬为王,即位元年,又迁都于相,时有诸侯侵伐。因时代久远,无法判明两位的王位是否是争夺而来。

祖乙为中丁子（甲骨文证实），继其叔父河亶甲后为王，即位初，迁都于耿。巫贤为良佐，国势复兴，祖乙卒成盛君。祖乙时，政权平稳过渡，其子祖辛继承商王位，故祖乙与其配偶妣庚、妣己进入了周祭祀谱。

祖辛、沃（羌）甲为祖乙子，相继为王。祖辛之配妣甲进入周祭祀谱，沃甲之配妣庚未进入周祭祀谱。从世系看，祖辛和沃甲虽都有子为王，最后的王位传承又回到了祖乙—祖辛—祖丁—（阳甲、盘庚、小辛）小乙这一支系中，祖乙—沃甲—南庚一系成为旁系，故祖辛的配偶受周祭而沃（羌）甲之配不被周祭。

祖丁和南庚是祖乙孙，分别为祖辛和沃甲子，他们为从兄弟却相继为王，说明王位争夺范围是在整个商王家族间进行。南庚即位，便迁都于奄。南庚崩，祖丁子阳甲继位为王，南庚成为旁系先王。

阳甲是"九世乱"的最后一位商王，诸侯莫朝，出现了商王朝自建国以来的第四次大衰亡。阳甲崩，弟盘庚即位，阳甲成为旁系先王。

三 后期商王及其配偶

后期商王始于盘庚，至于帝辛。盘庚迁殷，扭转了"九世乱"所造成的商王朝的衰败局面，武丁时进入鼎盛之世。

盘庚继"九世乱"后即位为王，为抑制贵族势力的发展以加强王权，迁都于殷。盘庚迁殷是商王朝历史上的大事，迁殷的目的，是为"绍复先王之大业，厎绥四方"，即恢复先王成汤时的辉煌业绩，对天下进行统治。殷都在今安阳殷墟，具有良好的生态环境。盘庚力排旧贵族势力的阻挠，迁都于殷，施行新政，国家逐渐强大，随着对四土的经营，形成诸侯臣服的局面，对商代后期273年的历史产生了深远的影响。盘庚由此成为一代明君。

小辛、小乙为祖丁子，阳甲、盘庚弟，他们都曾继位为王，小乙崩后，子武丁为商王。

武丁为太子时，学于甘盘，自河徂亳，从其行进的路线推测，商王朝至少自小乙时，就已经做好了经营西部和西北部的准备。武丁在此西进的过程中，了解到民间疾苦，这对他为王后善于体察民情有好处。武丁即位后，先后任用甘盘、傅说为卿士，总理商王朝的官僚机构。武丁周围，还有一批异姓和同姓贵族，如望乘、师般、沚馘、甾、子画、子商、雀、禽、吴、戍、并、缶、壴、犬延等，他们分别从不同方面辅佐武丁执政。武丁时有所谓"高宗雊雉"的事情发生，一次肜祭成汤时有飞雉登鼎而鸣，引起武丁恐惧，以为是对失政的警示。武丁于是反省自己，以思先王之道，修政行德。武丁文治武功，使商王朝进入鼎盛时期。武丁死后被尊为高宗。其三个配偶妣辛、妣癸、妣戊与武丁一起受到周祭。据研究，妣辛就是妇好，妣戊就是妇井。

祖己、祖庚、祖甲为武丁子，祖（孝）己立为太子，武丁惑后妻之言，放逐而死。武丁崩，祖庚、祖甲先后即位为王。又因祖甲有子为王，祖己、祖庚分别成为旁系先王。祖甲时有所谓"改制"，主要是对祀典及占卜方面的改革。周祭制度创于祖甲时期，是改制的一项重要内容，到后来帝乙、帝辛时期更加严密。周祭制度的本质是在强调宗法制度中（嫡）长子的宗法地位。占卜方面的改革，表现在祖甲时期人情化、人性化的占卜几乎没有，对祭祀却更加重视，反映了祖甲时期祭祀祖先在社会政治生活中的作用越来越受到重视。另外王权的加强及重修汤刑，也是祖甲改革的重要内容。后世对祖甲褒贬不一，一种观点认为祖甲淫乱，导致商王朝衰败，一种观点则认为祖甲是商王朝很有作为的商王。然祖甲治国有方，体察民情，改革祀典，加强刑罚，经略边疆，故周公把他与中宗大戊、高宗武丁及周文王并举，足见周人对祖甲评价之高。祖甲崩，与其配偶妣戊一起受到周祭。其子康丁即位为王。

廪辛、康丁，据《殷本纪》载，廪辛曾先于康丁即位为王，但在甲骨文中不见廪辛受祭，说明他不曾即王位，史载有误。康丁崩后，与其配偶妣辛一起，受到子孙周祭。

武乙时，周人发展壮大，武乙却因田猎，死于周人控制的势力范围内——河、渭间。武乙有配偶妣戊，从肆簋铭看，其受到酓祀，常玉芝认为这并不能证明她进入周祭系统。

文丁时期，商王朝灾难丛生，洹水一日三绝，周人持续发展，文丁杀季历，企图阻止周人的壮大，但事与愿违，周人在文丁时期的发展，为推翻商王朝的统治奠定了基础。

帝乙时期，商周交恶，边境诸侯交相侵伐，国势衰弱；内政上，帝乙欲废嫡立庶，为帝辛灭国埋下了隐患。

帝辛名纣，有旷世之才，但刚愎自用，导致诸侯叛离，商王朝统治集团也分裂成两大派系，一大派系为微子、箕子、比干、胶鬲、三公等，他们严格地遵守国家法典，他们对商纣王的淫乱暴虐，进行了激烈的斗争。另一大派系是以纣王为首的当权执政派，有费中、恶来、崇侯虎等，他们助纣为虐。而西部崛起的周人，因周文王修善行仁且善用权术，表面上臣服于商，实际上却不断削弱和翦除着阻挡周东向发展的商王朝臣属国，为周人灭商扫清障碍。商周牧野之战，纣师倒戈，武王率兵驰骋疆场，纣王兵败退登鹿台，蒙玉衣自焚而死。一代枭雄，身死国灭。

商先王先妣世系表

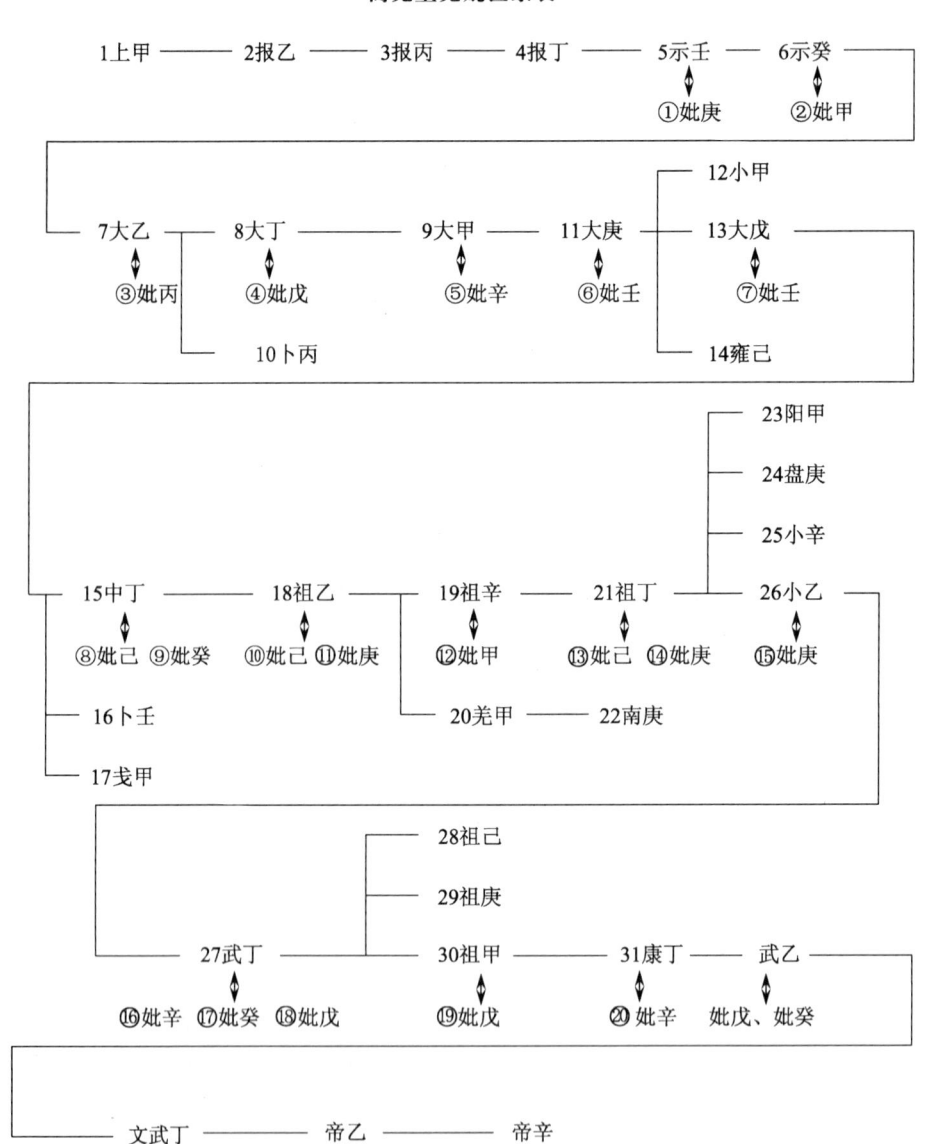

```
1上甲 ── 2报乙 ── 3报丙 ── 4报丁 ── 5示壬 ── 6示癸
                                      ↕         ↕
                                      ①妣庚     ②妣甲

  ┌─────────────────────────────────────────────┐
  │                                      ┌─ 12小甲
  7大乙 ── 8大丁    9大甲    11大庚 ── 13大戊
  ↕        ↕        ↕        ↕         ↕
  ③妣丙   ④妣戊   ⑤妣辛   ⑥妣壬    ⑦妣壬
           │                            └─ 14雍己
           └─ 10卜丙

  ┌──────────────────────────────────────────┐
  │                                   ┌─ 23阳甲
  │                                   ├─ 24盘庚
  │                                   ├─ 25小辛
  15中丁 ── 18祖乙 ── 19祖辛 ── 21祖丁 ── 26小乙
  ↕          ↕  ↕       ↕         ↕  ↕       ↕
  ⑧妣己 ⑨妣癸 ⑩妣己 ⑪妣庚 ⑫妣甲 ⑬妣己 ⑭妣庚 ⑮妣庚
  │                   │
  ├─ 16卜壬           └─ 20羌甲 ── 22南庚
  └─ 17戈甲

                    ┌─ 28祖己
                    ├─ 29祖庚
  27武丁 ──────────┤    30祖甲 ── 31康丁 ── 武乙
  ↕ ↕  ↕              ↕           ↕         ↕
  ⑯妣辛 ⑰妣癸 ⑱妣戊   ⑲妣戊      ⑳妣辛    妣戊、妣癸

  └─ 文武丁 ── 帝乙 ── 帝辛
```

商王朝灭亡后，周武王封武庚禄父，为加强对殷人的统治，派三监以监视禄父。成王立，周公摄行政当国，见疑于群弟，管叔、蔡叔与武庚发动了叛乱。周公杀武庚、管叔，放蔡叔，以微子启代殷后，封于宋地；封康叔于殷地以加强对殷遗民的统治；又迁散殷遗民于洛邑等地，分化了周初殷余民反周的势力，周王朝统治逐渐稳定下来。

《史记·殷本纪》载商王朝自成汤建国到帝纣之灭，共有31位与商王有关的人物，其中大丁和祖己，曾立为太子，但未即位为王，根据周祭制度的原则，其地位与即位为王的商先王一样，不仅其本人受周祭，其配偶也进入周祭祀谱（如大丁及其配妣戊）。中壬、沃丁、廪辛不见于甲骨文中，更不受周祭，他们本没有即过王位，当史传有误。实际上，即位为王的商王为27位，因立为太子者与商王地位相等，故有29位商王。古本《竹书纪年》载"汤灭夏以至于受，二十九王，用岁四百九十六年"，当有所本。

第四节 商王朝臣正纪略

一 文献所载商王朝的臣属

文献所载商王朝的臣属，先后有伊尹、仲虺、谊（义）伯与仲伯、女鸠与女房、咎单、伊陟、戊咸、巫贤、臣扈、傅说、祖己、甘盘、三公（九侯、鄂侯、西伯昌）、商容、祖伊、比干、微子、箕子、太师、少师、恶来、费仲、崇侯虎等。这些臣属，有的为商王朝开国功臣，或治理国家的贤臣；有的是纠乱佐政的诤臣，皆属于历史名臣；有的则是嬖臣佞臣，属于遗臭千古的罪臣。

伊尹一名阿衡，是商开国功臣和建国后的辅弼大臣。传说伊尹母居伊水之畔，生伊尹于空桑。伊尹相汤伐桀代夏，建立了商王朝，任小臣，地位显赫，放大甲，摄政以朝，保证了商王朝初期王室政权的平稳过渡，为商王朝初始的发展作出了贡献。他也见于甲骨文中，一称伊奭，受到隆重祭祀。伊尹的治国言论流传甚广，到春秋战国时期形成伊尹学派。

仲虺为成汤左相，作有《仲虺之诰》，谓商汤灭夏乃是"乱者取之，亡者侮之，推亡固存，国之利也"，被后世视为治国存亡的经典。

谊（义）伯、仲伯是成汤贤臣。夏桀败于有娀之虚，携宝而逃，在成汤的追伐下，又弃宝亡命，成汤获宝玉。谊（义）伯、仲伯作《典宝》。《典宝》今佚，内容可能与夏商王朝的礼玉制度有关。

女鸠、女房，成汤时臣正，一说先为夏桀臣。

咎单为成汤时司空，作《明居》，强调"执度度地，居民山川沮泽"，"明居民之法"，主张按地域立邑治理国民。文献有所谓"（沃丁）命卿士咎单"、"咎单遂训伊尹事"的说法，但沃丁其实并不曾即位为王，咎单是否历四世，尚须后考。

伊陟为伊尹后，大戊时相。辅佐大戊，不陨祖业，受到商后王的祭祀。

巫咸是大戊时贤臣，治王家有成。

巫贤为巫咸后人，祖乙时人，辅佐祖乙执政，带来"九世乱"中的复兴。

臣扈为大戊时相，与伊陟共同辅佐大戊执政，并有功于商王朝。

傅说、祖己、甘盘，是商代后期武丁时的重要臣正。傅说出身刑徒或胥靡，武丁以梦得"圣人"而起用傅说为相执政，总宰百官，治国有方。或谓甲骨文中人物"甫"即傅说。

祖己见于文献及甲骨文。关于甲骨文中的祖己和文献中的孝己及祖己，历来有两种观点，一种认为祖己与孝己为一人，一种认为祖己为武丁之臣。文献中的祖己与商王有密切的血缘关系，他不曾即位为王，却曾辅佐过武丁，又在祖庚时期执政，并拥有很大的权力，可见他既非死于武丁时的太子孝己，与甲骨文中的祖己也非一人。

甘盘为小乙、武丁时人，其身世不详，曾为武丁之师，武丁即位后，甘盘被任命为卿士，是对商王朝政治有重要影响的人物。

九侯、鄂侯、西伯昌，合称"三公"，是商纣王时的辅弼之臣。九侯即鬼侯，贡女于纣，女不喜淫，纣怒醢九侯、脯鄂侯，囚西伯。西伯是周族的首领，周人经古公亶父居岐后，周族逐渐强盛，文丁杀季历，商周关系恶化。因周人势力不足以与商相抗衡，又遭受天灾之祸，西伯以灾异为戒，更加注重德行的修养，外则礼交诸侯，内则制定等级秩序，周人更加强大。因威胁到商的安全，纣囚西伯于羑里。因纣贪婪好色，周人献美女宝物，纣赦免西伯归周，又授予其"得专征伐"之权，西伯威信益高。西伯表面臣服于商，暗中完善国家体制，又加强军事力量，取耆，克邘，伐崇，摧毁了商王朝的西部军事防线，为武王灭商打下了坚实的基础。

商容，纣时贤人，因不满纣的暴虐，欲以武力讨伐未遂，隐居太行。武王灭商后，旌表其闾，以表示周人尊重贤人，申扬自己是在替天行道，取商王朝而代之。

祖伊,商后期贤达。西伯戡黎,威胁到商王都的安全,祖伊闻讯,恐惧万状,规谏纣王不要因骄奢淫逸、荒淫腐化而自绝于天。纣王认为自己是天命神授,祖伊知纣王不可救药,殷必丧亡而民遭杀戮。

比干,商纣王时人,出身于王族世家,辅佐商纣执政,因与纣意见相左而惨遭剖腹观心。他与微子、箕子被孔子誉为殷之三仁。

微子是帝乙之(庶)长子,为殷三仁之一。微子辅佐纣王,但因纣王刚愎自用,骄奢淫逸,微子出行。陈奇猷根据《吕氏春秋·诚廉》言召公与微子、叔旦与胶鬲之盟,《贵因》有"胶鬲侯周师"及"甲子至殷郊"的约定,推测胶鬲是微子与周人联系的联络人,认为牧野之战,商纣王前徒倒戈的策划者是微子,微子与周武王里应外合,倾覆了商王朝。

箕子,殷三仁之一。箕子的身世,一说纣之诸父,一说纣之庶兄。辅佐商纣执政,纣荒淫暴虐,比干被杀,微子出行,箕子在规谏无效的情况下,披发佯狂,仍遭到纣王囚禁。武王灭商,箕子嫌己苟且偷生,远奔朝鲜。

太师、少师,商纣王之臣,掌管治理国家的典章制度,见纣王无可救药,遂载商的图法投奔周。

恶来、费仲、崇侯虎,纣时嬖臣。费中善谀,恶来善毁谗。崇侯虎封地位于商王朝西部,其城郭坚固完美,他对商纣王忠心耿耿,是商王朝西土的重要守卫者。因与西伯地势相邻,崇侯虎得知西伯昌行仁义以谋商的意图,告谏于纣。后周人两次伐崇,崇人投降,商西部门户大开。

二 甲骨文所见官僚臣正

(一) 商旧先臣

甲骨文所见商的官僚臣正中,有一批名为黄尹、黄奭、伊尹、伊奭、学戊、咸戊、盡戊及蔑等的旧先臣,或群称为"我旧臣"(《英藏》1186)、"我家旧老臣"(《合集》3522 正),是受到商王朝世代祭祀的先王时期的名臣。其中黄奭即黄尹、伊奭即伊尹,故实际上受到商王朝祭祀的旧先臣为 6 位。这些商旧先臣因有功于商王朝而受祭,正如《尚书·盘庚》所说"兹予大享于先王,尔祖其从与享之"。

黄尹在宁组卜辞中,不仅受到隆重祭祀,而且其神性与权能对商王本人及国家大事,诸如战争、农业都有影响。通过同版卜辞黄尹与商先公比较,黄尹对商王的影响要大于商先公,而从商王对敌方战争时同时告祭先王和黄尹看,黄尹与直系先王的神灵有同等重要性。黄奭是黄尹的另一种称呼。黄为人、地、族名的同一，作为黄尹的后代，商王命令过黄多子出牛侑祭黄尹。黄尹因有功于商王朝，其子孙受封，封地称黄，黄为官于商王朝。为加强与黄族关系，商王室还与其保持婚姻关系。黄族与商王朝基本保持了友好关系，是商王朝统治的重要力量。盡戉是盡族的先祖，其子孙受封，称"盡"。

（二）武丁朝的重臣诸将

甲骨文中有一批武丁朝时期同姓或异姓贵族出身的重臣诸将。这些人物，不见于史书，对他们的系统整理，有助于丰富商代史的内容。

在进行人物传记之前，首先要说明判断同姓和异姓贵族的标准，于省吾讲到如何判定商王本族时已明确提出这样一个标准，谓："《左传》僖公十年：'神不歆非类，民不祀非族'。僖公三十一年：'鬼神非其族类，不歆其祀'。《论语·为政》：'非其鬼而祭之，谄也'。郑玄注：'人鬼曰神，非其祖考而祭之者是谄求福'。《礼记·曲礼》：'非其所祭而祭之，名曰淫祀，淫祀无福。'这些皆说明，先秦时代祭祀必有同族。"[①] 武丁时期的王卜辞中，参与王事活动的人物众多，但在祭祀方面却有差别，由此，可以划分为三组人物：1. 他们参与王室大事，却从不参与祭祀活动者；2. 虽参与祭祀，却仅对某些直系先王的远世进行祭（有的仅助祭）者；3. 对武丁父、母及近世先王祭祀者。这是判断该人物是否为商同姓贵族的标准。同姓贵族中，还可根据其参与的祭祀对象，来判断他们与时王关系的远近。《左传》襄公十二年云："凡诸侯之丧，异姓临于外，同姓于宗庙，同宗于祖庙，同族于祢庙（杜注：父庙也。同族为高祖以下）。"从同姓、同宗、同族临于庙的不同，可以看出，即使是同姓，他们的血缘远近关系也很分明。以此，我们在判断商王的同姓贵族中，可以从这些人物祭祀祖先的行为上进行划分，把他们分成核心、亚核心、次亚核心家族的人物。但通过对众多人物的探讨、寻找其中的规律，大致分出同姓和异姓贵族人物所属。

1. 望乘、师般、沚𢦏、舌、甫

望乘、师般、沚𢦏、舌、甫为一批异姓贵族，他们活跃在武丁时期王室各种事务中，而且又担任着守卫边境的职责。

望乘是武丁时期重臣武将。望为人、地、族名的同一，其地大概位于王

---

① 于省吾：《从甲骨文看商代的社会性质》，《东北人民大学人文科学学报》1957年第2、3期合刊。

都西部。望族内有望乘、望洋、望戉等，不仅同时服务在商王室，而且参与商王朝的对外征伐活动。望乘虽频繁地活动在王室事务中，从不见其参与王室祭祀之占卜，但望乘妇却参与王室祭祀，由此分析，望乘与商王室有婚姻关系。

师般称般或师般，出现在宾组、历组卜辞中。武丁时期的师般，不仅拥有封地，贡纳称臣，而且还接受王命从事王事活动，诸如出使外地（《怀》956）、征收贡物（《合集》826）、对外征伐等。师般不参与王室祭祀，而师般妇却能享有商王为她举行的御祭，说明师般也与商王室保持婚姻关系。

沚原本是一方国（《屯南》4090），位于今山西中部的平遥、汾阳一带，具有重要的战略地位。沚能与武丁时期强大的敌对国如土方、舌方、羌方同时并存于商西土边境，可知其势力的强大。沚国出身的沚或臣服商王朝，称为臣沚（《合集》707）、伯或（《合集》5945），是商王朝分封的外服诸侯。沚或深受武丁重视，既活动于王室事务中，又戍守西土边境，在维护边境的安宁与稳定方面，作出了巨大的贡献。

人、地、族名同一的甾，曾遭受到舌方侵掠，其地位于今山西中部地区。何组卜辞中商王命令五族戍守甾地（《合》28054），说明甾地是商王朝西部军事防御体系中的重要组成部分。甾其人主要活动在武丁时期的军事要务中，担任过"射甾"（《合》5755）的武职。"甾致羌"（《英》756正）、"甾获羌"（《合》165），是甾多次对羌人进行战争的明证。甾也受到商王的关心（《合集》13742）。午组卜辞中有"甾多子"（《合》22297），可能指与甾有血缘关系的一群人。

甫较早臣服于商。甫地不仅是农业区、田猎区和渔业区，而且还是西部军事战略要地。宾辞组卜中甫是武丁时期的重要农业官，也是商王朝在西部诸侯中的代理人，例如，甫命令沚或伐羌方（《合集》6623）。历组卜辞中，甫因叛乱而受到讨伐。甫在历组及黄组卜辞中，作为地名出现，说明其地融入到商版图中的史实。

这五位人物，频繁地活跃在商王朝的各种事务中，他们不参加商王室的祭祀，表明他们是异姓贵族的身份。望有望乘、望洋、望戉，沚有沚或和多沚（《合集》11171正），甾有射甾、甾多子、甾友化等称呼，他们在维护商王朝西部地区的和平与安宁方面，发挥了重要的作用。这些人名的多种称呼，说明了在商王朝的边境地区，分布了许多强宗大族，其家族与商王室一样，保持了核心—次核心这种多层次的社会组织结构。这些强宗大族首领

（一个或多个）为王事奔波，或直接服务于王室，或为商王守边卫土，他们是商王统治所依靠的重要统治力量。他们原本是边境上独立的政治势力，被武丁征服后臣服于商。商王室与他们持有通婚关系，以加强与异族间的联合。通过这些人物的分析研究，可以看出武丁在使用人才方面的策略。

2. 妇好和妇井

妇好和妇井，是武丁的两位重要配偶。对她们的研究，有助于了解商代王后在政治、经济及王家生活中的作用。武丁主要有三位配偶，分别是妣辛、妣戊、妣癸。妣辛在妣戊、妣癸之前受祭①，祖庚、祖甲时称母辛（《合集》23116），她当是武丁的第一配偶。1977年殷墟发现了妇好墓，同出"后母辛"和"妇好"铭文的铜器，学者推测妇好是墓主之名，辛是她的庙号，两者指的是同一人，即后来所称的妣辛。

妇好是武丁之妻的生称，武丁多次为其怀孕、生育、生男生女贞卜，极受武丁的宠爱。妇好作为武丁的嫡后，多次参与王室祭祀的国家之大典，还要协助武丁处理政事，包括关心王族子弟的教育情况；召见多妇，联络贵妇之间的感情以加强商王与贵族之间的团结和睦；参加对外战争，如对羌方、尸方、土方、巴方进行的讨伐。

武丁的另一位配偶妣戊，生称妇井（《屯》4023）。殷墟王陵区发现的"司母戊"大方鼎及甲骨文中妇井在商王室的活动，说明妇井生前受宠，死后受尊的史实。妇井来自于井方，与妇好所掌管的王事有别，主要掌管占卜和农业事务，也参与对外战争。武丁为妇井生育的占卜为数不少，可知其受到商王关爱。

妇好和妇井，分别拥有封地，向武丁贡纳物品，这一现象似表明了商王经济与"王后"经济分离的史实，这对研究商代贵妇的社会地位及其家族结构，有重要启示。

3. 子某

子的含义比较复杂，大致来说有三种含义：一为爵称；二为儿子之子；三为子姓。"子某"或"某子"多为商王后裔，与时王有或近或远的血缘关系，是商代社会的重要统治力量。今择以下一些代表性的"子某"，以究明当时的王族家族结构等有关问题。

子画，参与祭祀活动，《花东》449卜辞云："贞子画爵祖乙，庚亡艰。"

---

① 常玉芝：《商代周祭制度》，中国社会科学出版社1987年版，第97页。

辞义为子画致酒以祭祖乙，庚日不会有灾祸。花东卜辞是子家族卜辞，子与商王有血缘关系。子画参与子家族的祭祀，说明子画是王室成员。根据"子画父庚"（《合集》14019反＋《乙补》4460＋《乙》4352反）之辞推测，子画有可能为盘庚之后，是商王朝的强宗望族。他被分封到具有战略地位的王都东部地区镇守，这里物产丰饶，是重要的农业、畜牧业和田猎区。子画不仅贡纳称臣，而且还参与王事。

子商，参与对父乙、兄丁的祭祀，与武丁关系密切，推测其为武丁之子或侄。子商分宗立族，武丁有为"子商妾"（《英》125）占卜是否分娩及生男生女。因子商具有军事和治国之才，受到武丁的器重和关心，还作为军事将领参加了对谭、基方、缶、羌的战争。

子辟，不见其参加祭祀、军事及其他事务的活动，但商王武丁对子辟的关心和呵护却超过其他"子某"，子辟的身份和地位不同于一般的"子某"。据武丁对子辟的关心及子辟与妇鼠的关系推测，有可能涉及商代王位和财产继承方面的问题。从目前所发现的甲骨文看，有多条商王占卜"妇（某）子"为"余子"、"弗其子"的贞问；而占卜"子某"为"余子"、"余弗其子"的贞问，仅子辟一人。"余子"、"余弗其子"即商王承认某妇所生之子是否为自己的儿子，即确定此子是否有王位或财产的继承权。与子辟有关系的妇鼠，是商王室有较高地位的贵妇。有关妇鼠和子辟的卜辞，多数为武丁亲自贞问。当子辟有灾祸或疾病时，武丁求佑的对象中，除了父、祖辈外，还有武丁的子辈小王和中子，子辟有可能是武丁之孙而非武丁之子。

子昌，武丁对其生育的占卜，表明她是一位女性，为她举行禳灾之御祭，表明她是商王室之女。子昌有封地名昌。

子眉（媚），是商王室的又一位女性，见于《花东》290。她是否即王室的妇媚，难以确定。

子不，商王曾为其举行禳灾之御祭，他应是商同姓贵族，其封地称"不"。"不"曾叛商遭讨伐，武丁以后，"不"不见。

子𰻞，参与王室祭祀，为商同姓贵族。从子𰻞祭祀武丁之祖父祖丁，以及武丁为子𰻞求祭于直系先王看，说明子𰻞为武丁之子或侄。𰻞地应为子𰻞封地，建有宗庙（《花东》294），是商王活动区域。子𰻞有可能在武丁时期已经故去。

子桑，𠂤组卜辞中参与对父乙的祭祀，知为商同姓贵族。他曾受王命出使外地，说明他已经分宗立族且拥有较高的宗法地位。

子昌，王卜辞中参与祭祀丁，是商同姓贵族，拥有封地。他勤劳王事，主管建筑工程和参加征伐舌方。祖庚、祖甲时子昌仍参与王室祭祀，还有疾病的问卜，表明子昌活动于武丁和祖庚、祖甲时期。

子美，方组卜辞中进献祭品，但不直接参与王室祭祀的占卜，是与时王有血缘关系的同姓贵族。

子汰，参与祭祀大乙、祖丁、父甲，武丁曾经为其御祭禳灾于父乙，说明子汰为商的同姓贵族，他有可能是阳甲或小乙之后。子汰勤劳王事，受有封地。

子妥，有"小臣妥"之称，他勤劳王事，分宗立族。商王室有贵妇名妇妥，或系来自妥族。妇妥生有一子名霣，经商王的命名而分宗立族，霣地位于殷西，为商王朝西部守土者。

子效，为王室成员，并分宗立族，他参加了对谭、舌方及羌人的战争。

子央，拥有封地。他既参与王室祭祀和其他王事活动，还陪同武丁外出田猎，可见与武丁关系甚密。子央曾发动叛乱活动而遭到镇压。

子雍，是商王分封的又一同姓贵族，拥有封地和人民，不仅贡纳称臣，而且还为王室服务。从武丁到帝乙、帝辛卜辞中，都有雍的活动，说明雍族历史悠久。

子渔，为武丁时诸王子之一。子渔参与直系先王的祭祀，特别是对武丁父小乙祭祀最为频繁。子渔主要勤劳王室内部事务，商王武丁对子渔的吉、凶、祸、福关心备至。子渔因病逝于武丁时期，死后埋在宫殿宗庙区附近。1977年春，在妇好墓之南约50米处，发现一座编号为M18墓葬，随葬品极丰富，出土的青铜器有铭"子渔"，当即子渔墓。

子奠，他不仅向商王贡纳称臣，而且活动在王室和花东H3卜辞的子家族事务，参与该家族的祭祀。有称"侯奠"、"亚奠"者，是奠受封为侯或担任商王朝官史之证。

唐子，参与王室祭祀，为商同姓贵族，受封于唐。唐地具有重要战略地位，是防御舌方入侵的军事要地，为加强对唐地的控制，商王在此筑有城邑。唐地还是重要的农业、畜牧业和田猎区。

以上择要述说了甲骨文中一批"子某"或"某子"，大致可以归纳为六类：第一类不见其活动事项，无法判断其是否成人，但其社会地位高，受到商王武丁的重视；第二类虽已成人，但仍生活在商王室内，未分宗立族，他们应属于武丁之子或侄，因与时王有较近血缘关系，故服侍在武丁身边而参与王室的祭祀等活动;第三类已经分宗立族,其封地又直接归商王所管辖和使用,由此判断其封地是在王畿区附近,他们勤劳王事,是商王命令的具体执行者;第四类大多是先王的后裔,被分封到商边境的战略要地守土戍边,成为当地的强宗大族,他们在维护边境的安宁方面起了重要作用,但有的时或背叛商王朝造成边境的纷乱,商王对他们的叛乱,给予武力镇压以使他们臣服,这也是武丁经营边疆的手段之一;第五类"子某"是商王室女性,不仅本人受封,而且其子孙也有受封的机会;第六类"子某"受到分封,为外服官。

4. 雀、禽、吴、戈

雀、禽、吴、戈四位,虽不直接称"子某",从他们参与的祭祀对象看出,他们是商王的同姓贵族。他们外专征伐,内管祭祀,是权倾朝野的人物,也是武丁时期的治国之臣。

雀是武丁早、中期人物,拥有封地,其封地也是重要农业、畜牧和田猎区。雀是向商王贡纳相当多的人物,拥有很强的经济实力。雀祭武丁之母母庚、父小乙,还祭兄丁及先公高祖,如河、岳,说明他与武丁有血缘关系,但不见雀祭祀商先王,这应与雀在商王朝的地位有关。雀是武丁时一位军事大将,参与了商王朝对南土的战争。以雀地为中心,商王对近 20 个方国和部族进行了讨伐,这说明雀在维护商王朝边境安宁方面起有重要作用。关于雀地望,通过与雀有系联关系的方国族落地望的考订,雀地应位于今山西中部的灵石、霍州一带。商王分封同姓贵族雀于此地,一方面是因这里是商王朝的重要经济区域,另一方面此地又是安阳商王都的重要军事屏障。雀还是武丁时的一位权臣,或称雀男、亚雀、雀任,有呼、令王族的权利,协助武丁处理朝政。王陵区 1001 大墓出土有铭"亚雀"之鹿角器,可见雀与商王关系非同一般。甲骨文中有雀死的贞问,他可能在武丁中期已经去世,武丁后期在对土方、舌方的战争中,已不见其活动踪迹。

戈一称西戈,从武丁为戈求佑于先祖祖乙推测,戈可能出自祖乙之后而分宗立族,有封地位于王都之西,曾背叛商,后臣服并贡纳称臣,参与商对外的一系列战争,是商王朝统治的重要力量。

禽有称小臣禽、亚禽、禽子等,是武丁时期的重要人物,有封地,向商王贡纳称臣,也曾背叛乱商而遭征服。禽参与祭祀,所祭对象为高祖先公,如夔、河、岳及上甲等,对近祖先王,仅献牛牲以祭祖乙;又受王令多次参祭"丁"的先祖。由此判断,他应属祖乙—丁的支系。禽参与商王朝的对外战争、农事管理和王室内部事务。历组卜辞中，禽参与王室的祭祀活动，曾贡纳百牛以祭六大示，进行田猎和对外战争，也管理农事等，是一位权臣。

吴一称吴小耤臣，活动于武丁中期乃至前期的商王朝政治舞台上，参与对外战争，管理王室内部事务，管理农业生产、巡视设立在各地的仓廪、向商王的臣属诸侯征取贡物等。深得武丁信任，吴有疾，武丁特为禳疾御祭；当武丁病重嘱托后事时，贞问是否要吴负责安葬。历组卜辞中的吴，服务于商王室，管理农业，参与对外战争，但其身份和地位不如𠂤组卜辞中吴的地位高。

以上四位人物的共同点，是他们同为商王同姓贵族，只是不参与祭近祖先王（雀除外）；他们又是商王重臣，拥有很高的权力和地位，并深受武丁重视和信任。

5. 并、𠂤、㽙、缶、壴(包括鼓、喜)、犬、犬延

甲骨文中，并、𠂤、㽙、缶、壴（包括鼓、喜）、犬（犬延）六个人名、族名，是与商王有较远血缘关系的同姓贵族或异姓贵族，在武丁王朝曾发挥过相当大的政治作用。

并，参与祭（某祖）妣和（已故）之丁，与商王有血缘关系。他勤劳王事，巡视仓廪、整治甲骨等。历组卜辞中并参与对外战争等。彭邦炯根据并州铜器的发现地点，推定并址在今山西西部和中北部一带。

𠂤，商王曾为其御祭于大甲、大乙、祖乙，𠂤还祭祀南庚等卜辞，说明𠂤有可能是祖乙、南庚之后裔，早已分宗立族，其封地位于王都西部，他在维护商王朝边境的安宁与稳定方面，曾发挥了重要作用。𠂤不仅贡纳称臣，而且还服务于商王室，参与王事，诸如田猎、向臣属者征取贡物等，𠂤由此也受到商王的关心和重视。

㽙，王室贵妇——妇妥之子，封地在王都西部的㽙地，㽙及㽙族由此成为王土的前卫。

缶，为商王朝西土的异姓贵族，与商关系时好时坏，缶及周围地区，是商王朝重要的经济区域。

壴，曾与商王朝为敌，被征服后贡纳称臣，商王室与壴族保持通婚关系。壴族历史悠久，武丁时期壴活跃在商王朝的政治舞台上，康丁时期壴为王室贞人；黄组卜辞中，还见壴活动。

鼓，商王朝的臣属国，时受𢀛方的侵略，址在王都的西部，商王经常光顾其地。鼓与壴在字形上稍有差异，有可能是一族所分衍出来的的不同支系。

喜，商代重要的族属，与商王室持有通婚关系。喜地位于王都之东，具有重要战略地位，商王经常光顾之地。喜有称侯喜，是商王朝的外服诸侯。

犬，有称犬方，与商王朝为敌，被征伐后臣服于商，称犬侯，址在渭河入黄及今河南温县一带黄河流经之处，此地自西徂东，关隘重重，是当时的战略要地，犬担负着守卫商王朝西大门的职责。犬延应当是犬族分衍出的支系，犬延一称"犬延族"，既从事农事又参与田猎活动。1968年河南温县小南张村发现商代墓葬，出土的青铜器上有铭文"延"，犬延族当世居在这一带。

以上所述，并、𢎥、𣄰为商同姓贵族，他们被分封到王都西部的战略要地，起着捍卫边土的作用。缶、壴、犬虽一度与商王朝为敌，但后来臣属于商，也成为商王朝边境安宁的维护者。

6. 侯、伯等外服诸侯

甲骨文中有一批侯、伯，或为敌对方国，或又臣服，成为商王朝的外服诸侯，涉及商王朝的国土经略。兹先就"侯某"和"某侯"择例述之。

周侯，一称周方，商敌国，遭到商王的镇压，成为外服诸侯，为王事奔波。为加强与周的关系，商王朝与周保持婚姻关系。商周关系自武丁时期以来一直时好时坏。

崇侯虎，是商王朝的重要臣属国，他参与对壴、周方、髳方和舌方的战争，在维护西部地区的安宁上发挥过重要作用。他还侍奉在商王身边，听从王令，勤劳王事。

侯告最早出现在自组卜辞中，说明其较早就臣服于商，宁组卜辞中，他对商王朝的重大贡献是在妇好的率领下参与了对尸方的战争。

垂侯，又称垂伯，是商王朝的外服诸侯，勤劳王事，具体地望还有待进一步考察。

侯光，向商贡纳称臣，与商王室保持婚姻关系。

侯𠭴，商外服官，勤劳王事，经常向王室贡龟，商王还到其境内征取贡物，因对商王朝贡纳多而显名。

佚侯，商外服诸侯，地在殷西，与商王朝一直保持友好关系，贡纳称臣，为王事奔波。

湔方，与商为敌，被征伐后臣服于商，称"侯湔"，参与王事活动。

杞侯，是商王朝的臣属国，与商保持婚姻关系，其地应在今山东地区。

先侯，在武丁早中期被征伐后臣服于商，勤劳王事，又贡纳称臣。近年山西临汾浮山县桥北多座殷商贵族墓被盗掘，缴获"先"族青铜器，先国当在这一带。

攸侯，自武丁早期就臣属于商，其地位于东部地区。帝乙、帝辛时期征伐人方的途中，多次在此驻扎。商王朝曾在此设置驿站保证上令下达，以加强对这一地区的控制。

由此而言，"侯某"和"某侯"反映了以下史实：其一，侯的来源大多系边地异姓族国，或由方国转变而来，时叛时归附，如周方—周侯、湔方—侯湔；或自敌对者征伐后转为臣服，如先侯；或因贡纳于商王朝而受封为侯，如侯匿。其二，侯与商王朝的关系，有的始终保持友好关系，如侯告、崇侯虎、佚侯等；有的与商王朝通婚姻以加强关系，如侯光、杞侯等。其三，侯所处地理位置大都具有重要战略意义，故当其势力强大或叛乱时，每遭商王朝征伐。

其次，就"伯某"和"某伯"择例述之。

"伯某"和"某伯"既从事王室内部事务，又为商王守边卫土，他们是商代的重要统治力量。

微伯，被商王武力征服后臣服，不仅活跃在商王室的各种事务中，而且微家族（包括微友唐、微友角、微友化、微戈□）在抗击舌方的入侵战中，发挥了重要作用。

伯圀，单称圀，曾发动叛乱活动被商王镇压，与商王朝的关系时好时坏，康丁以后，不见其活动踪迹。

伯次，位于王都西部，曾与商为敌，被征服后臣服于商。

伯紲，与商关系时好时坏，曾发动叛乱而被讨伐。

伯弘，仅见于武丁时期的卜辞中，他参与过对湔方的战争，也参与王室的田猎活动。

去伯，仅见于武丁时穷组卜辞，帝乙、帝辛时期，仅作地名而出现，可能已融入到商王朝的版图中。

丹族，是一古老部族，与商王室有通婚关系，丹受武丁分封为"丹伯"。丹在祖庚、祖甲时期只作为地名而出现，可能已成为商版图中的一个地名。

绊是一个势力强大的部族，多次侵犯商边境，被商王讨伐后臣服于商，受封为"绊伯"，这是武丁经营边疆的一种措施。

易地位于王都西部的交通要道上，其地具有重要的畜牧业区。易受商王分封为"易伯"，向商王贡纳称臣。武丁后期，不见其活动，易地有可能已成为商版图的一部分。

兒伯，位于殷商王都东部，为商王朝守土卫国并勤劳王事。

羛伯，商敌国，受到商的讨伐。武丁后期已作为地名而出现，是重要的农业区。

而伯、而任，为商王效力。而地位于殷西，具有重要战略地位。

埶伯，时服时叛，后不见其活动踪影，可能被商伐灭。

薛伯，时服时叛，征服后消失。

寻伯，臣服商王朝，武丁曾命其贡纳祭祀用的牛牲。

雇伯，仅见于亏组卜辞中，自祖庚、祖甲以后作为地名出现，雇地成为商版图的一部分。

宋伯，商的臣属国，向商王朝纳贡。

归伯，叛服无常，屡遭商王朝武力讨伐。

伯由，曾与商为敌，被征服后臣服于商，是商王朝西土地区的重要臣属。曾为武丁征伐谭地提供军事给养，还参与其他王事活动。

商代"某伯"、"伯某"，有的势力非常强大，如微伯、伯由、埶伯、薛伯、羛伯、絴伯、伯绅、伯次等，他们是商王朝边地的强宗望族，被商征讨后臣服，勤劳王事，守边卫土，在维护边境稳定安宁方面发挥了重要作用。有的后则变成为地名，如：去伯—去，丹伯—丹，雇伯—雇等，其地或已被融入到商王朝版图中。有的与商的关系时好时坏，伯羨、归伯等。"伯某"和"某伯"是影响商王朝边境安宁的重要力量，故商王在武力镇压后，往往采取就地而封的政策，利用"怀柔和羁縻"策略，以达到安宁边地的目的。而有些"伯某"、"某伯"的消失，乃是商王朝版图逐渐扩大的表征。

三　贞人

商王朝拥有占卜机构和卜官，贞人是其中从事甲骨占卜的卜官队伍中人数较多的群体，是商王统治的重要力量。此外，某些子家族也拥有贞人。下面举例以观贞人的出身背景及其在商王朝的相关情况。

亘，出身的亘族，长期与商为敌，被商王武力讨伐后臣服。亘服务于武丁朝占卜机构，还从事其他王事活动。

㱿，武丁时贞人。㱿称㱿子，向商贡纳，是商王朝的附属国，与王室有婚姻关系。

韦，武丁时贞人，奔波王事，还受王命向各地征取贡物。殷墟出土有"侯韦"铭文的青铜器。安阳王陵区1004号大墓中有带"韦"字的铜头盔的出土，可见韦与商王的关系非常密切。

殻，武丁时重要贞人，负责征取占卜用龟，勤劳王事。殻族青铜器在安阳有出土。

永，武丁时贞人，曾为武丁解梦忧，参与王室祭祀，受到武丁的关心。出组卜辞中，永仍然从事甲骨占卜，其家族参与王事活动。永在历组卜辞中有称"永方"，遭到讨伐，受到奠置的惩处，永任为商王朝的戍官。黄组卜辞中有贞人泳，可能是永族的分支，仍服务于商王室的占卜机构。

㞢，为武丁时贞人，常与贞人殻、争、宁、内等共同占卜，这是其他贞人所没有的。

争，武丁时重要贞人，主要从事甲骨占卜，未见其参与其他王事活动。

彘，何组卜辞的主要贞人，武丁时参与占卜活动之辞仅一见，还参与王室其他事务。

箙，为商王同姓贵族，从事王室甲骨占卜。

逆，何组卜辞贞人，武丁时活动在商王室的其他事务中，受到商王的关心。

卣，与侚或系一人，武丁时贞人，侚又整治甲骨。卣族世代从事甲骨占卜，出组卜辞有贞人𨛜，应与卣、侚有一定的关系。

祉、徙，武丁时贞人，徙为自组卜辞贞人。祉、徙可能为同一人。徙有称"羌徙"，徙与祉、徙不同，当分别是来自不同的族属而共同服务于商王室占卜机构。

偁，贞人之一，但参与甲骨占卜不多，主要活动在商王室的其他事务中。何组卜辞中，偁担任戍守之官，勤劳王事。另有𢕒，他经常与贞人殻为王事奔波，又与贞人韦同时受到武丁敕戒镇抚。从有关卜辞的人物比对看，偁、𢕒、𢕒、𢕒、偏、鼻、儞、堡当为一组异体同源字，从人、地、族名同一的属性言，当属于同一家族几个服务于商王的分支家族。

专，在武丁时为侯爵，一称"侯专"，勤劳王事，但不见其从事甲骨占卜活动。康丁时何组卜辞中，专为贞人。

囗，有称"囗方"，是囗为商代方国之一。囗又是武丁时贞人，参与王室占卜、祭祀、狩猎以及军事活动、征集贡物等。

兄，祖庚、祖甲时贞人，参与其他活动很少。

出，自武丁时就活动在王室事务中。祖庚、祖甲时成为王室的重要贞人。

逐，祖庚、祖甲时贞人。康丁时还担任过戍守官。

中，武丁、祖庚、祖甲时贞人，并担任小臣之职。中族是臣服于商王朝较长的一个部族，何组卜辞中，中担任商王朝的狩猎之官。

行，武丁时勤劳王事，为王主持宴请、到外地征集贡物等，到祖庚、祖甲时期成为王室的重要贞人。

卬，武丁时期不仅向商贡纳，还活跃在王室的事务中，担任祭祀的执行者等。康丁时期是王室贞人。

何，武丁时服务王室事务中。康丁时贞人。

口，武丁时贞人。康丁时不仅参与占卜，还担任小臣、犬官等，受到重用。

屮，自组及疒组卜辞贞人。

我，子组卜辞的贞人，不仅向商贡纳，还活跃在商王室及子家族的各种事务中。商王武丁经常光顾我族之地。

通过以上贞人举例可知，有的贞人来自被征服而臣服于商王朝的方国族落，如亘、永、㱿、何等，不仅活跃在商王室的占卜机构，还从事其他王事，他们出身的方国，曾与商王朝为敌，被征讨后臣服于商。有的贞人则出自王室家族成员，如㭰，属于商王同姓贵族，参与王室祭祀，与其他贞人如殻、争、疒、内等共同占卜，却不单独占卜，可能为"避亲"之故。应注意者，每代商王的占卜机构及贞人组成几乎都会有所变化，这或许与在位时王的用人政策有关。如武丁时疒组卜辞中，亘、永、殻、争、疒是主要贞人，到祖庚、祖甲时出组卜辞中，出、行、逐、中、兄等成为重要贞人，到康丁时何组卜辞中，何、口、卬成为主要贞人。有的贞人，武丁时期虽已跻身占卜事项，却尚未直接主持甲骨占卜。在王室的占卜机构中，有的家族有多个支系族的首领同时在为王室服务，如俑等。有的贞人也受商王分封，如专在武丁时期称"侯专"，康丁时期则成为专职贞人。贞人通常还活跃在祭祀、军事、征收贡物等各个方面，构成商代统治阶层的重要力量。

第六章

商代地理与方国

第一节 商代生态环境与气候

商文化分布在今黄河中下游、淮河流域和长江中下游流域，大致介于北纬 28°—42°，东经 107°—120°之间，其中心在今华北的中原地区及华中部分地区。商代的生态环境与今日相比不太相同，降水多，属于夏雨类型，湖泊沼泽多，河水流量大，植被覆盖率高，野生动物资源丰富，动植物种类多样，气候总体上比较温暖湿润，年均温度比今天高 2℃。但相对而言，商代早中期气候比晚期要冷干些，晚商文丁以后渐趋干旱。

历史上黄河的走向与今相比变化较大，今日黄河走山东省入海，而在汉代以前，至少可以上推至新石器时代，黄河下游一直是取道河北平原注入渤海①。在中原地带，河南安阳殷墟以东之河，也就是大伾以北的《禹贡》河，一直流到战国中世（公元前 4 世纪中叶）才远离殷墟向南移，改走《汉志》所载河道。《禹贡》河道初循成皋大伾东北流，至浚县大伾山之西折而北流，即沿今肥乡至束鹿一线在殷墟以东向北流②。淇水在浚县宿胥口、洹河在内黄、漳水在曲周注入黄河③。

上古以来，我国湖泊沼泽众多，《尔雅·释地》有十薮："鲁有大野，晋有大陆，秦有杨陓，宋有孟诸，楚有云梦，吴越之间有具区，齐有海隅，燕有昭余祁，郑有圃田，周有焦護。"《周礼·职方氏》有九薮，少大陆、海隅、焦護（亦作焦获），多雍州弦蒲、幽州貕养。大野泽，又名巨野泽，在

---

① 谭其骧：《西汉以前的黄河下游河道》，《历史地理》创刊号，上海人民出版社 1981 年版。
② 刘起釪：《卜辞的河与〈禹贡〉大伾》，《殷墟博物苑苑刊》创刊号，1989 年。
③ 谭其骧：《西汉以前的黄河下游河道》，《历史地理》创刊号，上海人民出版社 1981 年版。

今山东巨野县北；大陆泽，又名巨鹿泽、广阿泽，水面辽阔，跨今河北隆尧、巨鹿、任县、平乡四县；杨陓泽，又名阳纡泽、杨纡泽、阳盱泽、阳华泽、旸陓泽，在今陕西，具体位置不确定；孟诸泽，又名孟渚泽、望诸泽、明都泽、盟诸泽，在今河南商丘东北、虞城西北；云梦泽，大致包括今湖南益阳市、湘阴县以北，湖北江陵县、安陆市以南，武汉市以西地区；具区，又名震泽，即今太湖；海隅，非薮名，指海滨地区的泽薮；昭余祁，又名大昭、昭余，在今陕西祁县西南、介休市东北；圃田，春秋时又名原圃，战国时又名圃中，在今郑州、中牟之间；焦护，在今陕西泾阳县北；弦蒲泽，又名疆蒲泽，在今陕西陇县西。除此之外，文献记载的还有山东定陶东的菏泽、菏泽市东北的雷夏泽、河南荥阳的荥泽、开封市东南的逢泽、开封市北的牧泽、中牟东的萑苻泽、河北永年东的鸡泽、宁晋东南的泜泽、南方的洞庭湖和彭泽（鄱阳湖）等。邹逸麟将华北大平原的湖沼分为三个湖沼带①：

第一湖沼带：在今修武、郑州、许昌一线左右，有圃田泽、荥泽、萑苻泽等；

第二湖沼带：在今濮阳、菏泽、商丘一线以东地区，有大野泽、菏泽、雷夏泽、孟诸泽等。

第三湖沼带：位于河北邯郸至宁晋之间的太行山东麓，有大陆泽、鸡泽、泜泽等。

上述湖沼多见于春秋战国以来的文献记载，商代的气候比春秋战国更温暖湿润②，可以想见商代的湖沼当更多，水域面更广。

商代的气候类型与今天黄河流域相同，冬春寒冷，雪雨少，夏秋炎热，雨水多，其中四—九月比十—三月雨水多，属于夏雨型③。

商代的动植物种类繁多，1949年以前，殷墟发掘所获动物亚化石，德日

---

① 邹逸麟：《历史时期华北大平原湖沼变迁述略》，《历史地理》第5辑，1987年。
② 竺可桢：《中国近五千年来气候变迁的初步研究》，《考古学报》1972年第1期。
③ 董作宾：《魏特夫，商代卜辞中的气象纪录》，《中国文化研究所集刊》第3卷1—4期合刊，1943年，又收入《董作宾先生全集》乙编第3册，台北艺文印书馆1977年版；邹逸麟主编：《黄淮海平原历史地理》，安徽教育出版社1993年版。

进、杨钟健、刘东生、伍献文、秉志曾作过鉴定①。根据统计，共发现29种哺乳动物，数量分布情况如下：

表6—1　　　　　　　　　殷墟发掘动物统计表

数量	动物种类
1000以上	肿面猪、四不像鹿、圣水牛
100以上	家犬、猪、獐、鹿、殷羊、牛
100以下	狸、熊、獾、虎、黑鼠、竹鼠、兔、马
10以下	狐、乌苏里熊、豹、猫、鲸、田鼠、貘、犀牛、山羊、扭角羚、象、猴

1949年以后，殷墟也发现了大量的动物亚化石。侯连海对1987年小屯东北地1号灰坑发现的鸟类骨骼作过鉴定，共发现雕类三种，家鸡、褐马鸡、丹顶鹤、耳鸮、冠鱼狗8种鸟类②；袁靖对1997年洹北花园庄遗址出土的动物骨骼作过整理，共发现丽蚌、蚌、青鱼、鸡、田鼠、狗、犀牛、家猪、麋鹿（即四不像鹿）、黄牛、水牛和绵羊12种动物，袁靖认为花园庄遗址既出土了属于北方的动物群，如绵羊、黄牛，又出土了属于南方的动物群，如犀牛、麋鹿和水牛，说明当时安阳的气候比现在温暖湿润，具有较多的南北气候过渡带的特点，即类似现在的淮河流域③。

关于殷墟出土的动物，竹鼠毫无疑问是土著，竹鼠以竹子为食，现生于南方森林地带。至于象和犀牛，杨钟健等人以为是外来的，恐未必。甲骨文有"来象"（《合集》9172正、9173），说明有外来象，但也有"获象"，捕获地点在噩（《合集》37365）、梌（《合集》37372、37513）、敻（《合集》

---

① ［法］德日进、杨钟健：《安阳殷虚之哺乳动物群》，《中国古生物志》丙种第12号第1册，1936年；杨钟健：《安阳殷墟扭角羚之发见及其意义》，《中国考古学报》（即《田野考古报告》）第3册，1948年；杨钟健、刘东生：《安阳殷墟之哺乳动物群补遗》，《中国考古学报》（即《田野考古报告》）第4册，1949年；伍献文：《记殷墟出土之鱼骨》，《中国考古学报》（即《田野考古报告》）第4册，1949年；秉志：《河南安阳之龟壳》，《安阳发掘报告》第3期，1931年6月。
② 侯连海：《记安阳殷墟早期的鸟类》，《考古》1989年第10期。
③ 袁靖、唐际根：《河南安阳市洹北花园庄遗址出土动物骨骼研究报告》，《考古》2000年第11期。

37365)、曹（《合集》37368、《英藏》2539、2542），都在所谓的沁阳田猎区，此一项就完全可以证明殷代黄河流域有野生象生存①。而犀牛，有学者认为甲骨文"兕"就是犀牛，这是不对的，雷焕章有文驳之②。犀牛虽不见甲骨文，但其形象见于殷代铜器，如小臣艅犀尊、四祀邲其卣、刀父辛卣③。殷代黄河流域的环境既然适于竹鼠、亚洲象、肿面猪、圣水牛等喜热喜湿动物的生存，当然也适于犀牛的生存。竺可桢认为"在近五千年中的最初二千年，即从仰韶文化到安阳殷墟，大部分时间的年平均温度高于现在2℃左右。一月温度大约比现在高3℃—5℃"④。

唐际根、周昆叔通过对安阳水冶镇姬家屯（在殷墟以西10公里外）西周文化层下面的伏生土作磁化率测定、孢粉分析和古土壤微结构分析，认为殷代气候总体特征是温和适宜，平均气温当在16℃左右（现今为13.6℃），年降水量在800mm以上（现今为700mm），颇似今天长江流域⑤。

殷墟出土的植物遗存，除粟、黍、麦、稻农作物外，还有蓼属、莎草属、菟丝子属、藜属、狗尾草、马齿苋、李属种仁等植物，其中蓼属、莎草属等属产于温带或热带，生长在潮湿的沼泽地、水沟或田间路边的草本

---

① 可参阅王国维《鼒卣跋》，《观堂别集》卷二；徐中舒《殷人服象及象之南迁》，《中研院历史语言研究所集刊》第2本1分；王宇信、杨宝成《殷墟象坑和"殷人服象"的再探讨》，《甲骨探史录》，三联书店1982年版。

② ［法］雷焕章：《兕试释》，《中国文字》新8期。雷氏认为甲骨文中兕为成群活动的动物，捕兕有用射的方法，而犀牛一般都是单独活动，犀牛皮坚厚，不适宜用箭射杀，且殷墟1929年第三次发掘所获的刻有"白兕"铭文的兽头骨，经鉴定属于牛科，其特征更像水牛，故兕指野生圣水牛。兕不是犀牛的证据。我们再补充一条，甲骨文"白兕"，指兕的毛色为白颜色，而犀牛的毛色无白颜色。所谓的"白犀牛"，并不是白色，而是蓝灰色或棕灰色，白犀牛名字的来由是南非语"宽"翻译有误所导致，"宽"就是此种犀牛宽平的嘴唇而言，故白犀牛又叫方嘴犀。

③ 孙机：《古文物中所见之犀牛》，《文物》1982年第8期。湖南茶陵沅溪山也出土过一件犀牛尊，现藏株洲伏羲仙庄博物馆，其时代有说是商代，恐需进一步证明，参见刘志一《解读双角犀牛尊》，《中国文物报》2003年2月19日。

④ 竺可桢：《中国近五千年来气候变迁的初步研究》。此文首先用英文写成，参加了罗马尼亚科学院一百周年纪念会，以后又有补充修订，中、英文分别定稿于1972、1973年，并分别发表在《考古学报》1972年第1期、《中国科学》1973年第2期上。

⑤ 唐际根、周昆叔：《姬家屯遗址西周文化层下伏生土与商代安阳地区的气候变化》，《殷都学刊》2005年第3期。

植物①。

由上述殷墟动物、古土壤、植物三方面的证据证明商代中、后期以殷墟为代表的北方地区，气候较今日温暖湿润，环境适宜，既有茂密的森林，广阔的草原，也有大片的沼泽，丰富的河流，这里的动植物兼有北方和南方两种特征，动植物种类繁多，有的今天已经在我国灭绝，如犀牛；有的分布北限已往南退，如象、水牛、竹鼠以及漆树、竹子等。

其他地区的情况怎样？

商代早期的统治中心在今河南郑洛一带。偃师商城东南部有一方圆1.5公里的水域，出土动物有蚌、鹿、猪、狗、牛、羊、鱼等，植物有水稻、小麦等②。郑州商城东北是沼泽、湖泊，这里发现的动物种类有牛、羊、猪、鹿、野猪、狗、马、龟、兔、鲟鱼、蚌、螺蛳、海贝、蛤蜊、象（象牙觚和象牙梳）等③，就上述材料看（排除外来者，如海贝、鲸鱼等），商代早期的气候亦较今天温暖湿润。但商代早、中期的温度低于商代晚期④。河南洛阳寺河南剖面的孢粉分析证实了这一看法，河南洛阳寺河南剖面相当于商代早、中期，距今3265—3545年的孢粉组合中，藜科花粉含量急剧增加，松属花粉含量减少，孢粉浓度减少，反映当时气候寒冷干旱；相当于商代晚期，距今3090—3265年，孢粉组合中藜科花粉含量逐渐减少，出现了胡桃属、枫杨属、漆树属等喜暖树种以及喜湿的卷柏属、水龙骨科和铁线蕨属等蕨类植物，说明当时气候好转⑤。

河北藁城台西遗址属于商代早、中期，出土的动物种类有麋鹿、梅花鹿、麂、圣水牛、乌龟等。它们的习性，麋鹿适合沼地生活；梅花鹿喜欢密

---

① 唐际根、周昆叔：《姬家屯遗址西周文化层下伏生土与商代安阳地区的气候变化》，《殷都学刊》2005年第3期；赵志军：《关于夏商周文明形成时期农业经济特点的一些思考》，《华夏考古》2005年第1期。

② 中国社会科学院考古研究所河南二队：《1984年春偃师尸乡沟商城宫殿遗址发掘简报》，《考古》1985年第4期；中国社会科学院考古研究所河南第二工作队：《河南偃师商城宫城北部"大灰沟"发掘简报》，《考古》2000年第7期；中国社会科学院考古研究所：《河南偃师商城商代早期王室祭祀遗址》，《考古》2002年第7期。

③ 河南省文化局文物工作队第一队：《郑州商代遗址的发掘》，《考古学报》1957年第1期。

④ 周锋：《全新世时期河南的地理环境与气候》，《中原文物》1995年第4期。

⑤ 孙雄伟、夏正楷：《河南洛阳寺河南剖面中全新世以来的孢粉分析及环境变化》，《北京大学学报》（自然科学版）第41卷，第2期，2005年3月。

林；麂喜欢稀疏树林和灌木草丛；圣水牛离不开潮湿多水的环境；乌龟则为水生或半水生动物。由此可见，三千多年前，藁城一带的气候比今天温暖湿润，附近有森林和草原①。

山东济南大辛庄遗址属于商代早、中、晚期，出土的动物种类有水牛、马、狗、羊、猪、鹿、鸟、鱼、蚌、龟、鳄鱼等，环境比今天温暖湿润②。

四川三星堆遗址属于商代晚期，1、2号祭祀坑发现大量象牙③，当时成都平原的温度比今天高3℃左右，有茂密的阔叶林和大量湿地，是亚洲象群的重要栖息地④。

商代早、中期和晚期都发生过旱灾或涝灾，今本《竹书纪年》载成汤十九年至二十四年，连年大旱。《吕氏春秋·顺民篇》："汤克夏而正天下，天大旱，五年不收，汤乃以身祷于桑林，雨乃大至。"今、古本《竹书纪年》文丁三年："洹水一日三绝。"今本《竹书纪年》帝辛五年："雨土于亳。"三十五年："周大饥。"《淮南子·俶真训》："逮至殷纣，峣山崩，三川涸。"《览冥训》："峣山崩而薄洛之水涸"。《国语·周语》："昔伊、洛竭而夏亡，河竭而商亡。"《太平御览》卷十二引《金匮》云武王伐纣时："阴寒雨雪十余日，深丈余。"有学者认为商代文丁以后，气候趋向干旱，是正确的⑤。

第二节 商代政治区域地理与地名考订

一 商代政治疆域中的点、面、块

在政治区域地理研究中，"疆域"总是首先要提到的问题。学界一般将

---

① 裴文中、李有恒：《藁城台西商代遗址中之兽骨》，叶祥奎：《藁城台西商代遗址中的龟甲》，《藁城台西商代遗址》附录一、二，文物出版社1985年版。

② 山东省文物管理处：《济南大辛庄遗址试掘简报》，《考古》1959年第4期；王振国：《古生物学家推测：商代济南气候似江南》，《齐鲁晚报》2002年4月2日，转引自朱彦民《关于商代中原地区野生动物诸问题的考察》，《殷都学刊》2005年第3期。

③ 四川省文物考古研究所：《三星堆祭祀坑》，文物出版社1999年版。

④ 宋豫秦等：《中国文明起源的人地关系简论》，科学出版社2002年版，第125页；傅顺等：《成都金沙遗址区古环境初步研究》，《江汉考古》2006年第1期。

⑤ 王晖、黄春长：《商末黄河中游气候环境的变化与社会变迁》，《史学月刊》2002年第1期；周伟：《商代后期殷墟气候探索》，《中国历史地理论丛》1999年第1期；魏峻：《内蒙古中南部考古学文化演变的环境学透视》，《华夏考古》2005年第1期。

《汉书·贾捐之传》所说的武丁、成王时"地东不过江、黄,西不过氐、羌,南不过蛮荆,北不过朔方",作为晚商时期的疆域。

按照文献典籍中的各种说法,疆域就是成面成片的完整地域,从五帝传说时期直至明清都是这样,喜欢从"幅员辽阔"方面去强调。但是通过甲骨文材料研究商代疆域时就会对此产生疑问,因此越来越多的研究者倾向于使用"犬牙交错"这种提法。王玉哲先生《中华远古史》直接指出:"王朝所能控制的是以一个大邑为都城的中心地区,以及四方远远近近散布着的属于王朝的几个或十几个诸侯方国。每一个方国其实就是王朝所能控制的'据点'。'据点'与'据点'之间,散布着不属于王朝的许多方国。所以,当时人对王朝的国土,只会有几个'据点'的概念,而没有整个'面'的概念。"①此类"面"与"据点"的提法有得有失,晚商时期商人势力范围总体上表现为点、块、面的结合。商代是农业社会,根据对农业地名的梳理,除王畿区内部的农业生产以外,商人非常关注外服区的附属国族、军事据点以及其他属地的农事生产。不仅表现在大量的求年辞例,还包括军事据点的屯田,在附属国族领地进行的垦田和设置田官等。农业生产实质也是经营外服的一种手段。下文试图通过分析内、外服农业区的分布特点阐述晚商"疆域"中的点、块和面。

(一) 王都地区的粮食流通与"南廪"

卜辞常见"省廪"辞例,"廪"即粮仓,其中"南廪"的出现的次数较多,主事者有"束人"(《合集》5708 正)、"吴"(《合集》9638)、"并"(《合集》9639)、"先"(《合集》9641) 等。一般认为南廪所在离王都不远,有可能就是王都的专用粮仓,具体地望不详。按卜辞中有卜问"大邑"受禾(《合集》33241),可证王都附近必分布有农田。《合集》20650 卜问中商"受年",中商或是安阳。商王专属的农田称为"王",亦曾卜问受年(《合集》28274)。

商王亲自参与经营的农业地主要有"囧",亦称"南囧"(《合集》10、9547、33225),囧地农田为商王亲自经营,其地所产谷物作为祭品祭祀祖先(《合集》1599、32024),"南囧"可能与"南廪"有关。

商人求年祭祀对象"滴"、"洹"、"阯京"作为自然地名可能都与王都农

---

① 王玉哲:《中华远古史》,上海人民出版社 2000 年版,第 335 页。原书并指出直至春秋战国时期诸侯方国之间才逐渐达到互相接壤的程度,各国疆土由点扩展到面,这时才出现所谓"边界"。

业区有关，可证以王都为中心的农业区的收成状况在当时备受重视。此外，王都消耗的粮食似未从各地征调，甲骨文中进贡粮食的辞例非常少，在全部的贡纳辞例中只占极少的分量，王都在粮食供应方面主要是自产自足。

(二) 边地的仓廪、粮食来源与外服农业地的作用

除南廪外，缶、亘、蓐、陕、崔等地建有"廪"，集中见于一期。

这些地名的地理位置分布本身是一个很有意思的问题。缶在晋中，亘廪、蓐廪均位于晋南地区。蓐廪位于临汾盆地，武丁时期该地区是抗击西部强敌舌方的一个缓冲地区，商人曾在其范围内开展一系列垦田活动。陕廪大约是商人在陕东的一个蓄粮地，陕廪所在离王朝路途遥远。崔廪在泗水邹城之间，今山东省泗水县与邹城市一带可能就是商人势力的东限。崔廪的性质和地位应类似于殷西的亘、蓐、陕等地的仓廪。卜辞农业地的分布范围与战争关系所体现的商王朝势力范围大体重合。商人农业区的分布说明商人主要通过发展农业维持偏远地区的统治，战争期间所需粮食很可能主要由当地供应。

(三) 外服农业区的分布特点

以晋南为例，其东面和东南边缘是连绵不绝的太行山脉，南面和西边为古黄河围绕，而在该地区内部则分布着一系列山脉与山脉围隔形成的临汾盆地、运城盆地以及中南与东南两个河谷地带，商人在本地区的势力地理环境作用下形成了四个中心，晋南分布的农业地概括为四个分区：

1. 晋西南运城盆地——甫 (《合集》9779)、郁 (《合集》9774)、畬 (《合集》9791)、莃 (《合集》9774)

2. 晋中南古沁水流域——啬 (《合集》9776)、[绎方] (《合集》6)、𢦏 (《合集》9774)

3. 晋东南古漳水流域——亘 (《合集》6943)、长 (《合集》9791)、示 (《合集》9816)

4. 晋西南临汾盆地——唐彔 (《合集》8015)、缶 (《合集》1027)、吕 (《合集》811)、叟 (《合集》583)、蓐 (《合集》583)

这些分布之间甚至在本区内部都混杂着为数不少的敌对国族，一些商属地包括军事据点与附属国族不是呈散点状分布，而是利用地理优势形成了一个个势力圈——块。近年来越来越多的研究者认识到晚商时期不存在所谓的整片王朝疆域，商属地往往与敌对国族混处，呈现出一种犬牙相交的状态。农业地的分布方式与上述状态吻合。商代的农业地极少孤立存在，王都附近

聚集了大批农业地，形成最密集的农业分布区，而较偏远的农业地点则三五成群地集中出现于地方势力圈。

（四）商人在外服"圣田"的作用

圣田见于一、三、四期，地点一期多在殷西，三、四期多在殷南，正好与晚商征伐重心的转移相符合：前段在殷西，后段则以东南为主。"圣田"的执行者中包括官员，例如多尹。地名中包括方国与诸侯。有学者曾根据圣田出现的人名、族、地指出："商王确实有权派人到王国范围内的任何地方——包括远近的诸侯、方国去垦辟土地。这无疑是全国土地王（国）有的最好说明和实证。"[①]商人在附属国族垦田，目的就是为了将附属国族的部分领土转归商人所有。农田开垦之后必定要留下人员管理，实际等于在他族内部形成了一个新的商属地。这样做一方面起到监督作用，一方面客观上加强了附属国族与商人之间的联系。此外，商时无论王畿还是外服区的军事据点，粮食生产与消耗以自产自足为主。一旦临时性的战事或者"王事"出现，就往往需要由附近的属地与附属国族"比廪"。因此要在外服建立稳定的粮食生产基地，对保障统治非常重要。而外服的农业区由于与敌族混居，导致"焚廪"以及掳掠人口、抢夺作物等事。在附属国族领地内垦田，也是为利用其势力保证农区的安全。

当我们将农业地的分布从"疆域"的角度考虑，就能对商人势力的分布特征有清晰的概念。王畿区是一个单纯的由商属地与附属国族形成的最大的聚居区，换句话说它是以面的状态存在的。而外服区本来只是政治统治理想的概念，在商周时期实际地理分布绝不是理想中呈一个环状分布。事实上商代外服的军事据点与附属国族和敌族邦方混居在一起。但是如果认为它们是散布的一个个的点，则是进入了另一种误区。从王畿区外围开始，从近及远分布的军事据点是商人控制外服的实体，这些军事组织在驻地屯田。在商都势力的强盛期，附近的一部分国族或因商人势力所迫、或因敌族压力而归附。商属地与附属国族联合对抗附近的敌族，这样就形成一个个的商人势力范围圈。我们把这样的势力圈称为"块"，如果这些势力圈逐渐发展并接合起来，实际上也就等于王畿的扩张了。

---

① 详见胡庆钧主编《早期奴隶制社会比较研究》第二编第五章"商王国的土地关系"（彭邦炯撰），中国社会科学出版社1996年版，第142—145页。

二 王畿区和四土地名考订举例

甲骨文中,有许多商代王畿区与四土范围内的地名,现就其中部分地名的考订制成一览表如下:

表6—2　　　　　　　　商代地名一览表

	王畿中心区地名	西方和西南地名	东方与东南地名	待考地名
1	大邑商、王邑、兹邑、邑、大邑商　王都安阳殷墟	宁、汚　宁在今河南修武县东获嘉县境内,汚为今河南淇县一带的荥泽	单（干）、南单、西单田、东单、戍干、单行、敏　今河南淇县东濮阳东北	入
2	滴、师滴　漳水,又称降水	𤰔　近于汚	𤰔　河南禹县附近	唐
3	洹　安阳河	义、义行　河南修武附近	高、高师　河南禹县西南	邑
4		曹（㬉）、㬉行　河南修武以西	师羌　河南禹县以东（殷西有异地同名者）	
5		蠚行　羌方附近	倞录	
6		裴、师非、裴行　河南沁阳西北	澡	
7		师𣪠　河南沁阳附近	雇、师雇　河南原阳县	
8		田、南田	𤰔	
9		盂	冒　河南商丘附近	
10		斳	商、丘商　河南商丘	
11		夫	鸿　鸿口　河南商丘市东,虞城县西北	
12		僕	徹、徹京　河南鹿邑一带	
13		虞（䖒）　黄河南岸	澺　河南永城以西	
14		鼻　河南沁阳一带	永、攸侯喜鄙永　河南永城	
15		芫　晋南	嬴　河南永城附近	

续表

	王畿中心区地名	西方和西南地名	东方与东南地名	待考地名
16		蛾　河南济源北軹关陉或沁阳太行陉北入晋南的通道上	昌（昌、昌、昌）	
17		䇿、䇿师　晋中南一带	昌	
18		㠯　邻于䇿	雷䶂商郾　河南开封市西	
19		目、师目　修武与古黄河水道之间	剢　河南荥阳	
20		阢、沇行、阢京、阢南小丘　沁水上源	盇	
21		鹿、鹿师　山西长子一带鹿谷山	巳奠河邑　古黄河南岸汜水一带	
22		唐　山西翼城东	ᑊ（ᑊ）　河南淇县北古城村东	
23		蓐　山西汾、洮之间	懋田　河南商丘与永城之间	
24		受　殷西地区	盖　近于永	
25		黄、潢　山西汾、洮之间	襄　山东濮县东	
26		闄　山西霍山以北	郒师、成郒　山东菏泽西北	
27		郇　山西临猗县西南	濼　濮水	
28		长　山西长子县	膏鱼、膏　山东郓城西	
29		纍、示纍田、示　山西祁县东南	齐　河南陈留	
30		丂（柯）　近于垂、长	煕	
31		奠	亳　山东曹县	
32		奠丰　山西长子西北	缶　山东定陶（殷西有异地同名者）	
33		葿　晋南豫西交界地带	雚	

续表

	王畿中心区地名	西方和西南地名	东方与东南地名	待考地名
34		荀　晋南豫西交界地带	舊、人方邑舊、舊田	
35		姐　晋西南运城盆地	淩、麦　河南商丘与永城之间	
36		冥　山西平陆东北	渼	
37		羽、洏　陕西东部或山西南部	㗊	
38		奠　陕西华县西北	灘　河南商丘县以东汜水下游故道获水	
39		庞、龚　陕西东部韩城一带	沮　济水别流	
40		徫（澤、竹、犇、𦥑）陕西东部	下人㣇	
41		𪊨　陕西东部	𧊒、师𧊒	
42		犾　殷西地区	𣪠　河南永城附近	
43		陕廪　陕西东部	曾　河南新郑与密县之间	
44		毕（罕）陕西西安西北旧有毕原	温　双洎水	
45		𩵋	崔　山东泗水邹县之间	
46		𨝱　河南济源西	京（京夷）　豫东鲁南	
47		凤　山西西南	舟　豫、鲁、徽三省交界	
48			古、攸侯鄙古	
49			珡	
50			偻	
51			邑　河南陈留镇、杞县、通许县之间	

第三节　商代的经济地理

一　农业地理

集中论述甲骨文农业地理的专著目前所见不多，主要有胡厚宣《卜辞中所见之殷代农业》农业区域部分①、张秉权《甲骨文与甲骨学》②、杨升南《商代经济史》③、彭邦炯《甲骨文农业资料考辨与研究》④、周自强主编《中国经济通史·先秦经济卷》的商代农业部分⑤。其中彭氏一书属于分类刻辞研究，通盘整理了农业刻辞，所附《卜辞所见农业地名辑要考略表》，对甲骨刻辞所见农业地名进行了全面的搜集和考释。

《考略表》共收地名120个。此后林海俊对彭氏考略表进行了修订⑥，认为其中有误收的，修订所成的《甲骨文各期农业地名表》共收98个地名。彭氏《考略表》的内容很丰富，包含辞例辑要和地望考略，林氏重订表不作地名考释，重点在于各期农业地名和辞类的排比对照。前后两次以表格形式对农业地进行核理，对深入研究商代农业区地理分布创造了有利的条件。以下附表在彭氏《考略表》和林海俊分期修订表的基础上进行了修订，并结合我们对地名考释的相关看法进行了分区。

---

① 胡厚宣：《卜辞中所见之殷代农业》，《甲骨学商史论丛》二集上册，成都齐鲁大学国学研究所专刊，香港文友堂书店1970年影印本。
② 张秉权：《甲骨文与甲骨学》第十六章"农业与社会"，台湾"国立"编译馆，1988年版。
③ 杨升南：《商代经济史》第三章"农业"，贵州人民出版社1992年版。
④ 彭邦炯：《甲骨文农业资料考辨与研究》，吉林文史出版社1997年版。
⑤ 周自强主编：《中国经济通史·先秦经济卷》上卷第四章"商代的农业"，经济日报出版社2000年版。
⑥ 林海俊：《甲骨文农业刻辞探论》，中山大学1999年硕士学位论文。该文未正式发表，现征得作者同意简述其主要比较结果：（一）武丁时期的农业刻辞占全部农业刻辞的大部分，涉及地名78个。（二）祖庚、祖甲时期的农业刻辞28片，地名仅见"南（南土）"、"商"。（三）廪辛、康丁的农业刻辞时期180片，地名14处。除"南方"、"西方"二地亦见于他期外，另外12个农业地名为此期独有。（四）武乙、文丁时期的农业刻辞256片，地名有京、眚、大邑、享等10个。（五）帝乙、帝辛时期的农业刻辞12片。另外，求年辞例中"东土"、"西土"之类的称法，三、四期未见，五期又重现。

表 6—3　　　　　　　　甲骨文农业地名表

类		地名	一	二	三	四	五	辞例类别
统称	1	东土	合集9733				合集36975	受年
		东方	合集14295					奉年
		东				合集33244		受禾
	2	南土	合集9738	合集24429			合集36975	受年
		南方	合集14295		屯南2377			奉年、受年
		南		合集24430			合集36976	受年
		南田			合集28231			受年
	3	西土	合集9743				合集36975	受年
		西方	合集14295		屯南2377	合集33244		奉年、受年、受禾
		西				合集33209		圣田
	4	北土	合集9745				合集36975	受年
		北方	合集14295			合集33244		奉年、受禾
		北	合集9535					呼黍、受年
		北田	合集9750					受年
	5	商	合集9661	合集24427			合集36980	受年
	6	我	合集641正					受年
陕东	7	奠	合集9768					受年
	8	庞	合集9538					黍
		龚	合集9770					受年
	9	祥	合集9609					萑（穫）
	10	羽	合集9789					受年
	11	犬	合集9793					受年
	12	戈	合集8984					受年
	13	陳	合集5708					省廪
	14	罕	合集9802					受年

续表

类		地名	分期					辞例类别
			一	二	三	四	五	
晋中晋南	15	唐录	合集 8015					囲在唐录
	16	缶	合集 1027 正					廪我旅
	17	吕	合集 811 正					受年
	18	孷	合集 583					焚廪三
	19	爰						焚廪
			合集 9486					圣田
	20	先侯						圣田
	21	沚	合集 18805					受年
	22	甫	合集 9779、10022、20649					受年、受秫年、受黍年
	23	姐	合集 9471 正					受年
	24	鬋						受年
	25	葡						受年
	26	冥	英藏 808					受年
	27	郁	合集 9774					受年
	28	盉	合集 9791					受年
	29	蒋	合集 9774					受年
	30	侯	合集 9934					受年
	31	亚	合集 9788					受年
	32	雀	合集 9763					受年
	33	㚔	合集 9536					呼黍、受年
	34	绎方	合集 6					圣田
	35	罃	合集 9776					受年
	36	蚁	合集 9774					受年
	37	亘	合集 6943					廪
	38	长(示、褭田)	合集 9791 正、6057 正					受年、舌方出侵我示褭田
	39	示	合集 9816					受年
	40	正	合集 22246					受禾

续表

类		地名	分期					辞例类别
			一	二	三	四	五	
豫西	41	龙囿	合集 9552					受年
	42	舟甗	合集 9772					受年
	43	宫	合集 9810 正、9504 正					受年、秷、归田
	44	鼻	合集 20653					受年
	45	中商	合集 20650					受年
	46	大邑				合集 33241		受禾
	47	王			合集 28274			受年
	48	田	合集 10			合集 33225		黍、告艿
		南田	合集 9547					乂南田黍
	49	西单田	合集 9572					屖田
	50	凡	合集 9815					受年
	51	夫	合集 9681 正					受年
	52	丧			合集 28250			奉年
	53	盂			合集 28216、28231			受年、受禾
豫北	54	酒①			合集 28231			受禾
	55	薪			合集 28261			受年
	56	宫			合集 28216			受年
	57	虞			屯南 50			……虞禾于河
	58	敦	合集 9783 正					受年
	59	橐	合集 20654					受年
	60	雍	合集 9798					受年
豫中	61	享				苏德 58		受禾
	62	𦎫	合集 9556					受年
	63	𠨍	合集 9668					受年
	64	人	合集 9982					受黍年
	65	丘商	合集 9530					呼黍、受年

① 《合集》28231："在酒，盂田受禾"，"酒"为占卜地。"酒"地仅此一见，未知与"盂"关系如何，现暂收入。

续表

类		地名	分期					辞例类别
			一	二	三	四	五	
	66	妇妌	合集9757、9968正、10143					受年、呼黍、受黍年
	67	懋田			合集29004			惟懋田彡
	68	旧田						丧旧田
	69	盖	合集9476					圣田
	70	雷	合集9503					受年
	71	名	合集9503					耤
	72	羸				合集33209		圣田
	73	罙						圣田
	74	下人彡				合集33211		圣田
	75	陮	合集9783					受年，呼耤
	76	画	合集9811正					受年
	77	崔	合集20485					崔廪
	78	京	合集9980					受黍年
			合集9473			合集33209		圣田
鲁	79	弖	合集10029					受年
	80	冕	合集9570					屎田
	81	鲁	合集9979					受黍年
	82	余	合集21747					受年
	83	蔡	法录23					黍受年
	84	孒	合集9800					受年
	85	妇好	合集9848					受年
	86	薑	合集9797					受年
	87	郌	合集9804					受年

续表

类	地名	分期					辞例类别
		一	二	三	四	五	
88	🉀	合集 9801					受年
89	萬	合集 9812					受年
90	禽	合集 9785					受年
91	🉀	合集 9796					受年
92	吼	合集 9803					受年
93	孔	合集 9805					受年
94	毓			合集 28274			受年
95	童			屯南 650			圣田
96	下僧				合集 28231		受禾
97	虍				屯南 499		圣田
98	巴				合集 32973		卫麦

上表共收 98 个地名，比《考略表》少 32 个，主要原因是合并了一部分地名（如庞、龚），删去了《考略表》所收部分无地名用例的人名（如🉀妾笒）、求年的祭祀对象（对滴）以及部分田猎地名（如桧）。另外《考略表》收录的"上田"、"湿田"（《屯南》175），最新有研究根据《尔雅·释地》："下者曰隰"、"下隰曰隰"以及《散氏盘》铭文："我既付散氏湿田、墙田"，认为上田、墙田均指地势较高的农田，对称的湿田则地势偏低①。因此"上田"、"湿田"为农田类型，非农业地名。

从附表中可能看出各期农业地名在数量上存在极大差异。另一个明显的差异在于除统称外各期农业地名极少重合。这种显著现象致使不少研究者产生怀疑，或以为甲骨文中出现的农业地名不能真正代表同时期的农业分布状况，或以为晚商时期农业地域曾有大的变动。实际上两种看法都是因为未能

---

① 周自强主编：《中国经济通史·先秦经济卷》（上），经济日报出版社 2000 年版，第 245—246 页。

充分注意各期农业刻辞本身的特征而产生的误解。

传统分期中的第二期、第五期除统称之外几乎不出现农业地名，而三期也就是无名组中除统称以外出现了一批新的农业地名，均不见于其他各期，四期也出现了这种情况，只是不如三期明显。这些地名中有半数左右出现次数极低，亦无系联地名可供参考，往往无法考证地望。对比各期农事刻辞的内容可以发现，武丁时期习惯于使用统称与具体农业地名作为贞问求年的对象，武丁之后很少再为单个的农业地卜问年成情况，也较少记录一般性的农业事项。换言之，武丁时期涉及具体农业地名的辞例以求年为主，而三期、四期出现的具体农业地名的辞例却以"圣田"、"卫麦"等具体农事活动占较高比例。以四期为例，该期除统称地名之外有：翼、赢、大邑、囧、盂、京、享、下人⸜、虐、罒。其中大邑即商都，囧为王都附近商王亲自经营的农田，盂为一期常见的农业地名，京也同见于一期。余下的享、赢、翼、下人⸜、虐、罒六地均为本期仅见，除享的辞例为"受年"外，赢、翼、下人⸜、虐的辞例是"圣田"，罒的辞例是"卫麦"，可见这些活动是作为特殊事件进行卜问的。其中下人⸜、虐、罒卜辞中仅一见。

赢、翼见于同版，商王贞问了一系圣田活动，包括"于圣田"、"多尹圣田于西"、"于赢圣田"和"圣田于京"，并且为求年进行了祭祀（《合集》33209）。四地中"西"是统称，"京"在一期时已经有开垦农田，赢、翼仅见于四期。圣田是特殊的活动，往往与扩展势力范围有关。以无名组与历组卜辞为主的三期、四期出现的两批各期罕见的农业地名，应该就是新开垦的农业区。而武丁时期常见，其余各期不见的农业地名并不是凭空消失了，只是由于辞例特点的改变不再提到。

商代是农业社会，农业地名是甲骨文地名中的大类。不少研究者先后试图利用有关材料复原商代农业区域。对此持怀疑态度的以饶宗颐为代表，饶氏谓："陈梦家取此大略，钟氏乃分四方，分期加以罗列，求其农业区分布情况，而讶其前后期之不均匀，致疑于其农业地域有所改变，以此知在材料不充分之下，勉强断代，正如刻舟求剑，于理难以自圆，于事殊觉无备，故从几个地名而欲以推寻殷代整个农业区域，不足以得其真相，自不待论。"[①] 甲骨学发展至今，在商代农业区域研究方面的发展诚如饶先生所作概括，直

---

① 见饶宗颐主编《甲骨文通检》第二分册《地名》卷，前言部分 24 页，香港中文大学出版社 1994 年版。

至近期彭氏《考略表》作为最新的研究成果共列出属于今河南省境内46个地名；山西20个；山东17个；陕西5个；河北5个。如上所述，各期农业地名的差异是由于辞例特点的改变造成的。地区性的主体经济活动往往具有持续性，农业区不会随王世变化产生巨变，武丁时期的情况可以大体代表晚商时期的农业区分布状况。

甲骨刻辞中凡是具体农事活动，如耤田——"耤"、施肥——"尿田"等，所涉及的地名毫无疑问应属商人的农业区域。除此之外，在农业刻辞中占最大比例的求年刻辞属于何种性质也是一个有争议性的问题。有意见认为求年涉及的地名包括不少方国，未必均与商王朝存在隶属关系。饶先生谓："卜辞记某地受年者，备见于《合集》第四册，无劳详举。说者每谓此类即农业地理之资料。余谓《周礼》言：'凡国，祈年于田祖'《周礼·籥章》盖所以祈求丰岁，所有方国均有祈年之事，言某方受年者，但记其名耳；焉得专目此某方即为农业区域。"①

按照实际梳理出来的结果，农业地名中与商王朝有过明确敌对关系的只有"绛方"。"绛方"属于晋南的"四邦方"，曾被商人征伐，卜辞有商人入"绛方"圣田的记录，可证商人农事活动是在征服该国族之后进行的。其他可以考证方位的地名绝大多数是商的与族或者商人控制区范围内的属地，这都可以通过征伐关系大致求出。特别是王都附近聚集的一批农业地名不少与近年出土的花园庄"子"族卜辞出现的地名重合。这些现象都说明农业地名的情况确实与商人聚居地有密切关系。

研究农业区域究竟有没有价值呢？卜辞涉及地名辞例主要可以归为几大类：一为农事；二为田游（行至）；三为贡纳；四为征伐。其中征伐发生在商人控制区的外围，田游主要是商王行至的范围（以田猎活动为主），贡纳主要在外服，都有其局限性。只有农事地名能够覆盖王畿与外服。商代是农业社会，把农业地作为线索研究商代地理，能起到纲举目张的作用。

二 田猎地理

殷墟甲骨刻辞中有多少田猎地，各家的统计不尽一致。陈炜湛《甲骨文田猎刻辞研究》是近年来出版的分类刻辞研究专著，根据他的整理田猎地部

---

① 见饶宗颐主编《甲骨文通检》第二分册《地名》卷，前言部分24页，香港中文大学出版社1994年版。

计可达 276 个[1]，这是目前最新的数字。现各期田猎地可统计如下：

表 6—4　　　　　　　　田猎地统计表[2]

	地名	一期	二期	三期	四期	五期
1	京	合集 10919				
2	盇	合集 10965				
3	汕	合集 9572				
4	斿	合集 10196	合集 24465	合集 28347	合集 33399	合集 37396
	斿彔			合集 29412		
5	夰	合集 10196				
6	敏	合集 10198 正				
7	而	合集 10201				
8	潢	合集 10206		合集 29287		合集 37787
	潢彔			屯南 1441		
	奠	合集 10925	合集 24467	合集 28348		
9	莫	合集 10227		合集 33545		
10	郒	合集 10229 反				

---

[1] 陈炜湛：《甲骨文田猎刻辞研究》，广西教育出版社 1995 年版，第 40—59 页。

[2] 本表以陈炜湛《甲骨文各期田猎地名表》为基础重新修订，《甲骨文田猎刻辞研究》，广西教育出版社 1995 年版，第 40—59 页。原表共收地名 276 个，其中包括不少可以合并的地名，并有将同一字的不同写法分列成几个地名，所引辞例包括不少《合集》与其他著录书的重片。本表使用《甲骨文合集来源表》进行了整理。又原表地名收录中自重的问题包括：(1) 123 号三期田猎地名"𢼱"，引自《粹编》989，而 141 号三期地名"帥"，引自《合集》29377，实际《粹编》989 就是《合集》29377，𢼱隶定作帥，原表误将原字与隶定字分为两个地名。(2) 三期地名 96 号"系"引自《合集》28401，144 号"穆"引自《屯南》4451、《甲》3636，其中《甲》3636 即《合集》28400，字形与 28401 均作"𦎫"，亦重。(3) 159 号"盟"(《屯南》217) 原字写作"𥂗"，与 126 号"𥂸"(《合集》29395)、200 号"眸"(𥂸) 其实是一个字，而原表 187 号又重复引用《屯南》217 号，将原形"𥂗"列为一个地名，亦重。252 号"天"(《合集》37750) 与 274 号"夫"(《合集》41767) 只是一个字的不同隶定写法，重。

续表

	地名	一期	二期	三期	四期	五期
11	函	合集 10244 正		合集 28372		合集 37545
	涵			合集 29345		
12	丧	合集 10250		合集 28326	合集 33530	合集 37379
13	敝	合集 10970 正		合集 29403		
14	膏鱼	合集 10918				
15	鲁	合集 267 反				
16	磬	合集 10500		英藏 2293	合集 41570	合集 37727
17	冊	合集 10514				
18	䵼	合集 10938 正				
19	𩵋	合集 10939				
	𩵋土	合集 10942				
20	萬	合集 10946				
	滿	合集 20768		合集 29399	合集 37786	
21	𢍱	合集 10950	合集 24458			
22	箕	合集 10956			屯南 663	
23	河	花东 36				
24	并	东京 S1033			合集 33570	
25	𦼈	合集 10961				
26	皿	合集 10964				
27	辰	合集 10976 正				
	𦥑			屯南 2061		
	䧹			合集 28900		
28	鼎	合集 10978				
29	丕	合集 10977				
30	崔	合集 10983				
31	𩾨	合集 10984				
32	受	合集 10924				

续表

	地名	一期	二期	三期	四期	五期
33	宫	合集 10985	合集 24462	合集 28365	合集 33556	合集 37616
34	鲮	合集 10993		合集 29376	合集 33574	
35	唐	合集 10998 反				
36	宁	合集 11006				
	汵			屯南 2409		
37	敦	合集 11171				
38	麦	合集 13568	合集 24404	合集 28311		合集 37448
39	蠢	合集 1022 甲				
40	盖	合集 10967				
41	徹（敊）京	合集 10921		合集 29357		
42	公	合集 10968		合集 29400		
43	蚰	合集 10950				
44	敖	合集 199				
45	义	合集 10969 正				
46	屮	合集 10934				
47	㷭	英藏 834				
48	双	合集 20757				
49	矢	合集 11016				
50	心	合集 14022 正				
51	舌	合集 10979				
52	岁	合集 10981				
53	锤	合集 10982				
54	襄（㐱）	合集 10991		合集 29352		
	㐱、㐱			合集 28403		合集 37600
	㐱			屯南 625		
	瀼			屯南 1098		
55	㐱	合集 10997				
56	率	合集 10197			合集 34185	
57	㓞	合集 11009				

续表

	地名	一期	二期	三期	四期	五期
58	櫱	合集 7		合集 29228	合集 33547	
59	商	合集 10670	合集 24476			合集 36501
60	阤		合集 24457	合集 28346		合集 37784
61	剌		合集 24459			
62	兑		合集 24464	合集 29244	合集 41563	合集 37480
63	谷		合集 24471			
64	良		合集 24472			
65	危		合集 24395			
66	行		合集 24391	合集 28320		
67	杞		合集 24473			
68	目		七集 W46	合集 29286	合集 33367	合集 37478
69	慶		合集 24474			
70	隅		合集 24454			
71	来		英藏 2041			
72	㐭		新缀 70			
73	牢		合集 24457	合集 29263	合集 33530	合集 37362
74	囚		合集 24452			
75	木		合集 24444			
76	蓺		合集 24495	合集 28809		
77	臧			合集 28897	合集 33369	合集 37405
	䃺			合集 29343	合集 33557	
78	㝱			合集 28314		合集 37419
79	白			合集 28315	合集 33383	
	柏			合集 29246	合集 33517	
80	英			合集 28317		
	哭			屯南 2386		
81	滴			合集 28338		
82	虡			合集 28349	合集 33567	
	爂					合集 37403
83	冎			合集 28375		

续表

	地名	一期	二期	三期	四期	五期
84	奇			合集 28409		
	滳			合集 29221		
85	畓			合集 29398		
86	閡			合集 28318		
87	穆			合集 28401		
88	睃			合集 28402		
89	吕			合集 28566		
90	狄			合集 28577		
91	壴			合集 28767		合集 37362
92	兑			合集 28801		
93	衣（存疑）			合集 28877		合集 37552
94	⌀			合集 28907	合集 33529	
95	盂			合集 28914	合集 33527	合集 37414
96	椋			合集 28908	合集 33529	合集 37462
97	向			合集 28943	合集 33530	合集 41810
98	凡			合集 28945		
99	沓			合集 28982		
	徣			合集 29288	合集 33560	
100	盐			合集 29268		合集 37380
101	宕			合集 29256		
102	毃			合集 29285	合集 33537	合集 37661
103	楸			合集 29289		
104	羗			合集 29310		合集 37408
	湺					合集 37533
105	⌀			合集 29313		
106	⌀			怀特 1447		
	⌀			屯南 2386		
107	虎			合集 29319	合集 33363	
108	蔀			合集 29377		合集 36834
109	辰			屯南 3599		
110	贅			合集 29328		

续表

	地名	一期	二期	三期	四期	五期
111	望			合集 29395		
112	默			合集 29334		
113	成			合集 29334		
114	门			合集 29341		
115	宋			合集 29358		
116	𦎫			屯南 4045		
117	豆			合集 29364		
118	殳			合集 29385		
119	斬			合集 29365		
120	淮			合集 29366		合集 37437
121	窒			合集 29368		
122	旦			合集 29372		
123	鼓			屯南 658		
124	遠			屯南 3759		
125	上下录			屯南 2116		
126	𢀓			屯南 3777		
127	利			屯南 2299		
128	鸡			合集 29031		合集 37363
129	宋			屯南 1098		
130	蒿			合集 29375		
131	𡨈			屯南 2739		合集 37409
132	亚			屯南 888		
133	庞			屯南 2409		
134	戈			屯南 4033		
135	豐			怀特 1444		
136	智			合集 28962	合集 33560	
137	洀			合集 28298		
138	𣄪、𣄰			合集 28917、28922		
	𣄰			合集 33532		

续表

	地名	一期	二期	三期	四期	五期
139	壴（㊟）			屯南 2136	合集 33373	合集 37711
	壴（㊟）					合集 37363
140	小壴					合集 37718
141	琳			合集 29237		
142	㊟			合集 29239		
143	㊟			合集 29273		
144	㊟			合集 29279		
145	㊟			合集 29334		
146	曾			屯南 815		
	㊟					合集 37383
147	㊟			屯南 2116		
148	香			屯南 4490		
149	大彔			屯南 1098		
150	㊟			屯南 2150		
151	襦			屯南 2409		
152	㊟			屯南 217		
153	黽			合集 29351		
154	安			合集 29378	合集 33550	合集 37568
155	犬侯			合集 29388		
156	渊（㊟）			屯南 722		
157	㊟			合集 29401		
158	楠彔			合集 29408		
159	㊟			合集 29411		
160	束			合集 29031		
161	狀			英藏 2302		
162	鹿㊟			英藏 2327		
163	㊟（存疑）			合集 27459		
164	亩			南师 1.170		
165	西沘			合集 30439		
166	㊟			屯南 2170		
167	从（存疑）				合集 28576	

续表

	地名	一期	二期	三期	四期	五期
168	蒦				合集 33384	
169	蔹				合集 33532	
170	㕣				合集 33378	
171	侖				合集 33572	
172	蓍（簋）			合集 29371		
173	奚				合集 33573	
174	麚				屯南 1021	
175	云				合集 33375	
176	彡				合集 33382	
177	召					合集 37429
178	去					合集 37392
179	惊录					合集 37398
180	瀧					合集 37406
181	玨					合集 37408
182	王					合集 37430
183	璠					合集 37455
184	埵					合集 37660
185	舊					合集 37434
186	爵					合集 37458
187	目					合集 37458
188	汏					合集 37459
189	亡					合集 36641
190	弋					合集 37473
191	享京					合集 37474
192	溪					合集 37475
193	妞录					合集 37485
194	睽					合集 37492
195	羞					合集 37777
196	高					合集 37494
197	潢					合集 37514
198	徝					合集 37517

续表

	地名	一期	二期	三期	四期	五期
199	攸					合集 37519
200	喜					合集 37662
201	元					英藏 2562 正
202	柳					英藏 2566
203	师东					合集 37410
204	旁					合集 37791
205	䍙					怀特 1858
206	𤓷					合集 36753
207	小吏					合集 37719
208	录					合集 37451
209	㱿					合集 41829
210	𨒌					合集 37363
211	夫					合集 41767
212	考					合集 37649
213	昊					合集 37474
214	朱					合集 37363
215	瀧	合集 199				
216	𩁹			合集 29384		
217	䍩			英藏 2327		
218	毛			合集 28589		
219	䌸					合集 37411

本表新增昊、朱、瀧、𩁹、䍩、毛、䌸、河等八个地名。过去田猎地名的整理中难免含有误收的部分，有时候是因为各家观点不一，有时则是出于过分求全求多。以下所举各例见于多部有关论著，几乎已经成沿袭性的错误：

1. 区（𠃊）等字孙海波、金祥恒、李孝定均释为"区"，《甲骨文字诂林》认为释"区"可从，卜辞皆用为与狩猎有关之动词，盖假作"驱"，无用作地名之例①。《甲骨文田猎刻辞研究》误以为地名②。

2. 斁，又写作斀、斀等，卜辞中指狩鹿，用为动词，如《屯南》1441："王其田，斁遘录，擒，亡灾。"

3. 宿，《合集》29384："……其田，宿于🔲"，"宿"后面接介词与地名，是一种与田猎有关的活动。《合集》29351："己亥……🔲宿，亡灾。弜宿，亡灾。王其田在。吉。🔲宿，亡灾。大吉。"从"弜宿"来看，"宿"应是动词，田猎地研究中往往误引作地名。

4. 遝，是一种交通方式，《合集》29084："丁丑卜，狄，贞王其田，遝往。"

5. 如《合集》20737："辛巳卜，侑于🔲三兕，有擒。"，"🔲"字或以为田猎地。按"🔲"又作🔲，一般隶定为"态"，卜辞中均用为祭祀对象，例如《合集》3190："壬戌卜，贞呼子狄侑于🔲，犬"、"呼子狄侑于🔲犬又羊。"《合集》14346："贞侑于🔲"、"侑于🔲"、"贞不其延雨"。可见上引《合集》20737乃为田猎活动对"🔲"进行祭祀，"🔲"的性质绝非田猎地名。

作为商代地名研究重要的组成部分，田猎地为数众多，涉及大量辞例，研究历史也很长，但迄今为止能考订的地名却极少。主要原因有两点：一是很大一部分地名缺乏地名系联关系；二是通过地名系联建立的地名网无法落实到具体的地图上。目前从事田猎地名研究必须注意两点：一是实事求是，以建立地名网为前提，文献地名比戡不应过度；二是注意地名系联的辞例标准。这主要是指所谓"择地"田猎刻辞的问题，这类辞例有带干支与不带干支两种，以下引辞例为例：

(1) 王［惟］丧［田］省，亡［灾］。
    惟盂省，亡灾。
    惟宫田省，亡灾。(《合集》28980)
(2) 壬午［卜］，贞王［其］田盂，亡［灾］。
    乙酉卜，贞王其田梌，亡灾。
    戊子卜，贞王其田斿，亡灾。
    辛卯卜，贞王其田囚，亡灾。(《合集》32529)

---

① 详见于省吾主编《甲骨文字诂林》，中华书局1996年版，第746—747页。
② 陈炜湛：《甲骨文田猎刻辞研究》，广西教育出版社1995年版，第42页。

甲骨文地名考订自王国维首创，之后田猎地研究者李学勤、岛邦男都在领究方法上带动了地名研究的发展。但是早期研究者往往都有一弊病，就是以例（2）类型的带干支的辞例计算各地相隔日数。80年代末钟柏生指出这类辞例缺乏占卜地点、验辞，及其田猎地区的补充说明，以此作为日程推算依据势必造成偏差①。陈炜湛《甲骨文田猎辞研究》一书亦提出类似看法，并举《合集》33542、《屯南》660、《合集》41819、《续》3.16.7、《续》3.18.2五例论证仅凭同版干支关系推断田猎行程所造成的混乱②。上述看法代表了卜辞地理研究方法上的新进展，应该引起研究者的重视。

各期田猎地的数量和辞例特点有很大差别。祖庚祖甲时出现的田猎地较少。三、四期地名数量大，特别是廪辛康丁时期为各期之冠。但是，三、四期出现同版地名的辞例绝大多数是择地卜辞，不带占卜地与验辞。五期地名数量仅次于三期，而且辞例较完整，是建立地名网的主要材料。另外，一期田猎刻辞往往卜问所获兽类的数量，常带有验辞，也能找到一些地名系联关系。

三 贡纳地理

下文附表中以"以"、"取"、"共"、"入"、"来"的辞例为主。卜辞专用于整治龟兽骨的"示若干屯"和贡龟的"入龟若干"涉及大量妇名、官名、人名、族名，其性质较为特殊，并非单纯的贡纳关系，表中不收。

表6—5　　　　　卜辞所见贡纳地名、人名、族名表　　　（*为人名）

地｜人*｜族	出处	物种
南	合集7076、京人311	（以）龟
𡊝	合集7239反："𡊝入三十"	
皋*	合集8975	（以）牛
	合集13868	（以）新𠂤
	合集17303反	（以）齿

---

① 钟柏生：《殷商卜辞地理论丛》，台北艺文印书馆1989年第一版，第30—31页。
② 陈炜湛：《甲骨文田猎刻辞研究》，广西教育出版社1995年第一版，第42页。

续表

地|人*|族	出处	物种
古	合集 17305 反	（以）齿
杞	合集 22214	（共）责
危方	合集 33191	（以）牛
妻	合集 952 反（人）、6648 反（来）	
	合集 9172 正	（来）马
	合集 9172	（来）兕
弜	合集 8939	"呼弜共牛"
	合集 20631	（取）马
	合集 9175	（来）马
	合集 9174	（来）兕
邑	合集 9433	
雀*	合集 8984	（以）象
	合集 8984	（以）猱
	合集 9774	"雀入龟五百"
	合集 12487："雀入二百五十"	
龟	合集 500 正	（以）马
古	英藏 527	"入射于古"
沚或*	英藏 126	（至）十石
霝	合集 8797 正	（取）马
唐	合集 892 反："唐入十"	
竹	合集 902 反："竹入十"	
先	合集 9427："先见"	
亚*	合集 914	（以）来
宙	合集 40061	（以）鹿
奚	合集 9177	（来）白马
竝	合集 9247："竝入十"	
犬	合集 21562	（以）龟
戈	合集 17308	（以）齿
	合集 11432	（来）豕、贝
凤	合集 9245："凤入百"	

续表

地｜人*｜族	出处	物种
郑（奠）	合集 8936	"共牛于奠"
	合集 151 反（人）、9613（来）、9080："奠以"	
周（周方）	合集 4884	（乞）牛
罕	合集 4735 反："罕入四十"	
	合集 11462 正	（来）舟
龙	合集 9076："龙来以"	
	合集 22075	"入马于龙"
鸣	英藏 528	（以）多方牛
方	合集 28011	"方其以来奠。勿以来。"
方田	合集 8796 正	（来）马
多奠	合集 8938 甲、乙	"呼共牛多奠"
牧	合集 14149："牧入十"	
伯□	合集 9079："伯□……百，以"	
午	合集 22294	"惟午卤以。"
商	合集 17302、17300 正	（以、来）齿
车	合集 11442	（以）十朋
偁	合集 9049："偁以百"	
殳	怀特 53 反："殳以三百"	
贮	合集 371 反："贮入三"	
鼓	合集 9253 反："鼓入四十"	
我	合集 116："我以千"、合集 9200 反："我来三十"	
	合集 6571 反	"我来贮骨"
克	合集 8952："克共百"	
吴	合集 8937	"呼吴共牛"
	合集 3979 反："吴入五"	
	合集 9827	"呼吴取弓"
朱	合集 8934、8935 正	"共牛于朱"
員	合集 9263 反："員入百"	
龠	合集 4720	"取玉于龠"

续表

地｜人＊｜族	出处	物种
师般＊	合集 826	"呼师般取珏"
由	合集 945 正	（来）马
	合集 945 正	（来）犬
皿	合集 21917	（至）豕

上表最明显的特征是，晚商时期的贡纳关系以边侯、商属地、奠牧等行政领地、附属国族以及常驻或经常到外服执行王事的官员、领将为主，畿内地几乎不见（整治龟甲与入龟的辞例不计）。而在人名中，如吴、师般、沚或等，有时是贡纳者，有时只是征取贡纳的执行者。《合集》8934、8935 正："共牛于朱"；《合集》8938 甲、乙："呼共牛多奠"；《合集》8936："共牛于奠"；《合集》28011："方其以来奠"；《英藏》527："入射矢于䪨"；《合集》22075："入马于龙"；《英藏》528：鸣"以多方牛"辞例中奠、朱、䪨、龙、鸣等都是进贡时的中转地。多奠是商人在外服的行政区，朱、䪨、龙、鸣等是外服边侯与附属国族。可见当时大概也存在一个由近及远的贡纳体系，由驻扎在外服的将领、奠牧与较稳定的附属国族负责征收、运送。

贡纳在当时主要是用于控制外服的一种手段，而不是主要的经济手段。《左传》桓公十五年："春，天王使家父来求车，非礼也。诸侯不贡车服，天子不私求财。"直到周代，外服所纳贡赋在名义上仍然是为了王室作为代表进行祭祀时所需的用品，而不是用来维持王畿开支所需的。所以《左传》僖公四年昭王南征楚国的借口只能是："尔贡苞茅不入，王祭不共，无以缩酒，寡人是征。"上文已论述过商时王畿与外服的粮食消耗的特点是自给自足，外服向王畿贡纳谷物的记录极其罕见。从附表中可能看到牛、马、羊等畜牧业产品的贡纳较为常见，究其原因大概与商人以农业为主有关。

第四节　商代的交通地理

一　道路交通网络

有关商代交通网路的研究，由于文献材料缺乏，以往学者的研究往往寥寥数语、语焉不详。但随着考古新材料的不断发现，揭示出来的商代历史也愈来愈丰富，使我们有可能利用考古资料来复原商代的交通状况，考古材料中蕴涵有大量的交通方面的信息，文化面貌相似者，必有文化之间的交流，有交流就有道路可通，文化面貌越接近，文化交流就越频繁，道路利用率就越高；另一方面，道路具有历史延续性，也为复原商代交通提供了可资借鉴的信息，我们现在仍在使用的道路大多就是古人开辟出来并沿用至今的，当然，由于政治文化经济中心的变迁，道路的利用是不均衡的。20世纪80年代，彭邦炯先生利用甲骨文提供的资料和商代遗址的分布，列出了商代的六条交通干道[①]，分别是：

第一，东南行。是通往徐淮地区的大道，即甲骨文中征人方的往返路线，其经过的地方可能与今天的陇海路郑州至徐州、津浦路的徐州至淮河北的某些地段有关。

第二，东北行。是通往今卢龙及其更远的辽宁朝阳等地的交通干道，可能经过今邯郸、邢台、石家庄、藁城、北京、喀左等地。

第三，南行。通往今天湖北、湖南、江西等地的交通干道。

第四，西行。通往周等方国的干道，即武王征商所走的路线，沿渭水而东出陕西入河南，在孟津渡河，东北到淇县（即朝歌）到安阳。

第五，东行。通往渤海之滨的古蒲姑（可能在今山东益都地区）的道路。若走水路，则沿古黄河或济水而下。

第六，西北行。逾太行，通往方、西北土方等方国。

彭先生的研究基本上涵盖了以商都郑州、安阳地区为中心的各个方向的交通干道，是可信的。近20年将要过去，新的考古材料不断涌现，我们看到商代的交通远非今人所能想象，商文化以优势文化向四方传播、商王征讨叛敌、方国进贡以及各种商业贸易都要依靠四通八达的交通网络，商代拥有发达的交通工具与一套较完整的交通制度[②]，是商代交通的基础与保障。

（一）商与周、蜀之间的交通道路

商文化在早商时期进入关中西安至铜川一线，形成了早商文化北村类型（以耀县北村和西安老牛坡遗址为代表），其后，深入关中西部，中商

---

① 彭邦炯：《商史探微》，重庆出版社1988年版，第268—269页。
② 宋镇豪：《夏商社会生活史》，中国社会科学出版社1994年版，第207—215页。

阶段抵达扶风、岐山一带，晚商阶段商文化虽然退回西安至铜川一线（此时形成了商文化老牛坡类型，代表遗址有西安老牛坡和袁家崖遗址），并最终退出关中地区①，但商都（今安阳地区）与周邑（今周原地区以及邻近地区）之间的交通仍很频繁，如武丁多次征伐周方。武乙"三十四年，周王季历来朝，武乙赐地三十里，玉十瑴，马八匹"②。"武乙猎于河渭之间，暴雷，武乙震死。"③ 帝乙"二年，周人伐商。"④ 周文王时"伯夷、叔齐在孤竹，闻西伯善养老，盍往归之。太颠、闳夭、散宜生、鬻子、辛甲大夫之徒皆往归之。……帝纣乃囚西伯于羑里。闳夭之徒患之，乃求有莘氏美女，骊戎之文马，有熊九驷，他奇怪物，因殷嬖臣费仲而献之纣。……乃赦西伯，赐之弓矢斧钺，使西伯得征伐"⑤。周武王二年（文王九年），东观兵，至于孟津；武王四年（文王十一年），开始伐商。

武王伐商所经路线应是商周之间频繁往来的交通路线之一（因平原地区交通便利，所以过崤函古道后，应有多条交通路线），其具体路线是：

武王伐纣大军从宗周（今西安一带）出发，沿渭河河谷东行，越潼关，过崤函古道，师渡孟津（在今孟津县东。或曰师渡汜水，即今荥阳汜水）⑥，

---

① 中国社会科学院考古研究所：《中国考古学·夏商卷》，中国社会科学出版社2003年版。
② 见古本《竹书纪年》。
③ 见《史记·殷本纪》。
④ 见古本《竹书纪年》。
⑤ 见《史记·周本纪》。
⑥ 《尚书·泰誓序》、《史记》、《汉书》、《淮南子·览冥训》等书均载武王从孟津渡河伐商，而《荀子·儒效》记："武王之诛纣也，行之日以兵忌，东面而迎太岁，至汜而泛，至怀而坏，至共头而山隧。霍叔惧曰：'出三日而五灾至，无乃不可乎？'周公曰：'刳比干而囚箕子，飞廉、恶来知政，夫又恶有不可焉！'遂选马而进，朝食于戚，暮宿于百泉，厌旦于牧之野。鼓之而纣卒易乡，遂乘殷人而诛纣。"于省吾据此认为武王伐纣于汜（汜）水渡河（《武王伐纣行程考》，《禹贡》第七卷第1、2、3合期），陈昌远亦持相同观点（《从〈利簋〉谈有关武王伐纣的几个问题》，《河南师大学报》1980年第4期，又《再谈武王伐纣进军路线》，《河南大学学报》1988年第4期）。彭邦炯试图调和这两种观点，认为周军先至汜水，因遇水汛和风暴而返孟津渡河（《武王伐纣探路——古文献所见武王进军牧野路线考》，《中原文物》1990年第2期），这种观点恐不可信。

北上至邢丘①（今温县东 15 公里的北平皋村②）至怀③（今武陟县的古怀城），勒兵于宁④（今获嘉县），至共头山（今辉县北九里），选马而进，朝食于戚（在今河南辉县境），暮宿于百泉（今辉县西北百泉），甲子朝战于牧野（今新乡、卫辉间⑤）。

从商都出发，向西的道路至周原后，继续向南到汉中盆地，从汉中又到川西地区。

汉中地区的商遗存主要分布在城固、洋县、紫阳、汉阴、石泉境内，城固宝山遗址是其中心聚落。以宝山商时期遗存为代表的，普遍分布于汉水上游的同类考古学文化，称其为宝山文化。宝山文化从二里岗上层延续至殷墟三期，"宝山文化青铜器中的鼎、鬲、罍、瓿、壶、觚、爵等，皆为中原传统礼器的常见器类。其中一部分器物与郑州、殷墟出土商代青铜器的形制、纹饰等特征相同，当来自中原地区；一部分器物与中原地区同类器在形制或纹饰、制作技术方面表现出一些差异，应为当地所仿制。"⑥ 宝山文化的陶器主要受到关中地区商文化的影响，说明关中与汉中地区交往甚密，关中自然是典型商文化输入汉中地区的中转站。汉中、关中之间的道路，见于史书的最早记载是褒斜道，褒斜道应是商代乃至西周时期沟通秦岭南北的交通要道。

广泛分布于川西成都平原的三星堆文化是典型的蜀文化，其时代从夏代晚期一直延续至商代末年或西周早期。三星堆文化的地方性特征鲜明，但其

---

① 《韩诗外传》卷三第十三章云："武王伐纣，到于邢丘。"

② 此地已发现春秋时期的晋国邢邑城址，出土了大量带有"邢公"、"邢"字样的陶器，见《河南温县发现晋国邢邑遗址》，《中国文物报》2003 年 1 月 22 日。

③ 《韩诗外传》卷三第十三章云："武王伐纣，到于邢丘……更名邢丘曰怀。"按《韩诗外传》所云失实，邢丘与怀为两个地名，陈昌远先生已有考辨（《再谈武王伐纣进军路线》，《河南大学学报》1988 年第 4 期），《左传》宣公六年云："赤狄伐晋，围怀及邢丘。"为其证。

④ 《韩诗外传》卷三第十三章云："武王伐纣，到于邢丘……乃修武勒兵于宁，更名邢丘曰怀，宁曰修武。"

⑤ 关于牧野所在，传统观点认为在淇县南，据孙作云考证，牧野在今河南新乡汲县（即卫辉）一带，今新乡牧野村，见《古牧野地名考辨》，《孙作云文集》第 4 卷：《美术考古与民俗研究》。1930 年，今卫辉西山彪镇出土了两件成王时的青铜簋《小臣谜簋》，同铭云"复归在牧师"，此牧地即武王伐纣之牧野，两器的出土地正在今河南新乡汲县（即卫辉）一带。

⑥ 西北大学文博学院：《城固宝山——1998 年发掘报告》，文物出版社 2002 年版，第 183 页。

中的中原文化因素也很多，如青铜尊、罍、盘、器盖；玉石戈、璜、琮、璧、瑗、璋等；陶将军盔；零星的与甲骨文属于同一系统的文字①。中原地区与川西地区之间的交通主要有两条通道：

其一，三星堆文化与宝山文化联系密切，二者之间有很多共同点，说明成都平原与汉中盆地之间在商代已有道路可通，商文化因素可以通过汉中盆地传入成都平原②。成都平原与汉中盆地之间只要越过大巴山的阻碍，就能实现交通。战国时期这里有著名的"金牛道"，从汉中盆地今勉县西南行，越过今宁强县、七盘关，至川北广元的朝天驿，进入嘉陵江谷地，到广元西南的剑门关③。这条道路至今仍在使用，为川陕公路的一段，商代有可能也是利用此道。

其二，峡江地区夏商时期有一支考古学文化，与三星堆文化共性显著，称其为三星堆文化朝天嘴类型，它分布于峡江地区的川东、鄂西④，朝天嘴类型既有中原文化因素，又有三星堆文化中常见的中原器类，因此夏商文化也有通过长江传入成都平原的，三星堆遗址出土的青铜器有一部分与湖北、湖南和安徽出土的有些青铜器风格类似，是其明证⑤。

（二）商与西方方国的交通主干道

这里所说的西方方国主要指位于今山西省以及晋陕高原的方国。山西地区的商文化早、中、晚三期分布各有中心，早商在晋西南，中商在晋东南，晚商在晋陕高原（该地区的商代文化称之为李家崖文化，是一支土著文化，与商文化有区别）。

商代早期，商王统治中心在豫西的郑洛一带，豫西与晋南隔黄河毗邻，交通往来并非难事，从考古发现看，当时主要有两处渡口：一是垣曲古城；二是平陆前庄。前庄遗址作为渡口，可能只是一时之需，而前庄遗址西40

---

① 中国社会科学院考古研究所：《中国考古学·夏商卷》，第491—508页。

② 张玉石：《川西平原的蜀文化与商文化入川路线》，《华夏考古》1995年第1期；魏京武：《陕南巴蜀文化的考古发现与研究》，《三星堆与巴蜀文化》，巴蜀书社1993年版，文中指出远在原始社会时期，陕南汉水上游就是黄河中游与长江中、上游地区新石器时代文化的交汇带。

③ 王育民：《中国历史地理概论》，人民教育出版社1987年版，第402页。

④ 中国社会科学院考古研究所：《中国考古学·夏商卷》，第509—513页。

⑤ 李学勤：《商文化怎样传入四川》，《当代学者自选文库：李学勤卷》，安徽教育出版社1999年版。

公里处是著名的茅津渡,自古至今,一直是晋豫交通的重要渡口。

中商时期,山西地区的商文化遗存主要分布在晋东南长治、屯留、潞城、长子一带和晋中汾阳等地,考古学上称之为小神类型,与其同时的商文化主要是分布在豫北冀南的曹演庄类型,曹演庄类型是中商文化的核心类型,其中以邢台曹演庄、东先贤遗址和洹北商城遗址的规模最大,都邑"相"、"邢"和"殷"与该类型有关[1]。小神类型与曹演庄类型距离最近,交通往来应最频繁,二者之间虽有太行山阻隔,但有漳河河谷相连,今河北武安南是太行八陉之一的滏口陉,也是主要交通孔道。这两条道路至今仍在发挥着重要作用。

晚商时期,山西境内的商文化遗存主要有灵石旌介村、浮山桥北、临汾庞杜和屯留上村、潞城。灵石旌介村属于丙国[2],浮山桥北属于先国[3],与浮山距离不远的临汾庞杜村也发现了规格极高的商周墓葬。安阳与临汾盆地之间的交通主要通过屯留地区,屯留上村发现有一座晚商墓葬[4],距屯留不远的潞城发现过商周古城遗址[5]。

汾河以西以北,晋陕之间黄河两岸的高原地区,以山西石楼、永和、柳林,陕西绥德、清涧、延长等地为中心,集中出土了一批晚商时期的青铜器,这批铜器大多出自墓葬,按特征可以分为三群:

A群　是殷墟常见的器形。大多是礼器,少数是武器和工具。

B群　具有鲜明的地方特征,器类和数量多于A群,是该文化类型主要成分。其中的礼器多是仿商式改进型,武器、工具和饰品等则大部分不同于商文化,少部分也见于殷墟,当数量很少,应是由此输送或仿制而成的。

C群　数量最少,是北方卡拉苏克文化向南传播的产物[6]。

---

[1] 中国社会科学院考古研究所:《中国考古学·夏商卷》,中国社会科学出版社2003年版,第255—271页。

[2] 殷玮璋、曹淑琴:《灵石商墓与丙国铜器》,《考古》1990年第7期。

[3] 《山西浮山桥北商周墓》,《2004年中国重要考古发现》,文物出版社2005年版。

[4] 长治市博物馆:《山西屯留县上村出土商代青铜器》,《考古》1991年第2期。

[5] 《潞城发现商周古城遗址》,《中国文物报》1991年11月17日。

[6] 李伯谦:《从灵石旌介商墓的发现看晋陕高原青铜文化的归属》,《北京大学学报》(哲社版)1988年第2期。

A、B群铜器从器物学的角度证明了汾河以西以北晋陕高原与中原的联系，从B群铜器多饰兽首看，当时活动在晋陕高原的是与中原农业民族不同的游牧民族，他们建立了众多方国，如舌方、沚方、土方、鬲方、𢀛方、羞方、䇞方、羌方、绊方、召方、巴方、龙方、商方、𢀖方、鬼方、马方、亘方、基方、井方、湔方、兹方等，与商王朝维持着或战或和的松散关系。从商都安阳越太行至屯留，向西走到达汾河中游地区，再向西北行即抵晋陕高原。

（三）商与北方方国的交通主干道

今冀南豫北地区是殷商的"龙兴"之地，自契至商汤灭夏，商族主要在此地区活动①，汤伐夏即循由北向南之交通路线，可见中原地区与北方地区交通往来之久远。河北地区的商周（指周初）考古发现很多，主要集中在以下几个地点：

邯郸地区。有商代早期的遗址，晚商时期邯郸地区邻近王都安阳，属于王畿区，自然是常来常往之地，发现的商遗存也很多。其中1966年磁县下七垣发现了一批铜器，三件铭"受"，二件铭"启"②。"受"、"启"族的器物殷墟亦能见到，二族在甲骨文中也有见。

邢台附近。祖乙迁邢即在邢台，此地出过晚商铜器，有先商至晚商时期的多处遗址。

石家庄地区。包括藁城、正定、赵县、灵寿③、新乐、无极④、平山⑤、获鹿⑥、元氏、高邑、栾城⑦等地的多处遗址，其中藁城台西村有一处规模较大的商代遗址，而距台西村不远的前西关遗址出土的铜器上带有"心守"、"守"铭文，"守"铭亦出于殷墟，侯家庄西北岗1001大墓和武官村大墓都发现带"守"字的铜器，YH266出的一件陶罍上刻有"妇姤，守"铭文，

---

① 商族灭夏以前的文化称先商文化，即下七垣文化，中心在冀南豫北地区。
② 罗平：《河北磁县下七垣出土殷代青铜器》，《文物》1974年第11期。
③ 正定县文物保管所：《河北灵寿县西木佛村出土一批商代文物》，《文物资料丛刊》（5）；陈应祺：《河北灵寿县北宅村商代遗址调查》，《考古》1966年第2期。
④ 文启明：《河北新乐、无极发现晚商青铜器》，《文物》1987年第1期。
⑤ 河北省文物研究所：《河北平山县考古调查简报》，《文物春秋》1990年第3期。
⑥ 唐云明：《河北商文化综述》，《华夏考古》1988年第3期。
⑦ 同上。

可见守族与王族关系密切，二者有通婚。正定新城铺遗址出的铜器数量较多，其中有带"𢎥"、"𠭯册"铭文的，"𠭯"铭常见，较为著名的是帝辛二十五年的《宰椃角》："庚申，王在𤔲，王格，宰椃从，赐贝五朋，用作父丁尊彝，在六月，惟王廿祀翌又五。"銎下铸"𠭯册"。1942年安阳出一爵，亦铭"𠭯册"（《集成》8875）。𠭯族也是商代的要族，族中有人在中央王朝任宰，辅佐商王①。

定州。1991年定州北庄子发现42座商代墓葬，其大致年代约当殷墟二、三期，个别墓可能晚至四期。发掘者认为："这批墓葬排列有序，没有相互叠压或打破现象，其墓坑制作规整，等级森严，普遍流行残酷的殉人、殉狗制度，随葬品亦较丰富，显然在商代非一般平民所拥有，应当是一处规模较大的奴隶主贵族墓群，而且是方国贵族墓群。"②所出铜鼎、觚、爵、戈上普遍铸"妟"，此铭并不罕见，目前所知有出土地点的共两件：一是1974年安阳出的《妟爵》（《集成》7498）；二是传出安阳的《妟戈》（《集成》10674）。安阳出"妟"铭器，说明妟国族与商王朝关系紧密。

满城。夜藉和要庄城子附近1970年曾发现过一件早商罍和一件晚商爵，爵铭"木祖"，1974年又出一件晚商爵，铭"子父乙"③。夜藉和要庄城子的商周遗址是规模较大的一处遗址④。满城的交通地位由此可见一斑。满城以东的保定亦发现过商遗存⑤。

易县、涞水地区。易水流域是先商时期有易国所在，文献记载王亥宾于有易而淫，有易杀王亥，王亥之子上甲微假师河伯灭有易，杀其君绵臣。易县清末出土了著名的"商三勾兵"，即大祖、大父、大兄三件直内戈（《集

---

① 石家庄地区文化局文物普查组：《河北省石家庄地区的考古新发现》，《文物资料丛刊》（1）；刘友恒、樊子林：《河北正定出土商代青铜器》，《文物》1982年第2期；《河北正定新城铺出土商代青铜器》，《文物》1984年第12期。

② 河北省文物研究所、保定地区文物管理所：《定州北庄子商墓发掘简报》，《文物春秋》1992年增刊。

③ 刘超英、裴淑兰：《河北商代带铭铜器综述》，《三代文明研究》（一），科学出版社1999年版。

④ 郑绍宗：《商周金文和河北古代方国研究》，《北方考古研究》（三），中州古籍出版社1994年版；河北省文物研究所：《河北满城要庄发掘简报》，《文物春秋》1992年增刊。

⑤ 唐云明：《河北商文化综述》，《华夏考古》1988年第3期。

成》11401、11403、11392）涞水富位、渐村亦发现商代遗址①。易县、涞水以东的定兴、容城也有商遗址②，但从目前的资料看，它们的规模很小，其地位不如易县、涞水。

再往北走，就到了今涿县、北京地区，北京地区发现的商代遗存，主要在昌平雪山，房山刘李店、琉璃河，平谷刘家河、韩庄③等地。

把上述地点连起来，就是通向北方的交通路线，这条路线与今天的京广线北段大致相同，但满城至保定以北，稍靠西，这一现象与战国时代的交通路线类似。史念海在分析战国时代太行山东麓的交通时，指出沿太行山东麓的交通道路是当时的干线，这条道路大致就是现在的京广铁路北段，而小有违异，即有些地方稍偏西一点（主要指易县、保定西南的旧完县），目的是为了避免沿途各河的泛滥④。

向北的交通到北京后，并未终止，从北京东行至卢龙、迁安一带。卢龙是商代孤竹国所在，境内的东阚各庄发现过商代遗址和墓葬，出土了一批青铜器、陶器，其风格有典型的商文化因素，反映了孤竹国与商王朝的密切关系⑤，甲骨文中孤竹称为竹侯，向王纳贡，与商王朝通婚。迁安马哨村发现有商墓，出土的一件鼎和一件铜簋，分别铭"卜"和"箕"，或以为与箕子有关⑥。卢龙、迁安所处的冀东地区是古代中国农牧区的一处分界点，商时是燕山以北夏家点下层文化与燕山以南各种文化的交汇点，从此地沿滦河河谷，在喜峰口一带的卢龙塞出塞，折东趋大凌河流域的喀左、凌源、朝阳、义县一带，此道即著名的卢龙塞道，它是唐代以前关内与东北地区最主要的

---

① 拒马河考古队：《河北易县涞水古遗址发掘报告》，《考古学报》1988年第4期；河北省文物研究所：《河北涞水渐村遗址发掘报告》，《文物春秋》1992年增刊；仇凤琴、吴东风：《河北商代遗存初论》，《三代文明研究》（一），科学出版社1999年版。

② 唐云明：《河北商文化综述》，《华夏考古》1988年第3期。

③ 中国社会科学院考古研究所：《中国考古学·夏商卷》，中国社会科学出版社2003年版，第605页；北京市文物研究所：《北京房山琉璃河遗址发现的商代遗迹》，《文物》1997年第4期；郑绍宗：《商周金文和河北古代方国研究》，《北方考古研究》（三），中州古籍出版社1994年版。

④ 史念海：《战国至唐初太行山东经济地区的发展》，《河山集》，三联书店1963年版。

⑤ 文启明：《河北卢龙县东阚各庄遗址》，《考古》1985年第11期；《冀东地区商时期古文化遗址综述》，《考古与文物》1984年第6期。

⑥ 李宗山、尹晓燕：《河北省迁安县出土两件商代铜器》，《文物》1995年第6期。

交通道路①。辽宁喀左、凌源、朝阳、义县出土过大量的商周青铜器②，唐兰认为喀左地区属于孤竹国范围③，喀左附近另有㠱国与孤竹相邻，㠱在商代为侯国，周初臣服于燕。

（四）商与东方方国的交通主干道

这里所说的东方方国包括东夷和淮夷地区的诸方国，夏商时期的夷人文化可以分为东夷文化和淮夷文化，东夷文化分布在山东和苏北地区，淮夷文化分布的中心地区在安徽江淮一带，淮河以北可能也有淮夷文化④。文献记载商王朝对东方方国的征伐有汤伐三朡（《史记·殷本纪》），仲丁征兰夷，河亶甲征兰夷、班方（古本《竹书纪年》），见于卜辞的东方方国主要有夷方、旁方、林方等。中原地区与东方地区都处于黄淮中下游，二者之间没有交通阻碍，从史前时期开始，中原与东方之间的交通就很频繁，商代建立以后，商文化极力向东方推进，土著文化退居到边缘地区。

考古学上显示安徽地区在早、中商时期有商文化的一支地方类型——大城墩类型，它主要分布在江淮之间，霍山至巢湖一线以北的地区。到了晚商时期，商文化在江淮之间的势力有所削弱，但彼此仍有大量接触⑤。卜辞记载的帝辛十祀商王朝征伐夷方所走的路线，应是商与淮夷之间的主要交通干道：从殷都安阳出发，在古黄河岸边的雇地（今河南原阳县原武镇西北）渡过黄河，向东南进发到达河南商丘地区，继续向东南走过河南永城、安徽宿州，转而向南到淮河流域，渡过淮河，与江淮地区的诸淮夷方国实现往来。

山东地区的商文化，早商时期仅分布在黄河以南，泰沂山脉以西地区，中商时期才得以长足发展，晚商时期更由津浦线扩展到潍河至沂河一线，中原与东夷地区的交通也不断巩固发展。中商、晚商时期的商文化分布可分为以下三个区域⑥：

1. 泰沂山脉以北地区。中商时期为大辛庄类型，晚商时期商文化东扩至

---

① 李孝聪：《中国区域历史地理》，北京大学出版社 2004 年版，第 411—412 页。
② 魏凡：《就出土青铜器探索辽宁商文化问题》，《辽宁大学学报》1983 年第 5 期。
③ 唐兰：《从河南郑州出土的商代前期青铜器谈起》，《文物》1973 年第 7 期。
④ 王迅：《东夷文化与淮夷文化研究》，北京大学出版社 1994 年版。
⑤ 中国社会科学院考古研究所：《中国考古学·夏商卷》，中国社会科学出版社 2003 年版。
⑥ 以下材料大多引自中国社会科学院考古研究所《中国考古学·夏商卷》，中国社会科学出版社 2003 年版。

淄河、弥河，并形成了苏埠屯类型，苏埠屯类型的分布范围远远超过了大辛庄类型的分布范围，西起鲁西北阳谷、东阿一带，沿泰沂山脉北侧分布，东不过潍河，北界约在滨州市一带。其中最具代表性的济南大辛庄①、长清兴复河②、益都苏埠屯、寿光古城遗址，或遗址规格高，或出土遗物丰富，是方国都城遗址。从殷都安阳出发过古黄河、古济水，到济南、长清一带，沿泰沂山脉的山前平原或峡谷地带可以顺利到达益都、寿光地区。从济南、长清到益都、寿光这段道路也是春秋战国时期齐国通向中原的主干路线。

2. 鲁西南一带。中商时期为潘庙类型，晚商时期有安邱类型，分布区主要在苏鲁豫皖交界地区的鲁西南和豫东一侧。鲁西南地区在地势低，古代有著名的大野泽（位于今巨野县东北）和菏泽（位于今定陶县东）、雷夏泽（位于今山东菏泽东北）③，这里交通恐怕主要依靠水上网络。陆路交通，梁山在当时可能是中原王朝通往鲁南地区的门户之一。梁山于清道光二十三年（1843年）发现过一批西周早期窖藏，即著名的"梁山七器"。

3. 鲁南地区。苏北鲁南地区亦分布有中商时期的遗址，但并未形成具有鲜明特点的地方类型。晚商时期为前掌大类型，分布范围以曲阜、滕州一带为中心，西界不过今大运河、昭阳湖、微山湖一线，东界或可及临沂地区西部，包括江苏北部部分地区。滕州前掌大墓地规模宏大，出土了众多铜礼器，这里是一处方国首领家族的墓地。其他地区济宁、兖州、邹县、枣庄、泗水、费县、苍山等地也都有重要发现，如兖州李官村的数件"索"氏铜器、邹县化肥厂的"子保"铜器墓④、泗水窖堌堆"史"族铜器和寺东台的铜器墓、传出费县的28件"举，馭"族铜器⑤、苍山东高尧的11

---

① 山东大学东方考古研究中心等：《济南市大辛庄商代居址与墓葬》，《考古》2004年第7期。
② 1957年长清兴复河北岸出土了99件商代青铜器，1964年山东省博物馆征集到的长清出土的青铜器，铭文多为"举，馭"，推测长清为"举，馭"族建立的方国都城。见山东省博物馆《山东长清出土的青铜器》，《文物》1964年第4期；高广仁《海岱区的商代文化遗存》，《考古学报》2000年第2期。
③ 王育民：《中国历史地理概论》，人民教育出版社1987年版，第107—108页。
④ 齐文涛：《概述近年来山东出土的商周青铜器》，《文物》1972年第5期。
⑤ 程长新等：《北京拣选一组二十八件商代带铭铜器》，《文物》1982年第9期。

件"䣄"族铜器①,以及滕州井亭村和后黄家庄的 30 余件"爻"族铜器②、种寨村"眉工子"铜器③等,这些地点都是重要的居住点,他们与中原王朝来往密切,推测其路线是从安阳出发,渡古黄河,到山东梁山,渡古济水,东南行至兖州,分南北两路,北路走泗水、费县,南路走邹县、滕州,会于苍山。

(五) 商与南方方国之间的交通主干道

这里讨论的南方方国主要指分布在河南南部及长江中游地区湖北、湖南、江西的方国。考古发现证明早在商代初期,中原地区与长江中游地区有频繁来往,并一直持续到商末。中原向南方输入陶器、青铜器及其制作工艺,南方向中原输入龟甲、陶瓷以及矿产资源等。

长江中游地区湖北、湖南、江西三地的商文化地方类型或受商文化强烈影响的遗址分别是盘龙城遗址、铜鼓山遗址和宁乡青铜器群、吴城遗址。

盘龙城遗址所处位置交通便利,是中原文化向南传播的重要驿站。盘龙城与中原地区的交通主干道主要有两条:一是沿熊耳山东麓,通过南阳盆地,穿越随枣走廊,抵达鄂东;二是基本与现在的京广铁路线平行,越过大别山、桐柏山隘口,然后沿溠水、㵲水,到鄂东④。这两条路线春秋时期也是楚国与中原地区交往的两条主要通道⑤。

交通路线到盘龙城后,一方面,继续沿长江逆上,到达洞庭湖。洞庭湖岳阳地区的铜鼓山等遗址属于盘龙城类型的商文化,时代相当于二里岗时期。二里岗时期南方地区的陶器深受中原陶器的影响,但到了殷墟时期,土著因素兴起,陶器中典型的商文化器型不见踪迹,但却出现了大量的商青铜器或带有商文化因素的青铜器⑥。湖南地区出土的青铜器以沩水宁乡为最。这些情况说明商代晚期商与南方方国交通未断,中心在沩水流域,而且交通

---

① 临沂文物收集组:《山东苍山县出土青铜器》,《文物》1965 年第 7 期。
② 孔繁银:《山东滕县井亭煤矿等地发现商代铜器及古遗址、墓葬》,《文物》1959 年第 12 期;中国社会科学院考古研究所编辑:《新出金文分域简目》,中华书局,第 157 页。
③ 齐文涛:《概述近年来山东出土的商周青铜器》,《文物》1972 年第 5 期。
④ 何介均:《商文化在南方的传播》,《湖南先秦考古学研究》,岳麓书社 1996 年版。
⑤ 白寿彝总主编:《中国通史》第三卷 上古时代,上海人民出版社 1994 年版,第 716—717 页。
⑥ 何介均:《商文化在南方的传播》,《湖南先秦考古学研究》,岳麓书社 1996 年版。

路线一直南伸到湘江中上游地区。

另一方面,沿长江下行,进入鄱阳湖,再沿赣江南行,在赣江中下游和鄱阳湖西北地区形成了以清江吴城遗址为代表的吴城文化。

总结前文,商代的交通主干道大致是这样的:

1. 商与周、蜀之间的主干道:

(1) 到周、蜀:安阳—周原—汉中盆地—川西地区。
(2) 到蜀:安阳—南阳盆地—鄂西、川东—川西。

2. 商与西方方国之间的主干道:

(1) 早商时期有两条:郑洛地区—垣曲—晋南;郑洛地区—平陆—晋南。
(2) 中晚商时期:安阳—长治地区—汾河中游地区—晋陕高原。

3. 商与北方方国之间的主干道:

安阳—邯郸—邢台—石家庄—定州—满城—易县、涞水—涿县—北京—卢龙、迁安—喀左、凌源、朝阳、义县。

4. 商与东方方国之间的主干道:

(1) 到淮河流域:安阳—原阳—商丘—永城、宿州—淮河流域。
(2) 到泰沂山脉以北:安阳—济南、长清—益都、寿光。
(3) 到鲁南:安阳—梁山—兖州—泗水、费县(北路)/邹县、滕州(南路)—苍山。

5. 商与南方方国之间的主干道:

(1) 到湖南:安阳—南阳盆地(西路)/大别山、桐柏山(东路)—武汉—岳阳—宁乡—湘江中上游。
(2) 到江西:安阳—南阳盆地(西路)/大别山、桐柏山(东路）—武汉—鄱阳湖—清江、新干。

二 商代"铜路"问题

"铜路"是指商代青铜原料输入中原的道路。商代是中国青铜器发展的鼎盛时期，商王都（郑洛地区和安阳）是青铜器的铸造中心，这里铸造的青铜器数量巨大，铸造青铜器所需的铜、锡、铅原料也必须来源充足，那么这些青铜原料取自哪里？青铜原料是以什么方式、通过哪条道路运抵中原的呢？

安阳殷墟发现铜器后，有些学者就开始探索这个问题，如李济①、郭沫若②、梅原末治、关野雄③、Е. М. Жукоьред④，他们提出青铜原料取自南方，这种观点未经详细论证，只是考虑到南方矿产储备比中原丰富得多（如长江流域的铜矿、西南和岭南地区的锡矿储量非常丰富）这一事实而推测出来的。而天野元之助⑤、石璋如、闻广⑥认为北方地区也有丰富的矿产资源，铜料也有可能来自北方。随着长江中下游地区商代采矿、冶铜遗址的发现，学界越来越倾向于南方说。到目前为止，共找到了三处商代的采矿、冶铜遗址：江西瑞昌铜岭、湖北大冶铜绿山和皖南地区。

根据已公布的碳十四年代数据，江西瑞昌铜岭的始采年代最早，可以早到早商时期，湖北大冶铜绿山和皖南地区到商代晚期也开始采铜。这三处铜矿都在长江中下游沿江地带，交通便利，铜矿在当地冶炼成铜锭运到王都铸铜中心，应是可能的。

中原与长江中下游的交通主要走以下三条路：一是沿熊耳山东麓，通过

---

① 李济：《殷墟铜器五种及其相关问题》，《中央研究院历史语言研究所集刊外编第一种：庆祝蔡元培先生六十五岁论文集》，1933年。

② 郭沫若：《青铜器时代》，《青铜时代》，人民出版社1954年版（按此文写于1945年）。

③ 转引自张光直《商文明》第137页注［38］，辽宁教育出版社2002年版。

④ 他认为"商代自扬子江上游及华南输入铜和锡以冶炼青铜"。转引自闻广《中原找锡论》注［8］，《中国地质》1983年第1期。

⑤ ［日］天野元之助：《殷代产业に関する若干の问题》，《东方学报》（京都）第23册，1953年。

⑥ 闻广：《中国古代青铜与锡矿》（续），《地质评论》第26卷第5期，1980年9月；《中原找锡论》，《中国地质》1983年第1期。童恩正对闻广的观点提出过反驳意见，见童恩正等《〈中原找锡论〉质疑》，《四川大学学报》1984年第4期。

南阳盆地，穿越随枣走廊，抵达长江中游，再顺江到下游；二是基本与现在的京广铁路线平行，越过大别山、桐柏山隘口，然后沿溠水、㵐水，抵达长江中游，再顺江到下游；三是到皖南的道路也可以走安阳—原阳—商丘—永城、宿州—淮河流域—皖南这条路。

上述所有研究主要是运用传统的历史学和考古学方法。而从20世纪80年代，中国科学界开始尝试利用自然科学的方法来考察商周青铜原料的来源问题，自然科学方法的介入为我们的研究开阔了思路，一方面使青铜原料来源问题的研究更加深入，我们越来越接近于历史真相；另一方面也使之更加复杂化。自然科学方法是指铅同位素示踪法和微量元素分析法，其代表人物有金正耀、彭子成、朱炳泉、常向阳、李晓岑、孙淑云①、秦颍等。

目前，使用较多的是铅同位素示踪法，它在研究商代青铜原料来源问题上，主要取得了三方面的收获：第一，证明了中原地区铸造青铜器所用的原料只有部分来自长江中下游②；第二，证明商代矿料来源多样性；第三，发现"无论是黄河流域的中原地区，还是长江流域的赣中，抑或西南巴蜀地区，商代的青铜铸造都相当普遍地使用了一种高放射性成因的独特来源的铅料"③，这种铅料的来源可能相同。

根据已公布的材料，商代中原地区所出铜器的铅同位素比值分布在三个区域：（一）高比值区，铅-207/铅-206＞0.9；（二）中比值区，铅-207/铅-206＞0.8；（三）低比值区，铅-207/铅-206＜0.8。

已发表的矿石铅数据表明，河北省宣化庞家堡和兴隆、辽宁铁岭柴河的矿石铅，都在铅-207/铅-206＞0.9的范围④，山东半岛也分布有高比值矿石铅⑤，说明早商时期矿料（主要是铅料）有取自这些地区的可能。

分布于中比值区的数据与江西瑞昌、湖北大冶、安徽铜陵和南陵等地的矿样、炼渣数据部分重叠，证明商代中原地区的部分铜料、铅料很可能来自

---

① 孙淑云等：《盘龙城出土青铜器的铅同位素比测定报告》，《盘龙城》附录三，文物出版社2001年版。

② 金正耀：《晚商中原青铜的矿料来源研究》，《科学史论集》，中国科技大学出版社1987年版。

③ 金正耀等：《江西新干大洋洲商墓青铜器的铅同位素比值研究》，《考古》1994年第8期。

④ 彭子成等：《赣鄂豫地区商代青铜器和部分铜铅矿料来源的初探》，《自然科学史研究》第18卷第3期，1999年。

⑤ 金正耀：《二里头青铜器的自然科学研究与夏文明探索》，《文物》2000年第1期。

江西、湖北或安徽。

对于低比值铅，也就是所谓的高放射性成因铅的来源，学界讨论的比较多，迄今为止，基本上形成了三种观点：一是金正耀的西南说；二是彭子成的多源说；三是朱炳泉、常向阳的不明说。尽管学界比较倾向于把滇东川南作为商代青铜器高放射成因铅的来源地，但也不否认有其他来源。

我们认为目前只有铅同位素比值能证明滇东川南的铅锌矿与中原地区的铜器（包括其他地区含高放射成因铅的铜器）有联系，而且还不能完全证明，因为二者的铅同位素比值之间还有差异，再加上滇东川南既未发现商代采冶遗存，也未发现任何与中原地区或其邻近地区有联系的遗存，所以我们目前还不能肯定地说商代青铜器的高放射成因铅来自滇东川南。

同样，对于铅同位素处在高比值区的青铜器而言，其铅料来源也并不十分肯定，河北、辽宁和山东的铅矿虽然铅同位素是高比值、当地有与中原地区相关的遗存，但也未发现任何商代采冶遗存。

铅同位素处在中比值区的青铜器，其铜、铅料是否都来自长江中下游地区呢？有学者已经指出，长江中下游地区的铜矿都是采冶联营，在当地炼成铜锭后，才外运到中原等地的①（郑州出土的一块孔雀石来自南方，说明南方也有少量铜矿入中原），也就是说，如果王都的青铜器矿料全部取自外地的话，那么在王都只会见到铜锭、锡锭和铅锭，而不会发现大量的铜矿石，事实相反，郑州商城的紫荆山铸铜作坊就发现了40余块铜矿石，有学者推测这是一处集冶炼和铸造为一体的作坊②，郑州小双桥遗址发现的孔雀石数量丰富③，而殷墟也发现过重18.8公斤的孔雀石④，这些情况证明王都的铜器也就近取材。实际上，商代北方地区就近取材、冶铸合一的例子还有，如陕西蓝田怀珍坊⑤、西安老牛坡⑥。就近取材的现象在当时广泛存在。又，

---

① 华觉明等：《长江中下游铜矿带的早期开发与中国青铜文明》，《自然科学史研究》第15卷第1期（1996年）。

② 杨肇清：《略论商代二里岗期青铜铸造业及其相关问题》，《郑州商城考古新发现与研究》，中州古籍出版社1993年版。

③ 河南省文物考古研究所等：《1995年郑州小双桥遗址的发掘》，《华夏考古》1996年第3期。

④ 石璋如：《殷代的铸铜工艺》，《中研院历史语言研究所集刊》第26本，1955年6月。

⑤ 西安半坡博物馆等：《陕西蓝田怀珍坊商代遗址试掘简报》，《考古与文物》1981年第3期。

⑥ 刘士莪编著：《老牛坡》，陕西人民出版社2002年版，第161页。

从殷墟纯铅器多出自小墓看,铅在商代是"贱金属",据地质资料,黄河中下游富含铅矿,故商代用铅主要取自中原及附近地区①。那么王都近区的矿源在哪里?答案是应该就在主张北方说者提供的矿点中。在这些矿点中,晋南中条山矿区的蕴藏最丰富,有学者认为中条山矿区在商代已被开采②,东下冯商城和垣曲商城的建立就是为了控制当地的铜、铅和盐资源③。但中条山矿区目前还未发现商代开采的证据,因此王都近区的矿源是否在此,不敢定论。

锡在商代属于"贵金属",中原地区虽然有锡矿点,但具有工业开发价值的锡矿主要分布在湖南南部、江西南部、广东、广西和云南,因此申斌认为商代开采锡矿可能性最大的地点在江西赣州和广东汕头一带④;金正耀则推测:"在武丁、妇好晚商最强盛的时期,中原大规模青铜铸造所用锡料可能来自云南地区。当然这一看法并不排斥这一时期中原也可能采用其他来源的锡(如甘肃地区的部分锡产和南方其他地区的锡产),甚至包括中原地区的零星锡产。"⑤ 这些论述还需要进一步考证。

综上所述,商代青铜器的原料一部分为就地取材(供铜、铅料和部分锡料),具体地点不详;一部分可能来自滇东川南(供铜、锡、铅料);一部分可能来自河北、辽宁和山东(供铅料);另一部分,也是目前唯一能确定产地的,来自长江中下游的湖北大冶、江西瑞昌和安徽铜陵(供铜、铅料)。所谓的"铜路",也主要指中原与长江中下游之间的三条交通道路。一是沿熊耳山东麓,通过南阳盆地,穿越随枣走廊,抵达长江中游,再顺江到下游;二是基本与现在的京广铁路线平行,越过大别山、桐柏山隘口,然后沿滠水、㵐水,抵达长江中游,再顺江到下游;三是到皖南的道路也可以走:安阳—原阳—商丘—永城、宿州—淮河流域—皖南。

---

① 中国社会科学院考古研究所:《中国考古学·夏商卷》,中国社会科学出版社2003年版,第378页。

② 华觉明等:《长江中下游铜矿带的早期开发与中国青铜文明》,《自然科学史研究》第15卷第1期,1996年。

③ 刘莉等:《城:夏商时期对自然资源的控制问题》,《东南文化》2000年第3期。

④ 申斌:《商代科学技术的精华》,《全国商史学术讨论会论文集》,《殷都学刊》增刊,1985年2月。

⑤ 金正耀:《晚商中原青铜的锡料问题》,《自然辩证法通讯》第九卷总50期,1987年第4期。

第五节 商代方国

一 判断方国的标准

"方国"一词自孙诒让 1904 年在《契文举例》中提出以来，已被学术界广泛采纳。"方国"一词源于甲骨文中的"方"，"方"字在卜辞中写作"丂、 ᚎ"，有六种用法：（1）纯粹的方向；（2）地祇之四方或方；（3）天帝之四方；（4）方国之方；（5）四土之代替；① （6）邑名"方"，如《合集》6063 正。这里只讨论"方"的第四种用法，《易·既济》干宝注："方，国也。"从这个意义上讲，"方国"一词应包括所有的国，既含称"方"的国（甲骨文中又称"多方"），也含不称"方"的国；但我们通过比较研究，发现称"方"的国时叛时服者占绝大多数，而不称"方"的国始终臣服者占绝大多数，可见，称"方"的国与不称"方"的国是有所区别的。因此，我们认为"方国"有广义和狭义两种，广义的"方国"泛指所有的国，与中原王国对称；狭义的"方国"则只指那些称"方"的国。

但是，目前学界判断方国的标准主观性较强，还未达成统一意见，我们在总结前人研究的基础上，根据甲骨学自身规律，结合考古、文献资料，拟定出 8 项判断广义的"方国"的标准：

1. 甲骨文中称方的。其中又可分为两类：一类为直接"某方"或"方某"；一类是不直接称方，但间接称其为方或与方并列的，如：

　　……弜克贝、🐚南邦方。（《合集》20576 正）
　　贞勿令师般取□于彭、龙。（《合集》8283）

其中的"贝、🐚"被称为南邦方，"彭"与龙（龙方的简称）并列，故"贝、🐚、彭"都算方国。

2. 甲骨文中称侯、伯的。其中也可再分两类：一类为直接"某侯"、"某伯"或"侯某"、"伯某"，"某"为侯、伯的封地，侯、伯②为爵称；一类是不直接称侯、伯，但间接称其为侯、伯的。如：

---

① 陈梦家：《殷虚卜辞综述》，中华书局 1988 年版，第 319 页。
② 卜辞中有一部分"伯"是指方国首领，非爵称。如《合集》28086："王其寻二方伯于师犀。"

> 戊寅卜，贞令甫从二侯及罙元，王徝于之，若。（《合集》7242）

其中的"及"、"元"被称作二侯，那么"及"、"元"都是方国。

3. 甲骨文中少数称子的。"子"字在甲骨文、金文中有三种含义，一是王子，二是族长，三是子爵。甲骨文中称"子某"或"某子"者，若其中的"子"为爵称，那么就可以确定"某"亦为方国名，如旁子、告子、𢎥子等。

4. 商代的方国，大都规模不大，鉴于此，我们认为与商王朝发生过大规模战争的，都可以视为方国，如甲骨文中的𢀛、𢎞、𢀩、衔等。

5. 甲骨文中的"某王"之某，是殷商王朝边境上的异姓之国，共四个：沚王、聽王、𠂤王和盂王。

6. 由考古材料证明是方国的，如丙、先、䓊、息、醜、薛、纪国等。

7. 对于传统文献记载的方国，只取能被甲骨文、金文等考古资料证明是可信的那些。

8. 上博简《容成氏》中有叛商并被文王平服的九邦：豐、镐、郍、䣝、于、鹿、耆、崇、密须，它们亦属于商代的方国。

需要指出的是，学术界关于商代有无五等爵制，还存在很大争议。我们以为侯、伯和少数子应为爵称，有封地、人民、官僚系统和军队。除此之外，还有一些争议较大的爵称（如田、任），有俟后考。

二 商王朝与方国的关系

关于方国与商王朝的关系（也就是商代的国家形态），目前有三种说法：一种认为商代国家是方国联盟，商只是联盟诸国中的大国，方国与商在本质上是平等的[①]；一种认为商为统一的中央集权制国家，方国与商王室的关系是地方与中央的关系[②]；另一种为城邦论，认为每个城邦都有各自的国都、鄙（或奠）和封疆，政治上独立，但诸邦之间因大小强弱不等，所以并不具

---

① 林沄：《甲骨文中的商代方国联盟》，《古文字研究》第6辑，中华书局1981年版。
② 杨升南：《卜辞中所见诸侯对商王室的臣属关系》，《甲骨文与殷商史》，上海古籍出版社1983年版；李绍连：《关于商王国的政体问题——王国疆域的考古佐证》，《中原文物》1999年第2期。

备平等的地位①。我们发现方国与商王朝的关系可以分为三种：

1. 只与商王朝为敌，如鬵方、巴方、🀰方、马方、基方、湔方、🀰、衔、土方、下危、魋伯、🀰、髳方、屮方、零方、归伯、贝、🀰、肯方、🀰方、矢方、衍方、🀰方、🀰方、🀰伯、🀰侯共26个，其中称方的16个，称侯伯的4个。

2. 与商王朝时敌时友，如吾方、沚方、羌方、北羌、𦥑方、馭方、绊方、羞方、召方、龙方、商方、周方、卢方、亘方、祭方、犬侯、伯🀰、缶、彭、戋方、兹方、毇方、🀰伯、伯🀰、耳、吕、人方、东孟方、西孟方、林方、旁方、危方、🀰侯、侯屯、兒伯、🀰方、兴方、🀰方、𠀠伯、雀侯、🀰伯、🀰、𓃞、毕王、豐、镐、郁、鹿、耆、崇侯、密须共51个，其中称方的26个，称侯伯的11个，称王的1个。

3. 一直与商王朝为友，如鬼方、井方、亚方、戈方、仓侯、🀰侯、易伯、丹伯、去伯、汜方、上丝（侯）、禾侯、🀰侯、🀰侯、歔王、🀰侯、竹侯、宋伯、攸侯、杞侯、侯告（子）、🀰侯、侯盾、元（侯）、及（侯）、引、醜、虎方、息、雇伯、🀰方、鬱方、宣方、🀰方、暴侯、戔侯、侯🀰、而伯、🀰伯、方匿、侯吐、侯光、围侯、侯奠、黍侯、侯🀰、🀰侯、侯🀰、侯🀰、🀰侯、魰伯、可伯、伯纠、🀰伯、🀰伯、伯引、莫伯、🀰伯、逢、薄姑、豐伯、聽王、次王、枚伯共64个，其中称方的11个，称侯伯的45个，称王的3个。

这三种关系中，只与商王朝为敌的方国最少，一直与商王朝为友的方国最多，可见甲骨文中方国与商王朝的关系是以友为主。这种友好关系是以方国臣属于商王朝为前提的，卜辞中称方国为臣，如"臣沚"（《合集》707正）、"臣🀰"（《合集》25），有的方国本身就是王族人物或功臣的封国，这种方国为数不多。所以我们认为商王朝与臣服的方国之间是统属与被统属的关系，是上下级的关系。方国必须为王打仗、戍边，贡纳祭祀用品（如牺牲、人牲）、占卜材料（如卜骨、卜甲）、礼乐用品（如石磬、戈），为王提供女子、贞人、巫人、臼奴、士兵等；商王有义务保护属国不受侵犯，而且还要经常到属国去巡视，派人助耕等。但是因为大多数方国是以自然长成的结构为基础发展起来，独立性很强，商王朝与方国之间

---

① 杜正胜：《卜辞所见的城邦形态》，《尽心集——张政烺先生八十庆寿论文集》，中国社会科学出版社1996年版。

的统属关系非常松散，方国的力量一旦强大，它就有可能反叛商王朝，上文列举的与商王朝时敌时友的方国几乎占总数的三分之一，有力地证明商王朝与方国统属关系的松散性，这种统属关系，与后世中央与地方的那种绝对统属关系不尽相同。

三 商代的方国

甲骨文所见商代的方国，西方方国有 60 个，北方方国有 8 个，东方方国有 23 个，南方方国有 12 个，地望待考方国有 54 个，共计 157 个方国。列表如下：

表 6—6　　　　　　　　商代方国一览表

	西方方国	北方方国	东方方国	南方方国	地望待考方国
1	舌方　晋陕高原	土方　舌方以东	人方　皖北鲁南地区	雇　河南原阳县西南原武西北	羕方
2	鬲方　晋陕高原	下危	林方　淮水以南	息　河南罗山	㚖方
3	沚方　晋陕高原	㠱　北京、河北东北至辽宁西部一带	危方　豫东附近	雩方	鬱方
4	羌方　晋陕高原	竹　河北东北部到长城外的辽宁西部、内蒙古东南一隅的范围内，卢龙是其中心	攸　河南永城南部，安徽宿州西北一带	贝	兴方
5	北羌　羌方以北	宋　河北赵县	元　河南永城	盂	苛方
6	䎆宇　晋陕高原	𡉈　河北定州	及　河南永城	虎方　汉水以北，安陆、京山以南的地区	宣方
7	叔方　晋陕高原	㱿	杞　河南杞县	擎方　江汉流域	㦰方
8	绊方　晋陕高原	䍙　河北获鹿	盂方	中方　江汉流域	𦍧方
9	羞方　晋陕高原		兒　山东滕州	归　湖北秭归	𢽾方

续表

	西方方国	北方方国	东方方国	南方方国	地望待考方国
10	召方 晋陕高原		旁方 山东曲阜	倗 湖北竹山、竹溪地区	矢方
11	巴方 晋陕高原		侁 山东曹县	卢 竹山、安康之间	衍方
12	龙方 晋陕高原		𢍦 杞县、范县之间	暴 河南原阳	𦳒方
13	商方 晋陕高原		屯 近于𢍦		汜方
14	𢀛方 晋陕高原		告 山东成武		井方
15	鬼方 晋陕高原		盾		𢀛方
16	周方 周原一带		魃		𢀛方
17	马方 山西石楼		䤔 山东益都		𢀛方
18	亘方 晋陕高原		纪 山东寿光		𢀛方
19	基方 山西蒲县		𢀛 山东长清		旆方
20	井方 山西河津		薛 山东滕州		方匡
21	祭方 商周之间		丰		戔
22	湔方 晋陕高原		薄姑		𢀛
23	亚方 河南济源		逢		崔
24	戈方 晋南附近				屮
25	𢀛方 晋陕高原				𢀛
26	毁方 河南修武				奠
27	倉 陕西商州				黍
28	占 晋陕高原				戉
29	犬 长安岐阳间				𢀛
30	冏 晋陕高原				㫃

续表

	西方方国	北方方国	东方方国	南方方国	地望待考方国
31	昜 山西洪洞				🈚
32	缶				🈚
33	彭 晋陕高原				🈚
34	丹 河南沁阳				围
35	去				🈚
36	上丝				🈚
37	🈚				而
38	禾				🈚
39	🈚 晋南豫西				麗
40	🈚 晋陕高原				🈚
41	🈚 山西地区				🈚
42	光				🈚
43	𢀇				🈚
44	可 河南修武				🈚
45	🈚				🈚
46	🈚				🈚
47	耳 晋陕高原				引
48	吕 晋陕高原				莫
49	🈚 河南修武				🈚
50	丙 山西灵石				🈚
51	先 山西浮山				尚
52	🈚 晋陕高原				次
53	豐 陕西沣河以西				聽
54	鎬 陕西沣河以东				枚

续表

	西方方国	北方方国	东方方国	南方方国	地望待考方国
55	郮　河南新郑				
56	盂方　河南沁阳西北				
57	鹿　河南嵩县				
58	耆　山西黎城				
59	崇　陕西西安				
60	密须　甘肃灵台				

第七章

商代社会经济

　　商代经济是我国进入文明社会以后的第一个经济发展高峰时期。构成商代经济基础的三大部门：农业、畜牧业、手工业的生产技术和劳动组织形式，已达到相当的水平。商代农业中所使用的工具，从出土实物上看，虽然仍是以石器为主，但青铜工具已直接或间接地使用于农业生产中。青铜制的农业生产工具耒、耜、锸、犁、铚、镰、铲、锄、镈、钁等，在商王国境内各地都有发现。农业生产过程中，生产者已掌握了整地、播种、除草、施肥、灌溉、治虫、收割等一整套的田间耕作管理技术，这一套技术，是农业获得良好收成的保证。农作物种类上，后世所谓的"五谷"都已齐备。农作物品种的丰富，是农业生产水平高的直接反映。

　　畜牧业在商代社会经济中占有重要的地位，是当时人们获得肉食品的主要方式。饲养牲畜的方式主要采用圈栏饲养和放牧两种方法，已有相对固定的牧场，已掌握对牲畜的阉割技术，所以畜牧业不但能提供人们需要的肉食，还能为十分"尊神"的商人提供大批的牛羊等牲畜祭神。渔猎活动在统治阶层更多的是练兵及游乐，也有"取鲜"的成分，而在普通民众中，则是获取肉类食物的方式之一种。

　　手工业的门类齐全，技术含量高，最具代表的行业当然是青铜冶铸。重达875公斤的"司母戊"大鼎，是其代表作，在我国甚至世界古代，这样的重器也堪称绝作，它体现了这个时代的综合技术水平。我们中国后来长期受到世界各国欢迎的瓷器和丝绸，特别是丝绸，在商代就已经能生产出质量相当好的产品。

　　商品生产已经出现，如在制造陶器的行业中，大的烧制陶器的作坊和烧制单一产品的窑场的出现，都是为卖而进行的生产。商品交换已发展起来，贝是用作流通的货币。贝的材质主要是天然的海贝，同时也出现了仿制的骨贝、玉贝和石贝，在商代晚期还出现了铜贝，开金属铸币之先河。

商代的财政收入主要是两个方面：一是王室亦即国家直接经营的产业所获得的收入；一是诸侯、贵族及臣僚们的贡纳物。商代国家的财政支出主要是用在消费性的方面，用于扩大再生产性的支出是很少的。

第一节 商代的农业经济

农业是商代经济的基础部门，是商代人们衣食的主要来源。无论在甲骨文中，考古发掘中以及古文献记载里，都反映出商代是以农业为主体的社会。

商代农业的生产技术已具有相当的水平。我国传统的农作物种类，即所谓的"五谷"，皆已齐备。在农业生产工具、耕作技术、农业管理等方面，都有新的发明创造，而成为我国传统农业技术宝库中的精华。

一 农业是商代的主要经济部门

农业是商代的经济基础。从武丁时期的甲骨文中见到商王亲自指挥农业生产活动，如：

> 王大令众人曰：叶田，其受年。（《合集》1、5）
> 戊寅卜，宾，贞王往致众黍于囧。（《合集》10）

"叶田"是多人合力翻耕土地，是播种前的一项农活。此辞是商王亲自下令"众人"耕地。《合集》10卜辞中的"黍"字是一动词，此辞是商王派遣"众"去种黍。类似的卜辞在甲骨文中常见，可见商王对农业生产的重视。

周人说，商代亡国的根本原因是最高统治者商王长期不重视农业的结果。《尚书·无逸》篇载周公告诫成王时说：

> 周公曰：呜呼！我闻曰：昔……其在祖甲，不义惟王，旧（久）为小人。作其即位，爰知小人之依，能保惠于庶民，不敢侮鳏寡。肆祖甲之享国三十有三年。自时厥后，立王生则逸，生则逸，不知稼穑之艰难，不闻小人之劳，惟耽乐之从。自时厥后，亦罔或克寿，或十年，或七八年，或五六年，或三四年。

商代祖甲以下，还有五世六王，到殷纣王亡了国。周公认为商末诸王的最大过失就是"不知稼穑之艰难"，不注重农业生产，故亡了国。由此也反映出农业在商代确实是一个决定性的生产部门。在《尚书·酒诰》中，周公对殷遗民说："妹土，嗣尔股肱，纯其艺黍稷……用孝养厥父母。""妹土"即指商王都为中心的商代畿内之地。此句意谓：殷王朝的遗民们，自今以后你们要靠手脚的力气，专心种植黍稷，以供养你们的父母。商朝被灭亡后，箕子远走朝鲜，其后他到镐京朝见周王，经过殷墟这一旧时王都时，"感宫室毁坏，生禾黍"，箕子见此伤心，于是作了一首"麦秀之歌"的诗，其诗云：

麦秀渐渐兮，禾黍油油；彼狡童兮，不与我好兮①。

"狡童"指殷纣王，他不听大臣劝谏，淫乐无度，终于把一个好端端的商王朝给弄灭亡了。"麦秀渐渐"，"禾黍油油"，农作物一片大好的长势，表现出"妹土"的民众，确实是善于农业耕种的。

其实，商人在灭夏建国前，就是一个注重农业，以农业为主要生业的部落。商人的先祖契"长而佐禹治水有功"②，契的六世孙冥为夏朝司空，"勤其官事，死于水中"③，也与治水有关。治水是只有农业民族才着力进行的一件事。汤伐夏桀时，他的士兵向他抱怨说："我后不恤我众，舍我穑事而割征夏。"④"穑事即农事，可见商汤的士兵都是种田人，所以关心打仗耽误了他们地里的农活。在商代早期的都城偃师商城里，发现了大量用于祭祀的粮食作物，有水稻禾秆、麦、黍等⑤。商代中期，盘庚把他的迁都比作种田："若农服田，力穑乃亦有秋"；将反对迁都的人比作"惰农"："惰农自安，不昏作劳，不服田亩，越其罔有黍、稷。"⑥可见从商人建国到殷纣亡国的几百年里，农业一直是商代的基础性经济。

---

① 《史记·宋微子世家》。
② 《史记·殷本纪》。
③ 《史记·殷本纪·集解》。
④ 《尚书·汤誓》。
⑤ 中国社会科学院考古研究所：《河南偃师商城商代早期祭祀遗址》，《考古》2002年第7期。
⑥ 《尚书·盘庚》上。

在商后期的甲骨文和青铜器铭文中,常有"十三月"的记载,如:

> 癸卯卜,史,贞旬亡祸。十二月。
> [癸]亥卜,史,贞旬亡祸。十三月。(《合集》16770)

癸卯后的第 20 天为癸亥,是十二月后接十三月。据常玉芝统计,商代甲骨文中出现"十三月"的卜辞有 147 条之多,在商晚期文嬚己觚铭也有"十三月":

> 丙寅,子赐□贝,
> 用作文嬚己宝
> 彝。在十月又三。(《集成》9301)

罗振玉、董作宾已正确指出"十三月"是闰月,今天这已是学界所共识的常识①。设置闰月的历法,是为了调节以月亮的圆缺为一月的"月"与太阳运转的回归"年"之间的关系,其目的是为"授民时",即安排农业生产活动。所以商代行用的历法是为农业生产服务的历法,是农业民族的历法,故其社会经济是以农业为主的经济。

在考古中,凡商代遗址内,所出土的文化遗物,皆以陶器和农业生产工具为大宗。陶器皆为大型及圆形的为多,且炊煮器占相当的比例。这类陶器只有定居的农业民族才会有的。大量的农业生产工具的发现,更是直接说明了商人是以农业为主要经济来源的。

所以,农业是商代的经济基础。

二 商代农作物的种类

商代农作物的种类已较为丰富,中国后世所称的主要农作物"五谷",在商代都已经有了。这些农作物在商代遗址和甲骨文中都有发现。主要有以下一些品种。

稻。1998 年以来,中国社会科学院考古研究所在河南偃师商城的宫城北部发掘出一处延绵 200 米的大型祭祀区,由东往西分为 A、B、C 三个区,

---

① 常玉芝:《殷商历法研究》,吉林文史出版社 1998 年版,第 300—303 页。

在 A 区内有一处"以稻谷等农作物为主的祭祀场",此祭祀场平面呈椭圆形,面积达 130 多平方米,粮食祭祀品有水稻、小麦等。在三区以外,还有一些祭祀场或祭祀坑中,其堆积基本全是松软的黑灰,其中有的"夹杂大量稻谷籽粒"①。偃师商城为商代早期都城,这里用稻谷和小麦祭祀,且从考古发掘看,所使用的稻谷其数量还相当地不少,可见稻谷已可能是当时商人的重要食粮。在郑州和安阳的商代遗址中,都曾经发现过有稻壳的痕迹。②

甲骨文中指水稻的字,古文字学界还没有一个共识,有秜、䆃(圖)、畬、<unk>等几个字,或说是稻字或说是米字。综合各家所说,秜字应是指水稻,他字当是别的农作物。但秜字在甲骨文中迄今只一见(《合集》13505),出现这种现象有两种可能,一是甲骨卜辞占卜事类具有偶然性,而保存下来被我们发现也是偶然的;再者可能是在甲骨文时期,商人的主要粮食不是水稻而是其他旱地作物。

粟。粟今俗称谷子,去皮称小米,甲骨文中则名之为"禾",其字作两种形状 a. <unk>、<unk>(合集)19804,40889,9615),b. <unk>、<unk>(《合集》28231,28232)。b 型字是 a 型字的简省,a 型字像穗头聚而下垂的植物,裘锡圭说"谷子的穗是聚而下垂的,黍子的穗是散的,麦子的穗是直上的",农作物的不同品种"主要依靠穗形的不同来区别",甲骨文里的禾字的字形"酷肖成熟的谷子"③。甲骨文中的"年"字从禾从人,作<unk>形,像人背负着禾而归之状。甲骨卜辞常见"受年"的占卜,四期卜辞中则作"受禾",是"受年"即"受禾"。卜问是否受年、受禾,就是占卜粟的收成。卜辞中把粟的收成丰歉,视作一年农业生产的好坏,可见粟即谷子在商代农业生产中是占主要地位的一种农作物品种。

甲骨文里还有一个从禾从水的字,作<unk>(《合集》10024)、<unk>(《合集》30305)形。字的主体是禾形,在叶间有数点或小圆圈,点是圆圈的填实。叶间的点或圆圈应是表示水滴。于省吾释作穧,"即稷字的初文,今通称为

---

① 中国社会科学院考古研究所:《河南偃师商城商代早期祭祀遗址》,《考古》2002 年第 7 期。
② 许顺湛:《灿烂的郑州商文化》,河南人民出版社 1957 年出版,第 7 页。
③ 裘锡圭:《甲骨文中所见的商代农业》,胡厚宣主编《全国商史学术讨论会论文集》,《殷都学刊》增刊(1985 年 2 月)。后修改刊于《农史研究》第 8 集(1985 年)并收入《古文字论集》(中华书局 1992 年版)。

谷子，去皮叫做小米"①。甲骨文从水的禾，应是禾的别种。这个"禾的别种"应即《说文》中的"秫，黏稷也"的"秫"。今日小米中有一种带黏性，就应是这种农作物。

粟在我国北方种植较早，在新石器时代的遗址中，如河北武安的磁山文化遗址里，就有大量的发现。在安阳后冈的圆坑内，发现有粟粒，在安阳殷墟的白家坟遗址，1997—1998年发掘时，经浮选，发现有粟、小麦等粮食作物。②

黍。甲骨文中的黍字是古文字学家们认识最为一致的一个字，且都认为是农作物的一种，即今日北方地区称作黍子，去皮叫做大黄米的。甲骨文黍字是一象形字，穗头是散而下垂的，其字形有从水与不从水两种：不从水的作 （《合集》547）、 （《合集》376）、 （《合集》9949）等形，从水的作 （《合集》11）、 （《合集》9937）、 （《合集》9941）等形。从水与不从水的字，在卜辞出现的次数大体差不多。黍字的两种不同的字形，并非随意而为，应是表示黍的两个品种。齐思和先生说"黍分黏与不黏两种，其不黏的一种名为穈，也称为穄，《说文》'穈，穄也。'又'穄，穈也。'现今河北省北部犹呼穈为穄子，称穈子饭为穄子饭，至今大名一带犹呼穈子为穄子，可见穄是各地对于同一种东西不同的名称。《说文》'黍，禾属而黏者也。'黍子既专指黏者而言，那不黏已别称为穈而不称为黍了"。③

凡农作物黏与不黏的不同，黏性的优于不黏的，黏性的吃起来比不黏的好吃，受人们的喜欢。而种植起来，黏性的品种比不黏的品种，种植技术要求要高，所以甲骨文中不从水的黍字应是指不黏的黍，应照齐思和先生所说隶定作穄或穈字，而从水的字为黍字。《说文》"黍，禾属而黏者，从禾雨省声。孔子曰：黍可为酒，故从禾入水也。"甲骨文中从水的黍字，正是"从禾入水"的象形，故从水的一种字，隶定作黍字才是正确的。

麦。麦是商代粮食作物的一种，在考古发掘和甲骨文中，都已得到证实。在商代早期王都偃师商城宫城北部的祭祀场内，发现其祭品物中有小

---

① 于省吾：《商代的谷类作物》，《东北人民大学人文科学学报》1957年第1期。

② 徐广德：《近两年来安阳殷墟的考古发现与研究》，《殷墟发掘70周年纪念会论文集》，中国社会科学院考古研究所编，1998年8月。

③ 齐思和：《毛诗谷名考》，《燕京学报》第36期，1949年6月。后收入《中国史探研》，中华书局1982年版。

麦。在商代后期王都安阳殷墟也发现有小麦的遗迹。

麦在甲骨文中也被称作"来"。卜辞中有"受来年"(《合集》33260)、"我田有来"(《续》5·29·1)、"刈来"(《合集》9565)、"食来"(《合集》914)等。早年罗振玉就指出甲骨文中的"来"字是农作物麦的象形，用为往来的来却是假借的。① 《诗经·周颂·思文》中有"贻我来牟"句，《说文》："来，周所受瑞麦来麰，一来二缝，象芒束之形，天所来也，故为行来之来。""麰，来麰，麦也"。齐思和先生认为，来是指小麦，麰是指大麦。甲骨文中的麦和来都应是指麦类农作物，亦当是两种不同的品种，可能一指小麦，指大麦。但何谓小麦何谓大麦，学者间还没有共识。

豆。豆在古文献中称作菽，《说文》作尗："豆也，象尗豆生之形也。"朱骏声《说文通训定声·孚部》"尗，古谓之尗，汉谓之豆，今字作菽，众豆之总名"。豆有大豆小豆之别，尗实指大豆，《广雅·释草》"大豆，尗也"。王念孙《广雅疏证》谓"尗，本豆之大名也……但小豆别名为荅，而大豆仍名为菽，故菽之称专在大豆矣"。菽字屡见于先秦典籍，《诗经》中多见，《七月》中有"享葵及菽"是菽为可食之物，又有"禾麻菽麦"连称，是菽无疑是一粮食品种。《左传》成公十八年"周子有兄而不慧，不能辨菽麦"，杜预注："菽，大豆也。"是先秦时期已是称豆为菽。甲骨文中有一𩰙字，隶写作𩰙，从米从缶。甲骨文中有占卜其"受年"的卜辞，如"受𩰙年"(《合集》10047)，知是一农作物。于省吾先生释为豆，即古文献中的菽字②，是可从的。豆在夏代晚期的洛阳皂角树二里头文化遗存已有发现，在周代的古文献里更是多次出现，成为周人的主要食粮之一，商代无疑应是有豆这种农作物的。"受𩰙年"在卜辞有20多见，可见在商代它也是一种主要的农作物。

高粱。甲骨文中有一畬字，有占卜其是否"受年"者：

己巳卜，㱿，贞我受黍年。
贞我受畬年。(《合集》9946)

其字像农田上长出一种大头的农作物，裘锡圭认为此字应是指高粱。这个字

---

① 罗振玉：增订《殷虚书契考释》中第34页下，东方学会石印本《1927年》。
② 于省吾：《商代的谷类作物》，《东北人民大学人文科学学报》1957年第1期。

应就是高粱的梁字。过去说梁字,若指粮食品种,则皆说是指粟,如《说文》"梁,禾米名也"。朱骏声《说文通训定声》"按即粟也"。李时珍《本草纲目·谷部·梁》"梁,即粟也"。其说皆不确。《诗经·唐风·鸨羽》中稷黍与稻梁对举,第一、二两章云"王事靡盬,不能蓺稷黍",第三章则云"王事靡盬,不能蓺稻梁",《诗经·小雅·甫田》则稷黍稻梁并举:"乃求千斯仓,乃求万斯箱,黍稷稻梁,农夫之庆。"这里"稷黍稻梁"并举,显系指四种粮食。学者们考订稷即是粟,《尔雅·释草》"粢、稷",孙炎注:"稷,粟也。"邵晋涵正义:"前人释稷多异说,以今验之,即北方之稷米也,北方呼稷为谷子,其米为小米。"齐思和先生在《毛诗谷名考》文中指出"禾同稷是一种东西,所以它们在古书中没有两种并举的"[1]。所以与稷并举的梁就不会是粟,故古文献中指为粮食品种的"梁",当是今称为高粱的农作物。《篇海类编·食货类·米部》:"梁,似粟而大,有黄、青、白三种,又有赤黑色者。"粟和高粱都是圆形籽粒,高粱的颗粒比粟大,与"似粟而大"的描述正相吻合。

从考古发掘出土遗存和甲骨卜辞可以确定,商代的农作物已有稻、粟、黍、麦、豆和高粱等六个品种。主要的粮食作物如粟、黍、麦等,已经有了不同的品种,显示出商人对农作物品种的改进。

三 农业生产技术

商代农业生产技术已达到相当的水平,主要在以下几个方面:

生产工具的改进。在生产工具方面,商代同夏代比较起来,已有很大的飞跃,主要是在青铜生产工具的使用。在商代的遗址和墓葬里,出土了不少的青铜农具。据统计,在商代的"王畿"地区即今河南省境内,就出土青铜钁 52 件、耜(锸) 6 件、铲 21 件、锄 7 件、镰 2 件。另外还出土有各种青铜工具,据统计有斧 23 件、锛 65 件、凿 52 件、锯 8 件、刀(包括立刀) 189 件(青铜刀是多用途的工具,既可用作手工业领域里的工具,也可用于生活中的杀牛宰羊及切割,而在农业生产中如在收割方面,也可大派用

---

[1] 齐思和:《毛诗谷名考》,《燕京学报》第 36 期,1949 年 6 月。后收入《中国史探研》,中华书局 1982 年版(以下凡引齐说出自此文者,不另注)。

场)。①

埋在地下的青铜生产工具,被今日考古工作者们所发现是偶然的,而对所发现的、加以统计的也不能说就没有遗漏,所以上面报道的数字,当然不会是全面的。还有,青铜工具用坏了是可以回炉,利用铜料铸造新器物而不似非金属工具用坏后就抛弃,所以青铜农具及手工业工具发现的数量较少。

在商代的农业生产中,最好的工具当然是青铜质的;其次应是木、竹质料的;石、骨、蚌质的农具在各种遗址里虽然发现不少,但其使用比起前两类并不方便。有了青铜质的手工业工具,对加工木、竹质的农具,就较为容易了。像在商代遗址里和甲骨文中常见到的农业生产工具木耒,用石质工具就很难加工出来,若用青铜质的工具加工,就十分容易。木、竹质的农具,在起土、播种、耕地、除草方面,都大大优于石、骨、蚌质农具。所以在商代木、竹质的农具使用应是十分普遍的。甲骨文中有两个重要的对农田耕作起土的词:"叠田"和"耤田"。"叠田"的"叠"字,为一器皿里置三只耜,耜皆长柄,显然是木柄;"耤田"的"耤"字,作人手持耒柄脚踏耒齿上横木形。长柄歧头双齿耒,亦应是木质的。考古遗址所发现的木耒都相当大,1958—1959 年在安阳小屯西地和大司空村的不少窖穴壁上,发现有清晰的木耒痕迹,都是双齿的。大型的耒齿长 19、齿宽 7、两齿间相距 8 厘米;小型的耒齿长 18、齿宽 4、两齿间相距 4 厘米②。大型的木耒的耒头木总宽 22 厘米,小型耒头木总宽 12 厘米。这样宽且个头大的木质农具,用石、骨、蚌质工具是绝对加工不出来的,只有坚硬而锋利的青铜工具,才能善其事。

商代的石、骨、蚌质工具,与其前代在器物种类上,也有所变化,就是用于收割用的镰和刀所占比例增加,如 1929 年秋,史语所考古组在安阳小屯村北大连坑及其稍北处,发掘出土"琱石琱玉琱蚌数十,石刀近千"③。1932 年秋,在小屯北的 E181 坑中出土石刀 444 件④,李济统计第二至第七

---

① 陈振中:《先秦青铜生产工具》,第 21 页表 2—1"全国出土先秦生产工具统计表",厦门大学出版社 2004 年版。

② 中国科学院考古研究所安阳发掘队:《1958—1959 年殷墟发掘简报》,《考古》1962 年第 2 期。

③ 郭宝钧:《B 区发掘记之一》,《安阳发掘报告》第四期,1933 年,第 594 页。

④ 石璋如:《第七次殷墟发掘:E 区工作报告》,《安阳发掘报告》第四期,1933 年。

次发掘期间，出土石刀达3640件，他说石刀"占小屯出土石器的绝大多数"①。这些"石刀"据安志敏研究大多应是石镰，当时没有把刀和镰分开而统称为镰。1958—1961年发掘安阳殷墟遗址时，出土石器209件，其中镰82件、刀44件、斧17件、铲11件②，也反映出镰是主要的石器。镰和刀都是收割用的农业生产工具。收割农具的增加，是收割农作物产量增大的反映。起土用的石器如镬、锸、铲、锄等的大为减少，反映了青铜及木、竹质农具的大量使用，特别是木、竹质农具，因其用青铜工具制作起来比较方便，从而能广泛使用并替代石、骨、蚌质农具在起土、播种农活中的地位。由于木、竹质农具不易保存，且用坏后还可以作燃料做饭、取暖，故今日发现不多。

商代青铜工具（农具及手工业工具）和木、竹质农具的广泛使用，大大提高了农业生产效率，使农业获得好的收成，是商王朝长达约六百年的统治的物质保障。

耕地的整治。商代农业生产中对耕地状况是很重视的，耕作前要对耕地进行选择，甲骨卜辞中称作"省田"。"省田"的目的是辨别土田的好坏，甲骨文中有"上田"和"隰田"，即是指高爽地和低湿地。并把土地划分为不同的等级，如商末铜器作册羽鼎铭中云"王令寝农省北田四品"，"北田四品"即是商北部的四种不同等级的田（耕地）。对耕地要进行丈量，卜辞中称为"土（度）田"（《合集》33214）、"洼田"（《合集》10146）③。

选择好耕地后，在播种前要对土地进行翻耕，甲骨文中称作"衺田"、"叠田"和"耤田"。"衺田"是垦荒④，包括生荒和熟荒地。"叠田"和"耤田"是翻耕熟地的工作。翻耕后，要在田间打出垄沟，以利田间排灌，卜辞里称为"作龙（垄）"（《合集》29990），或曰"尊田"⑤。可见商代已不是刀耕火种的耕作方式，而是在播种前要对土地进行比较细致的整治。

---

① 李济：《殷墟有刃石器图说》，《李济考古学论文集》（上），台北联经出版事业公司1977年版。
② 中国社会科学院考古研究所：《殷墟发掘报告》，文物出版社1987年出版，第171—179页。
③ 张政烺：《释甲骨文"尊田"及"土田"》，《中国历史文献研究集刊》第3集，岳麓书社1983年版；又见《张政烺文史论集》，中华书局2004年版。
④ 张政烺：《卜辞裒田及相关诸问题》，《考古学报》1973年第1期；又见《张政烺文史论集》。
⑤ 张政烺：《释甲骨文"尊田"及"土田"》。

田间管理。商人对田间的管理也较为重视。主要体现在这样几个方面。

1. 施肥。甲骨卜辞中有"屎田"的卜辞，胡厚宣说"屎"字像人拉屎的形状，"屎田"即粪田，是对农田施肥①。商代的家畜都用牢圈饲养，家畜的粪便就是肥料。商代畜牧业和家畜饲养业十分地发达，肥料是不缺的。经过长期的农业实践，人们是会自然认识到，家畜包括人的粪便施之于地可使植物生长得更好，所以胡先生的"施肥"说应是有据的。

商人收获农作物时，有一种收割方法是只摘取粮食作物的穗头而将作物的秆留在田地里，这些农作物的秆也是很好的肥料。禾秆字甲骨文作秉，卜辞有"剝秉乃舞"（《合集》31199），裘锡圭说"剝秉"是切割断禾秆的行动。舞是求雨。切断禾秆而求雨，是希望被切断的禾秆在田间尽快腐烂以肥田。

2. 除草。商时农业已注意对田间农作物进行除草。商代遗址里都出土了不少铜、石、骨、蚌质的铲。铲的作用就是除草。《齐民要术》卷一中说："养苗之道，锄不如耨，耨不如铲……以铲地除草。"甲骨文中有一𦦵字（《合集》20624），从草、从辰、从手，释作"耨"。辰是蚌壳做的铲，表示用铲薅草。商代遗址里出土的铜铲小且轻薄，如在苗圃北地出土的一件铜铲，"铲身呈长方形，四角圆钝，质较薄"，重仅 0.8 公斤②。这算是较重的了，在妇好墓中出土的七件铜铲，更为轻薄，最重的 0.4 公斤，最轻的只有 0.15 公斤③。这样轻薄的铜铲只能作除草的工具而不可能用来起土翻地。

3. 灌溉。商时期的雨量，大致比今日为少。在对郑州商城和安阳殷墟的考古发掘时，都发现有相当部分的灰坑和墓葬的底部在今日水面以下而没有清理到底，说明商时的地下水位比今日为低。古文献记载商初、商末皆曾大旱，甲骨文中大量占卜是否有雨的卜辞，大多应是商人希望下雨的心态。雨是求不来的，解决农业的用水只有靠人力。《世本》载"汤旱"之时，"伊尹教民田头凿井以灌田"，甲骨文中有"百洴"（《合集》18770），洴字作𣱭，像井旁有水流出状，是用井水灌溉的象形。或说此字是指用于灌溉的田间小水

---

① 胡厚宣：《殷代农作施肥说》，《历史研究》1955 年第 1 期；又《殷代农作施肥说补正》，《文物》1963 年第 5 期；又《再论殷代农作施肥问题》，《社会科学战线》1981 年第 1 期。
② 中国社会科学院考古研究所：《殷墟发掘报告》，文物出版社 1987 年版，第 167 页。
③ 中国社会科学院考古研究所：《殷虚妇好墓》，文物出版社 1980 年 12 月版，第 103 页。

沟，"百"表示其多①。在河南省孟县涧溪的商代遗址中，发现一条人工挖掘的水沟，沟深 1.2 米，口宽 1.2 米，底宽 0.7 米，已清理出 15 米，探测到 80 多米长，还未到头。沟的一端与涧溪相连接，应是引涧溪水灌溉的设施②。甲骨文中有一条卜辞云："贞雨不正辰，不佳年〔祸〕"（《合集》24933），"不正辰"是指"雨"下的不是时候或下的时间不够，总之是雨量不足。可注意的是"不佳年〔祸〕"，即对农业生产不会造成灾祸。雨水缺乏而农业生产不受影响，若没有人工灌溉作保障，是不可能的。

4. 治虫。病虫害对农业收成的影响很大，不仅会造成减产，有时甚至是绝收，凡从事农业的民族，都重视对病虫害的防治，商时的人们无疑也是要对其防治的。甲骨文有一字，隶写作蚩，有的字下还从火，作蟲形。以往说此字为表示秋天的"秋"字，近来有研究者认为此字是指蝗虫③。甲骨卜辞有"宁蚩"的占卜，"宁"有止息的意思，可见"蚩"是一种不好的东西，商人占卜希望神灵让它"止息"、使它"绝灭"。可注意的是字下所从的"火"，是用火烧它。1949 年以前农村有的地方在扑打蝗虫时，就有将扑打到的蝗虫用火烧掉。早在商代，商人也已用此法治理蝗灾了。

第二节　商代畜牧和渔猎经济

商代有发达的畜牧业，有一条甲骨卜辞记载，有一次商王打算用 1000 头牛来祭祀祖先（《合集》1027 正）。一次就用 1000 头牛祭祀，直接反映出商代畜牧业的状况，发达的畜牧业，是商代的一个独立经济部门。渔猎在经济中也占有一定的分量。畜牧和渔猎经济，为商人提供了肉食及祭祀时的大量用牲。

一　商代家畜的种类

商代家畜的品种已较为齐全，今日家畜的"六畜"，在商代都有了。从古文献记载、甲骨卜辞及考古出土遗存考察，商代的家畜品种有多种。

---

① 沈之瑜：《"百洴""正河"解》，《上海博物馆集刊》第 4 辑，1987 年版。
② 河南省文化局文物工作队：《河南孟县涧溪遗址发掘》，《考古》1961 年第 1 期。
③ a. 彭邦炯：《商人卜螽说》，《农业考古》1983 年第 2 期（总第 6 期）。
　　b. 范毓周：《商代的蝗灾》，《农业考古》1983 年第 2 期（总第 6 期）。

牛。商人养牛的历史很早，《世本·作篇》云"胲作服牛"，胲，王国维考证即亥，即甲骨文中的王亥①。王亥是商代开国国王汤的五世祖，"服牛"就是役使牛，是用牛做拉车、耕田之类的事。考古发现，在商时期的遗址里都出土了不少的卜骨，经过鉴定，这些卜骨多数是牛的肩胛骨。在郑州商城遗址和安阳殷墟都发现多处制作骨器的废弃骨料坑，据鉴定，骨料坑内的骨料也是以牛的骨头为主。甲骨文中，用牛祭祀的卜辞不胜枚举，且用量很大，上举一次用1000牛卜辞，就是证明。

商代的牛有水牛和黄牛两个品种，在偃师商城已发现商人用水牛和黄牛祭祀的遗迹②，甲骨文中有幽牛、勿牛，都是指水牛③。有一次"求年"用110头勿牛（《合集》10116）。甲骨文中也有黄牛，如"贞燎东西南卯黄牛"（《合集》14315）。现代农村饲养的牛还是只分水牛和黄牛两类。甲骨文中还有白牛，如"白牛惟九，有正"（《合集》29504），是说用9头白牛祭祀，白牛在今日也是少见的，可见商代牛的品种之多。

马。商人何时养马，现今学者有着不同的看法，他们认为商人在后期即殷墟时期才开始养马④，美国学者夏含夷认为商代的马车是约在公元前1200年前后从西北的中亚地区传入中国境内的⑤。但是家马的遗骨，在商代殷墟时期以前，已有被发现的考古报道，如在山东省历城县城子崖的龙山文化层里，发现马骨，在各种动物骨骼中仅次于猪而居第二位，据研究，马骨是被驯养的家马⑥。在郑州商城遗址也有马骨发现的报道⑦，《管子·轻重戊》载："殷人之王，立帛牢，服牛马，以为民利而天下化之"，《世本·作篇》有"相土作乘马"，都是早于殷墟时期中国有马的证据。在殷墟时期以前，考古发掘出土的马骨较少确也是事实，如何解释？是今后研究的课题。

在殷墟时期，无论在考古发掘，还是甲骨文里，都有大量商人养马的材

---

① 王国维：《殷卜辞中所见先公先王考》及《续考》，《观堂集林》卷九，中华书局1959年版。
② 中国社会科学院考古研究所：《河南偃师商城商代早期王室祭祀遗址》，《考古》2002年第7期。
③ 胡厚宣：《卜辞中所见之殷代农业》，《甲骨学商史论丛》第2集第1册，1944年成都出版。
④ 袁靖、安家瑗：《中国动物考古学研究的两个问题》，《中国文物报》1997年4月27日。
⑤ 夏含夷：《温故知新——商周文化史管见》，（台北）稻禾出版社1997年版，第49—88页。
⑥ 梁思永：《城子崖》，1934年版，第91页。
⑦ 河南省文化局文物工作队：《郑州二里岗》，科学出版社1959年版，第35页。

料。在安阳殷墟已发掘出许多车马坑①，多是两马驾一车。甲骨文中有"车马"一辞（《合集》11458、11450），是马驾车；有商王驾车打猎的卜辞："王往逐兕，小臣叶车马硪䡇王车，子央亦堕"（《合集》10405），是在追逐野兽时马失了前蹄。卜辞中有贡入三十马者（《合集》500 正）。在安阳殷墟还发现数十座用马祭祀的祭祀坑，已发掘出的马近 200 匹②。可知此时期商人的养马是有相当规模的。

羊。商人的祖先王亥，就曾赶着牛羊到有易部落中去贸易，结果丧了命。《周易·大壮》六五"丧牛于易"，《旅》上九"丧牛于易"，皆指王亥事。偃师商城发现用羊祭祀的遗迹，在甲骨文中，有大量的用羊祭祀的卜辞，有一条卜辞占卜问是否用 500 牢祭祀（《合集》20699）。一牢是两只羊，500 牢就是 1000 只羊。

猪。猪是商人的一主要家畜，在偃师商城发现祭祀用猪总计超过 300 头，第一期以幼小猪为多，第二、三期以后则以成年猪为主。第二期以后可用的成年猪已能满足需要，不再使用幼猪，显示出养猪业的发展③。在郑州商城制作骨器的骨料，经鉴定主要是猪骨。甲骨文里祭祀时用猪有时还特别要求毛色，由此知商代猪的毛色有黑、黄、白三种。卜辞中有一次祭祀"方"神，卜问是否用 100 头白色的公猪（《天理》300）。这也反映了商饲养猪的规模。

犬。今称狗。犬是人类家养最早的一种动物，而商人特别喜欢犬，在商人的绝大多数墓里都发现有犬随葬，少者一只，多者数只，多埋在墓底的腰坑里。商人祭祀时用犬为牺牲的数量也相当大，常有一次用数十、甚至上百只的，如《合集》29537 卜问是用 15 只、20 只、30 只还是用 50 只犬祭祀，武乙时有一次祭祀他的父亲康丁，卜问用百只犬百只羊和十头牛（《合集》32698）。还有一条卜辞讲到要"令兹三百犬"（《合集》16241）。一次要凑集几十、几百只犬，非得有专门的犬饲养场方能一时提供这样多的犬。

鸡。鸡虽然是禽而不是畜却被古人称为六畜之一，大概是因鸡饲养普遍

---

① 杨宝成：《殷墟文化研究》陆"殷墟的车马坑"，武汉大学出版社 2002 年版。
② 杨宝成：《殷墟文化研究》，第 100—101 页。
③ 中国社会科学院考古研究所：《河南偃师商城商代早期王室祭祀遗址》，《考古》2002 年第 7 期。

之故。鸡是我国家禽里最早被人工饲养的一种禽类动物，商时已经大量饲养，为主要肉食品来源。周武王伐纣时在军前的誓师辞《牧誓》里，指责殷纣王宠幸褒姒，唯其言是听是"牝鸡司晨"，可见在商时人们已用公鸡报晓了。家鸡的遗骨在商代的遗址里都有发现，在郑州商城二里岗下、上层灰坑中，都发现鸡骨同其他家畜骨骼在一起的现象①，安阳殷墟内的墓葬和遗址里也多有发现。②

商时可能还饲养象、鹿等家畜，但主要是上述六种。这六种家畜以后就成为我国传统的畜牧业及家畜饲养业的品种。

二 畜牧业生产技术

商代的畜牧业具有相当的规模，商时的畜牧生产者们，已积累了丰富的饲养牲畜的经验，掌握了一套实用的畜牧业生产技术。这套技术主要有以下几个方面：

人工放牧和牧场的设置。牲畜的放牧有野放牧和人工放牧两个阶段，早期是野放牧，即把牲畜放到野外让其自由觅食，需要宰杀时再去捉回。牲畜虽然是家畜，但野放日久往往恢复其野性，人们需要时却不易捉到，于是就实行人工放牧。甲骨文中有"牧"字，是在某家畜字旁加一手执鞭形符号，作 形，即《说文》的"攴"部首字，今日称作反文的"攵"符号。如从牛作 形（《合集》36969）、从羊作 形（《合集》32982）。甲骨文有一字从三只羊的，作 形（《合集》11404）。"三"表示其多，三羊表示群羊，其字像赶着群羊放牧之状。人手持鞭子而"牧"，就是人工放牧的象形而不是野放了。

商代是农业为主的经济，为使农业与畜牧业不发生争地的矛盾，放牧必须与农耕地分开，而设专门的牧区，也就是牧场。甲骨卜辞中有右牧（《合集》35345）、南牧（《合集》11395）、北牧（《合集》28351）、二牧（《甲》1131）、三牧（《合集》1309）等，就是指牧场。以数字称的几牧即是指几个牧场，如甲骨卜辞云：

王其祈，佳九牧告。

---

① 河南省文物考古研究所：《郑州商城》上册，文物出版社2001年版，第557页。
② 中国社会科学院考古研究所：《殷墟的发现与研究》，科学出版社1994年版，第417页。

弜祈。(《天理》519)

"九牧告"应是9个牧场(的主管者)向王室报告牧场的经营情况,可见商王室对牧场的管理还是严密的。

圈栏饲养。饲养牲畜的栏圈,在甲骨文中称为牢,作🔲形。🔲是养牲畜的栏圈平视状,下方缺口是栏圈之门,||是牲畜进出的通道。之所以要从门外再向前伸出一段狭道,是控制牲畜进出时乱窜乱撞,拥挤成一团,而使之进出有序,不将门撞坏。这样的牲畜圈栏在今日的牧区如内蒙古还可以看见。甲骨文中🔲字,从牛,表示牢栏中养的是牛。🔲字(窂),从羊,隶写作窂,读作牢,表示牢栏中养的是羊。🔲字,从马,释作厩,表示牢栏中养的是马。🔲(《合集》6505白)、🔲(《合集》11280)、🔲《合集》22050)、🔲(《合集》136)等形,从豕,表示房屋里养的是猪,隶定作圂字。《汉书·五行志》"豕出圂,坏都灶",注:圂,"养豕牢"。《诗·大雅·公刘》"执豕于牢,酌之用匏",是猪圈古人也称作"牢",名之为"豕牢"。

马牛羊猪的圈栏在甲骨文中都有专门的字表示,而独不见犬的饲养圈栏字。商人祭祀用犬一次达几十上百只,当不可能需用时临时从各家各户去拉来,推测当时似应有专门的养犬场。

牲畜的阉割技术。甲骨文中对牲畜阉割术的使用,最明显的是施之于猪。甲骨文中的🔲字,作猪腹下一斜画不与腹相连,表示已被割断。这一斜画表示公猪的生殖器,文雅的说法称为"势",此字表示已阉割过的猪。闻一多释作豭[1]。甲骨文中还有一字作形,从豕从刀,隶写作剢字,有认为也表示对猪的阉割字[2]。阉割过的猪易育肥,肉质好,《齐民要术·养猪》谓经阉割后的猪"骨细多肉",未阉割的猪则"骨粗少肉"。

对牲畜阉割技术的实施,是畜牧业及家畜饲养业发展到十分成熟的表现。阉割可以改变牲畜的性状,利于育肥或利于役使。我国三千多年前的商人就已经掌握了这种技术。

三 渔猎活动

商时期渔猎活动很活跃,而不同阶层的人们所进行此类活动的目的却有

---

[1] 闻一多:《释豭》,《闻一多全集》,湖北人民出版社1993年版第2卷,第540页。
[2] 彭邦炯:《商史探微》,重庆出版社1988年版,第228页。

异：以商王为首的上层社会，进行的渔猎活动主要是游乐，有时也是练兵；下层民众进行的渔猎，则是补充肉食物，具有明显的经济目的。但渔猎所使用的方法和猎获鱼兽的种类，则是基本相同的，故不分别叙述。

狩猎的方法。由甲骨文中的狩猎卜辞得知，商人打猎活动总称之为"田"，如：

王其田斿，其射麋亡戋，擒。（《合集》28371）

"斿"是地，是商王在地打猎。"射麋"即是用弓箭"射"杀麋鹿，是狩猎的具体方法。辞末的"擒"，是卜问是否有所擒获。甲骨卜辞里有很多与狩猎有关的"田"字，是表示商人将要出去打猎，而打猎时具体用什么方法，则另有文字表明。据殷墟出土甲骨文研究，商后期打猎的具体方法有以下几种。

1. 狩。狩是围猎，故狩时获野兽数量多，如有版甲骨上记载，商王在光地"狩"，获雌虎2、兕牛1、鹿21、野猪2、麋127、豹2、兔23、雉27（野鸡）（《合集》10197），共计7种205只。这是一次大规模围猎，方能有如此多的擒获。

2. 陷。陷即是陷阱。用陷阱捕捉野兽，是商人狩猎时常用的方法，而且效果很好。甲骨卜辞所见狩猎捕捉到最多的一次，是700只麋鹿，就是用陷阱捕捉到的（《屯南》2626）。

3. 焚。焚是以火烧山林以驱赶野兽，将其赶到空旷地面再加以捕捉。《合集》10408记录一次"焚"猎时，"获□□，兕十一，豕十五，虎囗，兔二十"。这次捉到5种野兽，除一种因字缺不知外，其他4种有凶猛的老虎，大兽兕牛和野猪。可能是用火驱赶出野兽后再加以围捕。

4. 网捕。用网也是甲骨文中常见到的一种狩猎方法，用网捕捉到的野兽不仅有飞鸟、小动物野兔外，还有鹿、麋鹿、野猪，甚至还网到老虎，如《合集》20710"燎于蠱曾，罝虎"。罝是网名，《尔雅·释器》："兔罟谓之罝"，罦也是网名，称为网罦。"罝虎"的"罝"是动词，意思是用网网虎。

5. 射。射是用弓箭射杀，弓箭是当时的远程武器，在战争和狩猎中都发挥着重要作用。甲骨文里以"射"而获兽的卜辞屡见，在商代的大小遗址及墓葬里，除出土青铜箭镞外，还出土大量的石、骨、蚌质的箭镞，是商时人们狩猎时常用的工具。

6. 弹子打。在商代遗址里常出土陶、石质的弹子，是用于狩猎的，甲骨文中称作"弹"，如"丙午卜，弹延兔"(《合集》10458)，是用弹子打野兔。

狩猎方法还有一些，上举是甲骨文中常见的几种。

狩猎所获禽兽种类。商人狩猎所获的禽兽，在上引《合集》10197 所见有虎、兕、豕（野猪）、鹿、麇、兔及雉（野鸡）7 种。《屯南》2626 记有猎获麋鹿，一次竟达 700 只之多，卜辞中记载还有一次猎获麋鹿 450 只（《合集》10344 反），一次获 348 只（《合集》33371），一次获 290 只（《合集》10349）。可见商时麋鹿之多，猎获十分容易。卜辞中还常见猎获有大象和狐狸的，如

今夕其雨，获象。(《合集》10222)

这是武丁时期的一片甲骨，获象多少只未记录，而在帝乙帝辛时期卜辞中见到，有一次竟猎获到 10 头大象（《合集》37364）。狐狸狡猾不易猎获到，但商人一次竟捕捉到 86 只（《合集》37471），狐狸中以白色最为珍贵，商人也有猎获（《合集》37499），但这次只捉到 1 只，可知白狐不易得。

飞禽动物在甲骨文里通称作鸟，也称作隹，卜辞有"网鸟，获"(《合集》10514)，"擒隹"(《合集》37367)，"获隹"(《合集》37513)，有一次"获隹"达 222 只（《合集》41802），其数也相当可观。鸟有很多种类，具体捉到何种鸟，除上面提到的雉（野鸡）外，还有鹰，《合集》10499"获鹰五十"。在安阳武官村的 M217 号墓发现似鹰的鸟 5 只[①]。甲骨文中有一字作㠱，从隹即从鸟，当是一种鸟名，曾"获㠱八"(《合集》9572)。1987 年对小屯村东北一个灰坑进行发掘时，出土的鸟骨经鉴定有雕、耳鸮、丹顶鹤、翠鸟、褐马鸡和家鸡等种[②]，这些遗骨出土于灰坑内的鸟类，无疑是商人捕获作为肉食的鸟。

从甲骨卜辞里知，商人打猎所获的哺乳动物有虎、象、兕、豕、鹿、麋、麇、狐、兔等 9 种，鸟类除通称的鸟、隹外，具体的种属见于甲骨文的有雉、鹰及㠱三种，见于考古遗址里的有雕、耳鸮、丹顶鹤、翠鸟、褐马鸡等。

---

① 中国科学院考古研究所：《安阳殷墟奴隶祭祀坑的发掘》，《考古》1977 年第 1 期。
② 侯海连：《记安阳殷墟的早期鸟类》，《考古》1989 年第 10 期。

渔捞活动。古时华北地区的河湖比今日为多，水面比较大，据学者考证，今河南省境内在先秦时期就有湖沼24个①，河流也比今日为多。商人打猎时，经常猎获到大量喜水的动物麋鹿，也是河湖多，土地湿润的反映。水面多，为商时人们提供了丰富的水生动物。所以捕鱼是商时人们广泛从事的一项活动，甲骨文中常见有商王及贵族进行捕鱼的占卜，如卜辞"王鱼。勿鱼"（《合集》667反），辞中的"鱼"字动词，意同"渔"字，即卜问商王是否去捕鱼。

商时的鱼很多，捕获量有时达到惊人的程度，如有一条卜辞云："癸卯卜，豙获鱼其三万不。"（《合集》10471）所卜内容是预测豙这个人能不能捕到3万条鱼。若无丰富的鱼类资源，是不会有这样的预测的。商代鱼有的很大，如安阳苗圃北地M207号墓的二层台上随葬的一条鱼，长达0.53米②。

商时鱼的种类，据对早年殷墟出土鱼骨鉴定有鲻鱼（Mugilsp）、黄颡鱼、鲤鱼、青鱼、草鱼、赤眼鳟等③。鲻鱼是咸水鱼，即是海鱼，其他皆是淡水鱼，有些鱼如鲤鱼、青鱼、草鱼今河南省境内还产。在郑州商城和安阳殷墟都发现了"鲟"鱼骨④。甲骨文中还见有一名为"鲔"的鱼。鲟鱼又称鲔，甲骨文中有一条卜辞记载捕到16条鲔（《合集》258）。除鱼外，商人还捞蚌、螺等水生动物供食用。在商代遗址，蚌壳、螺壳都有不断发现，在郑州商城南关外二里岗上层有一储藏东西的窖穴，内有"大量的兽骨与蚌壳等遗物"⑤，在安阳大司空村发现用螺壳和蜗牛壳摆成的图案⑥。

捕鱼的方法应是以网捕为主。在商代遗址及墓葬中，常出土网坠，有石质和陶质的。从甲骨文中观察，商时的渔网是长条形的，即今天渔民仍在使用的"拦网"。甲骨文里有一字作 形（见《合集》10478、10479等），还有一字作 形（《合集》10478），都像用长条形网网住鱼形。网的两端各有手，表示人牵住网的两端捕鱼。用网捕鱼，是捕鱼技术很高的标志。其他的捕鱼

---

① 邹逸麟：《历史时期华北大平原湖沼变迁述略》，《历史地理》第5辑，1987年5月版。
② 中国社会科学院考古研究所：《殷墟发掘报告》，文物出版社1987年版，第213页。
③ 伍献文：《记殷墟出土之鱼骨》，《中国考古学报》第4册，1949年。
④ 杨育彬：《河南考古》，中州古籍出版社1986年出版，第106页；中国社会科学院考古研究所：《1987年安阳小屯村东北地的发掘》，《考古》1989年第10期。
⑤ 河南省文物考古研究所：《郑州商城》上册，文物出版社2001年版，第553页。
⑥ 岳洪彬等：《河南安阳殷墟大司空遗址发掘获重要发现》，《中国文物报》2005年4月20日。

方法有垂钓、用弓箭射、用鱼鹰捉等，今日所使用的捕鱼方法，在商代大致都已经采用了。

第三节　手工业

商代有发达的手工业，不仅门类齐全，而且产品数量多、质量好，是我国手工业发展的第一个高峰时期，奠定了我国手工业生产领先于世界达两千多年的基础。从考古发掘材料得知，商代重要的手工业有青铜器、建筑、陶瓷器、纺织、玉器、骨角牙器、酿酒、漆木器及皮革等制造业。

商代手工业已从农业中分离出来，成为独立的生产部门。在考古发掘中，已发现了各种手工业生产的作坊，如在郑州发现有商时期的铸铜、制骨、制陶器和酿酒等手工业的作坊遗址，在安阳殷墟同样发现了制铜、制陶、制骨、制玉器的作坊遗址。从这些作坊遗址观察，在各种手工业内部还有进一步的分工。如在制陶业中，郑州铭功路西侧的窑场遗址内，只出土泥制陶器，不见有夹砂陶器出土。夹砂陶器是用作炊器，因含砂粗，耐火而不破裂，今日所用的"砂锅"还是利用这一原理。在郑州商代遗址中，夹砂陶器出土数量相当大，如郑州二里岗遗址中，出土夹砂陶片约占陶片总数的32%[①]。铭功路窑场内无一片夹砂陶出土，说明夹砂陶是在另外的地方生产的。河北邢台贾村商代遗址中，发现了4座陶窑，陶窑内及附近只出土陶鬲及陶鬲残片[②]，可见这是一处专门烧造陶鬲的制陶工场。在安阳殷墟花园庄南地发现的制陶器作坊里，只发现陶豆，是一处专门烧造陶豆的作坊[③]。

商代手工业内部的分工，在古文献和殷墟出土的甲骨卜辞中也都有记载。如《左传》定公四年云："昔武王克商，成王定之，选建明德，以蕃屏周……分鲁公……殷民六族：条氏、徐氏、萧氏、索氏、长勺氏、尾勺氏……分康叔……殷民七族：陶氏、施氏、繁氏、锜氏、樊氏、饥氏、终葵氏。"有人认为分给鲁、卫的十三个氏族中至少有九个氏族是手工业氏族，如索氏为绳工氏族，长勺氏、尾勺氏为酒工氏族，陶氏为陶工氏族，施氏为

---

① 河南省文化局文物工作队：《郑州二里岗》第17页表4，科学出版社1959年出版。
② 河北省文化局文物工作队：《1958年邢台地区古遗址、古墓地的发现与清理》，《文物》1959年第9期。
③ 中国社会科学院考古研究所：《殷墟的发现与研究》，科学出版社1996年出版，第441页。

旗帜工氏族，繁氏为马缨工氏族，锜氏为锉刀工或釜工氏族，樊氏为篱笆工氏族，终葵氏为椎工氏族①。甲骨文中有"百工"、"多工"：

> 癸未卜，有祸百工。(《屯南》2525)
> 乙未酚多工率条遣。(《合集》11844)

"百工"、"多工"表示手工业种类的数量众多。只有手工业的分工细密，才会有如此的群称出现，这就从商代甲骨卜辞证实古文献的记载为有据。

在作坊里从事手工业劳作的人显然已是脱离了农业而专门从事手工业生产的人，这些人在商代甲骨文中被称为"工"，如卜辞：

> 癸卯卜，争，贞旬有祟，不于我〔工〕祸。(《合集》19441)
> 惟工无祸。(《合集》26865)
> 其丧工。丧工。(《合集》97)
> ……执工不作尤。(《合集》26974)

专门管理手工业生产及工匠的官，称为"司工"：

> 壬辰卜，贞惟吕令司工。(《合集》5628)

"惟吕令"的"惟"字在语法上是使宾词前置，起强调作用，故"惟吕令"即"令吕"。吕是人名，卜辞中有"子吕"，知是一贵族。"惟吕令司工"即"令吕司工"。是商王任命吕主管手工业之事。

从上引有关商王任命吕主管手工业之事的卜辞看，吕所主管的手工业应是属于商王室亦即商朝国家所有的手工业。商代青铜器上有不少族徽标识的铭文，如在妇好墓中出土的青铜器上有"亚启"、"亚其"、"亚弓"、"束泉"、"司努母"②，在郭家庄的M160号墓中出土青铜器上有"亚址"、"亚橐止"、

---

① a. 郭宝钧：《中国青铜器时代》，生活·读书·新知三联书店1963年版，第45页。
　b. 杨伯峻编注：《春秋左传注》(四)，中华书局1981年版，第1536—1538页。
② 中国社会科学院考古研究所：《殷虚妇好墓》，文物出版社1980年版。

"中"①，安阳花园庄 54 号墓青铜器上的"长"②等，例子很多。这些徽识是贵族的族徽，故这些带有贵族族徽的青铜器，当是在他们自己的作坊里铸造的，说明商代的贵族拥有自己的手工业作坊。除王室即国家和贵族拥有手工业外，民间也有制造普通民众器的手工业。民间的手工业有专业的也有农闲从事的副业性质的。如人们普遍使用的陶器，有不少就应是民间的专业陶工生产的，因为烧制陶器不是一般人都能的，须有一套专门的技术方能制成。

商王室和贵族的手工业代表了当时手工业生产的最高技术水平。属于王室及贵族的手工业主要有：

一 青铜器铸造业

青铜器铸造业是商代手工业中最为重要的部门。商代青铜器特别是王室及贵族们所拥有的礼器（容器），铸件厚实，重的器物竟达数百公斤。布满器身的纹饰，大量采用浮雕式和平雕式相结合的方法③，精美绝伦。运用夸张、象征手法，表现动物神怪的兽面纹空前发达，既庄严神秘又富有生气。有的器物表面还镶嵌绿松石或红铜丝，以增强器物的美观。商代后期，铜器上的铭文已达 40 字以上，记事体的铭文已经出现。商代青铜器铸造技术已臻完善，西周时期的青铜铸造业只不过是对商代铸铜技术的继承和发展。

青铜器铸造分为采矿、冶炼和铸造成器三个部分。但至今在商王室直接统治的范围地区内，还没有发现采矿和冶炼的遗迹，因此有研究者认为商王室所用的铜料是从南方输入的，即《诗经·鲁颂·泮水》所谓的"大赂南金"，青铜器铭文中称输入铜料的道路为"金道锡行"（曾伯霖簠铭）。郭沫

---

① 中国社会科学院考古研究所：《安阳殷墟郭家庄商代墓葬》，中国大百科出版社 1989 年版。

② 中国社会科学院考古研究所安阳工作队：《河南安阳市花园庄 54 号商代墓葬》，《考古》2004 年第 1 期。

③ 商代青铜器上的纹饰都是铸成的而不是雕刻成的，李朝远在《新获战国透空复合镜研究》（载上海博物馆编《练形神冶 莹质良工——上海博物馆藏铜镜精品》，上海书画出版社 2005 年版）中的注 [3] 说"本文不拟采用常见的'透雕'一词，青铜镜为铸造件，'雕'与'铸'是两种完全不同的器物成形方式，'透空'指称的仅仅是一种现状。"此意见是正确的，故我们用浮雕式、平雕式来描述铸于青铜器上的纹饰，以免引起青铜器上的纹饰是雕刻上去的误解。当然，在青铜器铸造过程中，先要制模，而模上的纹饰却是用雕刻手法形成的。

若谓"金道锡行",是"金锡入贡或交易之路"[①]。在20世纪80年代有研究者用"铅同位素比值"的化学分析手段,对郑州、安阳等地出土的商代铜器进行测定,得出商代晚期在安阳使用的铜料有来自今云南省东北部地区的结论[②]。考古材料和文章资料都说明,商王朝在其本土只是专注于青铜器的铸造。

铸造铜器的作坊遗址在商代的王都偃师商城、郑州商城和安阳殷墟都有发现。1996年至1997年在偃师商城大城的东北隅发现一处商代早期的铸铜作坊遗址,出土有铜渣、陶范、坩埚、木炭和红烧土面、红烧土坑等遗迹[③]。在郑州的南关外和紫荆山北发现两处商代二里岗时期的铸铜作坊遗址。南关外的铸铜作坊相当大,其面积约有2.5万平方米,已发掘1.1万平方米。有南、北两区铸造场地,使用时间从二里岗下层二期至二里岗上层一期。紫荆山北铸铜作坊面积较小,已发掘650平方米的面积,使用时间为二里岗上层一期。在这两处铸铜遗址里,出土有炼铜炉、矿石(铜矿石和铅矿石)、铅块、铜渣、木炭、坩埚、陶范和所铸造的铜器。从两作坊遗址出土的陶范所铸铜器品种看,是以铸造铜生产工具为主。在出土的427件陶范中,工具范150件占35.4%,兵器范46件占10.8%,容器范71件占16.6%,其他范18件占4%,不明器形范142件占33.2%[④]。安阳殷墟孝民屯铸铜遗址经过1960年和2003年两次发掘,1960年发掘面积约150平方米,2003年对此铸铜遗址进行了全面揭露,经过发掘知其面积约48000平方米,比苗圃北地的铸铜作坊遗址面积(约有1万平方米)要大4倍多。在孝民屯铸铜遗址内发现与铸铜相关的文化遗存,有制作陶范的遗存、熔铜的熔炉及坩埚碎片、数以万计的陶范等。陶范分外范和内范,制作考究,花纹繁缛华丽,技法娴熟,部分陶范有铭文。在一处保存较好的浇铸工作台面上,残存有一件铸造青铜容器的底座,直径达1.58米,说明在此地曾经铸造过器口内径达1.58米的大型青铜容器。1939年在安阳发现的重达875公斤的司母戊方鼎,外沿

---

① 郭沫若:《两周金文辞大系考释》。

② 金正耀:《晚商中原青铜的矿料来源》,载杜石然主编《第三届国际中国科学史讨论会论文集》,科学出版社1990年版。

③ 杜金鹏等:《试论偃师商城东北隅考古新收获》,《考古》1998年第6期;杜金鹏:《偃师商城初探》,中国社会科学出版社2003年版,第49页。

④ 河南省文物考古研究所编著:《郑州商城》,文物出版社2001年版,第307—484页。

口径才长 1.10 米、宽 0.79 米，说明在孝民屯铸铜遗址里曾铸造出过比司母戊方鼎还要大的青铜器。从出土陶范分析，孝民屯铸铜作坊的产品主要是容器，偶见兵器类陶范。这与 1960 年发掘时以工具和武器范为主的情况大为不同，当是与那次发掘的面积较小（仅 150 平方米）有关①。在苗圃北地的铸铜作坊遗址里发掘到 5 座土坑式熔铜炉和较多的土炉式熔铜炉，这两种熔炉口径的直径都在 1 米左右；出土了大量铸造铜器的陶模、陶范和修饰铜器的磨石；还出土了铜块、铜渣、木炭和一些修饰陶模、陶范的工具。与郑州商城铸铜作坊遗址内出土有铜、铅矿石不同，苗圃北地和孝民屯铸铜作坊遗址发掘中，未见铜矿石和大量炼铜渣，说明这是铸造铜器的作坊而不是冶炼铜矿石的作坊②。青铜器的铸造，在开采出矿石、冶炼成铜锭（块）后，在铸造过程中要经过三个步骤：第一个步骤是制模、翻范片、修剔花纹、烘烤、合范；第二个步骤是配料（铜、锡或铜、锡、铅的比例）、熔化、浇铸；第三个步骤是对铸件进行打磨修整、抛光。每一个步骤里都有若干道工序。每一个步骤、每一道工序虽不一定每一样都如流水作业一样分工，但决不是一人从头做到尾，内部一定有分工③。合理的分工，是青铜器铸品质量的保障。

二 玉器制造

商代统治者们视玉器为珍宝，盘庚指责他的一些大臣只顾贪财"具乃贝玉"，商纣王临死前还全身满裹玉器跳进火坑自焚，周武王派人抢到"旧宝玉万四千，佩玉亿有八万"，即有 19 万件之多④。在商王室成员及贵族的墓中，往往出土大宗的玉器制品。

商代玉器的器类繁多，主要是装饰品和礼器，也有部分工具、兵器。商代几个王都附近都没有玉石矿藏，据鉴定，郑州、安阳等地出土的商代玉器的矿石来自辽宁的岫岩玉、河南南阳的独山玉、密县的密玉、淅川的淅川

---

① 王学荣：《殷墟孝民屯大面积发掘的重要收获》，《中国文物报》2005 年 6 月 15 日第 1 版。中国社会科学院考古研究所：《殷墟发掘报告》，文物出版社 1987 年版，第 69 页。
② 中国社会科学院考古研究所：《殷墟发掘报告》，文物出版社 1987 年版，第 59、69 页。
③ 中国社会科学院考古研究所：《殷墟的发现与研究》，科学出版社 1996 年版，第 440 页。
④ 《逸周书·世俘》。

玉、陕西蓝田的蓝田玉和新疆的和田玉①。遥远地区的玉矿石材料，只有王室及贵族才能获得。制作玉器要经过选料、开料、设计、琢磨等一套工艺，而玉料脆且硬度大，故难度大，所以须有专业的工匠才能进行。1975 年在河南安阳小屯村北地曾发掘到一处制造玉器的作坊遗址。是两间相连的房屋，在房内出土有玉料、半成品、残玉器和玉鱼、玉鳖等，还发现 600 多块制造玉器的磨石。其中的玉鳖是利用玉石料的自然颜色制成的一件"巧色"玉器，形象生动逼真，是商代琢玉工艺的代表作之一，反映出商代娴熟的制玉水平②。

三　丝绸纺织业

商时人民的纤维性衣着，一般民众是用麻、葛织物，王室成员及贵族则享用丝织品。麻、葛织物民间手工业者可以制作，而丝织品要经过养蚕、缫丝、织造、染色等工序。商代丝织品遗存大多发现于商晚期的安阳殷墟地区，1949 年前后都有发现，多是用于包裹随葬的青铜器，在妇好墓里就出土了 50 多件包裹有丝织物痕迹的铜器。从商代青铜器上残留的丝织品分析，除有平纹织外，还有绮、绉、罗等织物。绉要掌握起绉效果，绮和罗织物上有各种花纹图案，这些工艺都需要复杂的技术，只有王室、贵族所属的手工业作坊才有能力生产。花纹主要有回纹、雷纹及水波纹，这些纹饰要用提花织机才能织得出来。③

四　骨、牙器制造业

在商代遗址特别是贵族大墓中，常常出土精美的雕花骨器和象牙制品，有的花纹里还镶嵌松绿石，有很高的艺术品位。像妇好墓里，出土的骨匕、骨梳和骨笄上的各种形状的笄头，都雕刻有花纹。在出土的两件象牙杯的表面和鋬上，都满布繁缛精细的花纹并镶嵌松绿石，十分华丽。④ 这些雕刻有

---

① a. 中国社会科学院考古研究所：《殷墟玉器》，文物出版社 1982 年版。b. 曲石：《关于我国古代玉器材料问题》，《文物》1987 年第 4 期。

② 中国社会科学院考古研究所安阳发掘队：《一九七五年安阳殷墟的新发现》，《考古》1976 年第 4 期。

③ 夏鼐：《我国古代蚕、桑、丝、绸的历史》，《考古》1972 年第 2 期。

④ 中国社会科学院考古研究所：《殷虚妇好墓》，文物出版社 1980 年版，第 208—218 页。

精美花纹并镶嵌松绿石的骨器、象牙器制品，应是王室及贵族作坊里生产出来的产品。在作为王都的郑州商城和安阳殷墟遗址里，都发现了商代的制骨作坊遗址，其规模都不小。在安阳大司空村的一处制骨作坊，其面积估计有1380平方米，已清理了12个骨料坑，从出土的半制成品多是笄帽、笄杆看，应是一处生产骨笄为主的制骨作坊①。妇好墓中出土骨笄499件，笄头雕刻成夔形、鸟头形、鸡头形、四阿重屋顶形、圆盖形、方牌形等形状，既精致又美观，无疑是王室作坊的产品。

五　陶、瓷器制造业

陶器制造业主要当是由民间手工业担当，但在商代贵族墓葬里，较为普遍地出土有白陶、硬陶和原始瓷器（或称釉陶）。在郑州商城和安阳殷墟地区都有不少发现，如在郑州南顺城街H1的下层，就出土二里岗时期的印纹硬陶尊1件、原始瓷尊3件②。在1950年发掘的安阳武官村商代大墓，虽然墓多次被盗，墓室内器物被盗一空，只剩器物残片，但在其中还是出土了白陶残片数十，观察其器物有卣、皿、盘、罍、尊5种，两件带方格纹的原始瓷缶③。在妇好墓中出土有3件硬陶罐。白陶器、硬陶器及原始瓷器的胎料是瓷土或高岭土而不是制作普通陶器的泥土，这类土在郑州、安阳附近都没有，要从较远的地方获得；这类器物一般都器型规整，器身布满精致的花纹；烧制这类器物时需要比普通日用陶器更高的火候，故不是民窑能烧制的。

六　木、漆作业

木作业广泛用于建筑方面，王都的宫寝厅堂、宗庙，贵族的居室，其"四阿重屋"的结顶、门窗，都离不开木工作业。甲骨文中有舟字、有车字，是商人已使用舟车为运载工具，在安阳殷墟已发现车马坑30多座。甲骨文中有"作王舟"（《合集》13758），是为王室建造舟船。商王常泛舟于河，卜

---

① 中国社会科学院考古研究所：《殷墟发掘报告》，文物出版社1987年版，第82页。
② 河南省文物考古研究所、郑州市文物考古研究所编著：《郑州商代铜器窖藏》，科学出版社1999年版，第49—51页。
③ 郭宝钧：《一九五〇年春殷墟发掘报告》，《中国考古学报》第五册。墓里的原始瓷缶报告称为"方格纹硬胎陶缶"，并说它们是"近代瓷器的前身"。

辞有"王其寻舟于河"(《合集》24609)、"王其寻舟于滴"(《合集》24608)。甲骨文中的"河"学者考证是指今日的黄河,滴也是商王国境内的一条河流。"寻舟"于省吾先生说是"拉纤"[①]。甲骨文中有一字作刍形(《合集》11477),似船队在河中行驶。制造舟车是需要专门技术的。舟仓的前后两头要翘起,木板间合缝要严密,为防腐烂要髹漆;车的制造更为复杂且难度大,需要多工种配合,《考工记》里称"一器而工聚焉者,车为多",书中分木工为七个工种,制造车的就有三种:轮人、舆人、辀人。所以舟车的使用,都是王室成员及贵族。在商代贵族墓中,往往还出土雕花的木器,在侯家庄西北岗的王陵墓里多有发现,在安阳武官村大墓的墓室内及椁室顶上都发现有雕花木器,并髹上红漆,发掘时漆的颜色还十分鲜红。制造舟、车、雕花木器及髹漆这样的工艺,是要专业生产者才能完成,也只有王室或贵族控制下的手工业方有能力制作。

七 酿造业

商人嗜好酒,无论随葬铜器、陶器的墓,都是重酒组合。陶器以觚、爵为一套,铜器除惯常的觚、爵为饮酒器外,还有角、觯、斝、斗、方彝、壶、卣、罍、尊、盉等,如安阳郭家庄 160 号商代墓,出土青铜礼乐器 44 件,其中酒器最多,有尊、罍、卣、盉、斝、觯、觚、角、斗等 9 种 31 件,其中方形的觚、角各有 10 件之多[②]。1953 年在大司空村发掘商墓 152 座,有陶酒器觚爵(或仅有觚或爵)的 73 座,有铜酒器的 7 座,其中有 4 座墓铜陶酒器兼有,有 3 座墓只有铜酒器而无陶酒器,是此墓地内有酒器(包括铜陶)墓共 76 座,占 50%[③]。1969—1977 年中国社会科学院考古研究所安阳工作队在殷墟西区发掘 939 座殷代中小型墓葬。在第六区的 146 座墓中,有陶觚爵的墓 88 座占 60.2%、铜觚爵墓 8 座占 5%,两项合计随葬酒器的墓 65.2%[④],无酒器的墓或随葬品很少,或根本就没有随葬品,皆是十分贫

---

① 于省吾:《殷代的交通工具和馹传制度》,《东北人民大学人文科学学报》1955 年第 2 期。

② 中国社会科学院考古研究所:《安阳殷墟郭家庄商代墓葬》,中国大百科出版社 1989 年版,第 78—103 页。

③ 马得志等:《一九五三年安阳大司空村发掘报告》,《考古学报》第九册(1955 年)。

④ 中国社会科学院考古研究所安阳工作队:《1969—1977 年殷墟西区墓葬发掘报告》,《考古学报》1979 年第 1 期。

困者。可见商代普通民众也是嗜好酒的。甲骨文中酒的名称有酒、鬯、豐（醴）三种，甲骨卜辞中献祭神的祭品以酒为多，且量大，一次献祭竟有达"百鬯"的（《合集》301、32044）。"百鬯"就是香酒一百卣，甲骨文中鬯酒的计量单位是卣，如"鬯三卣"（《合集》30910）、"鬯五卣"（《合集》30815）、鬯六卣（《合集》35355），卣是盛酒器，出土的商代青铜卣有大小两种型号，容量从未经正式测量过，估计大的可装酒10斤左右，小的也可装五六斤。就以小型号卣计，"百鬯"也有四五百斤酒。商代统治者们多是嗜酒者，周人把商的亡国归于他们"率肆于酒"（《大盂鼎》）。商代统治者嗜酒、大量用酒献神，只有王室、贵族自己的酿酒作坊方能满足其所需。在郑州商城内已发现一处二里岗时期的酿酒作坊，有可能是属于王室的[①]。

除王室、贵族控制的手工业外，民间手工业也很活跃。商代平民墓里的随葬品主要是陶器、骨器、蚌器，陶、骨、蚌器应是民间手工业者生产的。在商代遗址及中小墓中，往往发现有纺织工具纺轮，是民间纺织业发达的反映。普通民居的建筑、石木质工具的制作，都要一定的技术。这些都是民间手工业者活动的广阔空间。

第四节 商业

商代的商业已较为活跃，其活跃的原因主要有两个：一是生产力的大发展。其具体表现是社会分工的深化。商代畜牧业、手工业都已从农业中分离出来，各自成为一个经济部门。手工业中，不但各个部门间有明确的分工，就是在同一部门内也已经有进一步的分工，如在陶器制造业中，已经发现了单一产品的窑场，反映出制陶业内部分工的状况。二是大型城区的出现。像商代早、中、晚各期的王都，其规模都相当大。除中心城王都外，还有比王都次一级的城市，如1999年在河南省焦作市的府城村发现一座商代城址，就是次于王都的二级城市。这二级城市应是诸侯及子、妇等贵族的政治中心。商代的经济及城市的发展，为商品经济的发展提供了必要条件。

商代社会社会结构分为贵族、平民和奴隶三个阶级，社会成员间的财产有着很大的差别，贫富分化严重，如在发掘清理商代墓葬时，在同一个墓地里，各墓间的随葬品差别悬殊：有的有青铜礼器和其他物品随葬，有的只有

[①] 河南省文化局文物工作队：《郑州二里岗》，科学出版社1959年版，第29页。

陶器随葬，有的墓中连一件陶器也没有，显然生前已是处于赤贫的状况，这说明了私有制在商代的深化。私有制为商品交换提供了活动的空间。

商品交换的物品，在各阶层中是不尽相同的。

商王及王室成员、贵族，他们拥有土地、牧场和自己的手工业作坊，其生活必需品多可自己生产。但王室和贵族，特别是比王室低一等的贵族，其所拥有的手工业门类不会是齐全的，他们所需的用品就绝不都是自己制造，而有些贵族领地小，经济力量不强，也不可能拥有齐全的手工业作坊。且王室和贵族作坊生产用的原材料，如铸造青铜器的铜、锡、铅，制造玉器的玉石矿料，烧制原始瓷器、白陶器的瓷土及高岭土，打制金箔的黄金等，都不产自商王室本地，而要从远方运来。商王可以贡赋的方式获得，而贵族们就没有这个权利了，他们要获得所需原材料，多半是要通过交换的方式取得。就是商王，像远在今新疆境内的和田玉石，也是不可能用贡赋的方式获得，多半也是运用经济手段，即交换获得。商代的贵族们所需要的物品是铸造铜器、玉器、高级陶瓷器的原材料及其制成品，是生活必需以外的奢侈品。

平民所进行交换的物品主要是生活用品，如陶器、骨器、石器、食盐及小件的铜器、玉器等。陶器虽然是家家必用的器物，但它并不是每家每户都能制作的。从考古发现知，商代已有烧制较为单一陶器的窑场。如在郑州铭功路的一处商代中期窑场中，出土的多是泥质陶器，少见甚至不见有夹砂陶器[①]。而夹砂陶器是炊煮食物用的器物，在郑州商代二里岗文化时期的遗址里有着大量的出土，是烧制夹砂陶器有另外的专门窑场。在安阳花园庄南地的一处商代晚期制陶作坊中，出土的陶器多是陶豆，是一处烧制陶豆的窑场[②]。这样的制陶作坊烧制出来的产品，就是为了出卖。像铜器、玉器，虽然是小件（在平民的墓里时常有发现），但他们自己是制造不出来的，只有通过交换才能获得。平民使用的手工业制品，有不少是以交换的方式获得的，并非都是自己制作。商代人们的生活已较为丰富，他们使用着多种多样的手工业产品，以满足日益提高的生活质量的需要，他们已经不是处在自给自足的简单原始生活时代。交换就是他们获得自己不能生产的物品的方式。在平民中，作为交换的物品是非常多的，平民想要获得自己不能生产、制作

---

① 杨育彬：《河南考古》，中州古籍出版社1985年版，第101页；河南省文物考古研究所：《郑州商城》，文物出版社2001年版，第384—460页。

② 中国社会科学院考古研究所：《殷墟的发现与研究》，科学出版社1996年版，第441页。

的物品，就只有拿出自己能生产、能制作出来的物品去与他人相交换。凡生活里所需的物品，其中当然也可能包括粮食、牲畜这样的农、牧业产品，都成为用于交换的物品，也就是商品。

商代交换的方式有以物易物的物物交换，也有以贝作为中介的货币交易。在商代的墓葬里，常发现有贝随葬，主要是海贝，也有用石、骨、玉质材料仿制的贝，在商代晚期还出土了青铜铸造的铜贝①。贝的计量单位是"朋"，殷墟甲骨文中有"贝朋"（《合集》11438）、"贝二朋"（《合集》40073）、"贝十朋"（《合集》29694）等，商代晚期青铜器铭文中也常见赏赐贝以及称赏赐贝若干"朋"的，其赏赐的数量少者二朋，如小子䗬卣铭"子光赏䗬贝二朋"，"䗬用作母辛彝"（《集成》5417）。多者有百朋，如乙卯尊铭"王赏子黄瓒一、贝百朋"（《集成》6000）。贝在商周时期是货币，可从它的一些职能获知。第一，贝具有价值尺度。《易·损》六五："益之十朋之龟"，十朋是此龟的价值。龟的价值以贝的数量来计算。西周青铜器卫盉铭文云："矩伯庶人取瑾璋于裘卫，才（裁）八十朋，厥贮（贾）其舍田十田。"矩伯家的庶人在裘卫家取一块瑾璋（玉器），"才（裁）八十朋"，是此瑾璋的价值八十朋。是这块玉器瑾璋的价值用贝的数量来计算。这就是贝的价值尺度职能。第二，贝具有支付手段。在商周铜器铭文中，受到贝的赏赐者皆因此而制作铜器，如安阳后冈商代圆形祭祀坑内出土的戍嗣子鼎铭文云"丙午，王赏戍嗣子贝二十朋，在阑宗，用作父癸宝鼎"（《集成》2708）。"用作"就是戍嗣子"用"商王赏赐的二十朋贝，去支付为祭祀其父而"制作"此鼎的费用。被赏赐的贝用作支付铸造铜器之资，只要看看西周时期的遽伯睘簋铭文即明，此簋铭文云："遽伯还作宝尊彝，用贝十朋又四朋。"（《集成》3763）第三，贝具有流通手段职能。殷墟甲骨文里有占卜"买"与不"买"的卜辞，如：

　　　　戊寅卜，内，呼雀买。
　　　　勿呼雀买。（《合集》10976）

"买"字从网下从贝，在西周金文中也是如此构形，是"买"（及卖）要用

---

① 彭柯、朱岩石：《中国古代所用海贝来源新探》，《考古学集刊》第12集，中国大百科出版社1999年5月。

贝。近出西周早期亢鼎铭文记载用贝买玉器的一次交易行为。铭文云：

> 公大保买大休（球）于美亚，在五十朋。公令亢归美亚贝五十朋。①

公大保从美亚那里买了一件名为"大休（球）"的玉器，这块玉价值五十朋贝，公大保让一位名"亢"的人（此人大致应是公大保的下属）把五十朋贝给美亚送去，于是这笔交易算是完成。此鼎铭记用贝去买玉，上引《遽伯还簋》铭记用贝去支付铸造铜簋的价钱。贝既然可以用来买玉器、支付铸造铜器的费用，当然也可以用来购买其他任何物品。这就是贝在流通领域中的作用。第四，贝具有储藏的职能。在《尚书·盘庚》篇中，盘庚指责他的大臣们不管国家的前途而只顾"具乃贝玉"，他劝诫那些敛财的大臣们不要"总于货宝"。这里的"总于货宝"就是指"具乃贝玉"的行为。商甲骨文中的"宝"作 （《合集》17512）、 （《合集》35249），从贝从玉，是屋内有贝和玉就是宝，《合集》35249一字屋内只有贝而无玉也是宝。商周铜器铭文中的宝字作 （戍嗣子鼎）形，只是增加了 符号，此符号隶写作缶，读作宝，是音符。既然造字以屋内有贝、玉为宝，是时商周人以贝、玉为宝而深藏于房屋之内。这就是贝的储藏职能。李京《云南志略》载：

> 斡泥蛮（即今之哈尼族）在临安西南五百里，巢居山林，极险。家有积贝，一百二十索（一索是八十个贝）为一窖，藏之地中。将死，则嘱之子曰："我平日藏若干，汝可取几处，余者勿动，我来生用之。"②

哈尼族人储藏贝，是由于贝是当地流通的货币。明代李时珍《本草纲目·介部·贝子》云："古者货贝而宝龟，用为交易，以二为朋。今独云南用之，呼为海巴。以一为庄，四庄为手，四手为苗，五苗为索（亦是八十个贝为一索）。"哈尼族人储藏贝与商周时人以贝为宝而储藏于屋内是相同的。

贝在商代是用作流通的货币，所以商代的商业已脱离原始的物物交易而

---

① 马承源：《亢鼎铭文——西周早期用贝币交换玉器的记录》，《上海博物馆集刊》第8期，上海书画社2000年版。马先生说休为球字，"球"是玉名，即《诗经·商颂·长发》中的"大球小球"之"球"。

② 转引自李家瑞《古代云南用贝币的大概情形》，《历史研究》1956年第9期。

处于较为发达的水平。

第五节 商代的财政

财政是关于国家的收支问题。所谓"收"是指国家从直接生产者、经营者手中取走的部分，今日称为"税"；所谓"支"就是国家从生产者、经营者手中取去的部分（税），用于各种开支。国家收入和支出的形式，是随着时代不同而各异的。《孟子·滕文公（上）》篇中说："夏后氏五十而贡，殷人七十而助，周人百亩而彻。"贡、助、彻是孟子概括的夏、商、周三代不同的财政收入方式。孟子在这篇文章中又讲道："劳心者治人，劳力者治于人。治于人者食人，治人者食于人。""治人者"即是统治者，国家的各级官吏。"食于人"就是"俸禄"。俸禄是由国家从"劳力者"那里征收的赋税而来的，所以称为"食于人"。当然，国家供给"治人"者即官吏的俸禄，只是国家财政支出的一个方面。商代作为一个国家，在经济上当然是有收支问题，不然国家机器就不能正常运转。

一 商代的财政收入

商代财政收入主要来自两个方面：一是王室即国家直接经营的产业，一是贵族、诸侯及方国的贡纳。

（一）王室即国家直接经营的产业

王室直接经营的产业主要是农业、畜牧业和手工业。

1. 王室的农业。王室经营的农业在殷墟甲骨文中称为"我田"，如卜辞云：

> 贞我田。（《合集》10552）
> 丙辰卜，永，贞呼省我田。（《合集》9611）
> □□卜，㱿，贞我田有来。（《合集》10553 正）
> 贞我北田受〔年〕。（《合集》9750 乙）
> 〔贞〕我北田不其受年。（《合集》9750 甲）

殷墟甲骨文里的"我"除少数是地名外，多是商王自称，所以卜辞中的

"我田"是商王即国家直接经营的农田,即王室田庄①。在商代甲骨文里可以看到,农业生产的整个过程:从垦荒、翻耕土地、播种、田间管理到收割、储藏,商王亲自过问或派遣臣下去督办,如:

□□卜,殻,贞王大令众人曰:[叶田,其]受[年]。(《合集》5)
……[王]大令众人曰:叶田,其受年。十一月。(《合集》1)

"叶田"是播种前翻耕土地,是商王亲自下令让众人合力去翻耕土地。众人是商代主要从事农业劳动的奴隶。"大令"是广泛地命令,可见被命令的众人很多。

贞王立黍,受年。一月。(《合集》9525 正)

"立"即莅,莅临。此辞中黍字是动词,意为种黍、播种黍。"王立黍"即商王亲临正在播种黍的田头,以督促播种之事。

庚辰卜,宾,贞惟王叙南囧黍。十月。(《合集》9547)

叙是摘取穗头的一种收割方式②。南囧是地名,是商王室在此地的农田。"王叙"当然不可能是商王自己下到田里去摘取,而应是他亲临或亲自过问此地收割黍之事。王室收获的粮食储藏在专门的仓库里,这种仓库甲骨文中称作"廪"。仓廪所建地,主要在王都之南,如甲骨文中之"南廪"(《合集》5708 正),在其他地方也建有储藏粮食的仓库。为了粮库的安全,商王常派大臣前往视察,甲骨文称作"省",如:

己酉卜,贞令吴省在南廪。十月。(《合集》9638)
己亥卜,贞令多马亚、犯、遘、㚔省陵廪,至于仓侯,从楇川、从垂侯。九月。(《合集》5708 正)

---

① 王贵民:《就甲骨文所见试说商代的王室田庄》,《中国史研究》1980 年第 3 期。
② 裘锡圭:《甲骨文中所见的商代农业》,《古文字论集》,中华书局 1992 年版,第 188 页。

吴、多马亚、伲、遘、祄都是武丁时期的官吏，命令他们去省廪者只有商王或中央王朝。

"我田"从耕种到粮食的收割、储藏，都由商王及其臣僚去打理，显现出王室田庄的性格。王室田庄的收获，是商王即国家粮食的重要来源。

2. 王室的畜牧业。商甲骨文里有关于"我马"、"我羊"的占卜：

　　□□卜，争，贞我马无［祸］。(《合集》40179)
　　贞我马有虎佳祸。
　　贞我马有虎不佳祸。(《合集》11018)
　　贞求（咎）我羊。(《合集》16974)

此卜辞中的"我"是商王自称。

　　王畜马在兹窝……母戊，王受佑。
　　［王］畜马在兹窝……(《合集》29415、29416)

窝郭沫若谓即养马的厩字初文①。"王畜马"当然是商王的马。商王对放牧的牛群要亲自去视察：

　　贞王往省牛于敦。三月。(《合集》40184)

"省牛"是视察牛群。商王前往敦地"省牛"的卜辞还见于《合集》9610、11171等。商王亲自去视察的牛群，当然也是属于商王室的。

商代的畜牧业已建立了牧场，在商甲骨文中有"牧"这一职官名称，如：

　　戊戌卜，宾，贞牧匄［羌］，令遘致妥。(《合集》1493正)

匄字有求取、索取之意。羌是商代从事畜牧生产的人，被称作"羌刍"：

---

① 郭沫若：《殷契粹编》，科学出版社1956年出版，第756页。

> 伇至，告曰：舌来以羌。
> 止（之）日伇至，告曰：舌来以羌芻。（《合集》39496 正、反）

此片甲骨的正面说有个叫舌的贵族要给王室送来羌人，反面却说"止（之）日"（那一天）舌送来了羌芻。芻是从事畜牧业生产的人，"羌芻"是从事畜牧业生产的羌人。上引《合集》1493 正卜辞中的牧要求提供羌人，是"牧"为主管畜牧业的职官。在商晚期铜器上有"亚牧"、"牧正"的铭文①，应是主管畜牧业较高的职官，而只称"牧"是只管某一牧场的职官。商甲骨文中有若干个"牧"向王室报告的：

> □子，贞牧告楸……（《屯南》149）
> 辛未，贞三牧告。（《屯南》1024）
> 王其祈，惟九牧告。（《天理》519）

"三牧"、"九牧"是三个、九个牧场。"告"是牧场的管理者向王室即国家汇报该牧场的经营情况。可见商王室对牧场的管理是有效的。这些牧场是属于王室即国家，其牲畜属于王室所有。

3. 手工业。商代有王室直属的手工业，这在前面"手工业"一节里已作了介绍，此不赘述。王室的手工业产品，当然属于王室即国家所有。

农业、畜牧业、手工业是支持商代社会经济的三大基础部门，它们提供了王国的基本需要，是商王朝经济的支柱。

（二）贵族、诸侯及方国的贡纳

商代的贡纳有两层意义：一是表示诸侯、方国承认商王朝的统治地位；二是商王国财政收入重要来源。《诗经·商颂·殷武》："昔有成汤，自彼氐羌，莫敢不来享，莫敢不来王，曰商是常。"郑玄笺云："享，献也。世见曰王……成汤之时，乃氐羌远夷之国，来献来见曰：商王是吾常君也。"商代贡纳的物品，主要是地方特产，《逸周书·王会解》后所附的《商书》中《伊尹朝献》一篇，其文云：

---

① 罗振玉编：《三代吉金文存》卷 3：15：1，卷 14：35：3.4，《续殷文存》51：2；文物编辑委员会编：《文物考古工作三十年》，文物出版社 1980 年版，第 39 页；徐中舒：《四川彭县濛阳镇出土的殷代二觯》，《文物》1962 年第 6 期。

> 汤问伊尹曰：诸侯来献，或无马牛之所生而献远方之物，事实相反，不利。今吾欲因其地势所有献之，必易得而不贵，其为四方献令。
>
> 伊尹受命，于是为四方［献］令。
>
> 曰：臣请正东：符娄、仇州、伊虑、沤（瓯）深、九夷、十蛮、越沤（瓯）、鬋文身，请令以鱼支（皮）之鞞、乌鲗之酱、鲛𩺃、利剑为献。
>
> 正南：瓯邓、桂国、损子、产里、百濮、九菌，请令以珠玑、玳瑁、象齿、翠羽、菌鹤、短狗为献。
>
> 正西：昆仑、狗国、鬼亲、枳巳、闟耳、贯胸、雕题、离丘、漆齿，请令以丹青、白旄、纰罽、江历、龙角、神龟为献。
>
> 正北：空同、大夏、莎车、姑他、旦略、貌胡、戎翟、匈奴、楼烦、月氏、𦎧犁、其龙、东胡，请令以橐驼、白玉、野马、騊駼、駃騠、良弓为献。
>
> 汤曰：善。

这与战国时期荀子所说的同，《荀子·解蔽》篇中说，汤用伊尹灭夏"受九有"而"远方莫不致其珍"。除本地特产外，古文献所载也还有粮食产品，《诗经·商颂·玄鸟》歌颂武丁时，诸侯向商王室朝贡的盛况道："龙旂十乘，大糦是承"，郑玄笺云："交龙为旂。糦，黍稷也。高宗之孙子，有武功有王德于天下者，无所不胜服，乃有诸侯建龙旂者十乘，奉承黍稷而进之者，亦言得诸侯之欢心。十乘者，二王之后八州之大国。"

在商代甲骨文里向商王朝纳贡的词有：以、供、入、见（献）、登、取、𢌿（募）、匄、乞、来等①。贡纳的物品有人（奴隶），如"乙卯，允有来自光以羌刍五十"（《合集》94），光是一位贵族，此辞是从光那里致送来50个从事畜牧业生产的羌人；有粮食，如"登来。亚以来"（《合集》914）。甲骨文中麦又称作来，此辞中被"登"被"以"的"来"就是麦，是名词而不是

---

① 杨升南：《商代的财政制度》，《历史研究》1992年第5期。贵族大都担任着王室不同级别的官职，他们向商王室缴纳的物品有的应是所主管的王室产业的产品而非自己领地出产的物品。那些所缴纳数量特别大的，可能是该贵族作为王室部门主管向王室提供的产品。然而两者在卜辞中不易区分，无疑其中必有部分是诸侯、方国及贵族向中央王朝献纳的贡品，故都以贡品视之。

动词往来的来；有畜牧产品，如"禽见（献）牛百"（《合集》102），禽是贵族，在商王朝担任要职，这次他向商王献上牛 100 头，其数至巨；有野兽，是狩猎品，如"贞画来兕"（《合集》9172）。画是一贵族，兕是一中体大的青色野牛，商人在狩猎时常有猎获；货币贝及玉、象牙等，如"车不其以十朋"（《合集》11432）、"令员取玉于龠"（《合集》4720）、"禽其来以齿"（《合集》17303 反）。齿即象齿、俗称象牙；手工业品，如"以卣"（《东京》286）。卣是一种青铜铸造的盛酒器，一般有提梁称为"提梁卣"，在商代及西周时期是一流行器物，如在殷墟的妇好墓中，就出土二件龙头提梁卣。还出土一件石磬，上刻有"妊竹入石"四字，名为石实则是乐器石磬；"令弜取卤"（《合集》7022），卤是食盐①。"禽来舟"（《合集》11462），舟即船，商时人的水上交通工具，此辞是禽向商王室送来了舟船；占卜用的龟的贡入者和贡入的数量，一般记录在龟腹甲反面的"甲桥"及背甲、尾甲上。②迄今所见一次贡入最多的是一千："我以千"（《合集》116 反、2530 反、9013 反等），此辞中的"我"不是商王自称而是商代的一个诸侯或方国。商代的龟有来自南方的，有卜辞称"有来自南以龟"（《合集》7076 正）。占卜用的牛肩胛骨以"屯"计，甲骨文中所见最多的一次贡入 50 屯，"乞自匿五十屯"（《合集》9396）。

　　从甲骨文中反映出，向王室纳贡品的不仅有诸侯、方国，还有王朝的贵族。所贡的物品种类繁多，诸侯、方国所贡的"珍"，是商王室本土所无特产品，而王朝的贵族则是有赋税的性质，像一次贡入牛 400 头，对王室是一笔不小的财产，对那些入贡的诸侯更是不轻的负担，显然是具有重要的经济意义。其他如铜器（或铜料）、玉石、食盐，也都是具有重要经济价值的物品。

二　商代的财政支出

　　国家的财政收入是为了维持国家机器的正常运转。现今一个国家最主要的支出是官吏的俸禄和养活军队。我国在春秋时期以前，官吏的俸禄是土

---

① 杨升南：《从"卤小臣"说武丁征伐西北的经济目的》，载台湾师范大学国文系、"中研院"史语所编《甲骨文发现一百周年学术研讨会论文集》（1999），文史哲出版社印行。

② 胡厚宣：《武丁时五种记事刻辞考》，《甲骨学商史论丛初集》，1944 年成都出版。

地，春秋前期的晋国就是实行的"大夫食邑，士食田，庶人食力"的制度①。做了官，国家就按官职的大小划给他一定数量的土地，最高的官爵卿可多达100个邑，大夫可达60个邑②。最小的邑是10家人，每家耕种100亩土地。士以下只给多少亩土地。给邑是整邑之人连同土地都归受邑者，他不仅收取邑中的租税而且拥有该邑的治民权，给田只收其田地上的租税。不做官了就要把作为俸禄的邑或田退还给国家，否则就有杀头之罪③。官吏靠土地出产养活，国家不另再给实物作为俸禄。在商代的甲骨卜辞中，人名、族名、地名三位是一体的④，就是这种俸禄制的反映。商代的官吏靠土地禄田养活，国家不再给实物报酬。

商代国家最主要的财政支出，主要有以下几大项：

（一）祭祀时对神灵的献祭

从甲骨文知商王祭祀的神灵主要是祖先神，其次是各种自然神，包括天地日月山河方位等。商王对神灵祭祀频繁，献祭的种类多，数量大。如武丁时期一片甲骨上占卜，是否用300个羌人祭祀一位名丁的祖先神：

三百羌用于丁。（《合集》295）

卜辞中的"用"是使用，即是杀以血祭祀祖先神。羌是商时西北地区的民族，称为羌方。被用以祭祀的"羌"是被俘的羌族人。武丁时期有一片甲骨上载着是否用1000个人和1000头牛祭祀：

丁巳卜，争，贞降酚千牛。
不其降酚千牛千人。（《合集》1027正）

---

① 《国语·晋语四》。

② 《左传》襄公二十七年："（宋平）公与免余邑六十，辞曰：'唯卿备百邑，臣六十矣。下有上禄，乱也。臣弗敢闻。'"

③ 《左传》襄公二十六年："孙林父以戚如晋。书曰：'入于戚以叛'，罪孙氏也。臣之禄，君实有之。义则进，否则奉身而退。专禄以周旋，戮也。"

④ 张秉权：《甲骨文中所见人地同名考》，《庆祝李济先生七十岁论文集》下册，台北清华学报社1967年版。

降是准备，酌是登记。是祭祀前把献祭神的祭品登记在册子上，祭祀时在被祭祀的神主前，照着册子上所登记的内容，读给神"听"，文献称为"册祝"。一次祭祀准备使用1000个人和1000头牛，不管这次占卜的祭品，最后"用"了没有，都突出地反映出商代统治者们，在祭神上面的庞大支出和巨大浪费。商代统治者十分迷信，凡事占卜问神，向神请示，求神保佑。就是普通人看来是一件很平常的事，商王却认为不平常而用大批祭品求神保佑，如：

  庚申卜，朕耳鸣，侑御于祖庚，羊百有用，五十八有毋用祈，今日。(《合集》22099)

这一片甲骨卜辞的内容是商王耳鸣，于是赶忙祭祀他的先王祖庚，杀了100只羊，其余58只没有用。

甲骨卜辞有关献神祭品的占卜，多半是实施了的，在甲骨文时期的商晚期安阳殷墟，已经发现了大量的用人和各种牲畜祭祀的祭祀性埋葬坑[①]，证明甲骨卜辞占卜时的献祭品是实施了的。

(二) 丧葬费用的支出

商代统治者对死者实行厚葬，故其丧葬支出亦甚巨。安阳殷墟商代晚期的商王陵墓已全部被盗一空，20世纪30年代发掘时，各座王墓中都只出土一些残品。1975年在安阳小屯村北发现的妇好墓，是偶然保存下来而没有被盗的一座王室成员的墓葬。墓中出土的青铜器有111件（其中礼器109件、铜钺2件）上铸有妇好或好字铭文[②]，因此确定此墓的妇好即是甲骨文中的妇好，她是武丁的一个妻子即武丁三个正式配偶中的妣辛[③]。陵墓的修建因在今潜水以下，其豪华程度不清楚，而墓内的随葬品则多得惊人。随葬于此墓的物品，不计6880枚之多的货贝及残断品，完整的器物就达1928件。其中青铜器468件（另有109个小铜泡未计），作为重器的礼器210件、玉器755件（另有残片和有孔的圆片未计）、宝石制品47件、象牙器皿完整者3

[①] 胡厚宣：《中国奴隶社会的人殉和人祭》，《文物》1974年第7、8期；杨锡璋、杨宝成：《从商代祭祀坑看商代奴隶社会的人牲》，《考古》1977年第1期。

[②] 中国社会科学院考古研究所：《殷虚妇好墓》，文物出版社1980年版。

[③] 王宇信、张永山、杨升南：《试论殷墟五号墓的妇好》，《考古学报》1977年第2期。

件，残片 2 片、骨器 564 件（主要是骨笄，而残碎过甚的笄头未计）。器物制作皆十分精美、凝重，如铸有"司母辛"铭文的大铜方鼎，通高 80.1 厘米，重达 128 公斤；铸有"妇好"铭文的三联甗，长 103.7 厘米，重 131 公斤，加上三只甑，总重为 138.2 公斤。对墓中 196 件青铜礼器和 90 余件其他青铜器物的重量统计，共约 1605 公斤，估计此墓出土青铜器的总重量当在 1625 公斤左右。墓中出土的一件象牙杯，杯身和鋬手上满布花纹，并在花纹中镶嵌绿松石，精美绝伦①。一个商王之妻的随葬物品就如此丰厚，商王就更可想而知。

（三）赏赐及宴飨活动支撑

商王作为王朝的首脑，对臣下、对诸侯方国首脑、使节得有宴飨、赏赐。宴飨、赏赐活动都见于甲骨卜辞，赏赐见于卜辞的有"赐禾"（《合集》9464），禾即是粟，去皮称小米②；"赐牛"（《合集》9465）；"赐羊"（《合集》9466 反）；赐女子和贝朋（《合集》11438）；赐兵器（《合集》9468、《屯南》942），等等。在铜器常见商王赏赐贝等物品，受赏者以此制作一件铜器，铸上铭文以记其事。商王出手大方，赏赐贝有多达一百朋以上的，赏赐牛有多至"百牢"，如乙卯尊铭载：

乙卯，子见在
大室白戈
一、琅九屮（又）百
牢。王赏子黄瓒一、贝百朋，子
光赏□丁贝，用作己障盘。冀。（《集成》6000）

"琅九屮（又）百牢"是九只琅，再加一百牢。商王所施的赏赐品，都是出自国库的。

宴飨在甲骨文里有飨、食、燕（宴）三个词。宴飨的对象有方国，如"庚辰，贞至河，禽其戎，飨方"（《屯南》1009），戎是战争，此辞是禽将要出征而宴飨"方"，此"方"应是与禽协同对敌作战的方国首领或参战人员；有对使臣的宴飨，如"辛未王卜，在召庭，隹执其令飨使"（《合集》37468），

---

① 中国社会科学院考古研究所：《殷虚妇好墓》，文物出版社 1980 年版。
② 裘锡圭：《甲骨文中所见的商代农业》，《古文字论集》，中华书局 1992 年版。

被商王朝宴飨的"使",应是方国、诸侯国派来的使臣。宴飨方、使是国家为外事活动而举行的。最多的还是对内部贵族、官吏、臣僚的宴飨活动。甲骨文中常见"王燕"的卜辞,"王燕"即"王宴",商王为何设宴,卜辞多不明,只知有一项是在祭祀后的"燕",如:

辛酉卜,鼓,贞王宾辛、壬、丁,燕惟吉。(《合集》27382)
贞王往于夕福不遘雨,燕惟吉。(《合集》27862)

宾、夕是祭祀名称即祭祀仪式,辛、壬、丁或是商王先祖庙号或是选择举行宾祭的日期,"燕惟吉"是卜问祭祀后举行宴飨是否吉利。下辞是卜问求福夕祭后举行宴飨是否吉利。《淮南子·说山》:"先祭而后飨则可,先飨而后祭则不可。"所以古时祭祀后有宴飨活动。商王频繁地举行各种各样的祭祀,可见其宴飨的频繁,耗费的巨大。

对贵族、官吏的宴飨,有飨多尹,"元簋惟多尹飨"(《合集》27894)、飨多子,"贞其飨多子"(《合集》27649)、飨多生,"惟多生飨"(《合集》27650),多生即多姓。多子是商同姓贵族首领,多姓是异姓贵族首领。有对武士的宴飨,如"翌乙亥赐多射燕"(《合集》5745),"多射"是武官,是商王赏赐多射宴饮。"贞惟王飨戎"(《合集》5237),"戎"指戎事,"王飨戎"当是商王宴飨及奖赏战胜归来的出征将士,与后世的"饮至"之礼同。《左传》桓公二年载:"凡公行,告于宗庙。反行,饮至、舍爵、策勋焉。礼也。"饮至、舍爵、策勋是国君出征返回后必做的三件事。"饮至"即是到达国都后宴饮出征将士,然后给有功人员晋升爵位,策命勋劳。

频繁的宴飨对国家财政是一项相当大的支出。

(四) 宫廷支出

商王及后妃妻妾、子女,王室宫寝里的服役人员、保卫人员的用度,也需要国家开支。这方面虽然无具体资料证实,其开支是必然的,推想其费用也应是不小的。

商代财政的收支是否平衡,没有证据评说。但财政收支平衡与否,是关系到国家政权的稳定。收支平衡甚至还有些盈余,则国家兴旺、政权稳定;反之,支出大于收入,国家财政入不敷出,则国家衰弱,政权不稳。从《史记·殷本纪》载,商朝的历史上,有多次"兴"、"复兴",又有多次"衰"。这些"兴"、"衰"的原因是多种的,其中财政上的收支平衡与否,应是其中之一。

商代的国家体制是"内外服"制，即商王室直接统治的地区和诸侯国领地。诸侯国虽然是臣属于商王朝的，但它又是一个具有独立性的国家，有独自的政治、经济体系，因此商王室的经济不能包括诸侯国的经济。商时期的诸侯、方国经济，在中原商王朝经济技术的影响及支持下，逐渐获得发展，到商代中晚期，形成了门类较为齐全、各具特色的地方经济，其经济技术水平，已不比中原商王国低。

第八章

商代宗教信仰

宗教信仰属于社会意识范畴，乃社会发展到一定阶段的产物，是社会存在的反映。商代宗教信仰上的礼俗，指穿插渗透在人们的社会生活中的具有人为宗教信仰性质的事象，在社会心理上，表现为影响人们精神生活的某种力量，在社会行为上，已逐渐衍生出各种相应的礼仪制度。它们与原始思维形态中那类自发宗教信仰形式，有着明显的传承和变异关系，它们有别于经济的俗尚，也不能纯粹归属于社会的成俗，但却是支配商代人们物质生活和精神生活的重要因素。

第一节 宗教分野

原始宗教的信仰对象极为广泛，但其分野不外乎为自然崇拜和鬼魂崇拜两大类。自然崇拜有出于对日、月、星、云、风、雨、旱、雷、虹、雪等的天象或气象崇拜，有对山川四方土石等的地神崇拜，有对飞禽走兽鱼虫的动植物或某类器物的崇拜，各神基本持有各自的神性。鬼魂崇拜无非本之人类对自身构造或梦境、生死的思维探索，其反映的祖先崇拜形式，又每构成社会关系的缩影。

商代的宗教信仰已经是趋于规范化和制度化分野系统。《尚书·尧典》云"禋于六宗"，贾逵注云："天宗三：日、月、星也；地宗三：河、海、岱也。"分野规范明简。而在商代的自然神中，又细分出天象、气象或气候神，属之天神，与地上的四方神、山川地祇动植物神相对应。鬼魂崇拜重在祖先崇拜。神域领域有一定的领属关系。与此同时，与王权的建立和强化相对应，社会生活中逐渐产生了一个比原有诸神更强有力的大神，即超自然色彩的上帝崇拜。

一　商氏族鸟图腾崇拜的远古残遗信仰

在原始氏族社会中，人们对超自然的自然力量和超人间的氏族祖先进行崇拜，这就是自然崇拜和祖先崇拜。图腾崇拜是自然崇拜与祖先崇拜相结合的一种最古老的宗教崇拜形式。

在商代甲骨文、金文中就有商氏族图腾崇拜的远古时期残遗下来的痕迹，同时在古文献中也有一些记录。

商氏族有"玄鸟生商"的始祖神话故事，有过以玄鸟为生育之神的信仰。《诗·商颂·玄鸟》云：

天命玄鸟，降而生商，宅殷土芒芒。

毛传："玄鸟，鳦也。春分玄鸟降，汤之先祖，有娀氏女简狄配高辛氏帝，帝率与之祈于郊禖而生契。"郑氏笺云："降，下也。天使鳦下而生商者，谓鳦遗卵，娀氏之女简狄吞之而生契，为尧司徒，有功封商。"《诗·商颂·长发》亦云：

有娀方将，帝立子生商。

毛传："有娀，契母也。将，大也。契生商也。"郑氏笺云："禹敷下土之时，有娀氏之国亦始广大，有女简狄，吞鳦卵而生契，尧封之于商，后汤王因以为天下号，故云帝立子生商。"玄鸟生商或也说为吞玄鸟卵生子者，《史记·殷本纪》亦云：

殷契，母曰简狄，有娀氏之女，为帝喾次妃，三人行浴，见玄鸟堕其卵，简狄取吞之，因孕生契。

《吕氏春秋·音初》也云：

有娀氏有二佚女，为之九成之台，饮食必以鼓，帝令燕往视之，鸣若谥隘，二女爱而争搏之，覆以玉筐，少选，发而视之，燕遗二卵北飞。

高诱注："帝，天也，天令燕降卵于有娀氏女，吞之生契。"这是有关商族尚处于氏族社会时期的始祖传说，人们最初因不知生育子女起于男女的性结合，而推想于与玄鸟相接触可以有子。玄鸟生商，与玄鸟至之时祈子郊禖的风习也有渊源关系。《礼记·月令》云：

（仲春之月）玄鸟至，至之日以太牢祠于高禖。

郑注："高辛氏之世，玄鸟遗卵，娀简吞之而生契。"玄鸟即燕子，是候鸟，飞至有时，与"会男女"季节相合，殆这一信仰的演化。

甲骨文中高祖亥，又称作"高祖王夒"（《合集》30447），亥字增一鸟形。胡厚宣曾根据这些资料论证远古时期商氏族是以玄鸟为图腾的，他按资料时代的先后作过分类，认为古文献中记载的玄鸟生商的传说是由简单到复杂，不断地有所变化的。①

胡厚宣从商代甲骨文中找到了商人鸟图腾的证据，分刻在《合集》30447、《合集》24975、《屯南》1116、《合集》34293、《合集》34294、《合集》34295、《合集》30448、《合集》22152等八版甲骨上，都有卜问祭祀商先公王亥的卜辞，这些卜辞中的"亥"字有的从"又"持鸟，作用手捉鸟形；有的从亥从鸟；有的"亥"字上的鸟做有冠的鸟形。胡先生说："王亥之亥而从鸟，乃商族以鸟为图腾之确证。"②晚商青铜壶铭有"玄鸟妇"（《陶斋续》卷二·5），于省吾认为这也是商人鸟图腾的证据。③

关于商人把鸟图腾的符号加在王亥的"亥"字上的原因，除胡先生说的因为王亥是上甲的父亲的缘故外，还应该从王亥在商族历史上所起的重要作用上去寻找。

吕大吉说："一种动物、植物或自然物既被氏族社会奉为图腾，就会自然而然地在心中产生某种敬畏之情。"④商人社会由始祖契发展到武丁时期，

---

① 胡厚宣：《甲骨文商族鸟图腾的遗迹》，《历史论丛》第1辑，中华书局1964年版；又胡厚宣：《甲骨文所见商族鸟图腾的新证据》，《文物》1977年第2期。
② 胡厚宣：《甲骨文所见商族鸟图腾的新证据》，《文物》1977年第2期。
③ 于省吾：《略论图腾与宗教起源和夏商周图腾》，《历史研究》1959年第10期。
④ 吕大吉：《宗教学通论新编》，中国社会科学出版社1998年版，第489页。

已经历了漫长的二十四代，但在武丁卜辞中，仍然能够找到后世商人对鸟怀有崇拜和敬畏的材料。崇拜鸟的卜辞见《合集》14360＋《英藏》1225①、《合集》20354；畏惧鸟的卜辞见《合集》17366正反、《合集》17367、《合集》17368。商人惧怕鸟，在古文献中也有记载，如《史记·殷本纪》说："帝武丁祭成汤，明日，有飞雉登鼎耳而呴，武丁懼。"商人这种对鸟的残余信仰的存在，说明在远古时期，商氏族确是以鸟为图腾的。

那么，商人是以什么鸟为图腾的呢？古文献记录商的始祖契是由简狄吞玄鸟卵所生，也即商人是以玄鸟为图腾的。"玄鸟"又是指的什么鸟呢？对"玄鸟"的所指目前有三种说法：一说指凤凰；二说指燕子；三说指鸱鸮，即猫头鹰。作者根据《说文》对"玄"字的解释和甲骨文中的"燕"字、"凤"字与加在王亥的"亥"字上的鸟形不同来推断，"玄鸟"应是指"黑而有赤色"的、短尾的、头上有凤冠的鸟类，至于是什么鸟，则有待于后考。

二 上帝崇拜

商代上帝崇拜的产生，是原始自发宗教向早期人为宗教成熟过渡的重要分水岭，也是社会形态变革和人间关系在宗教领域的反映。《墨子·非乐上》引"汤之官刑"，有云："上帝弗常，九有以亡，上帝不顺，降之百祥。"可见，上帝观念的深化是在商代。

商代甲骨文中反映的上帝权能，具有超自然的色彩，除像"帝害我年"（《合集》10124），握有左右农作收成，以及第七章所述帝的"令风"、"令雨"等发号施令主宰自然的神性之外，又几乎涉及政治、军事、社会和日常生活的方方面面，上帝为管理下国的主宰。略举例于下：

　　癸亥卜，翌日辛帝降，其入于㝨大宲，在庭。（《合集》30386）
　　□卯卜，帝其陟……（《合集》30387）
　　癸卯卜，帝自入。十一月。（《合集》15973）
　　庚午卜，古再呼帝降食，受又。（《合集》21073）
　　贞帝示若，今我祀奏。四月。（《英藏》1286）
　　□辰卜，宁，贞佳帝令害。（《合集》14159）

---

① 该版卜辞为蔡哲茂先生缀合。见《甲骨缀合集》第168片，中研院历史语言研究所，1999年。

帝乎戈。(《合集》14243)

甲辰卜，争，贞我伐马方，帝受我祐。一月。(《合集》6664 正)

不隹帝曰。(《合集》14242)

庚午卜，内，贞王乍邑，帝若。八月。(《合集》14201)

贞帝隹其冬(终)兹邑。

贞帝弗冬(终)兹邑。(《合集》14210 正)

贞帝秩唐邑。

贞帝弗秩唐邑。(《合集》14208 正)

癸丑卜，争，贞我宅兹邑，大□宾，帝若。三月。(《合集》14206 正)

叀五鼓，上帝若王，有祐。(《合集》30388)

帝其乍王忧。(《合集》14182)

贞隹帝肇王疾。(《合集》14222 正丙)

贞帝官。

帝不官。(《合集》14228 正)

……帝其降摧……在兆。王占曰：其有忧下上。(《合集》14173 正反)

……来岁帝其降永。在祖乙宗，十月卜。

……帝不降永。(《屯南》723)

□□王卜，曰兹下上若，兹叀王帝……见。(《合集》24980)

贞隹王帝□，有不若。(《合集》24978)

……禹王帝，今日……(《合集》30389)

帝也称上帝，能下降，能升陟，能入，能示(视)能令，能呼能曰，自上临下，不纯为自然神性，兼带人化色彩；从"帝降食"、"帝示若，今我祀奏"看，似乎不享受人间生物祭牲和祀礼的惯例已有所改变，显示出某种人格化属性的萌芽。帝能够"示(视)若"、"若王"、"乍王忧"、"官"、"有忧下上"、"降摧"、"降永"等，被赋予了一定的人性。"帝冬兹邑"，冬读如终，《广雅·释诂》"终，穷也"，是说帝穷迫兹邑。"帝秩唐邑"，秩有致害义。"若"有顺、祥、休善、嘉美之义。"我宅兹邑，大□宾，帝若"，盖谓兹邑落成之大宾礼，帝嘉美护佑。"帝肇王疾"，意思说帝会否致王疾。"官"读如悥,《广韵》:"悥,忧也。"官也可能读如宽,宽待优容之义。① "下上"泛指天地间神祇,也可能指下国上层贵族统治集团及人世间下民。《尚书·盘庚下》有云:"肆上帝将复我高祖之德,乱(治)越我家。"《商颂·玄鸟》云:"古帝命武汤,正域彼四方。"《汤诰》云:"惟皇上帝降衷于下民。""降摧",《说文》云:"摧,敲击也",摧击、摧折、摧毁之义。"降永"即降永命,义同《尚书·金縢》"天之降宝命"。② "王帝"一名始见于武丁之后,或谓指已故商王,体现了王权的神化,但从其能"下上若"等看,与帝或上帝无两致,应是上帝的另称,因视之与商王持有特殊关系而特名之"王帝"。与此紧紧相应,已故人王也或亦以帝称,地位被有意强化,如"帝丁"(《合集》24982)、"帝甲"(《合集》27437)、"文武帝"(《合集》36168)、"文武帝乙"(四祀邲其卣铭)。显然商代的上帝,其神性作用范围遍及整个国家的生民,已打破了地域界限,有全民性的一面,但却又被商统治者着意利用,成为商王朝统治阶层政权利益的直接保护神。

上帝高居天界之帝廷,或称帝所。殷遗叔夷镈铭有云:"虩虩成唐,有严在帝所。"与人王一样,帝廷也有一批受上帝驱使奔走的帝臣、帝使。甲骨文云:

……帝宗正,王受又又。(《合集》38230)

庚午,贞蠱大雟,于帝五丰臣宁。在祖乙宗卜。(《合集》34148)

癸酉,贞帝五丰[臣]其三□□(百册?)宰。(《合集》34149)

王侑岁于帝五臣正,隹亡雨。

□□秦侑于帝五臣,有大雨。(《合集》30391)

隹帝臣令。(《合集》217)

辛亥卜,帝工害。(《合集》34482)

辛亥卜,帝工害我,侑三十小宰。

辛亥卜,小帝北巫。(《合集》34157)

乙巳卜,贞王宾帝史,亡尤。(《合集》35931)

于帝史凤二犬。(《合集》14225)

---

① 于省吾:《释"帝官"》,《甲骨文字释林》,中华书局1979年版,第190页。

② 刘钊:《释"霝""谷"诸字——兼谈甲骨文"降永"一辞》,《殷墟博物苑苑刊》创刊号,中国社会科学出版社1989年版。

燎帝史凤牛。(《合集》14226)

帝宗可能为放置上帝神主的宗教建筑场所,是人王再构天界帝廷的对应设置。天界帝廷自有列位天神,帝臣、帝五丰臣、帝五臣、帝史、帝工,均是帝廷的诸执司,但具体指属不明。"帝五丰臣",丰旧释玉或介,陈梦家据金文"玉十丰"(《三代》7·34·6),认为丰乃工字,工为玉之单位词,并证以《淮南子·道应》:"玄玉百工",高诱注:"三玉为一工也",丰象三玉成串之形。帝五工臣相当于《左传》昭公十七年郯子述商代神话中掌天时的"五雉为五工正"①。"小帝北巫"与"帝工"同卜,别辞云:"癸亥贞今日小帝于巫豸一犬一"(《合集》34155)、"帝东巫"(《合集》5662),则北巫、东巫等四方之巫先神,亦属帝廷臣正,原本当出自对商王朝有功德的专门知识阶层之已故巫师,已转为带有自然神性的人格神。"帝史"即帝使。"帝史凤",郭沫若说:"卜辞以凤为风。《说文》'凤,神鸟也。'……盖视凤为天帝之使,而祀之以二犬。《荀子·解惑篇》引《诗》曰:'有凤有凤,乐帝之心',盖言凤凰在帝之左右。足知凤鸟传说自殷代以来矣。"②

商的先王也可以宾于上帝,如甲骨文云:

贞咸宾于帝。
贞大甲宾于帝。
贞下乙宾于帝。(《合集》1402正)

咸即《尚书·酒诰》说的"自成汤咸至于帝乙"的"成汤咸",为商开国之君大乙汤之一名。古本《竹书纪年》云:"汤有七名而九征。"《金楼子》卷一《兴王篇》也说,成汤"有七号"。是知当有所本③。下乙对应于大乙,指祖乙。旧谓商的先王宾于帝,是配列、配享、居住在天界上帝那里,其实难说。宾者,宾见之仪。《说文》:"宾,所敬也。"《礼记·乡饮酒义》:"宾者,接人以义者也。""宾于帝"当属非常性礼仪,而非居常在帝所。《山海经·

---

① 参见陈梦家《殷虚卜辞综述》,科学出版社1956年版,第572页。
② 郭沫若:《卜辞通纂》,《郭沫若全集·考古编》第二卷,科学出版社1983年版,第376—378页。
③ 参见胡厚宣《殷卜辞中的上帝和王帝》(下),《历史研究》1959年第10期。

大荒西经》云："夏后开（启）上三嫔于天"，郭璞注："嫔，妇也，言献美人于天帝。"《天问》"启棘宾商（帝）"，也是讲屡次三番宾于帝。夏商时帝与人王无血统关系，先王与帝所处不在一个层面，帝在天界最上层，先王处在中层天地间，《尚书·微子》即有云："殷其弗或乱（治）正四方，我祖厎遂陈于上。""陈于上"与"宾于帝"，均有下上层位相异的含义，这反映了殷人宗教信仰观念中的宇宙世界。西周以降王自命为上帝之子而称"天子"，人王位置上升，观念是有代变的。

陈梦家曾系统归纳上帝权能有16个方面：

（1）令雨；（2）令风；（3）令雗（即云霞之气）；（4）降艰；（5）降祸；（6）降漦；（7）降食；（8）降若（顺、祥）；（9）帝若（允诺）；（10）授佑；（11）授年害年；（12）帝咎王；（13）帝佐王；（14）帝与邑；（15）官（忧）；（16）帝令。

陈氏指出，甲骨文中"上帝有很大的权威，是管理自然与下国的主宰"，其权能大致可分为善义与恶义两类，其所管事项有年成、战争、作邑、王之行动，其权威或命令所及对象有天时、王、邑等[①]。朱天顺先生则认为，陈氏归纳的这16个方面，其实可统理为两大内容，一是上帝支配气象上的现象，以影响人间祸福，基本上综合了原先人们所信奉的日、月、风、雨、云、雷等天上诸神对以农业为主的人类社会生活的影响力，并归于一个抽象的意志的作用；二是上帝具有支配社会现象和支配社会统治者的神性。

这表明，商代的上帝崇拜，本质上是原先所崇拜的自然神和社会神的综合、抽象和升华。同时也反映着商族战胜他族，兼并统治他族的社会现实。但应指出，商代上帝的神性，主要是满足人们提出的具体要求，人们还没有把它当做主动支配社会命运的中心力量来崇拜，跟社会道德、政治制度的结合还不多、不突出，因此只是较初期阶段的产物[②]。

---

① 陈梦家：《殷虚卜辞综述》，第562—571页。
② 朱天顺：《中国古代宗教初探》，上海人民出版社1982年版，第255—259页。

三 诸神系统

商王朝"邦畿千里,维民所止"①,当此之际,"殷人尊神,率民以事神"②,王朝频频举行内祭外祭,众神祁祁。

就诸神神格言,除有超自然神上帝及帝廷供驱使奔走的帝臣、帝使外,甲骨文中又有祭天间诸神,如:

> 叀御羝牛于禿。(《屯南》2241)
> 叀凸豕于禿。(《合集》22454)
> 辛酉卜,禿。(《合集》22453)
> 庚午卜……大星……非鸣。(《安明》1934)
> ……辛未有设新星。(《合集》6063反)
> ……七日己巳夕䖒[庚午]……侑新大星并火……(《合集》11503)

上举受祭对象的禿,一释夫,疑即天字,《逸周书·世俘》"告于天宗、上帝",朱右曾注:"天宗:日、月、星辰。"大星非鸣,鸣为祸忧的征兆,则此大星当有其神性。犹别辞云:"兹隹祖辛鸣"(《合集》27253);"之日夕,有鸣鸟"(《合集》17366反);"丁巳卜,贞鸟鸣□忧"(《合集》17367)。《尚书·高宗肜日》:"高宗祭成汤,有飞雉升鼎耳而雊。"《史记·殷本纪》云:"帝武丁祭成汤,明日有飞雉登鼎耳而呴(《正义》:呴,雉鸣也),武丁惧。""有设新星",设亦寓祸忧义。"新大星并火",盖列星名。

除了天间众天象气象气候神,如日、月、星、风、雨、旱、雷、云、虹蜺、雪、寒、暖、雹诸神等,另还有众多自然世界的山川河岳、动植物、建筑、器物或火崇拜等神祇名。如:

> □申卜,□祀岳。(《合集》22153)
> 壬戌卜,宁,贞寻燎于岳。(《合集》14474正)
> 燎𠂤。(《合集》30413)
> ……䨻于𢀖。(《合集》18072)

---

① 《诗·商颂·玄鸟》。

② 《礼记·表记》。

于䕽秦。

于䕽秦。（《合集》30463）

其䄜年🈚、🈚于小山凫豚。（《合集》30393）

其叔二山，又大雨。（《合集》30454）

丁亥卜，侑于五山，在□陮，二月卜。（《合集》34168 正）

勿于九山燎。（《合集》96）

辛□，贞其燎于十山。（《合集》34166）

甲申卜，🈚兕、目、岳羊。

甲申卜，🈚山。

甲申卜，🈚十山。（《合集》34747 正）

丙燎盉、矢、火。（《合集》21110）

……兕、河、岳、昷……（《合集》22419）

贞兕害我。（《合集》17362）

于䕽乍，王弗每。

于昷凡，王弗每。（《合集》30445）

□□卜，賈，得石。大吉用。（《合集》30000）

贞祐。（《怀特》176）

壬寅卜，秦其伐归，叀北🈷用，廿示一牛，二示羊，以四戈彘。（《合集》34122）

癸卯卜，贞酚秦乙巳自上甲廿示一牛，二示羊，土燎，以四戈彘，四巫豛。（《合集》34120）

壬辰卜，乎兇御于右示。（《花东》290）

叀新示凡。（《合集》21124）

叀新🈷用。

辛未卜，王令厚示畨汉。（《合集》34123、34124 残辞互补）

庚申卜，奏渊不我。（《合集》21252）

戊寅卜，王，贞勿肅衔泉。（《合集》21282）

戊子，贞其燎于洹泉大三牢宜牢。（《合集》34165）

己亥卜，𠁁，贞王至于今水燎于河三小宰，沉三牛。（《合集》14380）

……今水酚河燎。十月旬在閅。（《合集》14370 丁）

燎于出水宙犬。（《乙》1577）

乙丑，子□，川示。（《合集》21801）

燎年于滴。(《合集》40110)

丁丑卜，王，兹品于瀧……六月。(《合集》15959 反)

戊午卜，王，燎于瀧□宰陷三宰又一珏。(《合集》14362)

贞隹河害。

贞隹岳害。

贞隹夒害。

贞隹企害。(《合集》24960)

其燎于土。(《合集》34187)

甲申卜，侑土。(《合集》34031)

贞勿燎年于邦土。(《合集》846)

于亳土御。(《合集》32675)

其燎于膏土。(《屯南》59)

辛酉卜，宾，贞燎于戠白牛。二月。(《合集》14380)

丁丑卜，王，勿帝虎。(《合集》21387)

贞帝鸟三羊三豭三犬。(《合集》14360)

贞帝蠢于凸于土。(《合集》14773)

乙卯卜，㱿，贞于㕣示燎。(《合集》14348)

辛巳卜，贞牛示燎自上甲一牛，㕣隹羊，㕣隹豕。(《合集》14358)

己亥卜，宾，贞不牛示齐黄。(《合集》14356)

庚午卜，宾，贞……牧示洲……(《合集》14357)

辛未卜，龟二大示。(《屯南》935)

丙寅，贞叀卩以羌眔蚕于鼉示用。(《合集》32033)

贞元示五牛，蚕示三牛。(《怀特》898)

燎于蚰一豕。(《合集》20970)

庚戌卜，㱿，贞蚰害我。五月。(《合集》14707)

癸酉卜，燎禾于三㞢。(《合集》33304)

侑于川。(《合集》14346)

贞燎于◈。(《合集》14347 正)

辛卯卜，燎于宀。(《合集》14771)

癸丑卜，贞翌……障新壹示。(《合集》19597)

丁酉卜，争，贞其告鼓。(《合集》15223)

甲午卜，燎于丛，允若。(《合集》22050)

……雍示。(《合集》14909)

庚寅，门示若。(《合集》34126)

燎于㠯。(《合集》14364正)

庚戌卜，宁于四方其五犬。(《合集》34144)

……来刍陟于西示。(《合集》102)

壬寅卜，王，贞北示宅。(《合集》19534)

贞燎东西青卯黄牛。

燎于东西侑伐卯青黄牛。(《合集》14315正)

帝于南，犬。(《合集》14323)

甲子卜，其秦雨于东方。

庚午卜，其秦雨于火。(《合集》30173)

丙寅卜，㱿，贞其侑火。(《合集》2874)

辛亥卜，去火，王受又。(《合集》28189)

燎于枫。(《安明》112)

癸酉卜，宁雨囗岳、㮚。(《合集》14482)

辛巳卜，其燎于㱿，燎既。(《安明》1734)

囗申卜，其去雨于㱿望利。(《安明》1835)

贞侑于杻。(《合集》14710)

贞燎于昌。(《合集》14749正)

贞亦燎于昌三牛。(《合集》14690)

贞侑于㕚。

贞侑于蔑。(《合集》14775)

贞侑犬于娥卯麑。(《合集》14778)

壬申卜，贞侑于东母西母若。(《合集》14335)

贞下上龂示弗其若。十三月。(《合集》14269)

以上有岳、屼、𡶹、𡴦、𡴎、𡴧、𡴨、𡴪、昷、小山、二山、五山、九山、十山、厚示、石、祐等陵岳山石神，有渊、泉、洹泉、今水、屮水、川示、河、滴、瀢（渦）等水泽河川神，有兕、㹄、夒、虎、鸟、𤉷示、牛示、蘁、龟二大示、龘示、牧示、蚕示、𧈧、蚰、三黾等走兽飞鸟禽虫之类的动物神，有卜、𡴴、𡴳、鼓、壴示之类的器物神，有雍示、门示、㠯诸房屋建筑神，有四方、四戈、西示、北示、北𢆶众方神或地域神，有由巫先而合自然神性的四巫，有土、邦土、亳土、膏土等社神，有火神，有枫、根、杦诸草木植物神，还有蔑、娥、东母、西母、𢀖、昌、𠂤、㠱、𠂤、企、右示、新㝢、新示等属性不详的神祇名。另外上揭"下上䰝示"，䰝即徹，钟柏生先生谓"下上徹示"即"下上列示"，"乃指上下所有神示"。①

上揭诸神，十之七八见于商代武丁时期，恐怕不少并非商人固有信仰崇拜中的神，有的当原属其他雄族的强神，其融入商王朝祀典，有臣服或盟结各地雄族，委其诚心达到"收族"的功利目的。《越绝书》又记有一则商初汤献牛荆之伯的传说，其云：

> 之伯者，荆州之君也。汤行仁义，敬鬼神，天下皆一心归之。当是时，荆伯未从也，汤于是乃饰牺牛以事。荆伯乃愧然曰：失事圣人礼。乃委其诚心。

说的是商王成汤利用宗教对荆伯进行政治羁縻，使之归附。同样，武丁之所以能"复兴殷道"，一改"比九世乱，诸侯莫朝"②的政治衰落局面，实现"邦畿千里，维民所止"的宏图，与他利用宗教，"率民以事神"，不能不说是重要的成功因素之一。

但殷商诸神中占要位者还是与商王有明确世系血缘关系的先祖先王、先妣先母以及已故诸子，如"翌乙酉侑伐于五示：上甲、咸、大丁、大甲、祖乙"（《丙编》41）之类。另外，还包括少数先公远祖神与旧臣神，如：

> 叀高祖夒祝用，王受又。（《合集》30398）
> 其告于高祖王亥三牛。（《合集》30447）
> 贞侑于王亥四十牛，辛亥用。（《合集》14726）
> 贞燎于王亥。
> 贞侑于王恒。（《合集》14763）
> 辛酉卜，品，贞季咎王。（《合集》14720）
> ……侑于王夨□二犬。（《合集》14709）

---

① 钟柏生：《殷代卜辞所见殷人宇宙观初探》，《第三届国际汉学会议论文集文字学组·古文字与商周文明》，中研院历史语言研究所，2002年，第60页。

② 《史记·殷本纪》。

> 己亥□，□，贞王……憼。右占□：兹隹祖辛鸣。(《合集》27253)
> 贞旨千不允若于帝佐。(《合集》14199 正)
> 贞侑于盡戊。(《合集》3515)
> 贞侑于咸戊。(《合集》3507)
> 侑于学戊。(《合集》15015)
> 其侑蔑㠯伊尹。(《合集》30451)
> 贞黄尹害王。(《合集》14746)
> 贞乎黄多子出牛侑于黄尹。(《合集》3254 正)
> 帝黄奭三犬。(《合集》3506)
> 王占曰：其侑黄示。(《合集》3505 反)
> 贞我家旧老臣亡害我。(《合集》3522 正)

高祖夒、高祖王亥、王恒、季、王矢等，是所谓先公远祖神，然这类人鬼所显示的神格，颇带有氏族神色彩，与商王的世系血缘关系并不十分明确，属于祖神之亚型。旨千、盡戊、咸戊、学戊、伊尹、黄尹、黄奭、黄示等神，是昔曾对商王朝作出过贡献的"旧老臣"。与先王先妣神相比，先公远祖旧臣受享的丰厚隆重程度自难比拟，其神性往往与自然神祇无大异，基本与自然神祇处于同一层面，却又高居于地下最下层的鬼魅世界的人鬼之上。商代武丁之后，王权相对稳定，先王先妣神的致祭大盛，并日趋规范化，而早先带有自然神属性的诸神，几乎汰去十之七八，包括这些先公远祖神与旧臣神，也均在商人的祭坛上失去了昔日的光彩。武丁之后诸神的淘汰与取留，无不与讲究实际功利相关。

商代形成的超自然神上帝、天地自然世界诸神及祖先神祇、地下鬼魅的三大板块式信仰系统，承前启后，成为中国古代固有宗教观念的发展模式。

《周礼·春官》云：

> 大宗伯之职掌建邦之天神、人鬼、地祇之礼，以佐王建保邦国，以吉礼事邦国之鬼神示。以禋祀祀昊天上帝；以实柴祀日月星辰；以槱燎祀司中、司命、飌师、雨师；以血祭祭社稷、五祀、五岳；以貍沈祭山林、川泽；以疈辜祭四方、百物；以肆献祼享先王，以馈食享先王，以祠春享先王，以禴夏享先王，以尝秋享先王，以烝冬享先王。

又云：

> 国有大故，则旅上帝及四望（郑注：旅，陈也。陈其祭事以祈焉，礼不如祀之备也。上帝，五帝也。郑司农云：四望，日月星海。玄谓四望，五岳四镇四渎）。

《逸周书·作雒》云：

> 设丘兆于南郊，以［祀］上帝，配□（以）后稷、日、月、星辰，先王皆与食。

《国语·周语中》云：

> 昔我先王之有天下也……以供上帝、山川、百神之祀。

《礼记·祭义》云：

> 唯圣人为能飨帝。

从上揭文献可见，自西周以降这一信仰系统中的神祇，可大别为居于最高层的超自然神上帝一类；居于次层的天神日、月、星、辰、司中、司命、飌师、雨师等第二类；居于再次层的自然神祇社稷、五祀、五岳、山林川泽、四方四望、百物、百神及人鬼先王等第三类，但其中的先王在神域的位置已异于夏商的"宾于帝"，演变为"丕显考文王，事糦上帝，文王德在上"（大丰毁铭），"朕皇文烈祖考，其格前文人，其频在帝廷陟降，申恪皇上帝大鲁令，用黔保我家朕位"（㝬簋铭），"佳皇上帝、百神保余小子……丕显祖考先王，其严在上"（㝬钟铭），先王上升到配天和"频在帝廷陟降"或"其严在上"的崇高位置。在这一信仰系统中，上帝始终只是消极、被动的祈求对象，并且只有贵族统治者握有这方面的祭祀权，早先上帝崇拜中那部分带有支配全民生活的神性，也因古代王权的逐渐强化而未能充分展开，仅变为威临下民而"克昌厥后"①，确保最高统治集团阶级利益的精神支柱，这点与西方基督教的全民性上帝崇拜，是截然不同的。在这一信仰系统中，天地自然神祇也并非所有人都能致祭祈求，甚至连不同的贵族集团，祭祀权的与否，也要据其兴衰存亡而定。《礼记·祭法》有一段文字，对此作了揭示，其云：

> 燔柴于泰坛，祭天也。瘗埋于泰折，祭地也，用骍犊。埋少牢于泰昭，祭时也。相近于坎坛，祭寒暑也。王宫，祭日也。夜明，祭月也。幽宗，祭星也。雩宗，祭水旱也。四坎坛，祭四方也。山林川谷丘陵能出云、为风雨、见怪物，皆曰神。有天下者祭百神。诸侯在其地，则祭之，亡其地，则不祭。

所谓"有天下者祭百神"，意味着强大王朝对四外的兼并征服，原所在地人们崇拜的神，有可能纳入王朝的祭祀系统，成为下属神之一。这种宗教领域的兼容性，与统治者收取民心的精神羁縻的现实政治目的是一致的。"诸侯亡其地，则不祭"，当然是失去了其神，失去了祭祀权，无疑也就丧失了其存立之本的民人。显然它原本是一套发于宗族或家族，上达国家的信仰系统，演成社会的伦理和礼制，统治者正可利用来整合政治等级秩序和社会行为规范。故在这一信仰系统中，神权也即统治权，是王权政治的组成部分，该一批天地神祇祭祀权的归属，是完全随着政治结构的再组合而游移的。

除此之外，这一信仰系统还显示出重视功利的取舍淘汰原则。如《祭法》有云：

> 夫圣王之制祭祀也，法施于民则祀之，以死勤事则祀之，以劳定国则祀之，能御大菑则祀之，能捍大患则祀之。……及夫日月星辰，民所瞻仰也。山林川谷丘陵，民所取财用也。非此族（类）也，不在祀典。

这样，凡有功烈者可得上升为神格而受祭，一些传说中的英雄人物，包括尧

---

① 《诗·周颂·雍》。

舜禹汤文武，不管其是否出于本族本国先人，都能纳入这一信仰系统，一些天地神祇，也因为民瞻仰，为民取财用，而列在祀典。以功利标准列众神、备祭祀，则一些原本为土著族落崇拜的强神，可得纳入王朝祀典，而为强化王权政治发挥作用，但也可能被贬低或抛弃。即使已在祀典的神格，也会因其影响力的衰退，或其他政治的社会的原因，逐渐被淘汰。"道而得神"，"神飨而民听，民神无怨"①，"得神以兴"②，大致是古代国家政治兴旺和开拓盛世的景况在宗教领域的反映，至其时过境迁，王权稳固或衰退，多神信仰都有可能发生淘汰或转变。

统而观之，商代宗教的分野，主要有最上层之上帝、中层天地间之自然神祇和祖先神、最下层之鬼魅世界三大信仰系统，由此构成当时的宇宙观。上帝具有超自然神色彩，不是天神，而是自然社会神的综合、抽象和升华，乃属社会形态变革在宗教领域的反映，起着神化王权的精神和政治作用，上帝的神格被象征为维护统治集团上层具体利益而显其权威。自然神包括部分传说中遗留下的所谓高祖远公神，与经济生活或土地结合的神性极为鲜明，其中有承自原始信仰中诸神，也有来之各地族落崇拜的强神。基于当时政治制度的规立和国家疆土观念的拓展，宗教表现出很大的兼容性和功利性特征，兼容在于委结各地雄族，使之归附；重功利乃有诸神的取纳与淘汰。总之，商代的宗教，是以社会物质生活、精神生活和王权政治的整合为其要素的。

第二节 自然神的祭礼

一 日神崇拜

（一）商代日神的神性

商代的日神崇拜，已是远古残遗信仰之一，属于多神信仰中的一位，其神性既没有上升为主神或最高神，人化成分也极为有限，表现出的人性几乎难见，日神的形象似乎也未能作过再创造，大概始终停留在"以日为神"的单纯"拜物信仰"阶段，日神的权能也不见得很大。商人崇拜的日神，神性善恶兼具，似为一位中性神。

---

① 《国语·周语上》。
② 《左传》庄公三十二年。

甲骨文所见，商代人视太阳的非常态现象，为日神预示祸福或灾祥。如：

> 癸巳卜，争，贞日若兹敏，惟年忧。三月。（《通》448；《合集》10145）

郭沫若读敏为晦。英国金璋认为，日敏是日月运行中的现象[①]。据别辞有云："若兹不雨，惟年忧"（《续》4·9·2；《合集》10143），敏与雨一样，当也指气象变化，日敏或指天风气混而太阳昏晦不明现象。这是把日敏变化视为年成有灾的预告。又如：

> 癸巳卜，今其有忧，甲午晕。（《合集》13049）
> ……晕既饺牛……（《合集》13404）

严一萍谓晕为日晕之象，"日全食既时，太阳周围白光四射，内圈尤明，与日珥之红色相辉映，倍觉美丽，其光带与日同心，非与月同心，则知非出于月，故谓其现象曰日晕。"[②] 日晕变化也被当时人们看做有祸的警示，出现这一现象后，还举行了击杀牛牲的祭祀。

另外，商代人还有把冬春之际的风，视为日神的作害，如：

> 癸卯卜，行，贞风，日佳害，在正月。（《合集》24369）

有时还把天鸣现象视为日神所发，如。

> ……小求……鸣日求……（《安明》1741）

许进雄先生说，鸣日或是天象之一，恐怕是打雷或打雷之舞。今按《晋书·天文志》记元帝太兴二年（319年）八月戊戌，"天鸣东南，有声如风水相薄。"疑此鸣日是天鸣，或因发自日边，故谓之鸣日。出于恐惧感，乃有小

[①] L. C. Hopkins: Sunlight and Moonshine, *The Journal of the Royal Society of Arts*. 1942.

[②] 严一萍：《殷商天文志》，《中国文字》新2期，台北艺文印书馆1980年版。

规模的"求"祭,唯"求"祭的神格不明。

不过,商人心目中的日神,除了能预示灾警外,也能降祥。如甲骨文云:

> 隹日羊,有大雨。(《合集》30022)

据别辞有云:"今其夕□不羊"(《安明》1311),许进雄先生谓不羊即不祥。羊与不羊对文,可读如祥。大概天久旱不雨,乃把有大雨视为日神喜降其祥。

商代日神信仰中有善恶兼具的双重神性,这在下面一组卜辞中也有明显反映:

> 癸酉贞,日月有食,隹若。
> 癸酉贞,日月有食,非若。(《簠天》1+《簠人》1)
> 癸酉贞,日月有食,隹若。
> 癸酉贞,日月有食,非若。(《合集》33694)
> 癸酉贞,日月□食,[告于]上甲,(《合集》33695)
> [癸]酉[贞],日月□食……(《屯南》379)
> [癸]酉[贞],非[忧隹]若。(《屯南》3646)

以上七辞同卜一事。日月有食,董作宾以为是日食及月食之迭见现象[①];陈邦怀认为指日月交食[②]。惟若与非若对贞,可见商人思维中,显然视这种天象可能会给人间带来灾殃,但也可能是示意平安顺利,中和成分颇多。

日神的中性神格还反映于下列日象变化场合:

> [辛]巳[贞],日戠在西,忧。(《合集》33704)
> 辛巳贞,日有戠,其告于父丁。(《合集》33710)
> 庚辰贞,日有戠,非忧隹若。
> 庚辰贞,日戠,其告于河。

---

① 董作宾:《殷历谱》下册,《交食谱·日谱》一,中央研究院历史语言研究所,1945年。
② 陈邦怀:《卜辞日月有食解》,《天津社会科学》1981年第1期。

>   庚辰贞，[日有戠，其告于]岳。
>   庚辰贞，日有戠，其告于父丁，用牛九，在欁。（《合集》33698）

日戠或日有戠，严一萍以为记日之变色，戠为赤色黄色①。胡厚宣读戠为埕或炽，指赤红色②。今据别辞有云：

>   壬寅贞，月有戠，王不于一人忧。
>   有忧。
>   壬寅贞，月有戠，其又土燎大牢。兹用。（《屯南》726）

戠也适用于月象，知"变色说"是可信的。另据《晋书·天文志》记永和八年（352年），凉州地区曾出现"日暴赤如火，五日乃止"的天象。甲骨文记日戠，也有"在西"或在某地的具体方位地望，可能也指"日暴赤如火"的天象。不论发生日戠，抑或月戠，忧与非忧佳若也均各占其半，而并非一味恐惧。

显而易见，商人心目中视日神为自然界的天神之一，具有变幻天象、致旱降雨刮风鸣雷等神力，是一位善恶兼具的中性神，其善义的成分又多于恶义，灾祸的一面一般总是以间接的太阳变化现象，先期预示或告警人间，让人间有所戒鉴或防范。值得注意的是，发生于这类场合下的商人防范措施，大多是通过向河、岳、土等自然神或上甲、父丁等祖先神祈告，以求平安，而不直接与日神发生关系。这可能因日神在浩浩空间，与下界有隔，亦需中介神为媒介，进行"协于上下"、"绝天地通"的沟通。但也可能出自"尊祖王以配天神"的王权政治意识，有再构人神世界生活秩序的成分。

（二）日神的祭礼

商代祭祀日神之礼，约略有两类，一类是在日食等变化现象发生的非常时际举行，另一类与观察太阳运行以"敬授人时"的祭礼相关。

甲骨文"日月有食"，董作宾先生认为，言食者，"殆犹存神话之背

---

① 见上引严一萍《殷商天文志》。
② 胡厚宣：《重论"余一人"问题》，《四川大学学报丛刊》第10期，《古文字研究论文集》，1982年。

景。民间传说，则以日月食皆为天狗所食，故必鸣金击鼓以营救之，此义殷人似已知之。……《周礼·秋官·庭氏》有'救日之弓'、'救月之矢'、'大阴之弓'、'枉矢'之名，皆日月食所用之弓矢也。又《地官·鼓人》：'救日月则诏王鼓。'弓矢以射之，鼓以震惊之，则古人果即以为'食之者'为天犬乎？"[1] 甲骨文中有"其将王鼓"（《屯南》441）、"其震鼓"（《屯南》236），又有"贞畀入，王有匚于之，亦鼓"（《合集》14932）、"叀五鼓，上帝若王，有佑"（《合集》30388），知商代固有震鼓"声闻于上"的祭礼。

另一类祭祀日神之礼，是以礼拜出日入日为特殊内容。《尚书·尧典》的"寅宾出日，平秩东作"、"寅饯纳日，平秩西成"，含有商代以前礼拜出日入日的史影。甲骨文中祭出日、入日，一期有5条：

　　戊戌卜，内，呼雀㱿于出日于入日。
　　戊戌卜，内，呼雀㱿一牛。
　　戊戌卜，内，㱿三牛。（《合集》6572）
　　……弜呼……出日䵼。（《合集》15873）
　　……其入日㞢……（《合集》13328）

三期有3条：

　　乙酉卜，又出日入日。（《怀特》1569）
　　……[出] 日入日……（《屯南》1578）
　　叀入日酚。（《屯南》4534）

四期有16条：

　　丁巳卜，又出日。
　　丁巳卜，又入日。（《合集》34163+34274）
　　辛未卜，又于出日。
　　辛未又于出日。兹不用。（《合集》33006）

---

[1] 董作宾：《殷历谱》下卷三，《交食谱》，第2—3页。

癸酉贞，侑出［日］。（《合集》41640）

　　癸酉……入日……其燎……（《合集》34164）

　　……日出日祼……（《明后》2175）

　　□□□，［酻］出［入日］，岁三牛。兹用。二

　　癸□□，其卯入日，岁上甲二牛。二

　　出入日，岁卯多牛。［不用］。二（《屯南》2615）

　　癸未贞，甲申酻出入日，岁三牛。兹用。三

　　癸未贞，其卯出入日，岁三牛。兹用。三

　　出入日，岁卯［多牛］。不用。三（《屯南》890，此片与上片为同套卜骨）

　　……出入日，岁三牛。（《合集》32119）

　　甲午卜贞又出入日。

　　弜又出入日。（《屯南》1116）

共计24辞，祭出日入日的祭仪，有戠、𥟖、屮、又（侑）、燎、祼、岁、酻、卯等。早期盛行戠祭，晚期流行侑祭及剖牲的卯祭。用牲多用牛畜，或一牛二牛三牛至多牛不等。有一大可注意事象，即祭出日入日，有与祭先祖始王上甲相配者。据《孝经·圣治》云："郊祀后稷以配天，宗祀文王于明堂，以配上帝。"邢昺疏云："祭天则天神为客，是外至也，须人为主，天神乃至，故尊始祖以配天神，侑坐而食之。"① 看来，商代已产生了这类"尊始祖以配天神"的强化王权的祭礼。

甲骨文的出日、入日，早期分言，可称"出日于（与）入日"，晚期有合言，或称"出入日"，已抽象术语化，决非仅仅是日出日落的简单字面含义，有某种特殊的宗教性内容。这类祭出日入日，与《尧典》仲春"寅宾出日"和仲秋"寅饯纳日"意义是一致的。我们曾据上引一期武丁时呼雀祭出日与入日的同版卜辞所记月份推定，此次祭日是在二、三月之交，相当四时的仲春时节，而殷正三月即是春分的中气所在月份②。显然，商代的祭出入日，不是每天礼拜日出日落，当有其比较固定的行事日期，通常行之于春秋

---

① 按此说乃出《公羊传》宣公三年，原文云："郊则曷为必祭稷，王者必以其祖配。王者则曷为必以其祖配，自内出者，无匹不行，自外至者，无主不止。"

② 另详宋镇豪《甲骨文"出日"、"入日"考》，《出土文献研究》，文物出版社1985年版。

季相关月份或春分秋分的以天象定中气的前后日子，反映了商人对四时已有较正确的认识。《礼记·礼器》有云："作大事必顺天时，为朝夕必放于日月。"商代的祭出入日，似亦本之于这一宗教观念。这种祭礼的特殊性，乃寓意于太阳的周日视运动，基点在日出和日落，重视东西轴线的方位观，具有揆度日影以定东西方向的意义。

序四方以太阳为准，在当时的祭祀日神之礼中多有揭示，如：

丙戌卜，□，贞祼日于南……告……（《合集》12742）
……南日告……（《合集》20072）
癸酉贞，侑出［日］。
［癸］酉贞，辛□酚四方。（《合集》41640）

上揭"南日"，可能如《左传》僖公五年说的"日南至"，似指冬至，有其天象标准。别辞云："癸巳卜，自今三旬又至南。弗三旬，二旬又三日至。亡其至南。出，自三旬迺至。"（《花东》290）"至南"，殆指"日南至"，两次反复卜问是30天还是23天"至南"，验辞记三旬乃从正南出现。这反映了殷人已经掌握了相当精细的天象测算与序方位的知识。癸酉贞侑祭出日，又卜问辛日酚祭四方，可见商代的底日祭礼，正关及到揆度日影序四方的行事内容。

拜祀出日入日的行事，后世相沿成习。如《国语·周语上》云："古者先王既有天下，又崇立上帝明神（旧注：明神，日月也）而敬事之，于是乎有朝日夕月。"《鲁语下》云："天子大采朝日。"《礼记·祭义》云："祭日于东，祭月于西。"又云："周人祭日以朝及闇。"《史记·五帝本纪》云："历日月而迎送之。"《封禅书》云："（齐有八神）七曰日主，祠成山……以迎日出云。"凡朝日、祭日于东、祭日以朝、迎日等，均是拜祀日出之礼，送日、闇日等是拜祀日落之礼；至于夕月、祭月于西、送月，大抵是祭入日的配祀，当如《祭义》所云："郊之祭，大报天而主日，配以月。"拜祀出入日，后世又有确记其行事日期者。如汉贾谊《论时政书》云："春朝朝日，秋暮夕月。"《周语上》吴韦昭注："朝日夕月"云："礼，天子……以春分朝日，以秋分夕月。"《唐书，礼乐志》云："春分朝日，秋分夕月。"《开元占经》云："夕者，秋分之异名，朝者，春分之别号。"显然，这与夏商时代的出日入日祭礼，是有传承关系的。

祭祀日神，还有一些比较特殊的祭仪，如三期甲骨文有云：

……䠂（观）瀢（渦），亡……（《屯南》2212）
王其䠂（观）日出，其戬于日，剮。
弜祀。
弜剮。
其𥅽瀢（渦），王其焚。
其𥂖（可能是"沉玉"之合文）。
剮，其五牢。
其十牢。吉。（《屯南》2232）

两版当同卜一事。䠂即观，这组商王观日出的祭祀行事卜辞，太阳之祭的瀢（渦）地，是位于海岱地区的传统观日出祭祀的特定地望标位之处，即《说文》说的"堣夷在冀州阳谷，立春日，日值之而出"。观日出而剮杀牛牲之祭，似同于上述早期祭出入日盛行的戬祭。祭典称戬，戬即截字。截者治也，居也，齐正也，有度居、依据、测度、揆度之义。《后汉书》卷二《明帝纪》："奉郊祀，登灵台，见史官，正仪度"，唐李贤注："度谓日月星辰之行度也。""截"祭当属于揆度日影正方向之祭。"𥅽瀢（渦）"的𥅽字，像双手持礼璋形，为秉璋的本字①。《尚书·顾命》云："盥以异同，秉璋以酢。"孔氏传："秉璋以酢祭，半圭曰璋，臣所奉玉。"《周礼·春官·大宗伯》云："以赤璋礼南方。"𥅽字从辛，辛为凿玉具，盖借凿玉具示意是玉礼璋。"其𥅽瀢（渦），王其焚"，"𥅽瀢（渦）"即"𥅽于瀢（渦）"的省辞，意思指𥅽祭中在瀢（渦）地秉持玉礼璋，以祭日神，还有剮杀牢牲、祀祝、商王亲自焚燎、沉玉于河等一系列祭仪。可见，这类观日出于特定地点的祭祀行事，同时又具有测度日影的早期天文学观测的性质。

甲骨文又有云：

𢆶日。（《合集》29710）
甲午卜，王，𢆶中。六月。（《合集》40818）

---

① 广汉三星堆二号祭祀坑出土有持璋青铜小人像，见四川省文物考古研究所编《三星堆祭祀坑》，文物出版社 1999 年版，图版 88、彩图 67。

甲午卜，𡧊，贞祀中酙正。在十二月。(《英藏》2367)

其㣇中。(《合集》7378)

𠬝或为受字，从一手持竿付于另一手，有付义、授义。"受日"有诹日行事的意义，大概属于测度日影的"厎日"祭礼，《周礼·地官·大司徒》云："土圭之法测土深（指南北东西位置），正日景，以求地中。""受中"或与"求地中"有关，商代以太阳正四方，中的观念相应而生。上两片在甲午日的中地行祭，一在六月，一在十二月，恰与殷正仲夏、仲冬的夏至、冬至之中气所在月份相应。说明当时五方观念的产生，是与崇拜太阳的祭礼有密切联系的。"㣇中"，似指"求地中"而夯筑其观测致祭日神之台。甲骨文的中字，或作㫃旗形。文献中言祭拜日神，也每提到旗。如《尚书·皋陶谟》云："予欲观古人之象，日月星辰山龙华虫作会（绘）"，郑注："以三辰为旂旗"，孙疏："日月星辰画于旂旗，亦夏制也。"《左传》桓公二年云："三辰旂旗，昭其明也。"杜注："三辰，日月星也，画于旂旗，象天之明。"《仪礼·觐礼》云："公侯伯子男皆就其旂而立，天子乘龙，载大旆，象日月升龙降龙，出拜日于东门之外，反祀方明（四方神明之象），礼日于南门外，礼月与四渎于北门外。"以意度之，盖祀日用旗，乃源自立竿测日影的祭礼，因视其竿为圣物，或饰飘㫃以崇之，后乃有绘日旂旗之出。然则商代祀日的中台之筑和五方观念的产生，与日神崇拜自有内在联系。

要言之，商人出于崇拜日神的信仰观念，在发生日食的非常时际，有祈求平安之祭，又有祭出日入日等等的祭礼，行事日期通常已固定在与四季相关的月份，或二至二分前后一段日子内。祭祀日神之礼还有一些比较特殊的祭品，也与观测太阳的视运动，揆度日影以序四时四方进行"观象授时"的性质有关，其中包含着当时人们辨识自然现象和理解自然规律的努力。

二　东母、西母之祭

商代出入日的祭礼，寓意于太阳东出西落的周日视运动观测。这种重视东西轴线的方位观，很容易使人联想到甲骨文中两位带有自然神性的东母和西母，辞云：

己酉卜，酌，贞燎于东母九牛。(《合集》14337)

贞燎于东母三牛。(《合集》14339)

[贞]燎于东母□犬三豕三□。(《合集》14341)

贞燎于东母□黄牛。(《合集》1434)

贞燎于东母三犬。(《合集》14340)

贞王恒……

贞侑于东母。(《合集》14761)

壬申卜，贞侑于东母西母若。(《合集》14335)

贞于西母酌帝。(《合集》14345)

贞侑于西母囧犬燎三羊三豭卯三牛。(《合集》14344)

祭仪主要有燎祭，还有侑、酌、帝（禘）、囧、卯。用牲有牛、犬、豕、羊、豭。燎祭或许如《尔雅·释天》说的"祭天燔柴"，《周礼·大宗伯》说的"以实柴祀日月星辰"。又《礼记·月令》云："收秩薪柴，以共郊庙及百祀之薪燎"，郑玄注："大者可析谓之薪，小者合束谓之柴，薪施炊爨柴以给燎。"《吕氏春秋·季冬纪》云："收秩薪柴，以供寝庙及百祀之薪燎"，高诱注："燎者，积聚柴薪，置璧与牲于上而燎之，升其烟气。"侑，祭祀仪式，劝进之义。《诗·小雅·楚茨》云："以为酒食，以享以祀，以妥以侑，以介景福"，毛传："侑，劝也。"囧可能属于一种碎牲祭。卯为剖牲祭。

在商人的心目中，"东母"、"西母"是什么样的神灵呢？陈梦家认为东母、西母大约指日月之神[①]；日本赤塚忠谓可能是司太阳出入的女性神[②]。宋镇豪不同意两人的意见，他指出甲骨文东母有与王恒同卜者，王恒是传说中殷先公，但又兼自然神性。《诗·小雅·天保》云："如月之恒"，毛传："恒，弦升出也"，郑氏笺云："月上弦而就盈，日始出而就明。"恒字像月之上弦，与初月有关。以此类推，东母和西母既是女性神，或又兼有自然神性，但人间神的色彩居多。别辞云：

---

① 陈梦家：《殷虚卜辞综述》，第574页。
② 赤塚忠：《中国古代の宗教と文化——殷王朝の祭祀》，日本东京角川书店，1977年，第188、444页。

  己巳卜，王，贞呼弜共生于东。四月（《合集》20637）

"共生于东"，犹言拜求生命于东方，不如视东母、西母为商人心目中的司生死之神，分居东、西方而掌管人间的生死。甲骨文祭东母多于祭西母，商代葬俗鬼魂"之幽"意识以头朝东最多，向西较少，似东方主生，象征生命和再生，西方主死，象征死亡，大概东母为生命之神，西母为死亡之神。燎祭东母、西母，大概是求其保佑商族子孙的繁衍兴旺[①]。

  我们认为：陈梦家所引的古文献资料，与卜辞的记录不能相符，一是卜辞中从未有祭月的材料；二是卜辞中的"东母"、"西母"是女性神，而不是称"父"的男性神，这一点，陈梦家自己也说："所不同者代俗以日月为父母而卜辞东西均称母。"[②] 因此陈梦家之说不能令人信服。宋镇豪所说的东母为生命之神，西母为死亡之神，有一定的道理，但还应进一步追究其来源。赤塚忠的"东母"、"西母"可能是司太阳出入的女性神也只是提出了一种说法。我们通过分析商人对四方神和日神的崇拜情况，认为"东母"、"西母"应该分别是指东方神和西方神，这两个方神的职能中有一项应是司太阳的出入的。这样推测是有根据的，试看下版卜辞：

  燎于土宰，方帝。
  己巳卜，争，贞方母于亳。
  贞方母勿于亳。（《合集》11018 正）

该版卜辞卜问两件事：一是卜问燎祭社神和禘祭四方神；一是由贞人争在己巳日从正反两面卜问"方母"是否会到亳地。"方母"之"母"字在这里不能释成"毋"字，因为由反问的"方母勿于亳"知在否定词"勿"之前的字不能再释成否定词"毋"了，只能释成"母"或"女"字，无论释成"母"还是释成"女"，都表明四方神中有女性神，因此"东母"、"西母"应当是指东方女神和西方女神。从卜辞中单独祭祀某方神的情况发现，商人特别重视对东方神和西方神的祭祀，卜问单独祭祀东方神的卜辞有十三版，卜问单独祭祀西方神的卜辞有十二版，而卜问单独祭祀南方神

[①] 宋镇豪：《中国风俗通史——夏商卷》，上海文艺出版社2001年版，第641—642页。
[②] 陈梦家：《殷虚卜辞综述》，中华书局1988年版，第574页。

的卜辞只有四版，卜问单独祭祀北方神的卜辞只有三版；再从祭祀的隆重程度上看，祭祀东方神的祀典最多，有燎、卯、埋、奏、系、屮、伐、囗、禘、戠等，祭祀西方神的祀典也较多，有燎、禘、囗、卯、系、屮、伐、戠等，而祭祀南方神的祀典只有卯、御、禘、戠等几种，祭祀北方神的祀典只有禘、燎等几种；再从用牲的数量和品种上也可以看出商人对东方神和西方神比对南方神、北方神更为重视：祭祀东方神一次用五只犬和五只羊等（《合集》14316），又有一次用三头猪、三只羊、一条犬、一头黄牛（《合集》14314），还有一次用一条犬、三对羊、一头黄牛（《合集》14313正），祭祀西方神一次用一条犬、五头猪、四只羊、十头牛（《英藏》1250正），还有一次用九条犬（《合集》21089），而祭祀南方神一次只用一条犬（《合集》14323），祭祀北方神一次只用二条犬（《合集》14332）。还有一条卜辞说："方告于东西。"（《合集》8724）由此可以看出，商人对东方神和西方神是格外重视的，这暗示着东方神和西方神有着不同寻常的功能。联想到太阳是从东方升起来的，又是从西方落下去的，它是万物生长的依赖，因此，东方神、西方神司职着太阳的出入，商人把东方神、西方神想象为是司职太阳生死的女神，而加以格外崇拜，给予超出南方神、北方神的隆重祭祀。由此又可以明白宋镇豪所举的《合集》20637版卜辞说"共生于东"，是可以理解为东方神是司职生命的女神，西方神是司职死亡的女神的。太阳从东方升起谓之生，太阳从西方落下谓之死，引申为东方是生命之神，西方是死亡之神是有一定的道理。前文讨论日神崇拜时曾列举卜辞证明商人重视对出入日的祭祀，特别是对出日格外给予重视，有一条卜辞有"王其观日出"而行祭日的记录（《屯南》2232）。太阳既然是从东方升出的，那么太阳应该是东方女神——"东母"之子，下版卜辞或许能说明这一点：

　　　　□辰卜，□，贞王［宾］东子燎，亡尤。（《合集》25362）

这类卜辞在"王宾"和祭名之间的名词一般都是受祭的神名，因此该辞在"王宾"与祭名"燎"之间的"东子"应是名词，"东子"应理解为是东方神之子，这东方神之子应是指太阳。

可见，"东母"、"西母"是指司职太阳出入的东方女神和西方女神，又可以引申为是司职人类生死的生命之神。商人对"东母"、"西母"给予隆重的祭祀，实在是因为她们是非常重要的神灵。

三　风神、方神与雨神崇拜

上古人们的"万物有灵"观念中，有视自然界风、雨、雷、云、虹、雪、雹等气象现象，或暖、寒等气候变化，无不通寓神灵之性，这在上代神话故事里不乏其说，在殷墟甲骨文中也有所揭示。

（一）风神崇拜

上古社会人们信奉的气象诸神中，最受重视的，大概莫过于风、雨崇拜，并且被保留在后世国家级的最高祀典中。《周礼·春官》记"大宗伯之职，掌建邦之天神、人鬼、地祇之礼，以佐王建邦保国……以槱燎祀司中、司命、风师、雨师"。

《山海经·大荒北经》记中原黄帝族与南方民族蚩尤大战，"蚩尤作兵伐黄帝，黄帝乃令应龙攻之冀州之野，应龙畜水，蚩尤请风伯、雨师，纵大风雨。黄帝乃下天女曰魃，雨止，遂杀蚩尤"。魃为旱魃，女性旱神。风、雨、旱皆成为人格化的自然神。《离骚》云："后飞廉使奔属"，王逸注："飞廉，风伯也"，洪兴祖补注："飞廉，神禽，能致风气。"甲骨文风字作鳳、𩗊，从隹，隹为禽鸟，似有这类神话背景。

由于风向和风力不定，通常随四时寒暑而变化，给人们社会生活带来的利弊也不一，故各地区信仰的风神神性也有所不同，使风神崇拜带有明显的多元性、方位性、地域性和候时性四大特质。这在甲骨文中有揭示，如：

辛亥卜，內，贞今一月帝令雨。四日甲寅夕㽞乙卯，帝允令雨。
辛亥卜，內，贞今一月帝不其令雨。
贞禘于东方曰析，风曰劦，𢦏年。
辛亥卜，內，贞禘于南方曰𡧊，风夷，𢦏年。一月。（此条"夷"为"因"字音讹①）
贞禘于西方曰彝，风曰𠅭，𢦏年。
辛亥卜，內，贞禘于北方［曰𡖊，风］曰殳，𢦏年。一月。（《合集》14295＋3814＋13485＋13034＋《乙》4872＋5012，《醉古》73）

---

① 参见裘锡圭《释南方名》，《古文字论集》，中华书局1992年版，第51页。

胡厚宣首先发现，甲骨文"四方及四方之风，各有专名"，与《山海经》四方名与风名、《尧典》之"宅嵎夷，厥民析；宅南交，厥民因；宅西，厥民夷；宅朔方，厥民隩"，以及其他先秦古籍中有关风名的记载，多相契合[①]。杨树达指出四方名皆为神名，职司草木，分主四季而配于四方[②]。

四方神名和四方风神名，内寓春夏秋冬季候循环的感性认识和地域性方面的意义，追踪的是四时风向强弱大小诸自然属性与两度空间四方观区划形式上之一致性。东方风神名劦，劦者和协也，融风和畅之义，候时为春季，其东方神名析，草木解析萌生之义；亦作地名，甲骨文有"王其步于析"（《合集》24263）。南方神名因，因盖指田地草木稼禾充盈依覆，《尧典》孔传云："因谓（夏时）老弱因就在田之丁壮以助农也"，候时为夏季；其南方风神名屴，作地名有"呼师般往于屴"（《怀特》956）。西方神名彝，有草木萧瑟、禾谷割收之义，候时为秋季；风神名柬，一作韑（《合集》30392），又析书作"韦夷"（《合集》346），作地名或族名有"于韦"（《英藏》1290）、"呼韑"（《怀特》961）。北方神名夗，有筋肉萎郁及谷物积藏之义，候时为冬季；风神名殳，寒风厉役之义，作地名有"其奠殳凸"（《合集》32183）。四方风神名大凡皆有实际地望相系，与风神信仰的多元性不无关系，然其中又测风伺候，识别四季草木农稼生长特点及区分四时气候变化之意义[③]。

商代人不仅留意本之四方观的风向变化，又很注意风力的宁息与大小。风可有益于生活生产，又可作祸为害人类。甲骨文中的祭风主要有两类：一类是求来风降雨，如：

其风。

---

① 胡厚宣：《甲骨文四方风名考证》，《甲骨学商史论丛初集》二册，1944年；又《释殷代求年于四方和四方风的祭祀》，《复旦学报》（人文科学）1956年第1期。

② 杨树达：《甲骨文中之四方风名与神名》，《积微居甲文说》，中国科学院出版，1954年；又参见郑慧生《商代卜辞四方神名、风名与后世春夏秋冬四时之关系》，《史学月刊》1984年第6期；又李学勤《商代的四风和四时》，《中州学刊》1985年第5期。

③ 近李学勤《申论四方风名卜甲》（《华学》第六辑，2003年）一文，据同版卜辞有"辛亥卜，内，贞今一月帝令雨。四日甲寅夕㞢乙卯，帝允令雨"、"辛亥卜，内，生二月㞢有听"，认为一月辛亥应为殷正建子的月首，与《国语·周语》所谓"瞽告有协风至"立春听风，无疑是一致的。

> 桒于河，年有雨。（《合集》28259）
> 輚风，叀豚，有大雨。（《合集》30393）
> 辛未卜，帝风不用，雨。（《合集》34150）
> 贞翌癸卯帝其令风。
> 翌癸卯帝不令风，夕阴。（《合集》672正）
> 于帝史风二犬。（《合集》14225）

祭风兼及祈雨，求农作年成丰收，很可能是桒求来风下雨。帝风为禘祭风神。风之来是为上帝所令。"帝史风"，似风神又为上帝之使。

另一类是宁风之祭，如：

> 其宁，惟日彞輚用。（《合集》30392）
> 叀犬用。
> 其宁风雨。
> 庚申卜，辛至于壬雨。
> 辛巳卜，今日宁风。
> 之夕雨。（《屯南》2772）
> 甲戌，贞其宁风三羊三犬三豕。（《合集》34137）

彞輚是西方名与风神名。宁风乃止风之祭，或兼求息雨，用牲以犬为多。这种止风用犬祭的风习，为后世长期遵循。如《周礼·春官·大宗伯》云："以疈辜祭四方"，郑司农注云："辜，披磔牲以祭，若今时磔狗祭以止风。"《尔雅·释天》："祭风曰磔"，晋郭璞注云："今俗当大道中磔狗，云以止风。"可见杀狗祭风后世一直习行不衰。

（二）方神崇拜

从甲骨文看，后世所谓八风配八方，以及八风与四正四维八节的时空对应关系，在殷人的观念中似乎尚未确立。但我们注意到，安徽含山凌家滩大汶口文化晚期墓葬，出土了距今约4600年前一个玉龟壳，内夹一块长方形玉版，长11、宽8.2厘米[①]，玉版刻了一个四面八方纹符号，同心圆内圈八角两两平行呈四面分指四方，同心圆外圈用直线分割八等分，每等分中皆有

---

① 安徽省考古研究所：《安徽含山凌家滩新石器时代墓地发掘简报》，《文物》1989年第4期。

箭头，分别指向八个方向，这有可能把天方地圆宇宙模式和八方观起源的时间大大上推，中原地区殷人似乎也受到此类文化传承的历史影响。1936 年小屯 YM20 车马坑出土铜冔，饰有类似的八角星纹①。由于殷人序四方是以太阳为准，或顺时针称东南西北，或逆时针称东北西南，随着季候现象的深入观测，当可发现日影因四时循环而方向有变，结合自然空间的划分，有可能产生八方观。比如甲骨文就有云：

……西罙南，从北罙东不受年。(《合集》20652)

□于西南。(《合集》8725)

其于东南。(《补编》13256 反)

壬午卜，有戎在昕东北获。(《合集》20779)

己亥卜，内，贞王侑石在麓北东，乍邑于之。(《合集》13505 正)

……在西北。(《合集》20994)

□丑卜，王……呼追……雨自北西。(《合集》12875)

田从北西。

〔田从〕北。

田从东。(《合集》10902)

由西暨南而衍生出西南，北暨东衍生出东北（北东），西北（北西）、东南亦相类，与东南西北四方结合而产生八个方向观。但上揭"雨自北西"、"田从北西"等，也可能分指北方、西方而合言之。由此看来，八个方向观念虽然在晚商已经开始形成，却尚未成为社会思想观念的主流认识，当时基本处于两度空间四方区划与四时感性认识的对应关系之思维模式发展阶段。

商人在祭祀四方神时，往往不列出四方神的神名，只是简单地称为"四方"或"方"。有时将四方神与土即社神同时并祭，如卜辞：

□辰卜：燎土三宰，四方宰。(《合集》21103)

商人为什么要将方神与社神同时并祭呢？可能方神受上帝的驱使，统领着风

---

① 中国社会科学院考古研究所编著：《殷墟的发现与研究》，科学出版社 1994 年版，第 142 页。

神、雨神等神灵,这些神灵又直接关系到农业生产的丰歉;而社神即土地神又是主宰万物生长的神灵,也是直接关系到农业生产的丰歉的。所以,从性质上看,"方"神与"社"神是同一种神灵,即都是主宰农业生产的神灵,因此,商人将它们同时并祭。

四方神与农业生产丰歉关系的证据,见于下版卜辞:

> 其求年于方,受年。
> 于方雨,兮寻,求年。(《合集》28244)

第一辞问祈求四方神授予好年成,第二辞问"兮寻"之意较为费解,是否可以理解为"兮"是时间词,表示午后的黄昏之时[①]。该条卜辞是卜问在黄昏时举行寻祭,以祈求四方神给予好年成。

商人对四方神之祭十分重视。祭祀四方神多用人牲,并且是用羌人做牺牲,其他牲品多用大牲畜牛,用小牲畜时数量也比较大,如:《屯南》1059版卜辞卜问用三羌、九犬,《合集》405卜问用三羌,《合集》418正卜问用一羌、二犬、一牛,《合集》32033卜问用一羌、一牛,《合集》32112卜问用一羌、一牛、九犬,最多一次用十犬(《合集》14298)、还用五犬(《合集》34144)。这种情况说明在殷人的心目中,四方神的地位较高。

商人不但综合祭祀四方诸神,有时还单独祭祀某一方神。由单独祭祀某一方神的卜辞看,商人注重祭祀的方神是东方神(十三版)、西方神(十三版),不太注重祭祀的是南方神(四版)、北方神(三版)。注重祭祀东方神和西方神,很可能是因为日出东方而落于西方,这由前文所讨论的"东母"、"西母"二神也可得到证明。

商人除了单独祭祀某方神外,有时还将几个方神进行合祭,如卜辞:

> 帝东、西。(《合集》14312)
> 贞燎东、西、南,卯黄牛。
> 燎于东、西,㞢伐□、卯青、黄牛。(《合集》14315正)

---

① 见常玉芝《殷商历法研究》第三章第三节,吉林文史出版社1998年版。常氏认为董作宾、郭沫若、陈梦家等学者举出的三条称"兮"的卜辞有误。常氏只举出"郭兮"的时称,没有举出"兮"的时称。如果该辞的"兮"是时称的话,它所指的时间应该与"郭兮"的时间相同。

这两版卜辞均将东方神与西方神进行合祭。殷人向四方神"求年",由此可知,四方神在商人的观念中是掌管农业生产的神灵。

卜辞还记录殷人向四方神祈求"宁疾",即祈求四方神保佑殷人不受疾病的侵袭。

由于四方神的权能对殷人的生存关系重大,所以殷人对四方神进行隆重的、频繁的祭祀。他们祭祀四方神使用多种祭祀方法,主要有"禘"、"卯"、"燎"祭,其他还有又(侑)、㞢(侑)、岁、酚、求、埋、嚯、囨、告、奏、系、卬、戜、伐等;祭牲有牛、羊、猪、犬等,特别讲究用小猪(豚、青);更需要特别指出的是,祭祀四方神还用羌人做牺牲,最多时用"三羌"。这些都反映出在殷人的观念中,四方神是极端重要的,而且商人对东方神、西方神比对南方神、北方神更加重视。

(三) 雨神崇拜

雨神是中国上古社会人们最信奉的气象诸神之一,文献中称为雨师,又称蓱、蓱翳、屏翳。如《天问》云:"蓱号起雨",王逸注:"蓱,蓱翳,雨师名也。"《山海经·海外东经》云:"雨师妾在其北,其为人黑,两手各操一蛇,左耳有青蛇,右耳有赤蛇。一曰在十日北,为人黑身人面,各操一龟。"郭璞注:"雨师谓屏翳也。"《风俗通》又有谓"玄冥,雨师也"。

卜辞中卜问下雨与否的辞例极多,这是因为有了足够的雨水才能够保证农业生产的收成。殷人常常担心雨水不足而影响农作物的收成,如:

庚辰卜,大,贞雨不正辰,不隹年□。
贞雨不正辰,亡句。(《合集》24933)

殷人卜问希望下雨的辞例很多,卜问不希望下雨的辞例却很少,主要局限在出行、田猎和祭祀时不希望下雨、下大雨。如卜辞说:"辛酉卜,殻,贞乙丑其雨,不隹我祸。贞乙丑其雨,隹我祸。"故有时举行宁雨之祭。

祈求雨水的祭祀方法,主要是炆祭、舞祭、求祭、奏祭、燎祭,其他还有卯祭、取祭、酚祭、作土龙求雨和🈚祭等,而炆祭、燎祭、取祭、🈚祭又都是以烧燎的方法进行祭祀的,所以商人求雨是以烧燎为最基本的祭祀方法的。祭祀时所使用的牺牲最值得注意的是用人牲,并且是以用女性为主;其他牲品主要是用羊,有时还特别选用经过特殊饲养的羊和黄羊;偶尔用牛做牲品。

甲骨文有云：

> 壬申卜，㱿，贞帝令雨。
> 贞帝不其令［雨］。（《合集》14129 正反）
> 戊子卜，𣪊，贞帝及四月令雨。
> 贞帝弗其及今四月令雨。（《合集》14138）
> 辛未卜，争，贞生八月帝令多雨。
> 贞生八月帝不其令多雨。（《合集》10976 正）
> 丙子卜，𣪊，贞翌丁丑帝其令雨。（《合集》14153 正乙）
> 己巳帝允令雨至于庚。（《合集》14153 反乙）
> □巳，其品雨。（《合集》21934）
> 戊戌卜，王，贞生十一月帝雨。二旬又六日……（《合集》21081）
> 隹岳害雨。（《合集》34228）

"令雨"是上帝的权能，故受施令者的"雨"自然也是有神性的。"品雨"，《释名》"品，度也"，盖意近《周易·乾·用九》"云行雨施，品物流形"，有品度、揣度之义，用指祭雨中的行为。"帝雨"为禘祭雨神。雨神还表现出易受山川神祇侵害的柔性，可知其地位未必很高。

四 雷、云、虹蜺崇拜

先民出于对雷响闪电威力的恐惧，又有雷神之类的崇拜，并基于原始思维，而有神话的再构思。《山海经·海内东经》云："雷泽中有雷神，龙身而人头，鼓其腹。"雷鸣降隆，容易与鼓声发生联想，但必当在有鼓后方有之。鼓在龙山时期已颇流行，山西襄汾陶寺遗址即出土了鳄鱼皮做鼓面的木鼓和陶鼓。陶鼓的始见，可上推到距今5000多年前的大汶口文化时期。[1] 大概雷神鸣鼓的神话就产生于这一时期。

雷神又称雷兽、雷师、雷公。《大荒东经》有云："黄帝得之（夔），以其皮为鼓，橛以雷兽之骨，声闻五百里，以威天下。"郭璞注："雷兽即雷神也。"是天神的雷神又被拟为动物神。但在多数神话中，雷神总以人格化的

---

[1] 高天麟：《黄河流域新石器时代的陶鼓辨析》，《考古学报》1991年第2期。

神出现，有时称作雷师，《离骚》有云："雷师告余以未具。"一称雷公，《楚辞·远游》云："左雨师使径侍兮，右雷公以为卫。"《论衡·雷虚》有云："图雷之状，累累如连鼓之形，又图一人，若力士之容，谓之雷公，使之左手引连鼓，右手推椎，若击之状。其意以为雷声隆隆者，连鼓相扣击之音也；其魄然若敝裂者，椎所出之声也；其杀人也，引连鼓相椎，并击之矣。"甲骨文雷字写作𕃬、𕃭，正像连鼓形。一辞云：

……呼摧……雷。（《合集》19657）

《说文》云："摧，敲击也。"似商代已有类似雷神连鼓相椎击的神话题材。甲骨文又云：

丙子卜，贞兹雷其雨。（《合集》13408 正）
乙巳卜，𡧊，贞兹雷其［雨］。（《合集》13407 反）
贞雷不惟忧。（《合集》13415）
□□卜，告雷于河。（《合集》13413）

知商人心目中的雷神，有致雨和祸忧惩戒人间的神力。"告雷于河"，似乎雷神的地位尚在河神之下。

旧说雷公名丰隆，如《穆天子传》云："天子升于昆仑，观黄帝之宫，而封丰隆之葬"，注谓："丰隆，雷公也。"丰隆，拟声词，盖以雷声隆隆如连鼓相椎而得名。但丰隆又有被说为云师或云神之名。如《离骚》"丰隆乘云"，王逸注："丰隆，云师。"又《楚辞·九歌》有祭云神之《云中君》篇，王逸谓云中君即"云神丰隆也，一曰屏翳"。按此说似有误传。上文已述，屏翳为雨师神名，殆出雨气如屏翳蒙。丰隆取雷声隆隆为名，《淮南子·天文训》云："季春三月，丰隆乃出，以将其雨"，旧注："丰隆，雷也。""丰隆乘云"似指雷神乘云的神话构想，犹甲骨文有言"各二云自北雷延"（《合集》21021）。《论衡·龙虚篇》有言"云雨至则雷电击"。《淮南子·天文训》云："阴阳相薄，感而生雷，激而为霆，乱而为雾。"其中容或有本之观云伺候的礼俗背景而产生的想象，大概人们很早就从登观望云，辨识自然现象中悟得云能致雷。

丰隆虽非云神名，但古人心目中自有云神崇拜。《离骚》云："帅云霓而来御。"《云中君》言云神"龙驾兮帝服,聊翱游兮周章",旧注谓"天尊云神,使之乘龙,兼衣青黄五采之色,居无常处"。可知云神曾被人格化。

但在商代,尽管人们以为云有神灵之性,却似乎尚未使之人格化。甲骨文云:

  庚午,贞河害云。
  隹岳害云。
  隹高祖亥害云。(《屯南》2105)

云神每表现出易受山川神祇或先公祖神侵害的柔性,其地位与上述雨神当相似。云气多变,其形状色彩各异。《史记·天官书》有登高而望云气之候,谓"稍云精白者,其将悍,其士怯。其大根而前绝远者,当战。青白其前低者,战胜。其前赤而仰者,战不胜。阵云如立垣,杼云类杼,轴云抟两端兑,杓云如绳者,居前亘天,其半半天。钩云句曲。诸此云见,以五色合占"。《周礼·春官·保章氏》有谓:"以五云之物,辨吉凶水旱降丰荒之祲象。"郑玄注:"物,色也,视日旁云气之色。降,下也,知水旱所下之国。郑司农云:以二至二分观云色,青为虫,白为丧,赤为兵荒,黑为水,黄为丰。"商代似已有这类辨云气之祲象,甲骨文有:

  贞兹云其伐。(《合集》13389)
  贞兹朱云其雨。
  贞兹朱云不其雨。(《合集》13390 正)
  庚子酚三牢云。(《合集》13399)
  贞兹云其雨。(《合集》13649)
  贞兹云其有降其雨。(《合集》13391 正乙)
  云其雨。不雨。
  各云不其雨。允不启。(《合集》21022)
  启不见云。(《合集》20988)
  兹云延雨。(《合集》13392)
  ……云雷……(《合集》13418)

伐字从人从戌,戌为斧钺之兵器,殆商人亦有某云主战之象。"朱云",朱,根字初形，殆类似"杓云如绳"之象。"三酱云"，酱读如色，指三色之云。①另又有云致雨、降雨、致雷、致晴启、致大风之占等。商人还常常祭不同的云：

燎雀燎于云，犬。(《合集》1051正)
燎于云，雨。不雨。(《屯南》770)
……燎云，不雨。(《京人》3080)
燎于帝云。(《续》2·4·11)
九日辛未大采，各二云自北，雷延，大风自西，刺二云率雨。(《合集》21021)
贞燎于三云。(《合集》13401)
己卯卜，燎豕四云。(《合集》40866)
惟岳先酚，乃酚五云，有雨。(《屯南》651＋671＋689)
……若兹……六云……其雨。(《合集》13404)
癸酉卜，又燎于六云六豕卯羊六。(三)
癸酉卜，又燎于六云五豕卯五羊。(三)(《合集》33273)
癸酉卜，又燎于六云五豕卯五羊。(二)(《屯南》1062)

一云至六云，似反映了商人的望云，视云的色彩或形态变幻，都有特定的灵性浸象。祭仪主要用烟火升腾的燎祭，兼用酒祭。用牲有犬、豕、羊，凡云数多者，用牲数一般也相应增多。

在古代人的信仰观念中，虹蜺的气象现象，也被赋予神灵之性。虹是水气在日光中的一种折射现象，彩带七色光自外而内按红橙黄绿青蓝紫顺序排列，宛如长桥挂天空。蜺通霓，虹的外环，有时跟虹同时出现，俗称雌虹，形成原因与虹相同，唯光线在水气中比虹多一次反射，故彩带排列的顺序和虹相反，红色在内，紫色在外。通常又称鲜者为雄虹，暗者为雌霓。《诗·鄘风·蝃蝀》云："蝃蝀在东，莫之敢指"；毛传："蝃蝀，虹也。"《尔雅·释天》云："䗖蛛谓之雩"；邢昺疏："䗖蛛，虹也者，郭（璞）云：俗名美人虹，江东呼雩。然则䗖蛛一名雩，一名虹。《诗·鄘风》云：蝃蝀在东。《月令》：季春之月，虹始见。《音义》云：虹双出，色鲜盛者为雄，雄曰虹，闇

---

① 参见于省吾《甲骨文字释林·释云》，中华书局1979年版，第8页。

者为雌，雌曰蜺。虹是阴阳交会之气，纯阴纯阳，则虹不见。若云薄漏日，日照雨滴，则虹生。蝃与蝀音义同。蜺为挈贰者，蜺，雌虹也，一名挈贰。《说文》云：霓，屈虹，青赤或白色阴气也。"虹或蜺大多视为妖祥，故有不得随意用手指虹蜺的禁忌。《淮南子·天文训》也说："虹蜺彗星者，天之忌也。"《逸周书·时训》有云："虹不［时］见，妇人苞（色）乱"，"虹不藏，妇不专一"。《释名·释天》云："蝃蝀其见，每于日在西而见于东，啜饮东方之水气也。见于四方曰升，朝日始升而出见也。又曰美人，阴阳不和，婚姻错乱，淫风流行，男美于女，女美于男，互相奔随之时，则此气盛。"《易通卦验》云："虹不时见，女谒乱公。"不过，古代未必均视虹蜺为妖祥，《诗纬含神露》有云："握登见大虹，意感而生帝舜"，"瑶光如蜺，贯月正白，感女枢生颛顼"，即视虹蜺的出现为吉祥之兆。

甲骨文虹蜺字作桥梁之形，写作☒，寓赋形揣侵象之意。辞云：

贞虹□□［不隹］忧。（《合集》13441）
……庚吉，其……有异虹于西。（《合集》13444）
九日辛亥旦，大雨自东少……虹西……（《合集》21025）
昃亦有异，有出虹自北，饮于河。十二月。（《合集》13442 正）
王占曰：有求（咎）。八日庚戌有各云自东，冒母（冥晦）；昃亦有出虹自北，饮于河。（《合集》10405 反）

异字从陈剑博士释①。虹饮于河，类于上引《释名》"啜饮东方之水气"。《黄帝占军诀》亦有云："有虹从外南方入饮城中者。"大概商人于殷墟小屯附近曾见虹北出洹水上，故有饮于河的联想。然吉或灾异与出虹对文，知商人心目中虹蜺的神性，既有善义，又有不祥义。甲骨文又有云：

庚寅卜，㱿，贞虹不隹年。
庚寅卜，㱿，贞虹隹年。（《合集》13443 正）

---

① 陈剑：《殷墟卜辞的分期分类对甲骨文字考释的重要性》，北京大学博士论文，2001 年，第 66—75 页。

年谓年成。是知商代视虹蜺还持有预示年成丰稔的神性。

五 雪、寒、煖、雹崇拜

古代又有雪神崇拜。《淮南子·天文训》云："至秋三月，地气不藏，乃收其杀，百虫蛰伏，静居闭户，青女乃出，以降霜雪。"旧注："青女，天神青霄玉女，主霜雪也。"雪神被视为女性神。有时落雪降霜不合季节，则被视为不祥，要致祭宁灾，《左传》昭公元年有云："雪霜风雨之不时，于是乎禜之。"禜有宁息之义①，是言宁息雪霜风雨之祭。

今从甲骨文得知，早在商代，已有卜雪、祭雪行事，如有云：

甲辰卜，雪雨。(《合集》21023)
□京雪雨。(《屯南》769)
贞帝不其令□。
贞弗其今二月雷。王占曰：帝隹今二月令雷，其隹丙不令雪，隹庚其吉。(《合集》14129 反)
贞今夕雨其雪。
翌丁求(咎)雪。(《合集》709 反)
乙亥夕卜，其雨。子占曰：今夕雪，其于丙雨，其多日。用。(《花东》400)
其燎于雪，有大雨。
雪眔闌酚，有雨。
叀闌燎酚，有雨。
弜燎于闌，亡雨。
弜燎，亡雨。(《英藏》2366)
闌燎，叀小宰。(《合集》27160)
其求闌，有大雨。
贞王其酚于右宗夒，有大雨。(《合集》30319)

卜雪兼及雨，并且上帝有"令雷"、"令雪"的权威，是知雪与雷神一样，在上帝辖下，也是有其神性的。"燎于雪"，雪为神格无疑，用指雪神。雪神亦

---

① 参见陈梦家《殷虚卜辞综述》，第 576 页。

表现出易罹遭咎殃的柔性。祭雪之祭仪有燎、酒两种，亦通见于其他气象现象的祭祀场合。

上举辞中祭雪而兼祭的闌、闵两位神格，是与雪、雨有关的气候神。闌大概为寒神，字从门从虍从歺，殆有寒裂闭门之义。《淮南子·时则训》云：季秋之月，"寒气总至，民力不堪，其皆入室"；仲冬之月"审门闾，谨房室，必重闭"。《吕氏春秋·贵信》云："冬之德寒，寒不信，其地不刚，地不刚则冻闭不开。"《淮南子·墬形训》云："北方曰北极之山，曰寒门。"高诱注："积雪所在，故曰寒门。"《礼记·月令》有谓三冬"祀行"，旧说"行，门内地，冬守在内，故祀也"。凡此，均当是商代祭寒神之余绪。

与寒神闌对文的闵，似为煖神，字从火在门内，有温暖之意。《天问》云："何所冬煖。"《淮南子·人间训》云："寒不能煖。"《说文》云："煖，温也。"束晳《饼赋》有云："三春之初，阴阳交际，寒气既除，温不至热。"《礼记·乐记》云："地气上齐，天气下降，阴阳相摩，天地相荡，鼓之以雷霆，奋之以风雨，动之以四时，煖之以日月，而百化兴焉。"朱熹《诗集传》卷八云："阳气之在天地，譬犹火之著于物也。"《黄帝内经素问》："彼春之煖。"注云："阳之少谓煖。"《淮南子·墬形训》云："东南方曰波母之山，曰阳门。"高诱注："纯阳用事，故曰阳门。"甲骨文言祭寒神闌，均与雨雪连文，而祭闵神，言雨而不及雪，则固寓暖意于其中，殆闵神为冬春之交的气候神。

《尧典》有谓"朔方曰幽都……厥民隩"，"厥民隩"，应指冬春之交的煖神，为北方寒气衰退隐伏而阳气回升的气候神。隩与燠通，《尔雅·释言》"燠，煖也"。《诗·谷风·小明》："日月方奥。"毛传："奥，煖也。"《洪范》谓"庶征，曰雨、曰旸、曰燠、曰寒、曰风"，注谓"燠，煖也"。《论衡·寒温篇》云："旦雨气温"，可为甲骨文祭闵兼及卜雨作注。然则商代有煖神闵，与寒神闌，与当时的观象伺候之祭礼是有联系的。

除此之外，商代人们视雹亦有神性。甲骨文有云：

癸未卜，宁，贞兹🝔不惟降忧。十一月。
癸未卜，宁，贞兹🝔惟降忧。（《合集》11423正）

🝔像下雹之意。雹可降祸忧人间，是对这一气象现象的神化。唯雹神崇拜，文献记载几无，具体内容难知，大概很早就被淘汰。

总之，自原始社会至商代以降，人们曾迷信自然界各类气象或气候现象，乃有风、雨、旱、雷、云、虹、雪、寒、煖、雹等的崇拜，构成人们心目中的众多自然神。但随着社会的发展，这类神的神性均有所下降，有的甚至被淘汰。甲骨文中恒见上帝令风、令雨、令雷、令雪、降熯（旱）诸辞，似亦表明，这类自然神大体已变成上帝属下的小神。

第三节　其他自然神祇的崇拜

一　巫神与"四戈"

"巫"字在卜辞中的用法，陈梦家有很好的分析，他说："以'巫帝一犬'为例，巫可能是动词，则帝与一犬是宾词；巫可能是主词，则帝为禘（动词）而一犬是宾词；巫也可能是先置的间接宾词，因为卜辞有'帝东巫''帝北巫'者。若以巫为动词，则是祭帝以犬；若以巫为主词，则他是一种人；若以巫为间接宾词，则他是一种神。"这一对有关"巫"字卜辞的分析，认为除极少数"巫"作地名或国名外，一般的"巫"都是用于神名[①]。这是十分正确的。

卜辞中有祭祀"四巫"的记录，如：

　　癸卯卜，贞酚求。乙巳自上甲二十示一牛，二示羊，土燎牢，四戈彘，四巫豕。（《合集》34120）

陈梦家说："四戈与四巫，都是神名。所谓四巫当指四方之巫如东巫北巫等。"[②] 巫应是四方神的一个称呼。卜辞记录商人对巫进行崇拜与祭祀，见《合集》21115、32234、34138、34140、40866等。"巫"是"四巫"的省写。

卜辞中有"帝于巫"（《合集》32012、34155）和"巫帝"（《合集》33291、34160）的卜问，"帝于巫"和"巫帝"即禘祭巫神。"巫帝"的构词与"方帝"一样，都是前置宾语，都是卜问禘祭四方神的。

卜辞中有卜问单祭某一方向的巫神的，如《合集》34157的"帝北巫"、《合集》5662的"帝东巫"。由"北巫"、"东巫"知商人有"四巫"的观念，

---

① 陈梦家：《殷虚卜辞综述》，中华书局1988年版，第577—578页。
② 同上书，第578页。

所谓"四巫"就是东巫、西巫、南巫、北巫,这与四方是相对应的。由上辞知"四巫"与"土"即社神同时并祭,前文曾指出四方神与社神也是同时并祭的,因此,"四巫"应是指四方神是至为明显的。

那么,上引卜辞中的"四戈"是什么神灵?甲骨文又有"求于四戈"的记录(《合集》8396)。胡厚宣说:"四戈即四国,四国即四方。"① 这里说的四戈即四方,指的是地域的四方,"四戈"应是四方的地主之神。

四方的地主之神也称作"四土",见于《合集》21091、33272 两版卜辞。这两版卜辞似为一事两卜,是卜问奏祭四土的。四土即四方的土地神。商人卜问祭祀代表广博土地的社神的祭祀较多,卜问祭祀某一方的土地神的情况相对就较少。

商人卜问东、西、南、北受年(或受禾)时,有时称作"某土",有时称作"某方",如《合集》36975 卜问东土受年、南土受年、西土受年、北土受年。《屯南》2377 的南方受年、西方受年。《屯南》423 的东方受禾。《合集》33244 的东受禾、北方受禾、西方受禾、[南]方[受]禾。从这些卜辞可以看出,"某土"与"某方"的意义是一致的,都是指某地方。

二 土地神崇拜与社祀

古人为什么要尊土地为神(即社神)并给予祭祀呢?《孝经》云:"社,土地之主也。地广不可尽敬,故封土为社以报功;稷,五谷之长也,谷众不可遍祀,故立稷神祭之。"②《白虎通义》说:"地载万物者,释地所以得神之由也。"《郊特牲》云:"社稷必受霜露风雨,以达天地之气。社稷所以有树何?尊而识之,使民人望见师敬之,又所以表功也。"由此就可知,古人所以立社以祭土地神,是因为土地是他们生存的来源,正如孙海波先生所说:"水土百谷,土神主之;封土以祀,故土曰社神。"③

祭祀土地神在甲骨卜辞中有之,如:

取岳石,有从(纵)雨。(《合集》9552)

---

① 胡厚宣:《释殷代求年于四方和四方风的祭祀》,《复旦学报(人文科学)》1956 年第 1 期。
② 《太平御览》卷五三二引。
③ 孙海波:《读王静安先生古史新证书后》,《考古学社社刊》第 2 期。此处转引自于省吾主编《甲骨文字诂林》第二册,中华书局 1996 年版,第 1183 页。

甲申卜,又土。(《合集》34031)

其燎于土。(《合集》34187)

贞帝燕于凹于土。(《合集》14773)

贞勿桒年于邦土。(《合集》846)

于亳土御。(《合集》32675)

其桒于膏土。(《屯南》59)

岳石用指社主,意同《淮南子·齐俗训》说的"殷人之礼,其社用石"。土、邦土、亳土、膏土,土谓封土之社,指设置于各处的社祭之坛,常用于桒年祈雨求丰收之祭。古代所谓"社稷"神,因由自然神性的农耕氏族神嬗变而来,故仍极为明显地保持了与农作土地相结合的神性。

商人祭祀土地神时使用"燎"祭的方法最多,如《合集》11018 正、1140 正、14305、21103 都卜问燎祭土地神,并且往往同时举行对四方神的祭祀。《合集》779 正、780 两版卜问一次燎祭社神用"三小宰,卯一牛,沈十牛",用牲数还是比较多的。《屯南》726 记录发生月食时,商人也要祭祀社神。

此外,《合集》32118、《屯南》961 记录商人用"燎羌"的方法祭祀社神。《合集》14393 正反、《屯南》4400、《英藏》1170 正,反映商人在希望下雨和不希望多下雨的时候向社神进行祭祀,以祈求社神帮助满足自己的要求,这与古文献的记载相符。

商代自然神崇拜的考古祭祀遗迹,最典型的是在江苏铜山丘湾发现的商代社祀遗迹[1]。在该遗址发现有四块大石紧靠在一起,都是未经人工制作的自然石块,形状不规则,竖立在土中,中心点一块,南北西又各一块。中间的一块最大,略像方柱体,下端如楔形,插进土内较深。在葬地内共清理出人骨 20 具,人头骨两个,狗骨 12 具。根据人骨、狗骨的分布以及人骨头部的方向观察,当时的埋葬都是以四块大石为中心,人骨和狗骨从四面围绕着它。考古学家俞伟超研究认为,该祭祀遗迹是商代末年淮夷方国的社祀遗迹。[2]

---

[1] 南京博物院:《江苏铜山丘湾古遗址的发掘》,《考古》1973 年第 2 期。

[2] 俞伟超:《铜山丘湾商代社祀遗迹的推定》,《考古》1973 年第 5 期。

三 山川诸神祇的崇拜

卜辞中记商人崇拜山的材料不少，他们往往合祭多座山，如《合集》33233 正的"燎十山"，《合集》96 的"九山燎"，《合集》34168 正的"又于五山"，《合集》30454 的"燎二山"；还有单指祭祀某一个山的，如《合集》30457 的"燎㠱"，《合集》30413 的"燎斤"等，《合集》30463 的"于䰇求"、"于䰇求"等，㠱、斤、䰇、䰇都应是山名。

商人祭祀山的目的大多都是为了求雨，而求雨的目的是为了求年，即为了有好的年成。

卜辞中还有众多祭祀河川的材料，所祭河川大多列出水名，有洹水（《合集》34165、24413、28182、9648）、瀧水（渨水）（《合集》21099、14362、20612）、滴水（《合集》28180、28243、2287）、㴲水（《合集》20710）、屮水（《合集》10151 正）等，有时也单称水（《合集》33347、28180）。商人祭祀水的目的或为祈年，或为求雨，祈求不要发大水殃及城池，不要带来疾病等各种祸患。

商人崇拜的其他自然神祇，还有虎（《合集》21388）等动物神，商人祭虎是祈求老虎不要为害于民和牲畜，也含有对老虎的崇拜之意。

第四节 祖先神的祭礼

一 河神、岳神的神性与其他高祖神

对于河神和岳神的神性，学界存在两种不同意见：一种认为都是自然神；另一种认为都是祖先神。那么，受商人祭祀的这两位神的神性到底如何呢？在此作一分析。

（一）河神的神性

从以下四种方法可以证明，卜辞中有的"河"确是指殷人的祖先。

第一种方法：卜辞中有"高祖河"的称谓：

> 辛未，贞于河求禾。
> 辛未，贞求禾高祖河，于辛巳酚燎。
> 辛未，贞求禾于河，燎三牢、沉三牛、宜牢。
> 辛未，贞求禾于高祖，燎五十牛。

辛未，贞其求禾于高祖。
辛未，贞求禾于岳。(《合集》32028)

该版卜辞对河的称呼是：第一辞称"河"，与之对贞的第二辞称"高祖河"；第三辞称"河"，与之对贞的第四辞简称"高祖"。"河"可以加称"高祖河"，也可以单称"高祖"，省掉"河"字，显然，称"高祖"的"河"是指人而不是指自然的河流。

第二种方法：利用其他"高祖某"作旁证。如卜辞：

乙亥卜：高祖夒燎二十牛。(《屯南》4528)
叀高祖夒祝用，王受又。(《合集》30398)

这两条辞都有"高祖夒"的称谓，"夒"为殷人的远世先祖。如果将辈分称谓"高祖"与名词"夒"断读是不合理的。

其告于高祖王亥三牛。
其五牛。(《合集》30447)

该版卜辞卜问祭祀"高祖王亥"，其他如《合集》32083、32916也有"高祖王亥"的称谓。如果将辈分称谓"高祖"与名词"王亥"断读也是不合理的。

□□卜，王，[贞]其燎[于]上甲父[王]亥。(《合集》24975)

不能将该辞的"上甲父王亥"断读成"上甲父、王亥"。

庚辰，贞其陟[于]高祖上甲。兹用。王占：兹□。(《屯南》2384)

不能将该辞中的"高祖上甲"断读成"高祖、上甲"。

甲子卜，其又岁于高祖乙三牢。(《合集》32447)

>甲寅卜，其又岁于高祖乙一牢。（《合集》32448）

"高祖乙"是指一个人，不能将其断成"高祖、乙"。

以上列举了卜辞中的"高祖夒"、"高祖王亥"（上甲父王亥）、"高祖上甲"、"高祖乙"等称呼，这些"高祖某"的称谓不能断读成"高祖、某"。因此，有的学者将同样的"高祖河"断读成"高祖、河"是没有道理的。目前卜辞中尚未见到"高祖岳"的称谓，但因"河"与"岳"往往同见于一辞或同见于一版，并且所卜事类又往往相同，所以学者通将这两种神看成是同一类神。这样，卜辞中有的"岳"就应与有的"河"一样，也是指祖先神。

第三种方法："河"与祖先神同辞或同版卜问。

1. 同辞卜问

>戊午卜，宾，贞彰。求年于岳、河、夒。（《合集》10076）

该条卜辞卜问彰祭岳、河、夒以求年。夒为殷之高祖，岳和河也当为殷人的祖先。

>辛巳卜，贞来辛卯彰河十牛、卯十牢。王亥燎十牛、卯十牢。上甲燎十牛、卯十牢。
>
>辛巳卜，贞王亥、上甲即宗于河。（《屯南》1116）

该版第一辞卜问祭祀河、王亥、上甲，三者不但在同一辞中被卜问，而且祭仪相同，这说明河与王亥、上甲的地位是相同的，王亥、上甲是殷人的祖先，所以河也应是殷人的祖先。

由于岳与河与殷人的祖先同版同事类进行卜问，所以岳当与河一样也是殷人的祖先。

2. 同版卜问

>辛酉卜，宾，贞求年于河。
>
>贞：求年于夒九牛。（《合集》10085正）
>
>癸巳卜，又于〇。不用。
>
>癸巳卜，又于河。

癸巳卜，又于王亥。兹用。（《合集》34240）
庚戌，贞求禾于示壬。
癸丑，贞寻求禾于河。
［癸］丑，［贞］寻［求］禾［于］高祖。（《合集》33286）
屮升于祖辛。
贞勿屮升于祖辛。
屮于河。（《合集》1713）

以上卜辞反映河与殷人的祖先夒、王亥、示壬、祖辛同版卜问同一类事例，证明了卜辞中有不少"河"应是指殷人的祖先。

第四种方法："河"有配偶。如卜辞：

钏方于河妻。（《合集》686）
来辛亥燎于王亥三十牛。
酻五十牛于河。
屮于河母。
贞翌乙卯酻子汏。（《合集》1403）

"河妻"、"河母"指河的配偶，这可用有"王亥母"的卜辞来作证明：

贞燎于王亥母，豕。
勿燎于王亥母。
贞勿燎于王亥母。
母癸壱王。
母癸弗壱王。
贞多妣祟王。
贞多妣弗祟王。（《合集》685 正）

前三辞卜问是否用豕燎祭"王亥母"。第一辞不能断读成"燎于王亥，女豕"，对照本版其他辞多卜问女性来看，"王亥母"应连读，是指王亥的配偶。由此可证"河母"应是指河的配偶。

（二）岳神的神性

关于岳神的神性，在上面讨论河神的神性时曾用《合集》32028、10076、《屯南》2272、2105为证据，指出与祖先神同辞卜问，则与祖先神同版卜问同一事类的岳，也应该与河神一样是指祖先神。还有《屯南》2322、2105，《合集》10076、14412、34192等版，可见岳与祖先神夔、王亥、上甲、三父和旧臣伊尹等同版或同辞卜问同一事类的情况，这就证明了岳神当是祖先神而不是自然神。

（三）其他高祖神

利用有"高祖"称谓或与高祖神同辞或同版卜问的甲骨材料，还可以确定上甲以前其他11位可定为商族远世高祖的祖先神名，他们是：夔、夒、𗉚、土、㘝、光、企、蚰、昌、炏、兟，其中如果认"夒"是"夔"字的异写，再加上前文讨论的王亥、河与岳，则有13位上甲以前的高祖神名。自王国维以来，学者们多以卜辞中的这种人名与《史记·殷本纪》、《世本》所载的上甲以前的先公高祖名进行比附，这里再略作申述。

王亥：卜辞中的"上甲父王亥"（《合集》24975）证明王亥的世次在上甲之前，也即是《殷本纪》中的"振"。

河：卜辞中"河、王亥、上甲"（《合集》1182、《屯南》1116），"河、王亥"（《合集》10105）的世次证明河是王亥之父。《殷本记》中的"振"（即王亥）之父是"冥"，所以在"王亥"之前的祖先神"河"应是指"冥"。

岳：应为"河"即"冥"之父"曹圉"。卜辞中"岳、河"（《屯南》2272）的世次，"河、岳"的逆世次（《合集》21115、34185），可以为证（由于卜辞中的"河"与"岳"有顺祀和逆祀的情况，所以也有可能"岳"是指王亥之父"冥"，"河"是指"冥"之父曹圉）。

土：当是指"相土"，王国维已指出①。卜辞中"土"的世次在"河"、"岳"之前（《合集》21115、34185），也可间接证明。

𗉚：由"土、𗉚、河、岳"（《合集》34185）的世次，知"𗉚"在"土"之后，"河"、"岳"之前，则"𗉚"当是指《殷本纪》中的"昌若"。

㘝：由"㘝、土"（《合集》14773）的世次推测"㘝"当是指"相土"之父"昭明"。

夔、夒：王国维认为"夔"是"契"之父"喾"。但从卜辞中卜问"夔

---

① 王国维：《殷卜辞中所见先公先王考》，《观堂集林》卷九，中华书局1984年版。

(夒)"的次数较多,祀典比较隆重来推测,他可能是指殷人的始祖"契"。

以上各高祖神的确切所指,还有待后考。

二 先公、先王的崇拜与祭祀

依据商代"周祭"制度所显示的先公先王的即位次序,可以考察商人对各先公、先王的崇拜与祭祀。

(一)对先公的崇拜与祭祀

上甲:商人祭祀上甲的祀典极为繁多,主要有㞢、又、升、岁、酻、燎、祝、御、报、乇、求、告等。

报乙、报丙、报丁、示壬、示癸:

> 辛亥卜,乇上甲牛、三报羊、二示牛。
> 辛亥,贞乇自上甲、三报羊、二示牛。(《合集》32349)

该版卜辞表明祭祀上甲和二示(示壬、示癸)用大牲畜牛,祭祀三报(报乙、报丙、报丁)用小牲畜羊,可见商人对上甲和"二示"的重视程度要高于对"三报"的重视。

(二)对先王的崇拜与祭祀

1. 大乙

商人对大乙有多种称呼,如大乙、成、唐等。对大乙的祭祀既隆重又频繁。商人频繁地用人牲祭祀大乙,其中经常使用的人牲是羌人,并且所用数量巨大,如《合集》26908卜问用50个羌人,《屯南》2293、《合集》32052、313、22546、22547卜问用30个羌人,《屯南》51卜问用20个羌人,《合集》26994、《屯南》2293、《怀特》1558卜问用15个羌人,《屯南》2293、《怀特》1558卜问用10个羌人,数量都很巨大。在用羌人祭祀大乙时,还要加上其他牲品同祭,如《合集》32052卜问用30个羌人还要加上"十牢",《合集》313、22546、22547三版卜辞卜问用30个羌人还要加上30头牛来进行祭祀。所使用的牲品都为大牲畜牛牲,数量也都很巨大。其他如《屯南》313、739、3782、《合集》32084、32101在卜问使用5个羌人或3个羌人祭祀的同时,要加上五牢或三牢或三牛来进行祭祀。另外还用其他人来做人牲的,那些没有注明是羌人的人牲大概有些就是商王朝的人。《合集》19773卜问用30个女奴仆祭祀大乙,所用女仆数量也很巨大。商人在使用人牲祭祀大乙时很少加用羊牲。

祭祀大乙用告、求、戠、取、禳、报、先、又、卯、御、㞢、奏、燎、酹、登、宁等；所用牺牲除了牢、牛外，还有豭（《合集》1375）、豕（《合集》15646）、兕（《合集》27146）等，还用鬯酒（《屯南》2567）进行祭祀，《合集》27122 记录用白牛祭祀大乙。

商人祭祀大乙的目的是多方面的，如与方国的战事和祈求农业生产的丰收。

(2) 大丁

与大丁合祭的先王都是直系先王；与大乙相比，大丁受祭的次数显然要少得多。祭祀大丁所使用的方法有酹、升、伐、又、㞢、岁、告、求、裸、乍、彡等，所使用的祭品中有人牲。

(3) 大甲

商人对大甲的祭祀是比较重视的，祭祀隆重而频繁，使用人牲。

(4) 外丙

商人对外丙很少进行祭祀，并且外丙也不进入合祭。

(5) 大庚

商人祭祀大庚的卜辞不多，祀典也不太隆重，其受商人重视的程度比不上大乙、大甲，但要比旁系先王外丙受重视。

(6) 小甲

小甲除了在周祭中被祭祀外，不见与其他先王合祭的辞例，而且单祭小甲的辞例也很少。

(7) 大戊

商人对直系先王大戊并不太重视，其与其他先王合祭的机会不多，单独被祭祀的次数和用牲数量均不太多，最多二十牢，所用的祭祀方法有㞢、又、升、岁、酹、戠、御、告、饗等。所用的牲类有牢、牛、宰、豚。

(8) 雍己

旁系先王雍己不被商人重视，雍己除在周祭中被祭祀外，其他可断定为是祭祀雍己的卜辞仅有三条。

(9) 中丁

中丁在第三期卜辞中还被称作"三祖丁"。商人对中丁是不太重视的，其祭祀所用的牺牲只见有牢、牛、牡，而且数量也很少，其所用的祭祀方法有又、升、岁、酹、御、告、彡、彡龠等。

(10) 外壬

外壬极不被重视，除了在周祭中被祭祀外，其他祭祀仅见于《合集》22878 一辞。

(11) 戋甲

旁系先王戋甲也极不被重视，除了在周祭中被祭祀外，其他祭祀仅见于《合集》32501、22882、22883 三条卜辞。

(12) 祖乙

商人对中丁之子祖乙给予隆重的祭祀，并且给予他多种称呼，有祖乙、下乙①、高祖乙、中宗祖乙等。对祖乙祭祀繁多、祀礼隆重，祭祀时使用大量的人牲和牛、羊牲，有时选择经过特殊饲养的牛、羊来做祭品，有时还着意选择白色的牺牲来做祭品。卜辞反映，祖乙与重要的先公上甲，与开国元勋、商朝第一王大乙，与大乙之孙大甲的地位是相当的。

(13) 祖辛

商人对祖辛的崇拜，不及上甲、大乙、祖乙，但要高于大丁、大庚、大戊、中丁，与大甲的地位相当。

(14) 羌甲

羌甲是个旁系先王，但他可以与直系先王合祭。羌甲所受的祭祀在旁系先王中是比较隆重的。

(15) 祖丁

商人对祖丁是非常重视的，除了频繁致祭外，还给予他多种称呼，有祖丁、四祖丁、后祖丁②、小丁、中宗祖丁，共五个称呼。祖丁的地位不如祖乙，似与祖辛相当。

(16) 南庚

南庚不太受重视。祭祀南庚的卜辞很少，祀典也不隆重。

(17) 阳甲

阳甲的地位要低于南庚。

(18) 盘庚

---

① "下乙"指祖乙，最早由胡厚宣先生论证。见《卜辞下乙说》，《甲骨学商史论丛》初集，第 3 册，成都齐鲁大学国学研究所刊刊，1944 年。

② "后祖丁"为小乙之父祖丁，见陈梦家《殷虚卜辞综述》，中华书局 1988 年版，第 424—425 页。

祭祀盘庚的卜辞很少，盘庚的地位似乎要低于阳甲。

（19）小辛

第三期卜辞称小辛为"二祖辛"①。卜辞中祭祀小辛辞例只见几条。

（20）小乙

祭祀小乙的卜辞较多，称呼也较多，计有小乙、小祖乙、亚祖乙、后祖乙、内乙、祖乙，共六个称呼。《合集》1663"隹亚祖乙㞢王"，称其为亚祖乙，陈梦家说："此辞不能晚于祖庚时代。亚有次义，小乙亚于祖乙，故曰亚祖乙。但亚祖乙也有可能是祖乙。"② 小乙有多种称呼说明他受到商人的重视。

单独祭祀小乙的祀典有伐、又、㞢、升、岁、舌、卯、饮、燎、告、登、求、禳、酚、彡、祭、彡夕、彡龠、彡畐；其所用牲品有羌、人、牢、牛、牝、牡、勾牛、幽牛、宰、羊、豭、麂、豖等，最多时用十五个羌人。

（21）武丁

武丁称呼有三：一是祖庚、祖甲卜辞中称其为"父丁"，另是三、四、五期卜辞中称其为"祖丁"，到第五期卜辞时又称其为"武丁"。

祭祀武丁的用牲之法以舌和祄为多。第五期所见"祄其牢"之祭始自武丁等直系五先王，即武丁、祖甲、康丁、武乙、文丁，可知武丁在后世商王的心目中是个重要的祖先。

（22）祖己

祖己在周祭以外鲜有祭祀，除称"兄己"的祭祀外，称"祖己"的卜辞寥寥可数。

（23）祖庚

祭祀"祖庚"的卜辞，第三期有"弜及小庚"（《合集》31956），商代以"庚"为庙号的祖先依次为：大庚、南庚、盘庚、祖庚，"小庚"应当是指辈分最小的祖庚。

（24）祖甲

武丁之子祖甲应在武乙之后第四、五期卜辞中才会被称为"祖甲"，此前卜辞中的"祖甲"原则上应是指武丁之父阳甲，但不排除也有指武丁之子祖甲者，因不好区分，只好暂行搁置。另外，第三期卜辞中有祭祀"帝甲"

---

① 陈梦家：《殷虚卜辞综述》，中华书局1988年版，第433页。

② 同上书，第418页。

的卜问（如《合集》27437），"帝甲"是康丁称其父祖甲。商代晚期有对死去的父辈祖先称作"帝某"的习俗，"帝"是庙号的区别字。

(25) 廪辛

廪辛在第五期的周祭中并没有被祭祀，但下条第四期卜辞可能是卜问祭祀廪辛的："辛亥卜，其又岁于三祖辛。"（《合集》32658）商王室以"辛"为庙号的祖先，第一个是祖乙之子祖辛，第二个是小辛，第三个是廪辛，第四个是帝辛。但廪辛似乎没有继位为王，或者虽曾继位为王，但在后世的周祭中却因某种原因而被排除在外了。该辞卜问祭祀"三祖辛"，当是指廪辛，而称廪辛为"祖"的，应是文丁以后的诸王。

(26) 康丁

(27) 武乙

(28) 文丁

康丁、武乙、文丁主要是在"祊其牢"卜辞中被祭祀。

(30) 帝乙

帝乙的称谓仅见于帝辛时四祀邲其卣铭文中：

> 乙巳，王曰：尊文武帝乙宜，在召大厅，遘乙翌日……己酉，王在梌，邲其赐贝。在四月，佳王四祀。翌日。（《录遗》275）

铭文记录帝辛称其父帝乙为"文武帝乙"。另外在西周甲骨文中也有"文武帝乙"的称谓。

总之，从商人对上甲以来的 30 位先公、先王崇拜与祭祀情况来看，商人重视对直系先王的祭祀，轻视对旁系先王的祭祀。其中最受崇拜的先公是上甲；最受崇拜的先王是大乙、祖乙；其次是大甲、祖辛、祖丁、小乙；武丁虽然是在位时间很长的中兴之主，但由于到商代晚期的祖庚、祖甲以后，祭祀制度发生了很大的变化，与此前相比，不但祀典显得单调，祭祀次数大大减少，而且是只注重对父辈先王的祭祀，特别是在祖甲、文丁、帝乙、帝辛时期，主要实行对上甲以来的祖先进行周祭祭祀，所以对武丁的祭祀反而就显得不太多了。

三 先妣的崇拜与祭祀

商人对先妣的崇拜与祭祀，有附加先公庙号者，举例如下：

（一）河的配偶

御方于河妻。（《合集》686）

丁酉卜，贞于河母。（《合集》683）

辛丑卜，于河妾。（《合集》658）

不能将该三辞释成是以女性人牲祭祀河，理由是这三辞的文例与祭祀王亥配偶和祭祀示壬之配的卜辞文例相同（见下文）。称河的配偶之词有"妻"、"母"、"妾"。

（二）王亥的配偶

贞燎于王亥母，豕。

勿燎于王亥母。

贞勿燎于王亥母。（《合集》685正）

"王亥母"之"母"作配偶解，即指王亥的配偶。该版卜辞卜问祭祀王亥的配偶，于省吾说："如果把㲋（即燎——引者按）于王亥下的女豕二字，认为是用人牲的女奴隶和物牲的豕，那就讲不通了。因为前引两段龟卜，原系先右后左的对贞辞，左段卜辞是承右段卜辞而省去豕字，这是对贞的常例。如果不释女为母，而以女为人牲，则女与豕都成为祭牲，那末，左段卜辞就断无省豕存女之理。总之，㲋于王亥母，豕，是说燎豕以祭祀王亥的配偶。"① 作者认为此说非常有理。可由祭祀示壬之配的辞例加以证明②。又说"于王亥母"与上举第（2）辞的"于河母"、第（3）辞的"于河妾"文例相同，故知"于河母"之"母"、"于河妾"之"妾"都是指河的配偶。《合集》660有"㞢于王亥妾"。总之称王亥的配偶的词有"母"、"妾"。

---

① 于省吾：《甲骨文字释林·释王亥的配偶》，中华书局1979年版。

② 罗琨在《殷墟卜辞中的高祖与商人的传说时代》（刊《全国商史学术讨论会论文集》，1985年）一文，反对于省吾对该版卜辞的"王亥母"是指王亥的配偶的论证，认为"母"应释"女"，是指女牲。"王亥母，豕"应释为"王亥女、豕"，是借用女牲和豕祭祀王亥；她还另举《合集》672等版卜辞上的所谓对贞辞来证明其上的"王亥妾"（实为"王亥女"）是指女牲。经审视有关卜辞后，不但发现其释文有误，而且发现其所列举的辞例也都不是"对贞辞"。

(三) 上甲的配偶

庚子卜，王，上甲妣甲保妣癸……（《合集》1249）

该辞卜问"上甲妣甲保妣癸"，"妣甲"是否指上甲的配偶，不敢肯定，暂附于此。

(四) 三报的配偶

"三报"指报乙、报丙、报丁，卜辞中对他们合称为"三报"。对其配偶也举行合祭：

□巳，贞其又三报母，豕。（《合集》32393）

辞中的"三报母"指三报的配偶。

商人对先公河、王亥、上甲、三报的配偶给予祭祀，但先公河、王亥、三报的配偶都是用指配偶的词妻、母、妾来表示的，都没有用十天干来表示的庙号。

第五节 "示"的祖先神主属性

"示"字象神主之形，卜辞中自先公上甲以降的先公先王有称之为"示"者，有大示、小示、上示、下示、它示、㚅示、𥃸示、元示、二示、次示等。

一 大示

祭祀大示的卜辞，只见于第一期和第四期。祭祀大示使用的牲品有牛、宰，大概还用人牲。其用牲之法有卯、伐、求、告、登、㞢等。

大示是由那些祖先组成的？学者有几种不同的意见：陈梦家、姚孝遂、肖丁认为直系先公先王均为大示；朱凤瀚、晁福林认为大示只包括上甲、大乙、大丁、大甲、大庚、大戊六位直系先公先王。常玉芝认为这两种说法皆有可商榷之处，《屯南》1015 中的"七大示"，说明大示不只包含上甲、大乙、大丁、大甲、大庚、大戊六位直系先公先王。又举《怀特》31 祭"自上甲"的是用羌人，而祭祀"大示"的是用"十宰"，上甲和"大示"所受的祭祀是不同的，说明上甲是不应该包含在"大示"里面的。《屯南》1104 的

"自上甲至于大示"也说明上甲是不包括在大示里面的。《屯南》9 的"用自上甲五牢，彡大示五牢"的词句可知上甲与大示是不一块的，即上甲不属于大示。

大示指哪些先王？由后文讨论的"小示"知，"大示"应是指自大乙始的直系先王。即第一期、第四期的"自上甲、大示"，这种合祭是指自上甲始的直系六先公上甲、报乙、报丙、报丁、示壬、示癸和自大乙始的所有直系先王，它不包含旁系先王。即"大示"既不是指自上甲起的所有直系先公先王，也不是指上甲加大乙、大丁、大甲、大庚、大戊五位先王共六位直系祖先，而是指自大乙起的所有直系先王。

目前，见于卜辞的所祭祀的"大示"的数目有"七大示"（《屯南》1015）、"六大示"（《屯南》1138、2361、2295）、"四大示"（《合集》14846、14845）、"二大示"（《屯南》935）。"七大示"表明大示并不只是包含六个直系先王（上甲属先公）。

商人祭祀大示祖先所用的牲品有牛、宰、人牲；祭祀方法有卯、伐、求、告、登、屮等。商人对大示祖先是重视的。

在商人的眼里，大示祖先管理着战事、农业生产的丰歉、建筑、商王的疾病和福祸等，即大示祖先的权能是比较广泛的，这与直系先王的功能是一致的，大示的祖先应该是指直系先王。

二　小示

卜辞中单独记录"小示"的辞例并不多，一般"小示"都是与其他"示"在一条卜辞中出现。单独记录"小示"的辞例如：《合集》557 的"小示屮羌"，《合集》14835 的"小示卯宙羊"。由祭祀小示的卜辞可以看到，小示不如大示受尊崇，因此小示应是指旁系先王。

三　上示

"上示"仅见于《合集》102（一期）："□戌卜，贞皋献百牛彡，用自上示。""上示"指哪些祖先？由下面列举的有"下示"的卜辞，可推测"上示"是指较远世的直系祖先。

四　下示

丁未，贞其大御王，自上甲血、用白豭九，下示彡牛。在父丁宗

卜。(《合集》32330)

□□,贞其大御王,自上甲血、用白豭九,下示豊牛。在大乙宗卜。

□卯,贞其大御王,自上甲血、用白豭九,下示豊牛。在祖乙宗卜。(《屯南》2707)

这三辞的"自上甲"应是指先公上甲和自大乙始的诸位直系祖先,而"下示"理所当然地与小示的地位相同,即是指旁系先王。但问题也并不那么简单,请看下版卜辞:

己亥,贞卯于大[示],其十牢,下示五牢,小示三牢。
庚子,贞伐卯于大示五牢,下示三牢。(《屯南》1115)(四期)

《屯南》作者在该版卜辞的按语中说:"陈梦家认为'上示'与'下示'相对,和'大示'与'小示'相对是相当的,'上示'指'大示','下示'指'小示'(《综述》467页)。在此段卜辞中,'大示'、'下示'、'小示'并列,说明'下示'与'小示'不是一个概念,同样'上示'与'大示'也不是一个概念。从此段辞看,'下示'低于'大示'而高于'小示'。"① 今由第一辞用十牢祭祀大示,用五牢祭祀下示,用三牢祭祀小示来看,《屯南》作者说"'下示'低于'大示'而高于'小示'"是正确的。那么"下示"是指哪些祖先呢?这似乎可以参考下条卜辞:

庚寅,贞酚升伐自上甲六示三羌三牛、六示二羌二牛、小示一羌一牛。(《合集》32099)

"上甲六示"、"六示"、"小示"在一辞中出现,"自上甲六示"是指上甲、报乙、报丙、报丁、示壬、示癸六位先公;"六示"是指大乙、大丁、大甲、大戊、大庚、中丁六位直系先王,这个"六示"似应是"六大示"的省称,卜辞显示商人在叙述大示的示数时多数都是省略"大"字的;"小示"则是

---

① 中国社会科学院考古研究所:《小屯南地甲骨》下册第一分册,第1115片考释,中华书局1983年版。

指旁系先王。以此推论上举的“大示”、“下示”、“小示”，“大示”应是指自大乙始的直系先王，到哪一位直系先王没有指明，“下示”则是否应是指近世的或不太重要的直系先王，“小示”则仍是指旁系先王。当然，这都是一种推测，因为商代的祭祀是极为复杂的，如旁系先王羌甲有时就和直系先王合祭，而直系先公报乙、报丙、报丁、示壬、示癸的地位有时又等同于旁系先王（见《合集》32384）。总之，偶见于第四期卜辞的“下示”，所指是颇费斟酌的，它似乎是指比重要的直系先王差一些，又比旁系先王地位要高的那些直系先王。

五　它示、𢀛示

□□［卜］，大［示］十宰，𢀛五宰，它示三宰。八月。（《合集》14353）

庚申卜，酌。自上甲一牛、至示癸一牛，自大乙九示一牢，柁示一牛。（《合集》22159）

甲骨文中，大示、𢀛示、它示、柁示都没有列出具体的先公先王的数目。张政烺先生说“它示”、“柁示”是指旁系先王[①]，是正确的。从所受祭祀的牲品数量来看，大示最多，𢀛示次之，它示最少，也可以看出大示应是指直系先王，𢀛示或如张先生所说是指报乙、报丙、报丁、示壬、示癸五位先公，它示即柁示是指旁系先王。

六　鼉示、元示、二示

乙卯，贞升伐鼉示五羌、三牢。（《合集》32086）

“鼉示”这个集合的庙主是指哪些祖先呢？张政烺先生列举下面两条卜辞参证：

辛巳卜，大，贞㞢自上甲元示三牛，二示二牛。十三月。（《合集》

① 张政烺：《释“它示”》，《古文字研究》，第1辑，中华书局1979年版。

25025）

贞元示五牛，二示三牛。（《哲庵》85）

张先生说："元示和二示对言，犹大示和它示对言，前者指直系先王，后者指旁系先王。""鼍示和元示相当，因此我疑心'鼍'当读'元'。"① 即"鼍示"指直系先王。

七 次示

乙酉卜，又伐自上甲、次示。
乙酉卜，又伐自上甲、次示，更乙未。
乙酉卜，又伐自上甲、次示，更乙巳。（《屯南》751）

"次示"，于省吾说："均应读为延示……是说伐人以为侑祭，自上甲延续以及于廿示。是延示乃延及廿示的省语。"② 姚孝遂则认为"'次示'当即'它示'，指旁系先祖而言"③。姚说较贴切。

总之，商代在祭祀集合的庙主的时候，以大示、上示、鼍示、元示来称呼直系先王集合的庙主，用小示、下示、它示、二示、次示称呼旁系先王集合的庙主。而 示或指旁系先王，或如张政烺所说，是指报乙、报丙、报丁、示壬、示癸五位先公。

八 集合庙主"若干示"

卜辞有卜问祭祀集合庙主"若干示"的，计有：元示《合集》14827（一期）、二示《合集》32349（四期）、三示《合集》30381（三期）、四示《屯南》275（四期）、五示《合集》248正（一期）、六示《合集》32099（四期）、七示《屯南》2534（四期）、九示《合集》19804（一期）、十示《合集》32385（四期）、十示又一《屯南》994（四期）、十示又二《合集》27080（三期）、十示又三《合集》34117（四期）、十示又四《合集》34092

---

① 张政烺：《释"它示"》，《古文字研究》第1辑，中华书局1979年版。
② 于省吾：《甲骨文字释林·释次、盗》，中华书局1979年版。
③ 见于省吾主编《甲骨文字诂林》第一册"按语"，中华书局1996年版，第387页。

(四期)、二十示《合集》34120（四期），等等。"二十示"应是指自上甲至武乙的二十世直系祖先。

商人比较重视的"若干示"，有：自上甲六示、九示、十示，这些祖先是上甲、大乙、大丁、大甲、大庚、大戊、中丁、祖乙、祖辛、祖丁。卜辞中的"若干示"绝大多数都是指大示，"若干示"只是"若干大示"的省称，即"若干示"绝大多数都是指称直系祖先的。

第六节　对异族神的祭祀

《左传》成公四年曰："非我族类，其心必异。"《僖公十年》又曰："神不歆非类，民不祀非族。"但殷墟甲骨卜辞却表明，古代的这种祭祀原则在殷商时期尚未施行。卜辞表明，殷人对有功于商祖的异族名臣是非常尊崇的，在这些名臣去世后，对他们进行频繁而隆重的祭祀，并且世代不断。

卜辞记录，商人最重视的异族神有伊尹、伊奭、黄尹、黄奭、咸戊。下面作一分述。

一　对伊尹的祭祀

伊尹，又单称"伊"。商人将伊尹与自己的先公先王合祭，如《合集》27057 中伊尹与上甲合祭；《屯南》2342（四期）中伊尹与祖乙、父丁、小乙、祖丁、羌甲、祖辛合祭。卜辞中还有不少"伊尹＋示"的记录，如《屯南》2567 的"伊尹、䶂示"，《合集》33318 的"伊尹、五示"，《合集》34123 的"伊、二十示又三"，《合集》32786 的"伊又九"等，都是伊尹与殷人的祖先合祭的例子。

祭祀伊尹以第四期出现的最多，其次是第三期。殷人单独祭祀伊尹时用人牲：如《屯南》3612 的"又于伊尹一羌"，祭祀伊尹的其他牲品还有牢、牛、宰、羊，多时用五牛、十羊。

二　对伊奭的祭祀

《合集》33273（四期）有"剛于伊奭"的卜问。"伊奭"指谁？陈梦家提出了两种意见：一说可能指伊尹，一说也可能是指伊尹之配偶；但又说由于伊尹、伊奭并见于一版，所以又可能不是指一个人[①]。根据卜辞中卜问祭祀伊奭用犬，用一小，而犬、羊都是小牲畜来看，"伊奭"应该是指伊尹之配偶。

三　对黄尹的祭祀

殷人不将黄尹与自己的祖先合祭，但在殷人的心目中，黄尹不但掌管战事，而且能保佑商王诸事顺利。由黄尹的这些职能看，黄尹在商人的心目中有着重要的地位，他是一个重要的功臣。

祭祀黄尹用人牲，如《合集》563"㞢于黄尹二羌"。祭祀黄尹祀典比较隆重，如《合集》3489有"黄尹百牛"，《合集》6945有"燎黄尹一豕、一羊、卯三牛、酉五十牛"，用牲的数量比较巨大。祭祀黄尹所使用的祭祀方法也比较繁多，如燎、卯、酉、告、求、侑、㱿、酌等。

卜辞中有称"黄示"的，如《合集》6324反有"……[王]占曰：其卫于黄示"。"示"指神主，黄示即是指黄尹。卜问祭祀黄尹的卜辞均是第一期卜辞。

多数学者主张"黄尹"就是"伊尹"，"黄尹"、"伊尹"只是不同时期卜辞中出现的不同称谓。也有学者如唐兰、陈梦家、齐文心则提出"伊尹"和"黄尹"应是指两个人。[②]

"伊尹"的称谓在第一期的子组卜辞和第二期卜辞中只是偶见，在第三期卜辞中有几见，它主要出现在第四期卜辞中；"伊奭"的称谓只出现在第四期卜辞中；"黄尹"的称谓只出现在第一期武丁卜辞中。

四　对黄奭的祭祀

第一期中有卜问祭祀"黄奭"的卜辞："丙寅卜，争，贞㞢于黄奭二羌"（《合集》409）。祭祀黄奭用人牲、牛、犬等，祭祀方法有燎、㱿。

"黄奭"指谁？陈梦家说黄奭可能是指黄尹，也可能是指黄尹之配偶；

---

① 陈梦家：《殷虚卜辞综述》，中华书局1988年版，第364页。
② 唐兰：《天壤阁甲骨文存》第36片考释；陈梦家：《殷虚卜辞综述》，中华书局1988年版，第364页。陈先生的看法与唐先生不一样，他疑"黄尹可能是伊尹之子"。齐文心：《伊尹、黄尹为二人辨析》，《英国所藏甲骨集》下编上册附，中华书局1992年版。

但又说《乙编》中由于黄尹、黄奭并见于一坑，所以又可能不是指一个人①。黄奭为黄尹之配说较妥。

五　对咸戊的祭祀

"咸戊"一称只见于第一期卜辞中，"咸戊"还单称作"咸"。罗振玉、王国维认为咸戊是指《尚书·君奭》中的"巫咸"，陈梦家从其说②。

商人不将咸戊与自己的祖先合祭。

　　贞王其入屮升自咸。（《合集》1381）

殷人对咸戊主要是举行屮祭，间以燎祭、告祭、酊祭等。由对咸戊的祭祀来看，咸戊在殷人心目中的地位远不如伊尹、黄尹来得重要。

有一条卜辞似卜问是祭祀咸戊之配偶的：

　　……咸妻屮艮。（《合集》727 正）

第七节　商人系统祭祀的个案研究

目前所掌握的商人有规律的、有系统的祭祀只有周祭和"祐祭"两种。本节对这两种祭祀制度作一介绍。

一　周祭制度及其规律的认识

"周祭"是商王及王室贵族用翌（日）、祭、壹、劦（日）、彡（日）五种祀典对自上甲以来的先公、先王和自示壬之配妣庚以来的先妣轮番和周而复始地进行的一种祭祀。这种祭祀是一个王世接着一个王世，连绵不断地举行下去的，因此，它是商王朝一种非常重要的祭祀制度。

周祭制度最先是由董作宾发现的，其后，陈梦家、岛邦男、许进雄、常

---

①　陈梦家：《殷虚卜辞综述》，中华书局1988年版，第364页。
②　见陈梦家《殷虚卜辞综述》，中华书局1988年版，第365页。

玉芝也先后进行了系统研究①。经过学者们半个多世纪的努力，商代这一重要礼制的原貌已经基本清楚了。

(一) 周祭制度的卜问次序和祭祀程序

周祭卜辞以第五期卜辞②中的数量最多，内容也最完整、最系统。其次就属第二期祖甲卜辞保存得最好。其他组卜辞或没有五种祭祀的记录，或虽有但数量很少，又缺乏系统性。

第五期周祭的卜问次序和祭祀程序可由周祭的三种类型卜辞得知：

第一种：祭上甲及多后的合祭卜辞。辞例如：

> 癸未王卜，贞酌彡日自上甲至于多后，衣，亡壱。自祸。在四月，隹王二祀。（《合集》37836）

这是在周祭开始举行时的第一种祭祀，即总的祭祀自上甲以来的所有祖先。

第二种：附记甲名先王五祀的卜旬卜辞。辞例如：

> 癸巳王卜，贞旬亡祸。王占曰：吉。在六月。甲午彡羌甲。隹王三祀。（《合集》37838）

这是在每一旬的祭祀开始举行时，首先记录在该旬的第一日甲日被祭祀的甲名王的祭祀。

第三种：王宾卜辞。辞例如：

> 戊辰卜，贞王宾大戊翌日，亡尤。（《合集》35601）

这是记录在当日举行祭祀的祖先。

---

① 陈梦家：《殷虚卜辞综述》第十一章，科学出版社1956年版；[日]岛邦男：《殷墟卜辞研究》，弘前大学，1958年；许进雄：《殷卜辞中五种祭祀的研究》，台湾大学文学院，1968年；常玉芝：《商代周祭制度》，中国社会科学出版社1987年版。以下所论各家意见，未注明出处者，皆出自上述各书。

② 董作宾先生认为第五期卜辞只包含帝乙、帝辛两王的卜辞。但据多位学者研究，第五期卜辞还包含有文丁卜辞。

第二期以五种祀典祭祀祖先时，主要使用下面四种类型的卜辞：
第一种：祭上甲及多后的合祭卜辞。辞例如：

　　癸酉卜，洋，贞翌甲戌乞酚䎷自上甲，衣，[至]于多后，[亡壱]。（《合集》22650）

第二种：附记先王五祀的卜旬卜辞。辞例如：

　　癸酉卜，尹，贞旬亡祸。甲戌酚祭于上甲。（《合集》24280）

第三种：卜问翌日（次日）祭祀的卜辞。辞例如：

　　甲辰卜，大，贞翌乙巳祭于小乙，亡壱。在九月。（《合集》23128）

第四种：王宾卜辞。辞例如：

　　丁卯卜，尹，贞王宾大丁䎷，亡尤。在九月。（《合集》22763）

第二期周祭的祭祀程序与第五期大致相同，不同的是多出第三种类型的卜辞，显得比第五期还要繁杂。第二期时周祭制度尚处在形成、完善的过程中。

（二）周祭中先王先妣的祭祀次序和受祭数目

当年董作宾在整理第五期刻在龟背甲上的五种祭祀卜辞（即王宾卜辞）时，发现先王、先妣在受祭日期上有系联关系，由于当时所能见到的材料很有限，所以他定的先王、先妣的祭祀次序多数都是靠推断出来的。其后，陈梦家、岛邦男、许进雄、常玉芝也先后提出了周祭先王、先妣的祭祀次序。其中以常玉芝的《商代周祭制度》后出为上，见到的周祭材料最多，她考察了360多版刻有五种祭祀卜辞的甲骨，利用上述第二种类型的卜辞，即附记甲名先王五祀的卜旬卜辞，和第三种类型的卜辞，即王宾卜辞，排出了周祭中先王先妣的祭祀次序。方法是从刻在同一版甲骨上的数条同一类型的周祭卜辞中，找出各个王、妣在受祭日期上的系联关系，按受祭日期的先后排定出来的。

据研究，周祭先王是以其即位次序的先后安排的，先妣是以其所配先王的即位次序之先后安排的。周祭祭祀的先王有31位，祭祀的先妣有20位，共51位，其祀序共是10个旬序。

（三）周祭的祭祀周期与五种祀典的祀首

董作宾最早发现翌、祭、壹、劦、彡五种祀典是一套首尾相接，连绵不断地举行的祀典，并指出在实际举行祭祀时，翌祀和彡祀是单独举行的，祭、壹、劦三祀则是相叠举行的，也就是说，五种祀典是以三祀组的形式进行祭祀的。那么，以五种祀典按着上面所列的"先王先妣祭祀次序表"对先王先妣轮番祭祀一周需要多少时间呢？也即周祭的一个祭祀周期是多少时间呢？

1. 各祀组的祭祀周期

现已知，翌祀、彡祀的祭祀周期各为十一旬，祭、壹、劦祀为十三旬。

2. 各祀组的接续关系

五种祀典虽是以翌、祭壹劦、彡三个祀组的形式独立进行祭祀的，但它们之间又是有一定的联系的。由卜辞知翌祀与祭壹劦祀组、祭壹劦祀组与彡祀组之间是紧相连接的，彡祀组与翌祀组之间是相隔一旬而连接的。由这种接续关系来看，五种祀典是一套首尾相接、周而复始地、连绵不断地举行的祀典。

3. 五种祀典的祀首

董作宾、陈梦家以"彡"为祀首，岛邦男以"祭"为祀首，许进雄、常玉芝以"翌"为祀首。

4. 周祭的祭祀周期

许进雄、常玉芝在讨论了各祀组的祭祀周期、各祀组间的接续关系、五种祀典的祀首之后，排出了以翌为祀首，以翌——祭、壹、劦——彡为祭祀顺序的五种祀典的祭祀周期，有三十六旬与三十七旬两种周期。

（四）"隹王几祀"之意义及周祭祀谱的复原

1. "隹王几祀"之意义

罗振玉、束世澂、董作宾认为"隹王几祀"之"祀"是"年"，是借"祀"以名"年"，"隹王几祀"是指时王几年。这个观点得到绝大多数学者的赞同。岛邦男基于"隹王几祀"多出现在周祭卜辞中，提出"祀"是指祭祀，"隹王几祀"是指时王的第几个周祭祭祀周期。至今未见有人从此说。近年裘锡圭提出"隹王几祀"词组中的"隹王⼂、⼁、廿祀"可有两种解释，即当写作"佳王凵祀"时，是历来认为的"佳王二十祀"；而当写作"佳王曰（廿）祀"时，"曰（廿）"就不是数字"二十"，而是"口"字了，读作"曰"，"曰"是命令之义，这时的"祀"也不是指"年"了，而是指祭祀之祀，从而"佳王曰（廿）祀"就是商王下命令举行祭祀。① 对此说，常玉芝曾就"十"、"二十"、"三十"、"四十"从商代到西周到战国时的写法的演变情况，从周祭卜辞的文例特征和刻写规律两方面来论证"佳王曰（廿）祀"的"廿"、"廿"仍应是数字"二十"，"佳王曰（廿）祀"仍应读作"佳王二十祀"。她认为将"佳王几祀"这个词组分成两种读法，既读王多少年，又读王下命令举行祭祀，是既不符合卜辞的辞义，又不符合周祭卜辞的契刻规律的。②

2. 周祭祀谱的复原

董作宾、岛邦男、许进雄、常玉芝都相继复原过周祭祀谱。③ 由于他们在先王先妣的祭祀次序上，在五种祀典的祀首上，在周祭的祭祀周期上，在对某些材料的认定上，以及对"祀"字意义的认识上等都存在分歧，因此，他们的周祭祀谱是不一致的。大体上是：因为董作宾、岛邦男、许进雄三人都认为第五期周祭卜辞属于帝乙、帝辛二王，所以他们排的祀谱都是两个祭祀系统的祀谱。④ 常玉芝通过系统整理第五期中的"祊祭"卜辞，发现其中有相当数量的文丁卜辞；又通过对第五期五种祭祀卜辞中对康丁称"祖"，对武乙不称"祖"的现象，论证第五期五种祭祀卜辞中也有文丁卜辞；同时，王二祀、王六祀、王二十祀的三组周祭材料不能容纳在两个王世的祀谱中，据此，她复原的周祭祀谱共是三个祭祀系统祀谱，认为这三个祭祀系统的祀谱分属于文丁、帝乙、帝辛三王。

---

① 裘锡圭：《关于殷墟卜辞中的所谓"廿祀"和"廿司"》，《文物》1999年第12期。
② 常玉芝：《说"佳王曰（廿）祀（司）"》，《夏商周断代工程简报》第83、84期，2000年1月10、20日。
③ 董作宾、岛邦男的祀谱见其著作。许进雄最新的祀谱见《第五期五种祭祀祀谱的复原——兼谈晚商的历法》，《大陆杂志》第73卷第3期，1986年。常玉芝只复原了帝乙、帝辛前十年的祀谱，见其著作。
④ 董作宾、岛邦男的祀谱见其著作。许进雄最新的祀谱见《第五期五种祭祀祀谱的复原——兼谈晚商的历法》，《大陆杂志》第73卷第3期，1986年。

二　祊祭卜辞的祭祀规则

"祊祭"卜辞的文例有三种：

(1) 干支卜，贞祖先名祊，其牢。
(2) 干支卜，贞祖先名宓祊，其牢。
(3) 干支卜，贞祖先名宗祊，其牢。

常玉芝曾对"祊祭"卜辞的祭祀情况做过排比研究[①]，后又对其进行过断代研究[②]。

关于三种文例的祊祭卜辞的祭祀情况，据常氏的研究是：

(1) "祊其牢"卜辞所祭的对象及其称呼是：

武丁，又称祖丁。
祖甲。
康丁，又称康祖丁，还单称康。又一武乙时卜辞称其为"父丁"。
武乙，又称武祖乙，还单称武。
文丁，称文武丁，还单称文武、文。
母癸，武乙之配，文丁之母。[③]

这就是说，"祊其牢"卜辞所祭祀的祖先只有武丁、祖甲、康丁、武乙、文丁直系五先王和武乙之配母癸。是一种对近世直系祖先的特殊祭祀。

---

① 见常玉芝《说文武帝——兼略述商末祭祀制度的变化》，《古文字研究》第 4 辑，中华书局 1980 年版。
② 常玉芝：《祊祭卜辞时代的再辨析》，《甲骨文与殷商史》第 2 辑，上海古籍出版社 1986 年版；又见常玉芝《商代周祭制度》附录，中国社会科学出版社 1987 年版。
③ 常玉芝在 1980 年发表的《说文武帝——兼略述商末祭祀制度的变化》一文中认为"祊其牢"卜辞中的"父丁"是帝乙对其父文丁的称呼，"母癸"是帝乙对文丁之配的称呼。但到 1986 年，她通过考察"祊祭"卜辞的时代，得出"父丁"应是武乙对其父康丁的称呼；"母癸"是文丁对武乙之配的称呼。见《"祊祭"卜辞时代的再辨析》，《甲骨文与殷商史》第 2 辑，上海古籍出版社 1986 年版。

（2）"宓祊其牢"。

（3）"宗祊其牢"。

这两种"祊祭"卜辞所祭的对象只限于武乙和文丁二王，其他诸祖、诸妣一概不祭。因此它是对世系更近的直系祖先的一种特祭卜辞。在这种特殊祭祀中，武乙和文丁也被赋予多种称呼，如武乙又被称为武祖乙；文丁称文武丁、文武。

常氏通过对"祊祭"卜辞中的"称谓的共版关系"和"字体的特征及演变"的分析，得出"祊祭"卜辞分属于文丁、帝乙两王，而不是过去所认为的帝乙、帝辛两王。

1999年，葛英会进一步探讨了"祊祭"卜辞的祭祀规则。他说："祊祭卜辞的致祭次序依先王日名在旬中（即由甲至癸十日）的位次而定，而与先王的世次与继位顺序无关。"① 他归纳了帝乙卜辞对文武丁以及以上四位直系先王的祭祀，其致祭的次序是：

```
首旬   甲日   祊祭   武祖乙
       丙日   祊祭   文武丁
       癸日   祊祭   祖甲
次旬   甲日   祊祭   武祖乙
       丙日   祊祭   武丁
                    康祖丁
       癸日   祊祭   祖甲
```

他还结合古文献记载，提出了"祊祭是正祭前的预备性仪节"的说法。

葛氏发现的祊祭卜辞的祭祀规则，与周祭中先王是依其即位次序而定的祭祀规则是不相同的。这个发现很重要，使一直情况不明的祊祭次序得以明了，使我们知道这个盛行于文丁、帝乙两世的，只对武丁、祖甲、康丁、武乙、文丁近世直系五先王举行的特殊祭祀，也是很有规则的。而他提出的祊祭是正祭前的预备性仪节的新说也是很有创见性的。

---

① 葛英会：《附论祊祭卜辞》，《夏商周文明研究》，中国文联出版社1999年版，第326页至第334页。以下所引不再另注。

第八节 祭地与祀所

一 先公、先王、先妣的宗庙

宗与示是有分别的：宗是指祭祀祖先的宗庙，示则是指神主（或庙主），神主是放在宗庙里的。商人祭祀祖先的宗庙，有宗、升、家、室、亚、宊、旦、宎、户、门、祊等。"升"一释"宓"。下面对这些宗庙分别予以叙述。

（一）宗

先来看先公的宗庙，如下：

1. 河宗

《合集》13532："贞于南方将河宗。十月。"知先公河的宗庙是在南方的。

2. 岳宗

《合集》30298："于岳宗彭，又雨。"

3. 夔宗

《合集》30319："贞王其彭于又宗夔，又大雨。"

《合集》30298："于夔宗彭，又雨。"

由在祖先夔（夒）的宗庙里每每举行的是求雨之祭看，夔应是个掌管农业生产的神灵。

4. 关于王亥、上甲、报乙、报丙、报丁之宗庙

卜辞中尚未发现直接记录先公上甲、报乙、报丙、报丁之"宗"的记录①。上甲的宗庙称作"家"（见后文）。但"上甲"，卜辞作"田"，"报乙"、"报丙"、"报丁"卜辞分别作"㘡"、"囗"、"匚"。杨树达先生说："甲文田字所从之□为何字乎？曰：此即经传之祊字也。《国语·周语》云：'今将大泯其宗祊。'韦注云：'庙门谓之祊，宗祊犹宗庙也。'《诗·小雅·楚茨》云：'祝祭于祊。'毛传云：'祊，门内也。'《礼记·郊特牲》云：'索祭祝于祊。'郑注云：'庙门外曰祊。'余谓韦注'宗祊犹宗庙'之说最为得之。盖祊即是庙，其训庙门，又或训庙门内，或训庙门外，皆庙义之引申也。《国语》曰：'上甲微，能率契者也，殷人报焉。'……报为祭名，韦昭释为

---

① 有一条第三期卜辞曰："弜宗上甲至"，不知是否是指至上甲宗，如是，则上甲是立有宗庙的。

报德之祭，义或然也。行此报祭，必有其所，于是特为立庙焉。故田从囗从十者，谓特起一庙行报祭之甲也。匚甴匸从乙丙丁在匚中者，亦为特起一庙见祭之乙丙丁也。匚甴匸何祭？殆亦报祭也。后人释匚甴匸为报乙报丙报丁，正谓被报之乙丙丁也。盖匚甴匸字之从匚，举其祭所，释义为报，称其祭名，其义一也。……上甲与报乙报丙报丁皆为特庙：囗与匚乃特庙之标符。"① 由杨先生上述之论述，可知上甲、报乙、报丙、报丁也是各有其宗庙的。

5. 示壬、示癸之宗庙

卜辞中未见示壬、示癸宗庙的直接记录。但"示"是神主之意，可以得见示壬、示癸也是应有宗庙立其神主之位的。

其次来看先王的宗庙：

6. 大乙宗

《屯南》2707："在大乙宗卜。"

7. 大丁宗

《怀特》1559："在大丁宗。"

8. 大甲宗

《屯南》2707："在大甲宗卜。"

9. 大庚宗

《屯南》3763："在大庚宗卜。"

10. 大戊宗

《屯南》3763："在大戊。"此辞与上举"在大庚宗卜"同版，故知"在大戊"后省略了"宗卜"二字。

11. 中丁宗

《合集》38223："在中丁宗。"

12. 祖乙宗

《屯南》723："在祖乙宗。"

13. 祖辛宗

《合集》38224："在祖辛宗。"

14. 祖丁宗

《怀特》1559："在祖丁宗。"

15. 小乙宗

---

① 杨树达：《积微居甲文说·释田匚甴匸》，上海古籍出版社1986年版。

《合集》30334:"其又升小乙宾宗。"

16. 武丁宗

《合集》30300:"于祖丁宗。"这是第三期卜辞,"祖丁宗"应是指武丁的宗庙。

17. 祖甲宗

"祖甲宗"未见于卜辞,但是祖甲是立有宗庙的,由前举的"祊祭"卜辞中的"祖甲祊"可以得知。另外下面的卜辞也可证明祖甲是有宗庙的:

贞其自帝甲又延。(《合集》27437)
贞其先帝甲其弘。(《英藏》2347)

这两辞都是第三期卜辞,辞中的"帝甲"是康丁对其父祖甲的称呼。陈梦家说:"帝甲之帝是'措之庙立之主曰帝',犹微之称主甲"[①],因此祖甲是有宗庙的。

18. 康丁宗

《合集》38229:"康祖丁宗。"

19. 武乙宗

《屯南》3564:"于武乙宗。"

20. 文丁宗

《合集》36157:"文武丁宗。"

由以上记录先王的宗庙来看,只有直系先王才立有独立的宗庙,旁系先王一般是没有独立的宗庙的。

21. 父某宗

在第四期卜辞中还有不少"父丁宗"的记录,如《怀特》1559:"在父丁宗。""父丁"是武乙对康丁的称呼。

第三期卜辞中有"父己宗"的记录,如《合集》30302:"父己宗。"此"父己"是康丁称其父祖己。祖己是旁系,未及即位而卒,该辞反映,对曾立为太子而未及即位者,也立有宗庙。这与大丁的情况相类似,只是大丁属直系,而祖己属旁系。

22. 妣、母宗

---

① 陈梦家:《殷虚卜辞综述》,中华书局1988年版,第422页。

女性祖先也立有自己的宗庙，如《合集》23372："妣庚宗。"《合集》23520："母辛宗。"

前一辞是第二期卜辞，辞中的妣庚应是祖庚或祖甲对小乙之配妣庚的称呼。后一辞也是第二期卜辞，辞中的"母辛"应是祖庚或祖甲对武丁之配妣辛的称呼。拥有宗庙的女性祖先都是直系先王的配偶，而且是近世直系先王的配偶，远世直系先王的配偶和所有旁系先王的配偶都是没有自己的宗庙的。

总之，在商代，一般只是对直系先王和直系先王的配偶才设立宗庙，旁系先王和他们的配偶一般是没有自己独立的宗庙的。旁系先王祖己、祖庚立有宗庙"父己宗"、"父庚宓"（见下文），这是康丁或廪辛对其父辈的特殊待遇。

（二）宓

"宓"字，陈梦家释"升"，言："疑当为祢，即亲庙"，"是祭祀所在的建筑物"①。于省吾释"必"，谓："必即宓，谓神宫"，是"祀神之室"②。

癸未卜，祖甲宓，叀……吉。（《合集》27335）
庚申卜，行，贞其又于妣庚宓一牛。（《合集》25056）。

这是第二期卜辞，辞中的"妣庚宓"是指小乙之配妣庚的亲庙。

［壬寅］卜，贞翌日癸卯王其［又升于］妣癸宓，正，王受又又。（《合集》36315）

这是第五期卜辞，辞中的"妣癸宓"是指武乙之配妣癸的亲庙③。

综观宓的卜辞可知，如陈梦家所说"卜辞称某某升（即某某宓——引者）的特点如下：（1）没有早于阳甲的；（2）及于旁系，如阳甲、祖庚；

---

① 陈梦家：《殷虚卜辞综述》，中华书局1988年版，第470页。
② 于省吾：《双剑誃殷契骈枝三编·释必》，1943年。
③ 第五期卜辞中的"妣癸"是指武乙之配，而不是过去所认为的文丁之配。见常玉芝《祊祭卜辞时代的再辨析》，《甲骨文与殷商史》第2辑，上海古籍出版社1986年版；又见常于芝《商代周祭制度》附录，中国社会科学出版社1987年版。

(3) 及于先妣"。

(三) 家

《合集》13580:"己酉,贞于上甲家。""上甲家"应是指上甲的宗庙。

(四) 旦

《屯南》60:"于祖丁旦,寻。于厅旦,寻。"陈梦家说卜辞"'某某旦'疑假作坛"①,即"旦"是宗庙建筑的一部分,当是指宗庙中的祭坛。

(五) 𠭯

卜辞中有不少"𠭯"是指宗庙,如:《屯南》1050:"辛巳,贞其刚于祖乙𠭯。弜刚于𠭯。"

(六) 门

《屯南》1059:"乙亥,贞王其夕令𠭯侯商于祖乙门。于父丁门令𠭯侯商。"

《合集》32036:"王于南门逆羌。"

《合集》21085:"己巳卜,王于围辟门燎。"

"辟门"应是指宗庙的旁门、偏门。

(七) 庭 (廳)

庭是宗庙里的一部分。如《屯南》2470:"甲午卜,王其又祖乙,王飨于庭。"

(八) 户

《合集》27555:"己巳卜,其启庭西户,祝于妣辛。""户"在该辞中是指宗庙的门户。

(九) 室

1. 大室

《合集》23340:"庚辰卜,大,贞来丁亥其塞丁,于大室彡,祊西飨。"陈梦家说大室"是室为庙中之一部分,处于两夹之中间"②。

2. 中室

《合集》27884:"丁巳卜,叀小臣〔剌〕以汇于中室。兹用。丁巳卜,叀小臣剌以汇于中室。"

3. 南室

《合集》557:"庚子卜,贞㞢报于南室。"

---

① 陈梦家:《殷虚卜辞综述》,中华书局1988年版,第472页。
② 同上书,第471页。

4. 东室

《合集》13556 反有"东室"。辞残,不知"东室"是否是指宗庙之室。

5. 盟室

《合集》13562:"㞢于盟室,三大宰。"

6. 𡔥室

《合集》24945:"戊戌卜,出,贞其㞢报于保,于𡔥室酌。"

(十) 宫

公宫:《合集》36541 有"天邑商公宫"。

(十一) 㝬

《合集》30386:"癸亥卜,翌日辛帝降,其入于㝬大㝬,在庭。……于㝬小乙㝬。"

陈梦家说:㝬,"疑所谓夹室、侧室在大室的两旁,大室在正中"①。

(十二) 宜

《合集》376 正有"王左三羌于宜,不左若"。

(十三) 亚

《合集》30297 有"其御于父甲亚"。

陈梦家认为"宗"与"宓"(陈释"升"),"特别是宗,其义为藏主之所。所以在集合的宗庙名中,只称宗"。而其他家、室、㝬等都是宗庙建筑中的某一部分②。

二 集合的宗庙

(一) 大宗、小宗

《合集》34047 有"在大宗,又升伐三羌、十小宰自上甲"。

《合集》34046 有"又升岁,在小宗,自上甲"。

卜辞证明,在大宗、小宗中祭祀的先公始自上甲或先王大乙,他们都是直系先公先王。陈梦家说:"大宗、小宗都是宗庙。其分别是:大宗的庙主自大甲起,小宗的庙主自大乙起。"③ 此说不确。正确的说法应是:大宗、小宗的庙主都是自先公上甲起始的。

---

① 陈梦家:《殷虚卜辞综述》,中华书局 1988 年版,第 472 页。

② 同上书,第 473 页。

③ 同上。

（二）中宗、亚宗

《合集》17445 有"在中宗"。

《合集》30295 有"其乍亚宗"。

陈梦家说："亚宗之亚当如亚妣己、亚祖乙之亚，义为第二。"①

（三）新宗、旧宗

《合集》13547 有"新宗"。

《合集》30328 有"祖甲旧宗"。

（四）又宗

《合集》30319 有"于又宗"。

"又宗"应是指右边的宗庙。

（五）西宗、北宗

《合集》36482 有"于西宗奏示"。

《合集》38231 有"于燎北宗"。

以上论述的是商代集合的宗庙，也即集体的宗庙，有：大宗、小宗、中宗、亚宗、新宗、旧宗、又（右）宗、西宗、北宗。大宗、小宗、中宗、亚宗是就宗庙的面积来称呼的，但也有可能是就宗庙中所祭神主的地位来称呼的；新宗、旧宗是就宗庙建立的先后来称呼的；又（右）宗是就宗庙的位置来称呼的；西宗、北宗是就宗庙的方位来称呼的。

第九节　商代宗教的性质和社会作用

一　商代宗教的性质

商代后期各王时期的宗教，发展状况是不尽一致的。其中尤以武丁时期的宗教与商末几王的宗教差异较大。武丁时期的宗教可以说是还带有某些原始宗教的特性，是中国古老宗教的典型代表；而商代末期的宗教则脱离了不少原始性，具有了某种成熟宗教的特性。

武丁时期的宗教分野，主要有最上层上帝、中层天地间自然神祇和祖先神、最下层鬼魅世界三大信仰系统，崇拜的神灵大致可以分为天神、地神、人神三种，实质上仍是属于自然崇拜与祖先崇拜两大类。商代宗教的性质可从商人所崇拜的神灵情况分析得出。

---

① 陈梦家：《殷虚卜辞综述》，中华书局1988年版，第474页。

(一) 天神崇拜

在商代后期，对天神的崇拜，以武丁时期最强，其次是康丁和武乙、文丁时期，而祖甲和商末的帝乙、帝辛时期最弱。由武丁时期商人对天神崇拜的情况可以推测出，武丁以前的商中期和商前期，也应该是有天神崇拜的，即天神崇拜的观念，贯穿于整个商王朝。

商人把天神的统领者称作"上帝"或简称作"帝"。上帝具有超自然神色彩，不是天神，而是自然社会神的综合、抽象和升华。商人是没有"天"的观念的，我们所说的"天神"是指天上的神的意思。

商人心目中的天神组合即帝廷的情况是：上帝指挥四方神，四方神再指挥雨神、风神、云神、日神等。上帝是通过四方神操纵着其他神灵的。上帝是意志的决定者，四方神是上帝意志的具体实行者。下面是用图表来表示的商人心目中的天神帝廷的组织情况：

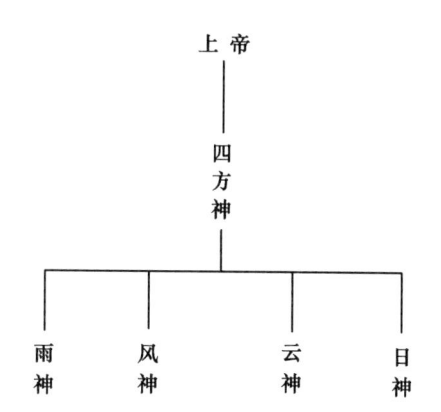

```
          上帝
           │
          四方神
           │
   ┌───┬───┼───┬───┐
  雨神  风神  云神  日神
```

由武丁、康丁、武乙、文丁时期商人对天神上帝和其诸臣使的祭祀来看，当时的宗教应该是农业性质的宗教。由商人心目中的帝廷组织来看，天上的诸神灵是有着等级的区分的，因此当时的宗教又有着宗法性宗教的性质。[①] 但由上帝还有其他权能来看，当时的宗教又具有一定程度的杂牌宗教的原始性质。

(二) 地神崇拜

殷墟甲骨卜辞中的第一期、第三期、第四期卜辞，即武丁、康丁、武

[①] "宗法性宗教"一词是由宗教学家牟钟鉴先生提出的。见牟钟鉴、张践《中国宗教通史》上，社会科学文献出版社 2000 年版，第 78 页。

乙、文丁时期的卜辞表明，商人最崇拜的地上神灵是土地神（即社神），其他还有山神、川神等。商人对土地神进行着隆重的祭祀，这也反映出当时的宗教是具有农业性质的宗教。

（三）人神崇拜

在整个商王朝，商人崇拜的诸多神灵中，最受重视的不是天神中的诸神，也不是其他自然神，而是商人的祖先神。早期的武丁卜辞就表明，商人祭祀祖先神要比祭祀自然神频繁得多，仪式要隆重得多，祀典也更为繁复，祭祀祖先神用牲的数量很多，并且多用人牲和大牲畜牛牲；而祭祀自然神的次数则要少得多，祀典也简单得多，用牲的数量也很少，而且又多用羊、犬、猪等小牲畜，少见用人牲。到了商代末期，甚至对诸天神和其他自然神已不再进行祭祀了；但对祖先神的祭祀，却是随着时间的推移，越来越规范化和制度化了。

商人祭祀高祖、先公、先王诸祖先神所祈求的内容也是多与农业生产有关的，因此，对祖先神的崇拜也反映出商人的宗教主要表现为是农业性质的宗教。商前期的宗教还带有某些原始宗教的特性；商末期的宗教则多表现为是宗法性质的宗教，并且已经是比较成熟的宗教了。

二　商代宗教的社会作用

商代宗教的社会作用，可从分析商人宗教崇拜祭祀的神灵入手。商人崇拜的这些神灵，从实质上说，就是自然神崇拜与祖先神崇拜两大类。

（一）利用宗教神权使王权合法化

商人的自然神崇拜中，最为崇拜的是上帝。商人塑造的上帝有自己的帝廷组织，有帝臣供其驱使，有至高无上的权力，这显然就是人间朝廷、王权的翻版。很显然，商王是利用上帝在天上的神权来反映自己在人间的王权。卜辞就记录商王在人间是个一人独大，一人独尊的权威，他称自己为"余一人"、"一人"，如《英藏》1923 的"余一人"。

又如商王利用上帝的神威来使自己的征战合法化，如卜辞：

　　　　贞王㞢沚馘比，伐巴方，帝受我又。
　　　　王勿隹沚馘比，伐巴方，帝不我其受又。（《合集》6473 正）
　　　　辛亥卜，㱿，贞伐舌方，帝受［又］。
　　　　贞帝不其［受又］。（《合集》6270 正）

这两版卜辞分别从正反两面卜问商王武丁要去征伐巴方和舌方，上帝是否对商王授予保佑。商王征伐方国卜问上帝保佑与否，是商王利用宗教的神权来使自己的王权合法化。

商王还利用宗教占卜来维护自己的统治，维护自己一贯正确的形象。这由下面两条卜辞可以得到绝妙的证明：

> 癸酉卜，亘，贞臣得。王占曰：其得，隹甲、乙。甲戌臣涉舟延 㠱，弗告。旬有五日丁亥执。十二月。（《合集》641 正）

该辞由贞人亘在癸酉日卜问"臣得"，"得"是得到、抓到之意；商王武丁视兆后的占辞说：在甲日或乙日可以抓到；于是第二天的甲戌日臣就坐船涉河去抓了，结果是"弗告"，即没有报告抓到；后来的验辞记录说是在 15 天之后的丁亥日（由卜日癸酉日起算）执获的。该条卜辞反映商王的占卜是不灵验的。结果又出现了下面的一条卜辞：

> 癸巳卜，宾，贞臣执。王占曰：吉，其执，隹乙、丁。七日丁亥既执。《合集》643（一期）

该辞由贞人宾在癸巳日卜问"臣执"；商王视兆后的占辞说：吉利，在乙日或丁日可以执获到；验辞说："七日丁亥既执"，意思是说在由卜日癸巳日逆数的前七天的丁亥日已经捕捉到了，"既"之意为已经的意思。验辞在这里似乎只是为了证明商王判断在丁日能扑捉到是正确的。商王因为第一次卜问即癸酉日卜问的占辞说甲日或乙日可以抓到，但实际上是在丁日抓到的，说明商王的占验不灵，于是在已经抓到罪人的第七天癸巳日又用另一个贞人宾再卜问一次，商王再视兆，这次的占辞改为乙日和丁日可以抓到了，因为前次已证明甲日没有抓到，故删去了，而丁日抓到已是事实了，故加上，而上次言乙日也可以抓到，虽事实证明乙日没有抓到，但为了使预测的日期宽泛故也要保留。这就给人的印象是商王为了维护自己的正确形象不惜采取虚伪的手段。由此也可以看出，所谓占卜，也是商王用来维护其统治的一种手段。另外，它也反映出商人有这样一种心理状态，即如果事情的结果与占卜的结果不一致，就于心不安，总是反复占卜，直到二者一致才心安理得。

以上说明商代的统治者利用商人的宗教信仰为自己的政治目的服务，利用宗教占卜来维护自己的统治。商代的政治是神权政治，商代的政治与宗教是合一的，是政教合一的政治。

(二) 利用宗教建立和巩固宗法制

商朝统治者利用对祖先神的祭祀，实行对祖先神逐渐淘汰的祭祀制度，以建立重近世、轻远世，重直系、轻旁系的宗法制。根据现有的材料可以断定，这种淘汰制贯穿于商王朝的始末。如在早期的武丁卜辞中，对一些远世的高祖先公进行祭祀，但到商代末期对他们都进行淘汰不予祭祀了。又比如，在商代末期盛行于文丁、帝乙两世的，较有一定祭祀规则的三种类型的"祊祭"卜辞中，"祊其牢"类型祭祀的是武丁、祖甲、康丁、武乙、文丁直系五先王和武乙之配母癸，这本来已是只祭祀近世的直系祖先了，但是到帝乙时的"宓祊其牢"、"宗祊其牢"类型卜辞中，又进一步地将较远世的武丁、祖甲、康丁三王和武乙之配都淘汰不进行祭祀了，而是只祭祀更近世的武乙、文丁二王，武乙是帝乙的祖父，文丁是帝乙的父亲。这种重近世、轻远世，重直系、轻旁系的制度是建立宗法制的表现。

商代统治者在祭祀自上甲以来的先公、先王时，不但重视直系、轻视旁系，而且对直系的先公、先王也不是一视同仁的，不是平等对待的，而是有区别的。对先公、先王的崇拜与祭祀，在武丁时祭祀的总共26位先公、先王中，商人最崇拜的先公是上甲，最崇拜的先王是大乙、祖乙，其次是大甲、祖辛、祖丁、小乙，他们都是直系先公先王，而且大多都在商族的历史发展中作出过重要贡献。而对那些在商族历史上没有什么特殊重要贡献的直系先公先王，尤其是对那些不合法即位的旁系先王，商人只给予一般的祭祀，祀典既贫乏，也不隆重。商人这种重直系、轻旁系，重有功之王，即对祖先进行区别对待的做法是建立宗法制的表现。

商代末期的周祭制度对自上甲以来的直系先公先王和旁系先王都进行祭祀，其中大乙之子大丁和武丁之子祖己都未曾继位为王，但是因为他们都曾被立为太子，是王位的合法继承人，所以在周祭中也对他们进行祭祀。特别是对女性祖先的祭祀，尤显商代实行亲疏有别的宗法制。在周祭中，只对直系先公先王的配偶进行祭祀，并且是只对直系先公先王的法定配偶才进行祭祀，对直系先王的庶妻和旁系先王的配偶都是不予祭祀的。在这种宗法制度下，只有直系先王嫡妻的嫡长子才是王位的合法继承人①。商人这种利用宗教祭祀来推进和巩固区分嫡庶、区分亲疏的宗法制度，无疑推动了中国历史的发展。而对祖先进行世代的祭祀，就开辟了中华民族祭祖、尊祖、敬祖的先河，其深远的影响一直延续到三千多年后的今天。

（三）宗教祭祀促进了手工业、科学、文化的发展

商代独特的宗教祭祀促进了当时手工业、科学和文化的发展，这集中体现在青铜礼器的铸造，天文历法学的进步、文字的成熟等几个方面。

商人在对诸神，特别是在对诸祖先神进行祭祀时，需要使用大量的青铜礼器。在殷墟甲骨文中就有卜问铸造青铜器的记录：

王其铸黄吕，奠血，叀今日乙未利。（《英藏》2567）

齐文心说："'黄吕'指黄铜。'奠血'意思是以牲血奠祭新铸铜器。这条卜辞是贞问：为了给殷王铸造铜器，举行奠血之祭，在今日乙未，是否吉利？说明当时铸铜是一件隆重大事，需举行祭祀而且卜择吉日。"又引《甲》1647卜辞：

丁亥卜，大，[贞]……其铸黄[吕]……作凡（盘）利唯……

齐文心就该辞说，卜问"其铸黄[吕]"、"作凡（盘）"，也"是关于铸铜作盘择吉日的贞问"。② 商人铸铜要举行祭祀，这由考古发掘也可以得到证明，如1959年在殷墟苗圃北地的铸铜遗址就发现了5个埋牛或马的坑。埋牛的2个坑皆为圆形，以整头的牛捆缚着掩埋，一头呈跪卧状，一头做蜷曲状。3个埋马的坑内各埋1匹马，1匹为整马，2匹皆无头。发掘者认为这些祭祀坑中所掩埋的牛和马，都是与铸铜有关的祭祀用牲③。

商代铸造青铜器的手工业技术，继夏代以后逐渐走向了成熟的阶段。随着商代宗教祭祀的发展，到了商代晚期，青铜器手工业的铸造技术已经达到了顶峰。

---

① 常玉芝：《论商代王位继承制》，《中国史研究》1992年第4期。
② 齐文心、王贵民：《商西周文化志》，上海人民出版社1998年版，第81页。
③ 中国社会科学院考古研究所：《殷墟发掘报告》，文物出版社1987年版，第26页。

考古发现表明，在商代早期、中期，青铜礼器的数量还比较少，器物的种类也比较少；但是到了商代晚期，青铜礼器的数量就非常多了，而且器物的种类也相当复杂。如在著名的"妇好墓"中，出土的青铜礼器就有210件，还有乐器（铙）5件。

商代早期的青铜礼器以素面为多，有的有单层花纹；中期装饰花纹大大增加了，并出现了双层花纹，主要的纹饰有饕餮纹、云雷纹、弦纹、涡纹等；到晚期则流行三层花纹，有的有扉棱，并大量出现了以动物为原形的牺尊，有的铜器上铸有铭文[①]。不少青铜器上铸有较长的铭文，长铭文往往记录的是宗教祭祀的内容。商代宗教祭祀的发展促进了青铜器手工业铸造技术的进步是至为明显的。

武丁时期的商人为了年成的好坏频繁地卜问风、雨、云、雹等自然气象情况，长此以往，人们就逐渐掌握了某些自然现象的变化规律，逐渐认识到这些自然现象是不以人们的意志为转移的，所以到了商代末期，就很少见到有卜问气象的卜辞了。这说明商代的宗教祭祀促进了人们对自然规律的认识。

商代宗教祭祀促进了历法的发展。在商代末期，人们根据周祭的一个祭祀周期是三十六旬或三十七旬的时间，与一个太阳年的日数相当的情况，创立了以"祀"名"年"的纪年法；他们还根据祖先的庙号创立了以祖先的日干名纪日的方法，如"上甲日"、"大乙日"等[②]；还创立了用干支加周祭祭祀纪日的方法。所有这些历法上的创新，都是与宗教祭祀有关的。

商人举行宗教祭祀，要在龟甲和牛胛骨以及其他兽骨上刻写占卜文字和纪事文字，要在青铜器上铸造文字，这无疑促进了文字的发展，使甲骨文、青铜器铭文逐渐发展成为能够记录各种事项的成熟的文字。今天的汉字与三千年前的商代甲骨文是一脉相承的。

商代的宗教祭祀虽然有上面所说的正面的积极的作用，但它也带来一些负面的作用。主要表现在两个方面：

（一）破坏生产的发展

考古发现与商代后期的甲骨文证明，商人宗教祭祀的一个最大特点，就

---

① 见中国社会科学院考古研究所编著《中国考古学·夏商卷》，中国社会科学出版社2003年版，第387—395页。

② 详细论证见常玉芝《殷商历法研究》，吉林文史出版社1998年版，第95—103页。

是祭品多使用牺牲。牲品除了有羊、猪、犬等小牲畜外,还包含有大量的人牲和大牲畜牛牲、马牲。

甲骨卜辞和考古发现证明,商人宗教祭祀所使用的牺牲数量是相当惊人的。如卜辞记载,在一次祭祀祖先的活动中,商人就杀掉了100个羌人和100头牛作为祭品。而殷墟考古发掘所披露的祭祀杀牲情况更是令人震撼:如在殷墟的王陵区,经过考古钻探所发现的祭祀坑就有2200余个,这些祭祀坑都连成一片,形成一个庞大的祭祀场,总面积在10万平方米以上①。又如1976年在殷墟发掘了191个祭祀坑,其中较早的南北向的坑共18组,坑内共埋人骨架约1000具,一次用牲数最多达339人,一般为数十人至百人不等。经医学鉴定,商人宗教祭祀所杀掉的人牲以青壮年男性为最多。这种大量地使用青壮年男性和大牲畜牛、马作牺牲的做法,无疑是对社会生产力的严重破坏,影响了经济的发展,阻碍了社会的进步。

(二) 引发对方国部族的战争

商人频繁地举行各种名目繁多的祭祀,就必然需要大量的牺牲。这些牺牲只靠商族本身的力量是无法满足的,于是就发动战争,向别的方国部族进行掠夺,通过战争抓获俘虏充当人牲,掠夺牛、马、羊、猪等做动物牺牲。

殷墟考古发掘证明:"在30年代所发掘的埋人牲的祭祀坑中,有10座坑中出土铜镞和骨镞,这些镞多紧贴人腿骨,似为人牲生前伤中所带,这些人牲当为在战争中俘获来的俘虏。"②而所使用的动物牺牲,卜辞记录,一次祭祀使用的牛牲100头、50头、40头的情况并不鲜见;商人还大量地使用马做牺牲,在殷墟王陵区的一次发掘的40座祭祀坑中,就有30座是埋马的坑,共埋马117匹。这么多的动物牺牲不靠战争掠夺是远远不够的。

据初步统计,武丁时征伐的方国部族有81个,武乙、文丁时征伐的方国部族有28个,祖庚、祖甲时征伐的方国部族只有2个,第三期有17个,第二、三期无大战役。第五期征伐的方国部族只有8个③。这种情况反映出,祭祀的次数最多和用牲量最大的商王武丁,其所发动的征伐方国部族战争就

---

① 高去寻先生曾指出:"这片墓地的东面还有大部分地方没有经过发掘,我们所掘过的地方仅约相当它的四分之一的东北角地带。"见高去寻《刀斧葬中的铜刀》,《"中研院"历史语言研究所集刊》,第37本上册,台北,1967年。

② 杨宝成:《殷墟文化研究》,武汉大学出版社2002年版,第104—105页。

③ 见王宇信、杨升南主编《甲骨学一百年》,社会科学文献出版社1999年版,第498—499页。

最多，并且征战的对象也最多。第四期的武乙、文丁则次之，第五期的帝乙、帝辛时最少。这一点由1976年在殷墟发掘的191座祭祀坑的情况也可以得到证明，即越到晚期所用人牲的数量就越少，与甲骨卜辞的记录相吻合。

商人利用发动对方国部族战争的方法，去俘获战俘用做祭祀时的人牲，去掠夺牛、马、羊、猪等动物作祭祀时的牺牲，这必然会加深各部族对其仇恨，引发商人与各方国部族的战争与冲突。

第九章

商代战争与军制

我国古代有"国之大事，在祀与戎"的传统，有关商代历史的文献记载虽然由于年代久远而缺失严重，但古籍中仍保留下一些口耳相传的史料，另一方面甲骨文的发现和研究使我们获得了很多有关战争的占卜遗存，而商文化以及商代文化遗存的考古发现和研究成果则进一步丰富了我们对于商代战争与军制的认识。

就文献而言，《尚书》、《逸周书》、《诗经》、《易·爻辞》、《左传》、《竹书纪年》等先秦文献和先秦诸子中都有一些零星的记述，《史记·殷本纪》则是在前人的基础上，进行了系统整理、筛选相关记载撰写而成。这些记载仍有"传说与史实混而不分，史实之中固不免有所缘饰"[①]的现象，自汉代以来，很多学者对这些记载进行过校订、注疏、考辨、辑佚等研究工作，这固然进一步造成商代历史上的一些问题众说纷纭，但也足以说明中国传统史学并非将文献记录直接当做历史事实而全盘相信。

考古发现的大量古代遗址及遗迹、遗物揭示出很多文献失载的史料，更为考辨文献记载提供了丰富的实证。考古资料是真实历史的遗留，但有一定的局限性，首先考古发现有一定的偶然性，其次如何通过考古发掘的物质文化遗存复原历史，更是见仁见智；考古发现的文字资料，行文古朴简约，也会有不同理解，尤其是甲骨文，虽然是第一手资料，但今所见的甲骨文绝大部分是卜辞，有关征伐的验辞和记事刻辞少，不仅多见省略句，反映的仅是可能发生的事或相关的策划和考虑，不是实际发生的事或确已实施的谋划，而且所见的甲骨文纪时绝大部分只有日干支，系月少，系年的更少，这些给

---

① 王国维：《古史新证——王国维最后的讲义》，清华大学出版社1994年版，第1页。

战争史的排谱研究的各种探索提供了空间，也给排谱的可信性提出很多问题。

甲骨文发现的一百多年以来，随着释字、解读和分期研究的不断深入，对征伐卜辞的整理研究也取得很大进展，如《甲骨学一百年》总结说，甲骨卜辞的分类整理释读始于罗振玉《殷虚书契考释》（甲寅十二月，即1915年初），第六部分"卜辞"之第六类为"卜征伐"，下列征伐卜辞释文35条，其后各家对传世甲骨的著录大抵也是分类编排，多设有"征伐"一类；对方国征伐的专题研究较早见于陈梦家《隹夷考》（1936年）；对战争进程进行排谱研究始于董作宾《殷历谱》（1945年）；后来陈梦家《殷虚卜辞综述》（1956年）更开始了对征伐卜辞的梳理和综合研究。① 对于殷墟卜辞中涉及的被商王朝征伐过的方国、地点的数据，各家统计不同。《甲骨学一百年》认为1—5期卜辞的征伐对象共计136个，最多的是武丁时期，征伐的方国地点共81个，所论大抵有据。但从列举出的名号看，有些还是可以讨论的，如梳理相关资料、进行综合考察可知，"御方"之"御"和"获征戎"之"戎"应不是敌对方国的专名；而 $\mathcal{P}$ 和 $\mathcal{P}$ 则应是同一个国族名的异体。就目前研究水平而言，对卜辞的通读、理解还存在一些问题，尚难进行精确统计。

又如确切可知的甲骨文征伐资料，基本上都是商代后期，即武丁及其以后的遗存，所以过去对于这一时期的战争了解较详，联系"高宗伐鬼方"（《易·系辞》）的记述，对于武丁复兴商王朝的历史认识比较充分，对商代前期开边的认识难免不足。而近些年来大量商代遗存的发现，尤其是从前期到后期商文化遗存在北部、西部、西南等地分布的进退，给以我们对商代国力和疆域的较全面认识，而这种认识使我们对商代战争概貌的了解进一步接近了历史原貌。

总之，古代的遗址、出土文献和传世文献的综合研究，为今天比较全面地认识商代战争与军制提供了可能，但在这些资料的使用过程中需要注意加以分析和鉴别，才能在前人研究的基础上有所进展，获得较为全面、较为接近历史真实的认识。

---

① 见王宇信、杨升南主编《甲骨学一百年》，社会科学文献出版社1999年版，第496—500页。

第一节 商代前期的战争

一 商汤灭夏

商王朝是通过伐灭夏王朝而建立起来的。公元前 1600 年前后,汤还是一个居地七十里、臣服于夏的小国国君,其先世可能发祥于古冀州之域,由于古代地理和气候环境的变化,沿太行山东麓南下,当进发到豫北沁水流域时,遭遇到夏王朝势力的阻拦,其中一支沿古东夷系统文化和夏文化分布区交接的边缘地带向豫东渗透,在"屡迁"的过程中不断吸收周围文化影响,在与古东夷系统文化建立进一步联系的过程中不断壮大,至汤时已为"革夏"奠下基础。

立国四百多年的夏王朝,统治中心始终主要在伊洛及其附近地区。相传禹都阳城,其地在河南登封告成镇一带,还有禹都阳翟说、夏代后期都城斟鄩说,阳翟在今禹县、登封之间,伊洛盆地中部的偃师二里头更发掘出一处大规模的夏文化遗址。对于这一地区,古代曾有"左据成皋,右阻渑池,前乡嵩高,后介大河,南望三途,北望岳鄙,三河若鼎足,泝伊背河,为天下之中"的说法①。它东接虎牢关,是通向黄淮平原又一门户;西出崤函可直达关中盆地;北从孟津可以渡过黄河,到达晋西南;南沿伊、洛之水上溯,到达汉水流域以及南阳盆地。中间狭长伊洛盆地,有伊、洛、瀍、涧四水,土地肥沃、沟渠纵横、气候温润,适宜发展农业生产。崤山、熊耳山、伏牛山、嵩山环绕西、南、东三面,既有利于军事防卫,又有谷地关隘通往四方。

除了依托都城周围形势之险,还将忠实的与国——韦、顾、昆吾安置在险要地点,形成萌芽状态的封疆警卫体系,这就是《诗经·商颂·长发》所谓"苞有三櫱"。其中韦即豕韦,其故地在今滑县东南,是抵御东北方强敌入侵的第一道防线,在它的东北方正是先商族的发祥地;顾,就是滨于黄河、近于沁水的雇,曾与夏后启大战于甘的有扈氏的故地,作为进出伊洛地区的咽喉要地,顾紧守防御外敌入侵腹心地区的第二道防线;昆吾,据近世考古学与文献相结合的研究成果,很可能就在新郑附近,这里在古代军事上具有重要地位,它西去是夏都阳城(告城镇)所在,东去是广阔的豫东平

---

① 见《河南通志》卷六疆域"河南府",是综合《史记》、《汉书》等记载所作的归纳。

原，当先商势力已经发展到豫东平原的北部之时，昆吾锁住豫东之敌进入夏王朝腹心地区的门户，建立起第三道防线。

商作为一个新兴的小国，采取的是一步步靠近夏王朝的统治中心，"奉桀众以克有夏"① 的策略。汤始居亳，其地望历来多有争论，但从文献记载看，以曹亳的可能性最大，它既远离夏王朝的腹心地带，又处于四达之冲，既利于保存发展自己，又便于进取中原。居亳之时，发生"葛伯仇饷"，汤以"为匹夫妇复雠"的名义灭葛②，检阅了自己的军事力量，麻痹夏后氏的警觉，更赢得了人心和声誉，汤伐葛与夏桀为私欲伐有施氏、岷山氏形成鲜明的对比，为"奉桀众以克有夏"奠下基础。以后，又进行了一系列的征讨，所伐之国相传有洛、荆、温等。关键战役则为伐灭韦、顾、昆吾，从而斩断夏桀统治的左膀右臂，使夏王朝和商人方国力量对比发生实质性的变化，也为西进伐夏扫清道路。汤在使用军事手段的同时，在政治方面还致力于网罗人才，不仅吸收了夏王朝的贤臣，还从被统治阶级中选拔能辅佐他的人，如伊尹等，并实行布德施惠的策略，争取民心、争取同盟者，进一步壮大自己。

政治和军事的两手是互相配合、交替进行的，根据相关记载，盟诸侯的"景亳之命"③ 可能在伐韦以前；在灭昆吾前后，可能实行将政治中心迁往今郑州之举，建立伐夏基地，即文献所载"乡有夏之境"。

而就军事行动而言，商汤对于与夏桀的决战则采取慎重而又积极的态度，如出兵之前，按照伊尹谋略连续停止对夏桀的贡纳，当桀尚能调动九夷之师时，则谢罪请服，直到九夷之师不再听从桀命，才兴师伐夏。又如决战前，曾派伊尹间夏，不仅传回夏王朝内部矛盾尖锐化的报告，而且刺探到夏桀两日相斗之梦，制定军事打击与心理攻势相结合的策略。在伐灭昆吾，占据今新郑，打开了入夏门户的前提下，商汤大军很可能是至新郑集结，西去登封，沿其西北三十里缳辕山阪道十二曲直插巩县西南，这样既可避免从东方西进直取斟寻，遭遇把守汜水西关的重兵，又能给陶醉于"西方日胜，东方日不胜"的夏桀出其不意的打击。致使当商汤军队突然出现在斟寻西南

---

① 《墨子·非攻下》。

② 《孟子·滕文公下》。

③ 《左传》昭公四年。

时，夏桀猝不及防，"未接刃而桀走"①，仓皇出奔。

商汤、夏桀的决战是鸣条之战，夏桀从斟寻西行，穿崤函险道，至陕县渡河或出氾水西关，西行，从孟津渡河至晋西南。文献有"桀都安邑"②说，安邑在今运城盆地东缘的夏县，在夏县东下冯已发现一处大型二里头文化遗址，东傍中条山，西北约5公里就是蜿蜒绵亘的鸣条岗。商汤继续把握对夏桀的心理攻势、西行迂回至蒲坂关渡河，经今山西永济县境的陑山，进入运城盆地，沿涑水及其支流青龙河上溯，走险道逼近安邑的郊遂，在鸣条与桀师相遇，大败夏桀，擒获其勇士推哆、大戏，夏桀再次溃逃至历山，在断陷盆地和断陷湖群中，"与妺嬉及诸嬖妾同舟浮海，奔于南巢之山而死"③。商汤乘胜扫灭尚未降服的夏之属国——三朡等，巩固胜利，扩大战果，宣布建立商王朝。

成汤灭夏的战争是全面运用"伐谋"、"伐交"、"伐兵"、"用间"的战例。在知己知彼的基础上确立了正确的战略方针，如以有备之师突袭敌方和速战速决的作战行动等，保证了军事行动的顺利进行。而将政治攻势与军事攻势相结合，得以不断壮大自己，削弱敌人，使商汤作为一个小国君主，能够"奉桀众以克有夏"，这是商汤伐桀战争有别于武王伐纣的一个特点。可能正因为如此，在文献中留下了"汤既胜夏，欲迁其社，不可，作《夏社》"的记载，在考古学的商文化中则反映出有对二里头文化的吸收和融合过程，而在具有浓重军事色彩的偃师商城存在的同时，作为夏旧都的二里头遗址仍持续着一定程度的繁荣，这是一个特别值得注意和深入研究的问题。

二　商代早期的四方拓展

根据各地商文化遗址的发现，约略可知商王朝建立之初，所辖区域主要在河南省中西部的伊洛——郑州一线和晋南、关中东部地区，大致与夏王朝直辖区域相当。为了巩固新王朝首先着力经略"有夏之居"，在郑洛地区修建了偃师商城和郑州商城，作为商代前期重要的施政中心。在有夏墟之称的晋南，则在夏人聚落的遗址上，修建了垣曲商城和夏县东下冯商城，作为商代前期地区性政治、军事、文化中心。值得注意的是四座商城两两成组，立

---

① 《吕氏春秋·慎大览·慎大》。

② 《尚书·商书序》汉孔氏传。

③ 《帝王世纪》。

于黄河两岸,直线距离为60—90公里,各组都有一座军事色彩十分鲜明,这种布局当与商代初期的政治军事形势有关。随着这些商城的繁荣,商人势力不断加强,商人的聚落在晋南日益增多,在中原更从郑洛地区扩展到今河南省的大部分以至更远的地域。

商王朝早期,在豫北焦作还有一座府城商城,它北靠太行山,南望沁水和黄河,最早这里曾是二里头文化,即夏人的聚落,商王朝建立以后,成为商人的聚落,后来又修建了城垣和宫殿。这座商城西有轵关陉,北有太行陉和白陉,南有孟津渡,是豫中与晋南的交通要冲,更是联系郑洛地区和豫北冀南的重要渡口,修建目的不仅是镇抚夏遗民,更是沿太行山东麓北向拓土的军事据点。第二个据点是河北石家庄市东侧的藁城台西的商代遗址,其地北临幽燕,南接卫郑,西通晋秦,东达齐鲁,也是东西南北交通要冲,在商代则为一北方重镇。依托这两个据点,商王朝势力不断北向拓展,相继进入冀南的邯郸地区、邢台地区、石家庄地区乃至太行山以北的壶流河流域张家口地区的一些地点。这一发展趋势与祖乙迁邢,统治中心移到冀南邢台地区有关,以后随着盘庚迁殷,回到豫北,继续东向发展,却中止了继续北进的势头,商代中期之末,退出了张家口地区。[①]

商王朝东进的势头是强劲而持续的,商王朝建立后,首先将豫东纳入王朝的版图。豫东周口地区原为岳石文化分布区,河南鹿邑栾台的考古发现表明,商代早期已开始在该地营建聚落,作为向安徽江淮地区的西部进军的据点,迫使土著古夷人步步后退。到了商代中期更以迅猛之势占据了整个豫东。

与此同时,商王朝势力进入山东,济南大辛庄是已知最早嵌入了东方的腹心地区的商文化遗址,其上限在郑州商城持续繁荣之时,如果说郑州商城衰落及小双桥遗址与仲丁迁都有关,那么最早这个聚落很可能是大戊为开拓东方奠下的基石,它坐落在泰沂山北缘,古济水之南,扼控中原地区通往山东半岛沿海地区的陆路、水路交通之要道,具有重要的战略地位,直到殷墟晚期,商王朝一直牢牢抓住这一据点,作为地域性的统治中心。在鲁西南菏泽、曹县一带考古发现表明,该地区原为中原系统的先民的活动范围,夏代古夷人系统的岳石文化先民西向扩展,中原系统的先民退出这一地区。早商、中商之际,商人势力东进,夷人逐渐退出,商王朝占据了鲁西南,用为

---

① 王立新:《早商文化研究》,高等教育出版社1998年版,第180页。

对东方的全面开拓的战略要地。在鲁南滕县也发现了包括自早商至晚商的大型遗址，可见商王朝势力进入或影响到山东地区要早于仲丁征蓝夷。

文献记载，从仲丁开始"蓝夷作寇"①，遂征蓝夷、伐班方。20世纪末在河南郑州石佛乡发现了小双桥遗址，在大型祭祀坑中，一种造型独特、磨制精细的岳石文化石器与大量牛头、牛角、兽骨、玉器等埋在一起，研究者多认为系对东夷战争中缴获的战利品，从而印证了仲丁征蓝夷的史事②。

在西方，夏王朝鼎盛时期，其势力已进入陕西东部，但分布大体不出华县，到了商朝建立之初，即相当二里岗下层早段，已将西进的据点推进到西安一带，在鼎盛阶段，西界达到了沔水东岸，范围扩大到关中平原的大部分和商洛地区的一部分③。武丁以后商文化退出关中，先周文化进入该地区④。

在南方，商王朝的发展分两条路线进行，一路是打通江淮：在向豫东发展的基础上，通过周口地区到达安徽江淮之间霍山—巢湖一线之北；一路是进发江汉，现在知道商代早期在汉水以东、桐柏山以南，长江以北地域的随县、大悟、黄陂、新洲等地，都有南下的商人留下的踪迹。到了盘龙城宫城修建起来以后，不仅湖北境内汉水以东和汉水下游地区已被商文化占据，长江南岸的湘江、澧水下游以及赣江下游的通道地带，也出现了商文化的若干据点。盘庚迁殷前后，商文化开始由长江以南向北收缩，约在武丁即位之前，长江流域广大地区基本上为地方性考古文化所覆盖⑤。

商王朝前期设在南土的重镇是武汉黄陂盘龙城遗址群，它具备险要的地理位置、高耸的城垣，还发现了军事统帅墓和武士墓，说明商代早期盘龙城拥有重兵把守。因为这里是长江中游的一个重要港口，中原与江汉南北交通的咽喉，可以利用长江、汉水为主要航道，连接江汉湖泊，构成四通八达的

---

① 《后汉书·东夷列传》。

② 河南省文物考古所等：《1995年郑州小双桥遗址的发掘》，《华夏考古》1996年第3期；陈旭：《郑州小双桥商代遗址即隞都说》，《中原文物》1997年第2期。

③ 参见国家文物局主编《中国文物地图集·陕西分册》"陕西省夏商时期的遗存"，西安地图出版社1998年版，第101—102页。

④ 徐天进：《试论关中地区的商文化》，《纪念北京大学考古专业三十周年论文集》，文物出版社1990年版；《陕西耀县北村遗址1984年发掘报告》，《考古学研究》（二），北京大学出版社1994年版。

⑤ 中国社会科学院考古研究所编著：《中国考古学·夏商卷》，中国社会科学出版社2003年版。

水运交通网。而与黄陂一江之隔、东南距武汉百余公里范围内的大冶、阳新、瑞昌都有青铜时代最重要的矿产资源,而且商代前期已经在那里进行了开采和冶炼①。

从盘龙城沿长江下行,可直抵九江,今在赣北九江龙王岭已发现商代早期遗址,江西瑞昌铜岭铜矿遗址的地理位置,正介于九江与阳新之间。在与铜岭古铜矿相距两公里的瑞昌市檀树咀,还发现一处商代遗址,从文化面貌看檀树咀遗址的居民或许就是古铜矿的开采者②。

由长江入鄱阳湖再进赣江,是江汉平原与江西地区联系的一条古老的要道。这条路线上已发现了以吴城遗址为代表的吴城文化和新干大墓等,有一种意见认为这是为保卫商王朝青铜资源供给,而南下并在当地长期居留的一支商人遗存,由于吸收、融合了部分当地民族文化的优秀成分,形成商文化新的地方类型③。类似的现象也见于湖北、湖南,从武汉溯江而上可直达江陵的荆南寺遗址,以荆南寺遗址为代表的荆南寺类型的分布基本占据了江汉平原南部的广大地区。

其中岳阳铜鼓山遗址是与盘龙城等级不同,作用相似的商代遗址,它位于洞庭湖东北的长江干流南岸,地处盘龙城与荆南寺之间,其南则是洞庭湖东岸土著文化的范围,所以,有研究者认为,铜鼓山遗址是为确保长江干流水路畅通的南下商人在长江南岸建立的军事哨堡④。

总之,商王朝的早期掀起了向四方开疆拓土的第一个浪潮,其中必然包括战争和武装移民的手段,它造就了商王朝的强大和繁荣,迫使一些土著民族迁往更加边远的地区,但总体说来,促进了中原和四方的文化交流和融合,使中华古代文化更为丰富多彩,同时也推动了对中华大地各种资源的开发利用和青铜文明的进一步发展。

---

① a. 湖北文物考古所编著:《盘龙城——1963—1994年考古发掘报告》,文物出版社2001年版,第503页;b. 刘诗中、卢本珊:《江西铜岭铜矿遗址的发掘与研究》,《考古学报》1998年第4期。
② 江西省文物考古所、瑞昌市博物馆:《江西瑞昌市檀树咀商周遗址发掘简报》,《考古》2000年第12期。
③ 何介钧:《试论湖南出土商代青铜器及商文化向南方传播的几个问题》,见李伯谦编《商文化论集》,文物出版社2003年版。
④ 参见向桃初《湖南商代晚期青铜文化的性质及其与殷墟商文化的关系》,见湖南省文物事业管理局编《考古耕耘录——湖南中青年考古学者论文选集》,岳麓书社出版1999年版。

第二节 武丁振兴商王朝的战争

由于文献的不足，商代前期对外用兵的详情不清，但从商代中期以后在一些地区商文化分布区的退缩，印证了文献所载"九世之乱"导致商王朝衰落，联系甲骨文可知，一些周边小国时服时叛，一些派出的官吏也成为一方侯伯，游离于商王直接统辖区之外，四土以外的多方日益强大，因而武丁继位后，首先对周边小国用兵，用武力迫使叛离者归附，或将其地纳入商王朝四土之内；再对多方用兵，在振兴王朝力量的基础上，对西北游牧民的侵扰发动了强大的攻势。

一 对周边小国的用兵

用兵重点一是殷都以东的山东河南接界地区，一是殷都以西的晋南地区。据甲骨文所见，有代表性的战事主要为对🈳、基方缶、獛、亘的征伐。

戋🈳是一场小型的速战速决的战争，战事起因不详，仅知始于武丁某年十二月，次年一月结束战事，前后共用四旬的时间。从卜辞的验辞看，武丁开始没有按照占辞行事，提前发动了攻击，未能取得胜利，再按占辞行事，终于取胜，所以在两版卜辞都用大字记下占辞和验辞。验辞中有"车弗戋"一语，可能反映伐🈳使用了车战；但也不能完全排除"车"为伐🈳将领的可能。在为同一事进行的占卜中，曾见一辞卜于已取得胜利的次日，这一方面反映这场战争对商王朝至关重要，另一方面也反映🈳地离殷都尚有一定距离，商王未能及时得到战报[①]。

基方为晋南的方国，缶当为基方的一支强宗大族或统治族的族氏名、政治中心的地名，其地有在今山西永济说或陕西韩城说[②]。在武丁早期的自组卜辞中，有缶参与伐方的内容，其地当为商王朝防御北方之敌的一个重要据点。后来缶与商王朝不止一次地发生军事冲突，从资料保存得比较完整的一次可知，战事起于基方拒绝职贡，且与商王朝兵戎相见。那是某年一月伐🈳得胜前5日，武丁曾卜缶是否来王来献，两旬后又卜基方是否作乱，反映

[①] 参见《合集》6830、1027、6832。
[②] 陈梦家：《殷虚卜辞综述》，科学出版社1956年版，第294页；钟柏生：《殷商地理论丛》，台北艺文印书馆1999年版，第204页。

商、缶关系开始紧张①。从相关卜辞可知战事至少从二月开始至五月进行了4个月。

二、三月是战事的第一个阶段,由于缶拒绝职贡且有举兵迹象,武丁拟将其擒拿问罪,擒拿缶的行动受阻于呙,商王拟征兵伐呙,将战事升级。这一阶段主要为"王"直接掌控对缶叛乱行为的惩治,最初只是派雀率领其族军执行这项任务,但一直未能将缶擒拿归案,而且缶尚未平定,榷又起兵反商,从而重新部署兵力,准备派出"我史"或"多臣"等商王直接统辖的武装力量,还曾拟派名"我"之将领帅其族军投入伐缶②。至四月擒缶之战已经升级为对整个基方的战争,目的是通过战争的手段擒获缶,给基方以重创,将其地并入商王朝。

伐基方之战以子商为主将,基方缶据城郭坚守,给子商的攻取带来很大困难,以致商王还考虑是否要改换由亘协同雀执行这一任务,最终还是由子商率军进行决战,战争以缶被擒获而告终,由子汰执行杀缶祭祖典礼③,缶和呙也纳入了商王朝的四土范围内,可能还重新册立"曩侯",作为商王朝的统治支柱,并将子姓的王族派驻缶地,袭用"缶"为氏。

对东境小国的征讨比较大的战事是伐獴④。獴原臣服于商,后起兵入侵周边小国——棘,当即定陶之曹。其地在三代都是中原王朝竭力经营的镇抚东方重镇。今在定陶附近的菏泽安邱垌堆遗址发掘出从早商到晚商连续发展的文化堆积,可见几乎整个商代这里都有商人的聚落,不仅繁荣,和殷都关系也非常密切,正因为如此,武丁对曹地遭侵略十分关心,曾拟亲征,并考虑要调动亘、沚、雀、多子族等将领或精锐的族军出征。而实际参战将领当为亘,战争以獴被伐灭而告终。此后这一国族销声匿迹,而在商王出入往来之地出现了覃,或许将该族之地纳入了商王朝的版图。伐獴之战解除了对曹的威胁,帝乙、帝辛时仍见"在曹贞"的卜辞,反映巡狩东方继续以曹作为基地。

有同版卜辞表明,在对獴之战尚未结束时,亘方又作乱。亘方,一般认

---

① 《合集》1027、8445。
② 《合集》6863、6834、6870。
③ 《合集》6571、3061。
④ 参见《合集》6923、6942、6931、6937,《前编》2.5.5。

为其地在今山西垣曲西①，在这一带，如前所述商汤灭夏以后就修建了一座商城，其功能与镇抚有"夏墟"之称的晋南密切相关，派驻者当为商王朝统治集团的重要成员，在武丁卜辞中有不少涉及亘的卜辞和记事刻辞，贞人亘更是武丁宾组贞人集团的核心人物之一，但在武丁时也发生过对亘的军事征伐②。从卜辞可知亘起兵侵犯之地有鼓、㐭、我等的领地或驻守之地，武丁拟派参与军事行动的将领有戈、戉、犬、雀等，其中雀是武丁时的重臣，在有关伐亘的卜辞中，出现也最为频繁。武丁伐亘的结局，在已知的甲骨文中没有更多的记载，只知道武乙以后的卜辞中依然有"亘方"、"亘"地，《逸周书·世俘》记载，武王甲子灭商后，至回师途中，为巩固胜利成果，七次部署兵力伐商属国，其中就有宣方。这说明亘方不仅存在至商末，而且是商王朝统治支柱之一。武丁伐亘应是当时兵刑不分的反映，而亘方起兵则集中地反映出武丁曾经面临的严峻形势。

在前述契刻着"戋甶"得胜验辞和对"隻缶"反复占卜的同版有"贞呼㚔、失侯专崇权"，权为今山西境内的一个方国，而受令于商王，参与了对权的军事行动的失又称失侯，除了参与征伐外，武丁时有一组失"获羌"、"以射"、贡龟以及派人到他的领地垦田的卜辞③，当为商王朝的与国和臣属。同期卜辞中还有"伐失"、"敦失"④的内容，反映了武丁曾用兵于失。由于武丁卜辞的分期研究尚未能很好的解决，"失"指作为臣属和作为用兵对象两类卜辞的早晚关系不清，也就难以论定究竟是"失"被征伐后才臣服于商，还是反映了强宗大族时服时叛，这是一个有待进一步研究的问题。

此外，武丁征伐过的小国还很多，如"戮周"、"戋埶"、"戋祭"、"戋簡"、"戋陟"、"征目"、"伐畀"、"征微"、"宓眣"，多令臣属出征，武丁拟亲征则有伐夏、翻、衔、㠱㐭等。还有笼统卜伐东土或西土的内容，东土主要指山东的一些地区，西土主要是晋南和关中。这些地区既多富庶的农业区，或又是和游牧民活动相接界地带，武丁通过军事手段，稳固了对这些地区的统治，更加强了这些地区的防御能力。值得注意的是伐"㠱㐭"。"㠱㐭"又作"虞㐭"，或称"㠱"或"㐭"，同期有"虞㐭众人得"以及在该地垦田、

---

① 陈梦家：《殷虚卜辞综述》，第 298 页。
② 《合集》6943、6945、6946 等。
③ 《合集》227、5738、1779 反、10923。
④ 《合集》7013、7018。

狩猎的卜辞，廪辛康丁时更有"戌𢀛"①，可见武丁对周边国族的征伐，除了平定叛乱外，还有扩大土地和人口的目的，从而加强了商王朝的国力，为抵御畜牧族内侵奠定基础。

二　对多方用兵

平定了周边小国以后，武丁又向四外的多方进军，用兵对象一是夷、巴、龙、下𢀛、𢀛方、𢀛方等；二是向南土用兵。

由于甲骨文曾分别见卜伐下𢀛、巴方、夷方、龙方；下𢀛、巴方、𢀛方；𢀛方、𢀛方存在同版且多卜日干支相近，通过这些直接或间接的系联，可以推断计划征伐这六个方国的时间相对集中。这些方国的地望尚未能确定，一般认为龙方在殷之西，近陕甘；巴方、𢀛方在殷之西南；𢀛，为西夷；下𢀛，在殷之东南；夷，或说在晋地。这个一方面反映当时国力已恢复到可以四方用兵了，另一方面则说明要振兴王朝面临形势的严峻，尤其是伐下𢀛卜辞还见与伐土方同版，可见时值北方畜牧民来袭，需要慎重考虑，选择最优的作战方案。

如在伐多方的策划中，伐下𢀛酝酿得较早，前后大约历经一年，卜辞包括确定征伐对象、聚众、选将、告祭祖先等内容。就伐下𢀛兵力构成而言，曾有四套方案，涉及王师、𢀛方、望乘、多𢀛等，由王师出征告祭王亥的卜辞看，伐下𢀛可能最终是以望乘为主将，王师为后盾进行的。这场战争的谋划，至少经过数月考虑，如卜登人、选将始于一月，三月考虑王亲征，至十一月仍卜"王比望乘伐下𢀛"，这说明卜辞出现对某方用兵或某种策划，并不一定立即付诸实施，往往经过长时间的准备，并根据形势变化加以调整。由于庚甲时𢀛已成为田猎之地，廪康时又与𢀛方开战，武乙文丁时有关𢀛方的贡纳卜辞，帝乙征人方也曾途经驻扎𢀛地，从相关卜辞看，武丁对下𢀛的战争当取得一定的胜利，商代后期似颇重视这一地区，当与镇抚东南有关。

在卜伐下𢀛的同时，还计划伐巴方，伐巴方曾有三套方案：王比沚䖒、王比奚、妇好比沚䖒，在一组有关伐巴方作战战术的卜辞中，提到王、妇好、沚䖒等各支军队的布阵和互相配合的问题。伐巴方最终可能以沚䖒为主将，王师为后盾。从已知的卜辞看，酝酿用兵大约始于二月，五月仍有关于

---

① 《合集》66、10977、26879等。

出兵伐巴的卜辞，战争结局不详，仅见有关于"巴方其败"、"不其败"① 的反复占卜，预示出实施了对巴方的用兵，但进行得并不十分顺利。

在考虑由王与妇好的军队互相配合伐巴方的作战方案时，还有另一套方案是将妇好派往伐夷方的战场。战争的起因为夷方出动侵扰，在卜伐巴方、下危、龙方的同版，武丁多次占卜是否将夷方列为打击对象，伐夷方的方案提出有王伐、令妇好比侯告伐、令妇好征、王比侯告征。最后实施了哪套方案不清，从占卜时间看是在五六月间，沚聝出师伐巴方前后，七月出现关于献俘的卜辞，当已结束战争。

伐龙方也在此前后，相关卜辞涉及的将领有般、雀，还有问王师是否要一同出征、是否要令妇妌出征的卜辞。出兵的时间不详。此外在十一月至十三月前后，武丁还出征了髳方、卌方。伐髳方除王师外，还曾卜问是否要以蒙侯虎为主将。伐卌方则曾计划商王师次于曾指挥作战，"曾"当在湖北枣阳、随县、京山一带②，可证卌是一个南土的方国，卜辞还有"卌方其禺隹戎"③，说明战争的起因与卌方举兵反商有关，联系《诗·商颂·殷武》歌颂武丁为了复兴商王朝，曾深入险阻，南征楚地反叛的方国，可知伐卌方是武丁南征的一个组成部分。

从卜辞可知，武丁的南征除伐卌方外，主要有伐归敦、屠虎方、克雩方。归，或认为是蜀鄂交界处之夔国，在今秭归一带，钾当距其不远，正处于通过水路从中原入蜀的通道上，武丁出兵目的当与掌控鄂西某些交通要冲有关。伐归敦钾的战争从占卜是否要出兵到告庙献俘，大抵历经半年，在武丁某年八至十二月前后。

虎方在鄂北地区，长江中游有商代已经开始开采的江西瑞昌铜岭、湖北大冶铜绿山等古铜矿，江南物资从长江及其支流北上，转陆路运往殷都，鄂北是必经之地，武丁征伐虎方的地理背景与湖北安陆出土的"安州六器"所载周初伐虎方基本相同。伐虎方动用的兵力则以望乘为主帅，还使用了我、曾和舆等地方武装，舆与"举"相通，当在汉东举水流域④。又"立史于

---

① 《合集》8411。

② 参见李学勤《盘龙城与商代的南土》，《文物》1976年第2期。

③ 《合集》6532。

④ 张永山：《武丁南征与江南铜路》，《南方文物》1994年第4期。

南"①，委命中央武官，与我、舆、曾等地方行政长官共同治理南土，保证"铜路"的畅通。

零方也属于南土邦方，有关卜辞表明原服属于商，这时却拒绝来朝献，商王派⿰犬舌"执零"，军事行动进行得并不顺利，零方进攻⿰犬舌，给商王派驻南土的雀、弜、多冒等造成威胁，以致商王准备亲征零方。② 由于资料的不足，战争的经过不详，但是武丁时期留下的大量甲骨刻辞及丰富的物质文化遗存证实了武丁中兴的历史记载，而这种持续高度的发展，与武丁南征、治事南土的成果是分不开的。武丁通过对南土的用兵，保证了长江流域丰富的自然资源安全快捷地供应商王朝，促进了长江流域与黄河流域的沟通与交流，也推动商代青铜文明达到一个新高度。

三　抗御畜牧族内侵

世代相传武丁复兴商王朝的有一武功为"伐鬼方"，《周易》爻辞称"高宗伐鬼方，三年克之"。西落鬼戎曾是周人的劲敌，在文献记载和殷墟甲骨文中，鬼方是商王朝的与国，因此周人留下的这一记述，涵盖了武丁抗御畜牧民方国入侵的一系列军事行动。

武丁抗御西北畜牧民入侵战争的对象主要是西部羌人诸部和北方草原民族的先世，前者以舌方为代表，后者包括"方"可能还有土方。商代中期以后，畜牧民入侵的加剧与气候变化北方民族向南迁徙有关，也与商王朝国力中衰，对周边民族凝集力锐减密切相关。这些入侵者行动迅速、机动灵活，有时是一个方国单独行动，有时是两个方国互相呼应，侵入邑落抢夺庄稼、劫掠人口，边境地区的安宁遭到很大威胁，有时甚至会侵扰到商王朝的腹心地区。从验辞的记载还可知，在舌方、土方、方频繁入侵前后，奴隶逃亡和反抗事件也时有发生，二者即使没有内在联系，也会造成内忧外患的客观形势，所以武丁中兴，抗御入侵的战争是不可避免的。

对于大肆内侵构成重大威胁的畜牧民方国，武丁采取了先弱后强、各个击破的策略。在这些方国中，"方"方侵扰相当频繁，但规模似不大，从已知记录看，每次俘人不过十余。最突出的特点是行动快速灵活，可以长驱直入商王朝腹心地区，商王朝除了征集马匹、调动多马羌、多冒迎击入侵之敌

---

① 《合集》5504。

② 《合集》7024、7028、20576、19946。

外,"追方"的卜辞也比较多,屡有遭遇战,但是少见俘获,都暗示出这支敌人带有草原民族的特色。对此,武丁的策略首先是部署人员监视敌人动向,常见"方其征"或"方其征"于何地,以及是否要派出监视敌人动向的人员、派何人以及派出的人是否能顺利完成任务,是否不至于和敌人发生遭遇战等内容的卜辞。再就是聚众选将,除了准备王亲征外,还多方考虑命令哪些方国军队配合出征比较适宜,其中涉及戉、吾、戎、𠂤、虎等。第三,在军事打击取得一定成效的前提下,商王朝对"方"还采取了两手策略,一面拟亲自带兵巡狩这股敌人的出没之地,一面拟派鸣出使方人驻地,争取用安抚手段缓解矛盾。

伐土方之战的规模更大一些,动员的兵力也更多,数见登人三千或五千的卜辞,在甲骨文中一次征集三千的卜辞较多,伐土方一次拟征五千,属于动员兵力规模较大的,一次动用兵力最多的是"登妇好三千登旅万乎伐方",而所伐之方有可能就是土方。伐土方也有三套方案:王亲伐、妇好率王师伐、以沚聝为主将,王亲率大军或以王师中精锐的三族族众组成的军队比同出征,以为后盾。此外还见卜问戉是否能擒获土方俘掳的卜辞,看来战争最后以土方的失败而告终,最后阶段则是王师和戉的军队起了决定性作用。土方失败以后,可能离开了原来的居地,徙往他乡,商王朝将该地纳入自己的版图,因为同期卜辞见有方出没于土方之地,引起商王朝的关注的内容。

在西北畜牧民的多方中,舌方最强大,一次能突入三四个邑落、掳掠人畜数十上百,且往往联合𩁹方、绊方等小的方国,在与商王朝抗衡的军事行动中居于主导地位,入侵的地点、造成的威胁也是其他敌对方国无法比拟的。武丁卜辞中多见有关方出动是否有祸,以及为此告祭祖先的内容。为掌握敌情,还动员了大量人力监视、侦察舌方动态,在形式上,分别使用了表示窥望、监视的"望"和表示逼近侦察的"见"字;在人员方面,曾拟征集三千或五千人众,还拟派人带领多𠂤去侦察敌情。此外,武丁更要求驻守边境的侯伯或地方行政长官严密注视和及时报告舌方动态,以便掌握舌方出动的规律和后果。决策出兵是建立在掌握敌情的基础上的,关于是否征伐舌方的卜辞数量很多,常见成套卜辞,反映决策是经过反复认真的考虑。然后是聚众、选将,数量也都超过对其他方国,涉及的人员有臬、弜、自般、子妻、我史、多臣、戈人等,相关卜辞表明,对舌方的战争是商王亲自指挥的,主将为沚聝,实际出征的有臬、羽、甫、我、奚等。伐舌方的战争历时很长,直到武丁、祖庚之际出贞的卜辞中还有"擒舌方"①的内容，此后再不见舌方的踪迹。

武丁对舌方、土方、𢀛方等的战争基本上解除了来自西北畜牧族的威胁，扩大了疆域，在战争与和平发展交替进行的过程中，增进了各民族间的交往与融合，对商王朝的巩固和发展有重大意义。

第三节　廪康武文时期的战争

一　伐羌方

在甲骨文中，羌有广义狭义两种用法：一是泛指西北部有发达的以养羊为主的畜养业、有崇拜羊习俗的古族。一是方国名。甲骨文中有多个羌人"方国"，有的已经建有国家机构，有的还处于原始社会末期，属于"酋豪"统辖下的"强种"②，羌方是当时一个重要的羌人方国。武丁时也曾与羌方发生过军事冲突，但不是用兵重点。廪辛时羌方日益崛起，经常侵扰商王朝的边境，矛盾日益尖锐化，战争延续的时间较长。从卜辞看，廪辛时已揭开了战争的序幕，曾见向父甲（武丁之子祖甲）祈求保佑用兵胜利的占卜③，康丁时达到高潮，甚至在武乙的卜辞中仍偶见伐羌方的内容。

与武丁时期相比，这时对羌方战争最大的特点是卜辞中少见甚至不见选将及登人聚众的卜辞，而多见派戍与军行完成战斗任务，更有一系列征伐方略、军队调遣等考虑。如《合集》27972是一组闻报羌方出动侵扰后的连续占卜，卜问羌方是否会大肆出动，令戍在何处迎击敌人可保证既能消灭敌人，又能保存自己；用何种策略可以顺利地战胜敌人，是将戍军调回另遣将出征，还是让戍军暂避其锋芒，待机而动。

廪康对羌方的作战主要调遣了戍卒组织，拟派往伐羌方曾见戍先、戍中、戍𢀛④等，戍族组织的调遣主要以军行为单位，与武丁卜辞中的选将相类，廪康伐羌方战争中，对派遣哪一支军行常有反复的占卜，涉及的军行有

---

① 《合集》24145。
② 《后汉书·西羌传》。
③ 《合集》27983。
④ 《合集》27975、27987。

齝行、宙行、义行、裴行、沁行等①，"行"前之字均为族名，也指由该族组成的军行。在部署军队的内容中，常见"雉众"、"雉人"，对此旧说为"夷伤众人"。而近些年研究者指出，从占辞看，无论"雉众"与否，都可能有"吉"的结果，可知"雉众"本身不含吉凶之义，其含义为部别编理人众，即陈列兵员②。这反映军队成员已有相对固定的编制，"雉人"，则是根据实战需要，机动灵活地编理人众，达到加强卫戍力量的目的。伐羌方的卜辞，还常见"易人"，如"其御羌方易人"③，卜问迎击入侵羌人是否要增派军队。

康丁时对羌方的战争已取得阶段性胜利，卜辞数见以俘获的羌方伯头颅献祭的卜辞，此外还有关于派人戍守羌方和王于羌地田猎的卜辞，表明羌方部分土地纳入了商王朝的版图。但是羌方并未如同舌方、土方那样被伐灭或远遁，相关卜辞表明，武乙时和羌方的军事冲突并未完全结束，帝乙帝辛时，羌方还与䧹方、穗方等结成"四邦方"与殷王朝为敌。

二 伐绊方、䧹方、𢀖方

廪辛、康丁时不仅羌方成为用兵重点，其他羌人方国也或分或合，起兵犯商，这时卜辞出现了"多方"，䧹方、绊方、穗方、𢀖方等更结成比较密切的关系④。其中的绊方在武丁时就曾参与过舌方对抗商王朝的军事行动⑤，同期卜辞中还见擒其首领，杀祭祖先和派人进入绊方开辟耕地以及卜问其首领是否勤劳王事的内容⑥，可见与商王朝的关系处于时服时叛的状态。从其后，廪辛康丁时又曾伐绊，有所斩获，占据了绊方的部分土地，派去了戍守的武装力量⑦。但绊方一直存在，武乙文丁时绊方与召方联合反商，与商王朝的战争再起，战后商王再次派人去绊方垦田⑧。到帝乙帝辛时，绊方又成为反商的"四邦方"之一。

---

① 《合集》27978、27979、26887、26896。

② 王贵民：《申论契文"雉众"为陈师说》，《文物研究》1986年第1期。

③ 《合集》27973。

④ 参见《合集》28008、27990、27997。

⑤ 《合集》5498。

⑥ 《合集》20373、1118、8597、6、5497。

⑦ 《合集》27976、27986。

⑧ 《合集》33019、33213。

㣇方也曾臣服于商，廪康卜辞曾见"小臣㣇"①，其后㣇方联合兹方起兵反商，对㣇方的战争由此而起。商王曾派遣戍甲、戍蚒等伐、舌、戋㣇方，即不仅要对入侵者给以打击，对于退走的敌人要继续追击，达到给敌人以重创的目的②。在同期卜辞中还有以"虤方白瞽"作为告执献俘的寻祭人牲的卜辞③，虤或为㣇之异体，若如此，㣇方首领亦被擒。武乙文丁的卜辞中，尚未见㣇方踪迹，可能康丁以后一度衰落，至帝乙、帝辛时才又崛起。

　　此外穗，见于武丁卜辞，卜问舌方是否侵穗，知其地近舌方④，在小屯南地出土的康丁卜辞中，则有伐穗方以及征敔方的内容⑤。

　　伐亻方是廪辛康丁时一场较大的战争。卜辞有"亻方酉萑新家"⑥，可知战争起于亻方入侵，摧毁了"萑"之神主的"新家"，因而商王准备亲征。廪康卜辞中曾见关于杀祭亻方首领"亻方美"的内容⑦，还有一组与"取美"和"亻伯美"相关的卜辞，可能也与这场战争有关，表明商王拟令自贮、望、光参与对亻方的制裁，或强制将美送往商都问罪；或在使用军事征伐的手段时，担任主将和负责侦察敌情⑧。帝乙帝辛时的小臣墙牛骨刻辞曾记对亻美用兵的结局，亻地方伯美与其他几位方伯联合抗御商王朝，兵败被擒，告执献俘的祭典上，用白麇于大乙、用雔白印于祖乙、用美于祖丁⑨。同期有在亻举行祭祀的卜辞，武文时则有亻方贡牛的卜辞⑩，可见亻方终于臣服，部分土地甚至纳入商王朝版图。

　　总之，廪辛康丁两王在位的时间不很长，这一时期的对外用兵文献记载几近空白，而卜辞反映廪康时对外征伐相对较多，征伐过的方国除了亻方在殷之东南、敔方地望不清外，羌方、绊方、㣇方、穗方都属于殷之西北的羌人方国。这一现象正与考古发现的一些现象相表里。1986年陕西扶风壹家堡

---

① 《合集》27889。
② 《合集》27997、27995、27996、《屯南》3655。
③ 《合集》28087。
④ 《合集》6352。
⑤ 《屯南》2613、2651。
⑥ 《合集》28001。
⑦ 《合集》28092、28088。
⑧ 《合集》28091、28089、28090。
⑨ 《合集》36481。
⑩ 《合集》27999、32896。

遗址的发掘表明，大约在祖甲至康丁前后，关中西部以宝鸡为中心的一种考古学文化兴起，它吸收了陕北、河套地区的某考古学文化的因素，承接了关中地区文化因素，形成"刘家村遗存"，廪康时一度强大[①]，学者们多认为该文化属于羌人文化，这当与廪康伐羌方及其他羌人方国的历史背景有关。

三　伐方

庚甲时期对外战争较少，较常见的是关于是否"有来艰"的占卜，和武丁时期不同的是"来艰自西"很少，较多的是占问知否有来自方的侵袭，并有小规模的对方用兵，可见庚甲时来自西方羌人方国的威胁减少，来自方的侵扰虽然减轻却依然存在。廪康时，方的侵扰加剧，相关卜辞增多。反映这时方曾多处进犯，造成边地局势紧张，但商王朝的对策似以防卫为主，商王曾占卜调遣部队守卫，对于是否要"追方"、"及方"，往往反复占卜，斟酌何种举措更为有利，这可能与当时首要任务是解除羌方威胁有关。

随着廪辛、康丁对羌方等羌人方国战争的胜利，使武乙又可能将兵力投入对方的作战，相关卜辞增多，不仅有方出动侵扰的内容，更有一系列的应对措施如"立史于北土"、"即事于犬延"以及聚众出兵[②]，这一系列部署，与廪康时期有明显的不同。这一时期的卜辞还有一个特点，"御方"的卜辞较少，而关于方是否出动卜辞的占卜同日，往往同时占卜军事部署，反映已充分做好用武力反击的准备[③]。相关卜辞包括武乙、文丁两王的遗存，但以武乙卜辞占绝大多数。对方用兵动员了很大力量，涉及的军队和将领有𠂤、犬延、𠦒（亚𠦒）、甾、沚或、子𦥑、吴、𠬝、𠂤等[④]，为此前对方的用兵所不能相比，在商后期对外战争中也是不多见的。在武乙时对方的战争以局部胜利而告终，卜辞曾见与告执献俘相关的卜辞[⑤]，但方并未完全降服，文丁时还曾继续对方用兵，至乙辛时方还存在，偶有入侵，但是与康丁前后相比，方的力量已被削弱。

---

① 孙华：《陕西扶风壹家堡遗址分析——兼论晚商时期关中地区诸考古学文化的关系》，北京大学考古系编《考古学研究》（二），北京大学出版社1994年版，第101—130页。

② 《合集》33049、32904、32030、33050等。

③ 《合集》33260、33114、33061。

④ 《屯南》63、243，《合集》33060、32935等。

⑤ 《屯南》171。

四　伐召方

召方，在甲骨文中或写作刀方①，卜辞曾见伐"絴眔召方受又"、"御召于穗"②，知其地近絴方、穗方，应属于羌人的方国。武乙多有关于召方是否出动骚扰，以及关于迎击召方地点和兵力部署的占卜。计划动用的兵力有王师以及王族、三族等贵族武装，除王亲征外，还拟选氺、疾、沚或、般、皋等将领出征③。表示军事行动的用语有征、伐、敦、杀、禽、追等④，可见商王朝对召方的战争采取主动出击，迫近歼敌的战略。而对每一次战役，在何地布阵，何时出击也有多方面的考虑，而且对于是否有"执"⑤相当重视，似反映在对召方的战争中，注重消灭敌人有生力量。伐召方的战争不止一次，大部分卜辞属于武乙时期，但小屯南地发掘出土的文丁卜辞也见伐召方内容⑥，可见对召方的征伐沿至文丁。

卜辞不是战争的记录，但是通过征伐卜辞的梳理，还是可以部分窥见历史的脉络以至最高军事领导者的思路的。伐召方的卜辞虽然数量较多而有纪月的很少，武乙文丁两王卜辞的分期尚未能很好地解决，要想整体复原伐召方过程是有困难的。但仍有一些学者作了不少尝试，李学勤曾根据五版卜旬卜辞排出某年九月前后武乙亲征召方的途程⑦，许进雄则排出武乙伐召方日程，利用卜辞的系联关系，排出某年四月至十月伐召方日程，讨论了伐召方的经过、路程，有关将领等问题⑧，均可备一家之说。

此外，这时卜辞还见有伐鬲方⑨等一些小规模的战争。总之廪康武文时期对方的用兵，扼制了北方民族南渐的势头；对羌方、召方等用兵，解除了西方羌人方国的威胁；伐𠂤方平定了东南方，这些都为帝辛伐夷方进一步经略

---

① 见陈梦家《殷虚卜辞综述》，科学出版社 1956 年版，第 287 页。
② 《合集》33019、33030。
③ 《合集》33021—33025、33034、33037、31987、31977。
④ 《合集》33021、33018、33029、33026、31973、33017。
⑤ 《合集》31978、33201，《屯南》190。
⑥ 《屯南》4103。
⑦ 李学勤：《殷代地理简论》，科学出版社 1959 年版，第 84—85 页。
⑧ 见许进雄《修订武乙征召方日程》，《古文字研究》第二十辑，中华书局 2000 年版。
⑨ 《合集》33042、33043。

东方奠定基础。

第四节 乙辛时期的战争

一 伐夷方

帝乙帝辛时期更大规模地对外用兵,最主要是对东夷征伐。东夷分布于济水、泗水、淮水流域,大致相当于今苏、鲁、皖的一些地区。商代晚期日益强大,曾见夷方是否大肆出动的占卜,帝辛卜辞更有夷方"伐东国",因而以册命向东方诸侯宣告其罪责,动员"多侯"随同商王大军出征的内容①,正与《后汉书·东夷列传》所载仲丁以后"或服或叛,三百余年。武乙衰蔽,东夷浸盛,遂分迁淮、岱,渐居中土"的形势相合。

商代晚期曾多次用兵夷方,小屯南地发掘出土的康丁至武乙卜辞有"王族其敦夷方邑𢀛,右左其𠂤"、"贞王其征夷方亡𢦏"、"[王]其征夷[方]"②,而资料最为丰富的是甲骨文中十祀伐夷方的相关卜辞,研究者多尝试排有伐夷方日程,此外还有无法排入此谱的癸巳"在齐𠂤,隹王来征夷方"、十五祀王来征夷方,伐夷方𥎊、夷方无祋等③,均为比较零星的资料。

对于十祀伐夷方时间地点,长期以来存在不同看法。就时间而言,历来有帝乙十祀和帝辛十祀两说,近年断代工程通过周祭祀谱等研究,排出帝辛元祀至十一祀祀谱,为帝辛十祀征夷方说增加了论据。就地点而言,主要有淮水流域说和山东说。近些年随着山东地区商代考古的进展,一些论者进一步论证商末所伐夷方当在潍水流域或滕县附近④。

联系考古发现和研究成果探讨"纣克东夷"的地望,无疑是正确的思路,但就目前所见资料,尚不足以证明其地在山东地区。例如卜辞伐夷方所

---

① a. 参见《合集》37852;b. 焦智勤:《殷墟甲骨拾遗·续二》054 片《殷都学刊》安阳甲骨学会论文专辑 2004 年 3 月;c. 李学勤:《论新出现的一片征人方卜辞》,《殷都学刊》2005 年第 1 期。

② 《屯南》2064、2370、2038。

③ 《合集》36493、小臣艅尊、小子𠭯卣、作册般甗等铭文。

④ a. 李学勤:《走出疑古时代》增订本,第六篇"续见新知"四"重论夷方",辽宁大学出版社 1997 年版,第 331—337 页;李学勤:《论新出现的一片征人方卜辞》,《殷都学刊》2005 年第 1 期。b. 王恩田:《人方位置于征人方新证》,《胡厚宣先生纪念文集》,科学出版社 1998 年版,第 104—116 页。

经之地有索和杞，但1973年山东兖州发现有刻字铭文的青铜器为殷末周初之物，由于器物出土之地正在西周初年鲁国封地之内①，联系发现情况，只能说明殷民六族之一的索氏确实分给了伯禽，而不能证明商代的剌地就在兖州。同样，山东新泰出土的杞国铜器也不是出土于商代地层中的商代铜器，要论定商代的杞在新泰还需要更进一步的考古发现。

有关资料表明，醜、艅、奚、来等人参与了伐夷方。如卜辞有"醜其遘，至于攸"、"小臣醜其乍圉于东对"②，透露出该族参与伐夷方的某些迹象，但是在山东青州市苏埠屯商代墓地出土了"亚醜"铭文的铜器，只能论定"亚醜"封地在今山东青州苏埠屯，装备有较强大的武装力量，很可能是商王朝镇抚东方的基地，却不能证明夷方就在青州附近。小臣艅尊铭文记载十五祀伐夷方回程曾经夒，小臣艅受王赐夒贝。该器为梁山七器之一，道光年间出土于山东寿张梁山下，从器物的组合情况及年代推测，可能是西周早期的窖藏③。这就是说小臣艅尊并非出土于商代地层中，不能排除它是被带到梁山的可能，即使出土地就是艅族的居地，也不能证明帝辛十祀伐夷方的战场就在梁山附近，因为从铭文看小臣艅很可能是随王出征，与廪康时随王征尸方的小臣墙④同例。小子䚇卣盖铭记载举族之小子䚇曾参与伐夷方䚇，今知山东集中出土举族铜器的地点一是长清，一是潍县，一是费县，时代均属殷代晚期⑤，也只能证明商代晚期举族或其中一支在山东。又，作册般甗记载来族之作册般参与杀祭夷方无𢦏的典礼，古莱国在山东黄县一带。但这些只能说明了山东地区的国族参与了伐夷方，正与甲骨文所载夷方伐东国，商王"典东侯，曾［夷方，余其比多侯］甾戈夷方"⑥相印证，却不能直接证明乙辛伐夷方就在山东。例如史密簋铭文记载，西周中期南淮夷沿淮水支流沂水北上，"广伐东国"，给齐国造成很大威胁，周王派师俗、史密东征，协调诸侯

---

① 郭克煜等：《索氏器的发现及其重要意义》，《文物》1990年第7期，第36—38页。下同。
② 《合集》36824、36419。
③ 陈寿：《大保簋的复出和大保诸器》，《考古与文物》1980年第4期。下同。
④ 见《合集》36481小臣墙牛骨刻辞。
⑤ 王恩田：《人方位置于征人方新证》，见张永山主编《胡厚宣先生纪念文集》，科学出版社1998年版，第104—116页。
⑥ 李学勤：《论新出现的一片征人方卜辞》，《殷都学刊》2005年第1期。

国军队抵抗并围歼入侵之敌①。这说明进犯中原东土,并需要动员东土与国抗击的敌人可能在中原之东,也可能在东南,正如武丁卜辞中的"有来艰自西",有时是指来自西北方的入侵一样。

商代晚期数次伐夷方,其中小规模用兵可能是对山东地区的夷人方国,但是如同十祀这样的大规模用兵指向山东地区的可能性不大。因为二里岗上层时期,商文化已进入海岱地区的腹地,殷墟文化期,商王朝势力在海岱区北部已直达胶莱平原的东部,鲁中南地区、鲁北以潍淄流域为中心,包括惠民地区在内,商代晚期遗址分布都相当密集。尤其值得注意的是商文化东渐呈波浪式的扩展,而商文化占据主导地位是通过夷人文化商化实现的,其间不排除有武力征伐的因素,但文化面貌的改变主要是通过和平的融合方式完成的。在亲商的夷人分布区,上层与中原商王朝统治者往来密切,接触频繁,商化有一定主动性,因而商化步伐较快,程度较深。下层夷人是通过本地上层人物间接被动地接受商文化影响,因而商化速度慢,保留着较多的夷人土著文化因素②,这同样预示出山东地区属于受夷方侵扰并参与伐夷方的"东国",而不是纣所征伐的"夷方"。

而从商代晚期江苏淮北地区的考古学文化看,在夏代这里属于斗鸡台文化。早商文化第三期时该地区被商文化所占据,斗鸡台文化逐渐融入商文化中,形成具有特色的地方文化。商代晚期地方文化进一步发展壮大③,而商王朝对这一地区的控制显然不及山东地区,这应该是夷方"伐东国"和商王朝动员东方属国伐夷方的历史背景,所以帝辛十祀征夷方战场在淮水流域说,可能更符合当时的历史大势。

对于十祀伐夷方征程,已有不少学者进行了研究,不断地对前人的成果进行检验、补充、修订。约略可知帝辛十年九月已准备好与攸侯喜大军共征夷方之役,出征前在大邑商举行了告祭祖先的大典。第三旬末,即九月癸亥

---

① 参见张永山《史密簋铭与周史研究》,《尽心集——张政烺先生八十庆寿论文集》,中国社会科学出版社1996年版,第187—201页。

② 高广仁:《海岱地区的商代文化遗存》,《考古学报》2000年第2期;栾丰实:《商时期鲁北地区的夷人遗存》,《三代文明研究》,科学出版社1999年版,第270页。

③ a. 中国社会科学院考古研究所编著:《中国考古学·夏商卷》,中国社会科学出版社2003年版,第440、461页;b. 杨立新:《安徽淮河流域夏商时期古代文化》,《文物研究》总第五辑,1989年9月,第82—91页。

达雇，其地多认为即扈，在河南原武县西北①。第四旬末，十月癸酉至勴，其地在黄河之南，郑州附近。第五旬所行之地不详，第六旬经峇、噩、乐至冒，到了东土。第七旬的十一月辛丑已经到达商。第八旬末，癸丑到达亳。第九旬途经之地为亳、鴻、敵、孃、雀等地，多为一日的路程。商为商丘②，这是商代晚期镇抚东南的基地，停留近一旬，当与接战前的准备有关。与之相距一日路程的亳当即近于曹的北亳③，鴻，当即鸿口④，在今河南睢阳县东，商丘、虞城二县间，也与一日路程相合。敵或疑读为厉，厉为商至春秋时的方国，在河南鹿邑东，今在鹿邑县东5公里的太清宫已发现一座西周初年的大型贵族墓葬——长子口墓，埋葬习俗、器物形态保留了浓厚的商代作风，又有明显的地方特征，墓主当为殷遗民，在商为高级贵族，在周为一地封君。第九旬末，十一月癸亥已在雀拟往庁，庁即庁方之地，廪辛、康丁时伐庁方，擒杀其领袖，将其地并入商王朝版图，故伐夷方途中得以师次于庁。五日后，第十旬的十二月己巳准备自庁启程至攸，前往攸侯喜领地，一般认为其地在永城、宿县间。第十一旬开始准备与敌人接战，至雟，停留三日继续进军，第十二旬甲申前后自雟至淲再至淮，三日后十二月庚寅师次于濰，部署了对于淮夷方国林方的征伐。淲或以为为今日洺水⑤，雟当距其不远，淮，多认为即淮水。第十三旬初，十祀十二月甲午准备离开濰，至禪、苞、潊、溰、奚、永，正月癸卯到达攸侯喜鄙永，始记"王来征夷方"，这是在出征夷方的第十三旬末。

从正月癸卯次于永至二月丁丑日自攸至攸东，商王在攸侯之地攸、永停留三旬又四日，举行大规模田猎活动，这也是古代战争的惯例。第十七旬开始踏上归程，丁丑以后始经截、庁、乂、泬等地，旬末至孃。截，或认为指《汉书·地理志》的楚国甾丘，故城在今宿县东北六十里；乂，为郴县，在永城西三十公里，今洺水北；杜，在永城北。孃，在夏邑⑥。第十八、十九

---

① 参见陈梦家《殷虚卜辞综述》，科学出版社1956年版，第305—306页。
② 参见陈秉新《殷墟征夷方卜辞地名汇释》，《文物研究》总第5辑1989年，第64—81页。
③ 参见罗琨《"汤始居亳"再探讨》，宋镇豪等主编《殷商文明暨纪念三星堆遗址发现七十周年国际学术研讨会论文集》，社会科学文献出版社2003年版，第244—249页。
④ 参见张永山《卜辞诸亳小议》，《夏商文明研究》，中州古籍出版社1995年版。
⑤ 陈梦家：《殷虚卜辞综述》，科学出版社1956年版，第306—307页。
⑥ 陈梦家：《殷虚卜辞综述》，第307页。

旬经嬠、杞、意、雷、剡等地,第二十旬丙午到达商,故以上大抵是永城至商丘间的地名,沿途仍有田狩,当与保障军队供给有一定关系。到商后未曾停留,经乐、噩、霉等西北行,癸丑到𦎫,这些地点多是第六旬出师所经之路。二十二旬末行至云奠芳邑,二十五旬末师次于喜。后者是沁阳田猎区的一个重要地点,已见商王在那里田狩卜辞不下二百条,它不仅是商王练兵习战之地,帝乙、帝辛还常在那里作二、三旬的居留、祭祀或举行战胜后的献俘大典,此外还见有"在喜贞,今日王入大邑商",可见它还是大邑商的一个入口①,所以商王到达该地已完成整个伐夷方的征程,此后卜旬等卜辞再不记"王来征夷方"了。

二 伐盂方、二邦方、三邦方、四邦方

商末,除了伐夷方、林方外,大规模的对外用兵还有伐盂方之举。武丁卜辞中曾见"贞令盂方归。贞勿令归"②,表明当时曾服属于商,至帝乙时盂方强大起来,聚众内侵,商王通告西土多田加以挞伐,并于九祀十月丁卯前后多次占卜,准备比同多田、多伯出征盂方③,"王来征盂方"卜辞最早见于"三月",最晚见于牛头刻辞,当复原为十祀九月,记"于䍙麓获白兕"④,从相关卜辞看,伐盂方的战争大体从九祀十月到十祀九月,历时一年。从帝辛伐夷方日谱可知,帝辛十祀整个九月都在准备征夷方,并踏上了征途,很难插入"王来征盂方"在"䍙麓获白兕"的时间,从十祀伐夷方日谱推排九祀月日,与九祀伐盂方月日也难相合,据此,伐盂方当在帝乙之时。关于盂方的地望,曾有东方和西方两说,东方说主要根据地名考证,判定为山东的东夷之国⑤。近年联系新发现的伐夷方卜辞,学者订正"盂方率伐西戉,典西田,昬盂[方]"之"西戉",当读为"西或(国)",盂方侵伐了殷之西土,商王向西方侯田发布伐盂方的动员令⑥,而且九月王来伐盂方所获白兕刻辞

---

① 李学勤:《殷代地理简论》,科学出版社 1959 年版,第 18—23 页。

② 《合集》8473。

③ 《合集》36518,《合补》11242,《合集》36511、36513。

④ 《合补》11241,《合集》36509,《甲编》3939。

⑤ 郭沫若:《卜辞通纂》582 片考释,科学出版社 1982 年版;郑杰祥:《商代地理简论》,中州古籍出版社 1994 年版,第 175 页。

⑥ 李学勤:《论一片新出现的征人方卜辞》,《殷都学刊》2005 年第 1 期。

与九月"王田羌"所获鹿头刻辞同出，也预示出盂方可能近羌地，当为西方的方国。

乙辛时期商王朝还曾对"二邦方"、"三邦方"、"四邦方"进行了征伐，反映还有一些方国结成联盟与商王朝抗衡。其中对盂方及𢵍方、羌方、绅方、穗方结成的"四邦方"都动用了"多侯、多田（甸）"的军队，可以说是动员了倾国之师。联系历史上长久流传"纣之百克，而卒无后"① 的教训，可见这些用兵大都取得了一定的胜利，却也种下了商王朝灭亡的种子。

三　牧野之战

对外战争的胜利，扩大了商王朝的版图，从四方获取的人力物力资源，将商代灿烂的青铜文明持续地推向发展的高峰。然而，随着大量财富源源流入商都，也更加刺激统治者的贪欲，据记载"武王俘商，得旧宝玉万四千，佩玉亿有八千"②，商王的聚敛无度可见一斑，这显然会加剧了与被征服地区的矛盾，也使国内社会矛盾进一步激化。帝乙、帝辛连续伐盂方、夷方，长年劳师远征首先是对当时基础的经济部门——农业生产影响很大，更兼帝辛大规模建造宫室苑台，也占用大量民力。还有统治阶级酗酒之风愈演愈烈，消耗掉大量粮食，都使矛盾进一步尖锐化。"民以食为天"，粮食的不足必然引起社会的动荡。另一方面，战争的胜利使统治者更加自以为是，肆意妄为，重用佞臣。《吕氏春秋·行论》说"昔者纣为无道，杀梅伯而醢之，杀鬼侯而脯之"，引起统治集团内部的分崩离析。所以在酒池肉林、顷宫灵台强大富足的表象下，隐藏着"如蜩如螗，如沸如羹"③ 的社会动荡与危机。

商王朝与周方决胜的牧野之战是商王朝的最后一战，周方原为臣服于商王朝的一个西方方国，一直自称"小邦"，而尊商王朝为"大邦"或"大商"。实际上，商代晚期随着廪康武文对羌方的连续征伐，提供了周方崛起的历史契机，经过太王、王季、文王三代的努力，已经发展强大起来。武王即位以前，周人已尽取"于天下三分之一"④ 的关中，复夺夏地，可谓占有

---

① 《左传》宣公十二年。
② 见顾颉刚《〈逸周书·世俘篇〉校注、写定与评论》的写定本，《文史》第二辑，中华书局1963年版。
③ 《诗·大雅·荡》。
④ 《史记·货殖列传》。

天下三分之二，尽管不是"尽夺"，但一些战略要地的占领，已在一定程度上切断了商王朝与主要与国的联系，至此，"大邦商"地广人众的优势已丧失殆尽。"小邦周"与"大邦商"力量对比已经发生了变化。

与此同时，帝辛统治下的商王朝对形势却没能有清醒的认识，《史记·殷本纪》记载帝纣资辨捷疾，材力过人"矜人臣以能，高天下以声，以为皆出己之下"。在对待西方周人崛起的问题上，充分暴露了这一点，帝辛完全抛弃武丁对周方的两手政策，甚至当西伯灭耆，开始建立对商王畿地区包围圈的时候，祖伊惊恐奔告，问"今王其奈何"，纣却毫不在意，回答"我生不有命在天乎"。"小邦周"能够迅速发展成"三分天下有其二"，显然与帝辛的自矜、狂妄自大、错误估计形势有关。以致牧野之战帝辛也毫无准备，兵临城下才发兵拒敌，生死存亡之际，"纣师虽众，皆无战之心"，与周师从洛至牧野的20天内，三次誓师鼓舞士气，形成鲜明对比。

牧野之战发生的绝对年代，史书没有明确记载，长期以来中外学者对于牧野之战年代进行了大量的研究，至少提出44种意见，最早为公元前1130年，最晚为公元前1018年，早晚相差112年[①]。夏商周断代工程开展以后，在前人研究的基础上，组织了历史学、考古学、古文字学、天文学以及碳十四测年技术等多学科共同研究，认为其中的公元前1046年说有多方面的论据，应为牧野之战的首选之年。此外公元前1027年、公元前1044年也有较大的可能性。

若将牧野之战的年代定位于文王受命十一年，即公元前1046年，武王进军的日程和路线当为：九年（公元前1048年）武王观兵孟津，十年十一月戊子（时当公元前1047年10月1日）师初发，至位于崤函尾部、后来的洛邑之地集结。六旬又五日后，十一年一月癸巳（时当公元前1047年12月20日）王自宗周出发，十四日后丙午，王与大军会合，举行了誓师仪式，以洛为基地进军殷都。十三日后戊午大军在孟津渡河完毕，会同盟军再次誓师，武王作《太誓》，宣告殷纣罪状。以后，一路急行军，第五日到达商郊牧野，即今淇县以南，连夜布阵，次日甲子昧爽，阵前誓师，武王作《牧誓》，然后发起进攻。

牧野之战双方都动用了大量兵力，一方是周师和《牧誓》中的八国的联

---

① 夏商周断代工程专家组：《夏商周断代工程1996—2000年阶段成果报告》（简本），世界图书公司2000年版。

军,一方是商王朝的倾国之师,有"诸侯兵会者车四千乘",帝纣"发兵七十万","殷商之旅,其会如林"之说①。"武王使师尚父与百夫致师",师尚父,即太公望吕尚先率领精锐挑战敌阵,首先在气势上压倒纣师,武王再率大军掩杀过去,不给纣军喘息之机,以求速战速决。对于牧野之战,历史上有"血之流杵"和"纣师皆倒兵以战,以开武王"两种说法②。但是,《逸周书·世俘》记载,"商王纣于殷郊,时甲子夕,商王纣取天智玉琰及庶玉环身以自焚"、"太公望御方,来丁卯,望至告以馘俘"③,可见从拂晓至夕,经过一整天的激战,商王朝才大势已去,而且太公望在受命"致师",得胜以后,又受命"御方",前往迎击、清剿帝纣援兵,经三四日至丁卯太公望才还报大捷,标志大局已定,第五日戊辰武王始祭祀文王,立政。立即西归,沿途部署兵力伐商属国并听取了战况报告。可见武王灭商并非像后代史书上所写的那样轻而易举,牧野之战也是相当惨烈的一战。

牧野一战,帝纣身死国灭,西周王朝取而代之。西周吸收了商王朝灭亡的教训,充分利用商遗民的生产经验和文化积淀,在商代文明的基础上,将新王朝的礼乐文明推向一个新高度。

第五节　武装力量体制

军事制度简称军制,是国家或政治集团关于组织、管理、发展和储备军事力量的制度。军制的始生,与国家的形成过程相同步,当作为国家机器主要成分的军队,紧伴着国家的出现应运而生,军制也随之产生并日益充实。④

不言而喻,军制属于上层建筑,是一个历史范畴,在本质上都是一定阶级建设其军事力量、实现其阶级利益及维护其阶级意志的工具,故军制总取决于相应的国家政治体制和一定的社会发展形态,经济基础不同,国家性质不同,社会历史发展阶段不同,就会有其自具特点的不同军制。

公元前16世纪初,商国崛起于今冀、豫、鲁之间,汤王自东徂西,先

---

① 《史记·周本纪》;《诗·大雅·大明》。
② 《孟子·尽心下》;《史记·周本纪》。
③ 见顾颉刚《〈逸周书·世俘篇〉校注、写定与评论》的写定本,《文史》第二辑。其中作"命御方来,"依传统说法标点,今据甲骨卜辞常用法改。
④ 参见刘展主编《中国古代军制史》,军事科学出版社1992年版,第1—5页。

后征服葛伯、韦、顾、昆吾、三朡诸国，"十一征而无敌于天下"①，直接与中原大国夏王朝相抗，最后以"良车七十乘，必死六千人"②，一说"汤以车九两（辆），鸟阵雁行，汤乘大赞，犯遂（逐）下（夏）众，人（入）之蟜（郊）遂"③，伐灭夏"六卿之师"，"代夏以朝天下"④。后王继之，终于建起"内外服"的国家政治体制的所谓"邦畿千里"的商王国。

商王国的"内外服"政治体制，内服指王畿区的"设官分职"，外服则在维持原本固有地缘性组织基础上册封诸侯或认肯臣属国族。与这种国家政体相对应，商代的武装力量构成体制，大体分为畿内王室军队、畿外诸侯方国军队及"兵农合一"的非常设"族兵"三大系统。

据甲骨文得知，商代王室军队的组建是以"师"相称，商王是师的最高统帅，故王室军队又称作"王师"、"我师"、"朕师"。⑤ 师的编制单位为三师制，分中、右、左。如武丁时甲骨文有称"中师"、"㞢（右）师"⑥，当还有"左师"。武丁还曾委命武官率师出征，有辞云：

　　乙未卜，宾，贞立史于南，右比我，中比舆，左比曾。十二月。（《合集》5504、5512）

"立史"是任命武官的一种仪式⑦。大意是武丁任命史官具体负责指挥右、中、左三师分别从我、舆、曾三方列阵，对南方用兵。但这次战争行动，可能还暗记了另一层史实，即王室军队三师列阵，在与敌方交战中，我、舆、曾三支臣属国族的军队分别配合三师联同作战。⑧ 武乙文丁时甲骨文有云：

---

① 《孟子·滕文公下》。又《竹书纪年》云："汤有七名而九征。"《帝王世纪》则云："诸侯有不义者，汤从而征之……凡二十七征。"说法有不同。
② 《吕氏春秋·简选》。
③ 《墨子·明鬼下》。
④ 《史记·夏本纪》。
⑤ 《合集》36443、8309、36127。
⑥ 分别见《合集》5807，《北美》1。
⑦ 参见胡厚宣《殷代的史为武官说》，《全国商史学术讨论会论文集》，1985年。
⑧ 参见杨升南《略论商代的军队》，《甲骨探史录》，生活·读书·新知三联书店1982年版。

> 丁酉，贞王乍三师右、中、左。(《合集》33006)
> 丁酉，贞王乍三师右、中、左。(小屯T8③：148)①

二辞同卜一事。"乍三师"是组建右、中、左三个师。杨升南以为，这是王室军队的扩建，当在原先三个师的基础上扩大为六个师②。此说有俟后考，但不管怎么说，王室新旧军队的建制无不维持着三师制的编制单位。

师的兵员人数，尚未有直接确证，学界有百人为师、千人为师、万人为师三说。③ 大概万人为师比较接近实际，三师应有3万人。

商代王室军队"师"的兵员组成，应是属于王对以商族为主体的自由人的扈从队统率，具有以领土、等级、世袭或财产为特征的奴隶制王权国家常备军队的性质。商王室军队的兵员来源，主要由王邑及畿内各要邑内作为"邑人"中坚的宗族或家族成员中挑选，实行的可能是"平时任户计民，以预定其军籍"，使其"人有所隶之军，军有所统之将"④，兵员都有固定军籍，并非临时征召，就是说，"师"的核心力量如车兵、骑兵之类是由贵族子弟组成，属于常备军团，在通常情况下，"师"在王畿区的若干要邑内有相应的常驻地或兵营。如偃师商城内有三座小城，居中的是宫城，左右两座拱卫小城即属于驻军兵营，里面遍布驻军用的排房；还有储藏粮食军需用品的仓库。⑤ 可见早在商王朝建国之初，为适应军事态势的需要，已建立起王室常备军队及在王邑内安置了左右两个固定兵营。武丁时甲骨文有云：

> 贞行以屮（右）师眔屮（右）邑。(《合集》8987)

右邑乃是右师的兵营所在邑。乙辛时甲骨文云：

> 方来入邑，今夕弗震王师。(《合集》36443)

---

① 引自刘一曼《安阳小屯殷代刻辞甲骨》，《中国考古学年鉴（1990）》，第248页。
② 前揭《中国古代军制史》，第49页。
③ 参见肖楠《试论卜辞中的师和旅》，《古文字研究》第6辑，中华书局1981年版。
④ 《周礼·司马政官之属》正义。
⑤ 赵芝荃、徐殿魁：《偃师尸乡为商代早期城址》，《中国考古学会第五次年会论文集》，文物出版社1988年版。

既云"入邑",则王师亦当驻扎在某要邑内。显然晚商王朝的军队已是国家的常备军,有其固定的兵营,是王权国家的强力工具,决非由不豫之需时临时征集组成。

武丁时子组卜辞有一种言"归人"的记事,如:

戊寅子卜,丁归在师人。(《合集》21661)
丁卯,贞在师归人。(《合集》21741)
令归师,若。(《前》6.51.7)

"归在师人"、"在师归人",可能涉及在师服兵役的贵族子弟归省其宗族或家族的一种人事安排。因王室军队的常设,故又有归师之卜。

当时王室军队的将帅任命和出动,均由商王直接掌握。甲骨文有云:

王立于上。
[于]右[王]立。(《合集》27815)
庚寅卜,永,贞王叀中立,若。十一月。(《合集》7364)
□□卜,争,贞王立中。(《合集》7365)
己亥卜,争,贞王勿立中。(《合集》7368)
勿再册立中。
勿立中。
王勿比望乘伐。
王勿比奚伐。(《合集》811反)
戊子卜,殻,贞沚馘再册,王比。六月。(《合集》7382)
辛未卜,争,贞妇好其比沚馘伐巴方,王自东溫伐,戎陷于妇好立(位)。
贞王令妇好比侯告伐夷。(《合集》6480)
甲午卜,宾,贞王叀妇好令征夷。(《合集》6459)
贞王叀侯告令征夷。(《合集》6460正)

"王立于上"与"于右王立"对文,是卜商王立于上位还是立于右师位置。"中"指旐旒,"立中"兼表中师统领显位之义,"王叀中立"或"王立中",

是商王位于中师立斿下简选将帅。"再册"是举册,"再册立中"、"沚𢦔再册"谓被任将帅在立斿前高举册书而受命。"王比望乘"、"王比奚"、"王令妇好比侯告",某人比某人,前者应是后者的上级,"比"相当于《周礼·夏官·形方氏》说的"大国比小国"之比,郑注"比犹亲也",有施令亲比之意。沚𢦔、望乘、奚、妇好、侯告等,均是受商王施令任命而率军征战的武将。可见,兵权实际掌握在商王手中。商王朝将帅的任命和军队的调遣必须得到王的命令,王实是最高军事统帅。

商王还任命一批将领分管军队的各级军务,组成一套武职官员系列。如《尚书·盘庚下》称军中高职武官为"师长"。甲骨文云:

> 贞勿令师般取〔卅邑〕于彭龙。(《摭续》147;《合集》7073)

记商王武丁命令师般夺取彭龙的30个邑,"师般"为高级武官,也是以师职相称。另又有"史"、"亚"、"多亚"、"马亚"、"多马亚"、"多马卫"、"小多马"、"马小臣"、"射"、"多射"、"多射卫"、"戍"、"多犬"、"多犬卫"等的众多武官。

除王室军队系统外,商代另有诸侯或方国的军队系统,通常冠以其所在族氏名、地名或国名而称之"某师"。如侯虎之师称"虎师"(《英藏》2326)、雀侯之师称"雀师"(《合集》8006)、犬侯之师称"犬师"(《合集》41529)、𢀛方之师称"𢀛师"(《合集》33100)。还有"弜师"、"吴师"、"禽师"、"雈师"、"㚔师"、"鼓师"①等。大体说来,畿外诸侯之师的规模均较小,远远抵不上王室军队,可视为商王朝的地方军队,通常构成王朝的军事补充力量,必要时商王可调动其配合王师的军事行动。但方国之师则独立性较强,军队编制也颇有规模,如商末所谓"周方伯"的"周师",《尚书·牧誓》称其组织编制有"亚旅、师氏、千夫长、百夫长"的十进制军职之设,《史记·周本纪》言其军队人数有"虎贲三千人,甲士四万五千人"。这类军队的中坚兵员来源,大致来自于诸侯方国属邑的贵族子弟,与王室军队组成性质相近。

---

① 分见《合集》5810、5811、6051、20390、24317,《屯南》3418。

第六节　兵种及军队组织编制

从商代兵种言，主要有车兵、骑兵和步兵三种，王室军队和诸侯方国军队均见。其在王室军队，还有舟兵。下分述之。

一　车兵和骑兵

《司马法·天子之义》云："戎车，殷曰寅车，先急也。"在商代战争中，马车已被用作冲锋陷阵、兵戈交搏的戎车。如甲骨文有云：

> 癸丑卜，争，贞自今至于丁巳我戈㠯。王占曰：丁巳我弗其戈，于来甲子戈。旬有一日癸亥，车弗戈，之夕㽵甲子允戈。（《合集》6834正）

记出动战车征伐㠯国，从癸丑日占卜的当天起，至 11 天后癸亥向甲子日的黎明之际战车攻抵㠯国。㠯国位于晋南河曲一带①，这是商代战争中动用战车的实例。

商代的战车都是轭靷式双马系驾的独辀车。1936 年在殷墟小屯 C 区乙七基址南出土的战车编制，以 6 辆车为一组列，每车随葬二三人。② 甲骨文所记车群的最高数为"六车"（《合集》11452），与考古发现是相一致的。可能当时王室军队的车兵是按三六编制组队，即车兵以右、中、左三队为列，每队六车，每车大致有驭者一人，武士一二人。另据甲骨文云：

> 其呼茍辇，又正。
> 其肇马右，［又］正。（《合集》29693）

两辞同卜一事。辇指辇车。肇有开启、启动、出动、出发、开拔义。"肇马

---

① ［日］岛邦男：《殷墟卜辞研究》（中译本），台北鼎文书局 1975 年版，第 374—376 页。
② 石璋如：《小屯 C 区的墓葬群》，《中研院历史语言研究所集刊》23 本下册，1952 年；又石璋如《小屯·遗址的发现与发掘·殷虚墓葬之三：南组墓葬附北组墓补遗》，台北，中研院历史语言研究所，1973 年。

右"指出动三个战车队中的右队，箘应是右队之长，箘乘坐的辇车自是同队中的用马为挽引动力的指挥车，而不是人挽之车。辇的意义当如《周礼·地官·乡师》所云："大军旅会同，正治其徒役，与其辇辇"，郑玄注："辇驾马，辇人挽行。"战车配备有其他徒卒，马车在行进中，或因道途难行，故又需人前挽后操。"辇"字写作𦥑，像二人立车上，车前衡部再加二手，示意有人徒挽车。《司马法》云："夏后氏二十人而辇，殷十八人而辇，周十五人而辇。"说的即是给战车配备人徒。据甲骨文云：

贞肇马左、右、中，人三百。（《合集》5825）
□勿肇多人三百。（《合集》5826）

"肇马左、右、中"是指左、右、中三队车兵，"人三百"、"多人三百"是平分300人给左、右、中三个车队，每队配备人徒百人。若以一队有6辆战车，除车上甲士驭者外，每车平均配备徒卒约为16人，与《司马法》所谓"殷十八人而辇"比较接近。《司马法》称："革车一乘，士十人，徒二十人。"①每车总共配备30人，其中甲士驭者与徒之比为1∶2。西周厉王时禹鼎铭云："肆武公乃遣禹率公戎车百乘，斯驭（廝御）二百，徒千……敦伐鄂。"（《集成》2833）平均每车配备廝驭2人，徒10人，甲士驭者（廝御）与徒之比为1∶5。商代战车的人员配备，每车甲士驭者二三人，徒卒16人左右，两者之比也约为1∶5。《诗·鲁颂·閟宫》郑笺云："兵车之法，左人持弓，右人持矛，中人御。"朱熹《诗集传》云："革车一乘，甲士三人，左持弓，右持矛，中人御。"这大致也符合商制。《周礼·夏官》有"戎右"之职，"掌戎车之兵革"；还有称作"趣马"的养马官。甲骨文有"多御正"（《花东》63），是掌驭车的臣僚，称"多"则不止一位；有"车小臣"（《合集》27879），是负责管理制造车或保养车的官员。可见文献讲的车服人员配备，早在商代已经基本形成。

古代车兵的武装配备，除用于冲锋陷阵的马车即戎车外，出征中还配备有运输军需物资的牛车。牛车的荷载能力远在马车之上，故牛车又称作大车。如西周中期偏晚师同鼎铭云："折讯执首，俘车马五乘，大车廿。"车马五乘，自指冲锋陷阵的戎车，大车非牛车莫属，用来重载军需。《考工记·

---

① 《周礼·地官·小司徒》，郑注引。

辀人》云:"大车之辕挚",郑玄注:"大车,牛车也。"《诗·小雅·黍苗》云:"我任我辇,我车我牛",朱熹注:"牛,所以驾大车也。"戴震《考古记图》也说:"大车任载而已。"牛车的实用价值是引力大,适当加大车身,可使载重量大增,在平时能服重致远,在战时则不失为运送军事装备的重要交通运输工具。《周礼·地官·牛人》云:"凡会同军旅行役,共其兵车之牛,与其牵傍,以载公任器。"孙诒让疏云:"牵傍者,即挽车之牛,而实据人御之而为名。"任器指军旅行役所用的军需物资。商代已有此制,牛车称之为"牵"[1]。辞云"……牵……二牛"(《怀特》156),知牛车也采用轭鞅式双牛系驾。据别辞云:

  丁亥卜,品其五十牵。(《合集》34677)
  [己]丑卜,品其五十牵。
  戊子卜,品其九十牵。(《合集》34675)
  □□卜,品其九十牵。(《合集》8086+18475)
  □□□,□其百又五十牵。(《合集》34674)

品有率义。[2] 品牵五十、九十、百五十,即《周礼》所云会同军旅行役的牛车。殷墟小屯C区乙七基址南出土的战车编制,以每6辆车为一组列。若按甲骨文所言"王乍三师右、中、左"的三三军队编制,则每师18车,一偏6车。甲骨文中"牵"的最高两数是90和150,最低数是50,则每师战车和牛车之比,略约为1∶3—1∶8,平均约为1∶5。在军情变化下,会有所变宜,其50的低数,可能是"会同军旅行役,共其兵车之牛"的一偏战车组列的配备牛车数量,也可能是专门提供一师军需物资的牛车运输车队。上揭师同鼎铭记周人与戎敌交战,马车是5辆,牛车是20辆,两者之比为1∶4,接近商制。

商代马车或车马器在河南、河北、山西、陕西、山东、安徽等省一批商代遗址均有发现。甲骨文有记征伐苏皖鲁一带的敌国危方缴获其"车二丙(辆)"(《合集》36481)。可推知诸侯方国的军队兵种也有车兵。商代的战车主要用为军行队列的指挥车,在于彰显将领的军事权位与战场指挥。

---

[1] 别详宋镇豪《甲骨文牵字说》、《甲骨文与殷商史》第2辑,1986年。
[2] 《汉书·酷吏列传》,颜师古注:"品,率也。"

骑兵也是商代的一个兵种。甲骨文中有一类称作"丙"的单马，如：

宁延马二丙，辛巳雨以雹。（《合集》21777）
夅以马自薛，允以三丙。（《合集》8984）
……马十丙有□……（《合集》1097）
……马廿丙有□……（《合集》1098）
癸巳卜，往马卅丙。（《京人》2987）
马五十丙。（《合集》11459）

"丙"为单位量词。称"丙"的马，数量组成多少不一，数目无规律性，无公约数可计，一般均出现在正被使用的动态场合。称"丙"的马又每与战车同列，如五期一片征危方卜辞，提到俘获马若干丙、车二丙①。这与周初小盂鼎铭说的伐戭方，"俘马百四匹，俘车百□丙"，意义相类。显然，称"丙"的马自成单元体，义与匹同，盖指带有羁饰的单骑。

甲骨文中有一些反映骑马的史料，如：

王其步，叀钨。（《合集》36984）
贞宀卅马，弗其执羌。（《合集》500正）
丙辰卜，即，贞宙弋出于夕，御马。（《合集》23602）
壬辰卜，王，贞令陕取马，宁涉。（《合集》20630）
其有奔马。用。（《花东》381）
戊午卜，子又乎逐鹿，不奔马。用。（《花东》295）

钨字从金，可能形容王所骑的铜色之马，也可能指王骑的精美羁饰。宀，武丁时臣正，问其致三十马可否追获羌。弋，祖庚祖甲时臣正，武丁卜辞有"小臣弋"（《怀特》961），或为同一人而臣于两朝。御字用其本义，即《说文》："御，使马也。"御马犹言骑马，问弋可否夜间骑马外出。"令陕取马，宁涉"，谓宁有外涉之行，王命令陕为其取马。奔字从姚萱释②。奔马指骑马奔驶。从"其步叀钨"、"取马宁涉"知，甲骨文说的"步"和"涉"，不一

---

① 《合集》36481。
② 姚萱：《殷墟花园庄东地甲骨卜辞的初步研究》，北京线装书局2006年版，第99—114页。

定专指徒步和涉水，在某些场合也指骑马。

单骑或骑兵之马在殷墟考古有发现。1935年殷墟第11次发掘，在王陵区曾发现几座马坑，坑中埋马多者37匹，少者1匹，都带笼头，有铜饰①。特别是1936年第12次发掘，小屯C区M164墓内发现埋一人一马一犬；其人装备有兽头铜刀、弓形器、镞、砺石、玉策（马鞭）等；其马头部有当卢、衔饰等羁饰。石璋如先生曾指出，这种现象"供骑射的成分多，而供驾车用的成分少"，是为"战马猎犬"。② 1991年安阳后冈M33一座一套青铜觚、爵的小型贵族墓，配备有4件铜戈、1件石戚，铜镞、骨镞、2件石刀，还有1件铜马衔③，墓主生前似也为一位骑马武士。在陕西西安老牛坡商代墓地，也发现人马犬同埋的"战马猎犬"现象④。说明商代诸国的军队也有骑兵。

商王朝骑兵官员设置，据甲骨文云：

大方出伐我师，叀马小臣令。（《合集》27882）
令多马卫于北。（《合集》5711）

"马小臣"、"多马卫"很可能是王师骑兵的多级领队。此外，甲骨文中还有云："多马从戎"（《合集》5716）、"多马菁戎"（《合集》5715）、"令多马"（《合集》5719）、"多马亚其有忧"（《合集》5710）、"乎小多马羌臣"（《合集》5717）、"叀族马令往"（《合集》5728），又有"马亚"、"戍马"等武职，恐怕有的也属于骑兵中的大小头目。

商代作战采用的是车兵和骑兵联同作战方式。甲骨文有云：

癸亥卜，㱿，贞旬亡忧。王占曰：有求（咎）。五日丁卯，王狩敝，

---

① 胡厚宣：《殷墟发掘》，学习生活出版社1955年版，第82页。
② 石璋如：《殷墟最近之重要发现·附论小屯地层》，《中国考古学报》第2册，1947年，第24页。
③ 中国社会科学院考古研究所安阳队：《1991年安阳后冈殷墓的发掘》，《考古》1993年第10期。
④ 《西安老牛坡商代墓地的发掘》，《文物》1988年第6期。

祝车马□（硪），祝坠在车，禽马亦有坠。①

记商王武丁在敫地狩猎中发生的事故。祝车为王车的副车，禽是骑马的武臣，祝车被逸马所硪，祝摔倒在马车上，禽连人带马翻倒地上。在此场合，王车与臣正副车，武士骑马随同前后。这可作为商代车、骑协同作战方式的旁证。

应指出者，作为王室军队右、中、左三师重心所注的车兵和骑兵，乃属商代的技术兵种，是由贵族子弟组成的战斗中坚力量，定员当比较固定。其中，每师有战车18辆，按三编制分为三个正偏，每偏6辆，作为一个较大战斗单位。每偏又分三个小偏、每小偏以2车为列。显而易见，商代战车群的规模其实很小，主要起了担任军队编制层级分解下大小指挥车的作用。从殷墟考古发现得知商代马车每以两两为组，主副相配。甲骨文有云：

其兄辛𤰞，叀右车用，又正。（《合集》27628）
壬辰卜，子乎射，弹、复取右车，若。
癸巳卜，子叀大令，乎从弹取右车，若。（《花东》416）

殷人尚右左为对，两例言右车，则自备有左车，右主左副。一记祭祀兄辛是动用右车否。一记子命令选取主车右乘去竞射，弹、复是主车的御夫及车上卫士。《司马法》有战车分"大偏"、"小偏"之说②，并谓"车战二十五乘为偏"。③《六韬·均兵》有云："五车为列。"今知此制实乃源出商代军制。

商王朝骑兵的编制规模，据甲骨文云：

丙午卜，永，贞登射百，令□奔……（《合集》5760正）
戊辰卜，内，贞肇凸射。一二三四
勿肇凸射。一二三四二告
贞肇凸射三百。一二三二告四五六〔七〕八

---

① 此据《合集》11446—11449等片残辞互补。
② 《左传》成公七年，杜预注引《司马法》。
③ 《左传》桓公五年，杜预注引《司马法》。

勿肇凸射三百。(《合集》5776＋《乙补》4192①)
登射三百。
勿登射三百。(《合集》698 正)

"登射百"，登有征召录选义，射在此指握有特种武备射技的骑兵，盖相应于一师三三制的战车组列配备，分右、中、左三偏，每偏 6 辆战车，配备骑兵 100 人。肇有启动、出动、开拔之义。凸，旁字倒书，族地名。"肇旁射三百"当属于开拔旁族的握有特种武备射技的骑兵 300 人的编队。三偏共有骑兵 300 人，再合车兵人徒 300 人，则每师常规技术兵种人员约达 600 人以上。

凡这类技术性强的车兵和骑兵，应是由贵族子弟组成的常备兵种的中坚力量，而战车主要起了核心聚焦的指挥车作用。

二 步兵军行及军队组织编制

步兵是商代最常见的兵种，从当时的军事装备能力言，即使是强大的商王朝，也不可能用先进的车兵和行动迅疾的骑兵装备其全体军队。车兵和骑兵可冲锋陷阵，担当先锋及指挥，发挥机动灵活、侦伺、武力震慑，战术制胜等作用，但大部后继的主要兵力还在于步兵。《诗·大雅·公刘》言商代周人"干戈戚扬，爰方启行"，是形容其步兵的军备军行。《帝王世纪》记商末帝纣"与同恶诸侯五十国，凡十七万人距周于商郊牧野"，这支由王室军队、诸侯方国军队包括"族"兵汇集起的 17 万人武装力量，当主要是步兵。

甲骨文中称步兵队列为"行"，属王室者称"王行"(《合集》24445)。由各地族落组成的军行，有"畐行"、"永行"、"亘行"、"义行"、"蠚行"等②。行的意义同如《左传》昭公元年说的"毁车以为行"，专指徒卒而言。

王室的步兵队列与上述"师"的编制一致，也分右、中、左，如：

戊戌卜，扶，缶中行围方。九日丙午葬［雨］。(《怀特》1504)

---

① 林宏明：《殷墟甲骨文字缀合四十例》第 24 组，台湾政治大学 89 学年度研究生成果发表会论文，2000 年。

② 参见王贵民《甲骨文所见商代军制数则》，《甲骨探史录》，三联书店 1982 年版；又金祥恒《从甲骨卜辞研究殷商军旅中之王旅三行三师》，《中国文字》第 52 册，1974 年。

>……右行……得复……其涉。(《合集》19755)
>
>叀旞用东行，王受又。
>
>叀雍比上行左旞，王受又。
>
>叀雍右旞，王受又。(《怀特》1464)

辞中的"中行"、"右行"、"上行"、"东行"，实指中、右、左三行步卒队列。旞为军旗之属，是以军旗指麾步兵军行队列，所谓"上行左旞"、"右旞"、"旞用东行"意指兵锋所向。"上行左旞"在此指"左行"，与"右旞"对文，古人以西为右[①]，则"右旞"或指右行。"东行"在左，也指"左行"。别辞云：

>辛酉卜，惟大行用。
>
>师惟律用。(《怀特》1581)

此"大行"应是右、中、左三个步卒军行合成的一个大阵容。"师惟律用"与步兵编制"大行"对文，则"律"是谓军律无疑。师出以律，"大行"与王室军队"师"自有内在的统属关系，王师共设三师，应有三个"大行"。

商王朝步卒队列右、中、左三行的兵员规模，据甲骨文云：

>贞㝬人三百归。(《合集》7348)
>
>㝬三千人伐……(《合集》7345)
>
>勿㝬人三千呼望舌方。(《合集》6185)

"㝬人"之㝬，有简选动员之义。"望舌方"谓陈兵监视敌国舌方的动向。出动人数或三百，或三千，属于临战前征召，可知不是固定的常备技术兵种，应属于步兵，"㝬人三百归"，是知视战况需要与否，还可适时遣返。由此可见，商代王师的中坚是贵族子弟组成的车兵、骑兵的常备军团，其右、中、左步兵军行主要来自临时征集，通以三百或三千人组成步卒军行，人数并不是千篇一律固定不变的。商代王室军队中的步兵军行，是从"兵农合一"的族人中简选出的精悍齐整的步卒队列，再行编入"王师"，军行大致是以族为单

---

① 《后汉书·张衡传》注云："右社稷，西曰右。"

位组合,利于战斗中的关系协调和管理指挥。

对于由贵族子弟组成的车兵和骑兵,商代还有授予兵器装备制度,甲骨文云:

　　贞勿赐黄兵。(《合集》9468)
　　丁□赐□兵。(《合集》9469)
　　赐龙兵。
　　弜赐龙兵。(《屯南》942)

兵指兵器装备,"黄兵"可能指青铜兵器。"龙兵",为何种兵器不详。商王朝重要兵器装备的管理使用,通常由商王集中控制。殷墟王陵区第1004号大墓前墓道曾集中出土铜胄140余顶,带柄铜戈百余秉,10支一捆铜矛36捆。① 这可能揭示出商代的武器管理和授兵之制。以一师战车18辆,每乘甲士2人计,铜胄140余顶及铜戈百余秉约可配备三师车兵、铜矛360秉亦足可武装三师车兵与两个正偏的骑兵。甲骨文有云:

　　甲子卜,□,贞出兵,若。
　　甲□□,□,贞勿出兵。(《合集》7204+7205)

此"出兵"之卜,当与兵器的管理和授兵仪式有关。

不过,作为王室军队组成部分的步兵军行,未必会享受到授予兵器的后勤待遇,其定员也未必固定。由于敌方态势、军情缓急、战争动员、兵员来源、粮草给养、战争规模、地形地貌等,错综复杂,常直接影响步兵军行的阵容,决定其启动兵员数。

甲骨文有言"步师无忧。有忧"②,"步师"似专指王师中全部步兵军行。他们除编入"师"配合大规模军事行动外,有时也可单独作战或执行某种军事任务,如甲骨文云:

　　辛亥在攸贞,大左族有擒。(《怀特》1901)

---

① 梁思永、高去寻:《侯家庄第五本·一〇〇四号大墓》,台北,中研院历史语言研究所,1970年。
② 《屯南》4516。

丙辰卜，在刚贞，惟大右先。(《合集》35346)

"大左族"可能指编入左师的"大行"之一部"族兵"，也可能指某师"大行"中的"左行"；"大右"当是"大右族"的省称，殆指右师"大行"或某"大行"中的"右行"。一言"有擒"，有所俘获，一言大右族先行，均属于独立军事行动。然则由此可知，商代步兵军行是以族为单位整体简选部编。

三　舟兵

舟兵是以舟为装备的水上作战或负责水上运载的军队。

舟兵之起，可追溯到夏代，大致产生于河湖水网地区。今本《竹书纪年》记帝相二十七年，出身于东夷部族的"浇伐斟寻，大战于潍，覆其舟，灭之"。《楚辞·天问》云："释舟陵行，何以迁之……覆舟斟寻，何道取之。"讲的是同一场发生于夏代东方地区的舟兵交战。

商王朝也建有舟兵。甲骨文云：

惠散用洌㶞于之若，戈叞方。(《合集》27996)

叞方为殷敌国。山东费县一带曾出土一组 28 件晚商带"叞"族徽识的青铜礼器①。㶞，日本贝塚茂树谓可能是流的初字②。《诗·邶·柏舟》："泛彼柏舟，亦泛其流。"洌指盘舟航行。此卜散盘舟顺流而下，能否直捣叞方。甲骨文有一字作㶞(《合集》11477)，像群舟泛于中流。用于军事行动的舟群，恐怕数量不在少数，由此知商王朝似已有舟兵水师之建制。甲骨文有云：

□丑卜，行，贞王其㖊舟于滴，亡灾。在八月。(《合集》24608)
乙亥卜，行，贞王其㖊舟于河，亡灾。(《合集》24609)

滴、河皆为江河名。㖊、㖊同字异写，即寻字，寻有继续、再次之意③。寻舟

---

① 程长新、曲得龙、姜东方：《北京拣选一组二十八件商代带铭铜器》，《文物》1982 年第 9 期。
② 《京都大学人文科学研究所藏甲骨文字·本文篇》，1960 年，第 536 页。
③ 参见许进雄《明义士收藏甲骨释文篇》，第 79 页。

谓再次动用舟。一说𦨶舟读如率舟，谓舟在河中顺流而行①。既云"寻舟"或"率舟"，可知有其舟群，数量不在少数。

王室舟兵，是一支特殊兵种部队，由商王担任最高军事统帅，王所乘的指挥舟，称为"王舟"（《合集》13758），朝中一批官员也可充当舟兵指挥，如"于多君……舟"（《怀特》348），"翌甲，其乎多臣舟。"（《花东》183）多君和多臣，是商王朝的臣属官员。舟兵与陆上车兵、骑兵、步兵一样，也有一定编制，甲骨文云：

乙亥卜、贞立二史，有㯃舟。（《合集》5507）

立史是禄位任命武官的一种仪式，立有位义，《周礼·天官·大宰》："禄位以驭其士"，郑注："位，爵次也。"《礼记·王制》："爵人于朝"，孔疏："爵人于朝，殷法也。"此言商王于舟兵任命两位同禄位的武官。以当时陆上右、中、左三师有"立三大史"（《合集》5506）例之，此"立二史"似舟兵至少亦分右、左编制，择官分掌之。㯃为橐字，橐舟并举，橐亦为浮水之具。我国西南地区纳西族和普米族土人，有拴皮囊渡河之法，取整畜掏其骨肉，扎紧缺口，里面鼓气，过河时系在人腹，借其浮力②。由橐字作㯃看，商代的浮具似亦用兽皮为之，两端扎紧，靠里面的空气浮力以渡人，可知舟兵有皮橐一类渡河装备。

舟兵乃是商王室的常备军团，大概也由贵族子弟组成，并有固定的专泊水营地，如甲骨文云：

癸卯卜，狄，贞弜祀，叀左𨛜洀。
癸卯卜，狄，贞弜祀祝。
癸卯卜，狄，贞其祝。
叀乙舟。
叀丁舟。（《合集》30757）

𨛜，今之邑字，籀文写作㕔。《说文》："邑，四方有水自邕成池者。"邑一作

---

① 见于省吾《甲骨文字释林》，中华书局1979年6月版，第283页。
② 宋兆麟等：《中国原始社会史》，文物出版社1983年版，第383—385页。

壅。《左传》宣公十二年云："川壅为泽。"壅又有曲隈之意。[①] 左邕可能指殷墟王邑洹水曲隈一带的泊舟兵营。名之左邕，当还有右邕，与上述舟兵的左、右编制互为印证。辞记出动舟兵的祀祝仪式和出兵日子。《吕氏春秋·季春纪》谓古代天子用舟，要"命舟牧覆舟，五覆五返，乃告舟备具于天子焉"，还要祀献鲔麦。这有助于理解上辞。

动用舟兵，十分谨慎，盖造舟不易，水上安全又大受自然因素制约，故常令统治者费心斟酌，如甲骨文云：

　　叀壬出舟。
　　叀癸出舟。
　　［叀甲］出舟。（《屯南》4547）

水上航行，气象等因素不可忽视，这可能是出于考虑气候晴雨风浪情况或敌情变化，进行预卜，选择哪天利于出动舟兵。别辞云：

　　叀大史析舟。
　　叀小史析舟。
　　叀吴令析舟。
　　叀介令。
　　叀戈令。（《合集》32834）

大事、小事，殆军国之事。析舟指解缆放舟[②]。"叀某令"是"叀令某"的宾语前置，吴、介、戈均为商臣僚武官。这是商王反复考虑该责成哪位有经验的武官具体指挥释舟开拔。可见商王对舟兵的分外重视。

第七节　兵农合一的"族兵"

应乎商代社会构成，当时普遍存在一种非常设的"兵农合一"的武装力量组织"族兵"。族兵在平时主要从事农业生产，战时则服兵役征战或戍守。

[①]　《史记·司马相如列传》索隐注。
[②]　参见于省吾《甲骨文字释林》，中华书局1979年6月版，第284—285页。

甲骨文有"令王族追召方"、"令多子族比犬侯扑周"、"贞三族王其令追召方"、"令五族伐羌"① 等,大凡均是记利用族兵从事征伐敌对方国。

族兵属于非固定性的地方准武装力量,本是一种以血缘关系为纽带的血族团体,居处集中,易于召集,便于行动。但在商代,族兵已非纯血族团体,其内核是贵族宗族或家族组织的成员,其外延则是以族氏组织为外观的政治地域性民众集团。族兵通常由所在地的族氏显贵率领,同时又接受商王或所属诸侯方国的遣令。如甲骨文云:"贞宙师令以众"(《合集》36),"贞王勿令禽以众伐舌方"(《合集》28),"丁未卜,贞宙亚以众人步"(《合集》35)。"众"、"众人"在此指族兵,要配合王师或亚官的命令遣调共同行动。《尚书·牧誓》记周师伐商,有命令"庸、蜀、羌、髳、微、卢、彭、濮人,比尔干,立尔矛",申令各地族兵协同周师一起作战。甲骨文云:

辛亥卜,争,贞奴众人,立大史于西奠,玟。□月。(《合集》24)
丁巳卜,㱿,贞王教众,伐于㸓方,受有佑。
丁巳卜,㱿,贞王勿教众,[伐于]㸓方,弗受有佑。(《合集》32)

"奴众人"的奴,共也,有招集部编义。"立大史"是禄位任命武官的一种仪式。西奠指商王邑西面远郊之地。玟像敲击玉器之形,大概是任命武官的一种仪式。㸓方,殷敌国,于省吾先生释为髳方,即上引《尚书·牧誓》协同周师伐商的八个国族之一的"髳"。② "教众"谓教阅族众,将开拔前线征伐髳方。

值得注意的是,商代武丁时已有把某些类族兵加以军事编次,凡临时部编的族兵则名之为"旅",如一辞云:

辛巳卜,争,贞登妇好三千,登旅一万,呼伐□方。(《英藏》150)

"登妇好三千",意指登进任用妇好为三千兵的将领,此三千兵约当前述一师一偏车兵、骑兵与右、中、左某一行的步兵军行人数,属于常备军队。"登旅一万",是指聚众征集一万人的族兵临时部编为"旅"。族兵之"旅"的兵

---

① 分别见《合集》33017、6813、32815、28053。
② 于省吾:《甲骨文字释林·释兇》,中华书局1979年6月版,第16—17页。

员来源主要是族众。早在夏代即有这种"寓兵于农"的兵役制,《左传》哀公元年称夏少康复国时"有田一成,有众一旅"。此制商代之后犹见,《中尊铭》云:"王大眚公族于庚振旅。"《周礼·夏官·大司马》云:"中春教振旅,司马以旗致民,平列陈,如战之陈。"又云:"大军旅,大田役,以旗致万民。"郑氏注:"征众刻日树旗,期于其下。"《周礼·地官·乡师》云:"以司徒之大旗致众庶而陈之。"前引甲骨文"上行左旟"、"旟用东行"、"右旟",是以军旗指麾步兵军行。别辞云:"以从立于河"(《怀特》1636),讲的是立旗招集族众。"兵农合一"的准武装力量以族为组织单元,实际功效犹如《孟子·滕文公上》说的"乡田同井,出入相友,守望相助,疾病相扶持",《管子·小匡》说的"卒伍政定于里,人与人相保,家与家相爱,少相居,长相游,祭祀相福,死丧相恤,祸福相忧,居处相乐,行作相和,哭泣相哀",实乃基于当时的社会经济生活形态和社会组织结构,战士间关系熟悉,战斗行动默契有式,管理协同简便,指挥通达迅捷。总之,称部编的族兵为"旅",三代基本同之。

旅与师的区别,旅是非常备的准军事力量,由族众部编而成,兵员出自各地族落组织,属于步兵,装备主要为木石骨之类的土兵器,大概也有部分青铜兵器;师则是常备军队编制,由王直接掌握,其中坚是由贵族子弟组成的车兵、骑兵之类的技术兵种,机动性强,武器装备精良。凡正式编入师的族兵,称右行、中行、左行、大行等,当然在王室军事行动中,担任具体军事任务的地方族兵队列,通常也以"某行"称之。根据战争态势的需要,又有临时扩大征集部编的"族兵",通常称之为"旅"。

武丁时,由族众部编的"旅",其组织编制还相当粗疏,由王族部编的旅,称为"王旅"(《合集》5823),因其出于王族,故有一定的政治势力,一般地方族氏组织是不敢怠慢王旅的,如:

　　缶其啬我旅。(《殷缀》301)

我旅指王旅。《说文》:"啬,谷可收。"是指缶向王旅提供谷物给养。① 不过是时旅似乎尚未有过细的军事编制。

---

① 参见钟柏生《卜辞中所见殷代的军政之一——战争启动的过程及其准备工作》,《中国文字》新14期,1991年。

至廪辛康丁以来，原先由族众部编的临时性准军事力量"旅"，已经仿照"师"的三编制进行组建，如：

王族其敦夷方邑𠭯，左右其𧻚。
……右旅……雉众。（《屯南》2064）
翌日，王其令右旅及左旅卥见方，戋，不雉众。（《屯南》2328）
王其以众合右旅及左旅卥于𠭯，戋。（《屯南》2350）
庚寅，贞敦缶于蜀，戋，右旅在……一月。（《怀特》1640）

前面三骨同卜，一事多贞，记商王部编诸旅协同作战，敦伐敌国夷方的𠭯邑。此可考见当时"旅"的军事编制单位和协同作战形式。是役中，王族之兵为中枢，有右旅与左旅两翼配合插进，又有"众"作临时补充力量。是知"王族"指王旅，充当中旅角色，与右旅和左旅构成三旅编制。其中，未正式编入旅而又与族有某种联系的战争临时补充力量，即编余的"族众"，则称之为"众"，必要时要"雉众"、"众合"，集中部编以备军事行役。这类供军事行动役使但不能编入右、中、左三旅的临时补充力量"众"，很可能包括有部分各族组织所隶的非血族外来者。

商王朝后期，利用非血族外来者作为武装力量的临时补充，乃出于国家内忧外患的政治需要及常常要不得不同时开辟几个战场，常备的王室军队"三师"显然已不敷应付，因此不仅出现了大量部别编理族兵作为"三师"之外另行担任地方戍守或单独执行战争任务的一般武装编制，再者，至少也有部分非血族外来者，虽不能正式编入族兵部队，却也被送上战场，作了武装力量的临时补充。

族兵的一般武装编制除有"三旅"建制外，廪辛、康丁以降还出现了"戍"的族兵军事编制单位①，也通常用"族众"作为其军事组织的外延力量。甲骨文云：

弜令戍干卫，其雉众。（《安明》2123）
□丑卜，五族戍弗雉王［众］。

---

① 商代武丁时似已有"戍"的临时编制单位，如"戍擒勿往归"（《合集》4076），记军事行役后将"戍"的遣返。

戍䖒弗雉王众。
　　　戍带弗雉王众。
　　　戍凸弗雉王众。
　　　戍逐弗雉王众。
　　　戍荷弗雉王众。
　　　五族其雉王众。（《合集》26879＋26880＋26885＋28035）

"戍干卫"是干国之族兵组织"戍"的军事首领，别称"卫"，乃因其地在王畿区外之故，相当于《尚书·酒诰》述商国内外服政治体制"越在外服：侯、甸、男、卫、邦伯"之卫①。䖒、带、凸、遂、荷，合称五族。"王众"相当于《尚书·盘庚》所谓"畜民"②，其中当包括了部分松懈了奴隶身份的人。卜问五族之"戍"是否要部编各自的族众作为军队的补充力量。这是视需要临时部署族众壮大军事行役之举。

"戍"和"旅"一样，在大规模阵地进攻战场合，也是采用三编制，设右、中、左三戍，中戍为枢，右戍、左戍为两翼，可进可退，合围包抄，彼此援应。如：

　　　癸酉卜，戍伐，右牧禽启人方，戍有戋。
　　　中戍有戋。
　　　左戍有戋。
　　　右戍不雉众。
　　　中戍不雉众。
　　　左戍不雉众。（《屯南》2320）

这场征代人方的战争，即是部编三戍，采用齐头并进的战法，还相机加入边地"右牧"的武装力量作为前启先锋，另又补充进被送上战场的族众，军势可谓浩大。

族兵"三旅"、"三戍"编制的出现，是商代后期扩建军队的产物，但它始终只是处于临时征集以补充王室"三师"贵族子弟常备车、骑兵团力量不

---

① 别详宋镇豪《商周干国考》，《东南文化》1993年第5期。
② 《尚书·盘庚中》："予岂汝威，用奉畜汝众……汝万民乃不生生……汝共作我畜民。"

足的阶段，并没有转化为固定军籍制，故难见后世所谓师、旅、戍的上下级军爵领属的正规组织关系，旅、戍也未必有真正定员，此殆受制于族组织的规模大小。甲骨文言"戍其归"（《合集》27972），记其军事行役后遭归，可见其不是常备军队。

第八节　军事训练

商代的军事训练，主要包括两类，一类是贵族子弟的习武及整体的战斗训练，另一类是普通族众农闲时或定期的田猎振旅，集体治兵。

贵族子弟的习武内容，包括习射和驭车习骑等个人军事技能。《礼记·内则》云："成童舞象，学射御"，孔颖达疏云："成童谓十五以上，舞象谓武舞也。"成童指贵族子弟，学射御是学射击及驭车习骑之类，学武舞在于练习腾挪跳跃、灵活转变的械斗术及队列阵法。

射指操弓射箭，属于长距离杀伤性武器。在车、骑战中的武士，不仅要求其能于短兵交接时善于利用刀戈杀敌，还要求其在车骑驰骋中是个善射手，故必须经良好的射击训练。甲骨文云：

　　王乎雀来射。（《合集》5794）
　　贞乎子画以⽝新射。（《合集》5785）
　　贞乎多射隹获。（《合集》5740）
　　贞叀多生射。（《合集》24140）
　　贞令内以新射于斳。（《合集》32996）
　　贞取新射。（《合集》5784）
　　贞令禽庠射。
　　令禽庠三百射。（《合集》5770）

参加射礼者的身份各有不同，雀、子画、多射、内、禽等均是商王朝的贵显成员，"多生"是商同姓后嗣亲族之长。"新射"是选送来接受射击习训的生手。"禽庠射"，有教习之义，《说文》："夏曰校，殷曰庠，周曰序。"谓学校教习，此言禽担任教授射技的教官。

商代贵族子弟的军事习射，在甲骨文中有所见，如：

戊戌卜，在潯，子射，若。不用。
戊戌卜，在潯，子弜射，于之若。
己亥卜，在瀧，子其射，若。不用。
弜射，于之若。
戊申卜，叀魝乎勼马，用。在麗。
叀章乎勼，不用。（《花东》467）
己亥卜，在瀧，子……
弜射，于之若。（《花东》7）
甲午卜，在麗，子其射，若。
甲午，弜射，于之若。
己亥卜，在瀧，子其射，若。不用。
乙巳卜，在麗，子其射，若。不用。
乙巳卜，在麗，子弜迟彝弓，出日。
叀丙弓用射。
叀丙弓用。不用。
丙午卜，子其射，疾弓，于之若。
戊申卜，叀疾弓用射雈。用。（《花东》37）

上揭三龟，同事异日习卜，是一组极难得的晚商王室贵族子弟习射礼史料。"丙弓用射"一言"用丙吉弓射"（《花东》149），专指一种丙族制作的质地坚实的硬弓。吉有坚实义。[①]"吉弓"、"迟弓"、"疾弓"，可能指常规射、慢射、速射三种不同的射仪，或三种不同弓的习射竞技。以此三番射作为竞技规则，可见习射是很讲究用弓暨弓法的。[②] 商代习射训练，通常在水泽处连天累日举行，自甲午经戊戌、己亥、乙巳、丙午，至戊申，前后十余天间，射礼训练先后在麗、潯、瀧三个地点，其中潯、瀧两个地点在水泽边，末了又回到起始地点麗，麗当亦近于水泽原野。习射仪程在甲午"子射于之若"后，第12日乙巳日出之际的"丙弓"、"迟彝弓"，第13日丙午"疾弓"，第15日戊申的用"勼马"、"疾弓用射雈"，地点都在麗地。潯、瀧只是两个水泽习射训练处，麗地第13日的速射可能属于竞射预演，到第15日戊申的骑马速射

[①] 参见张玉金《殷墟甲骨文"吉"字研究》，《古文字研究》第26辑，中华书局2006年版。
[②] 别详宋镇豪《从新出甲骨金文考述晚商射礼》，《中国历史文物》2006年第1期。

应该是高潮,举行竞射比赛,班评技能高下。

又如习御:

> 王弜教马,亡疾。(《合集》13705)
> 丙寅卜,㞢,贞翌丁卯王其教,不遘雨。
> 贞其遘雨。五月。(《合集》12570)
> 丙寅卜,争,贞王其教,不遘[雨]。(《合集》39822)

选择晴天无雨,商王执教,可知是在野外露天。商王还亲自担任骑马或驭车马术的执教官。

又如习武舞:

> 丁酉卜,今日丁万其学。
> 于来丁乃学。
> 于右㝩学。
> 若呐于学。(《屯南》662)

"万"一称"万舞"(《屯南》825)。"右㝩"是晚商王朝的学校名①。卜问今天这个丁日还是到来旬的丁日在"右㝩"学万舞。此可参照《大戴礼记·夏小正》:"(二月)丁亥,万用入学。丁亥者,吉日也;万也者,干戚舞也;入学也者,大学也。"万舞是一种力量外露型武舞,《诗·邶风·简兮》云:"公庭万舞,有力如虎。""若呐于学",例同"若呐于升"(《屯南》822),学为建筑称名,指学习场所。"若呐",占卜恒语,可能是个情态用词,若像长发后扬貌,形容动姿;呐谓言音顿结,模拟发声。《荀子·非相》云:"其辩不若其呐也。"《韩非子·八经》云:"呐者,言之疑。"此卜辞中的"若呐"大概是形容学万舞的舞人伴随动作发出的顿促有力、节奏齐整的呐喝声,也是武舞的特征之一。另据甲骨文云:

> 丁丑卜,在羕,子其叀舞戉,若。不用。

---

① 别详宋镇豪《从甲骨文考述商代的学校教育》,《2004年安阳殷商文明国际学术研讨会论文集》,社会科学文献出版社2004年版。

> 子弜叀舞戉，于之若。用。多万有灾，引馨。（《花东》206）

"舞戉"，戉即钺，兵礼器。可知武舞的另一特征，有执钺而舞者。馨是祭歌名。子习舞戉，又"引馨"奏唱，是知武舞也有歌乐。"多万"是一批专门的舞乐师，有时兼做执教者。

除此之外，贵族子弟还得接受整体的阵法战斗训练，如：

> 丁酉卜，其呼以多方小子小臣。
> 其教成。
> 亚立，其于右利。
> 其于左利。（《合集》28008）
> 丁亥卜，子立于右。
> 丁亥卜，子立于左。（《花东》50）
> 甲午卜，弜立中，叀放学，弜示伐。（《屯中南》489）

上引第一例为一事多卜，记召集"多方小子小臣"的贵族子弟，接受"教成"即攻守搏击及阵法的整体军事训练。此犹《尉缭子·勒卒令》说的"百人而教战，教成合之千人；千人教成，合之万人；万人教成，会之于三军；三军之众，有分有合，为大战之法，教成试之以阅"。亚为教官，所谓"亚立，其于右利；其于左利"，"亚立"即"亚位"，是指阵法分合配列中，亚官所处位置。"右利"、"左利"，利有齐整之义，序以方位。别辞有云："贞二伐利"（《合集》7043）、"贞三伐利"（《安明》233）、"贞八伐利"（《安明》234），"伐利"又有称作："三伐。五伐。十伐。"（《合集》32202）"三伐。五伐。"（《花东》144）这同如《牧誓》云："不愆于四伐、五伐、六伐、七伐，乃止齐焉。"伐以数目序次，本指步兵军行在配合车骑列阵进攻战中，要随时适应战场情势变幻，保持队列严整和步调一致，以利战斗，在常规训练中有可能演变为一种武舞。"左利"、"右利"的军事训练对象是贵族子弟兵团。"子立于右"、"子立于左"，是指参与演习的子所处的左右位置。"弜立中，叀放学，弜示伐"，意思可能是问是否居中以旅指挥操习军行队列变化。

至于普通族众的田猎振旅，集体治兵，《左传·隐公五年》有云："春蒐夏苗，秋狝冬狩，皆于农隙以讲事也"，这里说的"事"，即《国语·齐语》

所谓"春以蒐振旅，秋以狝治兵"，是指结合围猎进行的族众集体军事演习，因举行的季节不同，其名实意义也有所区别。前引《周礼·夏官·大司马》称"中春教振旅"，有"以旗致民，平列陈"及"辨鼓铎镯铙之用……以教坐作、进退、疾徐、疏数之节"的号令列阵之举。甲骨文也有云：

> 壬午卜，贞以伇立于河。（《怀特》1636）
> 叀伇庸用。
> 弜伇庸用。（《合集》27352）
> 弜其立伇。（《粹》4）

讲的即是立伇招集族兵于河地进行集体军事操练，以及用伇与庸（一种青铜大钟）作为演习中的视听号令。再如"振旅"一名，甲骨文中也有之：

> 丙子卜，贞翌日丁丑，王其振旅，延过，不遘大雨。兹厄。（《合集》38177）
> 丁丑，王卜，贞其振旅，延过于盂，往来亡灾。（《合集》36426）

两辞习卜一事，卜日相续，"振旅"就是指结合田猎活动的族众之旅集体操练的准军事行动。

值得指出的是，商代末叶贵族子弟"庶群自酒，腥闻在上"（《尚书·酒诰》），帝纣更是"荒耽于酒，淫泆于乐，德昏政乱"（《大戴礼记·少间》）。贵族子弟的军事训练已远远逊于武丁时代，由他们组成的常备军团，其军事素质已大大退化，许多场合的战争，王只能责成族众单独执行，族众的军事操练也落后于贵族子弟习武尚勇之风的前时。商代末叶作为军队中坚的车兵、骑兵的贵族子弟，"沈酗于酒"，缺乏吃苦耐劳的训练素质，族众上升为作战主体，早先"三师"所享有的战术优势已难见到。有一片四期甲骨文说："以众田，有戋"（《安明》2536），可能是不得不利用下层族众"畜民"进行田猎练兵，以备战争之需。这类所谓"寓兵于农"的氛象，实藏伏着国家军制的堕落。周初大盂鼎铭总结商灭国教训说："唯殷边侯甸雩（与）殷正百辟，率肆（肆）于西（酒），故丧师。"这确是发人深思的史鉴。